해설과 함께 보는

원효의 대승기신론 소疏와 별기別記

도서출판문사철

해설과 함께 보는
원효의 대승기신론 소疏와 별기別記

초판 1쇄	2025년 7월 7일
지은이	원 효
역주	신명종
펴낸이	김기창
펴낸곳	도서출판 문사철
신고번호	제2008-000040호
주소	서울 종로구 창경궁로 265 상가동 3층 3호
전화	02 741 7719	팩스 0303 0300 7719
홈페이지	wwww.lihiphi.com
전자우편	lihiphi@lihiphi.com
디자인	홍종훈 [스튜디오6982]
인쇄 및 제본	천광인쇄사
ISBN	979-11-92239-48-4 (93220)

※ 값은 뒤표지에 있습니다.

해설과 함께 보는
원효의 대승기신론
소疏와 별기別記

원 효 **지음**
신명종 **역주**

도서출판문사철

역주자 서문

　　대승기신론을 원효가 보충 설명한 이 책은 필자가 70년대 후반에 대학에 다닐 때 처음 접하였다. 지금 생각해 보면 그때에는 겉멋에 취해 뭔가 심오한 이치가 있어 보이는 불교철학에 잠시 관심이 쏠려 주마간산走馬看山 식으로 봤던 것 같다. 그리고 다시 이 책을 접한 것은 수십 년이 지나서 2014년에 다시 성균관대에서 박사과정을 이수할 때인데, 한 학기 동안 수강 신청한 과목을 의무적으로 들었을 뿐, 지금 이렇게 번역하고 해설을 붙여 책을 내게 될 줄은 꿈에도 몰랐다. 그 후 철학박사 학위를 취득하고 우연히 이기동 성균관대 명예교수님께서 주관하는 『대승기신론大乘起信論』 강독 모임을 참여하게 되었는데, 그 자리에서 교수님께서 번역서를 한 번 내보라고 권하는 것을 사양치 못한 까닭에 무려 6년이란 긴 시간 동안 이 대승기신론이란 깊은 수렁에 빠지게 되었다. 일주일에 한 번씩 만나 돌아가며 읽고 풀이하는 내내 개념을 알지 못하는 수많은 불교 전문 용어의 암초에 부딪치고, 지나치게 체계적이고 세분화된 내용으로 얼마나 많이 헤맸는지 모른다. 특히 인간의 마음을 깊이 통찰하여 기술한 부분은 불교 유식학에 대한 지식 없이 읽기 어려워 별도로 몇 권의 관련 서적을 읽어야만 했다. 불교에 대한 전문적인 지식이 없는 역자와 같은 문외한은 당연히 이렇게 열심히 헤맬 수밖에 없었지만, 그 덕분에 불교에 대한 전문적인 지식이 없는 사람들이 처음 이 책을 접하고 겪을 어려움을 미리 헤아릴 수 있었고, 이런 까닭에 동병상련의 마음으로 이해를 돕기 위하여 다양한 관점에서 해설을 붙이도록 노력하였다. 이런 까닭에 그 해설의 내용이 비록 본서의 내용에 정확하게 들어맞지 않더라도 이해하는데 조금이라도 도움이 된다면 도가道家나 유가儒家 뿐만 아니라 현대의 분석심리학이나 양자물리학에서도 관련된 부분을 인용하였다.

이 책은 마명馬鳴(인도인 아슈바고샤Aśvaghoṣa, AD 80~150년경으로 추정)이 지은 『대승기신론大乘起信論』에 대하여 원효가 소疏와 별기別記란 이름으로 지은 보충 설명서를 붙여 합본한 책이다. 다만 『기신론소起信論疏』의 경우는 전문이 『대승기신론소기회본大乘起信論疏記會本』에 모두 포함되었지만, 『기신론별기起信論別記』는 필요에 의해 일부만 차용되었다는 점만 다를 뿐이다. 『대승기신론大乘起信論』 자체는 원효가 인연분에서 설명하였듯이 근기가 뛰어난 사람들을 위해서 지어진 것으로, 총지總持처럼 글자 수가 얼마 되지 않는 짧고 간략한 글이지만, 그 뜻이 매우 깊고 은밀하기 때문에 평범한 사람들이 이해하기가 쉽지 않다. 이런 어려움을 해결하기 위해 원효는 대략 37종의 경전에서 무려 120여회에 걸쳐서 관련 내용을 인용하여 보충 해설을 했지만 여전히 이해하기 어려운 한계가 있다. 그럼에도 불구하고 그 보충 해석한 내용이 매우 뛰어나고 논리적으로 치밀하기 때문에 불교의 방대한 경전 중에서도 본서가 매우 높이 평가되고 여러 대중에게 반드시 읽어야 하는 필독서로서 소중히 여겨지고 있다.

역주자가 기존에 출간된 번역서들과 차별해서 독자가 조금이라도 편히 이 책을 읽을 수 있도록 힘쓴 것은, 첫째로 이해를 돕기 위한 다양한 관점의 해설을 붙였다는 점이고, 둘째로 원효대사가 소疏에서 아랫글과 윗글, 앞과 뒤, 처음과 나중 등등으로 지적한 부분이 본문의 어디에 해당하는가를 찾기 쉽도록 주석과 쪽 번호 등을 이용하여 표시한 것이며, 셋째로 목차를 세분하여 책의 전체적인 구조와 내용을 항상 한눈에 볼 수 있게 하였으며, 넷째로 책의 뒷편에 찾아보기를 두어 전문용어의 뜻을 알기 쉽게 한 점이다.

본서가 비록 불교 서적이지만 담겨 있는 내용은 인간의 마음과 심리 작용을 깊이 통찰한 것이라 복잡하고 스트레스가 많은 지금의 시대를 살아가는 사람들에게 종교와 상관 없이 큰 도움이 될 수 있다. 다만 종교적인 편견에 붙잡히거나 오로지 불교만을 위한 전문 서적이라 간주하고 쳐다보지도 않는다면 이것은 너무나도 안타까운 일이라 생각된다. 단언컨대 이 책은 불교에 관심이 있는 사람들은 물론이고, 유교 철학을 공부하는 사람들 특히 사단칠정론에 관심이 있는 학자들이나, 심리학을 공부하는 사람들에게도 큰 도움이 될 것이다. 우리는 자신의 마음이 어떠한 구조로 이루어져 있고, 또 어떠한 기제機制로 작동하는지를 잘 알지 못하기 때문에, 이 마음의 구조와 심리 작용을 알고 그 마음이 무엇 때문에 괴롭고 힘든가를 알아야 고통에서 벗어날 방도를 모색할 수 있다. 이 책의 난해함을 조금만 참고 읽어나간다면 반드시 마음의 평화와 안식을 얻을 수 있을 것이다.

5년이란 시간 동안 여러 사람들이 공부 모임에 들락날락하였는데, 바쁜 와중에도 본서의 강독 모임을 빠짐없이 지도해 주신 이기동 교수님께 깊이 감사드리며, 마지막까지 함께한 동학 여러분들에게도 고마움을 전하고 싶다.

2024. 8.
역삼동의 우거에서
역자 씀

일러두기

1. 원서에는 목차가 없으나 독자의 편의를 위해 목차를 설정하였는데, 기신론의 내용을 원효가 분석한 것을 기준으로 하였고, 목차에 반영하기 어려운 세부적인 부분은 주석으로 그 해당 내용을 표시하였다. 또 제3장의 해석분에서는 목차가 지나치게 세분화되어 편의상 목차에 절節을 추가로 설정하였다.

2. 기신론 본문은 굵은 글씨체로 표기하였고, 그 본문이 속하는 목차의 위치를 바로 위의 대괄호[ ] 안에 표기하였다.
   예시) [論_ 法章門_ 別解_ 生滅門_ 廣釋_ 心生滅_ 依義別解_ 略明功能]
      此識有二種義, 能攝一切法, 生一切法。

3. 원효의 소疏와 별기別記는 문장 바로 앞에 [疏]와 [別記]로 명시하였다.

4. 기신론 본문의 글이나 소疏와 별기別記의 문장을 다시 인용하는 경우에는 작은 따옴표 ' '로 표시 하였고, 다른 경전의 글을 인용한 것은 큰따옴표 " "로써 표시 하였다.

5. 한자 원문에는 없지만 그 문장의 의미를 명확히 하기 위하여 필요한 경우에는 번역문에 추가로 보충하는 글을 삽입하였고, 그 부분을 ( )로써 표시하였다.
   예시) 원문: 蕩兮 其若巨海而有至公焉
      번역문: (그 체가) 아득함이여! 큰 바다와 같아서 지극한 공평함이 거기에 있다.
   또 한문 문장을 풀이 하는 경우에도 ( ) 안에 그 해석문을 표기하였다.
   예시) 유오분有五分(다섯 부분이 있다)

6. 부연 설명한 것은 [ ]로 표시하였다.
   예시) 본래무일물本來無一物[만물은 실체가 아니고 空에 지나지 않으므로 집착 할 것이 없다.]

7. 책의 이름은 겹낫표『 』를 사용하여 표시하였다.
   예시)『중관론中觀論』,『십이문론十二門論』, 등등

8. 원효대사가 인용한 경전은 인터넷 신수대장장(SAT大正新脩大藏經텍스트데이타 베이스, https://21dzk.l.u-tokyo.ac.jp/SAT/index.html)에서 직접 찾아 볼 수 있도록 각주에 그 위치를 표기하였다.
   예시) 大乘阿毘達磨雜集論』(대정장 제31권, 1606, p.743. c26~ p.744. a7행)
     『大乘阿毘達磨雜集論』은 대정장 제31권에 편제되어 있고, 그 책의 Text No는 1606이며, p.743은 743쪽을 의미하고, c26은 그 행의 숫자를 표시한 것이다.

9. 각주의 내용은 주로『불광대사전』과 동국대 불교기록문화유산아카이브(https://kabc.dongguk.edu/index)를 참고 하였다.

10. 각주에 표기한 은정희의 번역은 불교기록문화유산아카이브에 실린 글을 기준으로 하였다.

목차

원효대사 서문

대승기신론의 종지와 본체를 드러내다. · · · · · · · · · · · · · · 18
제목의 이름을 풀이하다. · 28
글로써 뜻을 드러내다. · 41

대승기신론大乘起信論과 원효의 소疏 그리고 별기別記

귀경술의 歸敬述意 (삼보三寶에 공경을 돌리고 그 뜻을 서술하다) · · · · · · · · 45
  一. 정귀삼보正歸三寶 (삼보에 바르게 귀경하다) · · · · · · · · · · · 47
  二. 조론대의造論大意 (논을 지은 큰 뜻) · · · · · · · · · · · · · · 64

정립논체 正立論體 (논의 몸체를 바르게 세우다) · · · · · · · · · · · · 71
  一. 총표허설總標許說 (총체적으로 표시하고 설법 허락을 구하다) · · · · · 73
  二. 거수개장擧數開章 (수를 들어 장을 열다) · · · · · · · · · · · · 74
  三. 의장별해依章別解 (장으로 나눠 풀이하다) · · · · · · · · · · · 76
    第1章. 인연분因緣分 · 77
      1. 직현直顯 (곧바로 드러내다) · · · · · · · · · · · · · · 77
        가. 총상總相의 인因 · · · · · · · · · · · · · · · · · · 79
        나. 별상別相의 인因 · · · · · · · · · · · · · · · · · · 80
      2. 견의遣疑 (의문을 제거하다) · · · · · · · · · · · · · · 84
    第2章. 입의분立義分 · 96
    第3章. 해석분解釋分 · 105
      第1節. 현시정의顯示正義 (올바른 뜻을 드러내 보이다) · · · · · · · · 107
        1. 정석의正釋義 (뜻을 바로 풀이하다) · · · · · · · · · · · 107
          가. 법장문法章門 · 107
            1) 총석總釋 (총체적으로 풀이하다) · · · · · · · · · · 107
            2) 별해別解 (나눠 풀이하다) · · · · · · · · · · · · 121

가) 진여문眞如門 · 121
  (1) 진여의 체體와 명名 · 122
  (2) 진여眞如의 상相 · 134
    (가) 총표總標와 의수개장依數開章 (수로써 장을 열다) · · · · · · · 134
    (나) 의장별해依章別解 (장으로 나눠 풀이하다) · · · · · · · · · · · 136
      ① 여실공如實空 · 136
      ② 여실불공如實不空 · 145
나) 생멸문生滅門 · 146
  (1) 광석廣釋 (널리 풀이하다) · 147
    (가) 심생멸心生滅_ 체體 · 147
      ① 취체총명就體總明 (체에 나아가 총체적으로 밝히다) · · · · · 147
      ② 의의별해依義別解 (뜻으로 나눠 풀이하다) · · · · · · · · · · · 164
        ㉮ 약명공능略明功能 (간략하게 공능을 밝히다) · · · · · · · 164
        ㉯ 광현체상廣顯體相 (체의 모습을 폭넓게 드러내다) · · · · · 170
          Ⓐ 문수문數와 열명列名 (수를 묻고 이름을 열거하다) · · · · 170
          Ⓑ 각覺의 뜻 · 171
            ⓐ 선략先略 (먼저 대략 밝히다) · · · · · · · · · · · · · · 171
            ⓑ 시각始覺 · 181
            ⓒ 본각本覺 · 219
          Ⓒ 불각不覺의 뜻 · 236
            ⓐ 근본불각根本不覺 · 236
            ⓑ 지말불각枝末不覺 · 240
            ⓒ 총결總結 본말불각本末不覺 · · · · · · · · · · · · · · 268
        ㉰ 명동이明同異 (같고 다름을 밝히다) · · · · · · · · · · · · · · 269
    (나) 생멸인연生滅因緣_ 명名 · 275
      ① 생멸이 인연에 의하는 뜻 · 275
        ㉮ 총표總標 (총체적으로 표시하다) · · · · · · · · · · · · · · · 276
        ㉯ 별석別釋 (나눠 풀이하다) · · · · · · · · · · · · · · · · · · · 277
          Ⓐ 의심依心 · 277
          Ⓑ 의전意轉 · 279
          Ⓒ 의식전意識轉 · 301
      ② 생멸이 인연에 의하는 체상體相 · · · · · · · · · · · · · · · · · 303

㉮ 약명인연심심略明因緣甚深 (인연이 매우 깊음을 대략 밝히다) · · · · 304
㉯ 광현인연차별廣顯因緣差別 (인연의 차별을 널리 드러내다) · · · · · 308
　Ⓐ 심성心性의 인因으로서의 體相 · · · · · · · · · · · · · · · 308
　Ⓑ 무명의 연緣으로서의 體相 · · · · · · · · · · · · · · · · · 309
　Ⓒ 염심染心의 제연諸緣 차별 · · · · · · · · · · · · · · · · · 311
　Ⓓ 무명을 다스려 끊는 지위 · · · · · · · · · · · · · · · · · 320
　Ⓔ 상응相應과 불상응不相應의 뜻 · · · · · · · · · · · · · · 323
　Ⓕ 지애智礙와 번뇌애煩惱礙의 뜻 · · · · · · · · · · · · · · 328
(다) 생멸상生滅相 · 333
① 생멸추세生滅麤細의 相 · · · · · · · · · · · · · · · · · · · 333
② 추세생멸麤細生滅의 의미 · · · · · · · · · · · · · · · · · 337
(2) 인언중현因言重顯 (말에 의해 거듭 밝히다)_ 훈습론熏習論 · · · 353
(가) 총표總標와 열명列名 (이름을 열거하다) · · · · · · · · · · · 354
(나) 훈습의 뜻 · 355
(다) 훈습의 相 · 357
① 염법染法 훈습 · 358
② 정법淨法 훈습 · 363
　㉮ 약명略明 (간략하게 밝히다) · · · · · · · · · · · · · · · · 363
　㉯ 광현廣顯 (폭넓게 드러내다) · · · · · · · · · · · · · · · · 366
　　Ⓐ 망심妄心 훈습 · 366
　　Ⓑ 진여 훈습 · 368
　　　ⓐ 자체상自體相 훈습 · · · · · · · · · · · · · · · · · 369
　　　ⓑ 용用 훈습 · 373
　　　ⓒ 체용합석體用合釋 (체와 용을 합하여 풀이하다) · · · · 377
(라) 진盡과 부진不盡의 뜻 · · · · · · · · · · · · · · · · · · · 382
나. 의장문義章門 · 383
　1) 체상體相 이대二大 · 383
　　가) 직명성공덕상直明性功德相 (성공덕의 상을 바로 밝히다) · · · · 383
　　나) 왕복중현소이往復重顯所以 (까닭을 문답으로 거듭 드러내다) · · · 385
　2) 용대用大 · 388
　　가) 총명總明 (총체적으로 밝히다) · · · · · · · · · · · · · · · 389
　　나) 별석別釋 (나눠 풀이하다) · · · · · · · · · · · · · · · · · 392

　　　　(1) 총표總標· 392
　　　　(2) 별해別解· 392
　　　　　(가) 직현별용直顯別用 (별개의 쓰임을 곧바로 드러내다)· · · · · 392
　　　　　(나) 중첩분별重牒分別 (분별을 거듭 표시하다)· · · · · · · · 393
　　　　(3) 왕복제의往復除疑 (문답으로 의문을 제거하다) · · · · · · · 395
　　2. 시입문示入門 (진여로 들어가는 문을 보이다) · · · · · · · · · · 401

第2節. 대치사집對治邪執 (그릇된 집착을 다스리다) · · · · · · · · · · · 405
　1. 총표總標 (총체적으로 표시하다) · · · · · · · · · · · · · · · · 405
　2. 열명列名 (이름을 열거하다) · · · · · · · · · · · · · · · · · · 406
　3. 변상辨相 (상을 변별하다) · · · · · · · · · · · · · · · · · · · 407
　　가. 인아견人我見· 407
　　나. 법아견法我見· 412
　4. 구경리집究竟離執 (마침내 집착에서 벗어나다) · · · · · · · · · · 413

第3節. 분별발취도상分別發趣道相 (뜻을 발하여 도에 나아가는 상을 분별하다)· · · 415
　1. 총표대의總標大意 (큰 뜻을 총체적으로 표시하다) · · · · · · · · · 415
　2. 별개분별別開分別 (나눠 열고 분별하다) · · · · · · · · · · · · · 416
　　가. 거수擧數와 열명列名 (수를 들고 이름을 열거하다) · · · · · · · 416
　　나. 의명변상依名辨相 (이름으로 상을 변별하다) · · · · · · · · · · 418
　　　1) 신성취발심信成就發心· · · · · · · · · · · · · · · · · · · 418
　　　　가) 신성취信成就의 수행 · · · · · · · · · · · · · · · · · 418
　　　　나) 발심發心의 상相 · · · · · · · · · · · · · · · · · · · 426
　　　　　(1) 직명直明 (곧바로 밝히다) · · · · · · · · · · · · · · 426
　　　　　(2) 왕복제의往復除疑 (문답으로 의문을 제거하다) · · · · · · 427
　　　　　　(가) 직답直答 (곧바로 대답하다) · · · · · · · · · · · · 427
　　　　　　(나) 중현重顯 (거듭 드러내다) · · · · · · · · · · · · · 428
　　　　다) 발심發心으로 얻은 공덕 · · · · · · · · · · · · · · · · 431
　　　2) 해행발심解行發心 · 435
　　　3) 증발심證發心 · 437
　　　　가) 통약증발심通約證發心(증발심을 공통해서 요약하다) · · · · · 437
　　　　나) 별현성만공덕別顯成滿功德 (이루고 가득 채운 공덕을 나눠 드러내다) · · 441
　　　　　(1) 직현승덕直顯勝德 (뛰어난 공덕을 곧바로 드러내다) · · · · · · 442

(2) 왕복제의往復除疑 · · · · · · · · · · · · · · · · · 447
第4章. 수행신심분修行信心分 · · · · · · · · · · · · · · · · · · · 454
　1. 대의大意 · 454
　2. 광변행상廣辨行相 (수행의 모습을 폭넓게 변별하다) · · · · · · · 455
　　가. 네 가지 修行門 (시문施門, 계문戒門, 인문忍門, 진문進門) · · · · 458
　　　1) 네 가지 수행 · 458
　　　2) 제장방편除障方便 (장애를 제거하는 방편) · · · · · · · · · · 461
　　나. 지관문止觀門 · 464
　　　1) 약명略明 (간략히 밝히다) · · · · · · · · · · · · · · · · · 464
　　　2) 광설廣說 (널리 설하다) · · · · · · · · · · · · · · · · · · 474
　　　　가) 선명별수先明別修 (나눠서 닦는 것을 먼저 밝히다) · · · · 474
　　　　　(1) 선지先止 (止를 먼저 밝히다) · · · · · · · · · · · · · 474
　　　　　　(가) 수지방법修止方法 (止를 닦는 방법) · · · · · · · · 474
　　　　　　　① 능입인能入人 (들어갈 수 있는 사람) · · · · · · · · 474
　　　　　　　② 불능자不能者 · · · · · · · · · · · · · · · · · · · 476
　　　　　　(나) 수지승능修止勝能 (止를 닦은 뛰어난 공능) · · · · · 485
　　　　　　(다) 변마사辨魔事 (마구니 짓을 변별하다) · · · · · · · 487
　　　　　　　① 약명略明 (간략히 밝히다) · · · · · · · · · · · · · 487
　　　　　　　② 광석廣釋 (폭넓게 풀이하다) · · · · · · · · · · · · 491
　　　　　　　　㉮ 마사차별魔事差別 (마구니 짓의 차별) · · · · · · 491
　　　　　　　　㉯ 명기대치明其對治 (다스리는 것을 밝히다) · · · · 493
　　　　　　　　㉰ 간별진위簡別眞僞 (참과 거짓을 간별하다) · · · · 493
　　　　　　(라) 시이익示利益 (이익을 보이다) · · · · · · · · · · · 508
　　　　　(2) 후관後觀 (觀을 뒤에서 설명하다) · · · · · · · · · · · 510
　　　　나) 후현쌍운後顯雙運 (뒤에서 쌍으로 운행함을 드러내다) · · · 512
　3. 불퇴방편不退方便 (물러나지 않는 방법) · · · · · · · · · · · · 517
第5章. 권수이익분勸修利益分 · · · · · · · · · · · · · · · · · · · 521

총결회향 總結廻向 (총체적으로 매듭짓고 회향하다) · · · · · · · · · 527

저자 약력 · 584

원효대사
서문

원효대사 서문

[疏] 將釋此論, 略有三門。初標宗體, 次釋題名, 其第三者依文顯義。

장차 이 『기신론』을 풀이함에 대략 세 부분이 있다. 처음에 종지宗旨와 본체를 드러내었고, 다음으로 제목의 이름을 풀이하였으며, 세 번째로 글에 의해 뜻을 드러내었다.

해설 세 부분에서 앞의 두 부분은 마명보살이 지은 『기신론』에 대해 원효가 그 핵심 내용과 서명書名의 뜻을 설명한 글이고, 세 번째 부분은 『기신론』 본문과 이 본문에 대하여 원효가 소疏와 별기別記를 통해 보충 설명한 글이다.

대승기신론의 종지와 본체를 드러내다.

第一標宗體者。然夫大乘之爲體也，蕭焉空寂，湛爾沖玄，玄之又玄之，豈出萬像之表，寂之又寂之，猶在百家之談。非像表也，五眼不能見其軀，在言裏也，四辯不能談其狀。欲言大矣，入無內而莫遺，欲言微矣，苞無外而有餘。引之於有，一如用之而空，獲之於無，萬物乘之而生。不知何以言之，强號之謂大乘。

　　첫 번째로 종지宗旨와 본체를 드러낸다. 저 대승의 체는 고요한 듯이 공적하고, 담연히 깊고 아득하여 현묘하고 또 현묘하지만 어찌 만 가지 형상의 거죽에서 벗어나겠으며, 공적空寂하고 또 공적해도 여전히 백가百家의 담론 안에 있다. (대승의 체는) 형상의 거죽에서 벗어나지 않았으되 오안五眼[1]으로도 그 몸통을 볼 수 없고, 말 속에 있지만 사변四辯[2]으로도 그 형상을 말할 수가 없다. (그 체를) 크다고 말하려고 하니 안이 없는 곳에 들여도 남겨진 것이 없고, 작다고 말하려 하니 바깥이 없는 것을 둘러싸도 남음이 있다. (그 체를) 有로 끌어다 놓으면 한결같이 써도 공空하고,[3] 無로 붙잡으려 하면 만물이 그것을 타고 생겨난다. 무엇이라 형언해야 할지 몰라 억지로 이름하여 대승大乘이라 한다.

해설　먼저 대승의 체를 설명하였는데, 그 체가 너무나 오묘해서 만물의 형상과 언설에서 떠난 것 같지만 여전히 만물의 형상과 언설에 있음을 역설적으

1　五眼: 보살이 부처의 깨달음을 얻는 데 필요한 다섯 가지의 눈으로 육안肉眼, 천안天眼, 법안法眼, 혜안慧眼, 불안佛眼이 있다.
2　四辯: 부처나 보살이 갖추고 있는 네 가지 종류의 자유자재하고 막힘이 없는 언어 표달 능력을 가리키며, 사무애변四無礙辯 또는 四無礙, 사해四解, 四辯이라고도 한다. 법무애변法無礙辯, 의무애변義無礙辯, 사무애변辭無礙辯, 변무애변辯無礙辯(또는 낙설무애변樂說無礙辯)이 있다.
3　은정희 역: 유有로 이끌려고 하나 진여眞如도 이를 써서 공空하고,

로 표현하고 있다. 그래서 그 체를 크다고 말하면 너무나 작아서 안이 없음에도 불구하고 모든 것들이 남김없이 거기에 포용되고, 작다고 말하면 끝이 없는 우주를 둘러싸도 남음이 있으며, 있으면서도 空하고 없으면서도 만물을 생겨나게 한다고 하였다. 여기에서 말한 '안이 없다(무내無內)'와 '밖이 없다(무외無外)'는 것은 지극히 작은 것과 지극히 큰 것을 묘사한 장자의 말[4]인데, 원효대사는 큰 것과 작은 것으로 반대로 연결해서 대승의 체가 '無上의 道'라는 것을 역설적으로 표현하였다.

[別記] 其體也曠兮, 其若太虛而無其私焉, 蕩兮, 其若巨海而有至公焉。有至公故, 動靜隨成, 無其私故, 染淨斯融。染淨融故, 眞俗平等, 動靜成故, 昇降參差。昇降差故, 感應路通, 眞俗等故, 思議路絶。思議絶故, 體之者, 乘影響而無方, 感應通故, 祈之者, 超名相而有歸。所乘影響, 非形非說, 旣超名相, 何超何歸。是謂無理之至理, 不然之大然也。

그 체가 텅 빔이여! 마치 태허와 같아 거기에 사사로움이 없고, (그 체가) 아득함이여! 큰 바다와 같아 지극한 공평함이 거기에 있다. 지극히 공평하기에 움직임과 고요함이 따라서 이루어지고, 사사로움이 없기에 더러운 것과 깨끗한 것이 여기에서 융해된다. 더러운 것과 깨끗함이 융해되기 때문에 진속眞俗이 평등하고, 동정動靜이 이루어지기 때문에 오르내림이 들쭉날쭉 차이가 있다. 오르내림의 차이가 있기 때문에 감응하는 길이 통하고, 진속眞俗이 평등하기 때문에 사고思考와 의론議論의 길에서 끊어져 있다. 사고와 의론의 길이 끊어졌기에 이것을 체득한 자는 그림자와 메아리를 타고서 방소方所[5]가 없

---

4 『莊子』「第33篇 天下」 "至大無外, 謂之大一, 至小無內, 謂之小一"
5 方所: 방향과 처소處所로서 공간의 한 부분을 점유하고 있는 장소를 의미한다.

으며, 감응하여 통하기 때문에 이것을 구한 자는 이름과 형상을 초월해도 돌아갈 곳이 있다. 타고 있는 그림자와 메아리는 형체도 말씀도 아니고, 이미 이름과 형상을 초월하였으니 무엇을 초월하고 어디로 돌아가겠는가? 이것을 일러 이치가 없는 지극한 이치이며, 그렇지 않으면서 크게 그러한 것이라 한다.

해설 '그림자와 메아리를 탔다.'는 것은 형상과 소리의 제약을 벗어난 불가사의한 작용성을 말하고, '방소方所가 없다.'는 것은 방위와 장소에 제약이 없다는 것을 의미한다. 또 '이름과 형상을 초월한다.'는 것은 마치 거울이 깨끗하게 비어있기 때문에 사물이 다가오면 그 모습을 비추다가 사물이 사라지면 곧바로 본래 상태로 돌아가는 것처럼 번뇌와 집착이 없는 것을 뜻한다. '이치가 없는 지극한 이치이며 그렇지 않으면서 크게 그러한 것'은 대승의 본체인 진여의 마음으로, 일체의 차별과 분별이 없는 평등 세계를 의미한다. 『장자莊子』에 "남해의 임금은 숙儵이고 북해의 임금은 홀忽이며 중앙의 임금은 혼돈渾沌이다. 숙과 홀이 때때로 혼돈의 땅에서 함께 만났는데, 혼돈이 그들을 매우 잘 대접하였다. 숙과 홀이 혼돈의 덕에 보답하려고 꾀를 내서 이렇게 말했다. '사람들은 모두 일곱 개의 구멍이 있어, 보고 듣고 먹고 숨 쉬는데, 이 혼돈만 유독 없으니 시험 삼아 구멍을 뚫어주자.' 그리고 하루에 하나씩 구멍을 뚫었더니 칠일 만에 혼돈이 죽고 말았다."[6]는 하는 글이 있다. 이것은 혼돈에게 눈, 코, 입, 귀와 같은 감각기관들이 생겨나면서부터 외계를 지각하고 분별하는 마음이 일어나 그때부터 자기를 의식하게 되고, 자기를 위한 탐욕과 집착이 생겨나, 무분별의 평등세계에서 분별의 현실세계로 전락하고만 것을 은유적으로 표현한 것이라 볼 수 있다. 집착하고 분별하는 마음으로 인해 나와

---

6 『莊子』「第7篇 應帝王」"南海之帝爲儵, 北海之帝爲忽, 中央之帝爲渾沌. 儵與忽時相與遇於渾沌之地, 渾沌待之甚善. 儵與忽, 謀報渾沌之德曰, 人皆有七竅, 以視聽食息, 此獨無有, 嘗試鑿之. 日鑿一竅, 七日而渾沌死."

너 그리고 만물과 같은 유한자有限者와 하늘과 부처와 같은 무한자無限
者의 차별이 생겨난다.

[疏] 自非杜口大士目擊丈夫, 誰能論大乘於離言, 起深信於絕慮者哉。
所以馬鳴菩薩, 無緣大悲, 傷彼無明妄風, 動心海而易漂, 愍此本覺眞
性, 睡長夢而難悟。於是同體智力堪造此論, 贊述如來深經奧義, 欲使
爲學者暫開一軸, 徧探三藏之旨, 爲道者永息萬境, 遂還一心之原。

스스로 두구대사杜口大士[7]와 목격장부目擊丈夫[8]가 아니면 누가
능히 언어를 떠나 대승을 논하며, 사려가 끊어진 곳에서 깊은 믿음을
일으키겠는가? 그래서 마명보살은 무연대비無緣大悲[9]의 마음으로 저
무명無明의 헛된 바람이 마음의 바다를 흔들어 쉽게 표류하는 것을
가엾게 여기고, 또 이 본각의 참된 본성이 긴 꿈에 잠들어 깨어나기
어려운 것을 안타까워하였다. 이에 (마명보살은) 동체지력同體智力[10]
으로 이 『기신론』을 맡아서 짓고, 여래의 깊은 경전의 오묘한 뜻을 찬
술하여, 배우는 자들을 위해서는 잠깐이라도 이 한 두루마리의 책을
열어 삼장三藏[11]의 깊은 뜻을 두루 탐색하게 하고, 도를 구하는 자들
을 위해서는 수많은 경계를 영원히 종식하여 마침내 한마음의 근원으

---

7 杜口大士: 유마힐居士를 지칭하는 말로 두구杜口는 입을 막았다는 뜻이고 大士는 보살의 통칭이다.
8 目擊丈夫: 『장자莊子』 「전자방田子方」에서 유래된 말로써, 눈으로 보기만 해도 道가 있는 사람임을 알아서 말로 형용할 수 없는 사람을 지칭한다.
9 無緣大悲: 세 가지 자비(衆生緣悲·法緣悲·無緣大悲)의 하나로, 법상法相과 중생상衆生相의 인연을 따지지 않고 누구에게나 평등하게 자비를 일으키는 것을 말한다.
10 同體智力: 부처와 보살이 法性의 한결같은 이치를 달관하고 중생과 자신이 여실하게 한 몸임을 아는 것을 '同體智'라고 하고, 이것으로 말미암아 일어나는 힘을 '同體智力'이라 한다.
11 三藏: 불교 전적의 총칭. 경장經藏은 부처님이 말씀하신 법문을 모은 전적이고, 율장律藏은 부처님이 제정하신 일상생활에서 지켜야 할 규칙을 말한 전적이며, 논장論藏은 교법에 대한 의리를 체계적으로 논술한 전적을 가리킨다.

로 돌아가게 하고자 하였다.

해설 수많은 경계란 우리의 마음이 감각하고 분별하고 계산하는 모든 인식 대상을 말한다. 이러한 경계로 인해 본래의 고요한 마음이 흔들려 수많은 번뇌를 일으키고 온갖 과오를 짓게 된다. 한마음[일심一心]이란 말은 한, 중, 일 삼국에서 조금 다른 의미로 사용된다. 우리나라에서는 모든 존재가 하나의 마음으로 연결되어 있다는 뜻으로 하늘같은 마음을 의미하지만, 일본에서는 처음 세운 마음을 끝까지 변치 않는다는 뜻으로 쓰이고, 중국에서는 주로 단체에 속한 사람들이 똑같은 마음으로 행동한다는 의미로 주로 사용한다. 기신론에서 말하는 한마음은 만유의 근원적 실체로서의 진여와 각 개체의 생멸하는 마음을 모두 포섭하는 뜻으로 사용된다.

[別記] 其爲論也, 無所不立, 無所不破。如中觀論, 十二門論等, 徧破諸執, 亦破於破, 而不還許能破所破, 是謂往而不徧論也。其瑜伽論攝大乘等, 通立深淺判於法門, 而不融遣, 自所立法, 是謂與而不奪論也。今此論者, 旣智旣仁, 亦玄亦博, 無不立而自遣, 無不破而還許。而還許者, 顯彼往者, 往極而徧立, 而自遣者, 明此與者窮與而奪, 是謂諸論之祖宗, 群諍之評主也。

그『대승기신론』[12] 됨은 세우지 않은 것이 없고 깨뜨리지 않은 것이 없다.『중관론中觀論』[13]이나『십이문론十二門論』[14] 같은 것들은 여러 가지 집착을 두루 부수고, 또 부순 것을 또 부셨으되, 부수는 것[능파能破]과 부수어지는 것[소파所破]을 도리어 인정하지 않았으니,

---

12 이하에서는『대승기신론』을 줄여서『기신론』이라 한다.
13 『中觀論』: 용수龍樹 보살이 지은 논으로, 中論이라고도 한다. 이 논은 공空과 가假를 부수고 다시 중도中道에 집착하는 견해마저도 깨뜨리는 팔부중도八不中道, 무소득無所得의 중도를 주장한다.

이것을 일러 가기만 하고 두루 하지 못하는 논論이라고 한다. 그『유가론瑜伽論』[15]과『섭대승론攝大乘論』[16] 등은 공통적으로 법문에서 깊고 얕은 것들을 판별하여 세웠으나, 스스로 세운 법을 융해하여 버리지 못하였으니, 이것을 일러 허용하기만 하고 (허용한 것을) 빼앗지 못한 논論이라 한다. 지금 이『기신론』은 지혜로우면서도 어질고, 아득하면서도 넓어, 어떠한 것도 세우지 않은 것이 없으되 스스로 버렸고, 깨뜨리지 않은 것이 없으되 도리어 허용하였다. 그런데도 도리어 허용하였다는 것은 저 간 것을 극한까지 가게 하면서도 두루 세웠음을 드러낸 것이고, 그런데도 스스로 버렸다는 것은 이 허용한 것을 궁극까지 허용하되 다시 빼앗은 것을 밝힌 것이니,[17] 이것을 일러 여러 논論 중에 으뜸이며 모든 논쟁을 평정하는 주인이라고 한다.

해설 '가기만 하고 두루 하지 못하다.'는 말은 한편에 치우쳤다는 것을 의미한다.『중관론中觀論』이나『십이문론十二門論』은 집착을 깨트림에 있어 집착을 깨트려야 한다는 그 의식은 깨트렸지만, 오히려 거기에 빠져 인위를 벗어난 작위 없는 스스로 그러한 경지에 이르지 못해 두루 관통하지 못한 폐단이 있다. 또『유가론』과『섭대승론』은 수많은 법문을 관통해서 깊고 얕은 것에 대한 기준을 세웠으나, 스스로 세운 기준에 사로잡혀 벗

---

14 『十二門論』: 12부문에 걸쳐 모든 법이 空함을 수상함으로써 대승을 드러내고, 이것에 의거하여 진속이제眞俗二諦의 의의를 밝힌 논이다.『중론中論』,『백론百論』과 함께 삼론종三論宗의 소의논서所依論書가 된다.

15 『瑜伽論』:『유가사지론瑜伽師地論』의 약칭으로, 불교 유식학唯識學의 대표 경전이다. 유가행자瑜伽行者의 경境, 행行, 과果를 명확하게 밝히고, 아려야식설, 삼성설三性說, 삼무성설三無性說, 유식설唯識說과 같은 대승불교 근본 사상을 주로 설하고 있다.

16 『攝大乘論』: 무착無着이 저술한 불교 유식학唯識學의 대표 논서이다. 대승이 부처의 말씀임을 논증하고 아려야식설, 삼성설三性說, 보살10지, 부처의 삼신三身 등을 주로 논하였다. 이것에 대해 세친世親이 다시 보충해설을 한『섭대승론석攝大乘論釋』이 있다.

17 은정희 역: 도리어 인정한다는 것은 저 가는 자가 가는 것이 다하여 두루 세움을 나타내며, 스스로 버린다는 것은 이 주는 자가 주는 것을 다하여 빼앗는 것을 밝힌 것이니,

어나지 못하는 문제가 있다. 그러나 이 기신론은 이 두 가지를 겸하면서도 그러한 문제에 붙잡히지 않았기 때문에 모든 경론經論의 으뜸이라고 말한 것이다.

절대적인 진리라고 하는 것은 언어로써 도달할 수 없다. 깨달아 가는 과정에는 언어가 필요하지만 깨달음을 얻은 뒤에는 그것에 붙잡히거나 집착하면 안 되고, 깨달았다고 하는 생각마저 버려야 한다. 어느 하나에 붙잡히거나 집착하는 순간 진정한 깨달음은 절대적인 진리에서 멀어진다.

[疏] 所述雖廣, 可略而言, 開二門於一心, 總括摩羅百八之廣誥, 示性淨於相染, 普綜踰闍十五之幽致. 至如鵠林一味之宗, 鷲山無二之趣, 金鼓同性三身之極果, 華嚴瓔珞四階之深因, 大品大集曠蕩之至道, 日藏月藏微密之玄門, 凡此等輩中衆典之肝心, 一以貫之者, 其唯此論乎. 故下文言, '爲欲總攝如來廣大深法無邊義故, 應說此論'.

(이 『기신론』에서) 서술된 것이 비록 광대하지만 간략하게 말하면, 한마음에 두 문을 열고서 마라백팔摩羅百八[18]의 넓은 가르침을 총괄하였고, 상상에 물든 마음에서 본성의 청정함을 보여서 유사십오踰闍十五[19]의 그윽한 뜻을 두루 종합하였다. 곡림일미鵠林一味[20]의 종지와 취산무이鷲山無二[21]의 취지, 금고동성金鼓同性[22]의 삼신三身[23]의 지극한 과보, 화엄영락華嚴瓔珞[24]의 네 단계[25] 깊은 인연, 대품대집大品

---

18 摩羅百八: 『능가경楞伽經』의 내용 전체를 가리키는 것으로, 부처가 마라야산摩羅耶山 꼭대기에 있는 능가성楞伽城에서 여러 비구와 보살 등과 문답한 108개의 가르침을 의미한다.
19 踰闍十五: 『승만사자후일승대방편방광경勝鬘師子吼一乘大方便方廣經』(줄여서 『승만경勝鬘經』이라 한다)의 가르침을 의미하며, 승만 부인과 부처가 문답한 내용으로 구성되어 있다.
20 鵠林一味: 『대반열반경大般涅槃經』의 가르침을 뜻한다. 鵠林은 학림鶴林·쌍림雙林이라고도 하는데, 석존께서 입멸하신 곳으로, 그 때 숲이 모두 마르고 흰색으로 변하여 마치 학들이 모여 있는 것처럼 되었다고 한다. 일미一味는 『大般涅槃經』의 가르침이 여러 경전의 쟁론을 하나로 회통하였다는 것을 의미한다.

大集²⁶의 넓고 호탕한 지극의 도, 그리고 일장월장日藏月藏²⁷의 미묘하고 은밀한 현문玄門 같은 것에 이르기까지, 무릇 이 같은 여러 경전에서 경전의 핵심을 하나로 꿰뚫은 것은 오직 이 『기신론』뿐 아니겠는가? 그래서 아랫글²⁸에서 '여래의 광대하고 깊은 법의 한없는 뜻을 모두 포섭하고자 하였기 때문에 마땅히 이 논을 설해야 한다.'라고 말한 것이다.

해설 '상相에 물든 마음'이란 것은 무명에 의해 일어나는 삼세三細²⁹와 육추六麤³⁰ 같은 염법染法의 마음 작용을 의미한다. 三細와 六麤에 관한 내용은 본서 뒤쪽의 지말불각枝末不覺을 설명하는 부분에서 자세히 설명되고 있다.

此論之意, 旣其如是, 開則無量無邊之義爲宗, 合則二門一心之法爲要。二門之內, 容萬義而不亂, 無邊之義, 同一心而混融。是以開合自在, 立

---

21 鷲山無二: 취산鷲山은 고대 인도의 마가다국의 수도 라자그리하(왕사성王舍城) 주위에 있는 산으로, 석가모니가 『법화경法華經』을 설한 곳이다. 무이無二는 『法華經』이 부처가 되는 유일한 가르침이라는 뜻이다.
22 金鼓同性: 『金鼓經』과 『大乘同性經』을 합하여 지칭한 말이다.
23 三身: 부처의 몸을 세 가지 성격으로 나눈 것으로, 법신法身·보신報身·응신應身이 있다.
24 華嚴瓔珞: 『華嚴經』과 『菩薩瓔珞經』의 합칭.
25 四階: 부처가 되기 위한 깨달음의 단계를 크게 네 개로 구분한 것.
26 大品大集: 『大品般若經』과 『大方等大集經』(혹은 『大集經』이라고도 함)의 합칭이다.
27 日藏月藏: 『대방등대집일장경大方等大集日藏經』과 『대방등대집월장경大方等大集月藏經』의 합칭.
28 84~85쪽
29 三細: 아뢰야식에서 일어나는 세 가지 상으로 업상業相, 능견상能見相, 경계상境界相을 가리킨다. 細는 아주 미세하여 잘 드러나지 않는 것을 의미한다.
30 六麤: 말나식과 의식에서 일어나는 여섯 가지 상으로, 지상智相·상속상相續相·집취상執取相·계명자상計名字相·기업상起業相·업계고상業繫苦相이 있다. 麤는 거칠다는 뜻이지만, 어느 정도 그 움직임을 지각할 수 있다는 것을 의미한다.

破無礙, 開而不繁, 合而不狹, 立而無得, 破而無失。是爲馬鳴之妙術, 起信之宗體也。

이 『기신론』의 의의가 이미 이와 같아서, 열면 무량무변한 뜻이 종지가 되고, 닫으면 두 문의 한마음 법이 요체가 된다. 두 문안에 만 가지 뜻을 포용해도 혼란스럽지 않고, 가없는 뜻은 한마음과 하나라서 혼융하다. 이로써 열고 닫음이 자재하고, 세우고 깨뜨림에 장애가 없으니, 열어도 번잡하지 않고, 닫아도 좁지 않으며, 세워도 얻을 것이 없고, 깨뜨려도 잃을 것이 없다. 이것이 마명의 오묘한 재주이자 믿음을 일으키는 종체宗體이다.

해설 '세워도 얻을 것이 없고 깨뜨려도 잃을 것이 없다.'는 것은 장자莊子가 말하는 '혼돈의 세계'와 같다. 진리라고 하는 것을 세우거나 깨뜨리는 것은 모두 분별 세계의 일이고, 혼돈과 같이 분별없는 세계는 무엇을 세웠다거나 깨뜨렸다는 개념으로 재단하거나 구별할만한 일이 없다.

然以此論意趣深邃, 從來釋者尠具其宗, 良由各守所習而牽文, 不能虛懷而尋旨。所以不近論主之意, 或望源而迷流, 或把葉而亡幹, 或割領而補袖, 或折枝而帶根。今直依此論文, 屬當所述經本, 庶同趣者消息之耳。標宗體竟。

그러나 이 『기신론』의 뜻이 심오하여 종래의 해석자들 가운데 그 종지를 자세하게 설명한 사람이 거의 없었던 것은 진실로 각기 익힌 것만을 고수하고 문장에 얽매여 능히 마음에 품은 것을 비워서 종지를 찾지 못했기 때문이다. 그런 까닭에 논을 지은 사람의 뜻에 다가가지 못하여, 어떤 자들은 근원을 바라보면서도 지류에서 헤매고, 어떤 자들은 잎사귀를 붙잡느라 줄기를 잃어버리며, 어떤 자들은 옷깃을 잘라서 소매를 깁기도 하고, 어떤 자들은 가지를 잘라서 뿌리에 두르기도 한다. 지금 바로 이 논문에 의해 서술된 경전에 해당하는 내용을 (소疏와 별기別記에) 붙였으니, 바라건대 함께 (깨달음으로) 나아가려는 사람들이 이것을 헤아려 보기 바랄 뿐이다. 종지와 본체 드러내는 것을 마친다.

제목의 이름을 풀이하다.

[疏] 次釋題名。言大乘者, 大是當法之名, 廣苞爲義, 乘是寄喩之稱, 運載爲功。總說雖然, 於中分別者, 則有二門。先依經說, 後依論明。

다음으로 제목의 이름을 풀이한다. 대승大乘이라 말한 것에서 '대大'는 법의 이름에 해당하는 것으로 넓게 감싸는 것을 뜻으로 삼고, '승乘'은 비유에 붙인 명칭으로 싣고 나르는 것을 공효로 한다. 총체적으로 말하면 비록 그러하지만, 그중에 분별하자면 두 가지 부문이 있다. 먼저 경經으로 설명하고, 뒤에서 논論으로 밝힌다.

해설 불교에서 말하는 법法이란 것에는 여러 가지 의미가 있다. 하나는 진리 또는 원리이고, 둘은 교설이나 가르침이며, 셋은 존재나 사물이다. 지금 윗글에서 말하는 法은 바로 세 번째 의미에 해당하는 것으로 마음을 가리킨다. 삼법인三法印중에 '모든 존재하는 것에 나라고 하는 자성自性을 가진 실체가 없다.'라고 하는 제법무아諸法無我의 法이 바로 이것이다.

依經說者, 如虛空藏經言。"大乘者, 謂無量無邊無崖故, 普徧一切。喩如虛空, 廣大容受一切衆生故, 不與聲聞辟支佛共故, 名爲大乘。復次乘者, 以正住四攝法爲輪, 以善淨十善業爲輻, 以淨功德資糧爲轂, 以堅固淳至專意爲輨轄釘鑷, 以善成就諸禪解脫爲轅, 以四無量爲善調, 以善知識爲御者, 以知時非時爲發動, 以無常苦空無我之音爲驅策, 以七覺寶繩爲鞅, 以淨五眼爲索帶, 以弘普端直大悲爲旒幢, 以四正勤爲軹(軹也枝本輪也), 以四念處爲平直, 以四神足爲速進, 以勝五力爲鑒陣, 以八聖道爲直進, 於一切衆生無障礙慧明爲軒, 以無住六波羅密廻向薩般若, 以無礙四諦度到彼岸。是爲大乘"。解云, 上來以二十句, 擧喩況法以顯乘義。

경經으로 설명한다는 것은 『허공장경虛空藏經』[32]에서 말한 것과 같다. "대승大乘이란 것은 한량도 없고 경계나 끝이 없기 때문에 모든 것에 두루 하는 것을 말한다. 비유하자면 허공처럼 광대하여 일체중생을 수용하기 때문이고, 성문승[33]이나 벽지불[34]과 함께하지 않기 때문에 대승이라 한다. 다시 다음으로 승乘[타는 것]이란 것은 사섭법四攝法[35]에 바르게 머무르는 것으로 바퀴를 삼고, 십선업十善業[36]을 깨끗이 잘하는 것으로 바퀴살을 삼으며, 공덕의 자량을 정결하게 하는 것으로 바퀴통을 삼는다. (또) 순수하고 지극하며 오로지하는 뜻을 견고하게 하는 것으로 관할輨轄과 정섭釘鑷[37]을 삼고, 여러 선禪을 잘 성취하여 해탈하는 것으로 끌채를 삼으며, 사무량四無量[38]으로 잘 조

---

31 輔(軹也 枝本輪也) 부분은 정확히 무엇인지 분명치 않다. 輔과 軹이 의미하는 것이 달라서 바퀴가 굴러가는 것을 방지하기 위한 굄목(輔)인지 아니면 수레 몸체의 뒷부분을 가로지르는 막대기(軹)인지 혼동되고, '枝本輪也'도 大正新脩大藏經과 동국대 불교기록문화 아카이브에는 枝本輪也으로 되어 있으나 여타의 번역서에는 枝木輪也으로 되어 있는 것들도 있다.

32 『虛空藏經』: 『대방등대집경大方等大集經』「허공장품虛空藏品」의 이칭異稱이다. 이역異譯 별행본別行本으로 당나라 때 불공不空이 한역한 『대집대허공장보살소문경大集大虛空藏菩薩所問經』이 있다.

33 聲聞僧: 부처의 가르침을 듣고 깨달음을 구하는 수행자로, 아라한이 되는 것을 이상으로 여기는 소승불교 수행자를 가리킨다.

34 辟支佛: 연각緣覺 또는 독각獨覺이라고도 한다. 스승의 가르침에 의하지 않고 스스로 깨달음을 구하는 자를 칭한다.

35 四攝法: 사섭사四攝事·사사섭법四事攝法·사집물四集物이라고도 하며, 간략히게 四攝·四事·四法이라고도 한다. 보살이 중생을 받아들이고 그들로 하여금 친애하는 마음을 일으켜서, 불도佛道로 이끌어 깨우침에 이르게 하는 네 가지 방법(布施攝, 愛語攝, 利行攝, 同事攝)을 지칭한다.

36 十善業: 十善 또는 십선도十善道, 십선근본업도十善根本業道라고도 하며, 신身·구口·의意로 닦아야 하는 열 가지 선한 행위로 십악十惡(살생殺生, 투도偸盜, 사음邪婬, 망어妄語, 양설兩舌, 악구惡口, 기어綺語, 탐욕貪欲, 진애瞋恚, 사견邪見)을 하지 않는 것을 의미한다.

37 관할輨轄과 정섭釘鑷은 모두 바퀴가 수레의 차축에서 빠지지 않도록 하는 장치들이다.

38 四無量: 사등심四等心·사등四等·사심四心이라고도 한다. 한없는 중생을 불쌍히 여기는 네 가지 마음을 지칭한다. 한량없는 중생과 연을 맺어 그들로 하여금 즐거움을 얻게 하려는 자무량심慈無量心과, 고통에서 벗어나게 해주려는 비무량심悲無量心, 괴로움에서 벗어나 기쁨을 얻어 마음속에서 깊이 희열을 느끼게 하려는 희무량심喜無量心, 모든 중생을 평등하게 생각하고 원망과 친소의 구별을 두지 않는 사무량심捨無量心이 있다.

절한다. (또) 선지식善知識[39]으로 마부를 삼아, 때와 때가 아닌 것을 알아서 움직이고, 무상無常과 고苦와 공空 그리고 무아無我의 소리로 채찍을 삼는다. (또) 칠각지七覺支[40]의 보배로운 끈으로 가슴걸이를 삼고, 오안五眼을 맑게 하는 것으로 고삐를 삼으며, 단정하고 곧은 대비심을 크게 넓히는 것으로 깃발을 삼는다. (또) 사정근四正勤[41]으로 바퀴굄목을 삼고, 사념처四念處[42]로 평평하고 반듯하게 하며, 사신족四神足[43]으로 빠르게 나아간다. (또) 뛰어난 오력五力[44]으로 대열을 살피고, 팔성도八聖道[45]로 곧게 나아가며, 모든 중생의 장애 없는 지혜와 밝음으로 수레 몸통을 삼는다. 머무름 없는 육바라밀六波羅密[46]로

---

[39] 善知識: 승우勝友·선친우善親友라고도 하며, 佛道를 깨치고 지혜와 덕이 높아 능히 다른 사람들을 바른 길로 이끌어 줄 수 있는 사람을 가리킨다. 이와 반대가 되는 사람은 惡知識이라 한다.

[40] 七覺支: 칠등각지七等覺支·칠변각지七遍覺支·칠보리분七菩提分이라고도 한다. 깨달음에 이르는 37가지 수행법(37도품道品: ① 四念處, ② 四正勤, ③ 四如意足, ④ 五根, ⑤ 五力, ⑥ 七覺支, ⑦ 八正道) 중 여섯 번째로, 깨달음의 지혜가 열리고 발전하도록 돕는 일곱 가지 방법을 가리킨다.

[41] 四正勤: 37도품道品 중 두 번째 과목으로, 善을 더욱 자라게 하고 惡에서 멀어지기 위한 네 가지 수행법을 말한다.

[42] 四念處: 37도품道品 중 첫 번째 과목으로 사념지四念止·사의지四意止라고도 하며, 신身·수受·심心·법法의 네 가지 염처念處가 있다. 身念處는 우리 몸이 부정不淨하다고 觀하는 것이고, 受念處는 음행淫行·자녀·재물 등은 참된 즐거움이 아니고 모두 고통이라고 觀하는 것이다. 心念處는 우리의 마음은 항상 그대로 있는 것이 아니고 늘 변하고 생멸하는 무상한 것이라고 觀하는 것이며, 法念處는 모든 것에는 自我라고 할 만한 실체가 없다고 하는 무아관無我觀을 닦는 것이다.

[43] 四神足: 37도품道品 중 세 번째 과목으로, 사여의족四如意足 또는 사여의분四如意分이라고 한다. 사정근四正勤 다음에 닦는 행품行品으로 네 가지 선정을 의미한다. 사념처四念處에서 지혜를 닦고 四正勤에서 정정진正精進을 수행하면 지혜는 많으나 선정은 다소 부족하다. 이 네 가지 선정을 닦으면 비로소 정定과 혜慧가 균등해지고 원하는 것을 얻을 수 있기 때문에 如意足이라 한다.

[44] 五力: 37도품道品 중 다섯 번째 과목으로, 깨달음에 이르게 하는 다섯 가지 힘(信力, 精進力, 念力, 定力, 慧力)을 지칭한다.

[45] 八聖道: 37도품道品 중 여덟 번째 과목으로 팔정도八正道라고도 한다. 정견正見, 정사유正思惟, 정어正語, 정업正業, 정명正命, 정정진正精進, 정념正念, 정정正定을 말한다.

[46] 六波羅密: 범어梵語 'ṣaḍ-pāramitā'의 음역으로 육바라밀다六波羅蜜多라고도 한다. 보살이 열반에 이르기 위하여 수행하는 여섯 가지 방편으로 보시布施, 지계持戒, 인욕忍辱, 정진精進, 선정禪定, 지혜智慧가 있다.

살반야薩般若[47]에 회향하고, 걸림 없는 사성제四聖諦[48]로 피안으로 건너간다. 이것이 대승이다."[49] 풀이해서 말하자면, 위로부터 20개의 구절로써 비유를 들고 법法에 빗대어서 승乘의 의미를 드러내었다.

해설 탄다는 '乘'의 의미를 수레의 각 부분과 말과 마부 그리고 나아가는 형상과 마음가짐 그리고 방향 등으로 비유하여 설명하였다. 여기에서 말한 법法은 수레와 수레를 몰고 앞으로 나가는 것들을 의미한다. 20개의 비유가 계속 이어지는 것이나 해석 편의상 중간 중간에서 끊었다. 아래 글도 마찬가지다.

又下文云, "此乘諸佛所受, 聲聞辟支佛所觀, 一切菩薩所乘, 釋梵護世所應敬禮, 一切衆生所應供養, 一切智者所應讚歎, 一切世間所應歸趣, 一切諸魔不能破壞, 一切外道不能測量, 一切世間不能與競". 解云, 上來以十句對人顯大乘也.

또 (『허공장경虛空藏經』의) 아랫글에서 이르기를 "이 승乘은 모든 부처가 받은 것이고, 성문승과 벽지불이 본 것이며, 일체 보살이 타는 것이다. (또) 제석帝釋[50]과 범천梵天[51]과 세상을 보호하는 사천왕이 마땅히 공경하고 예를 표하는 것이고, 일체중생이 응당 공양해야

---

47 薩般若: 범어 'sarvajña'의 음역이고, 의역하면 일체지一切智가 된다. 내외의 일체 법상法相을 아는 지혜로, 『인왕호국반야바라밀다경仁王護國般若波羅蜜多經』(대정장 제8권, 0246, p.843. a4~ 5행)의 게송에서는 "번뇌 없는 세계를 만족하고 항상 청정한 해탈의 몸으로 적멸하고 불가사의한 것을 일체지一切智(滿足無漏界, 常淨解脫身, 寂滅不思議, 名爲一切智)"라고 하였다.
48 四聖諦: 고苦, 집集, 멸滅, 도道의 네 가지 진리를 말한다.
49 『대방등대집경大方等大集經』(大正新脩大藏經 제13권, 0397, p.114. c28~ p.115. a12행)에서 인용함. 이하에서는 大正新脩大藏經을 줄여서 大正藏이라 약칭한다.
50 帝釋: 수미산須彌山 꼭대기 도리천忉利天의 왕으로, 선견성善見城에 머물며 사천왕과 32천을 통솔하고, 불법과 불법에 귀의하는 사람을 보호하며, 아수라의 군대를 정벌한다고 한다.
51 梵天: 색계色界 초선천初禪天의 주인으로 제석帝釋과 함께 정법正法을 수호한다.

할 것이며, 모든 지혜로운 자들이 마땅히 찬탄해야 하는 것이다. (또) 일체 세간 사람들이 마땅히 귀의하여 나아갈 것이고, 모든 마구니[52]들이 파괴할 수 없으며, 일체 외도外道[53]가 헤아릴 수 없고, 일체 세간 사람들이 더불어 다툴 수 없는 것이다."[54]라고 하였다. 풀이하여 말하자면, 위의 열 구절은 사람에 대비하여 대승을 드러낸 것이다.

依論明者, 有七有三。三種大義, 下文當說, 言七種者, 有二種七。

논論으로 밝히는 것에 일곱 가지와 세 가지가 있다. 세 가지 큰 뜻은 아랫글에서 당연히 말할 것이고, 일곱 종류라 말한 것에 다시 두 가지 일곱 종류가 있다.

해설 세 가지의 큰 뜻은 체體·상相·용用의 三大를 말하는 것이고, 두 가지 일곱 종류는 아래 『대법론對法論』[55]과 『현양론顯揚論』[56]에서 말하는 7종의 대성大性이다.

---

52 마구니: 마군魔軍의 우리말 표현으로, 악마의 군병軍兵을 가리키나 비유적으로 온갖 번뇌를 뜻한다. 魔는 범어 'mara(마라魔羅)'의 약칭略稱이다. 석가모니가 성도할 때 魔羅와 그 부하들이 와서 갖가지 방해를 한 일이 있었다.

53 外道: 처음에는 불교 이외의 교파를 가리키는 용어로써 고행하는 은둔자를 의미하였으나, 점차 이견異見과 사설邪說의 의미가 더해져 진리에서 벗어난 모멸하고 배척해야 하는 사법邪法을 폄하하는 명칭이 되었다.

54 『大方等大集經』(대정장 제13권, 0397, p.115. a12~ 17행)에서 인용. 마지막 구절의 '一切世間不能與競'은 『大方等大集經』의 원문이 '一切世智不能與競'로 되어 있다.

55 『對法論』: 『대승아비달마잡집론大乘阿毘達磨雜集論』의 별칭으로 줄여서 『阿毘達磨雜集論』 또는 『雜集論』이라고도 하는 유식학 논서이다. 무착無着이 짓고 현장玄奘이 한역漢譯한 『大乘阿毘達磨集論』과 無着의 제자 사자각師子覺이 주석한 내용을 합해서 안혜安慧가 편찬하였다.

56 『顯揚論』: 『현양성교론顯揚聖教論』의 약칭으로 『성교론聖教論』이라고도 한다. 『유가사지론瑜伽師地論』의 요점을 간추린 것으로, 유식의 법상法相·아뢰야식설·삼성설三性說 등을 망라한 유식불교의 개요서이다. 이 논은 무착無着이 미륵보살에게 『瑜伽師地論』을 듣고, 그 성스러운 가르침을 현양하고자 하여 『瑜伽師地論』의 요점을 간추려서 지었다고 한다.

一者如對法論云, "由與七種大性相應, 故名大乘。何等爲七。一境大性, 以菩薩道緣百千等無量諸經, 廣大教法爲境界故。二行大性, 正行一切自利利他廣大行故。三智大性, 了知廣大補特伽羅法無我故。四精進大性, 於三大劫阿僧祇耶, 方便勤修無量難行行故。五方便善巧大性, 不住生死及涅槃故。六證得大性, 得如來諸力, 無畏不共佛法等, 無量無數大功德故。七業大性, 窮生死際示現一切成菩提等, 建立廣大諸佛事故"。(此中前五是因, 後二是果也)

첫째는 『대법론』에서 (다음과 같이) 말한 것과 같다. "일곱 가지의 대성大性과 상응하기 때문에 대승이라 한다. 무엇이 일곱인가? 하나는 경대성境大性으로, 보살 도도가 백천百千과 같이 한량없는 여러 경전의 광대한 교법을 대상으로 삼기 때문이다. 둘은 행대성行大性으로, 일체의 자리自利와 이타利他의 광대한 수행을 바르게 행하기 때문이다. 셋은 지대성智大性으로, 광대한 보특가라補特伽羅[57]와 법 무아無我를 깨달아 알기 때문이다. 넷은 정진대성精進大性으로, 삼대겁 아승기야三大劫阿僧祇耶[58]에 방편方便[59]으로 셀 수 없이 많은 어려운 행실을 부지런히 닦기 때문이다. 다섯은 방편선교대성方便善巧大性으로, 생사와 열반에 머물러 집착하지 않기 때문이다. 여섯은 증득대성證得大性으로, 여래의 여러 능력[60]과 무외無畏[61]의 불공불법不共佛

57　補特伽羅: 범어 'pudgala'의 음역이고, 의역하면 중생衆生·삭취數取趣·중삭자衆數者가 된다. 윤회하여 전생하는 주체를 가리켜서 말한 것으로, 數取趣라고 하는 것은 자주 오취五趣(지옥, 아귀, 축생, 아수라, 인간세계)에 왔다갔다 윤회하기 때문이다.

58　三大劫阿僧祇耶: 보살이 발심한 뒤 수행을 완성하여 불과佛果에 이르기까지 필요한 시간을 말한다. 아승기야阿僧祇耶는 범어 'asaṃkhya'의 음역으로서 무수無數·무앙수無央數 등으로 의역하며, 헤아릴 수 없이 많은 數를 뜻한다. 大劫은 대·중·소 3劫 가운데 가장 긴 시간의 단위이다.

59　方便: 범어 'upāya'를 의역한 것으로, 선권善權 또는 변모變謀라고도 한다. 교묘하게 접근하여 베풀고 안배하여 위로 나아가게 하는 방법을 가리킨다. 二方便, 三方便, 五方便, 八方便, 十種方便 등이 있다.

60　如來諸力: 부처가 지니는 열 가지 능력을 말한다.

61　無畏: 무소외無所畏라고도 한다. 부처와 보살이 설법할 때 갖춘 두려움 없는 자신과 용맹 편안함을 말하며, 四無畏·六無畏·十四無畏 등이 있다.

제목의 이름을 풀이하다.

法[62]같은 수량으로 헤아릴 수 없는 큰 공덕을 얻기 때문이다. 일곱은 업대성業大性으로, 생사를 다하여 일체의 완성된 보리菩提[63]를 시현하고 광대한 여러 불사佛事를 건립하기 때문이다."[64] (이 중 앞의 다섯 가지는 원인이고, 뒤의 두 가지는 결과이다.)

해설 보살도에 뜻을 두고 불성을 이루는데 있어 대승이 가지고 있는 일곱 가지 특성을 말하고 있다. 보살도에 관련된 여러 경전의 가르침을 인연으로 해서, 자리와 이타의 수행을 하고, 나를 포함한 모든 존재의 허망함을 깨닫고, 오랫동안 많은 방편으로 수행하여, 생사에 연연하는 것에서 벗어나, 깨달음을 얻고 여래와 같은 공덕을 성취하여, 마침내 부처가 되는 것이 바로 7종의 大性이다.

또 세 번째 지대성智大性에서 말한 중생과 제법諸法이 무아無我라는 것은 모든 존재가 인연에 의해서 이루어지기 때문에, 거기에 불변의 실체라고 할만한 自性이 없다는 것을 의미한다.

二者顯揚論云, "大乘性者, 謂菩薩乘與七大性共相應。故說名大乘, 云何爲七。一法大性, 謂十二分敎中, 菩薩藏所攝方便廣大[65]之敎。二發心大性, 謂已發無上正等覺心。三勝解大性, 謂於前所說法大性境起勝信解。四意樂大性, 謂已超過勝解行地, 入淨勝意樂地。五資糧大性, 成就福智二種大資糧故, 能證無上正等菩提。六時大性, 謂三大劫阿僧企耶

---

62 不共佛法: 불공법不共法이라고도 한다. 성문연각승과 함께 공유하지 않고 부처만 오로지 지니는 공덕법으로, 18가지(십력十力、사무외四無畏、삼념주三念住、대비大悲)가 있다. 성인이나 범부가 갖는 공덕은 共法이라 한다.
63 菩提: 최고의 이상인 부처 정각正覺의 지혜, 즉 불과佛果를 의미하며 도道·지智·각覺이라 의역한다.
64 『大乘阿毘達磨雜集論』(대정장 제31권, 1606, p.743. c26~ p.744. a7행)에서 인용.
65 『顯揚聖敎論』의 원문은 方便廣大가 方廣으로 되어 있다. 번역은 원효의 글을 따랐다.

時能證無上正等菩提. 七成滿大性, 謂卽無上正等菩提, 自體[66]所成滿菩提自體, 比餘成滿自體尙無與等, 何況超勝". 瑜伽地持, 皆同此說.

둘째는 『현양론顯揚論』에서 이르기를 "대승의 性이란 보살승이 일곱 가지 大性과 더불어 상응하는 것을 말한 것이다. 그래서 대승이라 설하였으니, 무엇이 일곱 가지인가? 첫째는 법대성法大性으로, 12분교分敎[67] 중에서 보살장菩薩藏[68]이 포섭하는 방편과 광대한 가르침을 이른다. 둘째는 발심대성發心大性으로, 이미 발한 무상정등각無上正等覺[69]의 마음을 말한다. 셋째는 승해대성勝解大性으로, 앞에서 말한 법대성法大性의 경지에서 일으킨 뛰어난 믿음과 이해를 말한다. 넷째는 의락대성意樂大性으로, 승해행지勝解行地[70]를 넘어서 정승의락지淨勝意樂地[71]로 들어가는 것을 이른다. 다섯째는 자량대성資糧大性으로, 복과 지혜의 두 가지 큰 자량資糧[72]을 성취하였기 때문에 무상정등각無上正等覺을 증득할 수 있다. 여섯째는 시대성時大性으로, 삼대겁아승기야三大劫阿僧企耶의 때에 무상정등각을 능히 증득할 수 있는 것을 말한다. 일곱째는 성만대성成滿大性이니, 바로 무상정등보

---

66 『顯揚聖敎論』의 원문에는 自體가 此句로 되어있다. 번역은 『顯揚聖敎論』의 원문을 따랐다.
67 十二分敎: 부처의 가르침을 그 경문의 성질과 형식으로 구분하여 열두 가지로 나눈 것이다.
68 菩薩藏: 보살이 닦는 행법과 그 증과證果를 설명한 대승의 경전으로, 성문장聲聞藏과 대비 된다.
69 無上正等覺: 범어 'anuttara samyak saṃbodhi'의 의역으로, 음역하면 '아뇩다라삼막삼보리阿耨多羅三藐三菩提'가 된다. '아뇩다라'는 무상, '삼막삼보리'는 정등각 또는 전변지正遍智로 번역한다. 범부·외도·성문·연각·보살에 비하여 부처의 깨달음은 그 지혜가 가장 뛰어나고, 더 이상의 경지가 없으며 진실 평등하기에 이같이 이른다.
70 勝解行地: 해행지解行地와 같은 용어로, 보살 수행 계위 중 십해十解(11위~20위)와 십행十行(21위~30위)을 아울러 지칭한 지위이다.
71 淨勝意樂地: 보살 10지(41위~50위) 중에 초지初地(41위)인 극희지極喜地를 말한다. 성성聖性을 얻어 견혹見惑을 깨뜨리고, 아공我空과 법공法空의 이치를 증득하여, 큰 환희를 내므로 환희지歡喜地라고도 한다.
72 資糧: 자재와 식량으로 깨달음을 얻기 위하여 필요한 수행을 의미하며, 주로 福과 智의 두 가지가 있다. 유식유가행파의 수행 5단계(資糧位·加行位·通達位·修習位·究竟位)의 첫째로서, 열반에 이르기 위하여 여러 가지 선근과 공덕을 모으는 단계를 의미한다.

리를 말한 것으로, 이 이루고 채운[성만成滿] 보리 자체自體가 여타의 성만成滿 자체自體에 비해 오히려 더불어 같이할 만한 것이 없는데, 하물며 무엇이 월등하고 뛰어나겠는가?"[73]라고 하였다. 『유가사지론瑜伽師地論』과 『보살지지론菩薩地持論』[74]이 모두 이 설과 같다.

해설 부처의 가르침을 법으로 삼아 무상정등의 지혜를 얻고자 하는 마음을 발하고, 믿음을 세워 즐겁게 실천하면 깨달음이 지극한 경지로 나아가서 복과 지혜를 얻으며, 시간을 초월하여 진리 그 자체가 된다. 이러한 경지에 들면 더 이상 이루고 채울 것이 없다.

瑜伽論云, "此中若法大性, 乃至若時大性, 如是六種, 皆是圓證大性之因, 圓證大性, 是前六種大性之果". 解云, 如是二種七種大性, 其數雖同 建立意別, 建立之意, 尋之可知。釋大乘竟。

『유가론』에서 이르기를 "이 중에 법대성法大性부터 시대성時大性에 이르는 이 같은 여섯 가지는 모두 원증대성圓證大性[75]의 원인이고, 원증대성은 앞의 여섯 가지 大性의 결과이다."[76]라고 하였다. 풀이하여 말하자면, 이 같은 두 종류의 일곱 가지 大性은 그 숫자가 비록 동일하지만 세운 뜻은 다른 것이니, 세운 뜻은 자세히 살펴보면 알 수 있을 것이다. 대승을 풀이하는 것을 마친다.

---

73 『顯揚聖敎論』(대정장 제31권, 1602, p.520. c12~22행)에서 인용.
74 『菩薩地持論』: 『菩薩地持經』, 『地持論』, 『菩薩戒經』이라고도 한다. 『瑜伽師地論』의 「本地分」 중 菩薩地에 대한 同本 異譯으로 보살의 수행 방법을 설명하고 있다.
75 圓證大性: 『현양론』의 成滿大性과 같은 것이다.
76 『瑜伽師地論』(대정장 제30권, 1579, p.548. c24~27행)에서 축약하여 인용하였다. 원문은 다음과 같다. "當知此中, 若法大性, 若發心大性, 若勝解大性, 若增上意樂大性, 若資糧大性, 若時大性. 如是六種, 皆是圓證大性之因, 圓證大性, 是前六種大性之果"

해설 대승大乘이란 용어의 뜻을 종합해 보면 '大'는 인간의 본성이 가지고 있는 무한한 가능성을 말하는 것이고, '乘'은 그 본성을 타고 부처의 경지로 나아가는 것을 뜻한다. 사람이 태어날 때 하늘로부터 받는 본성은 차별 없이 평등하고 순수해서 그 본래의 착한 본성을 회복하기만 하면 바로 부처가 된다. 맹자는 "학문의 길은 다른 것에 있지 않고 잃어버린 마음을 찾는 것일 뿐이다."[77]라고 말하였는데, 잃어버린 본래의 이 위대한 마음을 온전히 되찾는 것이 바로 대승의 道인 것이다.

言起信者, 依此論文, 起衆生信. 故言起信. 信以決定謂爾之辭, 所謂信理實有, 信修可得, 信修得時有無窮德. 此中信實有者, 是信體大, 信一切法不可得故, 卽信實有平等法界. 信可得者 是信相大, 具性功德熏衆生故, 卽信相熏必得歸原. 信有無窮功德用者, 是信用大, 無所不爲故.

    기신起信이라 하는 것은 이 논의 글에 의하면 중생의 믿음을 일으키는 것이다. 그래서 기신이라 했다. 믿음은 '결단코 그러하다.'는 말이니, 이른바 理가 실제로 있다는 것을 믿고, 닦으면 얻을 수 있다는 것을 믿으며, 닦아서 얻었을 때 무궁한 덕이 있음을 믿는 것이다. 이 중에 (理가) 실제로 있다고 믿는 것은 체體의 광대함을 믿는 것으로, 일체 法을 얻을 수 없다는 것을 믿기 때문에, 바로 평등 법계法界[78]가 진실로 있음을 믿는 것이다. (닦아서) 얻을 수 있다고 믿는 것은 相의 광대함을 믿는 것이니, (相이) 성공덕性功德을 갖추고 중생을 훈습熏習[79]하기 때문에, 바로 相의 훈습으로 반드시 근원으로 돌아갈

---

77   『孟子』「告子上」, 제11장 "學問之道無他, 求其放心而已矣"
78   法界: 法은 진리나 교법 또는 존재를 의미하고, 界는 그 세계를 의미한다.
79   熏習: 몸과 입 그리고 뜻으로 짓는 말이나 행동 또는 생각 등이 없어지지 않고 마치 향이 옷에 배어드는 것처럼 마음에 영향을 미치는 것을 의미한다.

제목의 이름을 풀이하다.

수 있음을 믿는 것이다. 무궁한 공덕의 작용이 있음을 믿는다는 것은 用의 광대함을 믿는 것으로, 어떠한 것도 하지 않는 것이 없기 때문이다.

해설 일반적으로 동양철학에서는 體와 用, 또는 理와 氣라고 하는 이분법적 구조로써 존재론을 설명한다. 그러나 불교는 본체의 공성空性을 강조하기 때문에, 空인 본체가 그대로 작용한다고 하면 논리적으로 體와 用을 연결해서 설명하기 어려워진다. 따라서 본체와 작용의 매개체로서 相을 두는 체體·상相·용用의 삼분三分 구조를 취한다. 즉 相이라고 하는 것은 空인 본체가 가지는 不空의 측면이라고 할 수 있다. 뒤에서 논하고 있는 성정본각性淨本覺의 여실공경如實空鏡은 바로 本覺의 空性 자체를 비유한 것이고, 인훈습경因熏習鏡과 법출리경法出離鏡, 연훈습경緣熏習鏡은 바로 本覺이 가지고 있는 不空의 작용성을 드러낸 것으로 相의 개념이라고 할 수 있다.

또 '일체 법을 얻을 수 없다.'는 것은 존재하는 모든 것은 인연으로 생겨나며, 거기에 불변하는 실체가 없다는 뜻으로, 제법무아諸法無我·제법공상諸法空相 또는 제법개공諸法皆空에서 설명하는 뜻과 같다. 모든 것은 연기緣起에 의한 인연화합으로 생겨나기 때문에 거기에 불변하는 실체가 없다. 그래서 일체법을 얻을 수 없다고 말한 것이다. 또 성공덕性功德이란 인간의 마음에 선험적으로 내재하고 있는 선한 본성이 지을 수 있는 도덕적 가능성을 말하는데, 이러한 본성이 그대로 구현된 세계가 바로 평등 法界이며, 이러한 참된 진리의 세계에서는 모든 존재가 차별 없이 평등하다.

若人能起此三信者, 能入佛法生諸功德, 出諸魔境, 至無上道, 如經偈云, "信爲道元功德母, 增長一切諸善根, 除滅一切諸疑惑, 示現開發無上道。信能超出衆魔境, 示現無上解脫道, 一切功德不壞種, 出生無上菩提樹"。信有如是無量功德, 依論得發心, 故言起信。

만약 사람이 이 세 가지 믿음을 일으킬 수 있다면, 능히 불법으로 들어가 여러 공덕을 낳고 모든 나쁜 경지에서 벗어나 무상도無上道[80]에 이를 것이니, 마치 경經의 게偈[81]에서 "믿음은 도의 으뜸이고 공덕의 어미로서 일체의 여러 선근善根[82]을 증장하고, 일체의 여러 의혹을 제멸하며, 무상無上[위가 없는 최고]의 도를 시현하고 열어줄 것이다. 믿음은 능히 여러 마구니의 경계를 뛰어넘어 무상의 해탈도를 시현하고, 일체 공덕의 썩지 않는 종자에서 무상의 보리수가 생겨나게 한다."[83]라고 이른 것과 같다. 믿음에 이 같은 무량한 공덕이 있고 이 논論에 의해 마음을 발할 수 있기 때문에 '기신'이라고 하였다.

해설 세 가지 믿음은 理가 실제로 있는 것임을 믿고, 닦으면 얻을 수 있다고 믿으며, 닦아서 얻었을 때 무궁한 덕이 있다고 믿는 것을 말한다.

所言論者, 建立決了可軌文言, 判說甚深法相道理, 依決判義, 名之爲論。

말한 바 '논論'이란 것은 결정적이고 모범이 될 만한 글과 말

---

80 無上道: 여래가 증득한 더 이상 비교할 것이 없는 최상의 불도佛道를 의미하며, 보리菩提·정각正覺·무상정등각無上正等覺·무상보리無上菩提와 같은 뜻이다.

81 偈: 부처의 공덕이나 가르침을 찬탄하는 노래를 가리킨다. 偈는 산스크리트인 'gatha' 또는 'geya'의 음역音譯인 가타伽陀, 게타偈陀 또는 기야祇夜를 약칭하여 偈라고 하였으며, 오언五言 또는 칠언七言으로 이루어진 한시漢詩의 송頌과 형태가 비슷하기 때문에 합하여 게송偈頌이라고도 한다.

82 善根: 선본善本 또는 덕본德本이라고도 한다. 모든 선법을 낳는 근본으로, 인간의 본성에 있는 착한 마음을 가리킨다. 무탐無貪, 무진無瞋, 무치無癡를 三善根이라 한다.

83 『大方廣佛華嚴經』(대정장 제9권, 0278, p.433. a26~ 27행과 b6~ 7행)에서 인용.

제목의 이름을 풀이하다.

세워서, 매우 깊은 법法과 상相의 도리를 판별하여 설명하는 것이고, 결정하고 판별한다는 뜻에 의해 이름하여 논論이라 한다.

總而言之, 大乘是論之宗體, 起信是論之勝能, 體用合擧, 以標題目。故言大乘起信論也。

  총괄하여 말하자면, 대승大乘은 논의 종지와 본체이고, 기신起信은 논의 뛰어난 능력이니, 체體와 용用을 함께 들어서 제목을 표시하였다. 그래서 대승기신론이라고 한다.

글로써 뜻을 드러내다.

[疏] 第三消文。文有三分, 初三行偈, 歸敬述意, 論曰以下, 正立論體, 最後一頌, 總結廻向。

세 번째로 (논의) 본문을 풀이한다. 본문에 세 부분이 있으니, 처음 세 줄의 게偈[84]는 공경을 돌리며 (논을) 저술한 뜻이고, '論曰'[85] 이하는 논의 몸통을 바르게 세운 것이며, 마지막 하나의 송訟[86]은 총체적으로 매듭지어 회향한 것이다.

해설 『기신론』은 크게 세 부분으로 구성되어 있다. 처음 세 줄의 게송으로써 부처의 공덕을 찬탄하였고, 인연분부터 권수이익분까지의 다섯 부분으로 몸통을 삼았으며, 마지막 한 줄의 게송으로 끝마쳤다. 다음 쪽부터 기신론 본문과 그 본문에 대한 원효의 보충 설명이 소疏와 별기別記를 통해서 기술된다.

84　47쪽의 '歸命盡十方 ~ 如實修行等'과 64쪽의 '爲欲令衆生 ~ 佛種不斷故'
85　73쪽
86　527쪽의 '諸佛甚深廣大義 ~ 普利一切衆生界' 부분

대승기신론大乘起信論과
원효의 소疏
그리고 별기別記

귀경술의 歸敬述意 (삼보三寶에 공경을 돌리고 그 뜻을 서술하다)[87]

[疏] 初三偈中, 卽有二意。前之二頌, 正歸三寶, 其後一偈, 述造論意。

처음 세 줄[88]의 게偈에 바로 두 가지 뜻이 있다. 앞 두 줄[89]의 송頌은 삼보三寶에 바르게 귀의하는 것이고, 뒤 한 줄[90]의 게偈는 논을 지은 뜻을 서술한 것이다.

---

87 기신론의 서론에 해당한다.
88 다섯 글자씩 네 개의 구절 즉 20개의 글자가 한 줄(행)이 된다.
89 '歸命盡十方 最勝業徧知 ~ 無量功德藏 如實修行等' 부분.
90 64쪽의 '爲欲令衆生 除疑捨邪執 起大乘正信 佛種不斷故' 부분.

一. 정귀삼보正歸三寶 (삼보에 바르게 귀경하다)

[論_ 歸敬述意_ 正歸三寶]
歸命盡十方, 最勝業徧知, 色無礙自在, 救世大悲者,
及彼身體相, 法性眞如海, 無量功德藏, 如實修行等。[91]

시방을 다하여 가장 뛰어난 업業[92]과 두루 하는 지혜를 갖추고, 물질에 걸림 없이 자재하며, 세상을 구하는 대비大悲의 부처와, 저 신체의 相과, 법성法性[93] 진여眞如[94]의 바다와, 무량한 공덕을 갖추신 분의 여실한 수행 등에 귀명歸命합니다.

[疏] 初歸敬中有二, 歸命二字, 是能歸相, 盡十方下, 顯所歸德。能歸相者, 敬順義是歸義, 趣向義是歸義。命謂命根, 總御諸根。一身之要, 唯命爲主, 萬生所重, 莫是爲先。擧此無二之命, 以奉無上之尊, 表信心極, 故言歸命。又復歸命者還源義, 所以者, 衆生六根, 從一心起, 而背自原, 馳散六塵, 今擧命總攝六情, 還歸其本一心之原。故曰歸命, 所歸一心, 卽是三寶故也。

처음 귀경歸敬하는 것에 두 가지가 있으니, '귀명歸命' 두 글자는 능히 귀경하는 모습이고, '진시방盡十方(시방을 다하여)' 이하는

---

91 이 두 줄의 게송은 三寶에 귀의하는 부분이다. '最勝業徧知 色無礙自在 救世大悲者'는 佛寶이고, '及彼身體相 法性眞如海'는 法寶이고, '無量功德藏 如實修行等'은 僧寶이다.
92 業: 범어 'karma'의 의역으로, 과보果報·업력業力·업보業報·보응報應이라고도 하며, 행동이나 작용 또는 공업功業을 의미한다. 인과율의 개념에서 현재 행위는 그 이전의 행위의 결과로 생기는 것이며, 다시 현재의 행위는 미래의 행위에 대한 원인이 된다.
93 法性: 제법의 진실한 체성體性으로, 일체 현상이 갖추고 있는 진실하고 불변하는 本性을 말한다. 진여법성眞如法性·진법성眞法性·진성眞性이라고도 하며 또 眞如의 이칭異稱이다.
94 眞如: 범어 'tathatā'의 의역으로, 여실如實·여여如如·본무本無라고도 한다. 우주 만유의 평등하고 차별 없는 법성法性이고, 모든 존재의 본체로서 여실하고 평등한 진리를 의미한다.

귀경하는 덕을 드러낸 것이다. 능히 귀경하는 모습이란 공경하고 따르는 것이 귀歸의 뜻이고 향하여 나아가는 것은 귀歸의 뜻이다. 명命은 명근命根[생명의 근본, 목숨]을 말하니, 모든 근根[95]을 총괄 제어하는 것이다. 한 몸의 요체는 오직 命이 주가 되니, 모든 생명에게 소중한 것이 이것보다 앞선 것이 없다. 이러한 둘도 없는 목숨을 들어서 무상無上의 존체를 받들고 신심의 지극함을 표하기 때문에 '귀명歸命'이라 한다. 또 다시 '귀명歸命'이라는 것은 근원에 돌아간다는 뜻이니, 그 까닭은 중생의 육근六根[96]이 한마음에서 일어나 근원을 등 뒤로 하고 치달려 육진六塵[97]으로 흩어지는데, 지금 목숨을 들어 육정六情[98]을 모두 거둬들이고 그 본래 한마음의 근원으로 되돌아간다. 그래서 '귀명歸命'이라 하였으니, 한마음으로 돌아가는 곳이 바로 삼보三寶이기 때문이다.

해설 능귀能歸의 상相은 믿음을 일으켜 공경을 바치는 자들의 모습이고, 소귀所歸의 덕德은 귀경의 대상인 삼보의 공덕을 의미한다. 그리고 귀명歸命을 두 가지 뜻으로 설명하였는데, 가장 중요한 목숨을 다하여 지극한 가르침에 공손히 따라 향하여 나아가는 것이 하나이고, 다른 하나는 一心의 근원으로 돌아가는 것이다. 六根과 一心을 나무에 비유하면 六根은 잎사귀와 가지에 해당하고 一心은 뿌리에 해당하는데, 잎사귀와 가지가 제각

95　根: 범어 'indriya'의 의역으로, 통상적으로 기관器官 또는 기능을 의미한다. 門 또는 入이라고도 하는데, 外界의 자극이 이것들을 통하여 지각되기 때문이다. 사람에게는 안眼, 이耳, 비鼻, 설舌, 신身, 의意와 같은 육근六根이 있다. 이 六根은 육식六識의 근인根因으로, 번뇌의 근본이 되기도 한다.
96　六根: 육식六識(眼識·耳識·鼻識·舌識·身識·意識)의 근원인 안眼·이耳·비鼻·설舌·신身·의意를 가리킨다.
97　六塵: 육식六識의 대상 경계境界로, 색色·성聲·향香·미味·촉觸·법法을 지칭한다. 이것들이 깨끗한 마음을 더럽히고 참된 本性을 흐리게 하기 때문에 塵이라 한다.
98　六情: 육근六根과 같다. 희喜·노怒·애哀·낙樂·애愛·오惡 같은 감정을 가리키기도 한다.

각 자기만 알고 뿌리를 잃어버리면 겨울에 떨어져 죽는 낙엽처럼 생로병사의 한계를 벗어나지 못하지만, 자신이 뿌리와 하나인 것을 절실하게 자각하면 낙엽으로 떨어진다 하더라도 새봄에 다시 태어날 것을 안다. 지금 비록 생을 다하더라도 이것은 다함이 아니요 죽어도 죽는 것이 아닌 영원한 삶이 된다.

盡十方下, 顯所歸德。此中應說三寶之義。義如別說, 今且消文。文中有三, 謂佛法僧。寶之內亦有三意。先歎心德, 次歎色德, 第三句者, 擧人結歎。歎心德中, 歎用及體。

'진시방盡十方(시방을 다하여)' 이하는 귀경하는 덕을 드러내었다. 이 중에 마땅히 삼보의 뜻을 설명해야 한다. 뜻을 구별해서 설한다면, 지금 우선 글을 풀이한 것과 같다. 글 중에 세 가지가 있으니, 불佛·법法·승僧을 가리킨다. 불보佛寶[99]에도 세 가지 뜻이 있다. 먼저 심덕心德을 찬탄하였고, 다음으로 색덕色德을 찬탄하였으며, 세 번째 구절에서 사람을 들어 찬탄하는 것을 마쳤다. 심덕心德을 찬탄하는 중에 작용과 본체를 찬탄하였다.

해설 위 두 행의 게송에서 '가장 뛰어난 업業과 두루 하는 지혜를 갖추고, 물질에 걸림 없이 자재하며, 세상을 구하는 대비大悲의 부처'는 佛寶이고, '저 신제의 相과 법성 진여의 바다'는 法寶이며, '무량한 공덕을 갖추신 분의 여실한 수행 등'은 僧寶에 해당한다. 佛寶에서 '가장 뛰어난 업과 두루 하는 지혜'는 心德으로, 가장 뛰어난 업은 작용이고 두루 하는 지혜는 본체에 해당한다. '물질에 걸림 없이 자재한 것'은 色德이고, '세상을 구하는

---

99 원문에 寶라고만 되어 있으나 의미상 佛寶를 지칭한다.

대비大悲의 부처'는 사람이다. 佛은 깨달은 사람으로서 능히 타인을 가르치고 인도할 수 있는 불교의 교주 또는 일체 제불을 가리키고, 法은 부처의 깨달음에 근거해서 사람들을 가르치는 敎法이며, 僧은 교법을 수행하는 불제자佛弟子 집단이다. 佛·法·僧은 그 덕이 지고무상하고 영원불변하여 세상의 보배와 같기 때문에 三寶라 한다.

初言盡十方最勝業者, 是歎業用, 謂現八相等化衆生業。盡十方界, 徧三世際, 隨諸可化, 作諸佛事, 故言盡十方最勝業。如對法論云, "業大性者, 窮生死際, 示現一切成菩提等, 建立廣大諸佛事故"。彼擧三世, 此顯十方也。

처음에 말한 '시방을 다하여 가장 뛰어난 업'은 업의 작용을 찬탄한 것이니, 팔상八相[100] 같은 것을 드러내 중생을 교화하는 업을 이른다. 시방세계를 다하고 三世의 시간에 두루 하여, 교화할 수 있는 모든 대상에 따라 여러 불사佛事를 짓기 때문에 '시방을 다하여 가장 뛰어난 업'이라 하였다. 『대법론』에서 "업대성業大性이란 것은 생사를 다하여 일체의 완성된 보리菩提를 시현하고 광대한 여러 불사佛事를 건립하기 때문이다."[101]라고 말한 것과 같다. 저기(『대법론』)에서는 三世를 들었고, 여기(『기신론』)서는 시방을 드러내었다.

해설 부처님은 여러 가지 相으로 나타나서, 일체중생을 그가 처한 상황이나 상태에 따라 참된 세계로 인도한다. 맹자孟子는 "군자는 곁을 지나가는 자들이 모두 감화되며, 마음에 간직한 것을 신묘하게 한다."[102]라고 하고,

---

100 八相: 부처가 이 세상에 출현하여 중생을 제도하기 위하여 나타내 보이는 여덟 가지 상으로, 강도솔상降兜率相, 탁태상託胎相, 강생상降生相, 출가상出家相, 항마상降魔相, 성도상成道相, 설법상說法相, 열반상涅槃相이 있다.

101 『大乘阿毘達磨雜集論』(대정장 제31권, 1606, p.744. a6~7행)에서 인용.

102 『孟子』「盡心上」, 제13장 "夫君子, 所過者化, 所存者神"

또 "가득 차서 밖으로 광채가 드러나는 것을 大라 하고, 大하면서 저절로 교화하는 것을 성聖이라 하며, 성聖하면서 알 수 없는 것을 신神이라 한다."[103]라고 하였는데, 이것은 석가모니처럼 도를 깨달은 성인의 신묘한 교화 공능을 잘 표현한 대표적인 글이라 할 수 있다.

言徧智者, 是歎智體, 所以業用周於十方者, 由其智體無所不徧故也。智體周徧, 故言徧智, 如攝論云, "猶如虛空, 徧一切色際, 無生住滅變異。如來智亦爾, 徧一切所知, 無倒無變異故". 歎心德竟。

'변지徧智(두루하는 지혜)'라고 말한 것은 지혜의 본체를 찬탄한 것으로, 업의 작용이 시방에 두루 할 수 있는 까닭은 그 지혜의 본체가 두루 미치지 않는 곳이 없기 때문이다. 지혜의 본체가 두루 미칠 수 있기에 '변지徧智'라 하였으니, 『섭대승론』에서 "허공처럼 일체 색계色界에 두루 하고, 생겨나 주착하고 소멸하는 변이變異가 없다. 여래의 지혜도 그러해서, 일체의 소지所知[알려고 하는 존재]에 두루 해도 어떠한 뒤집힘이나 변이가 없기 때문이다."[104]라고 말한 것과 같다. 심덕心德 찬탄함을 마친다.

해설 부처를 의미하는 변지徧智와 중생을 뜻하는 소지所知의 관계는 태양과 그 태양 빛을 받아 빛나는 물체의 관계와 같다. 태양 빛은 어디나 빠짐없이 두루 비추지만, 그 빛을 받아들이는 물체의 상태에 따라 각각 그 빛은 다르게 드러난다. 그럼에도 불구하고 그 비추는 빛 자체의 본성은 변질되지 않는다. 본체인 한마음의 지혜를 깨달은 자는 그 마음이 태양과 같아

---

103 『孟子』「盡心下」, 제25장 "充實而有光輝之謂大, 大而化之之謂聖, 聖而不可知之之謂神"
104 『攝大乘論釋』(대정장 제31권, 1595, p.196. c23~ c25행)에서 인용. "譬如虛空虛空遍滿一切色際, 無有生住滅變異。如來智亦爾, 遍一切所知, 無倒無變異故"

서 모든 존재에게 두루 차별 없이 영향을 주지만, 각각의 개체 차원에서는 자신의 깨달음의 정도에 따라 그 지혜를 받아들이는 정도가 다를 수밖에 없다.

또 이 변지偏智의 업용業用을 『중용中庸』을 빌려 말하면 "오직 천하의 지극한 성자誠者라야 그 본성本性을 다할 수 있다. 그 본성을 다하면 다른 사람의 본성을 다하게 할 수 있고, 다른 사람들의 본성을 다하게 하면 사물들의 본성을 다하게 할 수 있다. 사물들의 본성을 다하게 하면 천지天地의 화육化育을 도울 수 있고, 天地의 화육化育을 도우면 天地와 함께 나란히 설 수 있게 된다."[105]라고 한 것과 같은 뜻이다.

次歎色德, 於中亦二。色無礙者, 歎色體妙 言自在者, 歎色用勝。初言色體者, 如來色身, 萬行所成, 及不思議熏習所成, 雖有妙色, 而無障礙, 一相一好, 無際無限。故言遵色無礙, 如華嚴經言, "求空邊際猶可得, 佛一毛孔無崖限。佛德如是不思議, 是名如來淨知見"。故雖無質礙, 而有方所示現之義。故得名色而無礙也。

다음으로 색덕色德을 찬탄했는데, 여기에도 두 가지가 있다. '물질에 걸림이 없다.'는 것은 色 본체의 오묘함을 찬탄한 것이고, '자재自在'라고 말한 것은 色 작용의 뛰어남을 찬탄한 것이다. 처음에 말한 色 본체는 여래의 색신色身이 수많은 수행과 불가사의한 훈습熏習[106]으로 이루어진 것이라 비록 (色이라는) 묘한 형체가 있긴 하지만 막히

---

105 『中庸』, 제22장 "惟天下至誠, 爲能盡其性。能盡其性, 則能盡人之性。能盡人之性, 則能盡物之性。能盡物之性, 則可以贊天地之化育。可以贊天地之化育, 則可以與天地參矣"
106 不思議熏習: 진여가 무명을 훈습하여 淨法을 내는 것으로, 향기가 몸에 배는 것처럼 진여가 망심으로 하여금 생사의 고통을 싫어하고 열반을 구하게 하여 깨달음을 얻게 하는 것을 말한다.

고 걸림이 없고, 하나의 相이나 하나의 호好[107]에도 때와 (방소의) 한계가 없다. 그래서 '물질에 걸림이 없다.'라고 하였으니, 『화엄경』에서 "허공의 끝을 구하는 것은 오히려 가능하지만, 부처의 한 터럭 구멍은 가장자리의 한계가 없다. 부처의 덕이 이같이 불가사의하니, 이것을 여래의 깨끗한 지견知見[108]이라 한다."[109]라고 말한 것과 같다. 그래서 비록 물질적으로 걸리는 것은 없지만 방소方所로 나타내 보인다는 뜻은 있다. 그런 까닭에 色이라 이름하였지만 막힘이 없다.

해설 方所라는 말은 방향과 장소로써 정해지는 공간을 의미하고, 色이라는 것은 물질적 존재를 뜻한다. 부처가 비록 色이라고 하는 물질적인 세계에 머물러서 방소가 있다 하더라도, 그 본체와 덕의 작용은 물질적인 한계를 초월해 있다.

言自在者, 歎其色用, 謂五根互用, 十身相作等。故言色自在。五根互用者, 如涅槃經八自在中說, 十身相作者, 如華嚴經十地品說。歎色德竟。

'자재自在'라고 말한 것은 그 色 작용을 찬탄한 것으로 오근五根[110]이 번갈아 작용하고 십신十身[111]이 서로 작용하는 것 등을 가리킨

---

107 相好: 相은 부처의 몸에 갖춰진 특수한 용모 중에 드러나서 보기 쉬운 것으로 32相이 있고, 好는 미세하여 보기 어려운 특징으로 80종의 好가 있다. 이 두 가시를 합하여 相好라고 한다.
108 知見: 자기의 사려 분별로 세운 견해로, 여기서 말하는 佛知見과는 차이가 있다. 佛知見은 제불여래가 제법의 實相과 妙理를 비춰 보는 것이다.
109 『大方廣佛華嚴經』(대정장 제9권, 0278, p.400. a17~ 18행)에서 인용.
110 五根: 시각視覺·청각聽覺·후각嗅覺·미각味覺·촉각觸覺을 담당하는 다섯 가지 감각기관(眼根·耳根·鼻根·舌根·身根)을 가리킨다. 五根은 물질로 이루어져 있기 때문에 또한 오색근五色根이라고도 한다.
111 十身: 여래가 불과佛果를 증득하면서 갖게 되는 열 가지 몸으로, 보리신菩提身·원신願身·화신化身·주지신住持身·상호장엄신相好莊嚴身· 세력신勢力身·여의신如意身·복덕신福德身·지신智身·법신法身이 있다.

다. 그래서 '色에 自在하다.'고 하였다. 오근五根이 번갈아 작용한다는 것[112]은 『열반경涅槃經』[113]의 八自在[114] 중에서 말한 것과 같고, 십신十身이 서로 작용한다는 것은 『화엄경』의 「십지품十地品」에서 설한 것과 같다.[115] 색덕色德 찬탄하는 것을 마친다.

해설 보통 사람에게 있어서는 눈으로 소리를 듣거나 코로 사물을 본다고 하는 것은 불가능한 일이다. 그러나 『성유식론成唯識論』에서는 눈으로 맛을 느끼기도 하고 귀로 볼 수 있는 것처럼 여래가 다섯 가지 감각기관을 서로 제한 없이 사용할 수 있다고 설하였다. 이것을 오근호용五根互用 또는 제근호용諸根互用이라 한다.

救世大悲者者, 是第三句擧人結歎。佛猶大長者, 以衆生爲子, 入三界火宅, 救諸焚燒苦。故言救世。救世之德, 正是大悲, 離自他悲, 無緣之悲, 諸悲中勝, 故言大悲。佛地所有萬德之中, 如來唯用大悲爲力。故偏擧之, 以顯佛人。如增一阿含云, "凡聖之力有其六種, 何等爲六。小兒以啼爲力, 欲有所說要當先啼。女人以瞋恚力, 依瞋恚已然後所說。沙門婆羅門以忍爲力, 常念下於人, 然後自陳。國王以憍慢爲力, 以此豪勢而自陳說。阿羅漢以專精爲力而自陳說。諸佛世尊以大悲爲力弘益衆生"。

---

112 아래 각주의 八自在 중 다섯 번째를 가리킨다. 八自在 관련 내용은 『大般涅槃經』(대정장 제12권, 0374, p.502. c17~ p.503. a22행)에 있다.
113 『涅槃經』: 정식 명칭은 『대반열반경大般涅槃經』이며, 상·중·하 3권으로 부처님이 열반에 들기 전 제자들에게 들려준 내용과 열반할 때의 상황과 열반 후 제자들이 결집하여 부처님의 뜻을 전하고자 한 행위 등이 기재되어 있다.
114 八自在: 팔대자재아八大自在我라고도 하며, 열반에 포함된 네 가지 덕(상常, 낙樂, 아我, 정淨) 중에 我가 곧 자재무애自在無礙하다는 뜻이다. 大我는 여덟 가지 大自在를 구족한 여래 법신을 말한다. ① 일신一身이 다신多身됨을 보인다. ② 일진신一塵身이 대천계大千界에 가득 참을 보인다. ③ 큰 몸이 가볍게 올라가 멀리 이른다. ④ 무량無量의 형류形類로 나타나서 하나의 땅에 항상 거한다. ⑤ 제근諸根이 호용된다. ⑥ 일체 법을 얻어도 법상法相이 없음과 같다. ⑦ 한 게偈의 뜻을 설하는 데 무량한 겁劫이 걸린다. ⑧ 몸이 모든 곳에 두루 하여 허공과 같다.
115 十身과 관련된 내용은 『大方廣佛華嚴經』(대정장 제9권, 0278, p.565. b15~ c4행)에 있다.

故[116]是知諸佛偏以大悲爲力, 故將表人名大悲者。上來三句歎佛寶竟。

'구세대비자救世大悲者'는 셋째 구절[117]로서, 사람을 들고 찬탄함으로 마친 것이다. 부처는 위대한 어른으로 중생을 자식과 같이 여겨 삼계三界[118]의 불타는 집에 들어가 불에 타 소진되는 모든 고통에서 구한다. 그래서 세상을 구한다고 했다. 세상을 구하는 덕이 바로 이 대비大悲이니, 나와 남을 분간하여 불쌍히 여기는 것을 떠난 무연無緣의 자비가 모든 비悲 중에 가장 뛰어나기 때문에 대비大悲를 말하였다. 부처의 경지에서 갖게 되는 수많은 덕 중에서 여래는 오직 대비大悲로써 힘을 삼기 때문에 (하나만을) 치우치게 들어서 부처를 드러냈다. 마치 『증일아함경增一阿含經』[119]에서 다음과 같이 말한 것과 같다. "보통 사람과 성인의 힘에 여섯 종류가 있는데, 무엇이 여섯인가? 어린아이는 우는 것으로 힘을 삼는데, 말하여 요구할 것이 있으면 당연히 먼저 운다. 여자는 성내는 것이 힘이라, 성내는 것을 마친 뒤에 말한다. 출가자와 바라문婆羅門[120]은 참는 것으로 힘을 삼아, 항상 남에게 자신을 낮출 것을 생각한 뒤에 자신(의 뜻)을 편다. 국왕은 교만함으로 힘을 삼고, 이 교만함의 호탕한 기세로써 자기의 뜻을 펼쳐 말한다. 아라한阿羅漢[121]은 오로지 정진하는 것으로 힘을 삼아 자기의

---

116 故가 동국대 불교기록유산아카이브에는 '弘益衆生故'로 앞에 붙어 있으나 대장경의 『增一阿含經』에는 弘益衆生으로 끝이 난다. 그렇기 때문에 뒤로 붙여서 원효의 疏의 글로 보았다.
117 佛寶를 찬탄한 구절 '最勝業偏知 色無礙自在 救世大悲者'에서 세 번째인 '救世大悲者'를 가리킨다.
118 삼계三界: 욕계欲界, 색계色界, 무색계無色界를 가리킨다.
119 『增一阿含經』: 범어 'ekottaragama'를 한역漢譯한 것으로, 'ekottara'는 增一이고, 'agama'는 전해 내려온 것을 뜻한다.
120 婆羅門: 범어 'brāhmaṇa'의 음사어로, 인도의 카스트 중 최상위 계급의 성직자 또는 학자를 가리킨다.
121 阿羅漢: 범어 'arhat'의 음사어로 줄여서 나한羅漢이라고도 하며, 의역하여 응공應供·응진應眞·살적殺賊·진인眞人이라 한다. 여래의 열 가지 호칭 중 하나로서, 삼계의 견사見思惑을 모두 끊어 없애고 진지盡智를 증득하여 세간에 큰 공양을 받을 수 있는 성자를 의미한다. 또 대승과 소승에서 공통적으로 사과四果의 하나이지만, 주로 소승에서 얻은 최고의 과위果位를 가리킨다.

뜻을 펼친다. 여러 부처와 세존은 대비大悲를 힘으로 삼아 중생을 널리 이롭게 한다."[122] 그래서 여러 부처는 특히 大悲로써 힘을 삼는다는 것을 알기 때문에 사람을 드러내려고 大悲者라 이름한 것이다. 위로부터 세 구절[123]로써 불보佛寶 찬탄함을 마친다.

此下二句, 次顯法寶。及彼身體相者, 謂前所說如來之身, 卽是報佛。正用法界以爲自體, 故言彼身之體相也, 此是擧佛而取其法。下句正出法寶體相。言法性者, 所謂涅槃, 法之本性, 故名法性。如智度論云, "法名涅槃無戲論法, 性名本分種, 如黃石金性, 白石銀性。如是一切法中有涅槃性"。故言法性。

그 아래 두 구절[124]은 다음으로 법보法寶를 드러낸 것이다. '급피신체상及彼身體相(및 저 신체의 相)'이란 것은 앞에서 말한 여래의 몸을 이른 것으로, 바로 보신불[125]이다. 바로 법계法界를 자신의 몸으로 삼기 때문에 저 몸의 체상體相이라 했으니, 이것은 부처를 들어서 그 법을 취한 것이다. 아래 구절[126]은 바로 법보法寶의 체상을 드러낸 것이다. '법성法性'이라는 것은 이른바 열반으로, 법의 본성이기 때문에 법성法性이라 하였다. 『지도론智度論』[127]에서 이르기를 "法은 열반의 이름으로 재미 삼아 논할 수 없는 것이고, 性은 본분종本分種[본체가 나눠진 종자]을

---

122 『增一阿含經』(대정장 제2권, 0125, p.717. b18~ 25행)에서 인용.
123 偈의 '最勝業徧知 色無礙自在 救世大悲者'를 가리킨다.
124 偈의 '及彼身體相 法性眞如海'를 가리킨다.
125 報身佛: 三身(법신·보신·응신) 또는 四身(법신·보신·응신·화신)의 하나로, 범어 'saṃbhogakāya'를 한역漢譯한 것이다. 수행하는 계위에서 지은 한량없는 소원과 그 수행의 과보로 만 가지 덕을 원만히 갖춘 부처의 몸을 지칭하는 이름으로, 아미타불·약사여래·노사나불 등이 있다.
126 '法性眞如海'를 가리킴
127 『智度論』: 『大智度論』의 약칭으로, 『마하반야바라밀경摩訶般若波羅蜜經』을 풀이한 것이다. 용수龍樹가 짓고 구마라집이 한역漢譯하였다.

칭하는 것으로, 마치 노란 돌에는 황금의 본성이 있고 흰 돌에는 은銀의 본성이 있는 것과 같다. 이처럼 모든 존재 안에는 열반의 본성이 있다."[128]라고 한 것과 같다. 그래서 법성法性을 말한 것이다.

해설 모든 존재는 法性을 가지고 있기 때문에 열반에 이를 수가 있다. '본분종本分種'이라고 하는 것은 하늘에 뜬 달이 세상의 모든 물에 비춰지면 그 물에 따라 여러 형태의 달이 뜨는 것처럼 본체에서 나뉜 종자를 의미한다. 이 나뉜 달의 모습은 모두 본체와 같이 온전한 형태로 나타나야 하지만 실제로는 그 물의 상태에 따라 서로 다르게 나타난다. 이것은 성리학에서 말하는 이일분수理一分殊의 원리와도 같은 것으로, 태극의 理는 하나로서 모든 존재에 동일한 性으로 내재하지만 기질에 섞여서 존재로 드러남에 있어서는 조금씩 다르다. 그러나 밤나무에서 밤이 익어 땅에 떨어지면, 그 밤톨은 모두 크기가 조금씩 다르긴 하지만 그 밤은 다시 온전한 하나의 밤나무로 자라는 것처럼 이 하나하나의 밤톨은 모두 본래 밤나무의 本分種이다.

言眞如者, 無遣曰眞, 無立曰如。如下文云, '此眞如體無有可遣, 以一切法悉皆眞故, 亦無可立, 以一切法皆同如故。當知一切法不可說不可念。故名爲眞如'。

'진여眞如'라고 말하는 것에서 버릴 것이 없는 것을 眞이라 하고[129] 세울 것이 없는 것을 如라 한다. 아랫글[130]에서 '이 진여의 체에 버릴

---

128 『大智度論』(대정장 제25권, 1509, p.298. b19~ 21행)에서 인용. 원문에서 축약된 글자가 많다. "法名涅槃, 不可壞不可戱論。法性名爲本分種, 如黃石中有金性, 白石中有銀性。如是一切世間法中, 皆有涅槃性。"

129 은정희 역: 보낼 것이 없음을 '진眞'이라 하고

130 131쪽

만한 것이 없음은 일체 법이 모두 다 진실하기 때문이고, 역시 세울만한 것이 없는 것은 일체 법이 모두 동일하고 여여如如하기 때문이다. 마땅히 일체 법은 설할 수도 없고 생각할 수도 없다는 것을 알아야 한다. 그래서 진여라 한다.'라고 이른 것과 같다.

해설 '버릴 것이 없다.'는 것은 마음속에 올바르지 않은 것이 없는 진실함을 말한 것이고, '세울 것이 없다.'는 것은 六祖 혜능이 게송에서 말한 '본래무일물本來無一物[만물은 실체가 아니고 空에 지나지 않으므로 집착 할 것이 없다.]'의 의미와 같다.

所言海者, 寄喩顯法, 略而說之, 海有四義。一者甚深, 二者廣大, 三者百寶無窮, 四者萬像影現。眞如大海當知亦爾, 永絶百非故, 苞容萬物故, 無德不備故, 無像不現故。故言法性眞如海也。如華嚴經言, "譬如深大海, 珍寶不可盡, 於中悉顯現, 衆生形類像, 甚深因緣海, 功德寶無盡, 淸淨法身中, 無像而不現"故。歎法寶竟。

　　말한 바 '바다'란 것은 비유에 붙여 존재를 드러낸 것이니, 간략히 말하면 바다에 네 가지 뜻이 있다. 하나는 매우 깊은 것이고, 둘은 광대한 것이며, 셋은 여러 보배가 무궁한 것이고, 넷은 만 가지 영상이 드러나는 것이다. 眞如의 큰 바다도 그러함을 마땅히 알아야 하니, 백비百非[131]를 영원히 단절하기 때문이고, 만물을 포용하기 때문이며, 어떠한 덕도 갖추지 아니함이 없기 때문이고, 어떠한 형상도 드러나지 않음이 없기 때문이다. 그래서 '법성法性 진여의 바다'라고 말하

131　百非: 百은 일반적으로 그 수가 많은 것을 가리키는 것으로, 非는 有도 아니고 無도 아닌 것처럼 갖가지로 부정하는 것이다. 이것은 글자와 언어로 표현하는 모든 것이 실체가 아니라는 것을 증명하기 위한 논법으로, 중생의 미혹된 집착을 떨쳐내 제법이 무상하여 얻을 수 없는 것임을 깨닫게 해 주기 위한 것이다.

였다. 마치 『화엄경』에서 "비유하자면 깊고 큰 바다에 진귀한 보배가 다 없어질 수 없으며, 그 안에 뭇 생명의 형상과 무리의 모습이 다 드러나는 것처럼, 깊고 깊은 인연의 바다도 공덕의 보배가 다함이 없고, 청정한 법신法身[132] 중에 어떠한 모습도 드러나지 않는 것이 없다."[133] 라고 말한 것과 같기 때문이다. 법보 찬탄함을 마친다.

해설 '百非를 영원히 단절했다.'는 것은 모든 분별의 세계를 초월하여 진리의 세계에 있다는 것을 의미한다. 百非는 사구백비四句百非의 준말로, 주로 불교 중관학파中觀學派에서 사용하는 용어인데, 대립하는 개념을 이용하여 네 가지 현상을 판별하는 논리 형식이다. 예를 들면 '유有', '무無', '역유역무亦有亦無', '비유비무非有非無'에 대해서 각각 '긍정', '부정', '긍정과 부정의 양자 인정', '긍정과 부정의 양자 불인정'을 하게 되면 16가지가 되고, 이것에 대해 또 과거, 현재, 미래에서 각각의 16가지의 경우를 더하면 48이 되고, 또 다시 여기에 이미 일어난 것 48과 일어나지 않은 것 48을 더하면 96이 되며, 이 96에 본래의 四句를 더하면 100이 된다. 이 100가지 논리 형식을 모두 부정하는 것을 百非라 한다. 이러한 모든 분별과 논리를 초월한 곳에 진리가 있다.

또 우리가 '이것이 진리다.'라고 하는 생각에 붙잡히면 옳고 그름이라고 하는 양변의 상대적 세계에 머물게 되고 만다. 『장자莊子』에 "生하면 死하고, 死하면 生한다. 可하면 不可하고, 不可하면 可하다. 是에 기인하는 것은 非에 기인하고, 非에 기인하는 것은 是에 기인한다. 이

132　法身: 법불法佛·이불理佛·법신불法身佛·자성신自性身·법성신法性身·여여불如如佛·실불實佛·제일신第一身이라고도 한다. 소승의 제부諸部에서는 부처가 설하신 교법과 부처가 증득한 무루無漏의 공덕신功德法 등을 모두 法身이라 하나, 대승에서는 이것을 제외하고 부처의 자성인 진여정법계眞如淨法界를 法身이라 하며, 이 法身은 무루무위無漏無爲하고 무생무멸無生無滅한다.
133　『大方廣佛華嚴經』(대정장 제9권, 0278, p.788. a4~ 7행)에서 인용.

러한 까닭에 성인은 하늘에 비춰본다."¹³⁴ 라고 하는 글이 있는데, 이것은 바로 성인은 상대적인 분별 세계에서 벗어나 절대적인 차원에서 시是와 비非를 바라본다는 것을 의미한다. 자신이 언제나 옳다는 생각에 빠지면 시비是非의 세계에서 벗어날 수 없다.

此下二句, 歎其僧寶。言無量功德藏者, 擧德取人, 謂地上菩薩, 隨修一行, 萬行集成, 其一一行皆等法界, 無有限量, 積功所得。以之故言無量功德。如是功德, 總屬菩薩, 人能攝德, 故名爲藏。

  그 아래 두 구절¹³⁵은 승보僧寶를 찬탄한 것이다. '무량한 공덕을 갖추신 분'이라 말한 것은 덕을 들어 사람을 취한 것으로, 지상地上보살¹³⁶이 하나의 수행을 닦음에 따라 만 가지 덕행이 모여 이뤄지는 것을 말하니, 그 하나하나의 수행이 모두 法界에서 무한하게 공을 쌓아서 얻은 것과 같다. 이러한 까닭에 '무량공덕無量功德'이라고 하였다.¹³⁷ 이 같은 공덕은 모두 보살에게 속하지만, 사람들이 그 덕을 붙잡을 수 있기 때문에 '갖추신 분'이라 하였다.¹³⁸

해설 지상地上보살의 경지에 이르지 않은 상태에서의 하나하나의 수행은 단지 개별적인 하나에 그치지만, 그것이 쌓이고 싸여 어느 날 활연히 깨우침을

---

134 『莊子』「第2篇 齊物論」, 제1장 "方生方死, 方死方生, 方可方不可, 方不可方可, 因是因非, 因非因是, 是以聖人不由, 而照之於天"
135 偈의 '無量功德藏 如實修行等'을 가리킨다.
136 地上菩薩: 보살 수행 52계위(十信, 十住, 十行, 十廻向, 十地, 等覺, 妙覺) 중 41위 이상의 십지 십지 보살을 가리킨다.
137 은정희 역: 그 하나하나의 행이 모두 법계와 같아서 한량이 없는지라 공을 쌓아 얻은 바이니, 그러므로 '한량없는 공덕'이라 하며,
138 은정희 역: 이러한 공덕이 모두 보살에 속하여 사람(그 보살)이 덕을 잘 가지고 있기 때문에 '갖춘 이(藏)'라고 이르는 것이다.

얻어 부처가 되면, 하나의 행위가 바로 만 가지 수행이 이루어진 것과 같아진다. 그래서 공자도 "나의 道는 하나로 꿰어졌다."[139]라고 말한 것이다. '사람들이 능히 그 덕을 붙잡을 수 있다.'는 것은 지상보살도 사람이고 보통 사람도 같은 사람이기 때문에 보살이 쌓은 공덕을 나도 쌓을 수 있다는 말이다.

次言如實修行等者, 正歎行德。依寶性論, 約正體智名如實行, 其後得智名爲徧行。今此中言如實修行, 擧正體智, 次言等者, 取後得智。若依法集經說, 總括萬行始終, 通爲二句所攝, 謂如實修行, 及不放逸。如彼經言, "如實修行者, 謂發菩提願, 不放逸者, 謂滿足菩提願。復次如實修行者, 謂修行布施, 不放逸者, 謂不求報。如是持淨戒, 成就不退, 或修忍辱行, 得無生忍, 求一切善根而不疲倦, 捨一切所作事, 修禪定, 不住禪定, 滿足智慧, 不戲論諸法"。如其次第 如實修行及不放逸, 乃至廣說。

다음에 말한 '여실수행등如實修行等'이란 것은 바로 행덕行德을 찬탄한 것이다. 『보성론寶性論』[140]에 의하면, 정체지正體智[141]를 기준으로 여실행如實行이라고 하고, 그 후득지後得智는 변행徧行이라 하였다.[142] 지금 이 『기신론』에서 말한 '여실수행如實修行'은 정체지正體智를 들은 것이고, 다음에 말한 '등등'은 후득지後得智를 취한 것이다. 만약에 『법집경法集經』[143]의 말씀에 따라 만행萬行의 시작과 끝을

---

139 『論語』「里仁」, 제15장 "子曰, 參乎, 吾道一以貫之"
140 『寶性論』: 『구경일승보성론究竟一乘寶性論』의 약칭. 여래장의 自性이 청정한 뜻을 밝혔다.
141 正體智: 근본지根本智 또는 근본무분별지根本無分別智·여리지如理智라고도 한다. 진리에 부합하여 능연能緣과 소연所緣의 차별이 없는 절대의 참 지혜로, 후득지後得智를 내는 근본이 된다.
142 『究竟一乘寶性論』(대정장 제31권, 1611, p.825. a3~ 7행)에서 요약하여 인용하였다.
143 『法集經』: 원명原名은 『불설법집경佛說法集經』이다. 부처님께서 설하신 교리들을 묶은 경이라는 뜻으로, 보살에게 필요한 여러 가지 교리들에 대하여 여러 보살들이 먼저 말하고 부처님께서 그것에 동의하는 형식으로 구성되어 있다.

총괄한다면 공통적으로 두 구절로 포섭되는데, 여실수행如實修行과 불방일不放逸[144]이다. 마치 저 『법집경』에서 "여실수행如實修行은 보리원菩提願을 발하는 것이고, 불방일不放逸은 보리원菩提願을 만족시키는 것이다. 다시 여실수행如實修行은 보시를 수행하는 것이고, 불방일不放逸은 보답을 구하지 않는 것이다. 이같이 깨끗한 계율을 지키고 물러나지 않음을 성취하며, 혹 인욕행忍辱行을 닦아 무생인無生忍[145]을 얻거나, 일체의 선근善根을 구하되 피곤해 하거나 게을리하지 않고, 모든 지은 일들을 버리고 선정을 닦되 선정에 주착하지 않으며, 지혜를 두루 채우고 제법을 함부로 논하지 않는다."[146]라고 말한 것과 같다. 그 차례와 같이 여실수행如實修行과 불방일不放逸에 대해 계속해서 폭넓게 설명하였다.

해설 正體智는 본성에서 주어지는 것으로서 모든 인간에게 태어날 때부터 주어지는 마음의 지혜이다. 이러한 지혜가 항상 바르게 유지되도록 하는 것이 바로 如實修行이다. 後得智는 깨우침을 얻었을 때 주어지는 것이다. 이것을 얻기 위한 공부가 不放逸이다. 이것을 유가儒家의 측면으로 말한다면, 正體智는 인의예지仁義禮智의 智에 해당하는 것으로, 우리 인간의 마음에 기본적으로 내재하는 것이며, 무엇이 옳고 그른지 배우지 않아도 아는 것이다. 이 正體智가 본연의 바름을 잃지 않도록 하는 것이 성의誠意[뜻을 정성스럽게 하는 것] 공부이고, 分別智인 後得智가 正體智와 같아지도록 마음을 닦는 不放逸은 바로 거경居敬[마음이 흐트러지지 않고 경건하게 하나에 집중하고 있는 상태] 공부에 해당한다.

---

144 不放逸: 제6意識의 善心所 중 하나로, 나태하고 게으르지 않으며 나쁜 짓을 끊고 선을 닦는 마음 작용을 말한다.
145 無生忍: '내가 있다'라고 하는 我執에서 벗어나 我空을 깨달으면 욕됨을 받는 상황에서도 참는다고 하는 생각 자체가 아예 생기지 않는 것을 의미한다.
146 『佛說法集經』(대정장 제17권, 0761, p.635. c3~ 11행)에서 압축하여 인용하였다.

또 무생인無生忍이란 것은 억지로 하는 것이 없어서 무엇을 하더라도 힘들거나 피곤하지 않은 경지를 의미하는 것으로, 마치 하늘이 무엇을 하려고 의도하는 것이 없어도 봄·여름·가을·겨울의 사계四季가 쉼 없이 자연스럽게 운행하는 뜻과 같다.

今言如實修行者, 卽攝發菩提願, 乃至滿足智慧。次言等者, 取不放逸, 卽是滿足菩提願, 及至不戲論諸法也。歸敬三寶竟在前。

지금 (기신론에서) 말한 '여실수행如實修行'은 곧 보리원菩提願을 발하는 것에서부터 지혜를 두루 채우는 것까지를 포섭한다. 그다음에 말한 '등等'은 불방일不放逸을 취한 것으로, 바로 이 보리원菩提願을 만족시키는 것부터 제법諸法을 희론戲論하지 않는 것까지이다. 삼보三寶에 귀의하여 공경하는 것을 여기에서 마친다.

해설 『법집경法集經』에서 말한 만행萬行의 시작과 끝을 如實修行과 等으로 정리하면 아래 표와 같다.

如實修行 (시작)	發菩提願	修行布施	持淨戒	修忍辱行	求一切善根而不疲倦	修禪定	滿足智慧
等, 不放逸(끝)	滿足菩提願	不求報	成就不退	得無生忍	捨一切所作事	不住禪定	不戲論諸法

二. 조론대의造論大意 (논을 지은 큰 뜻)

[論_ 歸敬述意_ 造論大意]
爲欲令衆生, 除疑捨邪執, 起大乘正信, 佛種不斷故。

　　중생으로 하여금 의혹을 제거하고 그릇된 집착을 버리게 하며, 대승의 바른 믿음을 일으켜서 부처의 씨앗이 단절되지 않게 하기 위한 것 때문이다.

[疏] 次述造論大意。造論大意不出二種, 上半明爲下化衆生, 下半顯爲上弘佛道。所以衆生長沒生死之海, 不趣涅槃之岸者, 只由疑惑邪執故也。故今下化衆生之要, 令除疑惑而捨邪執。

　　다음으로 『기신론』을 지은 큰 뜻을 서술했다. 논을 지은 큰 뜻이 이 두 가지에서 벗어나지 않으니, 앞의 반절(의 게偈)은 아래로 중생 교화를 밝힌 것이고, 뒤의 반절은 위로 불도佛道 넓히는 것을 드러낸 것이다. 중생이 오랫동안 생사의 바다에 빠져 열반의 피안으로 나아가지 못하는 소이는 단지 의혹과 그릇된 집착에 말미암기 때문이다. 그래서 지금 아래로 중생을 교화하는 요체는 의혹을 제거하고 그릇된 집착을 버리게 하는 것이다.

汎論疑惑, 乃有多途, 求大乘者, 所疑有二。一者疑法, 障於發心, 二者疑門, 障於修行。

　　의혹을 넓게 논한다면 이에 여러 가지 길이 있지만, 대승을 구하는 것에 의심되는 것이 둘이 있다. 하나는 법을 의심하여 발심을 가로막는 것이고, 다른 하나는 들어가는 문을 의심하여 수행을 막는 것이다.

> **해설** 법을 의심한다는 것은 대승이 '열반에 이르는 참된 진리인가?'에 대한 의심이고, 문을 의심한다는 것은 '대승을 통해 그 깨달음에 이르는 수행방법이 옳은가?'에 대한 의심이다.

言疑法者, 謂作此疑, 大乘法體, 爲一爲多。如是其一, 則無異法, 無異法故, 無諸衆生, 菩薩爲誰發弘誓願。若是多法, 則非一體, 非一體故, 物我各別, 如何得起同體大悲。由是疑惑, 不能發心。

'법을 의심한다.'고 말한 것은 '대승의 법체法體가 하나인가? 아니면 여럿인가?'에 대하여 의심을 하는 것이다. 만일 그 법체가 하나라면 다른 법은 없을 것이고, 다른 법이 없기 때문에 여러 중생이 없다면 보살은 누구를 위해 큰 서원을 발할 것인가? 만약 여러 법이라면 한 몸이 아닐 것이고, 한 몸이 아닌 까닭에 다른 존재와 나는 각각 별개인데 어떻게 동체대비同體大悲[147]를 일으킬 것인가? 이런 의혹 때문에 마음을 발할 수가 없다.

> **해설** 만약 법체가 하나라고 한다면 나와 다른 존재가 없기 때문에 자연히 중생도 없어지고, 중생이 없으면 다른 존재를 구제한다고 하는 것 자체가 성립하지 않는다. 만약 각기 다른 존재를 인정한다면 '어떻게 남을 자기 몸과 동일하게 여길 수가 있는가?'라고 하는 모순적 상황이 발생한다. 이 문제는 중생 모두 불성을 가지고 있어 본래 부처인데, '누가 누구를 구제

---

147 同體大悲: 동체자비同體慈悲라고도 한다. 일체중생을 자기의 몸과 하나로 보고, 고통에서 구하고 즐거움을 주려고 하는 평등하고 절대적인 자비심이다.

할 것인가?'라고 묻는 것과 같다.

言疑門者, 如來所立教門衆多, 爲依何門初發修行。若共可依, 不可頓入, 若依一二, 何遣何就。由是疑故, 不能起修行。故今爲遣此二種疑, 立一心法, 開二種門。

'문門을 의심한다.'고 말한 것은 다음과 같다. 여래가 세운 가르침의 문이 많아 어떤 문에 의해 처음 마음을 내고 수행을 할 것인가? 만약 (어느 문이라도) 함께 의지할 수 있다면 선뜻 들어갈 수가 없고, 만약 하나나 두 문에 의지해야 한다면, 무엇을 버리고 어디로 나아갈 것인가? 이러한 의심 때문에 수행을 일으킬 수가 없다. 그래서 지금 이 두 가지 의심을 제거하기 위해 한마음의 法을 세우고 두 가지 문을 열었다.

立一心法者, 遣彼初疑, 明大乘法唯有一心, 一心之外更無別法。但有無明迷 自一心起諸波浪, 流轉六道, 雖起六道之浪, 不出一心之海。良由一心動作六道, 故得發弘濟之願, 六道不出一心, 故能起同體大悲。如是遣疑, 得發大心也。

한마음의 法을 세웠다는 것은 저 첫 번째 의심을 제거한 것으로, 대승의 법에는 오직 한마음이 있을 뿐이고, 한마음 밖에 다시 다른 법이 없음을 밝혔다. 다만 무명의 미혹함이 있어서 한마음으로부터 여러 물결을 일으켜 이리저리 육도六道[148]를 전전하고, 비록 六道의 파랑을 일으키지만 한마음의 바다를 벗어나지 않는다. 진실로 한마음의

---

148 六道: 육취六趣라고도 한다. 중생이 인과에 따라 윤회하는 여섯 가지 길로써, 지옥·아귀·축생·아수라·人·天의 세계를 지칭한다.

움직임으로 말미암아 六道를 만들기 때문에 널리 구제한다는 서원을 발할 수 있고, 六道가 한마음에서 벗어나지 않기 때문에 동체同體의 大悲를 일으킬 수 있다. 이처럼 의심을 버려야 큰 자비의 마음을 낼 수 있다.

> **해설** 중생이 지옥, 아귀, 축생, 아수라, 인간, 천상과 같은 여섯 가지의 길에서 유전한다는 것은 반드시 죽어서 윤회하는 것만을 의미하지는 않는다. 한마음의 본성을 깨우치지 못하면 순간순간 우리의 마음은 짐승이 되었다가 아귀가 되기도 하고, 축생이 되었다가 인간이 되기도 하는 갖가지 고통의 길에서 늘 헤매는 것이다. 그래서 '六道가 한마음에서 벗어나지 않는다.'라고 하였다.

開二種門者, 遣第二疑。明諸教門雖有衆多, 初入修行, 不出二門, 依眞如門修止行, 依生滅門而起觀行。止觀雙運, 萬行斯備, 入此二門, 諸門皆達。如是遣疑, 能起修行也。

　　두 가지 문을 열었다는 것은 두 번째 의심을 제거한 것이다. 여러 교문教門이 비록 많지만 처음 수행에 들어가는 것은 두 문에서 벗어나지 않음을 밝혔으니, 진여문에 의해 지행止行[149]을 닦고, 생멸문에 의해 관행觀行[150]을 일으킨다. 지止와 관觀을 쌍으로 운행하면 만 가지 수행이 여기에서 갖춰지고, 이 두 문으로 들어가면 여러 문에 모두 통달한다. 이처럼 의심을 제거해야 능히 수행을 일으킬 수 있다.

---

149 止行: 지止는 범어 'śamatha'의 한역漢譯으로, 헛된 생각이 일어나는 것을 막고 마음이 한곳에 머물도록 하는 수행을 말한다.
150 觀行: 관觀은 범어 'vipaśyanā'의 한역漢譯으로, 선정禪定에 들어 지혜로써 경계를 자세히 관觀하는 수행을 말한다.

捨邪執者, 有二邪執, 所謂人執及與法執。捨此二義, 下文當說。下化
衆生, 竟在於前也。

사집邪執을 버린다는 것에 두 가지 사집邪執이 있으니, 이른바 인집人執[151]과 법집法執[152]이다. 이 두 가지를 버린다는 뜻은 아랫글[153]에서 당연히 설명할 것이다. 아래로 중생을 교화한다는 것을 여기에서 마친다.

此下二句, 上弘佛道, 除彼二邊之疑, 得起決定之信, 信解大乘唯是一心。故言起大乘正信也。捨前二執分別, 而得無分別智, 生如來家, 能紹佛位。故言佛種不斷故也。如論說云, "佛法大海, 信爲能入, 智慧能度"。故擧信智, 明弘佛道。偈首言爲, 下結云故者, 爲明二意。故造此論也。歸敬述意竟。

그 아래 두 구절[154]은 위로 불도佛道를 넓히는 것이니, 저 두 가지 측면의 의심[155]을 제거하여 확고한 믿음을 일으키고, 대승은 오직 이 한마음뿐이라는 것을 믿고 이해하는 것이다. 그래서 '대승의 바른 믿음을 일으킨다.'라고 말했다. 앞에서 말한 두 가지 집착과 분별을 버리면, 무분별지無分別智[156]를 얻을 수 있고, 여래의 가문에 태어나 능히 부처의 자리를 이을 수 있다. 그래서 '부처의 씨앗이 단절되

---

151 人執: 인아집人我執이라고도 하며, 색色·수受·상想·행行·식識의 오온五蘊이 화합하여 이루어진 인간에게 불변하는 실체가 있다고 집착하는 것을 말함.
152 法執: 법아法我·법아견法我見·법아집法我執이라고도 하며, 제법이 모두 인연으로 생겨나서 독립적인 실체가 없음에도 불구하고 헛되이 집착하는 것을 말한다.
153 아랫글은 解釋分의 對治邪執을 가리킨다.
154 偈의 '起大乘正信 佛種不斷故' 부분을 가리킨다.
155 두 가지 측면의 의심은 위에서 설명한 法과 門에 관한 것이다.
156 無分別智: 주관과 객관의 상을 떠난 평등하고 진실한 지혜.

지 않기 때문이다.'라고 하였다. 마치 논설[157]에서 "불법은 대해大海인데, 믿음으로 능히 들어가서 지혜로 건널 수 있다."[158]라고 말한 것과 같다. 그래서 믿음과 지혜를 들어 불도佛道 넓히는 것을 밝혔다. 게송의 머리 부분에서 '위爲'를 말하고 아래에서 매듭지어 '고故'라고 한 것은 이 두 가지 뜻[159]을 밝히기 위함이다. 그래서 이 『기신론』을 지었다. 귀경歸敬과 술의述意를 마친다.

---

157   논설은 『大智度論』이다. 『대품반야경大品般若經』의 주석서로 용수龍樹가 저술하였으며, 『智度論』, 『智論』, 『마하반야석론摩訶般若釋論』이라고도 한다.
158   『大智度論』(대정장 제25권, 1509, p.63. a1~ 2행)에서 인용.
159   두 가지 뜻은 下化衆生과 上弘佛道이다.

정립논체 正立論體 (논의 몸체를 바르게 세우다)

[疏] 此下第二正立論體, 在文有三。一者總標許說, 二者擧數開章, 三者依章別解, 文處可見。

이 아래는 두 번째[160] 『기신론』의 몸체를 바로 세우는 것으로, 글에 세 부분이 있다. 하나는 총표허설總標許說이고, 둘은 거수개장擧數開章이며, 셋은 의장별해依章別解이니, 글이 있는 곳에서 알 수 있을 것이다.

---

160 正立論體를 말함. 원효의 소와 별기를 제외하고 『기신론』의 본문을 크게 셋으로 나누었을 때 歸敬述意가 첫 부분이고, 正立論體가 두 번째에 해당하고, 總結廻向이 마지막 부분에 해당한다.

一. 총표허설總標許說 (총체적으로 표시하고 설법 허락을 구하다)

[論_ 正立論體_ 總標許說]
論曰, 有法能起摩訶衍信根, 是故應說。

  논에서 말하기를, 어떤 법이 마하연摩訶衍[161]에 대한 믿음의 뿌리를 일으킬 수 있으니, 이런 까닭으로 마땅히 설한다.[162]

[疏] 初中言有法者, 謂一心法。若人能解此法, 必起廣大信根。故言能起大乘信根。信根之相, 如題名說。信根旣立, 卽入佛道, 入佛道已, 得無窮寶。如是大利, 依論而得, 是故應說。總標許說, 竟在於前。

  처음에 말한 '有法(어떤 법)'이란 것은 한마음 法을 말한다. 만약 사람들이 이 법을 능히 이해할 수 있으면, 반드시 광대한 믿음의 뿌리를 일으킬 것이다. 그래서 대승의 신근信根을 일으킬 수 있다고 말했다. 신근信根의 모습은 제목의 이름에서 설명한 것과 같다.[163] 신근信根이 서면 바로 불도佛道에 들어가고, 불도에 들어가면 무궁한 보배를 얻는다. 이 같은 큰 이익을 논에 의해 얻기 때문에 마땅히 설해야 한다. 총표허설總標許說을 앞에서 마친다.

---

161 摩訶衍: 범어 'mahā-yāna'의 음사어音寫語인 마하연나摩訶衍那를 줄인 말로, 보살의 교법인 대승大乘을 의미한다. 마하摩訶는 크고 풍부하고 뛰어나다는 것을 의미하고, 연나衍那는 구름을 탄다는 뜻이다.
162 總標許說에 해당한다.
163 대승기신론의 제목의 이름을 설명하는 부분에서 信에 대하여 설명하였다.

二. 거수개장擧數開章 (수를 들어 장을 열다)

[論_ 正立論體_ 擧數開章]
說有五分, 云何爲五。一者因緣分, 二者立義分, 三者解釋分, 四者修行信心分, 五者勸修利益分。

(논왈) 설함에 다섯 부분이 있으니, 무엇을 일러 다섯이라 하는가? 하나는 인연분因緣分이고, 둘은 입의분立義分이며, 셋은 해석분解釋分이고, 넷은 수행신심분修行信心分이며, 다섯은 권수이익분勸修利益分이다.

해설 여기에서 말한 인연분因緣分은 이 기신론을 '누구를 위해 무엇 때문에 지었는가?'에 대한 그 까닭을 기술한 부분으로, 지금의 학술 논문에서 서론에 해당한다. 다음 입의분立義分은 본론의 도입 부분으로, 기신론에서 말하고자 하는 핵심 내용을 간략하게 정의한 부분이다. 해석분解釋分은 본론에 해당하는 부분으로, 입의분立義分의 내용을 자세하게 풀이하였다. 수행신심분修行信心分은 해석분解釋分에서 이해한 내용을 통해 믿음을 발하고 수행하는 것을 설명한 부분이고, 권수이익분勸修利益分은 수행을 통해서 얻는 이익을 보여주고 수행하기를 권하는 부분이다.

[疏] 第二擧數開章。有五分者, 是擧章數。云何以下, 列其章名。因緣分者, 非無所以, 而造論端, 智者所爲, 先應須知故。立義分者, 因緣旣陳, 宜立正義, 若不略立, 不知宗要故。解釋分者, 立宗旣略, 次應廣辯。若不開釋, 義理難解故。修行信心分者, 依釋起信, 必應進修, 有解無行, 不合論意故。勸修利益分者, 雖示修行信心法門, 薄善根者不肯造修。故擧利益, 勸必應修。故言勸修利益分也。

두 번째로 수를 들어 장章을 열었다. '유오분有五分(다섯 부분이 있다)'는 것은 바로 장章의 수를 든 것이다. '운하云何(무엇을 일러)' 이하는 그 장章의 이름을 나열한 것이다. 인연분이라고 한 것은 까닭 없이 『기신론』의 실마리를 지은 것이 아니고, 지혜로운 자가 만든 것이라 먼저 마땅히 알아야 하기 때문이다. 입의분은 인연을 이미 진술하였으면 마땅히 바른 뜻을 세워야 하는데, 만약에 개략적이라도 세우지 않으면 이 논의 종지가 되는 요점을 알지 못하기 때문이다. 해석분은 종지를 개략적으로 세웠으면 그다음에는 마땅히 폭넓게 설명해야 한다. 만약 열어서 풀어주지 않으면 그 의미와 이치를 이해하기 어렵기 때문이다. 수행신심분은 (뜻을) 풀어줌으로써 믿음을 일으켰으면 반드시 응당 수행으로 나아가야 하는데, 이해만 하고 수행이 없으면 논의 의도에 부합하지 않기 때문이다. 권수이익분이라 한 것은 비록 신심을 수행하는 법문法門을 보여주더라도 선근이 박약한 자는 기꺼이 수행에 나아가지 못한다. 그 때문에 이익을 들어 반드시 응당 닦을 것을 권했다. 그래서 권수이익분이라 하였다.

三. 의장별해依章別解 (장으로 나눠 풀이하다)

[疏] 此下第三, 依章別解, 卽爲五分。初中有二。先牒章名, 次顯因緣。

　이 아래는 세 번째로 장장에 의해 나눠 풀이한 것으로, 바로 다섯 부분이 된다. 처음[164]에 두 가지가 있다. 먼저 章의 이름을 표시하였고,[165] 다음에 그 인연을 드러내었다.[166]

164　依章別解 부분에서 첫 번째인 因緣分을 가리킨다.
165　'初說因緣分'을 가리킨다.
166　'問曰有何因緣' 이하에서부터 因緣分의 끝인 '爲欲總攝如來廣大深法無邊義故 應說此論'까지.

第1章. 인연분因緣分

[論_ 依章別解_ 因緣分_ 先牒章名]
初說因緣分。

　　처음에 인연 부분을 설한다.

[疏] 顯因緣中, 有二問答。一者直顯, 二者遣疑。

　　인연을 드러내는 가운데에 두 개의 문답이 있다. 하나는 곧바로 드러낸 것이고,[167] 둘은 의문을 제거한 것이다.[168]

1. 직현直顯 (곧바로 드러내다)

[論_ 依章別解_ 因緣分_ 直顯]
問曰。有何因緣而造此論。
答曰。是因緣有八種, 云何爲八。一者因緣總相, 所謂爲令衆生離一切苦, 得究竟樂, 非求世間名利恭敬故。二者爲欲解釋如來根本之義, 令諸衆生正解不謬故。三者爲令善根成熟衆生, 於摩訶衍法, 堪任不退信故。四者爲令善根微少衆生, 修習信心故。五者爲示方便消惡業障, 善護其心, 遠離癡慢, 出邪網故。六者爲示修習止觀, 對治凡夫二乘心過故。七者爲示專念方便, 生於佛前, 必定不退信心故。八者

167　'問曰 有何因緣而造此論 ~~ 有如是等因緣 所以造論' 부분.
168　'問曰 脩多羅中具有此法 ~~ 爲欲總攝如來廣大深法無邊義故 應說此論' 부분.

爲示利益勸修行故。有如是等因緣, 所以造論。

묻는다. 어떠한 인연으로 이 논을 지었는가?

답한다. 그 인연에는 여덟 가지가 있으니, 무엇이 여덟인가? 하나는 인연의 총상總相[169]으로, 이른바 중생으로 하여금 모든 고통에서 벗어나 지극한 즐거움을 얻도록 하기 위함이고, 세간에서 명리와 공경을 구하기 위한 것은 아니기 때문이다. 둘은 여래의 근본 뜻을 풀이해서 모든 중생이 바르게 이해하고 그르치지 않게 하기 위한 것이기 때문이다. 셋은 선근善根이 성숙한 중생으로 하여금 대승의 법에서 물러나지 않는 믿음을 감당케 하기 위한 것이기 때문이다.[170] 넷은 선근이 약한 중생이 신심을 닦아 익히게 하기 위한 것이기 때문이다. 다섯은 방편을 보여 나쁜 업장業障[171]을 소멸하고, 그 마음을 잘 보호하여 어리석음과 게으름을 멀리해서, 사악한 그물에서 벗어나게 하기 위한 것이기 때문이다. 여섯은 지관止觀을 닦고 익히는 것을 보여 보통 사람들과 성문연각승의 마음의 허물을 다스리기 위한 것이기 때문이다. 일곱은 방편方便에 전념하는 것을 보여 부처 앞에 태어나 물러나지 않는 신심을 반드시 확정케 하기 위한 것이기 때문이다. 여덟은 이익을 보여 수행을 권하기 위한 것이기 때문이다. 이 같은 인연으로 이 논을 지었다.

[疏] 初問可見。答中有三, 總標, 別釋, 後還總結。第二別解, 八因緣

---

169 總相: 별상別相에 대비되는 말로, 전체적인 모습을 총괄한 것이다. 일체의 유위법有爲法에 공통되는 무상無常, 무아無我 같은 것은 總相이고, 개별적이고 특수한 상태는 別相이라 한다. 예를 들면 물은 總相이고, 얼음이나 수증기 또는 빗물과 같은 것들은 別相에 속한다.
170 은정희 역: 대승법을 감당하여 신심을 퇴전하지 않게 하기 위해서이다.
171 業障: 중생이 신身, 구口, 의意로 지은 악업으로 인해 정도正道를 가로막는 것을 의미한다.

中, 初一是總相因, 後七是別相因。

첫 물음은 알 수 있을 것이다. 답하는 가운데 세 가지가 있으니, 총체적으로 표시한 것과,[172] 나눠서 풀이한 것과,[173] 뒤에서 다시 전체적으로 매듭지은 것이다.[174] 두 번째 나눠 풀이한 여덟 가지 인연 중에 처음 하나는 총상總相의 인연이고, 그 뒤의 일곱 가지는 별상別相[175]의 인연이다.

가. 총상總相의 인因

[疏] 初言總相, 有其二義。一者凡諸菩薩有所爲作, 每爲衆生離苦得樂, 非獨在此造論因緣, 故曰總相。二者此因雖望立義分文作緣, 然彼立義分, 總爲解釋分等作本, 此因亦通爲彼作緣。依是義故, 亦解總相。言離一切苦者, 分段變易一切苦也。究竟樂者, 無上菩提大涅槃樂也。非求世間者, 不望後世人天富樂也。名利恭敬者, 不求現在虛僞之事也。

처음에 말한 총상에 두 가지 뜻이 있다. 하나는 무릇 여러 보살이 하는 행위는 늘 중생이 고통에서 벗어나 즐거움을 얻게 하기 위한 것에 있고, 오직 이 논을 짓는 인연에만 있는 것은 아니기 때문에 총상이라 하였다. 둘은 이 인因이 비록 입의분의 글을 바라보고 연緣을 맺기 바란 것이지만, 그러나 저 입의분은 모두 해석분 등의 근본이 되므로, 이 인因 역시 통해서 저기(해석분)의 연緣이 된다. 이러한 뜻에서 역시 총상이라 풀이했다. '모든 고통에서 벗어난다.'라고 말한 것

---

172 '是因緣有八種' 부분.
173 '云何爲八 一者因緣總相 ~~ 八者爲示利益勸修行故' 부분.
174 '有如是等因緣 所以造論' 부분.
175 別相: 一切法에서 각기 구별되는 개별적이고 특수한 相을 의미한다. 예를 들면, 물에 습상濕相이 있고 불에 열상熱相이 있는 것과 같다.

은 분단分段[176]과 변역變易[177]의 모든 고통이다. '구경락究竟樂(지극한 즐거움)'이란 것은 무상보리無上菩提[178]의 대열반을 말한다. '세간世間에서 구하지 않는다.'는 것은 후세에 인간과 하늘[179]에서 부귀와 즐거움을 바라지 않는다는 것이고, '명리와 공경'이란 것은 현재에 헛되고 거짓된 일을 구하지 않는 것이다.

나. 별상別相의 인因

此下七種是其別因, 唯爲此論而作因故, 望下七處作別緣故。

이 아래 일곱 가지는 그 개별적인 인因으로, 오로지 이 논을 위해서만 인因이 되기 때문이고, 아래의 일곱 곳을 바라보고 개별적인 연緣이 되기 때문이다.

第二因者, 解釋分內有三段中, 爲二段而作因緣, 謂顯示正義, 對治邪執。顯示正義之中說云, 依一心法, 有二種門, 是二種門皆各總攝一切諸法, 當知卽是如來所說一切法門之根本義, 以是一心二門之內, 無一

---

176 分段: 분단생사分段生死를 지칭한다. 분단分段은 분한分限[나뉘고 한계가 있는 것]과 형단形段[형태로 구분되는 것]을 합한 용어로, 과보가 다름으로 인해 형체와 수명 등이 차별되어 六道로 윤회하는 범부의 생사를 의미한다. 범부는 각각 業因을 따라 신체에 크고 작고 가늘고 굵은 형체의 구별이 있고, 목숨에 길고 짧은 分限이 있어, 分分段段으로 生死하므로 分段生死라 한다. 변역생사變易生死 혹은 변이생사變異生死와 상대되는 명칭이다.
177 變易: 변역생사變易生死를 의미한다. 분단생사分段生死와 상대되는 용어로 무위생사無爲生死 혹은 부사의변역생사不思議變易生死라고도 한다. 初地 이상의 보살이 비록 三界를 윤회하는 分段生死에서는 벗어났지만 부처가 되기 전까지 三界에서 받았던 종자의 변이變異로 인해 받게 되는 生死를 말한다.
178 無上菩提: 무상정등보리無上正等菩提 또는 무상정등각無上正等覺과 같은 말. 수행의 결과로 얻은 깨달음의 지혜를 菩提라고 하는데, 부처의 깨달음이 위없이 구경究竟한 것이기에 無上菩提라 한다.
179 六道 중의 人道와 天道를 의미한다.

法義而所不攝故。故言爲欲解釋如來根本之義也。彼第二段對治邪執者, 卽令衆生捨離人法二種謬執。故言爲令衆生正解不謬故也。

　　두 번째 因은 해석 부분 안에 있는 세 단락[180] 중에 두 개 단락에 대하여 인연이 되니, 현시정의顯示正義와 대치사집對治邪執을 가리킨다. 현시정의顯示正義 중에 '한마음 法에 의해 두 가지 문이 있고, 이 두 문이 모두 각각 일체 법을 모두 포섭한다.'[181]라고 말했는데, (이것이) 바로 여래가 설한 일체 법문法門의 근본 뜻임을 마땅히 알아야 하니, 이 일심이문一心二門 안에 어떠한 법도 포섭되지 않는 것이 없기 때문이다. 그래서 '여래의 근본 뜻을 풀이하고자 한다.'라고 말했다. 저(해석분) 두 번째 단락인 대치사집對治邪執이란 것은 바로 중생으로 하여금 인집人執과 법집法執의 두 가지 그릇된 집착에서 벗어나게 하는 것이다. 그래서 '중생이 바르게 이해하고 그르치지 않게 하기 위한 것이기 때문이다.'라고 하였다.

第三因者, 爲解釋分內第三段文而作因緣。彼文分別發趣道相, 令利根者決定發心進趣大道, 堪任住於不退位故。故言爲令善根, 乃至不退信故。

　　세 번째 因은 해석분 내에서 세 번째 단락[182]의 글과 인연이 된다. 그 글인 분별발취도상分別發趣道相[도에 마음을 내고 나아가는 相을 분별함]은 근기根機[183]가 좋은 자들이 확고하게 마음을 발하고 大

180　해석분을 크게 세 부분(顯示正義, 對治邪執, 分別發趣道相)으로 나눈 것을 가리킨다.
181　107쪽
182　解釋分의 세 단락(顯示正義, 對治邪執, 分別發趣道相) 중 分別發趣道相을 가리킨다.
183　根機: 불교의 교법을 받을 수 있는 중생의 타고난 능력을 말한다.

道를 향해 나아가 불퇴위不退位[184]를 감당하고 머물게 하기 때문이다. 그래서 '위령선근爲令善根(선근善根이 ~ 하여금)'에서 '불퇴신고不退信故(물러나지 않는 믿음을 ~ 때문이다)'[185]까지를 말했다.

第四因者, 爲下修行信心分, 初四種信心, 及四修行之文, 而作因緣。故言爲令修習信心故也。

네 번째 인은 뒤의 수행신심분修行信心分에서 처음 네 가지 신심과 네 가지 수행의 글과 인연이 된다. 그래서 '신심을 닦아 익히게 하기 위한 것이기 때문이다.'라고 했다.

第五因者, 爲下第四修行末云, 復次若人雖修信心, 以從先世來, 多有重惡業障以下, 說除障法五行許文而作因緣。故言爲示方便消惡業障, 乃至出邪網故。

다섯 번째 인은 뒤의 네 번째 수행신심분 끝에서 말한 '다시 다음으로 만약 사람들이 비록 신심을 닦더라도, 지난 세대로부터 내려온 수많은 중죄와 악업의 장애가 많아'[186]라고 하는 글 이하에서 장애를 제거하는 법을 설명한 다섯 줄가량의 글과 인연이 된다. 그런 까닭에 '방편을 보여 나쁜 업장을 소멸한다.'에서부터 '사악한 그물에서 벗어나기 때문이다.'까지를 말했다.

184 　不退位: 불법을 수행하는 과정 중에 깨달음을 얻어 이승二乘이나 범부의 자리로 다시 떨어지지 않는 자리를 의미한다.『보살영락본업경菩薩瓔珞本業經』에서는 보살 10住 중 제7住를 가리키고,『유가사지론瑜伽師地論』에서는 보살 초지初地를 不退位라 한다.

185 　논의 본문 '三者爲令善根成熟衆生 於摩訶衍法堪任不退信故'에서 밑줄 친 부분을 생략한 것이다.

186 　461 ~ 462쪽

第六因者, 爲彼云何修行止觀以下, 乃至止觀不具則無能入菩提之道, 三紙許文而作因緣. 故言修習止觀, 乃至心過故.

여섯 번째 因은 저기(수행신심분)에서 말한 '어떻게 지관止觀을 수행한다고 하는가?'[187] 이하에서부터 '지관止觀이 갖춰지지 않는다면 깨달음의 도에 들어갈 수 없다.'[188]까지의 세 쪽[189] 정도의 글과 인연이 된다. 그래서 '지관止觀을 닦고 익히는'부터 '마음의 허물을 ~ 때문이다'까지를 말했다.

第七因者, 爲彼修行信心分末云, 復次衆生初學是法以下, 勸生淨土八行許文而作因緣. 故言爲示專念方便生於佛前等也.

일곱 번째 因은 저 수행신심분의 끝에서 말한 '다시 중생이 처음 이 법을 배워'[190] 아래로 정토淨土[191]에 태어나기를 권하는 여덟 줄가량의 글과 인연이 된다. 그래서 '방편에 전념하는 것을 보여 부처 앞에 태어난다.' 같은 것들을 말했다.

第八因者, 爲彼第五勸修利益分文, 而作因緣. 故言爲示利益勸修行故.

여덟 번째 因은 저 다섯 번째 권수이익분의 글과 인연이 된다. 그래서 '이익을 보여 수행을 권하기 위한 것이기 때문이다.'라고 말했다.

---

187 464쪽
188 513쪽
189 세 쪽은 소와 별기를 제외한 논의 본문만을 기준으로 말한 것이다.
190 517쪽
191 淨土: 부처가 거주하는 청정한 국토를 가리키는데, 비유적으로 성불을 의미하기도 한다.

次言有如是等因緣所以造論者, 第三總結也。直顯因緣竟在於前。

다음으로 '이 같은 인연으로 이 논을 지었다.'라고 말한 것은 세 번째[192]로 총괄해서 매듭지은 것이다. 인연을 곧바로 드러낸 것을 여기에서 마친다.

2. 견의遣疑 (의문을 제거하다)

[論_ 依章別解_ 因緣分_ 遣疑]

問曰。脩多羅中具有此法, 何須重說。
答曰。脩多羅中雖有此法, 以衆生根行不等, 受解緣別。所謂如來在世, 衆生利根[193], 能說之人色心業勝, 圓音一演, 異類等解, 則不須論。若如來滅後, 或有衆生能以自力, 廣聞而取解者, 或有衆生亦以自力, 少聞而多解者, 或有衆生無自心力, 因於廣論而得解者。亦有衆生復以廣論文多爲煩, 心樂總持少文而攝多義, 能取解者。如是此論, 爲欲總攝如來廣大深法無邊義故, 應說此論。

묻는다. 수다라修多羅[194] 중에도 이 법이 구비되어 있는데, 어째서 반드시 거듭 설명해야 하는가?

답한다. 수다라 중에 비록 이 법이 있지만 중생의 근기와 수행이 같지 않아서 받아들이고 이해하는 인연이 다르다. 이른바 여래가 세상에 계실 때는 중생의 근기가 훌륭하고, 능히 설하는 사람의 몸과 마

192　78~79쪽, 곧바로 드러낸(直顯) 문답(總標, 別釋, 後還總結) 중에 세 번째인 後還總結을 가리킨다.
193　利根: 중생의 근기根氣를 둘로 나누었을 때, 근성이 뛰어나 빠르게 묘과妙果를 증득할 수 있는 자를 가리킨다. 이근利根의 반대는 둔근鈍根이다.
194　修多羅: 범어 'sūtra'의 음역으로 수투라脩姤路 또는 소다라蘇多羅라고도 한다. 부처의 가르침을 수록한 경을 의미한다.

음과 행하신 일이 뛰어나서, 원음圓音[195]이 한번 펼쳐지면 다른 무리들이 똑같이 이해하여 이 논이 필요치 않았다. 여래가 적멸하신 뒤 같으면 혹 어떤 중생은 능히 自力으로 널리 들으면 이해하는 자도 있고, 혹은 어떤 중생은 또 自力으로 조금만 들어도 많이 이해할 수 있는 자도 있으며, 혹은 자심력自心力[스스로 할 수 있는 마음의 힘]이 없어 널리 논하는 글에 의해야 이해하는 자도 있다. 또 어떤 중생은 다시 폭넓게 논하는 글을 자주 번잡하게 여기고, 총지總持[196] 같이 짧은 글이지만 많은 뜻을 포섭하는 글을 마음으로 좋아하여 능히 취하고 이해하는 자들도 있다. 이같이 이 『기신론』은 여래의 광대하고 깊은 법의 무한한 뜻을 모두 포섭하고자 하였기 때문에 마땅히 설해야 한다.

해설 제7식인 말나식末那識[197]에서 我를 우선 하는 마음과 제6식인 의식에서 작동하는 분별 계산하는 마음으로 인해 본성의 바른 마음이 자주 왜곡되어 바르게 구현되지 못하는 것이 보통이다. 自心力은 이러한 마음 작용을 법이나 설교를 통해 들여다보고 스스로 깨우칠 수 있는 능력이라 할 수 있다.

[疏] 第二遣疑, 有問有答。問中言經中具有此法者, 謂依前八因所說之法, 如立義分所立法義, 乃至勸修分中所示利益。如是等諸法, 經中具說, 皆爲衆生離苦得樂, 而今更造此論重說彼法者, 豈非爲求名利等耶。

---

195 圓音: 부처가 설법하는 소리.
196 總持: 범어 'dhāraṇī(다라니陀羅尼)'를 의역한 것이다. 무량한 불법을 모두 거두어 기억하여 잊지 않는 염혜력念慧力으로 법法, 의義, 주呪, 인忍과 같은 네 종류가 있다. 주로 많은 뜻을 함축하고 있는 짧은 구절을 가리킨다.
197 末那識: 범어 'manas'의 음역으로, 의역하면 의意이고 사량思量한다는 뜻이다. 이 識은 항상 아치我癡, 아견我見, 아만我慢, 아애我愛와 같은 네 가지 번뇌와 상응하며, 제8아려야식의 견분見分을 我 또는 아소我所로 여겨 집착한다.

以之故言何須重說, 是擧疑情而作問也。

　　두 번째 의심을 제거하는 것으로, 물음과 답이 있다. 물음 가운데 '경經 중에도 이 법이 구비되어 있다.'라고 한 것은 앞의 여덟 가지의 因에서 설한 법을 말한 것으로, 입의분에서 세운 法과 義에 이어 권수이익분에서 보여준 이익과 같은 것이다. 이 같은 여러 법을 경에서 자세히 설한 것은 모두 중생이 고통에서 벗어나 즐거움을 얻게 하기 위함인데, 지금 다시 이 논을 지어서 거듭 저 법을 설하는 것이 어찌 명리를 구하려고 하는 것이 아니겠는가! 이 같은 까닭으로 '어째서 반드시 거듭 설명해야 하는가?'라고 하였으니, 이것은 의심스러운 정황을 들어 질문한 것이다.

答中有三。略答, 廣釋, 第三略結答。答中言脩多羅中雖有此法者, 與彼問辭也, 根行不等受解緣別者, 奪其疑情也。經論所說雖無別法, 而受解者根行不同, 或有依經不須論者, 或有依論不須經者。故爲彼人, 必須造論。答意如是。

　　답 중에 세 가지가 있다. 간략하게 답한 것,[198] 널리 풀이한 것,[199] 세 번째로 간략하게 답을 매듭지은 것이다.[200] 답 중에 말한 '수다라 중에 비록 이 법이 있다.'라고 한 것은 저 질문하는 말을 인정한 것이고, '근기와 수행이 같지 않아서 받아들이고 이해하는 인연이 다르다.'는 것은 그 의심되는 정황을 없앤 것이다. 경과 논에서 설한 것들에 비록 별다른 법은 없지만 받아들여 이해하는 자들의 근기와 수

198　'脩多羅中雖有此法 以衆生根行不等 受解緣別' 부분이 해당한다.
199　'所謂如來在世 衆生利根 ~~ 心樂總持少文而攝多義能取解者' 부분이 해당한다.
200　'如是此論 爲欲總攝如來廣大深法無邊義故 應說此論' 부분이 해당한다.

행이 동등하지 않아서, 간혹 경經만 의지하고 논論이 필요치 않은 자들도 있고, 論만을 의지하여 經이 필요하지 않은 자들도 있다. 그래서 저 사람(후자後者)들을 위해 반드시 이 論을 지어야 한다. 대답하는 뜻이 이와 같다.

次則廣顯, 於中有二。先明佛在世時, 說聽俱勝, 後顯如來滅後, 根緣參差。初中言如來在世衆生利根者, 明聽人勝, 能說之人色心業勝者, 顯說者勝。圓音一演者, 成說者勝, 異類等解者, 成聽人勝。則不須論者, 結俱勝義。

다음은 폭넓게 드러낸 것으로 그중에 두 가지가 있다. 먼저 부처가 세상에 계실 때 설하는 사람과 듣는 사람들이 모두 뛰어난 것을 밝혔고,[201] 뒤에서 여래 적멸 후에 근기와 인연의 차이가 있음을 드러내었다.[202] 처음에 말한 '여래가 세상에 계실 때는 중생의 근기가 훌륭했다.'는 것은 듣는 사람들의 뛰어남을 밝힌 것이고, '능히 설하는 사람의 몸과 마음과 행하신 일이 뛰어나다.'는 것은 설하는 자의 훌륭함을 드러낸 것이다. '원음圓音이 한번 펼쳐진다.'는 것은 설하는 자의 뛰어남을 이룬 것이고, '다른 무리들이 똑같이 이해한다.'는 것은 듣는 자의 뛰어남을 이룬 것이다. '논이 필요치 않다.'는 것은 (설자說者와 청자聽者가) 모두 뛰어나다는 뜻으로 매듭지은 것이다.

此言圓音, 即是一音, 一音圓音。其義云何。昔來諸師說者不同。有師說云, 諸佛唯是第一義身, 永絕萬像, 無形無聲, 直隨機現無量色聲, 猶

---

201 '所謂如來在世 衆生利根 ~~ 異類等解 則不須論' 부분.
202 '若如來滅後 或有衆生 ~~ 而攝多義能取解者' 부분.

如空谷無聲, 隨呼發響。然則就佛言之, 無音是一, 約機論之, 衆音非一。何意說言一音圓音者。良由一時一會異類等解, 隨其根性各得一音, 不聞餘聲, 不亂不錯。顯是音奇特, 故名一音, 音徧十方隨機熟處無所不聞, 故名圓音, 非謂如空徧滿無別韻曲。如經言, "隨其類音普告衆生", 斯之謂也。

여기에서 말한 원음圓音은 곧 하나의 소리이니, 하나의 소리가 원음圓音이다. 그 뜻이 무엇을 말하는가? 옛날에는 여러 논사들의 설하는 것이 같지 않았다. 어떤 논사는 (다음과 같이) 설하였다. 모든 부처는 오직 제일의신第一義身으로, 영원히 만상을 끊어 형체와 소리가 없으나 단지 (중생의) 근기에 따라 무량한 형색을 나타내시니, 마치 빈 골짜기에 소리가 없지만 부르는 소리에 따라 메아리를 울리는 것과 같다. 그러한즉 부처로 말하면 소리가 없어 하나지만, (중생의) 근기로 논하면 여러 소리로 (들리는 것이니) 하나가 아니다. 무슨 뜻으로 一音과 圓音을 말하는가? 진실로 같은 시각에 똑같이 모인 다른 무리들이 똑같이 이해하는 것은 그 근기와 본성에 따라 각기 하나의 소리를 얻고 다른 소리를 듣지 않아서 혼란하거나 어긋나지 않는다. 이 소리의 기이하고 특별함을 드러내기 때문에 一音이라고 하고, 소리가 시방에 두루 하여 근기의 성숙에 따라 어느 곳에서도 듣지 않는 것이 없기 때문에 圓音이라 하는 것이지 마치 허공에 두루 가득차기만 하고 별다른 운율과 곡조가 없는 것을 말하는 것은 아니다. 마치 경經[203]에서 "그 무리들이 내는 소리에 따라 중생에게 널리 알린다."[204]라고 말한 것은 바로 이것을 가리킨 것이다.

---

203 『大般涅槃經』을 가리킨다.
204 『大般涅槃經』(대정장 제12권, 0374, p.365. c10행)에서 인용.

해설 第一義는 구경究竟하고 궁극한 최고의 진리 또는 최고의 경지를 의미한다. 따라서 第一義身은 가장 본질적이고 궁극적인 진리의 본체로서, 色이나 相으로 차별되지 않는 如來의 몸을 가리킨다. 부처의 소리가 圓音이면서도 一音인 것은 마치 물의 본성과 같다. 물은 하늘에 있을 때는 구름이었다가, 땅으로 내려올 때는 비가 되고, 눈이 되기도 하며, 때론 우박이 되기도 한다. 또 온도가 낮으면 얼음이 되었다가, 온도가 올라가면 물이 되기도 하고, 온도가 더 올라가면 수증기가 된다. 또 담기는 그릇에 따라 둥그런 그릇에 담으면 둥글게 되고, 모난 그릇에 담으면 모난 모양으로 형태가 변한다. 이렇듯 조건과 용기容器에 따라 물은 천태만상千態萬象으로 존재하지만, 만물을 적셔주고 길러주는 물의 본성은 변화하지 않는다. 이와 마찬가지로 부처도 여러 모습으로 나타나지만, 그 본체는 자재하여 형체나 소리 같은 것에 구속되지 않으며, 그 말씀도 빈 골짜기처럼 중생의 종류와 근기에 따라 응하여 여러 가지 메아리로 울린다. 그래서 하나의 소리가 아니지만 받아들이는 중생은 하나의 소리로 이해하므로 一音이며, 누구에게나 어디서나 들리지 않음이 없기에 圓音인 것이다.

或有說者, 就佛言之, 實有色聲, 其音圓滿, 無所不徧, 都無宮商之異, 何有平上之殊。無異曲故名爲一音, 無不徧故說爲圓音。但由是圓音作增上緣, 隨根差別現衆多聲。猶如滿月唯一圓形, 隨器差別而現多影。當知此中道理亦爾。如經言, "佛以一音演說法, 衆生隨類各得解"故。

또 어떤 자는 (다음과 같이) 설하였다. 부처로 말하면 실로 형색과 음성이 있어도 그 소리가 원만하여 두루 하지 않는 곳이 없으니, 도대체 궁조宮調와 상조商調의 차이도 없는데, 어떻게 평성平聲과 상성上聲의 다름이 있겠는가? 다른 곡조가 없기 때문에 이름하여 一音이라고 하고, 두두 하지 않음이 없기 때문에 圓音이라 한다. 다만 이

圓音이 짓는 증상연增上緣[205]에 말미암아서 근기의 차이에 따라 차별되어 여러 가지 소리로 나타날 뿐이다. 마치 보름달은 오직 하나의 둥근 모습이지만 그릇에 따라 차별되어 다양한 그림자로 나타나는 것과 같다. 마땅히 이 가운데의 도리도 그러할 뿐임을 알아야 한다. 마치 경[206]에서 "부처는 一音으로 설법을 펼치지만, 중생은 그 무리에 따라 각기 이해한다."[207]고 말한 것과 같기 때문이다.

해설 '궁조宮調와 상조商調의 차이도 없는데, 어떻게 평성平聲과 상성上聲의 다름이 있겠는가?'라고 한 것은 큰 틀에서 차이가 없으면 작은 틀의 차이는 따질만한 것이 없다는 뜻이다. 궁宮·상商·각角·치徵·우羽는 오음五音의 악조樂調이고, 평平·상上·거去·입入은 성조聲調이다. 악조樂調는 큰 틀이고, 성조聲調는 작은 틀인 한 음절을 뜻한다.

或有說者, 如來實有衆多音聲, 一切衆生所有言音, 莫非如來法輪聲攝. 但此佛音無障無礙, 一卽一切, 一切卽一. 一切卽一, 故名一音, 一卽一切, 故名圓音. 如華嚴經言, "一切衆生語言法, 一言演說盡無餘. 悉欲解了淨密音, 菩薩因是初發心"故. 又此佛音不可思議, 不但一音言卽一切音, 亦於諸法無不等徧.

또 어떤 자는 (다음과 같이) 설하였다. 여래는 실로 많은 음성이

205　增上緣: 범어 'adhipati-pratyaya'의 의역으로, 네 가지 연緣(因緣, 等無間緣, 所緣緣, 增上緣)의 하나이다. 일체 유위법有爲法이 생겨나게 하거나 결과를 이루게 하는 간접원인으로, 법이 생겨나는 것을 촉진하여 주는 여력증상연與力增上緣과 법이 생겨나는 것을 방해하지 않는 부장증상연不障增上緣이 있다. 增上은 증승增勝과 상진上進을 의미한다.
206　『유마힐소설경維摩詰所說經』을 가리킨다. 약칭으로『維摩詰經』또는『維摩經』이라 하고, 이칭으로『불가사의해탈경不可思議解脫經』또는『정명경淨名經』이라 한다. 구마라집鳩摩羅什이 번역하였으며, 유마힐이 대승의 가르침을 실생활에서 실천하는 것이 최상의 불도 수행이라고 설하는 내용으로 되어 있다.
207　『維摩詰所說經』(대정장 제14권, 0475, p.538. a2행)에서 인용.

있어, 일체중생이 가지고 있는 말과 소리가 여래의 법륜法輪[208] 소리에 포섭되지 않는 것이 없다. 이 부처의 음성은 단지 막힘이 없을 뿐만 아니라, 하나가 곧 일체이고 일체가 바로 하나이다. 일체가 바로 하나이기 때문에 一音이라 했고, 하나가 곧 일체라서 圓音이라 한 것이다. 마치 『화엄경』에서 "일체중생의 말하는 법을 한마디로 말로 펴서 설해도 다하고 남음이 없다. 깨끗하고 비밀한 소리를 다 알기를 원해 보살은 이로써 처음 발심을 한다."[209]라고 말한 것과 같기 때문이다. 또 이 부처의 음성은 불가사의하여 一音의 말이 바로 모든 소리일 뿐만 아니라, 또한 여러 법에서도 똑같이 두루 하지 않은 것이 없다.

해설 부처의 소리가 一音이면서 圓音인 것을 앞에서부터 차례대로 세 사람의 선사가 말하는 것을 빌려 설명하였는데, 처음은 무성無聲으로, 두 번째는 유성有聲으로, 마지막은 다성多聲으로 비유하였다. 갓난아기의 울음소리부터 유치원생의 떼쓰는 소리, 그리고 사춘기 소년의 이유 없이 반항하는 소리도 모두 자애로운 엄마의 마음으로는 모두 하나의 사랑으로 포용된다. 이렇듯 부처의 경지에서는 중생의 소리가 모두 남김없이 하나의 소리로 포용되고, 중생의 말하는 법도 부처의 한 마디 말로써 남김없이 풀어지지 않은 것이 없다.

今且略擧六雙, 顯其等徧之相。一者等於一切衆生, 及一切法。二者等於十方諸刹[210], 及三世諸劫。三者等於一切應身如來, 及一切化身諸佛。四者等於一切法界, 及虛空界。五者等於無礙相入界, 及無量出生

---

208 法輪: 불교의 敎法이 어느 한 곳에 머무르지 않고 굴러서 여러 사람에게 도달하는 것을 수레의 바퀴로 상징한 것이다.
209 『大方廣佛華嚴經』(대정장 제9권, 0278, p.447. b6~ 7행)에서 인용.
210 刹: 범어 'kṣetra'의 음역으로 전田、토土、국토國土 등을 가리킨다.

界。六者等於一切行界, 及寂靜涅槃界。

　　지금 우선 대략 여섯 가지 쌍을 들어 그 동등하게 두루 하는 相을 드러낸다. 하나는 일체중생과 일체 법에 있어 동등하다. 둘은 시방의 모든 땅과 三世의 모든 시간에 있어 동등하다. 셋은 일체 응신여래應身如來[211]와 일체 화신제불化身諸佛[212]에 있어 동등하다. 넷은 일체 법계法界와 허공계虛空界[213]에서 동등하다. 다섯째로 무애상입계無礙相入界[214]와 무량출생계無量出生界[215]에서 동등하다. 여섯째로 일체 행계行界[216]와 적정열반계寂靜涅槃界[217]에서 동등하다.

해설 대립하는 개념으로 여섯 쌍을 들어서 부처의 말씀이 두루 차별 없이 동등한 모습을 보여주고 있다.

此義如華嚴經三種無礙中說。隨一一聲等此六雙, 而其音韻恒不雜亂。若音於此六雙, 有所不徧, 則音非圓, 若由等徧失其音曲, 則圓非音。然今不壞曲而等徧, 不動徧而差韻。由是道理, 方成圓音。此非心識思量所測, 以是法身自在義故。一音之義略說如是。且止餘論還釋本文。

211　應身如來: 부처의 삼신三身 또는 사신四身 중 하나이다. 32개의 상相과 80종의 호호好를 갖춘 불신佛身으로, 특정한 시대와 지역에 출현하는 부처가 이에 해당한다.
212　化身諸佛: 化身의 모든 부처로서, 지전地前의 보살과 범부 중생을 이롭게 하기 위해 여러 가지 모습으로 나타내는 불신佛身을 뜻한다.
213　虛空界: 공간과 시간에 있어 한계가 없는 세계 또는 진여의 세계를 가리킨다. 여기에서는 진여의 세계를 의미한다.
214　無礙相入界: 상입무애相入無礙라고도 한다.『화엄경華嚴經』의「노사나불품盧舍那佛品」에서 말하는 화엄장엄華藏莊嚴 세계의 바다에 갖춰진 십무애十無礙 중 세 번째에 해당하며, 하나의 불토로 시방을 가득 채우고 시방이 하나에 들어가도 남음이 없는 세계를 뜻한다.
215　無量出生界: 명호名號가 구족된 三世의 모든 부처가 출생하여 이룩한 무량한 장엄 세계를 가리킨다.
216　行界: 行은 항상 변화하여 생멸하는 일체의 유위법有爲法으로, 변화하는 현상계를 의미한다.
217　寂靜涅槃界: 번뇌와 고통을 여읜 열반의 세계를 말한다.

이 뜻은 『화엄경』의 세 가지 무애無礙[218]에서 설한 것과 같다. 하나하나의 소리에 따라 이 여섯 쌍이 동등하고 그 음운이 항상 잡란하지 않다. 만약 소리가 이 여섯 가지 쌍에서 두루 하지 않은 것이 있다면 그 소리는 원圓이 아니며, 만약 동등하고 두루 함으로 인해서 그 소리와 곡조를 잃는다면 그 원圓은 소리가 아니다. 그러나 지금 곡조를 무너트리지 않으면서도 똑같이 두루 하고, 두루함을 변동치 않는 데도 운율에 차이가 있다. 이러한 도리로 말미암아 바야흐로 원음圓音을 이루는 것이다. 이것은 심식心識과 사량思量으로 헤아릴 수 있는 것이 아니니, 법신의 自在한 뜻 때문이다. 一音의 뜻을 대략 설명하면 이와 같다. 나머지 논의는 여기서 그치고 본문을 다시 해석한다.

此下第二, 明佛滅後根行參差。於中別出四種根性, 初二依經而得解者, 後二依論方取解者。

그 아래는 두 번째[219]로 부처가 멸한 뒤에 (중생의) 근기와 수행이 다른 것을 밝힌 것이다. 그 중에 네 종류의 근성을 구별해 내었는데, 앞의 둘은 경經으로 이해할 수 있는 자들이고, 뒤의 둘은 논論에 의지해야 비로소 이해하는 자들이다.

---

218 『大寶積經』(대정장 제11권, 0310, p.79. a13~ 15행)에 따른 삼무애三無礙는 다음과 같다. 총지무애總持無礙: 보살이 큰 總持를 얻어서, 갖가지 선법善法을 잃지 않고 악법惡法이 생겨나지 않게 하기 때문에, 일체 언어와 제법의 분별을 다 알고 모두 잊어버리지 않아 걸림이 없다. 변재무애辯才無礙: 보살이 큰 辯才를 얻어, 갖가지 제법에 있어서 중생의 근기와 부류에 따라 변설을 선양하고 통달하게 하여 걸림이 없다. 도법무애道法無礙: 보살이 큰 지혜를 얻어, 일체 道法과 세간의 갖가지 언어문자에 모두 통달하여 걸림이 없다.

219 자세히 드러내는 것 중에 두 번째인 '後顯如來滅後 根緣參差' 부분으로, 기신론 본문에서 '若如來滅後 或有衆生 ~~ 而攝多義能取解者' 부분이 해당한다.

初中言能以自力廣聞而取解者者, 依廣經聞得解佛意, 而不須論, 故言自力也。第二中言亦以自力少聞而多解者, 未必廣聞諸經文言, 而能深解諸經意致, 亦不須論, 故言自力。第三中言無自心力者, 直依佛經則不能解, 故言無力。因於智度瑜伽等論, 方解佛經所說意趣, 故言因於廣論得解者。第四中言復以廣論文多爲煩者, 雖是利根而不忍繁, 此人唯依文約義豊之論, 深解佛經所說之旨。故言心樂總持少文而攝多義能取解者。此四中, 前三非今所爲, 今所爲者在第四人也。

처음에 말한 '능히 自力으로 널리 들으면 이해할 수 있는 자'들은 널리 경을 들으면 부처의 뜻을 이해할 수 있어 논을 필요로 하지 않기 때문에 自力을 말하였다. 두 번째에서 말한 '또 自力으로 조금만 들어도 많이 이해할 수 있는 자'들은 여러 경문의 말씀을 반드시 널리 듣지 않아도 여러 경전의 의도와 취지를 깊이 이해할 수 있어서 역시 논을 필요로 하지 않기 때문에 自力이라 말했다. 세 번째로 말한 '自心力이 없는 자'는 단지 불경만으로는 능히 이해하지 못하기 때문에 힘이 없다고 말하였다. (이들은) 『지도론』이나 『유가론』 같은 논에 의지해야 비로소 불경에서 말한 뜻을 이해하기 때문에, '널리 논하는 글에 의해야 이해를 얻는 자'라고 했다. 넷째로 말한 '다시 널리 논하는 글을 자주 번거롭게 여기는 자'들은 비록 근기는 뛰어나지만 번다함을 참지 못하는 자로서, 이러한 사람은 오직 글은 간략하지만 뜻이 풍부한 논에 의해 불경에서 말하는 취지를 깊이 이해한다. 그래서 '총지總持 같이 짧은 글이지만 많은 뜻을 포섭하고 있는 글을 마음으로 좋아하고 능히 취해서 이해하는 자'라고 말했다. 이 네 가지 부류 중에 앞의 셋은 지금 (이 논에서) 대상으로 삼지 않는 자들이고, 지금 하고자 하는 대상은 네 번째 사람이다.

如是以下, 第三結答。言如是者, 通擧前四種人, 此論以下, 別對第四之人, 結明必應須造論意。

'여시如是(이와 같이)' 이하[220]는 세 번째[221]로 답을 매듭 짓는 부분이다. '如是'라고 말한 것은 앞의 네 종류의 사람을 모두 거론한 것이고, '차론此論(이 『기신론』은)' 이하는 네 번째 유형의 사람을 별개로 대해서 반드시 응당 이 기신론을 지어야 하는 뜻을 매듭지어 밝혔다.

今此論者, 文唯一卷, 其普攝一切經意, 故言總攝如來廣大深法無邊義故, 彼第四品樂總持類, 要依此論乃得悟道, 以之故言應說此論也。

지금 이 논이라고 하는 글은 오직 한 권에 불과하지만, 그것이 일체 경전의 뜻을 두루 포섭하고 있기 때문에 '여래의 광대하고 깊은 법과 무한한 뜻을 모두 포섭하기 때문이다.'라고 말한 것이고, 저 네 번째 총지總持를 좋아하는 유형의 사람들은 요컨대 이 논에 의지해야 비로소 佛道를 깨우칠 수 있기 때문에 '마땅히 이 논을 설해야 한다.'라고 말한 것이다.

---

220 '如是此論 爲欲總攝如來廣大深法無邊義故 應說此論' 부분으로 答 중에 第三略結答에 해당한다.
221 의심을 제거하는 답(略答 廣釋 第三略結答) 중에 세 번째인 略結答을 가리킨다.

第2章. 입의분立義分

[論_ 依章別解_ 立義分]

已說因緣分, 次說立義分。摩訶衍者總說有二種, 云何爲二。一者法, 二者義。所言法者, 謂衆生心, 是心則攝一切世間法出世間法。依於此心顯示摩訶衍義, 何以故。是心眞如相, 卽示摩訶衍體故, 是心生滅因緣相, 能示摩訶衍自體相用故。所言義者, 則有三種, 云何爲三。一者體大, 謂一切法眞如平等不增減故。二者相大, 謂如來藏具足無量性功德故。三者用大, 能生一切世間出世間善因果故, 一切諸佛本所乘故, 一切菩薩皆乘此法到如來地故。

인연분에 대해 설하기를 마쳤으니, 다음으로 입의분을 설한다. 대승이란 것을 총괄하여 말하면 두 가지가 있으니, 무엇을 둘이라 하는가? 하나는 법法이고, 다른 하나는 의義이다. 法이라 말한 것은 중생의 마음으로, 이 마음은 일체 세간법과 출세간법을 포섭한다. 이 마음에 의해 대승의 뜻을 드러내는 것은 무엇 때문인가? 이 마음의 진여상이 곧 대승의 체體를 시현하기 때문이고, 이 마음의 생멸 인연하는 모습이 대승 자체體大와 상相과 용用을 시현할 수 있기 때문이다.[222] 義를 말한 것에 세 가지가 있으니, 무엇이 셋인가? 하나는 體大로, 일체 법이 진여와 평등하여 더하거나 줄어들지 않기 때문이다. 둘은 相大로, 여래장如來藏[223]이 한량없는 성공덕性功德[224]을 모두 갖추고 있기 때문이다. 셋은 用大로, 일체 세간과 출세간의 좋은 인과를 낳기 때문이고, 일체 제불이 본래 타고 있던 것이기 때문이며, 일체 보살이

---

222 은정희 역: 이 심생멸인연의 상이 대승 자체의 상相·용用을 잘 보이기 때문이다.

이 법을 타고 여래의 경지에 도달하기 때문이다.

해설 여기에서 말하는 '법法'은 바로 사람의 마음을 의미하는 것으로, 누구나 그 마음의 본성은 참되고 순수하다. 맹자孟子는 "군자의 본성은 크게 행하더라도 더할 것이 없고 곤궁하게 처해도 줄어들지 않는 것은 나뉜 것이 정해져 있기 때문이다. 군자가 본성으로 삼는 것은 인의예지로서 마음에 근본을 두고 있다."[225]라고 하여 비록 군자를 들어서 본성을 말했지만, 태어날 때 이미 하늘에서 동등하게 부여 받은 선한 본성은 출세나 빈곤 여부에 따라 변하지 않는다. 여래장은 바로 여래의 종자인 이러한 본성을 간직하고 있는 것으로, 누구나 이 여래장으로 인해 부처와 같은 깨달음을 얻을 수 있다. 이러한 까닭에 여래장이 한량없는 성공덕을 갖추었다고 말하는 것이다.

[疏] 第二說立義分, 文中有二。一者結前起後, 摩訶以下, 第二正說, 立二章門, 謂法與義。法者是大乘之法體, 義者是大乘之名義。初立法者, 起下釋中初釋法體之文, 次立義者, 起下復次眞如自體相者以下釋義文也。

두 번째[226]로 입의분을 설하는 글에 두 가지가 있다. 하나는 전자를 매듭짓고 후자를 일으킨 것이고,[227] '마하摩訶(대승이란 것)' 이

---

223 如來藏: 藏은 포함包含 또는 포섭包攝의 뜻으로, 일체 중생의 번뇌에 의해 가려져 있는 마음이 무량무변의 불가사의한 무루청정無漏淸淨의 업을 구족하고 있기에 여래장이라 한다. 또 제8 아려야식을 가리키기도 하고, 부처가 될 수 있는 종자를 가진 범부의 자성청정심自性淸淨心을 가리키기도 한다.
224 性功德: 본성이 가지고 있는 여러 가지 덕성을 말함.
225 『孟子』「盡心上」, 제21장 "君子所性, 雖大行不加焉, 雖窮居不損焉, 分定故也。君子所性, 仁義禮智, 根於心"
226 依章別解에서 因緣分에 이어 두 번째인 立義分을 가리킨다.
227 '已說因緣分 次說立義分' 부분.

하는 두 번째로 (입의분의 내용을) 바로 설한 것인데,[228] 이장문二章門[229]을 세워 法과 義라 하였다. 法이란 것은 대승의 법체이고, 義라는 것은 대승의 명의名義이다. 처음에 法을 세웠다는 것은 아래의 해석분에서 처음 법체法體를 해석하는 글을 일으킨 것이고,[230] 다음으로 義를 세웠다는 것은 아래의 '다시 다음으로 진여의 자체自體와 상相이라고 한 것'[231] 이하에서 義를 해석하는 글을 일으킨 것이다.

해설 立義分은 이 『기신론』에서 서론에 해당하는 부분으로, 이 논문이 다루고자 하는 주제를 총괄적으로 정의하고 있다. 이 주제는 바로 다음에 이어지는 해석분에서 법장문法章門과 의장문義章門으로 나뉘어 자세하게 풀이된다.

初立法中亦有二立。一者就體總立, 起下釋中初總釋文, 二者依門別立, 起下言眞如者以下別釋文也。

처음에 法을 세우는 중에도 두 가지를 세웠다. 하나는 體에 나아가 총체적으로 세운 것으로, 아래 해석분에서 처음에 총괄하여 풀이하는 글을 일으켰고,[232] 둘은 門으로 나눠 세운 것으로, 아래 '언진여자言眞如者'[233] 이하에서 나눠 풀이하는 글[234]을 일으켰다.

---

228 '摩訶衍者總說有二種 ~~ 一切菩薩皆乘此法到如來地故' 부분.
229 法章門과 義章門을 말한다.
230 107쪽의 '顯示正義者 依一心法有二種門'에서부터 법장문 끝까지.
231 383쪽
232 107쪽의 '顯示正義者 依一心法有二種門 云何爲二 一者心眞如門 二者心生滅門 是二種門皆各總攝一切法 此義云何 以是二門不相離故' 부분을 가리킨다.
233 진여문과 생멸문으로 나눠 설명하는 글이 시작되는 곳이므로 '言眞如者'는 '心眞如者'라고 해야 옳다. 125쪽 참조
234 나눠서 풀이하는 글은 진여문과 생멸문으로 나눠 설하는 것을 말한다.

初中所言法者謂衆生心者, 自體名法, 今大乘中, 一切諸法皆無別體, 唯用一心爲其自體, 故言法者謂衆生心也。言是心卽攝一切者, 顯大乘法異小乘法, 良由是心通攝諸法, 諸法自體唯是一心, 不同小乘一切諸法各有自體。故說一心爲大乘法也。

처음에 '법법이라 말한 것은 중생의 마음이다.'라는 것에서 (마음) 자체를 法이라 하니, 지금 대승에서 일체 제법은 모두 별다른 체體가 없어 오직 한마음으로 그 자체를 삼기 때문에 '法이라 말한 것은 중생의 마음이다.'라고 한 것이다. '이 마음이 바로 일체를 포섭한다.'라고 말한 것은 대승의 법이 소승의 법과 다름을 드러낸 것으로, 진실로 이 마음이 제법을 통틀어 포섭하고, 제법 자체는 오직 한마음뿐이라서 소승의 일체 제법에 각기 스스로의 體가 있는 것과 다르다. 그래서 한마음을 대승의 法이라 설한 것이다.

해설 부처의 마음이나 보살의 마음이나 중생의 마음은 모두 동일한 하나의 마음으로 서로 다를 것이 없고, 그 마음의 본체가 모든 법을 포섭하기 때문에 대승이라 하였다. 만약 부처의 마음이 우리 마음과 다르다면, 우리는 어디에서 부처의 마음을 얻을 수 있겠는가? 깨달음은 오직 우리가 본래부터 가지고 있는 부처의 마음을 회복하는 것일 뿐이다. 맹자孟子는 "仁은 사람의 마음이고, 義는 사람이 걸어가야 할 길이다. 그 길을 버리고 경유하지 않으며, 그 마음을 놓아 버리고도 찾을 줄 모르니, 아 슬프다! 개와 닭이 밖으로 나가면 찾아야 한다는 것을 알면서도 자신의 마음을 놓아버리고 찾을 줄 모른다. 학문의 길도 다를 것이 없으니, 그 놓아버린 마음을 찾는 것일 뿐이다."[235]라고 하였는데, 바로 이 잃어버린 내 마음이 바로 부처의 마음이고, 놓아버린 그 마음을 찾는 공부가 바로 깨달음의 길이다.

---

235 『孟子』「告子上」, 제11장 "孟子曰, 仁人心也, 義人路也。舍其路而不由, 放其心而不知求, 哀哉! 人有雞犬放, 則知求之, 有放心而不知求, 學問之道無他, 求其放心而已矣"

何以故下, 依門別立。此一文內含其二義。望上釋總義, 望下立別門。然心法是一, 大乘義廣, 以何義故, 直依是心顯大乘義。故言何以故。下釋意云, 心法雖一, 而有二門, 眞如門中有大乘體, 生滅門中有體相用, 大乘之義莫過是三。故依一心顯大乘義也。

　　'하이고何以故(무엇 때문인가?)' 아래는 門에 따라 구별해서 세운 것이다. 이 하나의 문장 안에 두 가지 의미를 포함하였다. 위를 보고 총체적인 뜻을 풀이했고,[236] 아래를 향해 별도의 문[237]을 세웠다. 그러나 심법은 하나이고 대승의 뜻은 광대한데, 무슨 뜻으로써 곧바로 이 마음에 의해 대승의 뜻을 드러내겠는가? 그래서 '무엇 때문인가?'라고 말했다. 아래[238]에서 그 의미를 풀어 이르기를 심법은 비록 하나지만 두 문이 있는데, 진여문 안에 대승의 체體가 있고 생멸문 안에 체體·상相·용用이 있다고 하였으니,[239] 대승의 뜻은 이 세 가지를 넘어가지 않기 때문에 한마음으로 대승의 뜻을 드러내었다.

言是心眞如者, 總擧眞如門, 起下'卽是一法界'以下文也。次言相者, 是眞如相, 起下'復次眞如者, 依言說分別有二種'以下文也。

　　'시심진여是心眞如(이 마음의 진여상)'라고 말한 것은 진여문을 총체적으로 들은 것으로, 아래의 '즉시일법계卽是一法界(바로 일법계)'[240] 이하의 글을 일으켰다. 다음에 말한 '相'은 진여의 相으로, 아래의 '다시 다음으로 진여라는 것을 언설에 따라 분별하면 두 가지가

236　위는 '何以故'의 앞부분으로 '所言法者 謂衆生心 ~依於此心顯示摩訶衍義'을 가리킨다.
237　별도의 문은 진여문과 생멸문을 말한다.
238　아래는 해석분을 가리키는데, '심법은 비록 하나지만 두 문이 있는데, 진여문 안에 대승의 체體가 있고 생멸문 안에 체體·상相·용用이 있다.'고 말한 것은 그 해석분의 내용을 요약한 것이다.
239　은정희 역: 생멸문에 체體의 상相·용用이 있다고 하였다.
240　125~126쪽

있다.'²⁴¹ 이하의 글을 일으켰다.

言是心生滅者, 總擧生滅門, 起下'依如來藏故有生滅心'以下文也。言因緣者, 是生滅因緣, 起下'復次生滅因緣'以下文也。次言相者, 是生滅相, 起下'復次生滅者'以下文也。

'시심생멸是心生滅(이 마음의 생멸)'이라 말한 것은 생멸문을 총체적으로 들은 것으로, 아래 '여래장에 의하기 때문에 생멸하는 마음이 있다.'²⁴² 이하의 글을 일으켰다. '인연'이라고 말 한 것은 생멸의 인연으로, 아래 '다시 다음으로 생멸 인연'²⁴³ 이하의 글을 일으켰다. 다음으로 말한 '相'은 생멸의 相으로, 아래 '다시 다음으로 생멸이란 것은'²⁴⁴ 이하의 글을 일으켰다.

言能示摩訶衍自體者, 卽是生滅門內本覺心, 生滅之體, 生滅之因。是故在於生滅門內。然眞如門中直言大乘體, 生滅門中乃云自體者, 有深所以。至下釋中, 其義自顯也。

'대승 자체自體를 능히 보여준다.'고 말한 것은 바로 생멸문 안의 본각심本覺心으로, 생멸의 體이며 생멸의 因이다. 이런 까닭에 생멸문 안에 있다. 그러나 진여문에서는 단지 대승의 體라고만 말하였는데, 생멸문에서는 도리어 自體라고 한 것은 아주 깊은 까닭이 있다. 아래 해석하는 곳²⁴⁵에 이르면 그 뜻이 저절로 드러날 것이다.

---

241 134~135쪽
242 147쪽, 생멸문의 體를 설명하는 부분이다.
243 276쪽, 생멸문의 名을 설명하는 부분이다.
244 333쪽, 생멸문의 相을 설명하는 부분이다.
245 해석분의 심생멸의 體를 설명하는 부분을 가리킨다.

言相用者含有二義。一者能示如來藏中無量性功德相, 即是相大義, 又示如來藏不思議業用, 即是用大義也。二者眞如所作染相名相, 眞如所起淨用名用。如下文言, '眞如淨法實無於染, 但以無明而熏習故則有染相, 無明染法本無淨業, 但以眞如而熏習故則有淨用'也。立法章門竟在於前。

相과 用이라 말한 것은 두 가지 뜻을 포함한다. 하나는 여래장 중에 한량없는 성공덕상性功德相을 보여줄 수 있는 것이 바로 相大의 뜻이고, 또 여래장의 불가사의한 업용業用을 보여주는 것은 바로 用大의 뜻이다. 다른 하나는 진여가 지은 염상染相을 相이라 칭하고, 진여가 일으킨 정용淨用을 用이라 이름하는 것이다. 마치 아랫글에서 '진여의 정법淨法[246]은 진실로 물든 것이 없지만 단지 무명으로 훈습되기 때문에 염상染相이 있고, 무명의 염법染法[247]은 본래 정업淨業이 없지만 단지 진여에 의해서 훈습되기에 정용淨用이 있다.'[248]라고 말한 것과 같다. 법장문法章門 세운 것을 여기에서 마친다.

해설 진여문에도 생멸문과 동일하게 相과 用이 있지만 본체인 진여를 강조하기 위하여 體만을 주로 거론하였고, 상대적으로 생멸문에서는 여래장의 작용성이 중요하기 때문에 相과 用의 大가 주로 거론되었다.

此下第二立義章門, 於中亦二。初明大義, 次顯乘義。此亦起下釋中之文, 至彼文處, 更相屬當。大義中, 體大者在眞如門, 相用二大在生滅門。生滅門內亦有自體, 但以體從相, 故不別說也。

---

246 淨法: 淨은 번뇌를 떠난 맑고 깨끗하다는 뜻으로, 진여 법성法性에 의한 법을 의미한다.
247 染法: 정법淨法과 상대하는 용어로, 염오법染汚法의 준말이다. 착하고 깨끗한 마음을 혼탁케 하는 미망迷妄의 제법을 말한다. 染은 번뇌에 오염되었다는 뜻이다.
248 355쪽

그 아래[249]는 두 번째 의장문義章門을 세운 것으로, 이 가운데도 두 가지가 있다. 처음에 '大'의 뜻을 밝혔고, 다음으로 '乘'의 의미를 드러내었다. 이것 역시 아래 해석분의 글을 일으켰으니, 그 글이 있는 곳에 이르면 다시 서로 붙여 짝하게 할 것이다. 大의 뜻에서 體大는 진여문에 있고, 相大와 用大는 생멸문에 있다. 생멸문에도 역시 自體가 있지만, 단지 體로서 相을 따르기 때문에 구별해서 말하지 않았다.

해설 생멸문의 體는 진여문의 體와 본질적으로 다르지 않고, 생멸문에서는 주로 망념妄念의 작용을 다루기 때문에 굳이 진여문의 體에 해당하는 自體에 대해 다시 언급할 필요가 없다. 다만 무명으로 훈습된 염법상染法相이 그 體와 같은 역할을 하기 때문에 '體로서 相을 따른다.'고 하였다.

言如來藏具足無量性功德者, 二種藏內, 不空如來藏, 二種藏中, 能攝如來藏. 性功德義及用大義, 至下釋中當廣分別.

'여래장이 한량없는 성공덕을 모두 갖추고 있다.'고 말한 것은 두 여래장[250] 중에 不空여래장이요, 두 여래장[251] 중에 능섭여래장能攝如來藏[252]에 해당한다. 성공덕性功德과 用大의 뜻은 아래 해석분에 이

---

249 법장문을 언급한 96쪽의 '所言法者 謂衆生心 ~~ 能示摩訶衍自體相用故' 구절에 바로 이어서, 의장문을 언급한 '所言義者 則有三種 ~~ 一切菩薩皆乘此法到如來地故' 구절을 가리킴.
250 二如來藏: 공空과 불공不空 차원으로 구분한 여래장如來藏이다. 空如來藏: 심성心性이 비록 염정染淨의 연緣에 따라 생사 열반과 같은 여러 법을 짓지만, 그 본체는 평등하여 相에서 떠나 있고, 일어난 염정의 법과 이것들을 능히 일으키는 마음 모두 얻을 수 없다. 不空如來藏: 심성心性이 무루無漏의 청정 공덕뿐만 아니라 유루有漏의 업혹業惑과 염법染法을 모두 구족하고, 어떠한 법도 드러내지 않는 것이 없다.
251 여기서의 두 여래장은 세 여래장如來藏의 착오이다. 세 여래장은 여래장을 기능적 측면에서 소섭所攝, 은부隱覆, 능섭能攝으로 분류한 것이다.
252 能攝如來藏: 『금강삼매경론金剛三昧經論』(대정장 제34권, 1730, p.968. a17~ 21행)에 의하면, 능섭여래장能攝如來藏은 세 가지 여래장(소섭所攝, 은부隱覆, 능섭能攝)의 하나로서, 自性에 머물러 있을 때 여래 과지果地의 모든 공덕을 거두어들일 수 있고, 여래를 포섭하고 있다는 것을 뜻한다.

르러 응당 폭넓게 분별할 것이다.

乘義中有二句。一切諸佛本所乘故者, 立果望因以釋乘義也, 一切菩薩皆乘此法到如來地故者, 據因望果以釋乘義也。

　　승乘의 뜻에 두 구절이 있다. '일체 제불諸佛이 본래 타고 있던 것이다.'라고 한 것은 결과를 세워놓고 원인에 맞댐으로써 乘의 뜻을 풀이한 것이고, '일체 보살이 모두 이 법을 타고 여래의 경지에 도달한다.'라는 것은 원인을 들고 결과에 맞댐으로써 乘의 뜻을 풀이한 것이다.

第3章. 해석분解釋分

[疏] 第三解釋分中, 在文亦二。一者結前起後, 二者正釋。正釋中有三。一者擧數總標, 二者依數開章, 三者依章別解。

세 번째[253] 해석분 중의 글에도 두 가지가 있다. 하나는 앞을 매듭짓고 뒤를 일으킨 것이고,[254] 다른 하나는 바로 풀이한 것이다.[255] 바로 풀이하는 것 중에 세 가지가 있다. 하나는 수數를 들어 총괄적으로 표시한 것이고,[256] 둘은 수數에 의해 장章을 연 것이며,[257] 셋은 장章으로 나눠 풀이한 것이다.[258]

[論_ 依章別解_ 解釋分_ 結前起後·正釋]

已說立義分, 次說解釋分。解釋分有三種, 云何爲三。一者顯示正義, 二者對治邪執, 三者分別發趣道相。

이미 입의분을 말했으니 다음으로 해석분을 설하겠다. 해석분에 세 가지가 있으니, 무엇을 셋이라 하는가? 하나는 현시정의顯示正義[올바른 뜻을 드러내 보여줌]이고, 둘은 대치사집對治邪執[그릇된 집착을 다스림]이며, 셋은 분별발취도상分別發趣道相[뜻을 발하여 도에 나아가는 相을 분별함]이다.

---

253 기신론의 본문을 크게 다섯 부분(因緣分, 立義分, 解釋分, 修行信心分, 勸修利益分)으로 나눴을 때의 세 번째인 解釋分을 가리킨다.
254 '已說立義分 次說解釋分' 부분이다.
255 '解釋分有三種 云何爲三' 이하에서부터 分別發趣道相을 설명하는 글의 끝까지가 해당된다.
256 '云何爲三'을 가리킴.
257 '一者顯示正義 二者對治邪執 三者分別發趣道相'을 가리킴.
258 여기서 말한 章은 편의상 본서의 목차에서 節로 표기 하였다.

[疏] 開章中言顯示正義者, 正釋立義分中所立也, 對治邪執發趣道相者, 是明離邪就正門也。

장장을 여는 중에 말한 현시정의란 것은 입의분에서 세운 것을 바로 풀이하는 것이고, 대치사집과 발취도상이란 것은 바르지 않은 것을 떠나 올바른 문으로 나아가는 것을 밝힌 것이다.

別解之中, 卽有三章。初釋顯示正義分中, 大分有二。初正釋義, 後示入門。正釋之中, 依上有二, 初釋法章門, 後釋義章門。初中亦二。一者總釋, 釋上總立。二者別解, 解上別立。

나눠 해석하는 중에 세 가지 장장이 있다. 처음 현시정의顯示正義 부분을 해석하는 중에 크게 나눠 두 가지가 있다. 처음은 정석의正釋義[뜻을 바로 풀이함]이고, 뒤는 시입문示入門[들어가는 문을 보임]이다.[259] 바로 풀이하는 중에 윗글(입의분)에 따라 두 가지가 있으니, 먼저 법장문法章門을 해석하였고, 뒤에서 의장문義章門을 해석하였다. 처음(법장문)에도 두 가지가 있다. 하나는 총체적으로 풀이한 것으로, 위에서 총괄하여 세운 것을 풀이하였다. 둘은 나눠 풀이한 것으로, 위에서 나눠 세운 것을 해석하였다.

해설 法章門의 法은 진리나 교법을 의미하는 것이 아니고 존재 또는 대상으로서의 마음을 뜻하고, 義章門의 義는 大와 乘의 의미이다. 章은 서적의 내용을 구분하는 하나의 단위로써 편篇이나 절節과 같은 용어이고, 門은 들어가면 가는 곳이 달라지는 방편이나 어떠한 측면을 의미한다.

259　401쪽의 '復次顯示終生滅門卽入眞如門~~ 卽得隨順入眞如門故' 까지

第1節. 현시정의顯示正義 (올바른 뜻을 드러내 보이다)

1. 정석의正釋義 (뜻을 바로 풀이하다)

가. 법장문法章門

1) 총석總釋 (총체적으로 풀이하다)

[論_ 解釋分_ 顯示正義_ 正釋義_ 法章門_ 總釋][260]

顯示正義者。依一心法有二種門, 云何爲二。一者心眞如門, 二者心生滅門。是二種門皆各總攝一切法。此義云何。以是二門不相離故。

올바른 뜻을 드러내 보인다. 한마음 法에 의해 두 가지 문門이 있으니, 무엇을 둘이라 하는가? 하나는 심진여문心眞如門[261]이고, 다른 하나는 심생멸문心生滅門[262]이다. 이 두 가지 문이 모두 각각 일체법을 총섭한다. 이 뜻이 무엇을 말하는가? 이 두 문이 서로 떨어지지 않기 때문이다.

[疏] 初中言依一心法有二種門者, 如經本言, "寂滅者名爲一心, 一心者名如來藏"。此言心眞如門者, 卽釋彼經寂滅者名爲一心也, 心生滅門者, 是釋經中一心者名如來藏也。所以然者, 以一切法無生無滅, 本來寂靜, 唯是一心。如是名爲心眞如門。故言寂滅者名爲一心。又此一心體是本覺, 而隨無明動作生滅。故於此門, 如來之性隱而不顯, 名如來藏。如經

---

[260] 이 부분([論_ 解釋分_ 顯示正義_ 正釋義_ 法章門_ 總釋]) 아래부터 義章門 앞까지는 표제어가 지나치게 길어서 편의상 '解釋分_ 顯示正義_ 正釋義' 부분을 생략한다.
[261] 心眞如門: 만유의 본체로서 불생불멸하며 차별이 없이 평등한 진여의 마음 부문.
[262] 心生滅門: 진여의 마음이 무명으로 움직여 생멸하는 현상을 일으키는 부문.

言, "如來藏者是善不善因, 能徧興造一切趣生, 譬如伎兒變現諸趣". 如是等義在生滅門, 故言一心者名如來藏。是顯一心之生滅門, 如下文言, 心生滅者依如來藏故有生滅心, 乃至此識有二種義, 一者覺義, 二者不覺義。當知非但取生滅心爲生滅門, 通取生滅自體及生滅相, 皆在生滅門內義也。二門如是, 何爲一心。謂染淨諸法其性無二, 眞妄二門不得有異, 故名爲一。此無二處, 諸法中實, 不同虛空, 性自神解, 故名爲心。

처음에 말한 '한마음 법에 의해 두 가지 문門이 있다.'는 것은 경본經本[263]에서 "적멸[264]이란 것을 이름하여 한마음이라 하고, 한마음을 칭하여 여래장이다."[265]라고 말한 것과 같다. 이 『기신론』에서 말한 심진여문은 곧 저 경에서 '적멸이란 것을 이름하여 한마음이라 한다.'는 것을 풀이한 것이고, 심생멸문은 저 경에서 '한마음을 칭하여 여래장이다.'라고 한 것을 해석한 것이다. 그 까닭은 일체 법이 생겨나지도 소멸하지도 않고 본래 적정寂靜하여, 오직 이 하나의 마음이기 때문이다. 이 같은 것을 이름하여 심진여문이라 한다. 그래서 적멸을 한마음이라 한 것이다. 또 이 한마음의 體가 본각本覺인데, 무명을 따라 움직여 생멸한다. 그래서 이 (생멸)문에서는 여래의 본성이 숨어 드러나지 않아 여래장이라 한다. 마치 경에서 "여래장이란 것은 선과 불선의 因으로 두루 일체의 취생趣生[266]을 만들 수 있으니, 비유하자면 예인藝人이 여러 가지 취趣를 바꿔서 드러내는 것과 같다."[267]라고 말한

---

263   經本: 경전經典을 의미하며, 원효는 주로 『능가경楞伽經』을 지칭하여 사용하였다. 『楞伽經』은 4권으로 된 『능가아발다라보경楞伽阿跋多羅寶經』과 7권의 『대승입능가경大乘入楞伽經』, 10권의 『입능가경入楞伽經』이 있다

264   寂滅: 범어 'nirvāṇa'의 한역으로, 생사의 인과에서 벗어나 적정무위寂靜無爲의 경지에 있는 것을 의미한다.

265   『入楞伽經』(대정장 제16권, 0671, p.519. a1~ 2행)에서 인용.

266   趣生: 생취生趣와 같은 말로 생물이 태어나는 네 가지 형식인 사생四生(태생胎生, 난생卵生, 습생濕生, 화생化生)과 육취六趣를 함께 이른 말이다. 즉 육도六道를 윤회하며 태어나는 여러 가지 삶의 형태를 의미한다.

267   『楞伽阿跋多羅寶經』(대정장 제16권, 0670, p.510. b4~ 5행)에서 인용.

것과 같다. 이 같은 뜻이 생멸문에 있기 때문에 한마음을 여래장이라 이름한 것이다. 이것은 한마음의 생멸문을 드러낸 것으로, 아래 (기신론의) 글에서 '마음의 생멸이란 것은 여래장에 의하기 때문에 생멸하는 마음이 있다.'[268]고 하고, 계속해서 '이 식識[269]에 두 가지 뜻이 있으니,[270] 하나는 각覺의 뜻이고 다른 하나는 불각不覺의 뜻이다.'[271]라고 말한 것과 같다. (이것은) 단지 생멸하는 마음만을 취해서 생멸문으로 삼은 것이 아니고, 생멸의 自體와 相이 모두 생멸문 안에 있다는 뜻을 통틀어 취한 것임을 마땅히 알아야 한다. 두 문이 이와 같은데 무엇을 한마음이라 하는가? (이것은) 염정染淨[272]의 모든 법은 그 본성이 둘이 아니며, 진眞과 망妄의 두 문[273]도 다를 수가 없음을 이른 것이니, 그래서 이름하여 하나라고 하였다. 이 (眞과 妄의) 둘이 없는 곳에 제법은 중실中實하여 허공과 같지 않고,[274] 본성은 스스로 신해神解하기 때문에 마음이라 하는 것이다.

해설 마음을 비록 진여와 생멸의 두 가지 측면으로 나누었지만, 그 본체는 동일한 하나라는 것을 설명하고 있다. 비록 생멸문에서 진여의 참된 마음이 무명에 미혹되어 생멸을 거듭하지만, 그 본체의 참된 마음은 진여문에서 떠난 적이 없다. 그렇기 때문에 染法과 淨法에 있어 그 본성은 둘이 아닌 것이다. 만약 생멸문과 진여문의 본체가 서로 다르다면 평범한 인간과 부

---

268 147쪽
269 제8식인 아려야식을 가리킨다.
270 164쪽
271 170쪽
272 染淨: 염법染法과 정법淨法을 아울러서 칭한 것이다. 染은 곧 번뇌에 오염되었다는 뜻으로 무명에 의한 법이고, 淨은 번뇌를 멀리 떠나서 맑고 깨끗하다는 뜻으로 법성法性에 의한 법이다.
273 眞妄의 두 문은 각각 眞如門와 生滅門을 가리킨다.
274 은정희 역: 이 둘이 없는 곳이 모든 법 중의 실체인지라 허공과 같지 아니하여,

처는 영원히 하나가 될 수 없다.

또 취趣라는 것은 주로 불교에서 사용하는 용어인데, 三惡趣(지옥·아귀·축생), 六趣(지옥·아귀·축생·아수라·人·天) 등으로 사용된다. 이때의 趣의 의미는 가서 도달한다는 뜻이지만, 위에서 '여러 가지 취趣를 바꿔서 드러낸다.'고 할 때의 의미는 '여러 가지 모습' 정도로 보면 될 것 같다.

然旣無有二, 何得有一, 一無所有, 就誰曰心。如是道理, 離言絶慮, 不知何以目之, 强號爲一心也。言是二種門皆各總攝一切法者, 釋上立中是心卽攝一切世間出世間法。上直明心攝一切法, 今此釋中顯其二門皆各總攝。言以是二門不相離故者, 是釋二門各總攝義, 欲明眞如門者染淨通相, 通相之外無別染淨, 故得總攝染淨諸法, 生滅門者別顯染淨, 染淨之法無所不該, 故亦總攝一切諸法。通別雖殊, 齊無所遣, 故言二門不相離也。總釋義竟。

　　그러나 둘이 이미 없는데, 어떻게 하나가 있을 수 있으며, 하나도 있는 것이 없으면 무엇을 마음이라 하겠는가? 이 같은 도리는 말을 여의고 사려를 끊은 것으로, 무엇이라 지목할 줄 몰라 억지로 이름 불러 한마음이라 하였다. '이 두 門이 모두 각각 일체 법을 총섭한다.'라고 말한 것은 윗글 입의분의 '이 마음이 일체의 세간법과 출세간법을 포섭한다.'[275]는 것을 해석한 것이다. 위에서는 단지 마음이 일체 법을 포섭하는 것을 밝혔지만, 지금 여기 해석분에서는 그 두 門이 모두 각각 총섭함을 드러내었다. '이 두 門이 서로 떨어져 있지 않기 때문이다.'라고 말한 것은 두 門이 각각 총섭하는 뜻을 해석한 것으로, (아래

275　96쪽

와 같은 것을) 밝히고자 함이다. 진여문이란 것은 염染과 정淨의 통상通相[276]이고 통상通相 외에 별다른 염정染淨이 없기 때문에 染淨의 제법을 통섭할 수 있고, 생멸문이란 것은 染과 淨을 달리 드러내지만 染淨의 법에 어떠한 것도 갖추지 않은 것이 없기 때문에[277] 역시 일체 제법을 총섭한다. 통상通相과 별상別相이 비록 다르지만 다 같이 버릴 것이 없기 때문에 '두 문이 서로 떨어져 있지 않다.'라고 말하였다. 총괄적으로 해석하는 뜻을 마친다.

[別記] 眞如門是諸法通相, 通相外無別諸法, 諸法皆爲通相所攝。如微塵是瓦器通相, 通相外無別瓦器, 瓦器皆爲微塵所攝。眞如門亦如是。生滅門者, 卽此眞如是善不善因, 與緣和合變作諸法。雖實變作諸法, 而恒不壞眞性, 故於此門亦攝眞如。如微塵性聚成瓦器, 而常不失微塵性相, 故瓦器門卽攝微塵。生滅門亦如是。設使二門雖無別體, 二門相乖不相通者, 則應眞如門中攝理而不攝事, 生滅門中攝事而不攝理。而今二門互相融通, 際限無分。是故皆各通攝一切理事諸法。故言二門不相離故

　　진여문은 제법의 통상通相이며, 통상通相 외에 별다른 제법이 없고, 제법은 모두 通相에 포섭된다. 마치 미세한 먼지가 질그릇의 通相이고, 通相 외에 별다른 질그릇이 없으며, 질그릇은 모두 미세한 먼지에 포섭되는 것과 같다. 진여문도 역시 이와 같다. 생멸문이란 것은 곧 이 진여에 선과 불선의 인因과 연緣이 화합하여 제법을 변화시켜 만든 것이다. 비록 실제로 제법을 변작變作하지만 항상 참된 본성을 허

276　통상通相: 각 사물이 가지고 있는 개별적인 별상別相과 대비되는 개념으로, 모든 것에 융통하여 막힘이 없는 相을 가리킨다. 예를 들면 본성이 모든 법의 여여如如로서 청정한 것은 通相이며, 분별해서 범부와 성인과 여래로 구분하면 別相이다.

277　은정희 역: 생멸문은 각기 염정을 나타내어 염정의 법이 모두 포함되지 않음이 없기 때문에

물어뜨리지 않기 때문에, 이 생멸문에서도 역시 진여를 포섭한다. 마치 미세한 먼지의 본성이 모여 질그릇을 이루지만, 항상 미세한 먼지 본성의 상을 잃지 않는 것과 같기 때문에 질그릇 문이 바로 미세한 먼지를 포괄하는 것이다. 생멸문도 또한 이와 같다. 설사 두 문에 비록 다른 체體가 없지만 두 문이 서로 어긋나서 서로 통하지 않는다면, 진여문 안에서는 응당 이理는 포섭하지만 사事는 포섭하지 못할 것이고, 생멸문은 事는 포섭하지만 理는 포섭하지 못할 것이다. 그러나 지금 두 문은 서로 융통하여 한계로 나뉨이 없다. 이런 까닭에 모두 각각 일체 理事[278]의 제법을 통섭한다. 그래서 '두 문이 서로 떨어져 있지 않기 때문이다.'라고 말하였다.

해설 진여문과 생멸문의 理事를 나무로 비유해서 보면, 드러나지 않는 뿌리는 진여문이고, 지상으로 드러난 줄기와 가지 그리고 잎사귀는 생멸문이라 할 수 있다. 땅 위로 드러난 부분과 드러나지 않은 부분의 공통점은 모두 살려 하는 생명력을 가지고 있다는 점이고, 이 생명력이 바로 진여와 생멸의 두 문이 모두 공통적으로 理를 포섭하는 뜻과 같은 것이다. 또 뿌리는 드러나지는 않지만 항상 물을 빨아올리는 작용을 하고, 잎사귀는 탄소동화 작용을 통해 전체가 살아가는데 필요한 양분을 생성하는 역할을 하는데, 이것이 바로 두 문이 모두 각각의 事를 포섭하고 있는 이치와 같다. 이렇듯 지하의 뿌리와 지상으로 드러난 부분은 융통하여 서로 떨어져 있지 않아서 뿌리는 항상 너와 나의 구분이 없는 진여의 상을 갖추고 있지만, 지상으로 드러난 잎사귀와 가지는 모두가 한 몸이란 사실을 잊은 채 너와 나를 분별하는 생멸심으로 항상 이해利害와 시비是非를 다툰다.

---

278 理事: 理는 하나의 참된 법계의 본성이고, 事는 일체 세간의 모습이다. 그러나 평등한 이성理性과 차별의 사법事法에 나아가 보면 두 가지가 모두 환하게 상성相成 상해相害하고 상즉相卽 상비相非하여 원융 무애하다.

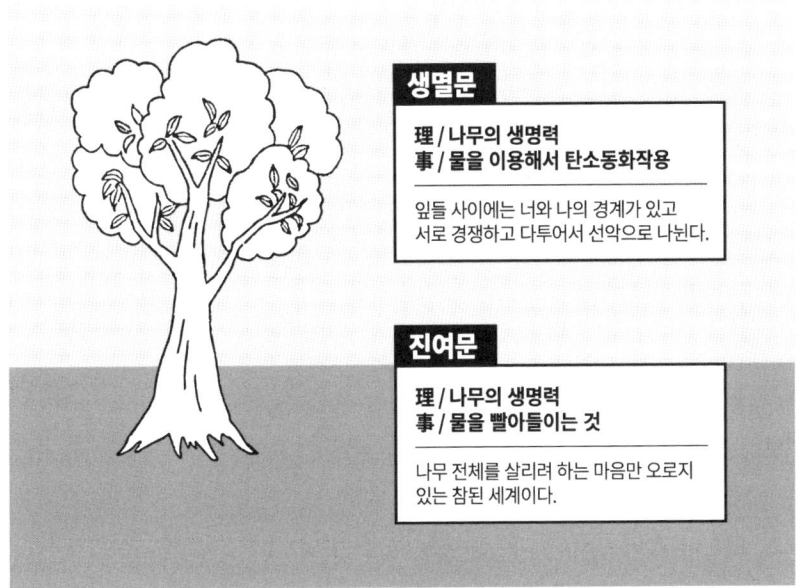

[別記] 問。若此二門各攝理事, 何故眞如門中, 但示摩訶衍體, 生滅門中, 通示自體相用。
答。攝義示義異。何者。眞如門是泯相以顯理, 泯相不除, 故得攝相, 泯相不存, 故非示相。生滅門者攬理以成事, 攬理不壞, 得攝理, 攬理不泯, 故亦示體。依此義故, 且說不同, 通而論之, 二義亦齊。是故眞如門中, 亦應示於事相, 略故不說耳。

　　묻는다. 만약 이 두 문이 각각 理와 事를 포섭한다면, 무엇 때문에 진여문에서는 단지 대승의 體만을 보여주고, 생멸문에서는 自體와 相과 用을 다 보여주는가?

　　답한다. 포섭하는 뜻과 보여주는 뜻은 다르다. 어째서인가? 진여문은 相을 지움으로써 理를 드러내었는데, 지운 相을 버리지 않았기 때문에 相을 포섭할 수 있고, 相을 지워서 있지 않기 때문에 相을 보여주지 않았다. 생멸문은 理를 쥐고 事를 이루는데, 붙잡은 理가 무너지지 않아 理를 포섭할 수 있고, 붙잡은 理가 지워지지 않았기 때문에 역시 體를 보여준다. 이러한 뜻으로 설한 말이 다르지만, 일반적으로 논하자면 두 가지 뜻이 또한 같다. 이러한 까닭에 진여문에서도 마땅히 事의 相을 보여야 하지만, 생략했기 때문에 설하지 않았을 뿐이다.

해설 두 문이 모두 體·相·用을 포섭하고 있지만, 진여문에서는 본체의 열반적 정涅槃寂靜한 本性을 강조하기 위해 주로 본체만을 설명하였다. 그러나 생멸문에서는 집착과 번뇌를 일으키는 원인과 그것이 작용하는 과정을 보여 줌으로써 그것들을 잘 이해하고, 도를 향해 마음을 발하여 깨달음의 세계로 나아가도록 권장하는 것이 중요하기 때문에 상대적으로 相과 用을 중심으로 설명한 것이다.

問。二門不同, 其義已見, 未知二門所攝理事, 亦有隨門差別義不。
答。隨門分別, 亦有不同。何者。眞如門中所攝事法, 是分別性, 以說諸法不生不滅本來寂靜, 但依妄念而有差別故, 心生滅門所說事法, 是依他性, 以說諸法因緣和合有生滅故。然此二性, 雖復非一, 而亦不異, 何以故。因緣所生生滅諸法, 不離妄念而有差別。故分別性不異依他, 亦在生滅門也, 又因緣之生, 自他及共皆不可得, 故依他性不異分別, 亦在眞如門也。如是二性雖復不異, 而亦非一。何以故。分別性法本來非有亦非不無, 依他性法雖復非有而亦不無。是故二性亦不雜亂。如攝論說, "三性相望 不異非不異", 應如是說。若能解此三性不一不異義者, 百家之諍無所不和也。

묻는다. 두 문이 다른 그 뜻은 이미 드러났지만, 두 문이 포섭하고 있는 理와 事가 역시 문에 따라 차별되는 뜻이 있는 것은 아닌지 모르겠다.

답한다. 문에 따라 분별함에 역시 같지 않은 것이 있다. 어째서인가? 진여문에서 포섭하고 있는 사법事法은 분별성分別性[279]으로, 제법이 불생불멸하여 본래 적정하지만 단지 망념으로 차별이 있다고 설하기 때문이고, 심생멸문에서 말하는 사법事法은 의타성依他性[280]이니, 제법이 인연으로 화합하여 생멸이 있다고 말하기 때문이다. 그러나 이 두 가지 性이 비록 하나는 아니지만, 다르지도 않은 것은 어째서인가? 인연으로 생겨난 생멸하는 모든 법은 망념에서 떠나면 차별이 있지 않다. 그런 까닭에 분별성은 의타성과 다르지 않아 역시 생멸문에도 있고, 또 인연으로 생하는 것은 자성自性[281]과 타성他性[282] 및 공성共性을 얻을 수 없기 때문에 의타성은 분별성과 다르지 않아 역시 진여문에도 있다. 이 같은 두 가지 性은 비록 다시 다르지도 않지만 역시 동일하지도 않다. 어째서인가? 분별성의 법이 본래 있지도 않지만 없는 것도 아니며, 의타성의 법도 비록 다시 있는 것도 아니지만 역시 없는 것도 아니다. 이 때문에 두 性이 또한 잡란하지 않다. 마치 『섭론攝論』[283]에서 "三性[284]이 서로 기다려서 (성립하기 때문에) 다르지 않지만 다르지 않은 것도 아니다."[285] 라고 설한 것처럼, 마땅히 이같이 말해야 한다. 만약 능

---

279   分別性: 유식학파에서 설하는 三性 중의 하나로, 실제 존재하지 않지만 온갖 분별로써 지어낸 허구적인 대상을 마치 존재하는 것처럼 인식하는 것을 말한다. 주로 언어를 통한 관념에 의해 구축된 가설적 존재를 분별하는 것을 본성으로 한다. 일명 변계소집성遍計所執性이라고도 한다.
280   依他性: 三性 중의 하나로, 의타기성依他起性이라고도 한다. 自性이 없어 다른 것에 의존하여 생겨나는 모든 법을 의미한다.
281   自性: 범어 'svabhāva'의 의역으로, 자체自體·법체法體·실성實性과 같은 의미이다. 법상종에서는 자상自相이라고도 한다. 진실 불변하고 순수하며, 독립적인 특성을 의미한다.
282   他性: 범어 'parabhāva'의 의역으로, 自性과 반대되는 용어이다.
283   『攝論』: 『섭대승론攝大乘論』의 약칭이다.
284   三性: 분별성分別性과 의타기성依他起性, 그리고 원성실성圓成實性을 말한다.
285   『攝大乘論釋』의 내용을 축약 인용한 것으로, 진제眞諦의 역본譯本에는 분별장分別章 제3에, 현장玄奘의 역본譯本에는 소지상분所知相分 제3에 있다.

히 이 三性이 같지도 않지만 서로 다르지도 않다는 뜻을 이해한다면, 백가百家의 쟁론諍論이 어떠한 것도 화합하지 않는 것이 없을 것이다.

해설 인연으로 생하는 제법은 불변하는 실체가 없어서 스스로의 본성이라고 할 수 있는 自性이 없다. 양자물리학에서 확인된 사실에 의하면, 입자를 쪼개고 쪼개어 극소의 단위로 내려가면 스스로의 실체라고 할 만한 고정불변의 성질을 가진 입자가 존재하지 않고, 입자들 상호 관계에 의해 일시적으로 그 특성이 정의될 뿐이다. 이렇게 상호관계에 의해 존재하는 모든 것들에는 그 自性이 없고, 自性이 없으면 자동적으로 他性도 없으며, 自性과 他性이 없으면 共性도 성립하지 않는다. 즉 내가 없으면 너도 없고, 그라고 하는 존재도 없으며, 우리도 없다. 그래서 서로 기다려서 성립하는 제법은 모두 공空하기 때문에 있는 것도 아니고 없는 것도 아니며, 같은 것도 아니고 다른 것이라고 말할 수도 없다.

삼성설三性說은 유식학파에서 마음의 존재 상태를 설명하는 학설인데, 변계소집성遍計所執性과 의타기성依他起性, 원성실성圓成實性을 말한다. 변계소집성은 '두루 분별된 것을 본성으로 하는 것'이란 의미로, 주로 언어를 통한 관념으로 구축된 가설적 존재를 분별하는 것을 본성으로 삼는다. 이것은 그 존재 자체가 끊임없이 변화하여 실체가 없음에도 집착으로 인해 자신이 인식하는 그 상태로 존재하는 것이라고 허망하게 분별하는 것을 의미한다. 의타기성은 '다른 것에 의지하는 것을 본성으로 하는 것'을 의미한다. 존재하는 모든 것들은 연기緣起의 관계에 있고, 그것들은 인간의 식識에 의해서 드러날 뿐이다. 원성실성은 '이미 완전하게 완성된 성'을 의미하며, 無自性으로 공하며 불변하는 진여의 세계를 말한다. 이 세 가지 性은 별개로 떨어져 있지 않고 서로 연관 되어 있다. 연기함으로써 존재하는 의타기성을 범부의 눈으로 인식하는 것은 바로 변계소집성이고, 이 의타기성이 공하다는 것을 깨달은 부처의 눈으로 보는 것은 원성실성이다. 진여문의 사법事法인 분별성은 이 망상 분별하는 변계소집성이 사라지고 원성실성으로 보는 분별이니, 바로 "산은 산이요, 물은 물이로다."라고 하는 경지에서 분별하는 것이다.

二門所攝理不同者。眞如門中所說理者, 雖曰眞如, 亦不可得, 而亦非無, 有佛無佛, 性相常住, 無有變異, 不可破壞。於此門中, 假立眞如實際等名, 如大品等諸般若經所說。生滅門內所攝理者, 雖復理體離生滅相, 而亦不守常住之性, 隨無明緣流轉生死, 雖實爲所染, 而自性淸淨。於此門中, 假立佛性本覺等名, 如涅槃華嚴經等所說。

두 문이 포섭하고 있는 理가 다르다고 하는 것은 다음과 같다. 진여문에서 설한 理를 비록 진여라고 하지만, 역시 얻을 수도 없고 또 없는 것도 아니며, 부처가 있거나 없거나 본성의 相은 상주하여 변이도 없고 파괴할 수도 없다. 이 (진여)문 안에 진여나 실제와 같은 이름을 임시로 세운 것은 마치 『대품경大品經』[286] 같은 여러 반야경에서 설한 것과 같다. 생멸문 안에 포섭된 理는 비록 理의 본체가 생멸상生滅相에서 떠나 있지만, 역시 상주성常住性을 지키지 못해 무명의 연에 따라 유전하여 生死하고, 비록 (그 理가) 실제로 오염되었지만, 그 自性은 청정하다. 이 생멸문 안에 불성佛性[287]이나 본각本覺 같은 이름을

---

286 『大品經』: 『대반야바라밀다경大般若波羅蜜多經』의 별칭으로, 반야부의 여러 경전들을 집대성한 총서叢書이다. 줄여서 『大般若經』이라고 하며, 『大品經』, 『大品般若』, 『大品般若經』이라고도 한다. 당唐나라 때 현장玄奘이 번역하였다.

287 佛性: 여래성如來性 또는 각성覺性이라고도 하며, 부처의 본성 또는 부처가 될 수 있는 가능성을 의미한다.

임시로 세운 것은 마치 『열반경』과 『화엄경』 등에서 설한 것과 같다.

해설 위에서 말한 진여문과 생멸문의 理와 事를 표로 정리하면 아래와 같다.

구 분	理 法	事 法
진여문	진여, 실제	분별성
생멸문	불성, 본각	의타성

今論所述楞伽經等, 通以二門爲其宗體。然此二義亦無有異, 以雖離生滅, 而常住性亦不可得, 雖曰隨緣, 而恆不動, 離生滅性故。以是義故, 眞如門中, 但說不壞假名, 而說實相不動, 實際建立諸法, 生滅門中, 乃說自性淸淨心, 因無明風動, 不染而染, 染而不染。

지금 이 논에서 서술한 『능가경』 등은 일반적으로 두 문으로 그 종체를 삼는다. 그러나 이 두 가지 뜻[288]에도 차이가 없는 것은 비록 생멸을 떠난다 해도 상주성常住性을 또한 얻을 수 없고, 緣을 따른다고 해도 항상 부동하여 생멸성生滅性에서 떠나 있기 때문이다. 이러한 뜻으로 진여문에서는 임시로 세운 이름을 파괴하지 않으면서도 실상實相은 부동하여 모든 법을 실제로 세운다고 설하였고, 생멸문에서는 自性의 청정심淸淨心이 무명의 바람으로 움직여 물들지 않았으되 물들고 물들었으되 물들지 않았다고 설한 것이다.

해설 진여문을 티끌 하나 없이 깨끗한 거울로, 그리고 생멸문을 여기저기 얼룩진 더러운 거울로 비유한다면, 두 거울의 본체는 얼룩의 유무와 상관없이 동일하다. 그러나 무명으로 얼룩진 거울은 사물이 비칠 때 사물의 본모습

---

288 두 가지 뜻은 바로 앞 단락에서 말한 『大品經(대품경)』에서 말한 진여문에서의 理의 의미와, 『열반경』 또는 『화엄경』에서 말한 생멸문에서의 理의 의미를 말한다.

을 그대로 반영하지 못한다. 그러므로 본체 차원에서 보면 물들지 않았지만 현상으로 보면 물든 것이고, 비록 물들었다 하더라도 여전히 본체의 깨끗함은 변함이 없다. 그래서 진여문의 理·事가 생멸문의 理·事와 다른 듯하지만 다르지 않고 같은 듯하지만 같지 않은 것이다.

問。眞如門中說唯空義, 生滅門內說不空義, 爲不如是耶。
答。一往相配, 不無是義。故上立義分眞如相中, 但說能示摩訶衍體, 生滅門中, 亦說顯示大乘相用。就實而言, 則不如是, 故下論文二門皆說不空義。

묻는다. 진여문 중에서는 오직 空의 뜻만을 설하고 생멸문 안에서는 不空의 뜻을 설하였다. 이와 같지 않은가?

답한다. 한번 서로 짝해 본다면 이런 뜻이 없지는 않다. 그래서 위 입의분立義分의 진여 相에서는 단지 대승의 體體만을 능히 보여준다고 설했고, 생멸문에서는 역시 대승의 相과 用을 드러내 보여준다고 설한 것이다.[289] 그러나 실제로 말하자면 이와 같지 않기 때문에 아래 『기신론』의 글에서 두 문이 모두 不空한 뜻을 설한 것이다.

해설 진여문이 不空인 뜻은 윗글 법장문의 총석에서 이미 '두 문이 일체 법을 총체적으로 포섭한다.'고 말했거니와, 아래 진여문의 체를 설명하는 글에서도 '眞如라는 것은 곧 하나의 법계에서 그 法門을 크게 총괄하는 본체이다. 이른바 마음의 본성은 생하지도 않고 멸하지도 않으니, 모든 법이 망념에 의해 차별이 있을 뿐이다.'라고 말한 것이 있다.

---

289 96쪽

問。若生滅門內二義俱有者, 其不空義, 可有隨緣作生滅義, 空義是無, 何有隨緣而作有義。
答。二義是一, 不可說異。而約空義亦得作有, 何者。若空定是空, 應不能作有, 而是空亦空, 故得作有。然此空空亦有二義。一者有法性空, 是空亦空, 有之與空, 皆不可得。如是空空, 有眞如門, 如大品經云, "一切法空, 此空亦空, 是名空空"。二者猶如有無有性, 故得爲空, 是名曰空。如是空無空性, 故得作有, 是名空空。如是空空, 在生滅門, 如涅槃經云, "是有是無, 是名空空, 是是是非, 是名空空, 如是空空, 十住菩薩, 尙得少分, 如毫釐許, 何況餘人"。二門差別, 應如是知。上來釋上總立法竟。

　　묻는다. 만약 생멸문 안에 두 가지 뜻[290]이 함께 있다면 그 不空의 뜻에 연을 따라 생멸을 일으킨다는 의미가 있을 수 있지만, 空의 뜻은 無인데 어떻게 연을 따라서 有를 짓는 의미가 있겠는가?

　　답한다. 두 가지 뜻이 하나라서 다르다고 말할 수 없다. 그러나 空의 뜻을 따르더라도 역시 有를 지을 수 있는 것은 어째서인가? 만약 空이 반드시 空이라면 응당 有를 지을 수 없지만 이 空 역시 空이기 때문에 有를 지을 수 있다. 그러나 이 空이 空하다는 것에도 두 가지 뜻이 있다. 하나는 有의 法性이 空한 것으로, 이 空 또한 空하여 有와 空에서 모두 (실체를) 얻을 수 없다. 이같이 空이 空하다는 것은 진여문에 있으니, 마치 『대품경』에서 "일체 법이 空한데, 이 空 또한 空하여 空空[空이 空하다]이라 한다."[291]라고 이른 것과 같다. 다른 하나는 마치 有에 有의 본성이 없기 때문에 空이 될 수 있어, 이것을 空이라고 하는 것과 같다. 이와 같은 空은 空性이 없기 때문에 有를 만들 수 있

290　空과 不空의 두 가지 뜻
291　『大般若波羅密多經』(대정장 제5권, 0220, p.291. a6~ 8행)에서 인용. 원문은 "空謂一切法空。此空由空空, 何以故。非常非壞本性爾故, 善現是爲空空。"으로 되어있다.

어, 이것을 空空이라 한다. 이러한 空空은 생멸문에 있으니 『열반경』에서 "이 有와 이 無를 空空이라 하며, 이 是와 이 非를 空空이라고 한다. 이 같은 空空은 십주十住 보살[292]도 오히려 조금 얻어 털끝만 하거늘, 하물며 여타 사람들은 어떠하겠는가?"[293]라고 말한 것과 같다. 두 문의 차별을 마땅히 이처럼 알아야 한다. 위로부터 여기까지 위에서 총체적으로 세운 법을 풀이하고 마쳤다.

해설 생멸문에서는 모든 것이 인연으로 변화하고 생멸하기 때문에 自性과 他性 그리고 共性이 없다. 그러므로 法性 측면에서는 空하지만 존재 측면에서는 不空이다. 그러나 진여문에서도 法性이 空하다는 것은 언뜻 이해하기가 쉽지 않다. '일체 법이 空한데 이 空 또한 空하다.'는 것은 空을 空이라고 인식하는 것조차 없어야 한다는 것을 의미한다. 이것은 마치 『도덕경』에서 "도를 도라고 인식하는 순간 그 도는 도가 아니다."[294]라고 하는 것과 같다. 진리를 진리라고 확신하는 순간 거기에 붙잡히고, 붙잡혀 집착하면 진리에서 멀어져 그 眞性은 사라지고 만다.

2) 별해別解 (나눠 풀이하다)

가) 진여문眞如門

[疏] 以下釋上別立。別釋二門, 即爲二分。眞如門中, 亦有二意。初釋眞如, 後釋如相。又復初是總釋, 後是別解。又初文明不可說, 顯理絶

---

292 십주十住 보살: 보살수행의 52階位 중 제11위에서 제20위까지의 보살. 十信의 자리를 지나 마음이 眞諦의 이치에 安住하는 경지에 이르렀다는 뜻으로 住라 한다.
293 『大般涅槃經』(대정장 제12권, 0374, p.461. c16~ 19행)에서 인용. 원문은 "是有是無, 是名空空。是是非是非, 是名空空。善男子, 十住菩薩尚於是中通達少分猶如微塵, 況復餘人。"으로 되어 있다.
294 『도덕경道德經』, 제1장 "道可道 非常道"

言, 後文明可得說, 顯不絕言。

　　이 아래는 위에서 나눠 세운 것을 풀이하였다.[295] 두 문을 나눠 풀이하니, 곧 두 부분이 되었다. 진여문에도 두 가지 뜻이 있다. 처음에 진여를 풀이하였고,[296] 뒤에서 진여의 相을 해석하였다. 또 다시 처음에 총괄하여 풀이하였고, 뒤에서 나눠 풀이했다. 또 처음 글은 설명할 수 없음을 밝혀 (진여의) 理가 말에서 끊어졌음을 드러냈고, 뒷글은 설할 수 있음을 밝혀 (진여의 理가) 말을 끊지 않았음을 드러내었다.

해설　처음은 바로 진여 의 體가 언설言說과 명자名字로 표현할 수 없는 것임을 총체적으로 설명한 것이고, 뒤는 진여의 相을 언설로 분별해서 여실공如實空[297]과 여실불공如實不空[298]으로 나눠 설명한 것이다.

(1) 진여의 체體와 명名

[別記] 初文中言離言說相離名字相, 乃至言眞如者因言遣言, 後文中言依言說分別有二種義, 謂如實空如實不空。然後文亦說一切分別皆不相應, 當知一切言說亦不相應。此卽顯理離言絕慮。又初文中要依因言遣言之言, 乃得顯其理之絕言, 此亦顯理不離言說相。若言得說理實絕言者, 則墮自宗相違過, 先以絕言之言不絕, 而理實絕言故, 若使絕言之言亦言絕者, 則墮自語相違過, 先以絕言之言亦絕, 而言得說言故。

295　위의 立義分에서 진여문과 생멸문의 뜻을 세웠고, 여기(解釋分의 法章門)서부터 진여문과 생멸문을 나눠 해석하는데, 먼저 진여문으로 시작한다.
296　진여의 體와 명을 설명한 부분을 가리킨다.
297　여실공如實空: 如實은 진여의 다른 이름으로, 진여의 체성이 空하고 깨끗하여 일체의 망염妄染에서 떠나있음을 의미한다.
298　如實不空: 진여가 실재實在하고, 그 자체에 온갖 무루 청정한 공능이 갖추어져 있는 것을 의미한다.

(아래 논의) 처음 글에서 '언설상言說相²⁹⁹과 명자상名字相³⁰⁰을 떠났다.'라고 한 것부터 '진여라고 하는 것은 언어로써 언어를 버린 것이다.'³⁰¹라고 말한 것까지와 뒷글에서 '언설로 분별하면 두 가지 뜻이 있다.'³⁰²라고 말한 것은 여실공如實空과 여실불공如實不空을 이른 것이다. 그러나 뒷글에서도 '일체 분별은 모두 상응하지 않는다.'³⁰³라고 설하였으니, 마땅히 일체의 언설이 역시 (진여의 자성과) 상응하지 않음을 알아야 한다. 이것은 바로 理가 말에서 떠나있고 사려에서 끊겼음을 드러낸 것이다. 또 처음 글 중에 요컨대 '언어로써 언어를 버린 것이다.'라는 말에 의해 비로소 그 理가 말에서 끊겨있음을 드러낼 수 있지만, 이것 역시 理가 언설상에서 떠나있지 않음을 드러낸 것이다. 만약 理가 실제로 말에서 떠난 것임을 말로써 설명할 수 있다면 자종상위自宗相違³⁰⁴의 잘못에 떨어질 것이니, 무엇보다도 말을 끊었다는 말에서 끊어지지 않았지만 理는 실제로 말에서 끊어졌기 때문이고, 만일 말을 끊었다는 말도 역시 말에서 끊어진 것이라면 자어상위自語相違³⁰⁵의 잘못에 빠지게 되는 것이니, 무엇보다도 끊었다는 말에서 역시 끊어졌는데 말로써 말을 설명하기 때문이다.

---

299 言說相: 말에 의해 생겨나거나 표현되는 상.
300 名字相: 어떤 대상을 이름으로 개념 지을 때 만들어지는 상.
301 131쪽
302 134~135쪽
303 136쪽, '一切衆生 以有妄心 念念分別 皆不相應'을 줄여서 '一切分別皆不相應'이라고 하였다.
304 自宗相違: 스스로 세운 학설이나 원칙 또는 가르침에 어긋나는 것을 의미한다. 예를 들면, 리理는 언어로 설명할 수 없다는 원칙을 어기고 언어로 설명할 수 있다고 하는 것이 여기에 해당한다.
305 自語相違: 자기가 한 말에 모순이 있는 것을 말한다. 예를 들면, 진여는 언어에서 떠나 있는 것이라 하면서 말로써 그것을 설명하는 것을 말한다.

해설 언설이 진여와 서로 상응하지 않는 것은 절대적 진리를 언설로써 설명할 수 없다는 것을 의미한다. 그럼에도 불구하고 그 理를 설명하기 위해 부득이하게 언설을 사용해야만 하는 모순적 상황을 '理가 언설에서 떠나지 않은 것'이라 하였다. 노자老子나 장자莊子가 언설言說에서 떠난 도道를 언설로 설명하는 것도 대중에게 그 도를 전하기 위한 부득이한 방편이었을 것이다.

[疏] 問。理實而言爲絶爲不絶。若不絶言者, 正體離言, 卽違於理, 若實絶言, 後智帶言, 卽倒於理。又若不絶, 則初段論文斯爲漫語, 若實絶言, 則後段論文徒爲虛設, 如說虛空爲金銀等。
解云。是故當知, 理非絶言, 非不絶言。以是義故, 理亦絶言, 亦不言絶, 是則彼難無所不當。

묻는다. 이 理는 진실로 말에 의해 끊어진 것인가, 끊어지지 않은 것인가?[306] 만약 말을 끊지 않았다면 정체正體[307]는 언어를 떠난 것이니 곧 이치에 어긋나고, 만약 진실로 말을 끊었다면 후득지後得智[308]는 말을 동반하는 것이니 바로 이치에 어긋난다. 또 만일 끊지 않았다면 첫 단락 논의 글[309]은 함부로 한 말이 되고, 만약 실제로 말을 끊었다면 뒤 단락 논의 글[310]도 쓸데없이 허망하게 설치한 것이 되니, 마치

---

306 은정희 역: 이 理는 실제로 말한다면 말을 끊은 것인가, 끊지 않은 것인가?
307 正體: 바른 본체인 진여를 의미한다.
308 後得智: 무분별후지無分別後智 또는 후득무분별지後得無分別智라고도 하며, 근본무분별지根本無分別智와 상대되는 개념이다. 근본지根本智에 의해 이끌어진 지혜로, 의타기성依他起性으로 일어나는 경계가 헛된 것임을 여실하게 깨달아 알았기 때문에 여량지如量智·권지權智·속지俗智라고도 한다. 根本智는 분별하는 것도 분별되는 것도 없지만, 이 후득지는 분별하기도 하고 분별되기도 한다.
309 진여가 言說相과 名字相을 떠나 있음을 설명하는 부분으로, '心眞如者 卽是一法界大總相法門體 ~~ 若離於念 名爲得入'까지가 해당한다.
310 言說分別에 의해 진여에 두 가지 뜻이 있음을 설명하고 있는 부분으로, '復次此眞如者 依言說分別 ~~ 以離念境界 唯證相應故'까지가 해당됨.

허공을 금은金銀 등이라 말하는 것과 같다.

풀어서 대답한다. 이런 까닭에 理는 말을 끊은 것도 아니고 끊지 않은 것도 아님을 마땅히 알아야 한다. 이 뜻 때문에 理는 역시 말을 끊기도 하고 끊지 않기도 하니, 이것이 바로 저 힐난하는 물음에 부당함이 없는 것이다.

[別記] 如是等言, 無所不當, 故無所當, 由無所當, 故無所不當也. 眞如門中絶不絶義, 旣如是說, 生滅門中亦同此說. 且止傍論, 還釋本文.

이 같은 말에 부당한 것이 없기 때문에 마땅한 것도 없고, 마땅한 것이 없기 때문에 부당한 것도 없다. 진여문에서 끊음과 끊지 않음의 뜻을 이처럼 설하였는데, 생멸문에서도 역시 이 설은 동일하다. 곁가지로 논하는 것을 이만 그치고, 돌아가 본문을 풀이한다.

해설 절대적 차원의 진리가 언어로써 표현될 수 있는가? 하는 것과 또 사려思慮로써 이해할 수 있느냐? 하는 것은 언어와 논리를 통해 따질 수 있는 문제가 아니다. 오직 깨달음을 체득한 경지에서만 징험할 수 있을 뿐이다.

[論_ 法章門_ 別解_ 眞如門_ 眞如體·眞如名_ 眞如體]

心眞如者, 卽是一法界大總相法門體. 所謂心性不生不滅, 一切諸法唯依妄念而有差別, 若離心念, 則無一切境界之相. 是故一切法從本已來, 離言說相, 離名字相, 離心緣相, 畢竟平等, 無有變異, 不可破壞. 唯是一心, 故名眞如, 以一切言說, 假名無實, 但隨妄念, 不可得故.

마음의 眞如라는 것은 바로 일법계一法界[311]의 대총상大總相인 법문의 체이다. 이른바 마음의 본성은 생하지도 않고 멸하지도 않으며, 일체 제법은 오직 망념에 의해 차별이 있을 뿐이니, 만약 마음과 생각에서 떠나면 일체 경계상이 없다. 이런 까닭에 모든 法은 본래부터 언설상言說相과 명자상名字相과 심연상心緣相[312]에서 떠나있고, 마침내 평등하여 변이變異가 없고 파괴할 수 없다. 오직 한마음이기 때문에 진여라 하니, 일체 언설은 임시로 빌린 이름이라 실제가 없고 단지 망념에 따른 것이라 얻을 수 없기 때문이다.

[疏] 初文有三。一者略標, 二者廣釋, 其第三者往復除疑。略標中言卽是一法界者, 是擧眞如門所依之體, 一心卽是一法界故。此一法界通攝二門, 而今不取別相之門, 於中但取總相法門。然於總相有四品中, 說三無性所顯眞如, 故言大總相。軌生眞解[313], 故名爲法, 通入涅槃, 故名爲門, 如一法界擧體作生滅門, 如是擧體爲眞如門。爲顯是義, 故言體也。

처음 글[314]에 세 가지가 있다. 하나는 대략 표시한 것이고,[315] 둘은 널리 풀이한 것이며,[316] 세 번째는 (문답으로) 왕복하여 의심을 제거한 것이다.[317] 대략 표시한 글 중에서 '바로 일법계一法界'라고 말한 것은 진여문이 의지하는 본체를 거론한 것으로, 한마음이 곧 하나의

---

311 一法界: 유일무이唯一無二하고 절대 평등한 진여의 이체理體를 가리키는 것으로, 천태종에서 칭하는 제법실상諸法實相과 화엄종에서 설하는 일진법계一眞法界와 같다.
312 心緣相: 마음에서 생각이 일어나 바깥 대상과 연결된 相으로, 사물을 인식하는 것을 의미한다.
313 궤생진해軌生眞解: 궤생물해軌生物解와 같은 뜻으로, 法이 사람의 궤범軌範이 되어 사물에 대하여 참된 이해를 낳게 해준다는 뜻이다.
314 진여를 총체적으로 설명하는 부분을 가리킨다.
315 '心眞如者 卽是一法界大總相法門體' 부분.
316 '所謂心性不生不滅 一切諸法唯依妄念'에서 131쪽의 '當知一切法不可說不可念 故名爲眞如'까지.
317 133쪽의 '問曰 若如是義者 ~~ 是名隨順 若離於念 名爲得入' 부분.

법계이기 때문이다. 이 하나의 법계는 두 문을 모두 포섭하는데 지금 별상別相의 문을 취하지 않고, 그 중에 단지 총상總相의 법문法門만을 취하였다. 그러나 총상에 있는 사품四品[318]에서 삼무성三無性[319]으로 드러나는 진여를 설하였기 때문에 대총상大總相이라 하였다. 궤범으로 참된 이해를 낳기에 이름을 法이라 하고, 통하여 열반에 들어가기에 門이라 한다. 마치 한 법계 전체가 생멸문이 되는 것처럼 이 같은 전체가 진여문이 된다. 이런 뜻을 나타내기 위해서 체體라 하였다.

해설 법계는 현상과 본체의 차원에서 네 가지로 나눠 볼 수 있다. ① 事법계란 차별적인 현상세계를 가리키는 것으로, 事는 사물의 현상이고 界는 나뉘어 차별된다는 것을 의미한다. 즉 우주 만물은 모두 인연에 의해 생겨나 각기 구별되고 한계가 있고, 이것이 세속에서 인식하는 특징인데, 이러한 사물의 차별성과 특수성은 인간의 감정과 계탁의 대상이 된다. 그러나 비록 존재하지만 실제가 아니라서 부처의 지혜 범주에 속하지 않는다. ② 理법계는 평등한 본체 세계를 가리키는 것으로, 일체 만물의 본체인 진여는 평등하고 차별이 없다. 이 理법계는 다함이 없는 사물의 근원 법칙이며 공성空性인 理이니, 곧 본심이고 불성佛性이며 진여이다. ③ 이사무애理事無礙법계는 본체와 현상세계가 하나이며 둘이 아닌 관계로써, 理와 事가 서로 융통하여 막힘이 없는 법계를 가리킨다. 즉 일체 만상은 모

---

318 四品: 진여 본각本覺의 각체상覺體相이 가지고 있는 공空과 불공不空 그리고 체體와 용用의 네 가지 뜻으로, 여실공경如實空鏡, 인훈습경因薰習鏡, 법출리경法出離鏡, 연훈습경緣薰習鏡을 가리킨다.

319 三無性: 삼종무자성성三種無自性性·삼무자성三無自性 또는 삼종무성三種無性이라고도 한다. 세 가지 有의 法(遍計所執性·依他起性·圓成實性)에 대하여 空의 차원에서 모두 自性이 없음을 드러낸 것으로 상무성相無性·생무성生無性·승의무성勝義無性을 가리킨다. 相無性: 변계소집성(분별성)에서 분별하는 것은 실정은 있지만 理는 없는 것으로, 마치 空華와 같은 것은 미혹된 마음에 의해 드러난 가상假相에 불과하여 體와 相이 모두 없다. 生無性生無性: 인과 연에 의해 성립되는 의타기성의 모든 것에 불변하는 실성實性이 없다. 승의무성勝義無性: 진여는 수승한 진리로 제일의제第一義諦이지만 따로 법이 있는 것이 아니라 無相이고 無生이다.

두 진여의 이체理體가 연에 따라 나타난 것으로, 理는 事에 의해 드러나고 事는 理를 가지고 이루어지는 것을 의미한다. ④ 사사무애事事無礙법계는 현상계 본신의 절대적인 불가사의不可思議를 가리킨다. 일체 제법에 모두 체와 용이 있고, 비록 각기 인연에 따라 생겨나지만, 각각 그 自性을 지킴으로써 사물과 사물이 서로 상대적인 것처럼 보인다. 그러나 여러 인연이 서로 상응하여 하나의 인연을 이루고, 또 하나의 인연은 다시 여러 인연을 조성한다. 이처럼 그 작용이 서로 교섭하여 자유자재하고, 막히거나 다함이 없기 때문에 무진無盡법계라고도 한다.

此下廣釋, 於中有二。一者顯眞如體, 二者釋眞如名。初中有三。一者當眞實性以顯眞如, 二者對分別性而明眞如絶相, 三者就依他性以顯眞如離言。初中言心性者, 約眞如門論其心性, 心性平等遠離三際, 故言心性不生不滅也。第二中有二句。初言一切諸法唯依妄念而有差別者, 是擧徧計所執之相, 次言若離心念卽無一切境界相者, 對所執相顯無相性。猶如空華, 唯依眼病而有華相, 若離眼病, 卽無華相, 唯有空性, 當知此中道理亦爾。第三中有三句。先約依他性法以明離言絶慮, 次依離絶之義以顯平等眞如, 後釋平等離絶所以。初中言是故一切法者, 謂從緣生依他起法, 離言說相者, 非如音聲之所說故, 離名字相者, 非如名句之所詮故, 離心緣相者, 名言分別所不能緣故。如虛空中鳥迹差別, 謂隨鳥形空相顯現, 顯現之相實有差別, 而離可見之相差別。依他起法當知亦爾。隨諸熏習差別顯現, 而離可言之性差別, 旣離可言可緣差別, 卽是平等眞如道理。故言畢竟平等, 乃至故名眞如。此是第二顯眞如平等。

그 아래는 넓게 풀이한 것으로, 그중에 두 가지가 있다. 하나는 진여의 체를 드러낸 것이고,[320] 다른 하나는 진여의 이름을 풀이한 것

---

320 '所謂心性不生不滅 ~~ 假名無實 但隨妄念 不可得故' 부분.

이다.³²¹ 처음 (진여의 체를 드러낸 것) 중에 세 가지가 있다. 하나는 진실성眞實性³²²으로 진여를 드러낸 것이고,³²³ 둘은 분별성分別性에 상대하여 진여가 상을 끊었음을 밝힌 것이고,³²⁴ 셋은 의타성依他性에 나아가 진여가 말에서 떠나 있음을 드러낸 것이다.³²⁵ 처음(眞實性으로 진여를 드러낸 것)에 말한 심성心性이라는 것은 진여문을 기준으로 그 심성을 논한 것으로, 심성이 평등하여 삼제三際³²⁶를 멀리 여의었기 때문에 '마음의 본성은 생하지도 멸하지도 않는다.'고 하였다. 두 번째(分別性에 상대한 것) 중에 두 구절이 있다. 앞에서 말한 '일체 제법은 오직 망념에 의해 차별이 있을 뿐이다.'는 것은 변계소집遍計所執의 상을 든 것이고, 다음에 말한 '만약 마음과 생각에서 떠나면 일체 경계상이 없다.'는 것은 변계소집된 상에 상대해서 상의 본성이 없음을 드러낸 것이다. 마치 허공중의 꽃처럼 오직 눈병으로 꽃의 모습이 있을 뿐, 만일 눈병에서 벗어나면 꽃 모양은 없어지고 오직 공성空性만 있는 것과 같으니, 이 중의 도리가 또한 마땅히 그러한 것임을 알아야 한다. 세 번째(依他性에 나아가 말한 것) 중에 세 구절이 있다. 먼저 의타기성법을 기준으로 말에서 떠나고 사려를 끊었다는 것을 밝혔고,³²⁷ 다음으로 떠나고 끊었다는 뜻으로써 평등한 진여를 드러냈으며,³²⁸ 뒤에서 평등함이 (말과 사려를) 떠나고 끊어진 까닭을 풀이하였

---

321 '言眞如者亦無有相 ~~ 當知一切法不可說不可念 故名爲眞如' 부분.
322 眞實性: 圓成實性과 같은 용어이다.
323 '心性不生不滅' 부분.
324 '一切諸法唯依妄念而有差別 ~~ 若離心念 則無一切境界之相' 부분.
325 '一切法從本已來 ~~ 但隨妄念 不可得故' 부분.
326 三際: 과거, 현재, 미래
327 '是故一切法從本已來 離言說相 離名字相 離心緣相' 부분.
328 '畢竟平等 無有變異 不可破壞 唯是一心 故名眞如' 부분.

다.³²⁹ 처음에 '이런 까닭에 모든 법'이라고 한 것은 연에 따라 의타기법이 생기는 것을 말한 것이고, '언설상言說相을 떠났다는 것'은 음과 소리로 말한 것과 (진여가) 같지 않기 때문이고, '명자상名字相을 떠났다는 것'은 명칭과 자구字句로 설명한 것과 (진여가) 같지 않기 때문이고. '심연상心緣相을 떠났다는 것'은 이름과 언어로 분별한 것과 (진여가) 연결될 수 없기 때문이다. 마치 허공중에 새의 흔적이 다른 것은 새의 형태에 따라 공중에 상이 드러나고, 드러난 상에 실제로 차별이 있지만, 볼 수 있는 상의 차별에서 떠나 있음을 말한 것과 같다. 의타기법이 마땅히 또한 그 같은 것임을 알아야 한다. 여러 훈습에 따라 차별이 드러나지만, 말로써 표현할 수 있는 성질의 차별을 떠난 것이라 말로 할 수 있고 맺을 수 있는 차별을 떠나면, 바로 평등한 진여의 도리이다. 그래서 '마침내 평등하다.'라고 하고, 계속 이어서 '진여라 한다.'까지를 말하였다. 이것은 두 번째³³⁰의 진여평등을 드러낸 것이다.

以一切下, 釋其所以。所以眞如平等離言者, 以諸言說唯是假名, 故於實性不得不絶, 又彼言說但隨妄念, 故於眞智不可不離。由是道理故說離絶。故言乃至不可得故。顯體文竟。

'이일체以一切(일체 언설이)' 이하는 그 까닭을 해석한 것이다. 진여가 평등하여 말을 떠난 까닭은 여러 언설이 오직 임시로 빌린 이름이기 때문에 참된 본성에서 부득불 끊어져 있고,³³¹ 또 저 언설이 단

---

329 '以一切言說 假名無實 但隨妄念 不可得故' 부분.
330 세 구절 중 두 번째인 '끊었다는 뜻에 의해 평등진여를 드러내는 부분'을 가리킨다.
331 은정희 역: 실성實性에 있어서는 끊어 버리지 않을 수가 없기 때문이며,

지 망념에 따른 것이기 때문에 참된 지혜에서 분리될 수밖에 없다. 이러한 도리로 말미암아 (말에서) 떠나 있고 (사려에서) 끊어졌다고 설한 것이다. 그래서 '불가득고不可得故(얻을 수 없기 때문이다)'까지를 말하였다. 본체本體 드러내는 글을 마친다.

[論_ 法章門_ 別解_ 眞如門_ 眞如體·眞如名_ 眞如名]

言眞如者亦無有相, 謂言說之極 因言遣言。此眞如體無有可遣, 以一切法悉皆眞故, 亦無可立, 以一切法皆同如故。當知一切法不可說不可念, 故名爲眞如。

진여라고 말하는 것에 역시 相이 없는 것은 언설의 궁극이 언어로써 언어를 버린 것임을 가리킨다. 이 진여의 체에 버릴만한 것이 없는 것은 일체 법이 모두 다 진실하기 때문이고, 역시 세울만한 것이 없는 것은[332] 일체 법이 모두 동일하게 여여如如하기 때문이다. 마땅히 일체 법은 설할 수도 없고 생각할 수도 없는 것이기 때문에 이름하여 진여라 하는 것임을 알아야 한다.

해설 眞如를 眞과 如의 의미로 나눠 설명하고 있는데, 이 진여는 유학儒學에서 말하는 태극太極처럼 언어로 표현하거나 정의하기도 어렵고, 생각으로 유추하기도 곤란하며, 형상으로 묘사할 수도 없다. 다만 부득이하게 그 도를 전하기 위한 방편으로 이름을 붙였을 뿐이다. 이것은 마치 노자가 『도덕경』에서 "천하를 낳는 어머니 될 수 있는 것을 내가 그 이름을 몰라, '道'라고 쓰고 억지로 이름지어 '大'라고 하였다."[333] 라고 말한 것과 같다.

---

332 세운다는 것은 진여가 어떤 것이라고 정의하고 설명하는 것을 말한다.
333 『道德經』, 25장 "可以爲天下母, 吾不知其名, 字之曰道, 强爲之名曰大。"

[疏] 釋名中亦三。初標立名之意, 所謂因言遣言, 猶如以聲止聲也。次正釋名, 此眞如體無有可遣者, 非以眞體遣俗法故, 以一切法悉皆眞故者, 依他性一切諸法, 離假言說, 故悉是眞。悉是眞者, 不壞差別, 即是平等, 是平等故, 無別可立。故言一切皆同如故。當知以下, 第三結名。直顯眞如竟在於前。

이름을 풀이하는 중에도 세 가지가 있다. 처음은 이름을 세운 뜻을 표시한 것으로,[334] 이른바 '언어로써 언어를 버린 것'은 마치 소리로써 소리를 그치게 한 것과 같다. 다음은 바로 이름을 풀이한 것으로,[335] '이 진여의 체에 버릴만한 것이 없다.'는 것은 진체眞體로써 속법俗法을 버린 것이 아니기 때문이고, '일체 법이 모두 다 진실하기 때문이다.'는 것은 의타기성의 일체 제법이 임시로 세운 언설에서 떠나있기 때문에 다 진실하다. '다 진실하다.'는 것은 차별을 무너뜨리지 않는 것이 바로 평등이고, 이 평등함 때문에 따로 세울만한 것이 없다. 그래서 '일체법이 모두 동일하게 여여하기 때문이다.'라고 말했다. '당지當知(마땅히 일체법은)' 이하는 세 번째로 진여의 이름을 매듭지은 것이다. 진여를 곧바로 드러내고 앞에서 마친다.

해설 '차별을 무너뜨리지 않는 것이 바로 평등이다.'는 것은 드러난 현상은 비록 서로 다르지만 본질적인 측면에서는 동일한 것을 의미한다. 마치 얼음 조각들이 물 위에 떠 있는 모습은 제각기 서로 다르지만, 물이라는 본질 측면에서 보면 제각각 다른 모양의 물이 모두 하나이다. 단지 보는 사람의 분별로 인해 서로 다르게 인식될 뿐이다. 나라고 하는 개체의 눈으로 보면 나라고 하는 주체와 내가 아닌 모든 것들이 객체로 나눠지만, 일법

---

334 '言眞如者亦無有相 謂言說之極 因言遣言' 부분.
335 '此眞如體無有可遣 以一切法悉皆眞故 亦無可立 以一切法皆同如故' 부분.

계 총상인 진여의 관점에서 보면 차별적인 모습의 모든 존재가 그 차별된 모습 그대로 모두 평등하다.

[論_ 法章門_ 別解_ 眞如門_ 眞如體·眞如名_ 往復除疑]
問曰。若如是義者, 諸衆生等, 云何隨順而能得入。
答曰。若知一切法雖說無有能說可說, 雖念亦無能念可念, 是名隨順。若離於念, 名爲得入。

묻는다. 만약 이 같은 뜻이라면, 여러 중생이 어떻게 순하게 따라서 능히 들어갈 수 있는가?

답한다. 만약 일체 법을 비록 설하지만 설할 수도 없고 설할 만한 것도 없으며, 비록 생각하지만 역시 생각할 수도 없고 생각할 만한 것도 없음을 안다면, 이것을 순하게 따른다고 하고, 만약 생각에서 떠난다면 들어갈 수 있다고 하는 것이다.

[疏] 往復疑問中, 言云何隨順者, 是問方便, 而能得入者, 是問正觀。答中次第答此二問。初中言雖說雖念者, 明法非無, 以離惡取空見故, 無有能說可說等者, 顯法非有, 離執著有見故。能如是知, 順中道觀, 故名隨順。第二中言離於念者, 離分別念, 名得入者, 顯入觀智也。

왕복하는 의문 중에 '어떻게 순하게 따르는가?'라고 말한 것은 방편을 물은 것이고, '능히 들어갈 수 있는가?'라는 것은 정관正觀[336]

336　正觀: 正觀의 의미에 여러 가지 해석이 있다.『중아함경中阿含經』에 따르면 외도의 사관邪觀에 상대되는 용어로, 정혜正慧로써 진여를 깨달아 아는 것을 의미한다.『관무량불경소觀無量壽佛經疏』에 의하면 마음과 경계가 상응하는 것을 가리키기도 하며, 길장吉藏의『삼론현의三論玄義』에 따르면 팔불중도八不中道로 觀하는 것을 正觀이라 한다.『중관론소中觀論疏』에서는 단斷과 상常 등의 팔사八邪를 멀리 벗어나는 것을 칭하기도 하며,『마하지관摩訶止觀』에서는 지관止觀을 바르게 닦는 것을 가리키기도 한다. 여기에서는 止觀을 바르게 닦는 것을 의미한다.

을 물은 것이다. 답 중에 차례대로 이 두 물음에 답하였다. 처음에 말한 '비록 설한다.'는 것과, '비록 생각한다.'는 것은 법이 없는 것이 아님을 밝힌 것이니, 악취공惡取空[337]의 견해에서 벗어났기 때문이며, '설할 수도 설할 만한 것도 없다.'는 것 등은 법이 있는 것이 아님을 드러낸 것으로, 有의 견해에 집착하는 것을 떠났기 때문이다. 능히 이같이 알고 중도관中道觀[338]을 따르기 때문에 수순隨順이라 명했다. 두 번째 중에 말한 '생각에서 떠난다.'는 것은 분별하는 생각을 여읜 것이고, '들어갈 수 있다.'라고 한 것은 관지觀智[339]에 들어감을 나타낸 것이다.

(2) 진여眞如의 상相

(가) 총표總標와 의수개장依數開章 (수로써 장을 열다)

[論_ 法章門_ 別解_ 眞如門_ 眞如相_ 總標·依數開章]

復次此眞如者, 依言說分別, 有二種義。云何爲二。一者如實空, 以能究竟顯實故, 二者如實不空, 以有自體具足無漏性功德故。

337　惡取空: 벽취공僻取空이라고도 하며, 선취공善取空과 상대하는 용어이다. 인과因果의 도리를 부정할 뿐만 아니라, 인연으로 생겨나는 것에 자성이 없다는 이치를 잘 알지 못하고, 空의 뜻을 오해하여 단공斷空의 견해에 집착한다. 성유식론成唯識論에 의하면 진속이제眞俗二諦를 부정하는 것이 惡取空이다.

338　中道觀: 한쪽으로 치우친 미망迷妄을 여의고 法의 참된 이치를 따르는 견해를 말한다. 용수龍樹의 中論이 유명하다.

339　觀智: 12인연因緣의 도리를 바르게 관하는 지혜로 고저高低와 정도程度의 차별이 있다. 성문승은 12인연을 관觀하지만 불성을 아직 보지 못하고 성문도만을 얻었기에 하지관下智觀이라 칭하며, 연각승은 연각도만을 얻었기에 중지관中智觀이라 칭한다. 보살승은 불성을 보았으나 완전히 깨우치지 못하고 10지에 머무르기 때문에 상지관上智觀이라 하며, 부처는 불과佛果를 얻어서 상상지관上上智觀이라 한다.

다시 이 진여라는 것을 언설로 분별하면 두 가지 뜻이 있다. 무엇을 일러 둘이라 하는가? 하나는 여실공如實空으로 능히 구경에 실상實相을 드러낼 수 있기 때문이고, 다른 하나는 여실불공如實不空으로 자체가 번뇌 없는 성공덕을 모두 갖추고 있기 때문이다.

해설 진여를 말로 분별하여 如實空과 如實不空의 측면으로 나누었다. 거울에 비유하면 완벽하게 깨끗한 거울은 텅 비어서 아무것도 없는 것처럼 보이는 것은 궁극의 경지에서 진실한 진여의 如實空적인 측면이다. 만약 거울이 진여의 如實空처럼 깨끗하다면 어떤 사물이든지 그 사물의 모습을 있는 그대로 드러낼 수 있을 것이고, 바로 이런 가능성이 무루無漏[340]의 성공덕을 모두 갖춘 진여의 如實不空적인 측면이다. 비록 언설에 의해 편의상 이렇게 두 가지 측면으로 진여를 설명하지만, 거울의 청정함과 그 청정함으로 인해 사물을 온전히 드러낼 수 있는 가능성이 둘이 아닌 하나인 것처럼, 空과 不空은 본질적으로 하나이다. 무극無極이 바로 태극太極이다.

[疏] 第二明眞如相, 在文有三。一者擧數總標, 二者依數開章, 三者依章別解。別解中卽有二。

두 번째[341]로 진여의 相을 밝혔으니, 글 중에 세 가지가 있다. 하나는 숫자를 들어 총체적으로 표시하였고,[342] 둘은 數에 의해 章을 열

---

340 무루無漏: 유루有漏와 대칭되는 용어이다. 漏는 새어 나온다는 뜻으로, 번뇌를 가리킨다. 번뇌로 윤회생사 하는 것을 有漏라 한다면, 번뇌 없이 생사를 벗어나는 것은 無漏가 된다. 사성제四聖諦 중 고苦와 집集의 二諦는 有漏法에 속하고, 멸滅과 도道의 二諦는 無漏法에 해당한다. 세간의 범부는 유루신有漏身이라 하고 無漏의 청정한 불신佛身을 무루신無漏身이라 칭하기도 한다.
341 첫 번째로 진여의 體와 名을 설명하였고, 여기에서부터 두 번째로 진여의 相을 설명하였다.
342 '復次此眞如者 依言說分別 有二種義' 부분.

었으며,[343] 셋은 章에 의해 나눠 풀이한 것이다.[344] 나눠 풀이한 것 중에 바로 두 가지[345]가 있다.

(나) 의장별해依章別解 (장으로 나눠 풀이하다)

① 여실공如實空

[論_ 法章門_ 別解_ 眞如門_ 眞如相_ 依章別解_ 如實空]

所言空者, 從本已來一切染法不相應故, 謂離一切法差別之相, 以無虛妄心念故。當知眞如自性, 非有相非無相, 非非有相非非無相, 非有無俱相, 非一相非異相, 非非一相非非異相, 非一異俱相。乃至總說, 依一切衆生, 以有妄心, 念念[346]分別, 皆不相應, 故說爲空, 若離妄心, 實無可空故。

말한 바 空이란 것은 본래부터 일체 염법染法과 상응하지 않기 때문이니, 말하자면 일체 법의 차별상을 여읜 것은 허망한 마음과 생각이 없기 때문이다. 마땅히 진여의 自性은 상이 있는 것도 없는 것도 아니고, 있지 않음도 아니고 없지 않음도 아니며, 有와 無의 상이 함께 있는 것도 아니고, 상이 동일하지도 다르지도 않으며, 동일하거나 다른 상이 아닌 것도 아니고, 같거나 다른 상이 모두 있는 것도 아니라는 것을 알아야 한다. 계속해서 총괄하여 설하면 모든 중생은 헛된 마음이 있음으로 인해 생각과 생각으로 분별하지만, 모두 (진여와) 상

---

343 '云何爲二 一者如實空 ~~ 以有自體具足無漏性功德故' 부분.
344 '所言空者 從本已來一切染法不相應故'부터 145쪽의 '以離念境界 唯證相應故' 까지.
345 두 가지는 如實空(所言空者)과 如實不空(所言不空者)이다.
346 염념念念: 찰나 찰나의 극히 짧은 시간을 의미하며, 현상계의 생生, 주住, 이異, 멸滅의 변화를 형용한 말이다. 그러나 여기에서는 생각과 생각으로 번역하였다.

응하지 않기 때문에 空이라 설한 것이니, 만약 헛된 마음을 여읜다면 진실로 空이라 할 것도 없기 때문이다.

해설 용수龍樹는 『중론中論』에서 팔부중도八不中道(不滅, 不生, 不斷, 不常, 不一, 不異, 不來, 不去)를 설파함으로써, 서로 대립하고 있는 여덟 가지 그릇된 개념을 연기법緣起法으로 타파하고, 분별과 집착이 소멸된 空의 지혜를 드러내고자 하였다. 이것은 진여와 같은 절대적 차원의 진리는 분별을 주로 하는 의식 세계에서 서로 대립하는 개념으로 파악할 수 없기 때문이다. "어떤 것이 달마 조사가 서쪽에서 오신 뜻입니까?"라는 질문에 조주趙州 선사가 "뜰 앞의 잣나무다."라고 답한 문답[347]에서 알 수 있듯이, 절대적 진리는 논리적 사유나 분별적인 개념으로 파악할 수 없다. 법성이 空인 진여는 그 자체가 주관과 객관을 초월하여 언어나 논리로 설명할 수 없는 中道의 세계이다.

[疏] 先明空中, 卽有三句. 略明, 廣釋, 第三總結. 初中言一切染法不相應者, 能所分別不相應故, 離一切法差別相者, 離所取相故, 以無虛妄心念故者, 離能取見故. 卽以離義而釋空也.

먼저 空을 밝힌 것 중에 세 구절이 있다. 대략 밝힌 것과,[348] 폭넓게 풀이한 것,[349] 그리고 세 번째로 모아서 매듭지은 것이다.[350] 처음에 말한 '일체 염법과 상응하지 않는다.'는 것은 능能[능히 분별하는 것: 주관 또는 주체]과 소所[분별되어지는 것: 객관 또는 객체]의 분별

---

347 『선문염송집禪門拈頌集』11권 "如何是祖師西來意, 師云庭前柏樹子"
348 '所言空者 ~~ 以無虛妄心念故'부분.
349 '當知眞如自性 ~~ 非一異俱相'부분.
350 '乃至總說 依一切衆生 ~~ 若離妄心 實無可空故'부분.

에 상응하지 않기 때문이고, '일체 법의 차별상을 여의었다.'는 것은 소취상所取相[351]을 여의었기 때문이며, '허망한 마음과 생각이 없기 때문이다.'는 것은 능취견能取見[352]을 여의었기 때문이다. 바로 여의었다는 뜻으로써 空을 풀이하였다.

해설 空이라고 하는 의미를 진여와 연관해서 두 가지 차원으로 설명하고 있다. 분별하는 주체 차원에서는 망념으로 생겨난 분별성에 의해 '능취견能取見'을 갖지만 이것은 분별없는 평등성을 가진 진여의 自性과는 거리가 멀다. 또 분별되는 대상인 객체 차원의 '소취상所取相'도 역시 망심 안에 있는 것이라 진여의 실체에서 벗어나 있다. 이렇게 능취能取[353]와 소취所取[354]는 모두 망념의 작용으로, 능能과 소所로 분별하고 분별되는 그 행위 자체가 이미 진여와 상응하지 않기 때문에 空하다.

廣釋之中, 明絕四句。四句雖多, 其要有二, 謂有無等及一異等。以此二四句攝諸妄執, 故對此二以顯眞空, 如廣百論云, "復次爲顯世間所執諸法皆非眞實, 及顯外道所執不同。故說頌曰, 有非有俱非, 一非一雙泯, 隨次應配屬, 智者達非眞。釋曰, 一切世間色等句義, 言說所表, 心慧所知, 情執不同。略有四種, 謂有非有俱許俱非, 隨次如應配四邪執, 謂一非一雙許雙非"。

폭넓게 풀이하는 중에 사구四句로 끊는 것을 밝혔다. 사구가 비록 번다하나 그 요점에 둘이 있으니, '유무有無'와 '일이一異'같은 것이다. 이 두 가지 사구로 여러 헛된 집착을 다스리기 때문에 이 둘을

---

351 所取相: 인식 주관에 의해서 취해지는 상을 가리킨다.
352 能取見: 境界를 취하는 인식 주체를 가리킨다.
353 能取: 인식 작용의 주체로서 모든 색근色根과 심왕心王, 심소心所를 의미한다.
354 所取: 능취能取에 의해서 취해지는 객체로서, 모든 소연경所緣境을 의미한다.

대비함으로써 참된 空을 드러내었으니, 『광백론廣百論』[355]에서 다음과 같이 말한 것과 같다. "다시 다음으로 세간에서 집착하는 여러 법이 모두 진실이 아님을 드러내고 또 외도가 집착하는 것이 같지 않음을 드러내기 위해서 게송偈頌에서 설하기를 '유有[있음], 비유非有[없음], 구俱[有와 非有를 함께 인정], 비非[有와 非有를 함께 부정]와, 一[같음], 非一[다름], 쌍雙[一과 非一을 함께 인정], 민泯[一과 非一을 모두 부정]을 차례대로 맞춰 배속하면, 지혜로운 자들은 (이 같은 분별이 모두) 진실이 아님을 알 것이다.'라고 하였다. 석釋에서 말하기를 '일체 세간의 色과 같은 글귀의 뜻은 언설로 표현되어야 심혜心慧[356]로 아는 것인데, 정情의 집착이 동일하지 않다. (이 집착에) 대략 네 종류가 있으니, 有와 非有, 구허俱許[둘 다 허용하는 것], 구비俱非[둘 다 부정하는 것]이고, (이것을) 차례에 따라 네 가지 그릇된 집착에 마땅하게 배속한다면, 一과 非一, 그리고 쌍허雙許와 쌍비雙非이다.'라고 하였다."[357]

해설 四句의 대상이 되는 주제에 有無와 일이一異, 생멸生滅, 구정垢淨, 증감增減, 단상斷常, 내거來去 등과 같은 것들이 있는데, 이것들은 공통으로 긍정(有, 一)과 부정(無, 異), 그리고 양자긍정(俱, 雙)과 양자부정(非, 泯)의 네 구절로 요약할 수 있다. 이 사구 형식을 계속 과거, 현재, 미래의 三

---

355 『廣百論』: 성천聖天(인도인 deva제바提婆의 중국식 이름, 龍樹의 제자이다)이 저술한 논서로, 당나라 때 현장玄奘이 한역하였다. 별칭으로 『사백론송四百論頌』이라고도 한다. 외도와 소승의 제법실유설諸法實有說을 비판하고 진공眞空과 무아無我의 도리를 설하였다. 기신론에서 말하는 『廣百論』은 정확히 말하면 『대승광백론석론大乘廣百論釋論』으로, 호법護法이 저술한 『廣百論本』의 주석서이다. 동일하게 현장玄奘이 한역하였다.

356 心慧: 두 가지 뜻이 있다. 하나는 몸으로 계율을 지키고 마음으로 지혜를 닦는데 몸의 계율에 상대해서 마음의 지혜를 가리키는 것이고, 다른 하나는 심수心數와 같다. 여기서는 두 번째 뜻을 의미한다.

357 『大乘廣百論釋論』(대정장 제30권, 1571, p.234. c8~ 14행)에서 인용.

世에 배치하고, 다시 거기에 이미 일어난 일과 일어나지 않은 일까지 확장하여, 처음의 四句와 합하면 모두 백 가지가 된다. 이 백 가지 논리 형식을 모두 부정하는 것이 백비白非이다. 절대적인 진리는 이런 四句와 白非를 통해 일체 언설에 의한 논리적 분별이 모두 허망한 것임을 깨달아야 비로소 마주할 수 있다.

"數論外道, 執有等性與諸法一, 即當有句, 此執非眞。所以者何。若靑等色與色性一, 應如色性其體皆同, 五樂等聲與聲性一, 應如聲性其體皆同。眼等諸根與根性一, 應如根性其體皆同, 應一一根取一切境, 應一一境對一切根。又一切法與有性一, 應如有性其體皆同也"。

"수론외도數論外道[358]가 有같은 것의 본성과 제법이 동일하다고 집착하는 것이 바로 '有'의 구句에 해당하는데, 이러한 집착은 참이 아니다. 그 까닭은 어째서인가? 만약 푸른 것과 같은 색들이 색의 본성과 동일하다면 마땅히 색성色性과 그 (푸른색 등의) 체體가 모두 동일해야 할 것이며, 오악五樂[다섯 종류의 악기][359] 등의 소리가 소리의 본성과 동일하다면 마땅히 소리의 본성과 그 (다섯 악기의) 체도 모두 같아야 할 것이다. 눈 등의 여러 근根과 근의 본성이 동일하다면 마땅히 근의 본성과 그 체도 모두 같을 것이니, 마땅히 하나하나의 근은 모든 경계를 취하고, 하나하나의 경계도 마땅히 모든 근을 상대할 것이다. 또 모든 법이 有의 본성과 동일하다면 마땅히 有의 본성과 그 體가 모두 같을 것이다."[360]

358 　數論外道: 인도 6파 철학 중에 가장 먼저 성립한 학파로서, 그 종지가 심소유법心所有法을 중시하여 혜수慧數를 근본으로 삼기 때문에 數論이라 칭한다. 외도外道 사집四執 중의 하나이다.
359 　五樂: 금슬琴瑟, 생우笙竽, 고鼓, 종鐘, 경磬과 같은 다섯 가지 악기.
360 　『大乘廣百論釋論』(대정장 제30권, 1571, p.234. c14~22행)에서 인용.

해설 다섯 가지 감각을 예로 들면 오근五根[안眼·이耳·비鼻·설舌·신身의 감각 기관]은 각각 시각視覺·청각聽覺·후각嗅覺·미각味覺·촉각觸覺과 같은 다섯 가지 감각과 1 : 1로 대응하는데, 오근五根과 그 감각의 본성이 동일하다고 주장하는 수론외도의 주장에 따르면, 눈으로 소리를 듣거나 귀로써 맛을 느낄 수 있다는 결론에 이르게 된다. 그러나 이 오근은 형태도 다를 뿐 아니라 기능도 각각 다르기 때문에 서로 바꿔 사용할 수 없다. 오근을 호용互用할 수 있는 것은 물질에 걸림이 없는 여래如來의 경지에서만 가능하다.

"勝論外道, 說有等性與諸法非一, 當非有句, 此亦非眞。所以者何。若靑等色與色性異, 應如聲等非眼所行。聲等亦爾。又一切法異有性者, 應如兔角, 其體本無"。乃至廣破。

"승론외도勝論外道[361]가 有같은 것의 본성과 제법이 동일하지 않다고 말하는 것은 '非有'의 구句에 해당하지만, 이것도 참은 아니다. 그 까닭은 어째서인가? 만약 청색 등의 색이 색의 본성과 다르다면 마땅히 소리처럼 눈으로 볼 수 없을 것이다. 소리 같은 것도 역시 그렇다. 또 일체 법이 有의 본성과 다르다면 마땅히 토끼의 뿔처럼 그 체體가 본래 없는 것과 같다."[362] 계속해서 폭넓게 논파하였다.

해설 모든 것들의 본성이 동일한 것은 아니지만, 같은 유형의 사물에는 유사한 속성이 있다. 예를 들면 인간이 지각할 수 있는 색은 기본적으로 가시광선이라는 본성이 있고, 소리는 공기와 같은 매질의 진동을 통해 전파되는

---

361 勝論外道: 인도 6파 철학 중의 하나로, 최승학파最勝學派·이승론학파異勝論學派 또는 승종勝宗이라고도 한다. 외도外道 사집四執 중의 하나이다.
362 『大乘廣百論釋論』(대정장 제30권, 1571, p.234. c23~ 28행)에서 인용.

음파라는 공통되는 성질이 있다. 그래서 눈으로 색을 구분하고, 귀로 소리를 들을 수 있는 것이다.

"無慚外道, 執有等性與彼諸法亦一亦異, 當於亦有亦非有句。此亦非眞, 所以者何。若有性等[363]與色等一, 同數論過, 與色等異, 同勝論失。一異二種性相相違, 而言體同, 理不成立。一應非一, 以即異故如異, 異應非異, 以即一故如一"。乃至廣破。

"무참외도無慚外道[364]는 有같은 것의 本性과 저 제법이 같기도 하고 다르기도 하다는 것에 집착하니, '有'하기도 하고 '非有'하기도 하다는 구句에 해당한다. 이것 역시 참은 아니니, 그 까닭은 어째서인가? 만약 有의 성性 같은 것과 색色 같은 것이 동일하다고 한다면 수론외도의 허물과 같으며, (有의 性이) 색色 같은 것과 다르다고 한다면 승론의 잘못과 같다. 같고 다른 것의 두 가지 본성과 相이 서로 어긋나는데, 그 체가 동일하다고 말한다면, 이치가 성립하지 않는다. 동일한 것은 마땅히 동일하지 않음으로써 다름에 나아가기 때문에 다른 것과 같고, 다른 것은 마땅히 다르지 않음으로써 동일함에 나아가기 때문에 동일한 것과 같다."[365] 계속 이어서 널리 논파하였다.

해설 같은 것은 같다는 것이 부정되어야 다른 것이 될 수 있고, 다른 것은 다르다는 것이 부정될 때 같아질 수 있다. 그래서 같은 것과 다른 것의 본성은 같을 수가 없다. 그러나 같고 다름의 문제는 서로가 서로를 전제로 할 때 비로소 성립하는 개념이기 때문에 어느 하나만 긍정되거나 부정될 수 없

---

363 『大乘廣百論釋論』에는 性等이 等性으로 되어 있다. 다음 글의 사명외도 부분도 동일하다.
364 無慚外道: 外道 사집四執 중의 하나로, 일체 法이 동일하기도 하고 다르기도 하다고 주장한다.
365 『大乘廣百論釋論』(대정장 제30권, 1571, p.235. a4~ 9행)에서 인용.

으며, 동시에 둘 다 부정되거나 긍정되어도 아니 된다.

"邪命外道, 執有性等與彼諸法非一非異, 當於非有非非有句. 此亦非眞, 所以者何. 汝此所說非一異者, 爲俱³⁶⁶是遮, 爲偏³⁶⁷有表, 若偏有表, 應不雙非, 若俱是遮, 應無所執, 有遮有表, 理互相違, 無遮無表, 言成戲論". 乃至廣破. 如是世間起四種謗, 謂有非有雙許雙非, 如次增益損減相違戲論. 是故世間所執非實.

"사명외도邪命外道³⁶⁸는 有의 성성 같은 것과 저 제법이 동일하지도 않고 다르지도 않다는 것에 집착하니, '非有'와 '非非有'의 句에 해당한다. 이것도 참이 아니니, 그 까닭은 어째서인가? 네가 여기서 말한 동일하지도 다르지도 않다는 것은 단지 차遮[부정을 의미한다]하기 위함인가, 아니면 모두 표表[긍정을 의미한다]하기 위함인가?³⁶⁹ 만약 모두 긍정한다면 마땅히 쌍으로 부정함이 아닐 것이고, 만약 단지 부정한다면 마땅히 집착할 것도 없다. 부정과 긍정은 이치가 서로 다른 것이고, 부정도 없고 긍정도 없는 말은 희론戱論³⁷⁰일 뿐이다."³⁷¹ 계속 이어서 폭넓게 논파하였다. 이같이 세간에서 일으킨 네 가지의 그릇된 말은 有, 非有, 쌍허雙許, 쌍비雙非를 가리킨 것이고, 차례대로 증익增益, 손감損減, 상위相違, 희론戱論과 같다. 이러한 까

---

366 俱는 대정장의 『大乘廣百論釋論』에 但으로 교정되어 있기에 但으로 해석하였음
367 偏은 대정장의 『大乘廣百論釋論』에 徧으로 교정되어 있기에 徧으로 해석하였음
368 邪命外道: 고대 인도의 종교단체로, 주로 생계를 도모하기 위하여 수행하기 때문에 생활파生活派라고도 칭한다. 외도外道 사집四執의 하나로 일체법이 동일하지도 않고 다르지도 않다고 주장한다.
369 은정희 역: 다만 가리기 위한 것인가, 아니면 두루 나타내기 위한 것인가?
370 진리에 위배되어 그릇되고 의미가 없어서 善法을 증진할 수 없는 言論을 가리킨다. 사물에 집착하는 미혹한 마음으로 하는 여러 가지 옳지 못한 愛論과, 치우친 소견인 見論이 있다.
371 『大乘廣百論釋論』(대정장 제30권, 1571, p.235. a15~21행)에서 인용.

닭에 세간에서 집착하는 것은 진실이 아니다.

해설 여기에서 말하는 차遮와 표表는 법상종法相宗에서 사용하는 용어로써, 각각 차전문遮詮門과 표전문表詮門을 의미하며, 이것은 언어의 두 가지 표현 방식을 가리킨다. 차전문은 그릇된 것을 차단하고 버리는 부정적인 측면이고, 표전문은 옳은 것을 드러내는 긍정적인 측면이다. 이 차전과 표전을 화엄종華嚴宗에서는 차정遮情과 표덕表德이라 한다.

또 네 가지의 그릇된 것에서 有는 수론외도가 집착하는 것으로 증익增益에 해당하고, 非有는 승론외도로 손감損減에 해당하며, 쌍허雙許는 무참외도로 상위相違에 해당하고, 쌍비雙非는 사명외도로 희론戲論에 해당한다.

今此文中, 非有相, 是遣初句, 非無相者, 遣第二句, 非非有相非非無相者, 遣第四句, 非有無俱者, 遣第三句。二句前後, 隨論者意, 皆有道理, 不相傷也。一異四句, 準釋可知。乃至以下, 第三總結, 於中二句。從此以下, 乃至曰爲空, 是順結也, 若離以下, 是反結也。

지금 이 『기신론』의 글[372]에서 '비유상非有相(상이 있지 않다)'은 첫 구절(수론외도)을 버린 것이고, '비무상非無相(상이 없지도 않다)'은 두 번째 구절(승론외도)을 버린 것이며, '비비유상비비무상非非有相非非無相(상이 있지 않은 것도 아니고 없지 않은 것도 아니다)'라는 것은 네 번째 구절(사명외도)을 버린 것이고, '비유무구非有無俱(있는 것도 없는 것도 모두 아니다)'는 세 번째 구절(무참외도)을 버린 것이다. (세 번째와 네 번째의) 두 구절이 앞뒤로 바뀐 것은 논자의 뜻에 따른

---

372 136쪽에 있는 기신론 본문을 가리킨다.

것으로, 모두 도리가 있어 서로 해치지 않는다. 一[동일한 것]과 異[다른 것]의 네 구절도 (有와 無의 구절에) 준해서 풀어보면 알 수 있을 것이다. '내지乃至(계속해서 ~)' 이하는 세 번째[373] 총결한 것으로, 그 글에 두 구절이 있다. '내지乃至'에서부터 '위공爲空(空이라 설하니)'까지는 순리적으로 매듭지은 것이고, '약리若離(만약 여읜다면)' 이하는 뒤집어서 매듭지은 것이다.

② 여실불공如實不空

[論_ 法章門_ 別解_ 眞如門_ 眞如相_ 依章別解_ 如實不空]
所言不空者, 已顯法體空無妄故。卽是眞心, 常恒不變, 淨法滿足, 則名不空。亦無有相可取, 以離念境界, 唯證相應故。

不空이라 말한 것은 이미 법체가 空하여 허망함이 없음을 드러내었기 때문이다. 즉 이 참된 마음은 항상하고 불변하며 정법淨法에 만족하기에 不空이라 한다. 역시 어떠한 상으로 취할 만한 것이 없는 것은 망념의 경계를 떠나 오직 증득으로만 상응하기 때문이다.[374]

[疏] 釋不空中, 亦有三句。初牒空門, 謂言已顯法體空無妄故, 次顯不空, 卽是眞心乃至則名不空故。亦無有相以下, 第三明空不空無二差別, 雖曰不空, 而無有相, 是故不空不異於空, 以離分別所緣境界, 唯無分別所證相應故也。

不空을 해석하는 중에도 역시 세 구절이 있다. 처음에는 空의 측

---

373 空을 밝히는 것(略明, 廣釋, 總結) 중 세 번째인 總結을 가리킨다.
374 은정희 역: 또한 취할 만한 상이 없으니, 망념을 여읜 경계는 오직 증득함으로써만 상응하기 때문이다.

면을 표시한 것이니, '법체가 空하여 허망함이 없음을 이미 드러내었기 때문이다.'라고 말하였고, 다음에는 不空을 드러낸 것으로, '즉시진심卽是眞心(즉 이 참된 마음)'에서부터 '즉명불공즉명不空(불공이라 한다)'까지이다. '역무유상역무유상(역시 어떠한 상으로 ~~ 없다)' 이하는 세 번째로 空과 不空의 두 차별이 없음을 밝힌 것으로, 비록 不空이라 말했지만 相이 없기 때문에 不空이 空과 다르지 않고, 분별로 반연하는 경계를 떠나서 오직 무분별지無分別智로 증득한 깨달음에만 상응하기 때문이다.

해설 인간의 의식에서의해 분별하는 마음으로 진여를 정의하는 것은 모두 참이 될 수 없다. 이것은 마치 노자가 "道를 (언어나 문자로) 표현할 수 있다면 항상 하는 道가 아니고, 이름도 무엇이라 이름을 붙이면 항상 하는 명칭이 아니다."[375]라고 말한 것처럼 진여를 무엇이라고 정의하는 순간 진여는 그 본성을 잃고 진여가 아니게 된다. 오직 체득하는 순간에만 그 진여를 만날 수 있을 뿐이다.

나) 생멸문生滅門

[疏] 此下第二釋生滅門, 於中有二。初正廣釋, 復次有四種熏習以下, 因言重顯。初中有三。一者釋上立義分中是心生滅, 二者復次生滅因緣以下, 釋上生滅因緣, 三者復次生滅相以下, 釋上生滅相。初中有二, 一者就體總明, 二者依義別解。

이 아래는 두 번째로 생멸문을 풀이하였는데, 그 가운데 두 가지가 있다. 처음은 바로 널리 풀이한 것이고, '부차유사종훈습復次有四

---

375 『老子道德經』, 제1장 "道可道非常道, 名可名非常名"

種熏習'[376] 이하는 말에 의해 거듭 드러낸 것이다. 처음 중에 세 부분이 있다. 하나는 위 입의분의 심생멸心生滅을 풀이했고, 둘은 '부차생멸인연復次生滅因緣'[377] 이하에서 위의 생멸의 인연을 풀이하였으며, 셋은 '부차생멸상復次生滅相'[378] 이하에서 위의 생멸상生滅相을 풀이한 것이다. 처음[379] 중에 두 가지가 있다. 하나는 체體에 나아가 총체적으로 밝힌 것이고,[380] 다른 하나는 뜻으로 나눠 풀이한 것이다.[381]

(1) 광석廣釋 (널리 풀이하다)

(가) 심생멸心生滅_ 체體

① 취체총명就體總明 (체에 나아가 총체적으로 밝히다)

[論_ 法章門_ 別解_ 生滅門_ 廣釋_ 心生滅_ 就體總明]

心生滅者, 依如來藏故有生滅心, 所謂不生不滅, 與生滅和合, 非一非異, 名爲阿黎耶識。

　　마음의 생멸이란 것은 여래장에 의하기 때문에 생멸하는 마음이 있는 것이니, 이른바 불생불멸이 생멸과 화합하여 같지도 다르지도 않은 것으로, 이름하여 아려야식阿黎耶識[382]이라 한다.

376　354쪽 아래의 (2) 인언중현_ 훈습론을 가리킨다.
377　276쪽의 (나) 생멸인연_ 명명을 가리킨다.
378　333쪽의 (다) 생멸상을 가리킨다.
379　여기의 처음은 心生滅을 풀이 하는 것을 가리킨다.
380　바로 아래의 ① 취체총명을 가리킨다.
381　164쪽의 ② 의의별해를 가리킨다.
382　阿黎耶識: 불교 유식론에서 말하는 제8식의 이름으로, 한자 음역에 따라 아뢰야식, 아라야식이라고도 한다.

해설 불생불멸은 진여를 가리키는 것으로, 이것이 생멸하는 마음과 화합하여 생멸문의 체가 되기 때문에, 생멸문의 체는 진여문의 체와 다르지 않지만 또한 같다고 할 수도 없다. 진여문의 진여가 天理와 같이 순선무구純善無垢하여 누구에게나 동일하게 부여된 본연지성本然之性이라 한다면, 생멸문의 여래장은 진여가 생멸과 화합한 것으로 개별적 존재 차원의 기질지성氣質之性과 같은 것이다. 그래서 앞의 입의분의 소疏에서 진여문의 본체는 體라고 하고 생멸문의 체는 自體라 한 것에 의미가 있다고 한 것이다.

[疏] 初中三句。一者標體, 二者辯相, 三者立名。初中言依如來藏故有生滅心者, 自性淸淨心, 名爲如來藏, 因無明風動作生滅, 故說生滅依如來藏。

처음에 세 구절이 있다. 하나는 체體를 표시했고,[383] 둘은 상相을 변별하였으며,[384] 셋은 이름을 세운 것이다.[385] 처음에 말한 '생멸하는 마음이 있다.'는 것은 본성의 깨끗한 마음을 여래장이라 하는데, 무명의 바람으로 움직여 생멸을 짓기 때문에 생멸이 여래장에 의한다고 설한 것이다.

[別記] 然不生滅心與生滅心, 心體無二。但將二義取心爲二以說依耳。如不動水, 爲風所吹, 而作動水, 動靜雖異 水體是一。而得說言依靜水故有其動水, 當知此中道理亦爾。

---

383 '依如來藏故有生滅心' 부분.
384 '所謂不生不滅 與生滅和合 非一非異' 부분.
385 '名爲阿黎耶識' 부분.

그러나 생멸하지 않는 마음과 생멸하는 마음의 본체는 둘이 아니다. 단지 두 가지 뜻을 가지고 마음을 취하여 둘로 삼아서 의한다고 설했을 뿐이다. 마치 움직이지 않는 물이 바람에 불려 움직이는 물이 되는 것처럼, 동動과 정靜이 비록 다르지만, 물의 본체는 하나인 것과 같다. 그러나 고요한 물에 의지하기 때문에 그 움직이는 물이 있다고 말할 수 있으니, 이 중의 도리가 역시 그러할 뿐임을 마땅히 알아야 한다.

[疏] 如四卷經言, "如來藏爲無始惡習所熏, 名爲識藏", 又言, "刹那者名爲識藏" 故.

『사권능가경』[386]에서 "여래장은 무시無始[387]의 악습惡習에 의해 훈습된 것으로, 식장識藏[388]이라 한다."[389]라고 하고, 또 "찰나를 식장識藏이라 한다."[390]라고 말한 것과 같기 때문이다.

해설 시작이 없는 악습은 바로 무명을 의미한다. 식장識藏이란 것은 인류가 경험해 온 모든 앎이 마음속 깊이 무의식에 저장된 것으로, 개인이 태어나서 경험한 것들이 저장된 개인무의식과 달리 선험적으로 주어지는 것이다. 칼 융의 분석심리학으로 보면 이 식장은 집단무의식에 해당하고, 여

---

386 『사권능가경』은 『楞伽阿跋多羅寶經(능가아발다라보경)』의 별칭이다.
387 無始: 범어 'anādikāla'의 의역으로, 아무리 거슬러 올라가도 그 처음이 없는 것, 즉 한없이 오랜 과거를 의미한다. 일체 세간의 중생과 제법諸法 등은 모두 시작이 없으니 금생금생은 전세前世의 인연으로 있는 것이고, 전세도 역시 그 전세로 인하여 존재하는 것처럼 돌고 돌아 서로 미루어 나가면 그 처음 시작을 알 수 없기 때문에 무시無始라 한다.
388 識藏: 여래장을 가리키는 용어이다. 진여의 여래장과 무명이 화합하여 아려야식이 되고, 이것이 일체 만법萬法을 능히 변화시키고 드러낼 수 있기 때문에 여래장을 識藏이라 한다.
389 『楞伽阿跋多羅寶經』(대정장 제16권, 0670, p.510. b4~ 8행)에서 축약 인용함. 원문은 다음과 같다. "如來之藏是善不善因 ~~ 爲無始虛僞惡習所薰, 名爲識藏"
390 『楞伽阿跋多羅寶經』(대정장 제16권, 0670, p.512. b12행)에서 인용.

래장의 무루종자無漏種子[391]는 자기원형自己原型[392]이라 할 수 있다. 이러한 식장이나 무명은 가깝게는 인류로부터 시작하지만, 진화론적 차원에서 넓게 보면 생명의 기원으로부터 계속 유전되어 내려온 것이라 할 수 있다. 이 때문에 언제 시작했는지도 모른다는 뜻의 무시無始라는 용어로 여래장을 형용한 것은 매우 적절하다고 생각된다.

또 『사권능가경』에서 말하는 찰나는 여래장과 의의가 함께 생하는 식識의 습기習氣를 의미한다. 이어지는 능가경의 원문은 다음과 같다. "찰나를 식장識藏이라 하는데, 여래장과 의의가 함께 생하는 식識의 습기習氣를 찰나라고 한다. (이와 반대로) 무루의 습기는 찰나가 아닌데 범부나 어리석은 자가 깨닫기 어려운 것은 찰나를 헤아리고 집착하여 논하기 때문이고, 일체 법이 찰나이나 찰나가 아닌 것을 깨닫지 못하는 것은 단견斷見으로 무위법無爲法을 무너뜨렸기 때문이다."[393]

[別記] 當知此云有生滅心, 正謂識藏。今通取所依如來藏與能依生滅心, 合爲心生滅門。故言心生滅者依如來藏故有生滅心, 非棄如來藏而取生滅心, 爲生滅門也。如下文云, 此識有二種義, 故知二義皆在生滅門也。

여기에서 말한 '생멸하는 마음이 있다.'는 것은 바로 식장識藏을 가리키는 것임을 마땅히 알아야 한다. 지금 소의所依[의지처]인 여래

---

391 無漏種子: 열반을 증득할 수 있는 씨앗.
392 自己原型: '원형'이란 인간이 태어날 때 이미 부여되어 있는 심리적인 행동유형을 말하는 것이고, '자기'란 것은 자아의 상대적 분별을 초월하여 무분별의 평등일여를 추구하는 인간정신의 전체성을 의미한다. 이 자기원형은 太極의 理로서 인간에 내재하는 인의예지의 본성과 유사하다.
393 『楞伽阿跋多羅寶經』(대정장 제16권, 0670, p.512. b12~ 15행) "刹那者, 名識藏, 如來藏意俱生識習氣刹那。無漏習氣非刹那, 非凡愚所覺, 計著刹那論故, 不覺一切法刹那非刹那, 以斷見壞無爲法。"

장과 능의能依[의지하고 있는 주체]인 생멸심을 공통으로 취하고, 합해서 심생멸의 문으로 삼았다. 그래서 '마음의 생멸이란 것은 여래장에 의하기 때문에 생멸하는 마음이 있다.'라고 말한 것이지, 여래장을 버리고 생멸심만을 취하여 생멸문을 삼은 것은 아니다. 마치 아랫글[394]에서 '이 아려야식에 두 가지 뜻이 있다.'라고 한 것과 같기 때문에 두 가지 뜻이 모두 생멸문에 있음을 아는 것이다.

해설 여래장을 버리고 생멸심만을 취해 생멸문으로 삼는다면, 진여문과 완전히 격절되어 깨달음을 얻어 부처가 되는 길이 영원히 단절되고 만다.

[疏] 所謂以下, 第二辯相. 不生不滅者, 是上如來藏. 不生滅心動作生滅, 不相捨離, 名與和合. 如下文言, '如大海水因風波動 水相風相不相捨離', 乃至廣說. 此中水之動是風相, 動之溼是水相. 水擧體動, 故水不離風相, 無動非溼, 故動不離水相. 心亦如是, 不生滅心擧體動, 故心不離生滅相, 生滅之相莫非神解, 故生滅不離心相. 如是不相離, 故名與和合.

'소위所謂(이른바)' 이하는 두 번째로 상相을 변별한 것이다. '불생불멸不生不滅'이란 것은 위의 여래장이다. 생멸하지 않는 마음이 움직여서 생멸을 만들고, 서로 버리거나 떠나 있지 않기에 '(생멸과) 화합한다.'라고 이름하였다. 아랫글[395]에서 말한 것처럼 '마치 큰 바다의 물이 바람에 의해 파동하지만, 수상水相과 풍상風相[396]이 서로 버리거나 떠나지 않는 것과 같다.'라고 하고 계속해서 널리 설명한 것과

---

394 164쪽, '此識有二種義, 能攝一切法, 生一切法' 부분을 가리킨다.
395 220쪽
396 여기에서 말하는 풍상은 바람의 상을 말하는 것이 아니라 바람에 의해 물이 움직이는 상을 의미한다.

같다. 이 중에서 물의 움직임은 풍상風相이고, 움직일 때 젖어있는 것은 수상水相이다. 물은 전체가 움직이기 때문에 물은 풍상風相에서 떨어지지 않고, 어떠한 (물의) 움직임도 습하지 아니한 것이 없기 때문에 움직임은 수상水相에서 떨어지지 않는다. 마음도 이와 같아서 불생불멸하는 마음이 체를 들어 움직이기 때문에 마음은 생멸하는 상을 떠나지 않으며, 생멸하는 상도 (본체의) 신해神解하지 않는 것이 없기 때문에 생멸이 심상心相에서 떠나 있지 않다. 이처럼 서로 떠나 있지 않기에 '(생멸과) 화합한다.'라고 하였다.

해설 일반적으로 물의 본성은 움직이지 않는 것이라고 하지만, 이것은 동動과 정靜의 차원에서 본 것일 뿐이고, 물의 참된 본성은 항상 습한 것이다. 바닷물이 바람에 의해 파도로 움직일 때, 움직이는 물과 움직이지 않는 물의 경계를 나누는 것은 불가능하다. 그래서 수상水相과 풍상風相이 서로 떠나지 않는다고 했다. 그러나 움직임과 상관없이 물의 본성인 습성濕性은 언제나 동일하다. 인간의 마음도 물과 같아서 불생불멸하는 마음이나 생멸하는 마음이 모두 하나이며, 비록 구별되기는 하지만 서로 떨어져 있지 않다. 이런 뜻에서 생멸하는 마음도 불생불멸하는 마음처럼 신해神解할 수 있는 것이다.

[別記] 心之生滅, 依無明成, 生滅之心, 從本覺成。而無二體, 不相捨離, 故爲和合。

　　마음의 생멸은 무명으로 이루어지고, 생멸하는 마음은 본각을 따라 성립한다. 그러나 두 본체가 없어 서로 버리거나 떠나지 않기 때문에 화합한다.

[疏] 此是不生滅心與生滅和合, 非謂生滅與不生滅和合也。非一非異者, 不生滅心擧體而動, 故心與生滅非異。而恒不失不生滅性, 故生滅與心非一。又若是一者, 生滅識相滅盡之時, 心神之體亦應隨滅, 墮於斷邊, 若是異者, 依無明風熏動之時, 靜心之體不應隨緣, 卽墮常邊。離此二邊, 故非一非異。

이것(아려야식)은 불생불멸하는 마음이 생멸과 화합한 것이지, 생멸이 불생불멸과 화합한 것을 말한 것은 아니다. '같지도 다르지도 않다.'는 것은 불생불멸하는 마음이 전체로 움직이기 때문에 (불생불멸하는) 마음이 생멸하는 마음과 다르지 않다. 그러나 항상 불생불멸의 본성을 잃어버리지 않기 때문에 생멸하는 마음은 (불생불멸하는) 마음과 동일하지 않다. 또 만약 동일하다고 한다면 생멸식상生滅識相이 다 없어질 때 심신心神의 본체도 마땅히 따라 소멸해야 하니 단변斷邊[397]에 떨어질 것이고, 만약 다른 것이라 한다면 무명의 바람에 훈습되어 움직일 때 고요한 마음의 본체는 응당 인연에 따르지 않으니 상변常邊[398]에 떨어질 것이다. 이 두 가지 치우친 측면에서 떠났기 때문에 '같지도 다르지도 않다.'라고 하였다.

해설 단변斷邊과 상변常邊은 심신의 본체가 사라지는 것이냐 아니면 항상 존재하는 것이냐에 대한 견해로, 본체는 사라지는 것도 아니고 항상 존재하는 것도 아니다. 또 생멸식상生滅識相은 삼세三細와 육추六麤의 相을 가리키는 것으로, 시각始覺을 설명하는 부분에서 자세하게 설명하고 있다.

---

397 斷邊: 斷見과 같은 용어이다.
398 常邊: 상견常見, 상사견常邪見 또는 상론常論이라고도 하며, 斷見과 반대되는 견해이다. 세계는 상주 불변하며, 自我도 불멸한다는 견해이다. 즉 아공我空과 법공法空을 깨닫지 못하고 세간의 유위법有爲法에 집착하는 것을 가리킨다.

[別記] 雖有二義, 心體無二。此合二義不二之心, 名爲黎耶識也。

비록 두 가지 (불생불멸과 생멸의) 뜻이 있지만 마음의 본체는 둘이 없다. 여기서는 두 가지 뜻을 합하고 둘이 아닌 마음을 이름하여 아려야식이라 하였다.

[疏] 如四卷經云, "譬如泥團微塵, 非異非不異, 金莊嚴具亦如是。若泥團微塵異者, 非彼所成, 而實彼成, 是故非異。若不異者, 泥團微塵應無差別。如是轉識藏識眞相若異者, 藏識非因, 若不異者, 轉識滅, 藏識亦應滅, 而自眞相實不滅。是故非自眞相識滅, 但業相滅"。今此論主正釋彼文, 故言非一非異。此中業識者, 因無明力不覺心動, 故名業識。又依動心轉成能見, 故名轉識。此二皆在黎耶識位。

마치 『사권능가경』에서 말한 것과 같다. "비유하자면 진흙 덩어리와 먼지가 다른 것도 아니고 다르지 않은 것도 아니니, 금과 (금으로 만든) 장엄구가 역시 이와 같다. 만약 진흙 덩어리와 먼지가 다르다고 한다면, 저것(먼지)에 의해 이루어진 것(진흙 덩어리)은 실로 저것이 이룬 것이 아니게 되니, 이런 까닭에 다르지 않다. 만약 다르지 않다고 한다면, 진흙 덩어리와 먼지는 응당 차별이 없을 것이다. 이처럼 전식轉識이 장식藏識[399]의 참된 相과 만약 다르다면 藏識은 인因이 아니게 되고, 만약 다르지 않다면 轉識이 없어지면 藏識도 응당 없어져야 하지만 자진상自眞相은 실로 소멸하지 않는다. 이런 까닭에 자진상식自眞相識[400]은 소멸한 것이 아니고, 단지 업상業相만 소멸한 것

---

399 藏識: 아려야식의 이칭으로, 이 아려야식이 능장能藏, 소장所藏, 집장執藏한다는 뜻에서 장식藏識이라 한다.
400 自眞相識: 업식業識과 전식轉識의 진상眞相으로서의 아려야식을 의미한다.

이다."⁴⁰¹ 지금 이 『기신론』의 저자가 바로 저 문장을 풀이하였기 때문에 '같지도 다르지도 않다.'라고 말한 것이다. 이 중의 업식業識이란 것은 무명의 힘으로 불각不覺의 마음이 움직였기 때문에 業識이라 한다. 또 움직이는 마음(業識)에 의해 전변轉變하여 능견能見⁴⁰²을 이루기 때문에 轉識이라 이름한다. 이 두 가지(업식과 전식)는 모두 아려야식의 자리에 있다.

해설 장식藏識은 위에서 비유한 것처럼 식식의 바탕이 되는 먼지이고, 업식業識과 전식轉識은 먼지가 여러 가지 형태를 이룬 진흙 덩어리 같은 것이다. 여덟 가지 식이 있지만 위에서는 대표적으로 전식과 업식만을 예로 들었다. 업식과 전식은 장식에서 생겨난 것이기 때문에 장식과 동일하지 않지만, 파도가 물의 본체와 그 본성을 같이 하는 것처럼 다른 것이라고 할 수도 없다. 이처럼 같지도 않고 다르지도 않다는 명제는 분별하는 마음으로 보면 결코 이해할 수 없다. 여러 가지 식에 대한 설명은 뒤에 자세하게 나온다.

[別記] 黎耶識內生滅見相, 名爲轉識, 於中體名爲藏識。

아려야식 안에서 생멸하는 견상見相을 전식轉識이라 하고, 그중의 체를 장식藏識이라 한다.

[疏] 如十卷經言, "如來藏卽阿黎耶識, 共七識生, 名轉滅相". 故知轉

---

401   『楞伽阿跋多羅寶經』(대정장 제16권, 0670, p.483. a26~ b3행)에서 인용.
402   능견能見: 대상을 인식할 수 있다는 의미로, 견분을 의미하기도 하며, 인식의 주체로써 전상轉相을 가리키기도 한다.

相在黎耶識。自眞相者, 十卷經云, "中眞名自相"^403, 本覺之心, 不藉妄緣, 性自神解, 名自眞相, 是約不一義門說也。又隨無明風作生滅時, 神解之性與本不異, 故亦得名爲自眞相, 是依不異義門說也。

마치『십권능가경』[404]에서 "여래장이 곧 아려야식이고, 일곱 가지 식識과 함께 낳는 것을 전멸轉滅 하는 相이라 한다."[405]라고 말한 것과 같다. 그래서 전상轉相이 아려야식에 있음을 안다. 자진상自眞相이란『십권능가경』에서 "마음 가운데 참된 것을 자상自相[406]이라 한다."라고 하였는데, 본각의 마음이 헛된 연에 힘입지 않고 본성이 스스로 신해神解한 것을 자진상自眞相이라 하니, 이것은 불일의不一義[407]의 측면을 기준으로 말한 것이다. 또 무명의 바람에 따라서 생멸을 지을 때, (생멸심의) 신해한 성질이 본각과 다르지 않기에 역시 이름을 얻어 자진상自眞相이라 하였으니, 이것은 불이의不異義[408]의 측면에서 말한 것이다.

해설 여래장과 아려야식은 동일한 것을 서로 다른 측면에서 지칭한 것이다. 여래장은 본원적 측면에서 여래와 같은 깨끗한 본성이 무루의 종자로써 저장되어 있다는 것을 의미하는 이름이고, 아려야식은 그 기능적 측면인 식

---

403 『십권능가경』에 이 구절과 부합하는 내용이 없는데, 동국대 불교기록문화유산아카이브에서는 澄觀의『大方廣佛華嚴經隨疏演義鈔』에 의거하여 '云中眞名自相'을 '但云自相'으로 교감하였다.

404 『십권능가경』:『入楞伽經』의 별칭으로, 총 10권 18품으로 이루어져 있다

405 『入楞伽經』(대정장 제16권, 0671, p.557. a7~ 8행)에서 인용. 원문에는 七識이 아닌 七種識으로 되어 있다.

406 自相: 공상共相의 반대되는 명칭으로 자성自性이라고도 한다. 자체自體가 가지는 개별적인 체상體相으로 타상他相과 공통하지 않으면서 자기만의 일정한 특질을 가진 것을 의미한다. 또 다른 의미로 아려야식이 가지고 있는 세 가지 상(自相, 果相, 因相) 중의 하나로, 아려야식의 체상體相을 가리키기도 한다.

407 不一義: 불생불멸심(본각)과 생멸심(불각)이 동일하지 않다는 견해. 본각이 허망한 緣에 의해 움직이지 않으면 眞과 妄이 구분되어 서로 다르다.

408 不異義: 불생불멸심과 생멸심이 다르지 않다는 견해. 본각이 무명에 훈습되어 생멸을 일으키면 眞과 妄이 구분되지 않는다.

識을 기준으로 지칭한 이름이다. 또 마음속의 참된 自相은 그 본성이 스스로 신해하여 생멸이 짓는 轉滅相과 동일하지 않지만, 그 전멸상轉滅相에도 본심의 신해한 性이 있어 자진상自眞相과 다르지 않다.

[別記] 當知自眞名, 不偏在不生滅。

자진自眞이란 이름이 불생불멸에 치우쳐 있지 않음을 마땅히 알아야 한다.

[疏] 於中委悉, 如別記說也。

이 중에 상세한 것은 별기에서 말한 것과 같다.

[別記] 問。如瑜伽論等, 說阿黎耶識, 是異熟識, 一向生滅, 何故此論乃說此識具含二義。
答。各有所述, 不相違背, 何者。此微細心略有二義。若其爲業煩惱所感義邊, 辨無令有, 一向生滅, 若論根本無明所動義邊, 熏靜令動, 動靜一體。彼所論等, 依深密經, 爲除是一是常之見, 約業煩惱所感義門, 故說此識一向生滅, 心心數法差別而轉。今此論者, 依楞伽經, 爲治眞俗別體之執, 就其無明所動義門, 故說不生滅與生滅和合不異。然此無明所動之相, 亦即爲彼業惑所感, 故二意雖異, 識體無二也。

묻는다. 『유가론』 등에서 아려야식은 이숙식異熟識[409]으로 한결

---

409 異熟識: 아려야식의 별칭으로 이숙보식異熟報識이라고도 한다. 異熟은 원인과 결과가 다르게 익는다는 뜻으로, 윤회하여 이 세상에 다시 태어날 때, 선업善業에 대해서는 낙樂을 악업惡業에 대해서는 고苦의 과보를 받는데, 이 苦樂 자체가 선악이 아닌 중립적인 무기無記이므로, 선악이 다른 성질로 성숙되어 나타났다는 뜻에서 異熟이라 한다.

같이 생멸한다고 하였는데, 무슨 까닭으로 이 논에서는 이 식이 두 가지 뜻을 모두 포함하고 있다고 설하는가?

답한다. 각기 서술한 것이 서로 위배되지 않는 것은 어째서인가? 이 미세한 마음에 대략 두 가지 뜻이 있다. 만약 업과 번뇌에 의해 감응된 뜻으로 보면, 없던 것을 있게 하여 한결같이 생멸하기만 하는 것이고, 만약 근본무명根本無明[410]에 의해 움직인 뜻으로 논한다면, 고요한 마음을 훈습하여 움직이게 하므로 움직임과 고요함이 한 몸이다. 저기 (『유가론』) 등에서 논한 것은 『해심밀경解深密經』[411]에 의거하여 이 동일하고 항상하다는 견해를 제거하기 위해 업번뇌에 감응된 뜻의 측면을 기준으로 하였기 때문에, 이 아려야식은 줄곧 생멸하고 심왕心王[412]과 심수법心數法[413]이 차별되어 전변한다고 설한 것이다. 지금 이 『기신론』은 『능가경』에 의거해서 진眞과 속俗을 별개의 체라고 집착하는 것을 다스리기 위해, 그 무명으로 움직여진 뜻의 측면으로 나아갔기 때문에, 불생불멸과 생멸이 화합하여 다르지 않다고 설하였다. 그러나 이 무명으로 움직인 상도 역시 저 業에 미혹하여 감응된 것이기 때문에, 두 가지 뜻이 비록 다르지만 아려야식의 체는 둘이 없다.

410　根本無明: 범어 'mūlāvidyā'의 의역으로 근본불각根本不覺 또는 무시무명無始無明이라고도 하며, 지말무명枝末無明 또는 지말불각枝末不覺과 상대하는 용어이다. 여러 번뇌의 근본으로, 불각의 미혹되고 허망한 마음이 진여의 바다에서 최초로 일어나는 생각을 가리킨다.

411　『解深密經』: 당대唐代에 현장玄奘이 한역漢譯한 경전으로, 반야부에서 설하는 공성空性의 의미를 새롭게 해석하였다. 총 5권 8품으로 구성되어 있으며, 법상종과 유식학파의 소의경전所依經典이다.

412　心王: 심수心數와 상대되는 개념이다. 정신작용의 주체를 가리키며, 주로 경계의 통상通相을 인식한다. 설일체유부설一切有部는 心王의 體가 하나라고 주장하고, 법상종法相宗에서는 여덟 가지 식識에 각각 心王이 있다고 한다.

413　心數法: 心數·심소心所·심소법心所法 또는 심소유법心所有法이라고도 한다. 심왕心王에 종속한다는 의미에서 心所·心所法·心所有法이라 하고, 여러 가지 복잡한 심리작용을 한다는 의미에서 心數·心數法이라 한다. 구사종俱舍宗에서는 46법, 유식종唯識宗에서는 51법이 있다.

해설 『유가론』에서는 아려야식이 업과 번뇌에 감응하여 생겨나는 생멸심에 자성이 없다고 여기기 때문에 아려야식의 불생불멸성을 인정하지 않는다. 그러나 이러한 견해에 지나치게 매몰되면, 眞과 俗이 완전히 분리되어 생멸심이 불생불멸심과 단절되고 만다. 그래서 『능가경』을 바탕으로 한 『기신론』은 업 번뇌에 미혹되어 움직인 그 마음에도 불생불멸의 본성이 있다고 한 것이다. 바로 앞의 원효의 별기別記에서도 '자진自眞이란 이름이 불생불멸에 치우쳐 있지 않음을 마땅히 알아야 한다.'라고 한 것이다.

[別記] 問。爲當心體常住, 心相生滅, 體相不離合爲一識。爲當心體常住, 亦卽心體生滅耶。
答。若得意者, 二義俱許。何者。若論其常住, 不隨他成曰體, 論其無常, 隨他生滅曰相, 得言體常, 相是無常。然言生滅者, 非生之生非滅之滅, 故名生滅, 是心之生心之滅, 故乃名生滅。故得言心體生滅。如似水之動名爲波, 終不可說是動非水之動, 當知此中道理亦爾。設使心體不動但無明相動者, 則無轉凡成聖之理, 以無明相一向滅故, 心體本來不作凡故。

묻는다. 마땅히 심체心體가 상주常住하고 심상心相은 생멸하는데, 體와 相이 떨어지지 않고 합해서 하나의 식識이 되는 것인가? (아니면) 마땅히 심체는 상주常住도 하고 또 생멸하기도 하는 것인가?

답한다. 만약 깨달은 사람이라면 두 가지 뜻이 모두 허용될 것이다. 어째서인가? 만약 그 상주常住를 논한다면 다른 것을 따라 성립하지 않는 것을 體라고 하고, 그 무상無常으로 논한다면 다른 것을 따라 생멸하는 것을 相이라고 하니, 體는 상주常住하고 相은 무상無常하다고 말할 수 있다. 그러나 생멸이라고 말하는 것에서 생하는 것이 생이 아니요 멸하는 것이 멸이 아니기 때문에 생멸이라 하고, 이 마음이 생하고 마음이 멸하는 것이기 때문에 이에 생멸이라 한다. 그래서 심체가 생멸한다고 말할 수 있다. 마치 물의 움직임을 물결이라고 하지만 끝내 이 움직임을 물 (본체)의 움직임이 아니라고 할 수는 없는 것과 같으니, 이 가운데의 도리도 역시 그러한 것임을 마땅히 알아야 한다. 가령 심체는 부동하고 단지 무명의 상만 움직인다고 하면, 평범한 사람을 성인으로 바꿀 수 있는 도리가 없게 되는 것은 무명의 상은 줄곧 멸하기만 하기 때문이고, 심체는 본래 범부를 만들지 않을 것이기 때문이다.

해설 참된 본체가 생멸하는 相과 분리되지 않는다고 한다면 이 생멸하는 마음에 따라 본체가 상주하는가? 아니면 생멸하는가? 라고 하는 의문이 생겨나게 된다. 이것을 다른 말로 표현하면 본체와 相, 진여와 생멸, 불생불멸심과 생멸심의 관계가 나눌 수 없는 同一한 것인가? 아니면 나눌 수 있는 다른 것인가? 하는 문제와 같으니, 바로 '一'과 '異'의 관계로 귀착된다. 이것은 이 책에서 줄곧 다루고 있는 '같은 것도 아니고 다른 것도 아니다.'라고 하는 명제로서 분별의 차원을 떠나야만 해결되는 문제이다. 비유하자면 깨어 있을 때 활발하게 작용하는 의식은 무의식과 분리된 것처럼 보이지만 연결되어 있고, 깊이 잠들어 숙면 상태에 있을 때 의식은 그 지각작용이 사라져 무의식과 하나인 것과 같지만 하나가 아닌 것과 같다. 또 '생하는 것이 생이 아니요 멸하는 것이 멸이 아니다.'는 것에서 생멸하는 모든 것은 그 자성이 없어 공하니, 생과 멸이라고 정의할 것이 없다. 단지 임시로 이름을 빌려 생멸이라 할 뿐이다. 그러나 이 생멸하는 마음도 역시 본각과 연결되어 있음을 알아야 한다.

[別記] 難曰。若使心體生滅, 則眞心有盡, 以生滅時無常住故。又若心體本靜, 而隨緣動, 則生死有始, 是爲大過, 以本靜時無生死故。又若心隨緣變作生滅, 亦可一心隨緣變作多心。是三難不能得離, 故知此義不可立也。
解云。此義無妨。今從後而答。如說常心隨無明緣, 變作無常之心, 而其常性恒自不變。如是一心隨無明緣, 變作多衆生心, 而其一心常自無二。如涅槃經云, "一味之藥, 隨其流處有種種異, 是藥眞味停留在山", 正謂此也。又雖曰本靜隨緣而動, 而無生死有始之過, 以如是展轉動靜皆無始故。如論說云, "先是果報, 後反成因, 而恒展轉因果, 皆無始故"。當知此中道理亦爾。又雖心體生滅, 而恒心體常住, 以不一不異故。所謂心體不二而無一性, 動靜非一而無異性。故如水依相續門則有流動, 依生滅門而恒不動, 以不常不斷故, 所謂不度亦不滅故, 當知此中道理亦爾。是故所設三難無不消也。

힐난하여 말한다. 만일 심체가 생멸한다면 참마음도 다 없어지게 되는 것은 생멸할 때에는 상주함이 없기 때문이다. 또 만약 심체가 본래 고요한데 연에 따라 움직인다면 생사의 시작이 있으니, 이것이 큰 잘못이 되는 것은 본래 고요할 때에는 생사가 없기 때문이다. 또 만약 마음이 연을 따라 생멸을 변작變作한다면, 역시 한마음이 연에 따라 변해서 여러 마음이 될 수 있다. 이 세 가지 비난에서 벗어날 수 없기 때문에, 이러한 뜻이 성립할 수 없음을 안다.

해명하여 말한다. 이러한 뜻도 무방하다. 지금 뒤의 질문부터 답하겠다. 말한 것처럼 상주하는 마음은 무명의 연을 따라 상주함이 없는 마음을 변작하지만, 그 상주하는 본성은 항상 스스로 불변한다. 이처럼 한마음이 무명의 연을 따라 여러 중생의 마음을 변작하더라도, 그 한마음은 항상 그 자체로 둘이 없다. 마치 『열반경涅槃經』에서 "한 가지 맛을 가진 약이 그 흘러간 곳에 따라 여러 가지로 달라지지만,

이 약의 참된 맛은 山에 머물러 있다."⁴¹⁴라고 한 것이 바로 이것이다. 또 비록 본래 고요한 것이 연을 따라 움직여도 생사의 시작이 있는 허물이 없는 것은 이처럼 이리저리 전변하는 동動과 정靜이 모두 시작이 없기 때문이다. (이것은 어떤) 『논』⁴¹⁵에서 설하기를 "앞에서는 과 보였던 것이 뒤에서는 도리어 원인이 되지만, 항상 전전하는 인과因果가 모두 시작이 없기 때문이다."⁴¹⁶라고 한 것과 같다. 이 가운데의 도리도 역시 그러한 것뿐임을 마땅히 알아야 할 것이다. 또 비록 심체가 생멸한다 해도 항상 심체가 상주하는 것은 같지도 않고 다르지도 않기 때문이다. 이른바 심체가 둘은 아니지만 동일한 성질도 없고, 동動과 정靜이 같지도 않지만 다른 성질도 없다. 그러므로 마치 물이 서로 이어져 있다는 측면에 의하면 (물 본체에) 유동함이 있고,⁴¹⁷ 생멸한다는 측면에 의하지만 (물 본체는) 항상 움직이지 않는 것처럼 (심체는) 상주도 단멸도 하지 않기 때문이니, 이른바 (메아리가) 건너가지도 않고 또 멸하지도 않기 때문이다.⁴¹⁸ 이 가운데의 도리도 또한 마땅히 그러함을 알아야 한다. 이러한 까닭에 세워놓은 세 가지 비난이 어떠한 것도 해소되지 않는 것이 없다.

---

414 『大般涅槃經』(대정장 제12권, 0374, p.408. b13~ 20행)에서 요약하여 인용함. 원문은 다음과 같다. "譬如雪山有一味藥, 名曰樂味, 其味極甛在深叢下人無能見. 有人聞香卽知其地當有是藥, 過去往世有轉輪王, 於此雪山爲此藥故, 在在處處造作木筒以接是藥, 是藥熟時從地流出集木筒中, 其味眞正. 王旣歿已其後是藥或醋或醎或甛或苦或辛或淡, 如是一味隨其流處有種種異, 是藥眞味停留在山猶如滿月"

415 정확하게 어떤 논에서 인용한 것인지 분명치 않으나, 『三無性論』을 가리키는 듯하다.

416 『三無性論』(대정장 제31권, 0617, p.871. b26~ c2행)에서 축약하여 인용함. "若因定在前, 更無所因, 則不成因. 若無因緣, 自然有因者, 因則無量. 若果定在前, 旣無有因則不成果. 若無因緣, 自然有果, 果則無窮. 是故因果無定, 前後轉轉相望. 望前則爲果, 望後則爲因故."

417 은정희 역: 상속문相續門에 의하더라도 곧 유동流動함이 있고,

418 "不度亦不滅(건너가지도 않고 소멸하지도 않는다)"이라는 구절은 『合部金光明經』(대정장 제16권, 0664, p.376. c13행)에서 인용한 것으로, 『合部金光明經』의 바로 앞 구절인 "譬如空谷響(비유하자면 빈 골짜기에 메아리처럼)"과 연결해서 볼 때 不度는 常住를 不滅은 不斷을 의미하는 것으로 보인다.

해설 물이 서로 이어져 있다는 측면(相續門)이란 물의 본체(진여)와 파도(생멸)가 서로 이어져 있다는 것을 의미한다. 그러므로 파도가 움직이면 본체도 움직인 것이라고 할 수 있다. 생멸한다는 측면으로 보면 바람이 불어 파도가 칠 때는 본체도 움직이는 것이기 때문에 상주하지 않는 것이고(不常), 파도가 그치면 다시 본체의 모습으로 돌아가기 때문에 단멸하지 않은 것이 된다(不斷). 움직였는데도 '항부동恒不動[항상 움직이지 않았다]'이라 한 것은 움직였으되 움직이지 않은 본체의 여여如如함을 드러낸 것이다.

[疏] 第三立名, 名爲阿黎耶識者, 不生滅與生滅和合, 非一非異, 故總名爲阿黎耶識。翻名釋義, 是如楞伽宗要中說。就體總明竟在於前。

세 번째[419]는 이름을 세운 것으로, '이름하여 아려야식이다.'이라 한 것은 불생멸과 생멸이 화합하여 같지도 다르지도 않기 때문에 총괄하여 아려야식이라 이름하였다. 이름과 뜻을 풀이한 것은 『능가경종요楞伽經宗要』[420]에서 설명한 것과 같다. 體에 나아가 총체적으로 밝히는 것을 여기서 마친다.

此下第二依義別解, 此中有三。一開義總標, 略明功能, 二依義別釋, 廣顯體相, 三明同異。

이 아래는 두 번째[421]로 뜻으로 나눠 풀이한 것으로, 이 중에 세

---

419 생멸문의 體를 풀이하는 중(一者標體 二者辯相 三者立名)에 세 번째를 가리킨다.
420 『楞伽經宗要(능가경종요)』: 원효가 지은 책이나 전해지지 않는다.
421 생멸문은 크게 '廣釋' 부분과 '因言重顯' 부분으로 나누어지고, 다시 '廣釋' 부분은 '心生滅'의 體를 설명한 부분과 '復次生滅因緣' 이하에서 生滅因緣의 名을 설명한 부분, 그리고 '復次生滅相' 이하에서 生滅相을 설명한 부분으로 나눠진다. 여기에서 두 번째는 體를 설명하는 두 부분(就體總明, 依義別解)에서 依義別解를 가리킨다.

가지가 있다. 하나는 뜻을 열어 총체적으로 표시한 것으로, 공능을 간략하게 밝혔고, 둘은 뜻에 의해 나눠 풀이하여 체體의 모습을 폭넓게 드러냈으며, 셋은 같음과 다름[422]을 밝혔다.

② 의의별해依義別解 (뜻으로 나눠 풀이하다)

㉮ 약명공능略明功能 (간략하게 공능을 밝히다)

[論_ 法章門_ 別解_ 生滅門_ 廣釋_ 心生滅_ 依義別解_ 略明功能]
此識有二種義, 能攝一切法, 生一切法。

이 식識에 두 가지 뜻이 있으니, 능히 일체 법을 포섭하고 일체 법을 낳는다.

[疏] 初中言此識有二種義能攝一切法生一切法者, 能攝之義如前廣說。然上說二門各攝一切, 今此明一識含有二義, 故此一識能攝一切。不言二義各攝一切, 以此二義唯在生滅門內說故, 如是二義不能各攝一切法故。又上二門但說攝義, 以眞如門無能生義故, 今於此識亦說生義, 生滅門中有能生義故。此義云何。由不覺義熏本覺故生諸染法, 又由本覺熏不覺故生諸淨法。依此二義通生一切, 故言識有二義生一切法。此文卽起下, '有四種熏習'以下文也。當知一心義寬, 總攝二門, 此識義狹, 在生滅門。此識二義旣在一門, 故知門寬而義狹也。引經釋義如別記也。

처음에 말한 '이 식識에 두 가지 뜻이 있어 능히 일체 법을 포섭하고 일체 법을 낳는다.'는 것에서 능히 포섭하는 뜻은 앞에서[423] 폭

---

422 여기에서 말하는 같음과 다름은 覺과 不覺의 相을 의미한다.
423 입의분의 소疏를 가리킨다.

넓게 설명하였다. 그러나 위에서는[424] 두 門이 각각 일체를 포섭한다고 설하였는데, 지금 여기서는 하나의 識이 두 뜻을 함유含有하고 있기 때문에 이 하나의 識이 일체를 포섭할 수 있음을 밝힌 것이다. (그러나) 두 가지 뜻이 각각 일체를 포섭한다고 말하지 않은 것은 이 두 뜻이 오직 생멸문 안에 있다고 설하기 때문이고, 이 같은 두 뜻이 각각 일체 법을 포섭할 수 없기 때문이다. 또 위의 두 門에서 단지 포섭하는 뜻만 설명한 것은 진여문에 능히 낳는 뜻이 없기 때문인데, 지금 이 識에서 또한 낳는 뜻을 설한 것은 생멸문 안에 낳을 수 있는 뜻이 있기 때문이다. 이 뜻이 무엇을 말하는가? 불각의 뜻이 본각을 훈습함으로 말미암아 모든 염법染法이 생겨나고, 또 본각이 불각을 훈습함으로써 모든 정법淨法이 생긴다. 이 두 뜻에 의해 통해서 일체를 낳기 때문에, '아려야식에 두 가지 뜻이 있어 일체 법을 낳는다.'고 말하였다. 이 문장은 곧 아래의 '유사종훈습有四種熏習(네 가지 훈습이 있다)'[425] 이하의 글을 이르킨다. 한마음의 뜻은 넓어서 두 문을 총섭하지만, 이 식識의 의미는 좁아서 생멸문에 있음을 마땅히 알아야 한다. 이 식의 두 뜻이 하나의 門에 있기 때문에, 門은 넓지만 뜻은 협소하다는 것을 아는 것이다. 경(『능가경』)을 인용하여 뜻을 풀이한 것은 『별기別記』와 같다.

해설 불각不覺의 뜻은 진여법이 하나임을 여실히 알지 못해 무명 불각의 마음이 일어나 망념이 있게 된 것을 의미한다. '門은 넓지만 뜻은 협소하다.'는 것은 생멸문의 주체인 아려야식에 포섭하고 낳는 두 가지 뜻이 있기 때문에 생멸문 자체는 넓지만, 아려야식은 진여와 생멸의 두 문 중에서

---

424 해석분의 법장문 총석總釋을 가리킨다.
425 354쪽

하나의 문인 생멸문에 국한되기 때문에 뜻이 협소하다고 한 것이다. 한마음을 두 가지 측면으로 나누어 불생불멸의 측면을 진여문이라 한다면, 여래장에 의해 일체법을 낳는 아려야식은 생멸문에 속한다. 이 불생불멸의 본각과 무명에 의해 생멸하는 불각의 마음은 이 아려야식 안에서 서로 영향을 주고받는다. 그래서 본각이 불각에 의해 교란되지 않고 주도적으로 발현하면 정법淨法의 마음이 되고, 불각이 본각의 마음에 영향을 주어 발현하면 염법染法의 마음이 된다.

[別記] 問。上言一心有二種門, 今云此識有二種義, 彼心此識, 有何差別。解云。上就理體, 名爲一心, 體含絶相隨緣二義門, 故言一心有二種門。如經本言, "寂滅者名爲一心, 一心者名如來藏", 義如上說。今此中識者, 但就一心隨緣門內, 理事無二, 唯一神慮, 名爲一識, 體含覺與不覺二義。故言此識有二種義。是故心寬識狹, 以心含二門識故。又門寬義狹, 以生滅門含二義故。如四卷經云, "不離不轉名如來藏識藏, 七識流轉不滅。所以者何。彼因攀緣諸識生故, 非聲聞緣覺修行境界"。十卷經云, "如來藏識不在阿梨耶識中。是故七種識有生有滅, 如來藏識不生不滅。何以故。彼七種識依諸境界念觀而生, 此七識境界, 一切聲聞辟支佛外道修行者不能覺知"。

묻는다. 위에서는 한마음에 두 가지 문이 있다고 하였는데, 여기서는 이 식識에 두 가지 뜻이 있다고 하니, 저 마음과 이 식識에 어떤 차별이 있는가?

풀어서 말한다. 위에서는 이理의 체體에 나아가서 이름을 한마음이라 했고, 체體가 절상絶相[상을 끊은 것으로서의 진여]과 수연隨緣[연을 따르는 것으로서의 생멸]의 두 뜻의 문을 포함하기 때문에 한마음에 두 가지 문이 있다고 말 한 것이다. 마치 경본經本에서 "적멸이란 것을 이름하여 한마음이라 하고, 한마음이란 것을 여래장이라 이름한다."[426]라고 말한 것과 같으니, 뜻은 위에서[427] 설한 것과 같다. 지금 여기에서 식識이라 한 것은 단지 한마음이 연을 따르는 문[428]으로 나아가 理와 事가 둘이 아니고 오직 하나인 신묘한 사려思慮를 이름하여 하나의 識이라고 한 것이니, 그 체가 각覺과 불각不覺의 두 가지 뜻을 포함한다. 그래서 '이 식識에 두 가지 뜻이 있다.'고 말한 것이다. 이러한 까닭에 마음은 넓고 識이 좁은 것은 마음이 두 문의 識을 포함하기 때문이다. 또 문은 넓은데 뜻은 좁다는 것은 생멸문이 두 뜻을 포함하기 때문이다. 마치 『사권능가경』에서 "떨어져 있지도 않고 전변하지도 않는 것을 여래장 식장識藏이라 하고, 칠식七識[429]은 유전하되 멸하지 않는다. 그 까닭은 무엇인가? 저것(識藏)을 원인으로 반연攀緣[430]하여 여러 識이 생기기 때문인데, (이것은) 성문과 연각승이 수행할 수 있는 경계가 아니다."[431]라고 하고, 『십권능가경』에서 "여래장식은 아려야식에 있지 않다. 이런 까닭에 일곱 종류의 식識에는 생도 있고 멸도 있지만, 여래장식은 불생불멸 한다. 어째서인가? 저 일곱 가지의 식識은 여러 경계를 생각하고 보는 것으로 생겨나는데, 이 일곱 가지의 식識의 경계는 모든 성문승과 벽지불과 외도의 수행자가 알 수 있는 것이 아니다."[432]라고 말한 것과 같다.

---

426 『入楞伽經』(대정장 제16권, 0671, p.519. a1~ 2행)에서 인용.
427 법장문 총석總釋을 가리킨다.
428 생멸문을 말함.
429 七識을 두 가지로 볼 수 있다. 하나는 第七識으로, 말나식을 의미하게 되고, 둘은 七種識으로 前五識과 意識, 그리고 말나식을 가리키게 된다. 여기서는 두 번째 七種識으로 보는 것이 타당할 듯하다.
430 攀緣: 범어 'ālambana'의 의역으로, 마음이 어떤 대상에 붙어서 연결되는 것을 뜻한다. 즉 마음이 소연所緣의 경계를 따라 일어나서 생각과 의지를 전개하는 것이다.
431 『楞伽阿跋多羅寶經』(대정장 제16권, 0670, p.510. b16~ 18행)에서 인용.
432 『入楞伽經』(대정장 제16권, 0671, p.556. c11~ 15행)에서 인용.

해설 『사권경』에서 '일곱 가지의 식識이 유전하되 멸하지 않는다.'는 말과 『십권경』에서 '일곱 종류의 식에 생도 있고 멸도 있다.'는 글은 서로 모순되는 것처럼 보인다. 그러나 여기서 말하는 '멸하지 않는다.'는 것은 실제로 멸하지 않는 것을 의미하는 것이 아니라, 생멸하는 마음에도 아려야식의 불멸성이 내재하고 있다는 것을 가리킨 것이다. 이것은 앞에서 '무명의 바람에 따라서 생멸을 지을 때 신해한 성질이 본마음과 다르지 않다.'라고 말한 것과 같은 뜻이다. 또 『십권경』에서 "여래장식은 아려야식에 있지 않다."라고 한 것은 아려야식의 각覺(불생멸)과 불각不覺(생멸)의 두 가지 측면에서 그 각성을 드러내기 위하여 여래장식이 아려야식의 不覺 측면에 있지 않다고 설한 것이다. 또 이승二乘과 외도가 이 일곱 가지 식의 경계를 알 수 없다고 설한 것은 그들이 인무아人無我를 여실하게 알지 못하기 때문이고, 同相과 別相의 法을 취하기 때문이고, 삼과법문三科法門[433]을 보기 때문이다.

此之二文, 同明此識不生滅義。何者。欲明境界風所動故, 藏海中七識浪轉。是故七識有生有滅。如來藏者, 卽是藏識, 雖不離轉, 而體不轉。故如來藏不生不滅。故言不離不轉名如來藏識等。十卷意者, 欲明七識是浪非海, 相在黎耶識海中, 故有生滅, 如來藏者是海非浪, 不在阿黎耶識海中, 故無生滅。故言如來藏不在阿黎耶識中。是故七識有生有滅等, 以如來藏卽是阿黎耶識, 故言不在。若使如來藏不在生滅黎耶識中者, 卽應下云, '是故八種識有生有滅' 何故但言, '是故七識有生滅'耶。當知此二經文其本是一, 但翻譯者異, 故致使語有不同耳。

---

433 三科法門: 일체 법을 오음五陰(또는 오온五蘊), 십이입十二入(또는 십이처十二處), 십팔계十八界의 세 부류로 나눈 것을 말한다. 음입계陰入界 또는 온처계蘊處界라고도 한다. 五陰은 색色·수受·상想·행行·식識이고, 十二入은 바깥의 육진六塵인 색色·성聲·향香·미味·촉觸·법法과 안의 육문六門인 안眼·이耳·비鼻·설舌·신身·의意이며, 十八界는 六塵과 六門과 육식六識을 합한 것이다.

이 두 문장의 글[434]은 동일하게 이 식識(아려야식)의 생멸하지 않는 뜻을 밝혔다. 어째서인가? 다음과 같은 것을 밝히고자 하였다. 경계의 바람으로 움직였기 때문에 여래장의 바다에서 칠식七識의 물결이 전전한다. 이런 까닭에 칠식七識은 생도 있고 멸도 있다. 여래장이란 것은 곧 이 장식藏識으로, 비록 전변轉變에서 떨어져 있지 않지만 그 체는 전변하지 않기 때문에 여래장은 생멸하지 않는다. 그래서 떠나 있지도 않고 전변하지도 않는 것을 여래장식 등이라 한 것이다. 『십권경』의 뜻은 칠식七識은 물결로 바다가 아니고 그 상이 아려야식의 바다에 있기 때문에 생멸이 있으나, 여래장은 바다이고 파랑이 아니며 아려야식의 바다에 있지 않기 때문에 생멸이 없음을 밝히고자 한 것이다. 그래서 여래장이 아려야식에 있지 않다고 말한 것이다. 이 때문에 칠식七識은 생도 있고 멸도 있지만, 여래장은 바로 아려야식이기 때문에 있지 않다고 한 것이다. 만약 여래장이 생멸하는 아려야식 안에 있지 않다고 하면, 바로 응당 아래에서 '이런 까닭에 여덟 가지 식에 생멸이 있다.'라고 해야 하는데, 어째서 단지 '이런 까닭에 칠식七識에 생멸이 있다.'라고 하였겠는가? 마땅히 이 두 경전(『사권경』과 『십권경』)의 글이 그 원본은 하나인데, 단지 번역자가 달라 사용된 말에 다름이 있을 뿐임을 알아야 할 것이다.

又四卷經云, "阿黎耶識名如來藏, 而與無明七識共俱, 離無常過, 自性清淨. 餘七識者, 念念不住, 是生滅法". 如是等文, 同明黎耶本覺不生滅義. 又四卷經云, "刹那者名爲識藏", 十卷云, "如來藏阿黎耶識, 共七種識生, 名轉滅相", 如是等文, 是顯黎耶生滅不覺之義. 此今論主總

---

434 바로 앞의 사권과 칠권 능가경의 글을 지칭함.

括彼經始終之意。故言道此識有二種義也。

또 『사권경』[435]에서 "아려야식을 여래장이라 하며, 무명과 더불어 일곱 가지 識과 함께하지만, 상주함이 없는 허물에서 벗어나 自性이 청정하다. 나머지 일곱 가지 識은 찰나 찰나 상주하지 못하니 생멸법이다."[436]라고 하였다. 이 같은 글은 아려야 본각의 불생멸의 뜻을 똑같이 밝힌 것이다. 또 『사권경』에서 "찰나를 識藏이라 한다."[437]라고 말한 것과 『십권경』에서 "여래장 아려야식이 일곱 가지 識과 함께 생하는 것을 전멸상轉滅相이라 한다."[438]라고 말하였는데, 이 같은 글들은 아려야식의 생멸과 불각의 의미를 드러낸 것이다. 이것이 지금 이 『기신론』의 저자가 저 『능가경』의 시종始終[처음과 끝, 모든 것]을 총괄한 뜻이다. 그래서 '이 아려야식에 두 가지 뜻이 있다.'라고 말하였다.

㉯ 광현체상廣顯體相 (체의 모습을 폭넓게 드러내다)

Ⓐ 문수問數와 열명列名 (수를 묻고 이름을 열거하다)

[論_ 法章門_ 別解_ 生滅門_ 廣釋_ 心生滅_ 依義別解_ 廣顯體相_ 問數·列名]

云何爲二。一者覺義, 二者不覺義。

무엇을 일러 둘이라 하는가? 하나는 각覺의 뜻이고 다른 하나는 불각不覺의 뜻이다.

---

435 원효가 『사권능가경』(『楞伽阿跋多羅寶經』의 별칭)이라고 한 것은 아마도 착각인 듯하다. 이 내용은 『십권능가경』에 있다.
436 『入楞伽經』(대정장 제16권, 0671, p.556. b29~ c4행)에서 인용.
437 『楞伽阿跋多羅寶經』(대정장 제16권, 0670, p.512. b12행)에서 인용.
438 『入楞伽經』(대정장 제16권, 0671, p.557. a7~ 8행)에서 인용.

[疏] 第二廣中有三。初言云何爲二者, 問數發起, 次言覺義不覺義者, 依數列名。所言以下, 第三別解, 先釋覺義, 後解不覺。覺中有二, 先略後廣。

두 번째[439]로 폭넓게 드러내는 중에 세 가지가 있다. 처음에 말한 '무엇을 일러 둘이라 하는가?'라고 말한 것은 수를 물어 일으킨 것이고, 다음에 말한 '각覺과 불각不覺의 뜻'이란 것은 수에 의해 명칭을 나열한 것이다. (바로 아랫글의) '소언所言(말한 바)' 이하는 세 번째로 나눠 풀이한 것으로, 먼저 각覺의 뜻을 풀이하고 나중에 불각不覺을 풀이하였다. 각覺을 풀이한 것 중에 두 가지가 있으니, 먼저 개략적으로 하고, 뒤에서 널리 풀이하였다.

ⓑ 각覺의 뜻

ⓐ 선략先略 (먼저 대략 밝히다)

[論_ 法章門_ 別解_ 生滅門_ 廣釋_ 心生滅_ 依義別解_ 廣顯體相_ 覺義_ 先略]
所言覺義者, 謂心體離念。離念相者, 等虛空界, 無所不徧, 法界一相, 卽是如來平等法身。依此法身說名本覺。何以故。本覺義者, 對始覺義說, 以始覺者, 卽同本覺。始覺義者, 依本覺故, 而有不覺, 依不覺故, 說有始覺。

말한 바 覺의 뜻이란 마음의 본체가 생각을 여읜 것을 말한다. 생각을 여읜 상은 허공계와 같아서 두루 하지 않는 곳이 없고, 법계는 한 모습이니 바로 여래의 평등한 법신이다. 이 법신에 의해 본각本覺

439　여기서 두 번째는 依義別解(一開義總標 略明功能, 二依義別釋 廣顯體相, 三明同異)의 두 번째인 廣顯體相을 가리킨다.

이라 설하고 이름한다. 무엇 때문인가? 본각本覺의 뜻이란 시각始覺의 뜻에 상대해서 설한 것으로, 시각始覺으로써 바로 본각本覺과 같아지기 때문이다.[440] 시각始覺의 뜻은 본각本覺에 의하기 때문에 불각不覺이 있으며, 불각不覺에 의하기 때문에 시각始覺이 있다고 설한다.

[疏] 略中亦二, 先本後始。明本覺中, 亦有二句, 先明本覺體, 後釋本覺義。初中言心體離念者, 謂離妄念, 顯無不覺也。等虛空界者, 非唯無闇, 有慧光明徧照法界平等無二。如下文云, '有大智慧光明義故, 徧照法界義故'。何以故下, 第二釋義, 是對始覺釋本覺義。明本覺竟。

　　간략히 풀이하는 것에도 두 가지가 있으니, 본각本覺을 먼저하고[441] 시각始覺을 뒤로 하였다.[442] 본각本覺을 밝히는 것에도 두 구절이 있으니, 먼저 본각本覺의 체를 밝혔고[443] 뒤에서 본각本覺의 뜻을 풀이했다.[444] 처음에 말한 '마음의 본체가 생각을 여의었다.'는 것은 망념을 여의었다는 것을 말하니, 불각不覺이 없음을 드러낸 것이다. '허공계와 같다.'는 것은 단지 어두움이 없을 뿐만 아니라 지혜의 광명이 있어 법계를 두루 비춰 평등하고 둘이 없다는 것이다. 마치 아랫글[445]에서 '큰 지혜의 광명한 뜻이 있기 때문이고, 법계를 두루 비추기 때문이다.'라고 말한 것과 같다. '하이고何以故(무엇 때문인가?)' 아래는 두 번째로 (본각의) 의미를 풀이한 것으로, 시각始覺과 대비해서

440　은정희 역: 본각의 뜻이란 시각始覺의 뜻에 대하여 말한 것이니 시각이란 바로 본각과 같기 때문이며,
441　'所言覺義者 謂心體離念 ~~ 以始覺者 卽同本覺' 부분.
442　'始覺義者 依本覺故 而有不覺 依不覺故 說有始覺' 부분.
443　'謂心體離念 離念相者 ~~ 卽是如來平等法身 依此法身說名本覺' 부분.
444　'何以故 本覺義者 對始覺義說 以始覺者 卽同本覺' 부분.
445　383~384쪽

본각本覺의 뜻을 풀이하였다. 본각本覺 밝히는 것을 마친다.

次釋始覺, 於中有二。先顯亦對本覺不覺起義, 後對不覺釋始覺義。此中大意, 欲明始覺待於不覺, 不覺待於本覺, 本覺待於始覺。旣互相待, 則無自性, 無自性者, 則非有覺, 非有覺者, 由互相待。相待而成, 則非無覺, 非無覺故, 說名爲覺, 非有自性名爲覺也。略明二覺竟在於前。

다음으로 시각始覺을 풀이하였는데, 그중에 두 가지가 있다. 먼저 본각本覺에 상대해서 역시 불각不覺이 일어나는 뜻을 밝혔고,[446] 뒤에서 불각不覺에 상대하여 시각始覺의 뜻을 풀이했다.[447] 이 가운데 큰 뜻은 시각始覺은 불각不覺을 기다리고, 불각不覺은 본각本覺을 기다리며, 본각本覺은 시각始覺을 기다리는 것임을 밝히는 데에 있다. 이미 번갈아 서로 기다린다면 自性이 없는 것이니, 自性이 없으면 覺이 있는 것이 아니요, 覺이 있지 않다는 것은 번갈아 서로 필요하기 때문이다. 서로 기다려서 이루어진다면 覺이 없는 것도 아니고, 覺이 없는 것도 아니기 때문에 이름을 覺이라 설하는 것이지 自性이 있어서 覺이라 한 것은 아니다. 두 가지 覺에 대한 설명을 여기서 마친다.

해설 기다린다는 것은 상대하는 것이 있어야만 성립한다는 것을 의미한다. 예를 들면 높은 것은 낮은 것을, 무거운 것은 가벼운 것을, 긴 것은 짧은 것을 전제로 할 때 서로의 의미가 성립한다. 이렇게 상대적인 개념을 기다려서 성립하는 것을 『주역周易』에서는 대대對待의 원리라고 하는데, 상대적인 개념으로 성립하는 것은 인연으로 생겨나는 것과 마찬가지로 그 존재 자체를 특정할 수 있는 독립적인 본성이 없기 때문에 自性이 없다. 위에서 말한 覺

---

446 '依本覺故而有不覺' 부분이 해당한다.
447 '依不覺故說有始覺' 부분이 해당한다.

이란 것도 자성이 없다는 측면에서 보면 있는 것은 아니지만, 또한 구경각을 얻어 본각과 하나가 되기 전까지는 역시 없는 것도 아니다.

[別記] 言覺義者, 卽有二種, 謂本覺始覺。言本覺者, 謂此心性離不覺相, 是覺照性, 名爲本覺。如下文云, '所謂自體有大智慧光明義故'。言始覺者, 卽此心體隨無明緣, 動作妄念, 而以本覺熏習力故, 稍有覺用, 乃至究竟, 還同本覺, 是名始覺。

　　각覺의 의미를 말하는 것에 바로 두 가지가 있으니, 본각本覺과 시각始覺이다. 本覺이라 말한 것은 이 마음의 본성이 불각상不覺相을 여읜 것을 가리키니, 이 깨달아 비추는 본성을 本覺이라 한다. 마치 아랫글[448]에서 '이른바 자체에 큰 지혜와 광명의 뜻이 있기 때문이다.' 라고 말한 것과 같다. 始覺이라 말한 것은 바로 이 마음의 본체가 무명의 연을 따라 움직여 망념을 짓지만, 본각의 훈습력 때문에 차츰차츰 깨달음의 작용이 있고, 궁극에 이르면 다시 本覺과 같아지니, 이것을 始覺이라 한다.

言不覺義, 亦有二種。一者根本不覺, 二者枝末不覺。根本不覺者, 謂黎耶識內根本無明, 名爲不覺, 如下文云, '依阿黎耶識說有無明', '不覺而起'故。言枝末不覺者, 謂無明所起一切染法, 皆名不覺。如下文云, '一切染法皆是不覺相故'。若依識相差別簡本異末義門, 則黎耶識中唯有本覺及本不覺, 若就識體無二攝末歸本義門, 則彼始覺及末不覺亦是黎耶識內之義。故上云, '此識有二義'者, 通含如是二種之意。故下釋中通擧本始二覺, 及二不覺義也。

448　383~384쪽

不覺의 의미를 말함에도 두 종류가 있다. 하나는 근본불각根本不覺⁴⁴⁹이고, 둘은 지말불각枝末不覺⁴⁵⁰이다. 근본불각이란 것은 아려야식 안의 근본무명을 이른 것으로, 이름을 불각이라 한다. 마치 아랫글에서 '아려야식에 의해 무명이 있다고 설한다.'⁴⁵¹와 '불각이 일어난다.'⁴⁵²라고 한 것과 같기 때문이다. 지말불각이라 말한 것은 무명으로 일어난 일체 염법을 일컫는 것으로, 모두 불각이라 이름한다. 마치 아랫글⁴⁵³에서 '일체 염법은 모두 불각상이기 때문이다.'라고 한 것과 같다. 만약 식상識相⁴⁵⁴의 차별에 의해 근본을 분간하여 지말과 다르다는 뜻의 측면으로 보면 아려야식 안에 오직 본각과 근본불각이 있을 뿐이고, 만약 識 본체에 둘이 없다는 측면에 나아가서 지말을 포섭하여 근본으로 돌아간다는 뜻의 측면으로 보면 저 시각과 지말불각도 역시 아려야식 안에 있다는 뜻이 된다. 그러므로 앞에서⁴⁵⁵ '이 識에 두 가지 뜻이 있다.'라고 한 것은 이 같은 두 가지 의미를 공통으로 포함한다. 그래서 아래에서 풀이하는 중에 본각과 시각의 두 각과 두 불각의 의미를 공통적으로 거론한 것이다.

해설 아려야식의 심체는 두 가지 측면으로 나눌 수 있다. 하나는 본각 측면으로서의 선한 마음이고, 다른 하나는 근본불각 측면의 선하지 않은 마음이다. 그렇다면 우리는 이 두 가지 측면의 마음에서 어떤 것이 더 근원적인

---

449 根本不覺: 根本無明과 같다.
450 枝末不覺: 근본불각根本不覺인 무명에 의해 일어나는 삼세三細와 육추六麤의 相과 같은 것을 의미한다.
451 277쪽
452 279쪽
453 268쪽
454 識相: 각覺과 불각不覺에서 생겨나는 염상念相을 가리킨다.
455 164쪽

것인가? 라고 하는 물음을 던질 수 있다. 만약에 두 측면이 동등하다고 여긴다면 이것은 선악혼재설善惡混在說이 될 것이고, 어느 한 쪽을 중시한다면 성선설性善說이 되거나 성악설性惡說이 될 것이다. 그러나 본각은 하늘로부터 받은 것이기에 근원에 해당하고, 근본불각 즉 무명은 인류가 태초의 인간으로부터 행하고 겪었던 긍정적 부정적인 모든 경험이 축적되어 유전하면서 주어진 것이기 때문에 부차적인 것이라고 봐야 한다. 만약 진화론 차원에서 최초의 단세포 생물까지 확대해서 거슬러 올라간다 해도 이러한 관점은 동일하게 적용될 수 있을 것이다.

問。爲當心體只無不覺, 故名本覺。爲當心體有覺照用, 名爲本覺。若言只無不覺名本覺者, 可亦無覺照故是不覺, 若言有覺照故名本覺者, 未知此覺爲斷惑不。若不斷惑, 則無照用, 如其有斷, 則無凡夫。

묻는다. 마땅히 심체心體에 단지 불각이 없기 때문에 본각이라 하는 것인가? 아니면 당연히 심체에 각조覺照 작용이 있어서 본각이라 하는가? 만약에 단지 불각이 없는 것을 본각이라 한다면 역시 각조 작용이 없기 때문에 불각이 될 수 있고, 만약 각조의 작용이 있기 때문에 본각이라 한다면 이 각이 미혹을 끊었는지 아니했는지 모르겠다. 만약 미혹을 끊지 않았다면 각조 작용이 없을 것이고, 만일 끊었다면 (애초부터) 범부는 없을 것이다.

해설 심체의 覺照 작용은 칼 융의 분석심리학에서 말하는 자기원형自己元型의 보상기능과 유사다. 이 보상기능은 의식이 약화된 잠자는 시간에 비교적 활발하게 작용하고, 간혹 꿈으로 나타나기도 한다. 이 자기원형은 집단무의식에 자리하고 있는 것으로, 의식의 중심이 되는 자아自我와 달리 우리 마음 전체의 중심이고 근원이며, 성리학에서 말하는 본성과 같은 것이다. 의식 활동은 항상 선택적이어서 불가피하게 한 방향으로 치우치기 때문에, 그 방향에 속하지 않는 것들은 배제될 수밖에 없다. 이 일방성을 가진 의식으로부터 배제된 것들은 필연적으로 무의식에 억압되어 의식과 긴장상태를 이루게 되고, 이러한 일방성이 크면 클수록 의식은 무의식과 괴리되어 더욱 대극적對極적이 된다. 이 對極대극을 해소하여 정신의 전체성全體性을 이루려고 하는 것이 바로 자기원형自己元型의 보상기능이다.

또 맹자는 밤부터 아침까지 외계의 사물과 접촉하지 않아 어떠한 분별 집착이나 애오愛惡의 감정이 없는 깨끗하고 밝은 마음의 기운을 야기夜氣라 하였는데, 낮에 하는 不善한 행동들이 반복적으로 이 夜氣를 해쳐서 보존하지 못하면 인간이 금수와 다를 것이 없다고 하였다.[456] 이 夜氣가 또한 본각의 覺照 작용이라 할 수 있다.

答。非但無闇, 亦有明照。以有照故, 亦有斷惑。此義云何。若就先眠後覺名爲覺者, 始覺有覺, 本覺中無, 若論本來不眠名爲覺者, 本覺是覺, 始覺則非覺。斷義亦爾。先有後無名爲斷者, 始覺有斷, 本覺無斷, 本來離惑名爲斷者, 本覺是斷, 始覺非斷。若依是義, 本來斷故, 本來無凡, 如下文云, '一切衆生本來常住入於涅槃菩提之法'。然雖曰有本覺故本來無凡, 而未有始覺故本來有凡。是故無過。

답한다. (심체는) 단지 어리석음이 없을 뿐만 아니라 또한 밝게 비추는 작용이 있다. 비추는 작용이 있기 때문에 역시 미혹을 끊는 작용도 있다. 이 뜻이 무엇을 말하는가? 만약 먼저 잠들어 있다가 나중에 깨어나는 것을 覺이라 한다면 시각에 覺이 있고 본각에는 (覺이)

---

456 『孟子』「告子上」, 제8장 "其旦晝之所爲, 有梏亡之矣。梏之反覆, 則其夜氣, 不足以存。夜氣不足以存, 則其違禽獸不遠矣。"

없을 것이고, 만약 본래 잠들어 있지 않는 것을 覺이라 한다면 본각이 覺이고 시각은 覺이 아닐 것이다. 끊었다는 뜻도 역시 그러하다. 먼저 (미혹이) 있고 나중에 없는 것을 끊음이라 한다면 시각에 끊음이 있고 본각에는 끊음이 없을 것이고, 본래부터 미혹을 여읜 것을 끊음이라 한다면 본각이 끊음이고 시각은 끊음이 아닐 것이다. 만약 이 뜻에 의해 본래 끊었기 때문에 본래 범부가 없다고 한다면, 아랫글[457]에서 '일체중생은 본래 열반보리의 법에 상주하고 들어 있다.'라고 한 것과 같다. 그러나 비록 본각이 있기 때문에 본래 범부가 없다고 말하지만, 시각이 아직 있지 않기 때문에 본래부터 범부는 있는 것이다. 이러한 까닭에 (본각이 있으면서 각조 작용도 있다고 하는 것에) 잘못이 없다.

해설 모든 사람은 본래 본각이 주어지기 때문에 열반보리의 경지에 있지만, 자기라는 의식에 사로잡혀 분별하고 계산하는 마음을 버리지 못하기 때문에, 본래의 청정한 마음을 회복하지 못하고 불각에 머무르는 범부가 된다. 이러한 범부가 본각의 각조 작용을 받아들이고 발심하는 순간 시각이 있게 되고, 본각은 시각을 기다려 이에 성립하는 것이다.

若汝言由有本覺本來無凡, 則終無始覺望何有凡者。他亦終無始覺則無本覺, 依何本覺以說無凡。當知由有本覺故本無不覺, 無不覺故終無始覺, 無始覺故本無本覺, 至於無本覺者源由有本覺, 有本覺者由有始覺, 有始覺者由有不覺, 有不覺者由依本覺。如下文云, '本覺義者, 對始覺義說, 以始覺者卽同本覺。始覺義者, 依本覺故而有不覺, 依不覺故說有始覺'。當知如是展轉相依, 卽顯諸法非無而非有, 非有而非無也。

만약 네가 본각이 있기 때문에 본래 범부가 없다고 말한다면, 끝

---

457 269~270쪽

내 시각이 없으니 어떻게 범부가 있기를 바라겠는가? 그 범부도 끝내 시각이 없으면 본각도 없으니, 어떠한 본각으로 범부가 없다고 말하겠는가? 마땅히 본각이 있음으로 말미암아 본래 불각이 없고, 불각이 없기 때문에 끝내 시각이 없으며, 시각이 없기 때문에 본래 본각이 없음을 알아야 하니, 본각이 없음에 이른 것은 원래 본각이 있음에 말미암고, 본각이 있다는 것은 시각이 있음에 말미암으며, 시각이 있다는 것은 불각이 있음에 말미암고, 불각이 있다는 것은 본각에 말미암는 것이다. 마치 아랫글[458]에서 '본각의 뜻이란 시각의 뜻에 상대해서 설한 것으로, 시각으로써 바로 본각과 같아지기 때문이다.[459] 시각의 뜻은 본각에 의하기 때문에 불각이 있고, 불각에 의하기 때문에 시각이 있다고 설한다.'라고 말한 것과 같다. 이같이 돌고 돌아서 서로 의지하는 것이 바로 제법은 없는 것도 아니지만 있는 것도 아니며, 있는 것도 아니지만 없는 것도 아니라는 것을 드러낸 것임을 마땅히 알아야한다.

해설 노자가 "유와 무가 서로 낳는다."[460]라고 말한 것처럼, 본각과 불각 그리고 시각이 상호의존적 연기관계에 있고, 연기관계에 의해 성립하는 것은 모두 空하여 自性이 없다. 覺의 이러한 여러 차별상은 단지 인간의 의식에 의해 분별된 것에 불과하다. 피안으로 가는 길은 이러한 분별을 초월한 곳에 있다.

問。此本覺性, 爲當通爲染淨因性。爲當但是諸淨法性。若言但是淨法

---

458 아랫글은 윗글의 잘못임. 171쪽 기신론 본문의 先略(本覺義者 對始覺義說 ~ 依不覺故說有始覺)을 가리킨다.
459 은정희 역: 본각의 뜻이란 시각始覺의 뜻에 대하여 말한 것이니 시각이란 바로 본각과 같기 때문이며,
460 「道德經」, 제2장 "有無相生"

因者, 何故經云, "如來之藏是善不善因", 乃至廣說。若通作染淨者, 何故唯說具足性功德, 不說具足性染患耶。

答。此理通與染淨作性。是故唯說具性功德, 是義云何。以理離淨性, 故能隨緣作諸染法, 又離染性, 故能隨緣作諸淨法。以能作染淨法, 故通爲染淨性, 由離染淨性, 故唯是性功德。何以得離染淨性乃成諸功德。取著染淨性皆是妄想故。

묻는다. 이 본각 성성은 마땅히 공통으로 염법染法과 정법淨法의 인성因性이 되는 것인가? 아니면 단지 여러 淨法의 性만 되는 것인가? 만약 단지 淨法의 因이라 한다면, 무슨 까닭으로 『능가경』에서 "여래장은 선과 불선의 원인이다."[461]라고 하고 계속해서 널리 설하였는가? 만약 공통으로 染과 淨(의 因性)을 짓는다면, 무엇 때문에 오직 '성공덕性功德을 구족한다.'[462]라고만 설하고 성염환性染患을 구족한다고 하지 않는가?

답한다. 이 理는 통해서 染과 淨의 性이 된다. 이런 까닭에 오직 '성공덕을 구족한다.'라고 하였으니, 이 뜻은 무엇을 말한 것인가? 理가 淨性에서 떠나 있기 때문에 연緣을 따라 여러 染法을 지을 수 있고, 또 染性에서 벗어나 있기 때문에 연을 따라 여러 淨法을 지을 수 있는 것이다. 능히 染과 淨의 법을 지을 수 있기 때문에 공통으로 染과 淨의 性이 되고, 染과 淨의 性에서 떠나 있음으로 말미암기 때문에 오직 성공덕이 된다. 어째서 染과 淨의 性을 떠나야 여러 공덕을 이룰 수 있는가? 染과 淨의 性에 집착하는 것이 모두 망상이기 때문이다.

해설 여래장을 각과 불각으로 나누어 볼 때는 선과 불선의 因으로 나뉘지만,

---

461 『入楞伽經』(대정장 제16권, 0671, p.556. b22~23행)에서 인용.
462 立義分에 '如來藏具足無量性功德故'라고 하는 부분이 있다.

이것은 차별적인 시각에서 바라본 것에 지나지 않는다. 染과 淨, 각과 불각, 선과 불선의 차별상에 집착하는 한 여래의 본성은 밝게 드러날 수 없다. 또 여기에서 말한 性功德은 性染患의 상대적인 개념으로 사용된 것이 아니고, 염법과 정법을 모두 포괄하는 가능성을 의미한다.

[疏] 此下第二廣釋二覺。於中先釋始覺, 後廣本覺。初中有三, 一者總標滿不滿義, 二者別解始覺差別, 三者總明不異本覺。

이 아래는 두 번째로[463] 두 가지 覺을 폭넓게 풀이한 것이다. 그 중에 시각始覺을 먼저 풀이하고 뒤에서 본각覺을 폭넓게 설명했다. 첫 부분(시각을 풀이함)에 세 가지가 있으니, 하나는 만滿과 불만不滿의 뜻을 총괄적으로 드러내었고,[464] 둘은 시각의 차별을 구별해 풀이하였으며,[465] 셋은 본각과 다르지 않음을 총체적으로 밝힌 것이다.[466]

해설 滿과 不滿은 始覺에 있어서 그 깨달음의 정도를 나타낸 말이다. 궁극의 경지인 구경각에 도달한 것은 滿이고, 구경에 이르지 못한 깨달음의 경지는 모두 不滿이다.

ⓑ 시각始覺

[論_ 法章門_ 別解_ 生滅門_ 廣釋_ 心生滅_ 依義別解_ 廣顯體相_ 覺義_ 始覺_ 滿不滿義]

又以覺心源故, 名究竟覺, 不覺心源故, 非究竟覺。

463　覺을 풀이하는 것(先略, 後廣) 중에 두 번째인 後廣을 가리킨다.
464　바로 아랫글의 '又以覺心源故 名究竟覺 不覺心源故 非究竟覺'이 해당한다.
465　183쪽의 '此義云何 如凡夫人覺知前念起惡故 ~~ 則爲向佛智故' 부분이 해당한다.
466　211쪽의 '又心起者 無有初相可知 ~~ 本來平等 同一覺故' 부분이 해당한다.

또 마음의 근원을 깨달았기에 구경각究竟覺[467]이라 하고, 마음의 근원을 깨닫지 못했기 때문에 구경각이 아니다.

해설 '마음의 근원을 깨달았다.'는 것은 아려야식에 있는 근본무명의 훈습작용이 그쳐서 여래의 본성이 완전하게 들어난 것을 의미한다.

[疏] 總標中言覺心源故名究竟覺者, 在於佛地, 不覺心源故非究竟覺者, 金剛已還也。

총체적으로 표시하는 중에 '마음의 근원을 깨달았기에 구경각이다.'라고 말한 것은 부처의 경지에 있는 것이고, '마음의 근원을 깨닫지 못했기 때문에 구경각이 아니다.'라고 한 것은 금강정金剛定[468] 이하이다.

해설 마음의 근원을 깨달아 부처의 경지에 머무는 것은 만족한 경지이고, 잠깐 마음의 근원을 엿보았으나 그 깨달음이 온전치 못해 금강처럼 단단하지 않은 것은 불만不滿이다. 일시적인 돈오頓悟만으로 부처의 경지에 도달하기는 어렵다. 큰 산을 오를 때 가장 높은 봉우리에 도달하기까지는 몇 번의 작은 봉우리를 넘어야 하는 것처럼 구경각을 얻기 위해서는 여러 차례의 깨달음을 얻어야 하고, 그 깨달음을 완전히 체득하기 위한 점수漸修

---

467 究竟覺: 무상각無上覺, 정각正覺 또는 대각大覺이라고 하며, 시각始覺 중의 구경위究竟位에 해당한다. 근본무명根本無明의 미혹을 끊고 제법의 실상을 얻어 불과佛果를 증득한 깨달음을 가리킨다.

468 金剛定: 금강유정金剛喩定·금강삼매金剛三昧·금강심金剛心·정삼매頂三昧라고도 하며, 일체 번뇌를 능히 깨트릴 수 있는 금강석처럼 단단한 선정을 가리킨다. 이 선정은 성문·보살승이 수행을 마치고 마지막 번뇌를 끊을 때에 드는데, 소승은 아라한과를 얻기 전에 유정지有頂地(三有 즉 三界의 절정이라는 뜻으로, 무색계의 제4천인 비상비비상천非想非非想天을 뜻한다)의 제9품 혹惑을 끊는 선정을 말하고, 대승에서는 제10지 보살이 마지막으로 조금 남은 구생俱生(태어나면서부터 갖춰진) 소지장所知障과 저절로 일어나는 번뇌장煩惱障 종자를 한꺼번에 끊고 불지佛地에 들어가는 선정을 가리킨다.

의 수행 과정을 거쳐야 비로소 부처의 경지에 도달할 수 있다.

[論_ 法章門_ 別解_ 生滅門_ 廣釋_ 心生滅_ 依義別解_ 廣顯體相_ 覺義_ 始覺_ 始覺差別]
此義云何。如凡夫人覺知前念起惡故, 能止後念令其不起, 雖復名覺, 卽是不覺故。如二乘觀智, 初發意菩薩等, 覺於念異, 念無異相, 以捨麤分別執著相故, 名相似覺。如法身菩薩等, 覺於念住, 念無住相, 以離分別麤念相故, 名隨分覺。如菩薩地盡, 滿足方便, 一念相應, 覺心初起, 心無初相, 以遠離微細念故, 得見心性, 心卽常住, 名究竟覺。是故脩多羅說, "若有衆生能觀無念者, 則爲向佛智故"。

이 뜻[469]이 무엇을 말하는가? 만일 평범한 사람이 앞생각에 악惡을 일으켰다는 것을 깨달아 알았기 때문에 뒷생각을 그쳐서 일어나지 않게 할 수 있다면 비록 각覺이라 이름하지만 바로 불각不覺이기 때문이다. 이승二乘의 관지觀智와 초발의보살初發意菩薩[470] 같은 사람들이 생각에 이상異相[471]이 있음을 깨닫고, 생각에 이상異相이 없는 것은 추분별麤分別[구체적으로 분별하는] 집착상을 버렸기 때문이니, (이것을) 상사각相似覺[472]이라 이름한다. 법신보살 같은 사람들이 생각에 주착함을 깨닫고, 생각에 주상住相[473]이 없는 것은 분별 추념상麤

---

469 마음의 근원을 깨닫지 못해서 구경각이라 하지 못하는 까닭을 의미한다.
470 初發意菩薩: 십신十信의 관법觀法이 완성되어 진무루지眞無漏智를 내고 마음이 진제眞諦의 이치에 안주하는 십해十解 이상의 삼현보살을 가리킨다. 특히 十解의 첫째인 발심주發心住 보살을 의미하기도 한다.
471 이상異相: 異는 쇠퇴하고 변한다는 뜻으로, 일체 유위법이 변역變易하여 무너지는 相을 의미한다.
472 相似覺: 진여의 도리를 조금 깨달았으나, 아직 확실하게 얻지 못하였기 때문에 흡사하다는 뜻으로 상사각이라 한다.
473 주상住相: 유위법有爲法이 생멸하는 사이에 상속하고 끊어지지 않아 법체가 현재에 잠시 안주하여 각기 스스로의 과果를 행하도록 하는 것을 뜻한다.

念相을 떠났기 때문이니, (이것을) 수분각隨分覺[474]이라 이름한다. 만일 (十地)보살의 지위를 다하고 방편을 만족하여 한 생각에 (본각과) 서로 응하고 마음이 처음 일어나는 것을 지각해도 마음에 처음이라는 상이 없는 것은[475] 미세한 생각도 멀리 여의었기 때문이니, 마음의 본성을 볼 수 있어 마음이 바로 (본각에) 상주하는 것을 구경각究竟覺이라 한다. 이런 까닭에 경에서 "만약 어떤 중생이 무념을 관觀할 수 있다면 부처의 지혜로 향하게 되기 때문이다."[476]라고 설한 것이다.

해설 시각에 네 가지 단계가 있음을 말하고 있다. 첫 번째 범부 경지의 깨달음은 마음에 나쁜 생각이 일어나는 것을 의식하면 바로 그 생각이 이어지지 않게 할 수 있어서, 그것을 비록 '각覺'이라고 칭하기는 하지만, 아직 진정한 覺은 아니다. 그래서 불각不覺이라 하였다. 두 번째 상사각相似覺은 말 그대로 覺과 유사한 경지로써, 마음에 이상異相이 있다는 것을 느끼면 바로 그 異相을 버릴 수 있는 단계이다. 악惡이라고 표현하지 않고 異相이라고 한 것에서 알 수 있듯이, 이 異相은 분별하고 집착하는 마음에서 비롯된 것으로서, '나'라고 하는 의식이 개입되어 있기에, 본성의 바른 마음에서 발한 생각이 그 순수함을 잃고 비뚤어진 것이다. 『중용中庸』에서 마음이 발하여 그 절도에 맞는 것을 '화和'라고 하였는데, 異相은 그 和를 이루지 못한 것과 같다. 세 번째 수분각隨分覺의 경지는 주상住相을 버린 깨달음으로, 지나간 일에 대한 어떠한 찌꺼기도 마음에 남아있지 않은 경지이다. 만일 지나간 일에 대한 잔상이 사라지지 않고 남아 있으

---

474 隨分覺: 보살 초지初地에서 구지九地에 이르기까지의 보살이 부분적으로 진여를 증득한 깨달음으로, 구경각과 상대된다. 일체법이 모두 유식唯識의 소현所現임을 깨닫고 법집法執을 끊고 진여법신眞如法身으로 나아가는 단계로, 十地의 각 계위에 따른 깨달음의 정도가 다르기 때문에 수분각隨分覺이라 한다.
475 은정희 역: 마음의 처음 일어나는 상相을 깨달아 마음에 초상初相이 없으니,
476 전거 불상

면, 다음에 오는 사물을 제대로 비출 수 없다. 이러한 잔상이 남아있지 않은 경지가 바로 隨分覺이다. 隨分이라는 말은 十地보살[477]의 계위에 따라 그 깨달음에 분한분한이 있다는 것을 의미한다. 마지막 단계인 究竟覺은 말 그대로 궁극의 경지에 도달한 깨달음으로, 생각이 발할 때 본성이 그대로 구현될 뿐만 아니라, 발한다고 하는 생각마저 없는 경지이다. 始覺과 四相의 경지를 정리하면 다음과 같다.

始覺	수행 階位	四相	心識
凡夫覺	十信의 범부	覺念起, 滅相	제6식(의식)
相似覺	三賢位 보살	捨麤分別執著相, 異相	제6식(의식)
隨分覺	十地 보살	離分別麤念相, 住相	제7식(말나식)
究竟覺	菩薩地盡	離微細念, 生相	8식(아려야식)

[疏] 次別解中, 約四相說。此中先明四相, 然後消文。

다음으로 구별해서 풀이하는 중에 네 가지 相을 기준으로 설하였다. 이 중 네 가지 상을 먼저 밝히고, 그런 뒤에 글을 풀이하였다.

해설 여기에서 말한 四相은 깨달음의 네 가지 모습과 아울러 생주이멸의 상을 함께 지칭한 것이다. 깨달음의 四相은 '생각에 악함이 일어남을 깨달았다.'라거나 '추분별하는 집착상을 버렸다.'는 것과 같은 상사각, 수분각 등등을 말한다. 생주이멸生住異滅의 四相은 四有爲, 四有爲相 또는 四本相이라고도 하며, 제법 또는 마음이 생멸하여 변화하는 모습을 가리킨다. 모든 존재가 생겨나면 자라나고 변화하다 소멸하는 과정을 겪는 것처럼 인간의 마음도 생각이 일어나면 그것에 집착하고 我와 他를 구별하여 염법을 짓다가 소멸하는 과정을 거치게 된다.

---

477 十地: 보살 수행 계위 중 41위에서 50위까지를 가리키며, 지상보살地上菩薩이라고도 한다. 41위는 초지初地라 하고, 초지 이전은 지전보살地前菩薩이라 한다. 地는 주처住處, 주지住持 또는 생성生成을 뜻한다.

問。此中四相, 爲當同時, 爲是前後。此何所疑。若同時那論說四相覺時差別, 若前後, 那下言'四相俱時而有'。

묻는다. 이 중 네 가지 相은 동시에 해당하는 것인가, 아니면 전후가 있는가? 이것이 의문이 되는 것은 무엇 때문인가? 만약에 동시라면 어찌 논에서 네 가지 相에 깨달을 때의 차별을 설하였으며, 만약 전후가 있다면 어찌하여 아래[478]에서 '네 가지 相이 때를 함께하여 있다.'라고 하였는가?

或有說者, 此依薩婆多宗四相, 四體同時, 四用前後, 用前後故, 覺時差別, 體同時故, 名俱時而有。或有說者, 是依成實前後四相, 而言俱時而有者, 以本覺望四相, 則無四相前後差別, 故言俱時而有, 皆無自立。或有說者, 此是大乘祕密四相, 覺四相時, 前後淺深, 所覺四相, 俱時而有。是義云何。夫心性本來離生滅相, 而有無明迷自心性, 由違心性離於寂靜, 故能生起動念四相, 四相無明和合力故, 能令心體生住異滅。如似小乘論議之中, 心在未來未逕生滅, 而由業力引於四相, 能令心法生住異滅。大乘四相當知亦爾。如經言, "卽此法身, 爲諸煩惱之所漂動, 往來生死, 名爲衆生"。此論下文云, '自性淸淨心因無明風動', 正謂此也。

어떤 설자는 이것은 살바다종薩婆多宗[479]의 四相에 의한 것으로, 네 가지 體가 동시에 있으나 네 가지 用은 전후가 있으니, 用에 전후가 있기 때문에 깨달을 때의 차별이 있고, 본체가 동시에 있기 때문에 때를 함께하여 있다고 한다. 또 어떤 설자는 성실종成實宗[480]의 전후 四相에 의하면서도 동시에 있다고 말하니, 본각에서 사상을 바라보

---

478 211~212쪽 참조
479 薩婆多宗: 소승의 일파로서 설일체유부說一切有部를 가리키며, 아공법유我空法有와 삼세실유三世實有, 법체항유法體恒有 등을 주장한다.
480 成實宗: 『성실론成實論』을 근본 성전으로 삼는 종파로, 하리발마訶梨跋摩(Harivarman)를 종조宗祖로 한다.

면 사상에 전후의 차별이 없기 때문에 동시에 있지만 모두 자립함이 없다고 말한다. 어떤 설자는 이것은 대승의 심오한 四相으로, 四相을 깨달을 때는 전후와 얕고 깊음이 있으나, 깨닫고 난 뒤의 四相은 동시에 있다고 한다. 이 뜻은 무엇을 말하는가? 무릇 마음의 본성은 본래 생멸상을 여의었으나 무명이 있어 스스로의 심성을 미혹하니, 심성을 어기고 적정寂靜에서 떠났기 때문에[481] 능히 움직이는 망념의 四相을 생겨나게 하고, 四相은 무명의 화합력 때문에 능히 심체로 하여금 생주이멸하게 한다. 마치 소승의 논의 중에 마음이 미래에 있을 경우에는 생멸을 겪지 않다가, 업의 힘에 말미암고 四相에 이끌려 심법으로 하여금 능히 생주이멸케 한다는 것과 흡사하다. 대승의 四相도 마땅히 그러할 뿐임을 알아야 한다. 마치 경에서 "즉 이 법신이 여러 번뇌에 의해 떠돌아 움직이고 생사지간을 왕래하여 중생이라 이름한다."[482]라고 말하는 것과 같다. 이 기신론의 아랫글[483]에서 '자성청정심이 무명의 바람에 움직인다.'고 하는 것이 바로 이것을 말한다.

總說雖然, 於中分別者, 四相之內各有差別, 謂生三住四異六滅七。生相三者, 一名業相, 謂由無明不覺念動, 雖有起滅, 見相未分, 猶如未來生相將至正用之時。二者轉相, 謂依動念轉成能見, 如未來生至正用時。三者現相, 謂依能見現於境相, 如未來生至現在時。無明與此三相和合, 動一心體隨轉至現, 猶如小乘未來藏心, 隨其生相轉至現在。今大乘中如來藏心隨生至現, 義亦如是。此三皆是阿黎耶識位所有差別, 於中委悉, 下文當說。是名甚深三種生相。

---

481 은정희 역: 심성을 어김에 의하여 적정을 여의기 때문에
482 『佛說不增不減經』(대정장 제16권, 0668, p.467. b6~ 8행)에서 변형하여 인용함. 원문은 다음과 같다. "即此法身過於恒沙, 無邊煩惱所纒, 從無始世來隨順世間, 波浪漂流往來生死, 名爲衆生"
483 220 ~ 221쪽 참조

총체적으로 말하면 비록 그러하나 그 중에 분별한다면 四相에 각기 차별이 있으니, 이른바 생삼生三, 주사住四, 이륙異六, 멸칠滅七이다. 생상生相 셋에서 하나는 업상業相으로, 무명에 의해 불각의 망념이 움직인 것을 말하니, 비록 (망념이) 일어나고 소멸하지만 견분見分과 상분相分이 아직 분화되지 않아서 마치 미래에 생겨날 相이 장차 작용하려고 하는 때에 이르는 것과 같다. 둘은 전상轉相[484]으로, 움직인 생각에 의해 능견能見을 이룬 것을 말하니, 마치 미래에 생겨날 相이 바로 작용하는 시점에 이른 것과 같다. 셋은 현상現相으로, 능견能見에 의해 경상境相이 드러난 것을 말하니, 마치 미래에 생겨날 相이 현재 시점에 이른 것과 같다. 무명이 이 세 가지 상과 화합하여 한마음의 체를 움직이고 전상轉相을 따라 현상現相에 이르는 것이 마치 소승에서 미래장심未來藏心[485]이 그 생상生相의 전화轉化에 따라 현재에 이르는 것과 같다. 지금 대승에서 여래장심이 생상生相을 따라 현재에 이른다는 뜻도 역시 이와 같다. 이 셋은 모두 아려야식의 자리에서 가지고 있는 차별로, 이 중 자세한 것은 아랫글에서 마땅히 설명할 것이다. 이것을 (마음속) 매우 깊은 세 종류의 생상生相이라 한다.

해설　生相 셋은 아려야식에서 망념이 일어나 작용하는 것을 순차적으로 나눠 세 단계로 구분한 것이다. 業相은 무명으로 인해 망념이 일어나기는 하였지만 인식의 작용이 아직 명확하지 않은 단계이다. 그 다음으로 인식 작용이 어느 정도 구체화 되어 본다고 하는 주관이 생겨난 것이 能見인데, 구체적으로 변화되어 간다는 의미에서 이것을 轉相이라 한다. 다시 무엇인가를 볼 수 있는

484　轉相: 견상見相 또는 능견상能見相이라고도 하며, 처음 움직인 업상業相에 의해 能見이 이루어진 相이다.

485　未來藏心: 현재에 이르지 않은 마음을 가리킨다. 소승 20부의 하나인 독자부犢子部에서 우주만유를 오장五藏(過去藏·現在藏·未來藏·無爲藏·不可說藏)으로 분류하였는데, 과거, 현재, 미래는 三世藏에 속하고 유위有爲聚에 해당한다.

이 能見에 의해 대상이 드러나는 것을 現相이라 한다. 그러나 이 아뢰야식의 三相은 아주 미세하여 이러한 마음 작용이 일어나고 있음에도 불구하고 알아차리기 어렵기 때문에 미세하다는 뜻에서 세상細相이라 하고, 아직 구체적으로 드러나지 않았다는 의미에서 미래에 생겨날 相이라 하였다.

또 마음이 어떤 대상을 인식할 때에 그 대상에 대한 개념이나 이미지를 떠올려 놓고 바라보게 되는데, 그 대상에 해당하는 것이 相分이고, 인식하는 주체에 해당하는 것이 見分이다. 이 相分과 見分은 인식 작용이 주체와 객체로 나뉜 것일 뿐 모두 하나의 마음에서 일어난 것인데, 이 하나의 마음을 자체분自體分 또는 자증분自證分이라 한다. 그리고 다시 이 自體分을 배후에서 제3자처럼 들여다보는 인식 주체를 증자증분證自證分이라 한다. 예를 들어 우리가 나무를 볼 때, 나무에 대한 이미지를 떠올리는 것은 相分이고, 이 나무에 대한 이미지를 인식하는 것은 바로 見分이며, 이 相分과 見分을 인식하는 주체가 自證分(또는 自體分)이다. 이러한 三分說은 진나陳那가 주창한 것이다. 호법護法은 三分說에서 한걸음 더 나아가 自證分 뒤에 이 自證分을 재확인하는 증자증분證自證分을 추가로 설정하는 四分說을 주장하였다. 『대승기신론의기』를 쓴 법장法藏은 三分說에 맞춰 業相, 轉相, 現相을 순서대로 自體分, 見分, 相分에 배속하기도 했다.

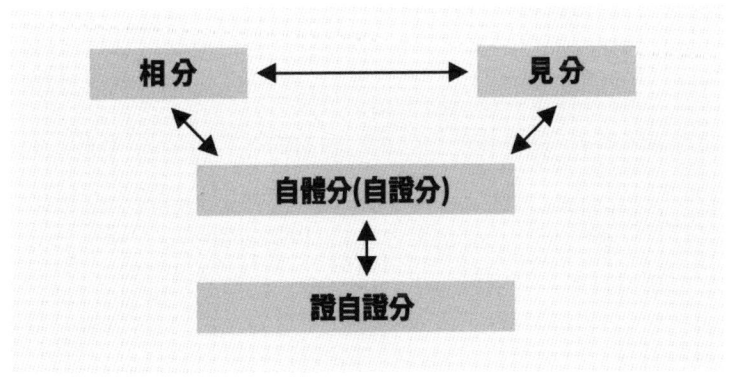

〈唯識 四分說의 구조〉

住相四者, 由此無明與生和合, 迷所生心無我我所, 故能生起四種住相, 所謂我癡我見我愛我慢。如是四種依生相起, 能相心體, 令至住位, 內緣而住, 故名住相。此四皆在第七識位。

주상住相 넷은 이 무명과 生相이 화합함으로 말미암아서 생겨난 마음에 我[486]와 아소我所[487]가 없는 것임을 모르기 때문에 네 가지 住相을 능히 만들어 내니, 이른바 아치我癡, 아견我見, 아애我愛, 아만我慢[488]이다. 이 같은 네 가지(四煩惱)는 生相에 의해 일어나 능상能相[489]의 심체로 하여금 住相의 자리에 이르러 안으로 반연하여 머물게 하기 때문에 住相이라 한다. 이 네 가지는 모두 제7식의 자리에 있다.

해설 生相이 마음속 깊이 심층무의식의 영역에서 일어나는 것이라면, 住相은 나라고 하는 것이 개입된 단계에서 일어나는 相이라고 할 수 있다. 이 住相은 모두 제7식인 말나식에서 이루어지는 것으로, 분석심리학에서 말하는 심층무의식과 의식 사이에 존재하는 개인무의식과 유사하다. 공자는 "나는 네 가지를 끊었는데, 의도적으로 하지 않고[무의毋意], 반드시 하겠다고 기필하지 않았으며[무필毋必], 고집하지 않고[무고毋固], 나를 내세우지 않는다[무아毋我]."[490]고 하셨는데, 이것은 바로 공자는 의식 차원분만 아니라 개인무의식 차원에 이르기까지 항상 밑바탕에 깔려 있는 나(我)를 우선하는 마음을 끊었다는 것을 의미한다. 이 我를 우선하는 마

---

486 我: 범어 'ātman'의 의역으로, 자기신체 또는 자아自我·본질本質·자성自性을 의미하며, 일체 사물의 근원에 존재하는 독립된 주체를 가리킨다.
487 我所: 범어 'mama-kāra'의 의역으로, 아소유我所有라고도 한다. 我와 상대하는 개념이고, 我 이외의 모든 사물로서 我가 소유 대상으로 삼는 것을 의미한다.
488 사번뇌四煩惱로서 말나식과 함께 작용하는 심소心所이다. 我癡는 我가 본래 空하다는 도리를 모르는 것이고, 我見은 오온五蘊으로 이루어진 내가 실재한다고 집착하는 아집我執이며, 我愛는 이러한 나를 사랑하고 집착하는 아탐我貪이고, 我慢은 자신을 높이고 타인은 낮추어 보는 교만한 마음이다.
489 能相: 상이 없는 일심一心에서 生相과 住相 같은 상을 일으키는 주체를 가리킨다.
490 『論語』「子罕」 제4장 "子絶四, 毋意毋必毋固毋我"

음으로부터 내가 아닌 '너'와 '그'라고 하는 분별과 계산하는 마음이 생겨나고, 순차적으로 모든 존재와 단절되고 분리되는데, 我所는 바로 나와 분리되어 내가 소유의 대상으로 인식하는 객체를 뜻하는 것이다.

또 '안으로 반연하여 머문다.'는 것은 말나식의 이 住相이 아려야식을 의지처로 삼을 뿐만 아니라 아려야식을 自我라고 생각하며 집착한다는 것을 의미하는데, 이것을 『유식삼십론송唯識三十論頌』[491]에서는 "이 식의 이름은 말나인데, 저것(아려야식)에 의지하여 변전하고 저것에 반연한다."[492]라고 설하였다.

異相六者, 無明與彼住相和合, 不覺所計我我所空, 由是能起六種異相, 所謂貪瞋癡慢疑見. 如新論云, "煩惱自性唯有六種", 此之謂也. 無明與此六種和合, 能相住心, 令至異位外向攀緣, 故名異相. 此六在於生起識位.

이상異相 여섯 가지는 무명이 저 주상住相과 화합하여 我와 我所를 분별하는 것이 헛된 것임을 깨닫지 못하고, 이로 말미암아 여섯 가지 이상異相을 능히 일으키니, 이른바 탐貪·진瞋·치癡·만慢·의疑·견見[493]이다. 마치 신론新論[494]에서 "번뇌의 자성은 오직 여섯 종류가 있다."[495]라고 한 것이 바로 이것을 말한다. 무명이 이 여섯 가지와 화합

---

491 『唯識三十論頌』: 세친世親이 저술하고 현장玄奘이 한역한 논으로서, 30수首의 게송을 통해 유식의 이치를 설한 것이다. 줄여서 『三十論』, 『唯識三十論』, 『唯識三十論頌』이라고도 하며, 별칭으로 『三十唯識論』이라고도 한다.

492 『唯識三十論頌』(대정장 제31권, 1586, p.60. b10~ 11행) "是識名末那, 依彼轉緣彼"

493 의식에서 작용하는 대표적인 번뇌 心所이다. 탐貪은 욕심과 탐욕이고, 진瞋은 진에瞋恚로 분노하는 심리 작용이며, 치癡는 사물의 진상을 알지 못하는 어리석음이고, 만慢은 교만함에서 오는 번뇌이다. 의疑는 도리를 분명하게 판별하지 못하고 머뭇거리고 의심하는 마음 작용이고, 견見은 악견惡見으로 진리에 대하여 잘못된 생각을 가지고 고통을 초래하는 것이다.

494 『瑜伽師地論』을 가리킨다.

495 『瑜伽師地論』(대정장 제30권, 1579, p.603. a21~ 22행)에서 인용. "問煩惱自性有幾種. 答有六種, 一貪, 二瞋, 三無明, 四慢, 五見, 六疑"

하고, 능상能相인 주심住心으로 하여금 이상異相의 자리에 이르게 하여 바깥으로 반연攀緣토록 하기 때문에 이상異相이라 한다. 이 여섯 가지는 생기식生起識[496]의 자리에 있다.

해설 '반연攀緣한다'는 단어는 마음이 대상에 연결되어 작용을 일으킨다는 뜻이다. 攀은 글자 형태에서 보듯이 나무나 풀이 얽혀있는 것을 손으로 붙잡고 올라가는 모습으로, 송담이나 담쟁이덩굴이 살아가는 모습을 생각해 보면 그 뜻을 잘 알 수 있다.

滅相七者, 無明與此異相和合, 不覺外塵違順性離, 由此發起七種滅相, 所謂身口七支惡業。如是惡業, 能滅異心令墮惡趣, 故名滅相。猶如小乘滅相, 滅現在心, 令入過去, 大乘滅相當知亦爾。

멸상滅相 일곱[497]은 무명이 이 이상異相과 화합하여 외진外塵[498]이 위순違順[거슬르거나 따라야할]의 성질에서 벗어난 것임을 깨닫지 못하고, 이것으로 말미암아 일곱 가지의 멸상滅相을 일으키니, 이른바 몸과 입으로 짓는 일곱 종의 악업이다. 이 같은 악업이 능히 멸해야 하는 이상異相의 마음으로 하여금 악취惡趣[499]에 떨어지게 하기 때문에[500] 멸상滅相이라 한다. 마치 소승의 멸상滅相이 현재심現在心을

---

496 生起識: 전육식前六識 또는 분별사식分別事識과 같은 용어로, 육근六根(안眼·이耳·비鼻·설舌·신身·의意)이 각각 육진六塵(색色·성聲·향香·미味·촉觸·법法)의 경계를 지각하고, 그것을 통해 분별하고 사려하는 작용을 일으킨다는 뜻이다.
497 滅相 일곱 가지는 살생殺生, 투도偸盜, 사음邪婬, 망어妄語, 양설兩舌, 악구惡口, 기어綺語이다.
498 外塵: 육근六根(안眼·이耳·비鼻·설舌·신身·의意)이 인식 대상으로 삼는 색色·성聲·향香·미味·촉觸·법法 등의 六塵을 의미한다. 육경六境이라고도 한다.
499 惡趣: 악도惡道와 같은 말로, 선취善趣와 상대되는 명칭이다. 악업惡業에 감응하여 가는 곳으로 지옥, 아귀餓鬼, 축생畜生을 가리켜 三惡趣라고 한다. 趣는 가서 도달한다는 뜻이다.
500 은정희 역: 이러한 악업이 이심異心을 없애 악취惡趣에 떨어지게 하기 때문에

없애고 과거로 들어가게 하는 것과 같으니, 대승의 멸상滅相도 그러함을 마땅히 알아야 한다.

해설 보통 사람들은 바깥의 대상이 내 마음에 거슬리면 분노하고 내 마음에 흡족하게 맞으면 즐거워하지만, 이러한 것은 이미 본성에서 벗어난 것이다. 이러한 감정으로 입과 몸을 통해서 이루어지는 나쁜 행위가 바로 滅相이다. 위에서 말한 生住異滅의 사상을 총 정리하면 아래 표와 같다.

四相	내용
生相	업상業相, 전상轉相, 현상現相
住相	아치我癡, 아견我見, 아애我愛, 아만我慢
異相	탐貪·진瞋·치癡·만慢·의疑·견見
滅相	살생殺生, 투도偸盜, 사음邪婬, 망어妄語, 양설兩舌, 악구惡口, 기어綺語

由是義故, 四相生起, 一心流轉, 一切皆因根本無明, 如經言, "無明住地其力最大". 此論云, '當知無明力能生一切染法'也. 又所相之心, 一心而來, 能相之相, 無明所起, 所起之相, 隨其所至, 其用有差別, 取塵別相, 名爲數法. 良由其根本無明違平等性故也. 其所相心, 隨所至處, 每作總主, 了塵通相, 說名心王, 由其本一心是諸法之總源故也. 如中邊論云, "唯塵智名心, 差別名心法". 長行釋云, "若了塵通相名心, 取塵別相名爲心法". 瑜伽論中亦同是說. 以是義故, 諸外道等多於心王, 計爲宰主作者受者, 由不能知其無自性隨緣流轉故也.

이 같은 뜻으로 말미암아서 四相이 생겨나 한마음이 유전하는 모든 것은 다 근본무명에 기인한다. 마치 경에서 "무명주지無明住地[501]가

---

501 無明住地: 오주지五住地(見一處住地, 欲愛住地, 色愛住地, 有愛住地, 無明住地)의 하나로, 일체 무지無知의 근원인 근본무명이 자리하고 있는 곳을 가리킨다. 住는 머문다는 뜻이고, 地는 마치 대지가 능히 싹을 트게 하는 토대라는 것을 의미한다.

그 힘이 가장 세다."[502]라고 한 것과 같고, 이 논에서도 '무명의 힘이 일체 염법을 낳을 수 있음을 마땅히 알아야 한다.'[503]라고 하였다. 또 소상所相[相이 의존하는 대상]의 마음은 한마음에서 오고, 능상能相[상을 만들어 내는 주체]의 相은 무명이 일으킨 것인데, 일으켜진 相이 그 이르는 곳에 따라 쓰임에 차별이 있어, 경계의 별상別相을 취하는 것을 수법數法[504]이라 하니, 진실로 근본무명으로 말미암아 평등한 본성에서 어긋났기 때문이다. 그 相이 의존하는 마음은 이르는 곳에 따라 늘 총체적인 주인이 되어 경계의 통상通相을 헤아려 알기에 心王[505]이라 이름하여 말하니, 그 근본인 한마음이 모든 법의 총체적인 근원이기 때문이다. 마치 『중변론中邊論』[506]에서 이르기를 "오직 경계만을 아는 지혜를 마음이라 하고, 차별을 짓는 것을 心法[507]이라 한다."[508]라고 한 것과 같다. 장행長行[509]에서 (이것을) 풀이하여 "경계의 통상通相

---

502 『승만사자후일승대방편방광경勝鬘師子吼一乘大方便方廣經』(대정장 제12권, 0353, p.220. a10행)에서 인용. 줄여서 『승만경』, 『사자후경』, 『사자후방편경』, 『승만대방편방광경』 또는 『승만사자후경』이라고도 한다. 남조의 유송劉宋 시대에 구나발타라求那跋陀羅가 번역한 경전으로, 경의 이름은 '승만 부인이 일승을 설한 대승 경전'이라는 뜻이다. 여래장사상을 설한 대표적인 경전으로서, 재가의 여인이 설한 경전이라는 점에서 『유마경維摩經』과 함께 재가주의를 대표하는 경전으로 평가된다.

503 268쪽 참고

504 數法: 심수법心數法, 심소유법心所有法 또는 심소법心所法이라고도 한다. 마음을 주체와 작용으로 구분했을 때 마음에 종속하는 여러 가지 정신작용을 지칭하며, 주로 별상別相을 인식한다. 心所와 대비해서 마음의 주체는 心王이라 하며, 心所는 항상 心王과 상응하여 작용하기 때문에 心所를 심상응법心相應法이라고도 한다. 『유식삼십론송唯識三十論頌』에 의하면 心所는 6위 51개로 분류된다.

505 心王: 心數와 상대되는 개념이다. 정신작용의 주체를 가리키며, 주로 경계의 通相을 인식한다. 說一切有는 心王의 體는 하나라고 주장하고, 法相宗은 여덟 가지 識에 心王이 각각 있다고 한다.

506 『中邊論』: 『변중변론辯中邊論』 또는 『중변분별론中邊分別論』이라고도 한다. 게송 부분은 미륵이 짓고 무착이 정리 하였으며, 장행長行 부분은 게송을 풀이 한 것으로 세친이 지었다. 주된 내용은 대립하는 두 측면을 지양하고 중도中道의 의의를 분별해서 논하였다.

507 心法: 數法, 心數法, 心所有法 또는 心所法과 같은 용어이다.

508 『中邊分別論』(대정장 제31권, 1599, p.451. c25행)에서 인용.

509 長行: 운문체韻文體인 게송偈頌에 대비하여 산문체散文體의 경문經文을 일컫는다.

을 아는 것은 마음이고, 경계의 별상別相을 취하는 것은 심법이다."[510] 라고 하였다. 『유가론瑜伽論』도 역시 이 설과 동일하다. 이런 뜻 때문에 여러 외도外道 등이 자주 心王에 대해서 재주宰主, 작자作者 또는 수자受者라고 헤아려 분별하는 것은 그것에 자성이 없어서 연에 따라 유전한다는 것을 알지 못하였기 때문이다.

해설 所相과 能相의 개념을 성리학의 理와 氣의 개념으로 대치해 보면 좀 더 쉽게 이해할 수 있다. "능히 발하는 것은 氣이고, 발하게 하는 것은 理이다."[511]라고 하는 글에서, 능동적인 역할을 하는 것은 氣이지만 그 氣가 작용하는 그 근저에는 항상 理가 있다. 이와 마찬가지로 相을 짓는 것은 能相이지만, 能相의 바탕에는 언제나 所相의 마음이 있다. 所相과 能相의 심체는 하나인데, 所相의 심체는 항상 어디에서나 경계의 通相만을 요별하기 때문에 心王이 되고, 경계의 위순違順을 헤아려서 호오好惡와 집착의 심리작용을 일으키는 能相의 심체는 心所가 된다. 心王은 그 작용 처處(제8식, 제7식, 제6식 등)에 따라 여러 心所들을 거느리고, 心所는 心王에 종속해서 여러 가지로 다양하게 작용을 하기 때문에 心所를 가리켜 많다는 뜻으로 心數法(또는 心數, 數法)이라 한다. 참고로 유식학 논서에 의하면, 이 心所는 아뢰야식에 다섯 가지(촉觸, 작의作意, 수受, 상想, 사思)가 있고, 말나식에는 아뢰야식의 다섯 心所를 포함해서 18가지의 心所가 있으며, 의식에는 51개의 心所가 있다고 한다.

또 『중변론』에서 말하는 '오직 경계만을 안다'는 것은 경계를 대할 때 어떠한 작의적인 분별을 개입하지 않는 것을 의미하는데, 이것은 通相으로서의 心王이고, 경계에 반연해서 거기에 여러 가지 心所로 차

---

510 『中邊分別論』(대정장 제31권, 1599, p.451. c26~ 27행)에서 원문을 변형하여 인용함. "心者但了別塵通相, 若了塵別相說名爲心法"
511 『毅菴先生文集』 제29권, 「雜著篇」(한국고전종합 DB). "能發者氣也, 所發者理也"

별을 일으키면 別相을 취하는 心法이 된다.

總此四相名爲一念。約此一念四相, 以明四位階降, 欲明本依無明不覺之力, 起生相等種種夢念, 動其心源, 轉至滅相, 長眠三界, 流轉六趣。今因本覺不思議熏, 起厭樂心, 漸向本源, 始息滅相乃至生相, 朗然大悟, 覺了自心本無所動, 今無所靜, 本來平等, 住一如牀。如經所說夢度河喩。此中應廣說大意如是。

이 四相을 총괄하여 일념一念(한 생각)이라 한다. 이 一念의 四相을 기준으로 네 가지 위계로 내려가는 것을 설명한 것은 다음과 같은 것을 밝히고자 함이다. 본래 무명 불각의 힘으로 生相 등의 갖가지 미몽迷夢의 생각을 일으켜 그 마음의 근원을 움직이고, 전전하여 멸상에 이르러, 삼계三界에서 오래 잠들고, 육취六趣[512]에서 유전한다. (그러나) 지금 본각의 부사의훈不思議熏[513]으로 (생사를) 싫어하고 (열반을) 좋아하는 마음을 일으켜 점차 본래의 근원을 향해 滅相을 그치는 것으로부터 시작해서 生相에까지 이르러 환하게 대오大悟하여, 자기 마음이 본래 움직인 것도 없고 지금 고요한 것도 없이 본래 평등하여 일여一如[514]의 자리에 머무르고 있음을 깨닫는다. 마치 경에서 말한 꿈에 하수河水를 건넜다는 비유와 같다. 이 (기신론)에서 널리 말한 큰 뜻도 마땅히 이와 같다.

---

512 六趣: 六道와 같은 말로, 중생이 업에 의해 나아가는 地獄, 餓鬼, 畜生, 修羅, 人間, 天의 세계를 말한다.

513 不思議熏: 불가사의훈不可思議熏이라고도 한다. 진여가 무명을 훈습하여 정법淨法을 내는 것을 말하며, 훈습할 수 없는 것을 훈습하기 때문에 不可思議하다고 한다. 향기가 몸에 배는 것처럼 진여가 망심으로 하여금 생사의 고통을 싫어하고 열반을 구하게 하여 깨달음을 얻게 하는 것을 의미한다. 뒤의 熏習論에서 자세하게 설명하고 있다.

514 一如: 진여의 이리가 둘도 아니고 다르지도 않아서 평등하여 차별이 없는 것을 뜻한다.

해설 이 글은 네 가지 위계位階[생주이멸生住異滅과 시각始覺의 四相]로 유전문流轉門과 환멸문還滅門을 설명한 것이다. 일반적으로 이 유전문과 환멸문은 12인연[무명無明, 행行, 식識, 명색名色, 육처六處, 촉觸, 수受, 애愛, 취取, 유有, 생生, 노사老死]으로 설명하는데, 유전문은 무명으로 시작해서 老死의 고락을 겪으며 육도六道로 윤회하는 것을 가리키고, 환멸문은 이러한 연기법緣起法의 자성自性이 모두 空한 것을 관하고 수행을 통해 본래 적멸한 열반으로 돌아가는 과정을 말한다. 여기서는 12인연을 줄여서 四相으로 간략하게 설명하였다.

또 위의 꿈은 『금광명최승왕경金光明最勝王經』에 있는 것으로 그 내용은 다음과 같다. "어떤 사람이 꿈속에서 자기 몸이 큰 강물에 떠내려가는 것을 보고서, 손발을 움직이고 물살을 갈라서 강을 건너 피안에 이르렀는데, 이것은 그 몸과 마음을 게을리하거나 물러나지 않았기 때문이다. 꿈에서 깨어나 보니 흐르는 물과 차안此岸, 피안彼岸도 볼 수 없었다."[515] 여기에서 말하는 꿈속은 깨닫지 못하고 사는 망념의 세계이고, 큰 강물은 온갖 번뇌를 상징하며, 손발을 열심히 움직여서 피안으로 건너가는 것은 깨달음을 얻기 위해 열심히 수행하는 과정이다. 꿈에서 깨어나 보니 此岸과 彼岸을 모두 볼 수 없었다는 것은 깨달음을 얻고 나면 此岸과 彼岸이 본래 하나인 것을 의미한다.

次消其文, 約於四相以別四位。四位之中各有四義。一能覺人, 二所覺相, 三覺利益, 四覺分齊。

다음으로 그 (시각始覺의) 글을 풀이하였는데, 四相을 기준으로

---

515 『金光明最勝王經』(대정장 제16권, 0665, p.410. a29~ b3행) "譬如有人於睡夢中, 見大河水漂泛其身, 運手動足截流, 而渡得至彼岸, 由彼身心不懈退故。從夢覺已, 不見有水彼此岸別"

네 가지 지위로 구별하였다. 네 가지 지위 중에 각기 네 가지 뜻이 있다. 하나는 능각인能覺人[깨달을 수 있는 사람]이고, 둘은 소각상所覺相[깨달은 바의 모습]이며, 셋은 각이익覺利益[깨달음의 이익]이고, 넷은 각분제覺分齊[516][깨달음의 차별적인 내용]이다.

해설 여기에서 말하는 네 가지 지위는 시각始覺에 있어서 범부각, 상사각, 수분각, 구경각의 네 가지 등급을 말하고, 네 가지 뜻은 그 지위에 있어서 거기에 해당하는 사람과, 그 깨달은 모습과, 깨달음의 이익, 그리고 깨달음의 차별적 수준을 가리킨다.

初位中言如凡夫人者, 是能覺人, 位在十信也。覺知前念起惡者, 顯所覺相。未入十信之前, 具起七支惡業, 今入信位, 能知七支實爲不善, 故言覺知前念起惡。此明覺於滅相義也。能止後念令不起者, 是覺利益。前由不覺, 起七支惡念, 今旣覺故, 能止滅相也。言雖復名覺卽是不覺者, 明覺分齊。雖知滅相實是不善, 而猶未覺滅相是夢也。

첫 번째 지위 중에 말한 '만일 평범한 사람'이란 것은 바로 능각인能覺人으로, 지위는 십신十信[517]에 있다. '앞생각에 악을 일으켰다는 것을 깨달아 알았다.'는 것은 소각상所覺相을 드러낸 것이다. 十信에 들어가기 전에는 칠지악업七支惡業[518]이 모두 일어나는데, 지금 十信의 자리에 들어가면 일곱 가지 악업이 참으로 不善한 것임을 알 수 있기 때문에 '앞생각에 악을 일으켰다는 것을 깨달아 알았다.'고 말한

---

516 分齊: 내용內容, 범위範圍, 정도程度에 있어서의 한계限界 또는 차별差別을 가리킨다.
517 十信: 부처님의 교법을 믿어 의심이 없는 열 가지 신심信心으로, 보살 수행 계위 52位 중 1位에서 10位까지를 가리킨다.
518 七支惡業: 십악十惡 중에 몸과 입으로 짓는 살생殺生, 투도偸盜, 사음邪婬, 망어妄語, 양설兩舌, 악구惡口, 기어綺語를 말한다.

것이다. 이것은 멸상滅相에서 깨달은 뜻을 밝힌 것이다. '뒷생각을 그쳐서 일어나지 않게 할 수 있다.'는 것은 바로 각이익覺利益이다. 전에는 깨닫지 못하여 일곱 가지 나쁜 생각을 일으켰지만, 지금은 이미 깨달았기 때문에 滅相을 그치게 할 수 있다. '비록 각覺이라 이름하지만 바로 불각不覺이다.'라고 말한 것은 각분제覺分齊를 밝힌 것이다. 비록 滅相이 참으로 불선한 것임을 알았지만, 여전히 滅相이 꿈이란 것을 아직 깨우치지 못하였다.

第二位中言如二乘觀智初發意菩薩等者, 十解以上三賢菩薩, 十解初心, 名發心住, 擧此初人, 兼取後位。故言初發意菩薩等, 是明能覺人也。覺於念異者, 明所覺相, 如前所說六種異相, 分別內外計我我所, 此三乘人了知無我。以之故言覺於念異, 欲明所相心體無明所眠, 夢於異相, 起諸煩惱, 而今漸與智慧相應, 從異相夢而得微覺也。念無異相者, 是覺利益, 旣能覺於異相之夢, 故彼六種異相永滅, 以之故言念無異相也。捨麤分別執著相故名相似覺者, 是覺分齊。分別違順起貪瞋等, 是名麤分別執著相。雖捨如是麤執著想[519], 而猶未得無分別覺, 故名相似覺也。

두 번째 자리에서 '이승二乘의 관지觀智와 초발의初發意(처음 뜻을 낸) 보살 같은 사람들'이라고 말한 것은 십해十解[520] 이상의 삼현三賢보살[521]로서, 十解의 초심을 발심주發心住[522]라 하니, 이 첫 번째 (지

519　원문이 想으로 기재되어 있지만 아마도 相의 誤記인 듯하다.
520　十解: 십주十住와 같은 용어로, 보살 수행 52계위 가운데 제11위에서 20위까지를 지칭한다. 십신十信을 지나 마음이 진제眞諦의 이치를 이해하고 안주하는 지위에 이르렀다는 뜻으로 解 또는 住라고 한다.
521　三賢보살: 십주十住와 십행十行, 십회향十廻向의 지위에 있는 보살을 모두 합칭한 것이다.
522　發心住: 십해十解의 첫째 자리를 발심주發心住라 한다. 나머지는 차례대로 치지주治地住, 수행주修行住, 생귀주生貴住, 구족방편주具足方便住, 정심주正心住, 불퇴주不退住, 동진주童眞住, 법왕자주法王子住, 관정주灌頂住이다.

위의) 사람을 들어 뒷자리의 사람들을 아울러 취했다. 그래서 '初發意 보살 같은 사람들'이라 말했으니, 이는 능각인能覺人을 밝힌 것이다. '생각에 異相이 있음을 깨달았다.'는 것은 소각상所覺相을 밝힌 것으로, 앞에서 말한 것처럼 여섯 가지 異相이 안팎을 분별하고 我와 我所를 계탁하는데,[523] 이 三乘[524]의 사람들은 無我를 명백하게 안다. 이러한 까닭에 '생각에 異相이 있음을 깨달았다.'고 한 것이니, 所相의 심체가 무명으로 잠들어 異相을 꿈꾸면서 여러 번뇌를 일으키다가 이제 차츰 지혜와 상응하여 異相의 헛된 꿈에서 벗어나 작은 깨달음 얻었다는 것을 밝히고자 한 것이다. '생각에 異相이 없다.'는 것은 각이익 覺利益으로, 이미 異相의 꿈에서 능히 깨어났기 때문에 저 여섯 가지 異相이 영원히 소멸되었으니, 이런 까닭에 생각에 異相이 없다고 한 것이다. '추분별麤分別 집착상을 버렸기 때문이니, 상사각相似覺이라 한다.'라고 한 것은 각분제覺分齊이다. (마음에) 어긋나는 것과 순하게 받아들여지는 것[위순違順]을 분별하여 탐욕과 성냄 등을 일으키는 것을 '추분별집착상'이라 한다. 비록 이러한 추분별집착상을 버렸지만, 여전히 분별없는 깨달음을 아직 얻지 못하였기 때문에 상사각 相似覺이라 한다.

해설 보살은 수행 경지에 따라 아래에서부터 10신信, 10주住, 10행行, 10회향廻向, 10지地, 등각等覺, 묘각妙覺으로 52계위階位로 나뉜다. 경전에 따라 41위 또는 51위로 나누기도 하고, 그 명칭도 조금씩 다르지만, 『보살영락본업경』에 따르면 다음과 같다.

10신信(1위 ~ 10위)은 교법을 믿어 의심이 없다는 뜻으로, 차례대로

---

523 은정희 역: "생각의 이상을 깨달아"라는 것은 깨달음의 대상을 밝힌 것이니, 앞서 말한 여섯 가지의 이상異相과 같으며 이는 내외를 분별하여 아我와 아소我所라고 계탁하는 것이다.
524 三乘: 성문승, 연각승과 대승의 보살을 합칭한 것이다.

신심信心, 염심念心, 정진심精進心, 혜심慧心, 정심定心, 불퇴심不退心, 호심護心, 회향심廻向心, 계심戒心, 원심願心이라 한다.

10주住(11위 ~ 20위)는 마음이 진리에 안주하는 단계라는 뜻에서 발심주發心住(또는 초발심주初發心住), 치지주治地住, 수행주修行住, 생귀주生貴住, 방편구족주方便具足住, 정심주正心住, 불퇴주不退住, 동진주童眞住, 법왕자주法王子住, 관정주灌頂住라 한다. 10주住는 10해解라고도 한다.

10신信과 10주住가 자기를 진리에 안착하게 하는 자리행自利行의 자리임에 비해, 10행行(21위 ~ 30위)은 이타행利他行을 하는 단계로, 환희행歡喜行, 요익행饒益行, 무진한행無瞋恨行, 무진행無盡行, 리치란행離癡亂行, 선현행善現行, 무착행無著行, 존중행尊重行, 선법행善法行, 진실행眞實行이 있다.

10회향廻向(31위 ~ 40위)은 10향向, 10회향심廻向心 또는 10회향법廻向法이라고도 한다. 회향은 현재까지 쌓은 공덕을 일체중생에게 돌려 그들의 고통을 구제하고 보호하는 것을 의미하며, 차례대로 구호일체중생회향救護一切衆生廻向, 불괴회향不壞廻向, 등일체불회향等一切佛廻向, 지일체처회향至一切處廻向, 무진공덕장회향無盡功德藏廻向, 수순평등선근회향隨順平等善根廻向, 수순등관일체중생회향隨順等觀一切衆生廻向, 여상회향如相廻向, 무박해탈회향無縛解脫廻向, 법계무량회향法界無量廻向이라 한다.

10지地(41위 ~ 50위)는 보살의 경지로서, 환희지歡喜地, 이구지離垢地, 발광지發光地, 염혜지焰慧地, 난승지難勝地, 현전지現前地, 원행지遠行地, 부동지不動地, 선혜지善慧地, 법운지法雲地가 있다.

마지막으로 51위는 등각等覺이고, 52위는 묘각妙覺이다.

第三位中, 法身菩薩等者, 初地以上十地菩薩, 是能覺人也。覺於念住者, 住相之中, 雖不能計心外有塵, 而執人法內緣而住。法身菩薩通達二空, 欲明所相心體前覺異相, 而猶眠於住相之夢, 今與無分別智相應, 從住相夢而得覺悟。故言覺於念住, 是所覺相也。念無住相者, 四種住相滅而不起, 是覺利益也。以離分別麤相者, 人我執, 名分別, 簡前異相之麤分別, 故不名麤, 法我執, 名爲麤念, 異後生相之微細念, 故名麤念。雖復已得無分別覺, 而猶眠於生相之夢, 故名隨分覺, 是覺分齊也。

　　세 번째 자리에서 '법신보살 같은 사람들'이라고 한 것은 초지初地 이상의 十地보살로서, 이는 능각인能覺人이다. '생각이 주착하는 것을 깨달았다.'는 것은 住相 중에 비록 마음 밖에 경계가 있음을 능히 헤아리지는 않지만 인아人我[525]와 법아法我[526]에 집착하여 안으로 반연하여 머문다. (그러나) 법신보살은 이 두 가지가 모두 공하다는 것을 통달하였으니, 所相의 심체가 전에 異相을 깨우쳤으되 여전히 住相의 꿈속에 잠들어 있다가 이제 무분별지無分別智와 상응하여 住相의 꿈으로부터 깨어났음을 밝히고자 한 것이다. 그래서 '생각에 주착함을 깨달았다.'고 말한 것이니, 이것은 소각상所覺相이다. '생각에 住相이 없다.'는 것은 네 가지 住相이 소멸하여 일어나지 않는 것이니, 이것은 각이익覺利益이다. '분별추념상分別麤念相을 떠났기 때문'이라는 것에서 인아집人我執을 분별이라 하니, 앞의 異相의 추분별麤分別과 분간하였기 때문에 麤라 하지 않았고, 법아집法我執을 '추념麤念'이라고 하니, 뒤의 生相의 미세념微細念과 달리하기 위해서 추념麤念이라 하였다. 비록 이미 분별함이 없는 깨우침을 얻었지만 그래도

525　人我: 인아견人我見 또는 아견我見·아집我執·인집人執이라고도 하며, 색色·수受·상想·행行·식識의 오온五蘊으로 이루어진 인간에게 불변하는 실체가 있다고 집착하는 것을 의미한다.

526　法我: 法我見 또는 法執이라고도 말하며, 나 이외의 모든 존재에 실체가 있다고 생각하거나 집착하는 것을 의미한다.

生相의 꿈속에 잠들어 있기 때문에 수분각隨分覺이라 한 것이니, 이것
은 각분제覺分齊이다.

해설 여기서 말하고 있는 微와 麤의 개념은 서로 상대적인 개념이다. 아려야식
과 같은 심층무의식은 인간이 그 움직임을 지각하기가 어렵기 때문에 微
細念(미세한 생각)이라 하였고, 말나식에서 나라고 하는 생각을 가지고
주착하는 것은 아려야식의 움직임에 비해서 상대적으로 인지하기가 용이
하기 때문에 추념麤念이라 하였다. 마찬가지로 전육식(異相)에서 분별하
는 것은 말나식(住相)에서 분별하는 것보다 더 인지하기 쉽고 구체적이기
때문에 추분별麤分別이라고 하였다. 麤의 본래 뜻은 '거칠다'이지만 여
기에서는 '미세하다'는 것과 상대적으로 사용된 개념이기 때문에 인식함
에 있어 좀 더 '구체적이다'는 뜻으로 보면 좋을 듯하다. 식識과 세추細麤
의 관계를 정리하면 아래와 같다.

아려야식	말나식	의식
微細念相(生相)	分別麤念相(住相)	麤分別執著相(異相)

第四位中, 如菩薩盡地者, 謂無垢地, 此是總擧, 下之二句, 別明二道,
滿足方便者, 是方便道, 一念相應者, 是無間道。如對法論云, "究竟道
者, 謂金剛喩定, 此有二種, 謂方便道攝, 無間道攝"。是明能覺人也。
覺心初起者, 是明所覺相。心初起者, 依無明有生相, 迷心體令動念, 今
乃證知離本覺無不覺, 卽動念是靜心。故言覺心初起。如迷方時謂東爲
西, 悟時乃知西卽是東。當知此中覺義亦爾也。心無初相者, 是明覺利
益。本由不覺, 有心元起, 今旣覺故, 心無所起。故言心無初相。前三
位中雖有所離, 而其動念猶起未盡, 故言念無住相等, 今究竟位, 動念
都盡, 唯一心在, 故言心無初相也。遠離以下, 明覺分齊, 於中二句, 初
正明覺分齊, 是故以下, 引經證成。業相動念, 念中最細, 名微細念, 此

相都盡, 永無所餘, 故言遠離. 遠離之時, 正在佛地. 前來三位, 未至心源, 生相未盡, 心猶無常, 今至此位, 無明永盡, 歸一心源, 更無起動. 故言得見心性, 心卽常住, 更無所進, 名究竟覺. 又復未至心源, 夢念未盡, 欲滅此動, 望到彼岸, 而今旣見心性, 夢想都盡, 覺知自心本無流轉, 今無靜息, 常自一心, 住一如牀. 故言得見心性, 心卽常住. 如是始覺不異本覺, 由是道理名究竟覺. 此是正明覺分齊也.

네 번째 자리 중에 '만일 (十地)보살의 지위를 다하고'라고 한 것은 무구지無垢地[527]를 말한 것으로, 이것은 총체적으로 거론한 것이고, 아래 두 구절[528]은 두 가지 道를 나눠 밝힌 것으로, '방편을 만족했다.'는 것은 방편도方便道[529]이고, '한 생각에 서로 응한다.'는 것은 무간도無間道[530]이다. 마치 『대법론』에서 "구경도究竟道라는 것은 금강유정金剛喩定[531]을 말하는데, 여기에 두 가지가 있으니 방편도에 포섭되는 것과 무간도에 포섭되는 것이다."[532]라고 말한 것과 같다. 이것은 능각인能覺人을 밝힌 것이다. '마음이 처음 일어나는 것을 지각한다.'는 것은 소각상所覺相을 밝힌 것이다. 마음이 처음 일어났다는 것은 무명으로 生相이 있게 되고 (그것이) 심체를 미혹하여 망념을 움직

---

527 無垢地: 일반적으로 十地보살 중 제2위인 離垢地를 가리키나, 十地보살의 수행을 마치고 등각等覺(51위)의 경지로 나아간 보살을 가리키기도 한다. 『보살영락본업경菩薩瓔珞本業經』(대정장 제24권, 1485, p.1010. b27행)에 의하면 十地 다음에 無垢地와 묘각지妙覺地가 있다고 하였다. "佛本業瓔珞, 十住, 十行, 十向, 十地, 無垢地, 妙覺地"

528 두 구절은 如菩薩地盡과 이어진 滿足方便과 一念相應을 가리킨다.

529 方便道: 四道(方便道, 無間道, 解脫道, 勝進道)의 하나로 가행도加行道라고도 한다. 加行이란 힘을 더하여 더욱 정진한다는 의미로서, 무간도無間道 전에 번뇌를 단제斷除하기 위하여 준비하는 수행을 의미한다.

530 無間道: 무애도無礙道라고도 하며, 방편도方便道를 거쳐서 해탈도解脫道로 진입하기 전에 하는 수행의 경지이다. 번뇌에 의해서 막히거나 간격間隔됨이 없다는 뜻에서 無間이라 한다.

531 金剛喩定: 金剛定과 같은 용어이다.

532 『大乘阿毘達磨雜集論』(대정장 제31권, 1606, p.742. b19~ 27행)에서 축약 인용. "一切麁重永已息故, 名究竟道 ~~ 金剛喩定者, 謂居修道最後斷結道位所有三摩地. 此復略有二種, 謂方便道攝無間道攝"

이게 하는데, 이제 비로소 본각을 떠난 불각이 없고 움직인 망념이 바로 고요한 마음임을 증득하여 알았다. 그래서 마음이 처음 일어나는 것을 지각한다고 말하였다. 마치 방향을 헷갈릴 때는 동쪽을 서쪽이라고 하다가, 깨닫고 난 뒤에는 서쪽이 곧 동쪽임을 아는 것과 같다. 여기서 깨달았다고 하는 뜻도 역시 그러한 것임을 마땅히 알아야 한다. '마음에 처음이라는 상이 없다.'는 것은 각이익覺利益을 밝힌 것이다. 본래 불각으로 말미암아 마음이 처음 일어나는데, 지금 깨달았기 때문에 마음에 일어난 것이 없다. 그래서 '마음에 처음이라는 상이 없다.'라고 하였다. 앞의 세 번째 자리(법신보살의 지위)에서 비록 여읜 것(住相)이 있지만, 그 움직이는 망념이 여전히 일어나 아직 다 없어지지 않았기 때문에 '생각에 住相 등이 없다.'고 말하였으나, 지금 구경각의 자리에서는 움직이는 생각이 모두 다 없어지고 오직 한마음만이 존재하기 때문에 '마음에 처음이라는 상이 없다.'고 한 것이다. '원리遠離(멀리 여의었다)' 이하는 각분제覺分齊를 밝힌 것으로, 이 중 두 구절[533]에서 첫 부분[534]은 바로 각분제覺分齊를 밝힌 것이고, '시고是故(이런 까닭에)' 이하는 경전을 인용하여 증명한 것이다. 業相에서 움직이는 생각은 생각 중에 가장 미세한 것이라 '미세한 생각'이라고 하였고, 이러한 상이 모두 다 사라져 영원히 남은 것이 없기 때문에 '멀리 여의었다.'라고 하였으니, 멀리 여읜 때가 바로 부처의 경지이다. 앞의 세 지위는 (깨달음이) 마음의 근원에 이르지 못하고, 生相이 아직 다 없어지지 않아서 마음이 여전히 상주하지 못하지만, 지금 이 지위에 이르면, 무명이 영원히 사라지고 한마음의 근원으로 돌아가 더 이상 일어나 움직이는 것이 없다. 그래서 '마음의 본성을 볼 수

---

533 '得見心性 心卽常住 名究竟覺 是故脩多羅說 若有衆生能觀無念者 則爲向佛智故'를 가리킨다.
534 '得見心性 心卽常住 名究竟覺' 부분.

있어 마음이 바로 (본각에) 상주한다.'라고 하였으며, 더 나아갈 곳이 없어 구경각이라 이름한 것이다. 또 (전에는) 마음의 근원에 도달하지 못하고, 꿈같이 헛된 망념이 다 없어지지 않아서, 이러한 움직임을 멸하고 피안의 세계에 도달하기를 바랐지만, 지금은 이미 마음의 본성을 보고 헛된 생각이 모두 없어져 자신의 마음이 본래 유전한 것도 없고 지금 고요하게 쉬는 것도 없으며, 항상 스스로 한마음이 일여一如의 자리에 머물고 있음을 깨달아 안다. 그래서 '마음의 본성을 볼 수 있어 마음이 바로 상주한다.'라고 하였다.[535] 이와 같이 시각이 본각과 다르지 않으니, 이러한 도리로 말미암아 구경각이라 한다. 이것은 바로 각분제覺分齊를 밝힌 것이다.

해설 십지보살의 지위에서 수행해야 할 것을 다 마치고 도달한 금강유정金剛喩定의 경지를 방편도에 포섭되는 것과 무간도에 포섭되는 것으로 설명하였다. 방편도에 포섭되는 것은 이미 제거한 장애로부터 다시 어떠한 장애를 받지 않는 것을 의미하고, 무간도無間道에 포섭되는 것은 이 無間의 삼매에서 진지盡智와 무생지無生智가 생겨나는 것을 의미한다. 無間이라는 것은 삼매가 서로 이어지는 중에는 어떠한 번뇌도 개입할 수 없어 틈이 생기거나 사이가 벌어지지 않는 것을 의미한다. 여기에서 말한 盡智는 더 이상의 배움이 필요하지 않은 보살의 지위에서 일체 번뇌가 모두 끊어졌을 때 생겨나는 지혜이고, 無生智는 모든 法이 생겨남이 없다는 것을 깨달은 지혜를 가리킨다.

始覺의 四位와 四義를 총정리하면 아래 표와 같다.

---

535 은정희 역: 자심이 본래 유전함이 없는 줄 깨달아 이제 고요히 쉬는 것도 없어지고 항상 스스로 일심이 일여一如의 자리에 머무르기 때문에 '심성을 보게 되어 마음이 곧 상주하니'라고 하였다.

始覺	能覺人	所覺相	覺利益	覺分齊
凡夫覺	十信의 범부	앞생각에 악을 일으켰다는 것을 지각한다.	뒷생각을 그쳐서 일어나지 않게 할 수 있다.	비록 각覺이라 하지만 불각不覺이다.
相似覺	三賢位 보살	생각에 異相이 있음을 깨달았다.	생각에 異相이 없다.	추분별麤分別 집착상이 없다.
隨分覺	十地 보살	생각이 주착하는 것을 깨달았다.	생각에 住相이 없다.	분별추념상分別麤念相이 없다.
究竟覺	菩薩盡地	마음이 처음 일어나는 것을 지각한다.	마음에 처음이라는 상이 없다.	미세한 생각을 여의고 마음의 본성을 볼 수 있어 마음이 상주한다.

[別記] 問。若言始覺同於本覺離生滅者, 此說云何通, 如攝論云, "本旣常住, 末依於本, 相續恒在", 乃至廣說。
答。二意異故, 理不相違。何者。此論主意, 欲顯本由不覺動於靜心, 今息不覺還歸本靜, 故成常住 彼攝論意, 欲明法身本來常住不動, 依彼法身起福慧二行, 能感萬德報果, 旣爲因緣所起, 是故不離生滅。故說相續。具義而說, 始成萬德, 要具二義, 依前義故常住, 依後義故生滅。生滅常住不相妨礙, 以一一念迷徧三世, 不過一念故, 如似一一毛孔皆徧十方, 雖徧十方不增毛孔。佛佛如是無障無礙, 豈容偏執於其間哉。如華嚴經偈云, "牟尼離三世, 相好悉具足, 住於無所住, 法界悉淸淨。因緣故法生, 因緣故法滅。如是觀如來, 究竟離癡惑", 今二論主, 各述一義, 有何相妨耶。

묻는다. 만약 시각이 본각과 같아서 생멸을 여의었다고 말한다면, 『섭론』에서 "本은 이미 상주하고, 末은 本에 의지하여, 서로 이어져 항상 존재한다."[536]라고 하면서 널리 설하는 것과 이 말이 어떻게 통하겠는가?

답한다. 두 뜻이 다르기 때문에 이치가 서로 어긋나지 않는다.

---

536 『攝大乘論釋』(대정장 제31권, 1595, p.269. b15~16행)에서 인용.

무엇 때문인가? 이 『기신론』을 쓴 사람의 뜻은 본각이 불각으로 말미암아 고요한 마음에서 움직였지만, 지금 불각을 그치고 본래의 고요함으로 되돌아갔기 때문에 상주를 이루었음을 드러내고자 한 것이고, 저 『섭론』의 뜻은 법신이 본래 상주하여 움직이지 않지만, 저 법신에 의해 복덕과 지혜의 두 가지 행위를 일으켜서 능히 만덕의 과보에 감응하고, 이미 인연으로 일어났기 때문에 생멸을 여의지 않았음을 밝히고자 한 것이다. 그래서 '상속相續(서로 이어졌다).'이라 설하였다.[537] 자세한 뜻으로 말하자면, (시각이) 만덕을 비로소 이루려면 이 두 가지 뜻을 모두 구비해야 하는데, 앞의 (기신론의) 뜻에 의하기 때문에 상주하고, 뒤의 (섭론의) 뜻에 의하기 때문에 생멸한다. 생멸과 상주가 서로 방해하거니 장애가 되지 않는 것은 하나하나의 생각이 미혹하여 삼세에 두루 하지만 한 생각에 지나지 않기 때문이다. (이것은) 마치 하나하나의 털구멍이 모두 시방에 두루 하고, 비록 시방에 두루 하지만 털구멍 수를 늘리지 않는 것과 같다. (법신의) 부처와 (응화신의) 부처가 이처럼 장애가 없는데, 어찌 그 사이에서 치우쳐 집착하는 것을 용납하겠는가? 마치 『화엄경』의 게송에서 이르기를 "석가모니가 삼세를 떠났어도, 상호相好를 모두 다 갖추셨고, 머무는 곳이 없음에 머물러도 법계는 다 청정하다. 인연 때문에 법이 생기지만 인연 때문에 법이 소멸한다. 이같이 여래를 보면 마침내 어리석음과 미혹을 떠날 것이다."[538]라고 한 것과 같다. 지금 이 두 논의 주인들은 각기 하나의 뜻을 서술하였으니, 어찌 서로 훼방함이 있겠는가?

---

537 은정희 역: 이 (『기신론』) 논주의 뜻은 본래 불각에 의하여 정심靜心을 동요시키지만 이제 불각을 그쳐서 다시 본래의 고요함에 돌아가게 됨을 나타내려 했기 때문에 '상주'라고 하였다. 한편 저 『섭대승론』의 뜻은 법신은 본래 상주하여 움직이지 않지만 저 법신에 의하여 복福·혜慧의 두 가지 행동을 일으켜 만덕萬德의 과보를 감득할 수 있게 됨을 밝히고자 한 것이다. 이미 인연에 의하여 일어났기 때문에 생멸을 여의지 않으며, 그러므로 '상속'이라 말하였다.

538 『大方廣佛華嚴經』(대정장 제9권, 0278, p.442. b20~ 23행)에서 인용.

해설 『섭론』에서 말한 本은 법신法身이고 末은 보신報身 또는 응화신應化身이지만, 本覺과 始覺으로 대입해서 풀이해도 뜻이 똑같이 통한다. 만덕의 과보에 감응하고 인연으로 일어나는 것은 應身과 化身이니, 응신과 화신은 중생의 근기와 마음에 따라 나타나기 때문이다. 이렇게 감응하고 연에 따른다는 것 자체가 생멸한다는 것을 의미한다. 그러니 만약 시각이 생멸에서 떠나있다면 어떻게 범부가 본각으로 돌아갈 수 있겠는가? 뜻을 세우고 수많은 수행과정을 거쳐 아집과 법집을 끊어내고, 최후에 아려야식의 미세념까지 지우게 되면 본각과 같아지지만, 이 구경각을 얻기 전까지는 『섭론』에서 말한 것처럼 생멸할 수밖에 없다. 그러나 구경각을 이룬 뒤에는 『기신론』에서 말한 것처럼 본래부터 진여의 자리에 상주하고 있던 것과 다름이 없다. 한 사람의 생각이 미혹되면 삼계를 유전하지만 그것은 일념一念에 지나지 않는다. 유전하는 一念도 내 마음이고, 상주하는 一念도 내 마음이다.

引證中言能觀無念者則爲向佛智故者, 在因地時, 雖未離念, 而能觀於無念道理, 說此能觀爲向佛地. 以是證知佛地無念, 此是擧因而證果也. 若引通說因果文證者, 金鼓經言, "依諸伏道起事心滅, 依法斷道依根本心滅, 依勝拔道根本心盡". 此言諸伏道者, 謂三十心, 起事心滅者, 猶此論中捨麤分別執著想[539]. 即是異相滅也. 法斷道者, 在法身位, 依根本心滅者, 猶此中說捨分別麤念相, 即是住相滅也, 勝拔道者, 金剛喩定, 根本心盡者, 猶此中說遠離微細念, 是謂生相盡也. 上來別明始覺差別.

　　인용하여 증명하는 중에 '무념無念을 觀할 수 있다면 부처의 지혜로 향하게 되기 때문이다.'라고 말한 것은 인지因地[540]에 있을 때 비

539　想은 相의 誤記이다.
540　因地: 과지果地에 상대하는 이름으로 인위因位라고도 한다. 증과證果를 얻기 위하여 불도를 수행하고 있는 지위를 가리킨다. 부처의 지위를 果地라 한다면, 등각等覺 이하의 계위階位는 모두 因地가 되고, 초지初地 이상의 보살로서 말한다면 지전地前 보살 이전이 모두 因地가 된다.

록 망념(미세념)을 미처 여의지 못했더라도 능히 무념의 도리를 볼 수 있어서,[541] 이 능히 (무념을) 觀하는 것을 부처의 경지로 향하는 것이라 설한 것이다. 이로써 부처의 경지는 無念임을 증득하여 아는 것이니, 이것은 바로 因을 들어 果를 증명한 것이다. 만약 因과 果를 통해서 설하는 글을 인용해 증명한다면, 『금고경金鼓經』[542]에서 "여러 복도伏道[543]에 의해 기사심起事心[544]을 멸하고, 법단도法斷道[545]에 의해 의근본심依根本心[546]을 멸하며, 승발도勝拔道[547]에 의해 근본심根本心[548]을 없앤다."[549]라고 말한 것이 있다. 여기에서 말한 여러 복도伏道는 三十心[550]을 말하고, 기사심起事心이 멸한다는 것은 이 논에서 추분별집착상을 버린다는 것과 같으니, 바로 異相이 소멸한 것이다. 법단도法斷道는 法身의 자리이고, 의근본심依根本心이 멸했다는 것은 이 논에서 말한 분별추념상을 버렸다는 것과 같으니, 바로 住相이 멸한

---

541 은정희 역: 인지因地에 있을 때 비록 미세념은 아직 여의지 못했으나 무념의 도리를 잘 보는 것이니, 이 잘 보는 것이 불지佛地에 향함이 된다고 하는 것이며,

542 『金鼓經』: 『금광명경金光明經』의 이칭으로, 북량北涼 시대에 담무참曇無讖이 번역한 4권으로 된 『金光明經』과, 양梁나라 진제眞諦가 번역한 7권으로 된 『금광명제왕경金光明帝王經』, 수나라에 보귀寶貴가 자신과 담무참, 진제, 사나굴다 등이 번역한 것을 합하여 8권으로 엮은 『합부금광명경合部金光明經』, 그리고 당唐 대에 의정義淨이 번역한 10권으로 된 『금광명최승왕경金光明最勝王經』 등이 있다.

543 伏道: 번뇌를 제복하는 도를 의미하며, 삼현보살이 전육식前六識의 이상異相을 끊어내는 것을 가리킨다.

544 起事心: 凡夫가 제거하지 못한 三心(起事心, 依根本心, 根本心) 중의 하나로, 異相을 일으키는 分別事識을 가리킨다.

545 法斷道: 법집으로 인한 번뇌를 끊어낸 道를 의미하며, 十地보살이 말나식의 주상住相을 멸한 도를 가리킨다.

546 依根本心: 아려야식에 의지하는 제7말나식을 지칭한다.

547 勝拔道: 아려야식에서 만들어지는 生相을 끊어내는 도를 지칭한다. 勝拔은 훌륭하고 뛰어나다는 뜻이다.

548 根本心: 만법萬法을 생기生起하는 근본인 제8아려야식을 가리킨다.

549 『合部金光明經』(대정장 제16권, 0664, p.363. b22~ 24행) 또는 『金光明最勝王經』(대정장 제16권, 0665, p.409. a19~ 20행)에서 인용. 경에는 滅자가 모두 盡으로 기재되어 있다.

550 三十心: 십주十住와 십행十行, 그리고 십회향十廻向의 지위에 있는 보살의 마음을 가리킨다.

것이다. 승발도勝拔道는 금강유정이고, 근본심이 멸했다는 것은 여기에서 설한 미세념을 멀리 여의었다는 것과 같으니, 이것은 生相이 없어진 것을 이른 것이다. 위에서부터 시각의 차별을 나눠서 밝혔다.

해설 십지보살의 지위에서는 無念을 볼 수 있지만 아직 미세념을 완전히 여의지 못했고, 무념의 도리를 볼 수 있어야 부처의 경지로 나아가는 것이라 하였으므로, 부처의 경지는 미세념조차 비워낸 완전한 무념이라는 것을 미루어 짐작할 수 있다.

또 여기서 말한 起事心은 前六識에서 여섯 가지 인식 대상으로 인해 번뇌를 일으키는 마음이고, 依根本心은 제7식인 말나식이 아려야식에 의지해 일으키는 마음이며, 根本心은 제8식인 아려야식에서 움직이는 마음을 의미한다.

윗글에서 말한 금고경의 因果를 보살 階位에 따라 정리하면 아래와 같다.

階位	三十心(삼현보살)	十地(법신)보살	금강유정(菩薩地盡)
因	伏道	法斷道	勝拔道
果	起事心(異相)滅	依根本心(住相)滅	根本心(生相)盡

[論_ 法章門_ 別解_ 生滅門_ 廣釋_ 心生滅_ 依義別解_ 廣顯體相_ 覺義_ 始覺_ 不異本覺]

又心起者, 無有初相可知, 而言知初相者, 卽謂無念。是故一切衆生不名爲覺, 以從本來念念相續, 未曾離念, 故說無始無明。若得無念者, 則知心相生住異滅, 以無念等故, 而實無有始覺之異, 以四相俱時而有, 皆無自立, 本來平等, 同一覺故。

또 마음이 일어나는 것에 알 수 있는 어떠한 초상初相이 없는데도, 초상을 안다고 말하는 것은 바로 무념無念을 이른 것이다. 이런 까닭에 일체중생에게 깨달음이라 하지 않는 것은 본래부터 생각과 생각이 서로 이어져서 일찍이 그 망념에서 떠나지 못하였기 때문에 무시無始 무명[551]이라 설하는 것이다. 만약 무념을 얻으면 心相의 생주이멸을 아는 것은 무념과 같기 때문이고, 실로 시각始覺의 차이가 없는 것은 四相이 동시에 있어 모두 자립함이 없고 본래 평등하여 동일한 각覺이기 때문이다.

해설 '알 수 있는 어떠한 초상初相이 없다.'는 이 구절은 바로 앞 기신론 본문의 '覺心初起 心無初相(마음이 처음 일어나는 것을 지각해도 마음에 初相이 없다).'을 부연 설명한 것이다. 그리고 중생이 비록 한순간에 무념의 경지를 보더라도 이것을 깨달음이라 하지 않는 것은 무명에서 비롯하는 生相의 미세념을 완전히 여의지 못했기 때문이다. 그래서 앞글에서 단지 '부처의 지혜로 향한다.'라고만 설하였다.

또 '四相이 동시에 있어 모두 자립하지 않다.'는 것은 始覺의 四相이나 생주이멸生住異滅의 四相에 있어서도 동일하다. 아려야식의 生相으로 시작하여 말나식의 住相을 거쳐 六識에서 異相과 滅相으로 드러나기 때문에 비록 生住異滅의 四相으로 구분되지만, 이것은 독립적으로 존재하지 않고 연속선상에 있어 별개로 존재하지 않는다. 이와 마찬가지로 始覺의 四相(범부각, 상사각, 수분각, 구경각)도 모두 동일하게 자성이 없어 자립하지 못한다.

---

551 無始無明: 언제 시작했는지도 모르게 항상 존재하여 생사를 유전하게 하는 미혹의 근본인 무명을 가리킨다.

[疏] 第三總明始覺不異本覺, 此中有二。一者重明究竟覺相, 二者正明不異本覺。初中有三, 一者直顯究竟相, 二者擧非覺顯是覺, 三者對境廣顯智滿。初中言又心起者者, 牒上覺心初起之言, 非謂覺時知有初相。故言無有初相可知, 而說覺心初起相者, 如覺方時知西是東。如是如來覺心之時, 知初動相卽本來靜。是故說言卽謂無念也。

세 번째[552]로 시각이 본각과 다르지 않음을 총체적으로 밝혔으니, 여기에 두 가지가 있다. 하나는 구경각의 상을 거듭 밝힌 것이고,[553] 다른 하나는 바로 (시각이) 본각과 다르지 않음을 밝힌 것이다.[554] 처음에 세 가지가 있으니, 하나는 구경각의 상을 곧바로 드러낸 것이고,[555] 둘은 깨달음이 아닌 것을 들어서 깨달음을 드러낸 것이며,[556] 셋은 경계에 상대해서 지혜가 원만함을 자세하게 밝힌 것이다.[557] 처음에 말한 '또 마음이 일어난다.'는 것은 윗글의 '마음이 처음 일어나는 것을 지각했다.'라고 한 말을 드러낸 것으로, 깨달았을 때 초상이 있음을 아는 것이라 이른 것은 아니다. 그래서 '알 수 있는 어떠한 초상初相이 없다.'라고 말했는데 '마음이 처음 일어나는 상을 지각했다.'라고 설한 것은 마치 방향을 깨닫고 나면 서쪽이 바로 동쪽임을 아는 것과 같다. 이처럼 여래는 마음을 깨달았을 때 처음 움직인 상이 바로 본래 적정한 것임을 안다. 이런 까닭에 설하여 '바로 무념을 이른 것이다.'라고 말하였다.

---

552 始覺을 풀이하는 것(一者總標滿不滿義, 二者別解始覺差別, 三者總明不異本覺) 중에 세 번째를 가리킨다.
553 '又心起者 ~~ 以無念等故' 부분이 해당된다.
554 '而實無有始覺之異 ~~ 同一覺故' 부분이 해당된다.
555 '又心起者 無有初相可知 而言知初相者 卽謂無念' 부분.
556 '是故一切衆生不名爲覺 以從本來念念相續 未曾離念 故說無始無明' 부분.
557 '若得無念者 則知心相生住異滅 以無念等故' 부분.

是故以下, 擧非顯是。如前所說無念是覺, 是故有念不得名覺, 是卽金剛心以還一切衆生, 未離無始無明之念。依是義故不得名覺。然前對四相之夢差別, 故說漸覺, 今約無明之眠無異, 故說不覺。如仁王經言, "始從伏忍至頂三昧, 照第一義諦, 不名爲見, 所謂見者, 是薩婆若"故。

'시고是故(이런 까닭에)' 이하는 그른 것을 들어 올바른 것을 드러냈다. 앞에서 말한 것처럼 무념이 곧 깨달음이고, 이런 까닭에 망념이 있는 것을 깨달음이라고 할 수 없는 것은 바로 금강심金剛心[558] 이하의 모든 중생이 아직 무시무명의 망념을 여의지 못했기 때문이다. 이런 의미에서 깨달음이라고 할 수 없다. 그러나 앞에서는 四相의 (헛된) 꿈에 상대해서 차별하였기 때문에 점차적인 깨달음이라 설하였으나, 지금은 무명의 잠에 빠져 차이가 없는 것을 기준으로 했기 때문에 불각이라 설한 것이다. 마치 『인왕경仁王經』[559]에서 "처음 복인伏忍[560] 으로부터 정삼매頂三昧[561]에 이르기까지에서 제일의제第一義諦[562]를 비춰본 것을 見이라 이름하지 않는다. 이른바 見이란 것이 바로 살바야薩婆若[563]이다."[564]라고 말한 것과 같기 때문이다.

---

558 金剛心: 信心이 견고하고 부동하는 것이 금강처럼 단단하여 어떠한 것에 의해서도 깨뜨려지지 않는 것을 비유적으로 표현한 것이다. 금강정金剛定과 같은 용어이다.

559 『인왕경仁王經』: 『불설인왕반야바라밀경佛說仁王般若波羅蜜經』의 약칭이다. 『인왕반야경仁王般若經』이라고도 하고, 별칭으로 『인왕호국반야바라밀경仁王護國般若波羅蜜經』이라 한다. 후진後秦시대에 구마라집鳩摩羅什이 한역漢譯한 책으로, 모든 것의 본성이 다 허무하다는 이치를 밝히고, 부처의 도를 닦는 법과 나라를 보호하는 방법에 대해 설법하고 있다.

560 伏忍: 五忍(伏忍, 信忍, 順忍, 無生忍, 寂滅忍)의 하나이다. 보살十地에 이르지 못한 삼현보살이 무루의 지혜를 얻지 못해 불과를 증득하지 못했지만 번뇌는 제복制伏한 것을 의미한다. 伏은 은복隱伏이고, 忍은 견뎌낸다는 뜻이다.

561 頂三昧: 모든 번뇌를 끊어 없앤 경지로, 금강유정金剛喩定 또는 금강삼매金剛三昧와 같은 말이다.

562 第一義諦: 세속제世俗諦와 함께 二諦로 합칭되며, 가장 뛰어난 최고의 진리를 가리킨다. 第一義·승의제勝義諦·진제眞諦·성제聖諦·열반涅槃·진여眞如·실상實相·중도中道·법계法界라고도 한다.

563 薩婆若: 살반야薩般若와 같은 말이다.

564 『佛說仁王般若波羅蜜經』(대정장 제8권, 0245, p.832. b6~ 9행)에서 축약 인용. "從習忍至頂三昧, 皆名爲伏一切煩惱, 而無相信滅一切煩惱生解脫智, 照第一諦, 不名爲見, 所謂見者是薩婆若"

해설 始覺을 범부각, 상사각, 수분각, 구경각으로 구분하였기 때문에 점차적인 깨달음이라고 하였으나, 無念의 완전한 깨달음 차원에서 보면 모두 不覺이다. 인왕경의 말뜻은 완전한 깨달음을 얻기 전 수행 단계에서 第一義諦를 언뜻언뜻 보는 것은 진정한 見이라 할 수 없다는 것을 의미한다.

若得以下, 對境顯智。若至心原得於無念, 即能徧知一切衆生一心動轉四相差別。故言即知心相生住異滅。次言以無念等故者, 釋成上義。此中有疑云, '佛得無念, 衆生有念, 有無隔別, 云何無念能知有念'。作如是疑, 故遣之云, 衆生有念本來無念, 得無念與彼平等。故言以無念等故, 是明旣得平等無念, 故能徧知諸念四相也。此下第二正明無異。雖曰始得無念之覺, 而覺四相本來無起, 待何不覺而有始覺。故言實無始覺之異。下釋此義。

'약득若得(만약 무념을 얻으면)' 이하는 (구경각상究竟覺相의) 경지에 대해서 그 지혜를 드러낸 것이다. 만약 마음의 근원에 이르러 무념을 얻으면 바로 일체중생이 한마음인데 (망념으로) 움직이고 전전하여 사상으로 차별되는 것임을 두루 알 수 있다. 그래서 '心相의 생주이멸을 안다.'고 말하였다. 다음으로 말한 '무념無念과 같기 때문이다.'라고 한 것은 윗글의 뜻이 이루어졌음을 풀이한 것이다. 여기에서 어떤 의문이 있는 자가 말하기를 '부처는 무념無念을 얻었는데 중생은 유념有念으로, 有와 無가 현격히 다른데 어떻게 무념이 유념을 알 수 있다고 하는가?'라고 한다. 이 같은 의문을 짓기 때문에 그것을 제거하기 위해 중생의 유념은 본래 무념이고, 무념을 얻으면 저 부처와 평등하다고 한 것이다. 그래서 '무념과 같기 때문이다.'라고 말하였으니, 이것은 평등한 무념을 이미 얻었기 때문에 여러 망념의 四相

을 두루 알 수 있음을 밝힌 것이다. 그 아래는 두 번째[565]로 바로 (본각과) 차이가 없음을 밝힌 부분이다. 비록 무념의 깨달음을 비로소 얻었다고 하지만, (始覺의) 四相이 본래 일어난 것이 없음을 깨달았으니, 어찌 불각을 기다려 始覺이 있다 하겠는가? 그래서 '실로 始覺의 차이가 없다.'라고 한 것이다. 아래[566]는 이 뜻을 풀이한 것이다.

해설 여기에서 말한 究竟覺相은 무념인데 어떻게 '안다'라고 하는 지각 활동이 있을 수 있는가? 라고 하는 의문이 든다. 이것은 성리학에서 경敬을 정의하면서 '생각이 싹을 틔우지는 않았으나, 지각은 어둡지 않다.[사려미맹이지각불매思慮未萌而知覺不昧]'라고 말하는 논제와 같다. 인간의 마음은 주객과 내외의 분별이 모두 없어지고, 심층무의식에서 어떠한 생각이 일어나지 않더라도, 허령하게 깨어 있으면서 신령스럽게 알아차리는 지각작용이 있다. 이것을 성리학에서는 허령불매虛靈不昧의 미발지각未發知覺이라 하고, 불교에서는 공적영지空寂靈知라고 한다. 분석심리학에서는 이것을 自己 本性의 절대지絶對智(또는 절대의식성)라고 하는데, 自我가 분별성을 가지고 있음에 반해 自己는 무분별無分別의 평등일여平等一如를 드러내는 초월성이 있다고 한다. 또 『주역周易, 계사전繫辭傳』에도 "역易은 생각함도 유위有爲함도 없으며, 고요히 움직이지 않다가 감응하면 마침내 천하의 모든 일에 통한다."[567]라는 글이 있는데, 여기에서 말한 '고요히 움직이지 않는 것[적연부동寂然不動]'도 역시 마음이고, '천하의 모든 일에 통하는 그 신묘한 작용'도 결국 마음에서 일어난 작용일 뿐이다.

---

565 '而實無有始覺之異 ~~ 本來平等 同一覺故' 부분을 가리킨다.
566 '以四相俱時而有, 皆無自立, 本來平等, 同一覺故'를 가리킨다.
567 『周易』「繫辭傳上」, 제10장 "易, 无思也无爲也, 寂然不動, 感而遂通天下之故"

[別記] 以四相生起, 義有前後, 而從本已來, 同時相依。

　　四相이 일어나는 것은 그 뜻에 있어 전후가 있으나, 본래부터 동시에 서로 의존한다.

[疏] 四相俱有爲心所成, 離一心外無別自體。故言俱時而有皆無自立, 皆無自立, 故本來平等, 同一本覺也。

　　四相이 함께 있는 것은 (그것들이) 마음에서 이루어진 것이라 한 마음을 떠나 바깥에 별다른 자체가 없다. 그래서 '동시에 있어 모두 자립함이 없다.'라고 하였고, 모두 자립함이 없기 때문에 본래 평등하고 동일한 본각이다.

[別記] 猶如海水之動, 說名爲波, 波無自體, 故無波之動, 水有自體, 故有水之動。心與四相義亦如是。爲顯是義, 故四卷經云, "大慧, 七識不流轉, 不受苦樂, 非涅槃因。如來藏者, 受苦樂與因俱, 若生若滅", 又夫人經云, "於此六識及心法智, 此七法刹那不住, 不種衆苦, 不得厭苦樂求涅槃。世尊 如來藏者, 無前際, 不起不滅法, 種諸苦, 得厭苦樂求涅槃", 又云, "生死者, 此二法是如來藏, 世間言說故, 有死有生, 非如來藏有生有死"。此二經意, 同明卽如來藏流轉生死, 生死根本無自體。無自體故, 無別流轉, 相旣無轉, 體何由動。故言非如來藏有生有死。由是義故, 四相唯是一心, 不覺卽同本覺。故言本來平等同一覺也。

　　마치 바닷물이 움직이는 것을 파도라고 하지만, 파도는 자기 몸이 없기 때문에 파도의 움직임은 없는 것이고, (바닷)물은 자체自體가 있기에 물의 움직임은 있는 것과 같다. 마음과 四相의 뜻도 역시 이와 같다. 이런 뜻을 드러내기 위해 『사권능가경』에서는 "대혜야! 七識

은 유전하지 않으니 고락을 받지 않으며 열반의 因도 아니다. 여래장은 고락을 받으며 因과 더불어 生하기도 하고 滅하기도 한다."⁵⁶⁸라고 하였고, 또 『부인경』에서는 "이 六識과 심법지心法知⁵⁶⁹에 있어 이 七法⁵⁷⁰은 찰나도 머무르지 않고, 여러 고통도 심지 않으며, 고통을 싫어하고 열반을 즐겨 구하지도 않습니다. 세존이시여! 여래장이라고 하는 것은 전제前際가 없어 일어나지도 소멸하지도 않는 것으로, 모든 고통을 심기도 하고, 고통을 싫어하고 열반을 즐겨 구할 수도 있습니다."⁵⁷¹라고 하였으며, 또 "생사라고 하는 이 두 가지 법이 곧 여래장이니, 세간의 언설 때문에 生도 있고 死도 있는 것이지 여래장에 생사가 있는 것은 아닙니다."⁵⁷²라고 하였다. 이 두 경전의 뜻은 바로 여래장이 유전하여 생사하지만, 생사의 근본에는 자체自體가 없음을 동일하게 밝힌 것이다. 자체가 없기 때문에 달리 유전할 것이 없고, 상相이 이미 유전하지 않는다면, 체가 무엇으로 말미암아 움직이겠는가? 그래서 여래장에 생사가 있는 것이 아니라고 말한 것이다. 이런 뜻에서 四相은 오직 하나의 마음뿐이니, 불각이 곧 본각과 같기 때문에 '본래 평등하여 동일한 깨달음이다.'라고 말한 것이다.

해설 『사권능가경』에서 말한 '유전流轉한다'는 것은 生死의 因果가 서로 다하지 않고 무궁하게 세대와 세대 사이로 이어지는 것을 의미한다. 무명은 모든 인류의 조상뿐만 아니라 생명의 기원으로부터 시작하여 그들이 생존 과정에서 행한 일과 겪은 경험이 심층무의식에 집적되어 내 마음에 전해

---

568 『楞伽阿跋多羅寶經』(대정장 제16권, 0670, p.512. b15~17행)에서 인용.
569 心法知: 제7식인 말나식이 가지고 있는 혜慧 심소心所를 가리키며, 모든 것을 자기중심적으로 선택하고 분류하는 작용을 한다.
570 七法은 六識과 心法知를 합하여 가리킨 것이다.
571 『勝鬘師子吼一乘大方便方廣經』(대정장 제12권, 0353, p.222. b16~19행)에서 인용.
572 『勝鬘師子吼一乘大方便方廣經』(대정장 제12권, 0353, p.222. b8~10행)에서 축약하여 인용함.

져 오는 것이다. 언제 시작되었는지도 모르기 때문에 전제前際가 없어 무시無始라 한다. 그리고 이 무시의 무명이 진여와 함께 종자種子처럼 아려야식에 저장되어 있기 때문에 아려야식을 種子識이라고도 한다. 이 아려야식은 DNA에 담겨 대대로 이어지기 때문에 분석심리학에서 말하는 집단무의식과 흡사하지만, 나머지 일곱 가지 識은 여래장의 바다에서 일어난 파도와 같아서 생멸하기만 할뿐 유전하지 않는다. 그러나 내가 한 행위도 七識을 거쳐 아려야식에 훈습되고, 결국에는 여래장에 아주 조금이라도 영향을 준다고 할 수 있으니, 일곱 가지 識이 완전히 유전하지 않는다고 말할 수 없다. 다만 무시무명에 비해 그 영향이 극히 미미할 뿐이다.[573]

ⓒ 본각本覺

[疏] 以下廣本覺, 於中有二。先明隨染本覺, 後顯性淨本覺。

이하는 본각을 폭넓게 풀이한 것으로, 그중에 두 가지가 있다. 먼저 수염본각隨染本覺[574]을 밝혔고, 뒤에서 성정본각性淨本覺[575]을 드러냈다.

[論_ 法章門_ 別解_ 生滅門_ 廣釋_ 心生滅_ 依義別解_ 廣顯體相_ 覺義_ 本覺_ 隨染本覺]
復次本覺隨染分別, 生二種相, 與彼本覺不相捨離。云何爲二。一者智淨相, 二者不思議業相。智淨相者, 謂依法力熏習, 如實修行, 滿足方便故, 破和合識相, 滅相續心相, 顯現

---

573 여래장과 집단무의식 등에 관한 내용은 이죽내교수의 논문「원효가 본 阿賴耶識의 분석심리학적 고찰」을 참조하였음.
574 隨染本覺: 본각을 물든 차원에서 바라본 것으로, 진여 본각이 무명으로 오염되었지만 본래의 청정함을 잃지 않은 것을 의미한다.
575 性淨本覺: 물들지 않은 차원에서 바라본 본래 청정한 본각을 의미한다.

法身, 智淳淨故。此義云何。以一切心識之相, 皆是無明, 無明之相, 不離覺性, 非可壞, 非不可壞。如大海水, 因風波動, 水相風相不相捨離, 而水非動性, 若風止滅, 動相則滅, 濕性不壞故。如是衆生自性清淨心, 因無明風動, 心與無明俱無形相, 不相捨離。而心非動性, 若無明滅, 相續則滅, 智性不壞故。不思議業相者, 以依智淨, 能作一切勝妙境界, 所謂無量功德之相, 常無斷絶, 隨衆生根, 自然相應, 種種而現, 得利益故。

다시 본각은 물듦에 따라 분별되어 두 가지 相을 낳지만, 저 본각과 서로 버리거나 떨어지지 않는다. 무엇을 일러 둘이라 하는가? 하나는 지정상智淨相이요, 다른 하나는 부사의업상不思議業相[576]이다. 지정상智淨相이란 것은 法力[577]의 훈습에 의해 여실如實하게 수행하고 방편을 만족하였기 때문이고, 화합식상和合識相[578]을 깨뜨리고 상속심상相續心相[579]을 멸하여 법신을 현현하여 지혜가 순후하고 깨끗하기 때문이다. 이 뜻이 무엇을 말하는가? 일체 심식心識의 相[580]은 모두 이 무명(때문)으로, 무명의 相이 각성覺性에서 떨어져 있지 않아 파괴할 수 있는 것도 없는 것도 아니다. 마치 큰 바다의 물이 바람으로 인해 파도를 일으켜도 水相과 風相[581]은 서로 떨어지지 않는 것과 같지

576　不思議業相: 지정상智淨相을 갖춘 법신法身이 보신報身, 응신應身, 화신化身이 되어 중생을 구제하는 무량한 공덕 작용을 하는 상을 말한다.
577　法力: 진여가 내면에서 끊임없이 훈습하여 마음을 정화하는 힘.
578　和合識相: 줄여서 화합상和合相이라고도 한다. 아려야식이 만들어내는 相을 뜻하며, 아려야식이 불생불멸의 진여와 생멸의 무명이 결합한 것이라는 의미로 진망화합식眞妄和合識이라고도 한다.
579　相續心相: 아려야식 안에서 무명의 훈습으로 인해 망념이 끊이지 않고 계속 일어나는 相을 말한다.
580　일체 心識의 相이란 아랴야식, 말나식, 前六識 등에서 일어나는 모든 生住異滅의 相을 말함.
581　水相은 물이 가지고 있는 본래의 고요한 상이고, 風相은 바람에 의해 일어나는 파도의 모습을 의미한다.

만, 물은 움직이는 성질이 아니라 만약 바람이 그치면 動相은 멸해도 습성濕性은 파괴되지 않기 때문이다. 이처럼 중생의 자성청정심自性淸淨心도 무명의 바람으로 움직이지만, 마음과 무명은 모두 형상이 없어 서로 버리거나 떨어지지 아니한다. 그러나 마음은 움직이는 성질이 아니라 만약 무명이 멸하면 상속(심상)은 바로 멸하지만 지혜의 본성은 무너지지 않기 때문이다. 부사의업상不思議業相은 지혜의 청정함에 의해 뛰어나고 오묘한 일체 경계를 지을 수 있으니, 이른바 무량한 공덕相은 항상 단절함이 없어 중생의 근기에 따라 자연히 상응하고 여러 가지로 현현하여 이익을 얻기 때문이다.

해설 여러 가지 상을 바닷물에 비유하였는데, 습성은 바로 수염본각의 지정상이고, 水相은 화합식상이며, 風相은 바로 상속심상에 해당한다.

'여실하다.'는 뜻은 『석마하연론釋摩訶衍論』의 게송에서 설한 것에 따르면, 사려와 분별지分別知에서 멀리 떠난 것을 如라 하며, 허망한 경계를 멀리 떠난 것을 實이라 하였다.[582] 또 '방편을 만족한다.'는 것은 보살의 수행계위에서 요구되는 모든 수행을 성취하였다는 뜻이고, '화합식상을 깨뜨리고 상속심상을 소멸시켰다.'는 것은 바로 아려야식의 근본무명이 지어내는 生相 등을 소멸시키고 진여의 청정한 마음을 회복하여 부처의 경지에 도달하였음을 의미한다. 그러나 무명은 본각인 진여와 화합하여 하나이기 때문에 싸괴힐 수 없지만, 수행과 깨달음을 통해서 무명의 어두운 작용이 그치면, 바람에 움직여 파도를 일으켰던 바닷물이 고요해지는 것처럼, 본래 청정한 진여의 본모습을 그대로 드러낼 수 있기 때문에, 파괴할 수 없는 것도 아니라고 하였다. 그래서 무명을 소멸시켰다고 하지 않고 화합식상을 깨뜨리고 상

---

582 『釋摩訶衍論』(대정장 제32권, 1668, p.621. c2~ 3행)에서 참조하였음. "遠離慮知如 遠離妄境實"

속심상을 멸한다고 한 것이다.

또 부사의업상不思議業相이 일체의 경계를 지으면서 중생의 근기에 따라 여러 가지로 현현한다는 것은 바로 응신과 화신을 의미한다.

[疏] 初中有三。一者總標, 二者列名, 三者辨相。初中言生二種相者, 如是二種相, 在隨動門, 故言生也, 此二不離性淨本覺, 故言與彼不相捨離。第二列名中, 言智淨相者, 正明隨染本覺之相, 不思議業相者, 明此本覺還淨時業也。第三辨相中, 先辨智淨相。於中有三, 法喩與合。法中有二, 直明, 重顯。初中言法力熏習者, 謂眞如法內熏之力。依此熏力修習資糧, 得發地上如實修行, 至無垢地滿足方便。由是能破和合識內生滅之相, 顯其不生不滅之性, 故言破和合識相顯現法身。此時能滅相續心中業相轉相, 令其隨染本覺之心, 遂得歸源, 成淳淨智, 故言滅相續心相智淳淨故。此中相續識者, 猶是和合識內生滅之心。但爲顯現法身, 故說破和合識, 爲成應身淨智, 故說滅相續心相。然不滅相續心, 但滅相續心之相也, 如經說言, "是故大慧, 諸識自相滅, 自相滅者業相滅。若自相滅者, 不異外道斷見戲論。諸外道說, 離諸境界, 相續識滅, 相續識滅已, 卽滅諸識。大慧, 若相續識滅者, 無始世來諸識應滅", 乃至廣說也。

처음에 세 가지가 있다. 하나는 총체적으로 표시하였고,[583] 둘은 이름을 나열하였으며,[584] 셋은 相을 변별한 것이다.[585] 처음에 말한 '두 가지 相을 낳는다.'는 것은 이와 같은 두 종류의 상이 수동문隨動門[586]에 있기 때문에 낳는다고 말하였고, 이 두 相이 성정본각性淨本覺에

---

583 '復次本覺隨染分別 生二種相 與彼本覺不相捨離' 부분.
584 '云何爲二 一者智淨相 二者不思議業相' 부분.
585 '智淨相者 謂依法力熏習 ~~ 種種而現 得利益故' 부분.
586 隨動門: 無明의 작용으로 相이 생긴다는 측면에서 '따라서 움직이는 문'이라 하였다.

서 떨어져 있지 않기 때문에 '저 본각과 서로 버리거나 떨어지지 않는다.'라고 말하였다. 두 번째 이름을 나열하는 중에 말한 지정상智淨相이란 것은 바로 수염본각隨染本覺의 상을 밝힌 것이고, 부사의업상이란 것은 이 (수염)본각이 깨끗한 상태로 돌아왔을 때의 작용을 밝힌 것이다. 셋째로 相을 변별하는 중에 먼저 지정상을 분별했다. 이 중에 세 가지가 있으니, 법法[주장하는 내용][587]과 비유[588]와 (이 둘을) 합한 것[589]이다. 법 중에 두 가지가 있으니, 곧바로 밝힌 것과[590] 거듭 드러낸 것이다.[591] 처음에 말한 '법력의 훈습'이란 것은 진여법이 안에서 훈습하는 힘을 말한다. 이 훈습하는 힘에 의해 자량資糧을 닦고 익혀 十地에서 여실한 수행을 발할 수 있으며, 무구지無垢地에 이르러 방편을 만족한다. 이로써 능히 화합식 안의 생멸하는 상을 깨뜨리고, 그 불생불멸의 본성을 드러내기 때문에 '화합식상을 깨뜨리고 법신을 현현한다.'라고 말했다. 이때 능히 상속심의 업상業相과 전상轉相을 멸하여 그 (무명에) 물든 본각의 마음으로 하여금 마침내 본원本源으로 돌아가 순후한 정지淨智를 이루기 때문에 '상속심상을 멸하여, 지혜가 순후하고 깨끗하기 때문이다.'라고 한 것이다. 이 중의 상속식이란 것은 이 화합식 안에서 생멸하는 마음과 같다. 단지 법신을 드러내기 위해서 '화합식을 깨뜨렸다.'라고 설하였고, 응신의 깨끗한 지혜를 이루었기 때문에 '상속심상을 멸하였다.'라고 하였다. 그러나 상속심을 멸한 것이 아니라, 단지 상속심의 상을 멸한 것이니, 『십권능가경』에서 "이런 까닭에 대혜大慧야! 여러 識의 自相이 멸한다는 것에서 自相

---

587 '智淨相者 謂依法力熏習 ~~ 非可壞 非不可壞' 부분.
588 '如大海水 因風波動 ~~ 動相則滅 濕性不壞故' 부분.
589 '如是眾生自性清淨心 ~~ 相續則滅 智性不壞故' 부분.
590 '智淨相者 謂依法力熏習 ~~ 顯現法身 智淳淨故' 부분.
591 '此義云何 以一切心識之相 ~~ 非可壞 非不可壞' 부분.

이 멸하는 것은 業相이 멸하는 것이니, 만약 自相이 멸한다고 한다면 외도 단견斷見⁵⁹²의 희론戲論⁵⁹³과 다르지 않다. 여러 외도는 모든 경계를 여의면 상속식이 멸하고, 상속식이 멸하면 곧 여러 식識도 소멸한다고 설한다. 대혜야! 만약 상속식이 멸한다면 무시無始의 세대로부터 내려오는 모든 식이 마땅히 멸해야 할 것이다."⁵⁹⁴라고 하고 계속해서 널리 설한 것과 같다.

해설 여기서 말하는 상속심 또는 상속식은 아려야식을 지칭한 것이고, 상속심상은 아려야식에서 생겨난 相으로 육추六麤의 하나인 상속상과는 전혀 다른 것이다. 이 상속심은 분석심리학에서 말하는 집단무의식과 같은 것으로, 세대를 이어 유전하므로 그 자체를 멸하게 할 수 있는 것은 아니고, 단지 그 작용만을 그치게 할 수 있을 뿐이다.

此義云何以下, 重顯前說滅不滅義。一切心識之相皆是無明者, 謂業識轉識等諸識相, 無明所起, 皆是不覺, 以之故言皆是無明。如是諸識不覺之相, 不離隨染本覺之性。以之故言不離覺性。此無明相, 與本覺性, 非一非異, 非異故非可壞, 而非一故非不可壞。若依非異非可壞義, 說無明轉即變爲明, 若就非一非不可壞之義, 說無明滅覺性不壞。今此文中依非一門, 故說滅相續心相也。

---

592 斷見: 세간世間과 자아自我가 사후에 완전히 소멸된다는 견해로, 인과因果나 업業 또는 심상속心相續을 부정하는 견해이다. 斷見의 반대는 상견常見으로 두 가지 견해를 통칭해서 변집견邊執見[한 편에 집착하는 견해]이라 한다.
593 戲論: 진리에 위배되어 그릇되고 의미가 없어서 선법善法을 증진할 수 없는 언론言論을 가리킨다. 사물에 집착하는 미혹한 마음에서 하는 여러 가지 옳지 못한 애론愛論과, 치우친 소견인 견론見論이 있다.
594 「入楞伽經」(대정장 제16권, 0671, p.522. a19~ 24행)에서 축약하여 인용함. "是故大慧, 諸識自相滅。自相滅者業相滅, 若自相滅者阿梨耶識應滅。大慧, 若阿梨耶識滅者, 此不異外道斷見戲論。大慧, 彼諸外道作如是説, 所謂離諸境界相續識滅, 相續識滅已即滅諸識。大慧, 若相續識滅者, 無始世來諸識應滅"

'차의운하此義云何(이 뜻이 무엇인가?)' 이하는 앞에서 말한 멸滅과 불멸不滅의 의미를 거듭 밝힌 것이다. '일체 심식心識의 相은 모두 무명이다.'는 것은 업식과 전식 같은 여러 식상識相들이 무명에 의해 일어난 것이라 모두 불각이라 이른 것이니, 이런 까닭으로 모두 무명이라 했다. 이 같은 여러 識의 불각상不覺相은 수염본각의 性에서 떨어져 있지 않다. 이런 까닭에 '각성覺性에서 떨어져 있지 않다.'라고 말하였다. 이 무명 相은 본각 性과 같지도 않지만 다르지도 않아서, 다르지 않기에 괴멸할 수 없고 동일하지 않기에 파괴할 수 없는 것도 아니다. 만약 다르지 않아서 괴멸할 수 없다는 뜻에 의한다면 무명이 변전해서 밝음이 된다고 설할 것이며, 만약 동일하지 않기에 파괴할 수 없는 것도 아니라는 뜻으로 나아간다면 무명이 소멸해도 각성覺性은 괴멸되지 않는다고 설할 것이다. 지금 이 글에서는 같지 않다는 측면에 의해서 '상속심상을 멸한다.'라고 설하였다.

해설 무명상과 각성覺性의 관계를 같음과 다름의 차원에서 논하고 있다. 아려야식을 화합식和合識이라고 칭하는 것은 무명과 진여 본각이 단순하게 결합한 것이 아니라 빈틈없이 결합되어 있기 때문이고, 이런 까닭에 무명상이 본각성과 다른 것도 아니고 같은 것도 아니며, 괴멸할 수도 없지만 괴멸하지 않은 것도 아니라고 한 것이다.

喩中言水非動性者, 明今之動非自性動, 但隨他動。若自性動者, 動相滅時, 濕性隨滅, 而隨他動, 故動相雖滅, 濕性不壞也。合中言無明滅者, 本無明滅, 是合風滅也, 相續卽滅者, 業識等滅, 合動相滅也, 智性不壞者, 隨染本覺神解之性名爲智性, 是合濕性不壞也。

비유 중에 말한 '물은 움직이는 성질이 아니다.'라고 한 것은 지금의 움직임은 자성으로 움직인 것이 아니라 단지 다른 것을 따라 움직였음을 밝힌 것이다. 만약 (물이) 자성이 움직였다면 동상動相이 멸할 때 습성濕性도 따라 멸하겠지만, 다른 것을 따라 움직였기 때문에 동상이 소멸하더라도 습성은 파괴되지 않는다. (법과 비유를) 결합한 것 중에 말한 '무명이 멸한다.'는 것은 본래의 무명이 멸한 것으로, '바람이 그친다.'는 것과 합한 것이고, '상속(심상)이 바로 소멸한다.'는 것은 업식 등이 소멸한 것으로, '동상이 멸한다.'는 것과 결합한 것이며, '지혜의 본성은 무너지지 않는다.'는 것은 수염본각의 신해神解한 성질을 지혜의 본성이라 한 것으로 '습성은 파괴되지 않는다.'는 것과 결합한 것이다.

次釋不思議業相中, 依智淨者, 謂前隨染本覺之心, 始得淳淨, 是始覺智. 依此智力現應化身, 故言無量功德之相. 此所現相, 無始無終, 相續不絕, 故言無斷. 如金鼓經言, "應身者, 從無始生死相續不斷故, 一切諸佛不共之法能攝持故, 衆生不盡用亦不盡故, 說常住". 實性論云, "何者成就自身利益. 謂得解脫, 遠離煩惱障智障, 得無障礙清淨法身, 是名成就自身利益. 何者成就他身利益. 既得成就自身利益已, 無始世來, 自然依彼二種佛身, 示現世間自在力行, 是名成就他身利益".

다음으로 부사의업상을 풀이하는 중에 '지혜의 청정함에 의한다.'는 것은 앞에서 수염본각의 마음이 순수하고 깨끗한 것을 비로소 얻었음을 말한 것으로, 이것은 시각始覺의 지혜이다. 이 지혜의 힘으로 응신과 화신이 현현하기 때문에 '무량한 공덕相'을 말했다. 이것이 현현한 相은 시작도 없고 끝도 없으며, (법신과) 서로 이어져 단절되지 않기 때문에 '단절함이 없다.'고 하였다. 마치 『금고경』에서 "응신이란 것은 무시無始로부터 생사가 상속하여 단절되지 않기 때문이고,

모든 여러 부처의 불공법不共法[595]을 능히 붙잡아 지닐 수 있기 때문이며, 중생이 다 하지 않고 쓰임도 다하지 않기 때문에 상주常住를 설한다."[596]라고 말한 것과 같다. 또 『보성론寶性論』에서 "어떤 것이 자신의 이익을 성취한 것인가? 해탈을 얻어 번뇌장煩惱障[597]과 지장智障[598]을 멀리 여의고, 막힘없는 청정한 법신을 얻는 것을 말하니, 이것을 자신의 이익을 성취했다고 한다. 어떤 것이 다른 사람의 이익을 성취한 것인가? 이미 자신의 이익을 성취했으면 무시無始의 세상으로부터 자연히 저 두 종류 부처의 몸으로 세간에 자재한 위력의 (공덕)행을 시현하니, 이것을 타인의 이익을 성취했다고 한다."[599]고 말한 것과 같다.

問。始得自利已, 方起利他業, 云何利他說無始耶。
解云。如來一念, 徧應三世, 所應無始故, 能應則無始。猶如一念圓智, 徧達無邊三世之境, 境無邊故 智亦無邊。無邊之智所現之相, 故得無始亦能無終, 此非心識思量所測。是故名爲不思議業也。

묻는다. 비로소 자신의 이익을 얻은 뒤라야 바야흐로 이타利他의 업을 일으키는데, 어찌하여 이타에 시초가 없다고 하는가?

풀어서 말한다. 여래는 한 생각에 삼세三世에 두루 응하고, 소응所應[응하는 근본, 즉 여래의 마음]에 시초始初가 없으니, 능응能應

---

595 不共法: 不共佛法과 같은 용어이다.
596 『合部金光明經』(대정장 제16권, 0664, p.363. c9~ 11행)에서 인용함.
597 煩惱障: 혹장惑障이라고도 하며, 주로 아집我執으로 인해 생겨난다. 탐진치貪瞋癡 등의 일체 제혹諸惑이 몸과 마음을 시끄럽게 하고 요동케 하여, 삼계三界와 오취五趣의 생사에 유전하고, 열반을 가로막기 때문에 번뇌장이라 한다.
598 智障: 법집法執에 의한 번뇌가 인식 대상의 참 모습을 올바로 인식하지 못하게 하고 참된 지혜를 방해한다는 의미에서 지장智障 또는 소지장所智障이라고 한다.
599 『究竟一乘寶性論』(대정장 제31권, 1611, p.841. c26~ p.842. a1행)에서 인용함. 일승一乘의 보성寶性인 여래장을 조직적으로 설한 경전으로, 줄여서 『보성론』 또는 『一乘寶性論』이라고 한다.

[응하는 주체, 즉 삼세의 중생]도 시초가 없다. 마치 한 생각의 원지圓智[600]가 끝없는 三世의 경계에 두루 달하고, 경계가 끝이 없기 때문에 지혜도 끝이 없는 것과 같다. 끝없는 지혜가 드러낸 相이기 때문에 시작도 없고 능히 마침도 없으니, 이것은 심식心識의 사량思量으로 헤아릴 수 있는 것이 아니다. 이런 까닭에 불가사의한 업이라 하였다.

해설 번뇌장煩惱障과 지장智障을 모두 여의고 두루 막힘이 없는 청정한 지혜를 얻으면, 진리와 하나가 된 부처가 된다. 이 부처의 대원경지大圓鏡智는 시간과 공간의 제약이 없기 때문에, 응화신으로 현현하여 육도六道를 윤회하고 있는 중생을 교화하는 이타행利他行에도 시초가 없다.

[論_ 法章門_ 別解_ 生滅門_ 廣釋_ 心生滅_ 依義別解_ 廣顯體相_ 覺義_ 本覺_ 性淨本覺]

復次覺體相者, 有四種大義, 與虛空等, 猶如淨鏡。云何爲四。一者如實空鏡, 遠離一切心境界相, 無法可現, 非覺照義故。二者因熏習鏡 謂如實不空, 一切世間境界, 悉於中現, 不出不入, 不失不壞, 常住一心, 以一切法卽眞實性故, 又一切染法所不能染, 智體不動, 具足無漏, 熏衆生故。三者法出離鏡, 謂不空法, 出煩惱礙智礙, 離和合相, 淳淨明故。四者緣熏習鏡, 謂依法出離故, 徧照衆生之心, 令修善根, 隨念示現故。

다시 다음으로 (성정)본각의 체상體相에 네 가지 큰 뜻이 있어 허공 같으니, 마치 맑은 거울과 같다. 무엇을 일러 넷이라 하는가? 하

---

600   圓智: 대원경지大圓鏡智의 준말로써, 크고 둥근 거울이 일체의 형상을 드러낼 수 있는 것처럼 일체 법을 여실하게 비추고 드러내는 부처의 지혜를 의미한다.

나는 여실공경如實空鏡으로, 일체 마음의 경계상을 멀리 여의어 어떠한 법도 드러낼 수 없는 것은 깨달아 비추는 뜻이 아니기 때문이다. 둘은 인훈습경因熏習鏡으로, 여실불공如實不空을 말하니, 일체 세간의 경계가 이 안에 다 드러나지만 벗어나거나 들어가는 것도 없고 잃지도 무너지지도 않으며 한마음에 상주하는 것은 일체 법이 바로 진실성이기 때문이고, 또 일체 염법이 물들일 수 없는 것은 지혜의 본체가 부동하지만 번뇌 없는 (마음을) 구족하여 중생을 훈습하기 때문이다. 셋은 법출리경法出離鏡으로, 不空의 法을 이르니, 번뇌애煩惱礙와 지애智礙[601]에서 벗어나 화합상[602]을 여의어서 순수하고 깨끗하기 때문이다. 넷째는 연훈습경緣熏習鏡으로, 법이 (번뇌애煩惱礙와 지애智礙를) 벗어났기 때문에 중생의 마음을 두루 비춰서 선근善根을 닦게 하고 (중생의) 생각에 따라 시현하기 때문이다.

해설 여기에서 말하는 法은 모두 성정본각의 체를 의미한다. 성정본각의 본질적인 모습은 空[여실공경如實空鏡]이기 때문에 드러낼 것도 없고 각조覺照의 작용도 없다. 그러나 역설적으로 성정본각의 체가 티끌 하나 없이 깨끗한 空이기 때문에 완벽하게 모든 것을 비출 수 있는 不空의 작용성을 갖게 된다. 이런 연유로 본래부터 가지고 있는 인자因子로써 우리의 마음을 지속적으로 정화하는 훈습작용이 있고[인훈습경因熏習鏡], 번뇌와 앎에 의한 장애를 모두 제거하여 순수한 마음을 회복하였을 때는 法身[법출리경法出離鏡]이 되며, 본성을 회복하고자 하는 중생의 생각에 따라 응신應身과 화신化身[연훈습경緣熏習鏡]으로 나타나기도 한다. 이 네 가지 거울은 모두 우리의 한마음 안에 있다.

601　煩惱礙와 智礙는 번뇌장煩惱障과 소지장所知障과 같고, 합해서 二障이라 한다.
602　和合相: 진여와 무명(또는 불생멸과 생멸)이 화합된 아라야식의 상을 의미한다.

[疏] 次明性淨本覺之相, 於中有二。一者總標, 二者別解。初中言與虛空等者, 無所不徧故, 猶如淨鏡者, 離垢現影故。四種義中, 第一第三, 依離垢義以況淨鏡, 第二第四, 依現像義亦有淨義也。別解之中, 別顯四種。此中前二在於因性, 其後二種在於果地。前二種者, 明空與智, 如涅槃經言, "佛性者第一義空, 第一義空名爲智慧。智者見空及與不空, 愚者不見空與不空", 乃至廣說。

다음으로 성정본각의 相을 밝혔으니, 그중에 두 가지가 있다. 하나는 총체적으로 표시한 것이고,[603] 다른 하나는 구별해서 풀이한 것이다.[604] 처음에 말한 것 중에 '허공과 같다.'는 것은 어느 곳에서도 두루 하지 않음이 없기 때문이고, '마치 맑은 거울과 같다.'는 것은 더러운 때를 벗어 (본각의) 모습을 드러내기 때문이다. 네 가지 뜻 중에 첫째와 셋째는 더러움을 여읜 뜻으로써 맑은 거울에 비유하였고, 둘째와 넷째는 형상을 드러내는 뜻에 의해도 역시 깨끗함이 있다는 뜻이다.[605] 나눠 풀이하는 가운데 네 가지를 구별해서 드러냈다. 이 중에 앞의 둘은 인성因性[606]에 있고, 뒤의 두 종류는 과지果地[607]에 있다. 앞의 두 가지는 空과 智를 밝힌 것으로, 『열반경』에서 "부처의 본성은 제일의공第一義空[608]이고, 제일의공第一義空을 지혜라고 한다. 智라는 것은 空과 不空을 드러내지만, (第一義)空이라는 것은 空과 不空을 드러내지 않는다."[609]라고 하고, 계속해서 널리 설명한 것과 같다.

---

603 '復次覺體相者 有四種大義 與虛空等 猶如淨鏡'이 해당한다.
604 '云何爲四'이하 부분이 해당한다.
605 은정희 역: 첫 번째와 세 번째는 얼룩을 없앤다는 뜻에 의하여 맑은 거울에 비유하였고, 두 번째와 네 번째는 형상을 나타내는 뜻에 의하여 역시 맑다는 뜻을 둔 것이다.
606 因性: 원인으로서의 성품.
607 果地: 수행의 결과로써 얻게 된 지위 또는 영역으로 때로는 성불한 경지를 가리키기도 한다.
608 第一義空: 118가지의 空 중에 최고로 참된 空으로, 승의공勝義空·진실공眞實空·대승열반大乘涅槃이라고도 한다. 공한 것 까지도 공한 중도실상中道實相의 공이기 때문에 第一義空이라 한다.

(해설) 네 가지 성정본각 상의 성격을 표로 정리하면 다음과 같다.

구분	정경淨鏡	현상現像	인성因性	과지果地
성정본각 상	여실공경 법출리경	인훈습경 연훈습경	여실공경 인훈습경	법출리경 연훈습경

今此初中言遠離一切心境界相者, 卽顯彼經第一義空也. 無法可現非覺照義者, 是釋"不見空與不空"也. 第二中言一切世間境界悉於中現者, 是釋彼經"智慧者見空及與不空". 如彼經言, "空者一切生死, 不空者謂大涅槃"故. 此中但現生死境界, 旣現於鏡故言不出, 而不染鏡故曰不入. 隨所現像, 同本覺量, 等虛空界, 徧三世際, 故無念念之失, 亦無滅盡之壞. 故言不失不壞常住一心等也. 上來明其淨鏡之義, 又一切下, 釋因熏習義也. 第三中言, 出於二礙淳淨明者, 是明前說因熏習鏡, 出纏之時爲法身也. 第四中言依法出離故徧照衆生心者, 卽彼本覺顯現之時, 等照物機, 示現萬化. 以之故言隨念示現.

지금 여기 처음[610] 중에 말한 '일체 마음의 경계상을 멀리 여의었다.'는 것은 바로 저 『열반경』의 제일의공第一義空을 드러낸 것이다. '어떠한 법도 드러낼 수 없는 것은 깨달아 비추는 뜻이 아니다.'는 것은 (저 『열반경』의) "空과 不空을 드러내지 않는다."는 것을 풀이한 것이다. 두 번째(인훈습경 부분) 중에 말한 '일체 세간 경계가 이 안에 다 드러나다.'고 하는 것은 저 『열반경』의 "智라는 것은 空과 不空을 드러낸다."는 것을 풀이한 것으로, 마치 저 『열반경』에서 "空

---

609 『大般涅槃經』(대정장 제12권, 0375, p.767. c18~ 21행)에서 인용함. "佛性者名第一義空, 第一義空名爲智慧. 所言空者不見空與不空. 智者見空及與不空, 常與無常, 苦之與樂, 我與無我" 원효는 원문의 所言空者를 愚者로 바꿔서 표기하였으나, 열반경의 원문의 의미로 보면 智者와 愚者를 대비한 것이 아니고 空과 智를 대비해서 설명하고 있으므로 원문의 취지와 맞지 않다. 번역은 『大般涅槃經』의 원문을 따랐다.
610 네 가지로 구분해서 풀이한 것 중에 여실공경 부분을 가리킨다.

이란 것은 일체의 생사이고, 不空이란 것은 큰 열반을 일컫는다."⁶¹¹ 라고 말한 것과 같기 때문이다. 여기(기신론의 인훈습경)에서는 단지 생사의 경계만을 드러내었다. (이 경계가 모두) 거울에 이미 드러나기 때문에 '不出'이라 하지만, 거울을 더럽히지 않기 때문에 '不入'이라 하였다. 이르는 곳에 따라 상을 드러내는 것이 본각의 양능量能과 동일하고 허공계虛空界와 같으며 삼세三世에 두루 하기 때문에 찰나 찰나에 잃음이 없고 역시 소멸하여 없어지는 괴멸도 없다. 그래서 '잃지도 무너지지도 않으며 한마음에 상주한다.'와 같은 것들을 말하였다. 위에서부터 맑은 거울의 뜻을 밝혔고, '우일체又一切(또 일체 염법이)' 아래에서는 인훈습의 뜻을 풀이했다. 세 번째(법출리경 부분)에서 말한 두 장애에서 벗어나 순수하고 깨끗하다는 것은 앞에서 설한 인훈습경이 얽매인 것에서 벗어났을 때 법신法身이 된다는 것을 밝힌 것이다. 네 번째(연훈습경 부분)에서 '법이 (번뇌애와 지애에서) 벗어났기 때문에 중생의 마음을 두루 비춘다.'라고 한 것은 곧 저 본각이 현현할 때 만물의 근기에 따라 고르게 비추고 온갖 교화를 시현하기 때문이다. 이런 까닭으로 '(중생의) 생각에 따라 시현한다.'고 말하였다.

해설 한마음이 진여문과 생멸문을 포섭하는 것처럼 일체 생사는 인연의 화합에 따라 생멸하기 때문에 空하지만 열반의 깨달음은 空하지 않다는 것을 알아야 한다. 일체가 空한 것만을 보고 空하지 않은 것은 보지 못하며, 내가 있는 것만 보고 내가 없는 것을 보지 못하면 결코 제일의공第一義空을 얻을 수 없다. 제일의공第一義空을 얻지 못한 것은 중도中道가 아니고, 중도中道가 아니면 올바르게 불성佛性을 볼 수가 없다.

---

611 「大般涅槃經」(대정장 제12권, 0375, p.767. c21~22행)에서 인용함.

此與前說不思議業有何異者. 彼明應身始覺之業, 此顯本覺法身之用, 隨起一化, 有此二義. 總說雖然, 於中分別者. 若論始覺所起之門, 隨緣相屬而得利益, 由其根本隨染本覺, 從來相關有親疏故, 論其本覺所顯之門, 普益機熟不簡相屬, 由其本來性淨本覺, 等通一切無親疏故. 廣覺義竟.

　　이것(성정본각의 연훈습경)과 앞서 말한 (수염본각의) 부사의업상은 어떤 차이가 있는가? 저것(수염본각의 부사의업상)은 응신의 시각始覺의 업용을 밝힌 것이고, 이것은 본각의 법신 작용을 드러낸 것이니, (중생의 근기에)따라 동일한 교화를 일으키지만 이러한 두 뜻이 있다.[612] 총체적으로 말하면 비록 그렇지만, 그중에 분별이 있다. 만약 시각으로 일으켜진 측면에서 논한다면, 연을 따라 서로 귀속歸屬하여 이익을 얻는 것은 그 근본인 수염본각으로 말미암아 상관되는 것에 따라 친소親疏[가깝고 먼 것]가 있기 때문이고, 그 본각이 드러낸 측면에서 논한다면, 근기의 성숙을 널리 증익하고 서로 귀속되는 것에 분간하지 않는 것은 그 본래의 성정본각으로 말미암아 모든 것에 똑같이 통하여 친소가 없기 때문이다.[613] 폭넓게 각覺의 뜻을 밝히고 마쳤다.

해설　수염본각의 부사의업상에 의한 응신과 성정본각의 연훈습 작용을 하는 법신은 모두 동일하게 중생을 교화하지만, 그 근원이 수염본각과 성정본각으로 서로 다르다. 또한 작용 대상에 있어서도 수염본각은 중생의 근기

612　은정희 역: 저기서는 응신과 시각의 업용을 밝힌 것이고, 여기서는 본각과 법신의 작용을 나타낸 것이니, 하나의 교화를 일으킴에 따라서 이 두 가지 뜻이 있게 되는 것이다.

613　은정희 역: 만일 시각이 일으킨 쪽으로 논하면 연의 상속에 따라서 이익을 얻게 하니, 그 근본인 수염본각은 본래 서로 관련되어 친소가 있기 때문이고, 그 본각이 나타낸 쪽으로 논하면 근기가 성숙된 정도에 따라 널리 이익되게 하여 (연의) 상속을 가리지 않는 것이니, 그 본래의 성정본각은 일체에 고루 통하여 친소가 없기 때문이다.

나 수행과 같은 여러 가지 연에 따라 교화하지만, 성정본각은 누구에게나 동등하게 작용하기 때문에 친소의 차별이 없다. 수염본각과 성정본각을 기질지성氣質之性과 본연지성本然之性으로 짝지어 보면 쉽게 그 차이를 이해할 수 있을 것이다.

[**別記**] 四種鏡中, 第二因熏習者, 此性功德, 能作正因熏衆生心, 能起厭樂及諸加行, 乃至佛果, 言因熏習, 一切諸法悉於中現, 故名爲鏡。如華嚴云, "譬如深大海, 珍寶不可盡, 於中悉顯現, 衆生形類像, 甚深因緣海, 功德寶無盡, 淸淨法身中, 無像而不現", 正謂此也。第四緣熏習者, 始起圓智, 作增上緣, 熏衆生心令起厭樂, 及諸加行乃至佛果, 故名緣熏。此諸行德不離圓智, 是彼智影, 故名爲鏡。如佛地經說, "大圓鏡智能起一切衆生諸善法影", 此之謂也。餘二種鏡, 義顯可知。

네 가지 거울 중에 두 번째 인훈습因熏習이란 것은 이 성공덕이 (깨달음의) 능히 정인正因[614]을 짓고 중생의 마음을 훈습하여, 능히 (생사를) 싫어하고 (열반을) 좋아하는 마음과 여러 가행加行[615]을 일으켜서 이에 불과佛果[616]에 이르게 하기에 '인훈습'이라 하였고, 일체 제법이 그 안에 다 드러나기 때문에 거울이라 이름한 것이다. 마치 『화엄경』에서 이른 것처럼 "비유하자면 깊고 큰 바다는 진귀한 보배가 다하지 않아 그 안에 중생의 형태와 종류의 상들이 다 드러나는 것

---

614   正因: 정토淨土에 태어날 수 있는 직접적인 원인을 가리키며, 이것에 해당하는 행위를 정행正行이라 한다. 正因에 三福(世福, 戒福, 行福)과 三心(至誠心, 深心, 迴向發願心)이 있다. 세복世福은 효제충신孝悌忠信과 자심慈心으로 살생하지 않는 도덕선행道德善行이고, 계복戒福은 삼귀三歸, 오계五戒, 구족계具足戒와 같은 계율이며, 행복行福은 자리화타自利化他의 보리심으로 정토에 가서 태어나기를 발원하는 것과 같은 대승의 행실을 의미한다.

615   加行: 범어 'prayoga'의 의역으로 가공용행加功用行을 의미한다. 정행正行의 예비적 단계로 힘을 더하여 수행한다는 뜻이다. 전에는 방편方便으로도 번역하였다.

616   佛果: 불위佛位 또는 佛果位라고도 하며 성불成佛을 의미한다. 부처는 인지因地에서 닦는 수많은 수행의 결과로 이루어지기 때문에 佛果라 한다.

처럼, 깊고 깊은 인연 바다에는 공덕 보배가 다함이 없고, 청정한 법신 중에 어떠한 형상도 현현하지 않는 것이 없다."[617]는 것은 바로 이것을 말한 것이다. 네 번째 연훈습緣熏習이란 것은 비로소 원지圓智를 일으키고 증상연增上緣을 지어서 중생의 마음을 훈습하여 (생사를) 싫어하고 (열반을) 좋아하는 마음과 여러 가행을 일으켜 이에 불과佛果에 이르게 하기 때문에 연훈緣熏이라 이름하였다. 이러한 모든 행위의 공덕이 원지圓智와 떨어져 있지 않고, 저 원지圓智의 그림자이기에 거울이라 한 것이다. 마치 『불지경佛地經』[618]에서 "대원경지大圓鏡智[619]는 일체중생의 여러 선법善法의 그림자를 일으킬 수 있다."[620]라고 설한 것은 바로 이것을 말한 것이다. 나머지 두 가지 거울은 뜻이 밝게 드러나서 알 수 있을 것이다.

해설   인훈습因熏習은 분석심리학에서 말하는 자기원형의 두 가지 기능과 유사하다. 자기원형의 보상기능은 우리 마음의 심층무의식에서 끊임없이 우리의 마음을 자극하여 본래의 착한 마음으로 돌아가게 하는 것이고, 자기원형의 초월기능은 자아를 초월하여 주체와 객체가 하나가 된 무분별의 평등일여의 세계로 이끌어 주는 것이다. 이 두 기능은 의식과 상관없이

---

617   『大方廣佛華嚴經』(대정장 제9권, 0278, p.788. a4~ 7행)에서 인용한 것임.
618   『佛地經』: 원명은 『佛說佛地經』이고 한 권으로 구성되어 있다. 보살 10地 중 열 번째인 佛地를 중심으로 대각지大覺智의 다섯 가지 법상法相(淸淨法界, 大圓鏡智, 平等性智, 妙觀察智, 成所作智)에 대해 설하고 있다.
619   大圓鏡智: 圓鏡智 또는 鏡智라고도 한다. 불과佛果를 얻었을 때 갖게 되는 네 가지 지혜(大圓鏡智, 平等性智, 妙觀察智, 成所作智) 중의 하나로, 제8아려야식이 변전하여 얻게 된다. 이 지혜는 일체의 분별과 염오染汚를 떠나 그 성상이 청정하고, 大圓의 거울과 같은 광명으로 만상萬象의 사리를 비추되 터럭만큼도 버려두는 것이 없다. 참고로 말하면 유루有漏의 식식이 무루無漏가 되면 제7식은 평등성지平等性智로, 제6식은 묘관찰지妙觀察智로, 전오식은 성소작지成所作智로 전환 된다.
620   이 내용은 『佛說佛地經』에서 世尊께서 妙生보살에게 설한 大圓鏡智에 대한 여러 가지 말씀을 축약해서 인용한 것임. 비슷한 구절이 『佛地經論』(대정장 제26권, 1530, p.318. c1~ 2행)에 있다. "大圓鏡智能現一切諸法影像"

무의식에서 스스로 작동하기 때문에 기신론에서 말하는 因으로서의 훈습과 같다. 연훈습緣熏習은 인훈습因熏習과 반대 방향인 의식에서부터 깨달음을 향해 뜻을 세우고 수행하게 하며, 그 수행과 근기에 따라 훈습 작용이 일어나기 때문에 연훈습緣熏習이라 한 것이다. 이 인훈습은 보편적이고 연훈습은 차별적이며, 인훈습은 안에서 밖으로 작용하고 연훈습은 밖에서 안으로 작용한다.

ⓒ 불각不覺의 뜻

[疏] 次釋不覺, 於中有三。先明根本不覺, 次顯枝末不覺, 第三總結本末不覺。

다음으로 불각을 풀이하는 것에 세 가지가 있다. 먼저 근본불각을 밝혔고, 다음에 지말불각을 드러냈으며, 세 번째로 근본불각과 지말불각을 총괄하여 매듭지었다.

ⓐ 근본불각根本不覺

[論_ 法章門_ 別解_ 生滅門_ 廣釋_ 心生滅_ 依義別解_ 廣顯體相_ 不覺_ 根本不覺]
所言不覺義者, 謂不如實知眞如法一故, 不覺心起而有其念。念無自相, 不離本覺, 猶如迷人, 依方故迷, 若離於方則無有迷。衆生亦爾, 依覺故迷。若離覺性則無不覺, 以有不覺妄想心故, 能知名義, 爲說眞覺, 若離不覺之心, 則無眞覺自相可說。

말한 바 불각不覺의 뜻이란 것은 여실하게 진여법이 하나임을 알지 못한 까닭에 不覺의 마음이 일어나 그 망념이 있는 것을 이른다.

망념이 自相은 없으나 本覺에서 떨어져 있지 않은 것은 마치 (방향을) 잃은 사람이 그 방향 때문에 헤매는 것과 같아서, 만약 방향을 떠나면 헤맬 것이 없는 것과 같다. 중생도 역시 그렇게 깨달음 때문에 헤맨다. 만약 각성覺性에서 떠나면 不覺도 없으니 不覺의 망상심이 있기 때문에 이름과 뜻을 알아서 참된 깨달음을 설하게 되는 것이고, 만약 불각의 마음을 여읜다면 진각眞覺(참된 깨달음)의 自相도 (무엇이라고) 말할 만한 것이 없다.

해설 무명 不覺으로 일어난 마음으로 중생의 마음을 보면 수많은 차별이 있지만, 여래의 마음으로 보면 모두 하나이다. 다만 不覺의 망상심으로 인해서 이러한 眞覺과 不覺의 차별이 생겨날 뿐이다. 이 眞覺과 不覺의 관계는 장자莊子가 말한 "저것은 이것에서 나오고, 이것은 또한 저것에 기인한다. 이것은 역시 저것이요, 저것은 역시 이것이다."[621]는 것과 같다. 또 앞에서 이 논에서도 '本覺으로 不覺이 있고, 不覺에 의하기 때문에 始覺이 있다.'라고 하였듯이 서로 상대하는 개념으로 의미를 부여하고 이름을 정하였기 때문에 이러한 분별이 생겨나 깨달음이란 명자名字에 의해 미혹된 것이다.

[疏] 初中亦二。先明不覺依本覺立, 後顯本覺亦待不覺。初中有三, 謂法喻合。初中言不如實知眞如法一故者, 根本無明, 猶如迷方也。不覺心起而有其念者, 業相動念, 是如邪方, 如離正東無別邪西, 故言念無自相不離本覺。喩合之文, 文相可見也。

처음[622]에도 두 가지가 있다. 먼저 불각이 본각에 의해 성립하는

---

621 『莊子』「第2篇 齊物論」, 제1장 "彼出於是 是亦因彼 是亦彼也 彼亦是也"
622 근본불각과 지말불각을 설명하는 것에서 근본불각 부분을 가리킨다.

것을 밝혔고,[623] 뒤에서 본각도 역시 불각을 기다려 성립하는 것을 드러내었다.[624] 처음[625]에 세 가지가 있으니, 법[626]과 비유[627], 그리고 합한 것[628]이다. 처음에 말한 '여실하게 진여법이 하나임을 알지 못한 까닭이다.'는 것은 근본무명으로, 마치 방향을 헤매는 것과 같다. '불각의 마음이 일어나 그 망념이 있다.'고 한 것은 업상業相의 움직이는 망념으로, 이것이 방향을 그르치게 한 것과 같으니, 만일 바르다고 하는 동쪽을 떠나면 달리 그릇된 서쪽이 없는 것과 같기 때문에 '망념이 自相은 없으나 本覺에서 떨어져 있지 않다.'라고 하였다. 비유와 합한 글은 글의 양상으로 알 수 있을 것이다.

次明本覺亦待不覺, 於中有二。初言以有不覺妄想心者, 無明所起妄想分別, 由此妄想能知名義, 故有言說說於眞覺。是明眞覺之名待於妄想也。若離不覺則無眞覺自相可說者, 是明所說眞覺必待不覺, 若不相待, 則無自相, 待他而有, 亦非自相。自相旣無, 何有他相。是顯諸法無所得義 如下文言, '當知一切染法淨法皆悉相待, 無有自相可說'。智度論云, "若世諦如毫釐許有實者, 第一義諦亦應有實", 此之謂也。

다음으로 본각도 역시 불각을 기다려서 성립하는 것을 밝혔으니,[629] 그중에 두 가지가 있다. 처음에 '불각의 망상심妄想心이 있기 때문이다.'고 말한 것은 무명이 일으킨 망상의 분별이고, 이 망상으로

---

623 '所言不覺義者 ~~ 若離覺性 則無不覺' 부분.
624 '以有不覺妄想心故 ~ 則無眞覺自相可說' 부분.
625 이 처음은 불각이 본각에 의해 성립함을 밝히는 부분을 가리킨다.
626 '不如實知眞如法一故 不覺心起而有其念 念無自相 不離本覺' 부분.
627 '猶如迷人 依方故迷 若離於方則無有迷' 부분.
628 '衆生亦爾 依覺故迷 若離覺性 則無不覺' 부분.
629 '以有不覺妄想心故 能知名義 爲說眞覺 若離不覺之心 則無眞覺自相可說' 부분.

말미암아 이름과 의미를 알 수 있기 때문에 언설이 있어 진각眞覺에 대해 말하는 것이다. 이것은 진각이라는 이름이 망상을 기다려 성립한다는 것을 밝힌 것이다. '만약 불각을 여읜다면 진각의 自相도 말할 만한 것이 없다.'는 것은 진각이 반드시 불각을 기다린다는 것을 밝힌 것으로, 만약 서로 기다리지 않는다면 自相이 없고, 다른 것을 기다려서 존재하는 것도 역시 自相이 없다. 自相이 이미 없는데 어찌 他相이 있겠는가? 이것은 제법諸法에 얻을 수 있는 뜻이 없다는 것을 드러낸 것이니, 마치 아랫글[630]에서 '마땅히 일체의 염법染法과 정법淨法이 모두 서로 상대적인 것이라서 어떠한 自相도 말할만한 것이 없다.'라고 말한 것과 같다. 『지도론智度論』에서 말한 "만약 세제世諦[631]에 조금이라도 실상이 있다는 것이 허용된다면, 제일의제第一義諦도 또한 마땅히 실상이 있을 것이다."[632]라는 것은 바로 이것을 말한 것이다.

해설 '대대待[기다린다]'라는 것은 주역周易에서 주로 사용하는 개념으로, 음양대대陰陽對待의 원리라고 한다. 남녀, 상하, 고저, 장단長短, 내외, 염정染淨, 고락과 같은 개념은 서로 상반되는 것을 필요로 해서 성립하기 때문에 '대대對待'라고 한다. 이렇게 對待 관계에 의해 성립하는 것은 인연에 의해 성립하는 것과 마찬가지로 당연히 自相이 없다. 깨끗한 지하수가 바위틈에서 솟아 나오면 맑고, 진흙이 섞인 곳에서 흘러나오면 흙탕물처럼 더럽게 되는 것처럼 상대적으로 맑은 물과 더러운 물은 인연으로 결정되기 때문에 自性이 없고, 또 맑다는 것과 더럽다는 개념도 상대를 전제로 성립하기 때문에 역시 自相이 없다. 이렇듯 진각도 불각이라는 개념으로 인해 성립한다.

---

630 413~414쪽, 對治邪執에서 法我見을 설명하는 부분에 있다.
631 世諦: 世俗諦의 약칭으로, 世間에서 일반적으로 진리 혹은 도리라고 하는 것이다.
632 전거를 찾지 못함.

또 '諸法에 얻을 수 있는 뜻이 없다.'는 것은 삼법인三法印 중 제법무아諸法無我에서 말하는 것처럼, 연기緣起 관계에 의해 존재하는 모든 것은 고정불변의 실체로서의 '나[我]'라고 할 만한 것이 없음을 의미한다. 고전물리학에서는 물체의 본성을 가지고 있는 최소한의 입자[원자]가 있다고 주장하는데, 현대 양자물리학에서는 독립적인 특성을 가진 입자는 존재하지 않으며 순간순간 역동하는 소립자들이 서로 어떻게 관계를 맺느냐에 따라 물질의 특성이 결정될 뿐이라고 한다. 이것이 바로 불교의 空 사상과 현대 과학이 서로 잘 통하는 부분이다.

ⓑ 지말불각枝末不覺

[疏] 此下廣顯枝末不覺, 於中有二。先明細相, 後顯麤相。

이 아래는 지말불각을 자세하게 풀이하였는데, 여기에 두 가지가 있다. 먼저 세상細相[미세한 상]을 풀이했고, 뒤에서 추상麤相[거칠어서 구체적으로 드러난 상]을 드러냈다.[633]

[論_ 法章門_ 別解_ 生滅門_ 廣釋_ 心生滅_ 依義別解_ 廣顯體相_ 不覺_ 枝末不覺_ 細相]

復次依不覺故生三種相, 與彼不覺相應不離, 云何爲三。一者無明業相, 以依不覺故心動, 說名爲業。覺則不動, 動則有苦, 果不離因故。二者能見相, 以依動故能見, 不動則無見。三者境界相, 以依能見故境界妄現, 離見則無境界。

다시 다음으로 불각에 의해 세 가지 상이 생겨나 저 불각과 서로

---

633   251~252쪽 '以有境界緣故 復生六種相 ~~ 以依業受果 不自在故' 부분.

응하여 떨어져 있지 않으니, 무엇을 일러 셋이라 하는가? 하나는 무명업상無明業相으로, 불각에 의해서 마음이 움직이는 것을 이름하여 業이라 설한다. 깨달으면 (마음이) 움직이지 않는데, 움직이면 괴로움이 있는 것은 결과가 원인에서 떨어지지 않기 때문이다. 둘은 능견상能見相으로, 움직임에 의해서 볼 수 있고 움직이지 않으면 보는 것이 없다. 셋은 경계상境界相으로, 능견能見에 의하기 때문에 경계가 허망하게 드러나니, 능견能見을 떠나면 경계도 없다.

해설 근본불각인 무명으로 인해 아려야식에서 마음이 일어날 때, 그 움직임의 시작이 바로 業相이고, 그 업상에 의해 어렴풋이 무엇인가를 본다고 하는 能見相이 생겨나고, 다시 능견에 의해 인식 대상인 境界相이 생겨난다. 내가 꽃을 본다고 하는 것은 보는 나를 전제로 한다. 나라고 하는 주관이 없으면 보이는 꽃과 보는 내가 서로 분리되지 않는다. 그저 눈에 꽃이 비춰질 뿐 나와 꽃이 모두 저절로 그러한 자연일 뿐이다. 그래서 '마음이 움직이지 않으면 보는 것이 없다.'고 한 것이다. 이 능견상에 의해 나와 他者가 분리되어야 비로소 보는 나와 보이는 대상 사이에 간격이 생겨나는데, 이 간격이 바로 境界이다. 또 '움직이면 괴로움이 있다.'는 것은 『주역周易』에서도 자주 사용하는 말인데, 예컨대 건괘乾卦 『문언전文言傳』에서 공자가 '항룡유회亢龍有悔[지나치게 높이 올라간 용은 후회가 있다]'를 풀이 하면서 '움직임 때문에 후회가 있다(是以動而有悔也).'라고 하셨으니, 대체로 흉하고 후회할 일은 욕심으로 마음이 움직여 행동으로 실행될 때 생겨나는 것이다.

[疏] 初中亦二, 總標, 別釋. 初中言與彼不覺相應不離者, 本末相依, 故曰相應, 非如王數相應之義, 此爲不相應染心故.

처음[634]에도 두 가지가 있으니, 총체적으로 표시한 것과[635] 나눠서 풀이한 것이다.[636] 처음에 말한 '저 불각과 서로 응하여 떨어져 있지 않다.'는 것은 근본불각과 지말불각이 서로 의지하기 때문에 상응한다고 한 것이지, 심왕心王과 심수心數가 상응하는 뜻과 같은 것은 아니니, 이것(세 가지 세상細相)이 불상응염심不相應染心[637]이기 때문이다.

해설 세 가지 지말불각의 상은 모두 근본불각인 무명에 의해 생겨나기 때문에 本(근본불각)과 末(지말불각)이 상응한다고 했지만, 通相을 인식하는 주체로서의 心王과 別相을 인식하는 심리작용으로서의 心所가 상응하는 것과는 그 의미가 다르다. 다시 말하면 細相은 아직 能見과 所見이 명확하게 분화되지 않았기 때문에 心王과 心所가 서로 상응하지 않는다. 그래서 뒤의 생멸상을 설명하는 부분에서 아려야식의 三細相을 불상응염심不相應染心이라 한 것이다. 이렇게 아려야식에서 움직이는 이 미세한 마음은 존재 자체도 인지하기 어려울 뿐만 아니라 그 작용은 더더욱 알아차리기 어렵다.

[別記] 此中先三相是微細, 猶在阿耶識位, 後六麤相, 是餘七識。但望彼根本無明, 皆是所起之末, 通名枝末不覺也。

이 중에 앞의 세 가지 상은 미세하여 아직 아려야식의 자리에 있고, 뒤의 여섯 가지 추상麤相은 모두 나머지 일곱 가지 識에 있다. 다만 저 근본무명에서 바라보면 모두 근본무명이 일으킨 말단이라 통칭

---

634 지말불각을 풀이하는 두 가지(細相과 麤相) 중에 첫 번째인 細相을 가리킨다.
635 '復次依不覺故生三種相 與彼不覺相應不離' 부분.
636 '云何爲三 一者無明業相 ~~ 以依能見故境界妄現 離見則無境界' 부분.
637 不相應染心: 무명업상, 능견상, 경계상의 세 가지 細相은 근본불각인 무명과 상응하지만, 아직 심왕心王과 심수心數(또는 심소心所)로 명확히 분리되어 있지 않기 때문에 불상응염심이라 한다.

해서 지말불각이라 했다.

해설 한문에는 기수와 서수의 구별이 없어서 칠식七識이라 하면 거기에는 두 가지 의미가 있게 된다. 하나는 일곱 번째인 第七識이고, 다른 하나는 일곱 가지 識을 의미한다. 여기에서 말한 七識은 바로 후자에 해당하는 경우로 第七識인 말나식과, 第六識인 의식, 그리고 안이비설신眼耳鼻舌身에 의한 전오식前五識을 모두 합하여 가리킨 것이다.

[疏] 別釋中言無明業相者, 依無明動, 名爲業相故, 起動義是業義, 故言心動說名爲業也. 覺則不動者, 擧對反顯, 得始覺時, 則無動念, 是知今動只由不覺也. 動則有苦者, 如得寂靜, 卽是極樂故, 今云動卽是苦也. 業相是無苦, 無明是無集, 如是因果俱時而有, 故言果不離因故. 然此業相雖有動念, 而是極細, 能所未分, 其本無明當知亦爾.

나눠 풀이하는 중에 말한 '무명업상'이란 것은 무명으로 움직이기에 이름을 업상이라 하였고, 움직임을 일으킨다는 뜻이 바로 業의 의미이기 때문에 '마음이 움직이는 것을 이름하여 業이라 설한다.'라고 말했다. '깨달으면 움직이지 않는다.'는 것은 대립하는 것[638]을 들고 뒤집어 밝힌 것으로, 시각을 얻었을 때는 움직이는 망념이 없으니, 지금의 움직임은 단지 불각으로 말미암았다는 것을 안다. '움직이면 괴로움이 있다.'는 것은 만일 적정寂靜을 얻으면 이것이 바로 극락이기 때문에, 지금 움직임이 바로 괴로움이라고 한 것이다. 업상에 괴로움이 없다면 무명에도 집集[639]이 없을 것이니,[640] 이처럼 因과 果는 때

---

638 '깨달으면 움직이지 않는다.'는 것은 '깨닫지 못하면 움직인다.'는 것과 대립하는 말이다.
639 集: 사성제四聖諦 중의 集諦를 의미한다. 集이란 불러 모은다[초취招聚]는 뜻으로, 미래에 생사의 고통을 불러 모으기 때문에 괴로움을 일으키는 원인이 된다.
640 은정희 역: (깨달으면) 업상은 고통(苦)이 없는 것이요 무명은 집집이 없는 것이니,

를 같이하여 있기 때문에 '결과가 원인에서 떨어지지 않기 때문이다.'라고 말하였다. 그러나 이 업상에 비록 움직이는 망념이 있다 하더라도 극히 미세하여 能[주관]과 所[객관]가 아직 분화되지 않았으니 그 근본인 무명도 마땅히 그러함을 알아야 할 것이다.

해설 업상은 움직이는 마음이니, 이 움직인 마음으로 능견상이 생겨나고, 다시 능견에 의해 헛된 경계의 상이 드러나므로, 업상이 바로 괴로움의 원인이다. 마찬가지로 나와 대상이 모두 공한데도 실제로 존재한다고 믿는 어리석음으로 인해 집착이 생겨나기 때문에 무명은 바로 集의 원인이 된다. 그래서 '업상[因에 해당]에 괴로움[果에 해당]이 없다면, 무명[因]에도 集[果]이 없을 것이다.'라고 하였다. 이것은 성립할 수 없는 명제를 예례로써 든 것이다.

또 '因과 果는 때를 같이하여 존재한다.'는 것은 무명이라는 因과 무명 훈습으로 움직인 業相의 果가 시간적으로 동일 선상에 존재한다는 것을 의미하고, '무명도 마땅히 그러하다.'는 것은 業相이 能과 所로 분화되지 않은 것처럼 무명도 근본불각과 지말불각으로 명확히 나눌 수 없다는 것을 의미한다.

如無想[641]論云, "問。此識何相何境。答。相及境不可分別, 一體無異。問。若爾云何知有。答。由事故知有此識。此識能起一切煩惱業果報事。譬如無明常起, 此無明可欲分別不。若可分別, 非謂無明, 若不可分別, 則應非有。而是有非無, 亦由欲瞋等事, 知有無明。本識亦爾"。故此等文意, 正約業相顯本識也。

---

641 想은 相의 誤記이다.

마치 『무상론無相論』[642]에서 다음과 같이 말한 것과 같다. "묻는다. 이 아려야식은 어떠한 상이고 어떠한 경계인가? 답한다. 상과 경계로 분별할 수 없는 것은 하나의 체로 다를 것이 없다. 묻는다. 만약 그렇다면 (그 아려야식이) 있다는 것을 어떻게 알 수 있는가? 답한다. 행사하는 것을 통해서 이 識이 있다는 것을 안다. 이 識은 능히 일체 번뇌의 業과 과보의 일을 일으킬 수 있다. 비유하자면 무명은 항상 일어나는데 이 무명을 분별할 수 있는가 없는가? 만약 분별할 수 있다면 무명이라고 하지 않았을 것이고, 만약 분별할 수 없다면 마땅히 존재하는 것이 아니다. 그런데 이것(무명)은 존재하며 없는 것이 아니니, 역시 욕심과 성냄 같은 일로써 말미암아 무명이 있음을 안다. 본식本識[643]도 또한 그러하다."[644] 그러므로 이 같은 글의 뜻은 바로 業相을 기준으로 해서 本識을 드러낸 것이다.

해설 아려야식의 업상은 그 마음의 움직임이 너무도 미세하여 무엇을 본다고 하는 주체로서의 능견이나 어떤 대상을 인식하는 것으로서의 경계상이 명확히 형성되지 않았다. 그렇기 때문에 '상과 경계를 나눌 수 없다.'고 한 것이다.

또 그 아려야식의 존재가 행사를 통해서 알 수 있는 것처럼 인의예지仁義禮智의 선한 본성이 있다는 것도 그것이 바깥으로 드러나야 비로소 그 존재를 알 수 있다. 맹자는 측은지심惻隱之心은 인仁의 단서라고 하고, 이 말을 풀어서 다음과 같이 말했다. "지금 어떤 사람이 갑자기 어린아이가 우물로 들어가려는 것을 보면, 모두 깜짝 놀라서 측은

---

642 『無相論』: 『삼무성론三無性論』과 『현식론顯識論』, 그리고 『전식론轉識論』을 합친 것이다.
643 本識: 아려야식의 별칭으로 근본식根本識 또는 일체종자식一切種子識이라고도 한다.
644 『轉識論』(대정장 제31권, 1587, p.61. c13~ p.62. a2행)에서 인용.

惻隱해 하는 마음이 드는 것은 어린아이의 부모와 교분交分을 맺기 위해서도 아니고, 고을 사람들이나 친구들에게 칭찬을 듣기 위해서도 아니며, (어린아이를 구하지 않았을 경우에 듣게 될) 비난을 싫어해서 그런 것도 아니다."[645] 이렇게 仁이란 본성도 행사를 통해 측은지심惻隱之心의 정情으로 드러나야 그 존재를 알 수 있는 것이다.

第二能見相者, 卽是轉相, 依前業相轉成能緣, 故言以依動能見, 依性靜門則無能見, 故言不動則無見也, 反顯能見要依動義。如是轉相雖有能緣, 而未能顯所緣境相, 直是外向, 非託境故。如攝論云, "意識緣三世及非三世境, 是則可知, 此識所緣境不可知故"。此言不可知者, 以無可知境故。如說十二因緣, 始不可知, 此亦如是。是約轉相顯本識也。

두 번째의 능견상能見相은 바로 전상轉相으로, 앞의 업상業相에 의해 전화轉化하여 능연能緣[646]을 이루기 때문에 '움직임에 의해서 볼 수 있다.'라고 말하였고, 본성의 고요한 측면에 의하면 능견能見이 없기 때문에 '움직이지 않으면 보는 것이 없다.'고 하였으니, 능견能見이 요컨대 움직임에 의존한다는 뜻을 뒤집어 드러낸 것이다. 이처럼 전상轉相에 비록 능연能緣이 있지만 소연所緣[647]의 경계상을 아직 드러낼 수 없는 것은 (마음이) 단지 밖으로 향하기는 했지만 경계에 의탁한 것은 아니기 때문이다. 마치 『섭론』에서 "의식이 三世와 非三世[648]

---

645 『孟子』「公孫丑上」, 제6장 "今人乍見孺子將入於井, 皆有怵惕惻隱之心, 非所以內交於孺子之父母也, 非所以要譽於鄉黨朋友也, 非惡其聲而然也"
646 能緣: 인식 작용의 주체가 대상에 반연하여 능동적으로 작용하는 것을 의미한다. 유식唯識 四分說로 보면 견분見分과 자증분自證分, 증자증분證自證分이 能緣에 해당한다.
647 所緣: 능연能緣과 상대하는 용어로, 인식 대상인 육경六境(또는 육진六塵)을 가리킨다. 유식唯識 四分說로 보면 상분相分이 여기에 해당한다.
648 非三世: 시간적으로 구분하는 과거·현재·미래를 초월한 불성·허공·무위의 세계를 의미한다.

의 경계에 반연한다는 이것은 알 수 있지만, 이 아려야식이 반연하는 경계는 알 수 없기 때문이다."[649]라고 말한 것과 같다. 여기서 말한 '알 수 없다.'는 것은 알 수 있는 경계가 없기 때문이다. 마치 12인연[650]을 설할 때 시작을 알 수 없는 것처럼 이것 역시 이와 같다. 이것은 전상轉相을 기준으로 본식을 설명한 것이다.

해설 봄이 와서 나무에서 잎이 피어날 때 처음에 작은 잎눈이 생겨나는 것처럼 업상의 미세한 마음의 흐름이 조금 진화해서 무엇인가를 볼 수 있는 주관이 생겨난 것을 능견상이라고 한다. 그러나 그 볼 수 있는 능력이 아직 미약해서 외부의 대상인 경계에 붙어 연결할 수 있는 정도는 아니다. 그래서 '경계에 의탁한 것은 아니다.'라고 했다.

第三境界相者, 卽是現相, 依前轉相能現境界, 故言能見故境界妄現. 如四卷經言 "大慧, 略說有三種識, 廣說有八相. 何等爲三. 謂眞識, 現識, 分別事識. 譬如明鏡持諸色像, 現識處亦復如是", 又下文言, "譬如藏識頓分別知, 自心現身及身安立受用境界".

세 번째 경계상境界相은 곧 현상現相으로, 앞의 전상轉相에 의해 인식 경계를 드러낼 수 있기 때문에 '능견能見에 의하기 때문에 경계가 허망하게 드러난다.'고 말하였다. 마치 『사권경四卷經』에서 "대

---

649 『攝大乘論釋』(대정장 제31권, 1595, p.170. a9~ 11행)에서 원문을 변형하여 인용함. 원문은 다음과 같다. "論曰, 所緣境不可知故. 釋曰, 初受生識所緣境不可知, 意識緣三世及非三世境. 此則可知(論에서 말하기를, 아려야식에 의해 연결되는 경계는 알 수 없기 때문이다. 釋에서 말하기를, 처음에 생을 받는 아려야식에 의해 반연되는 경계는 알 수 없지만, 의식은 三世의 경계와 非三世의 경계에 반연한다. 이것으로 알 수 있다.)"

650 十二因緣: 십이연기十二緣起와 같은 용어로, 이것이 생김으로 저것이 생기며 이것이 멸함으로 저것이 멸한다는 12가지 인연법(無明·行·識·名色·六入·觸·受·愛·取·有·生·老死)을 뜻한다. 여기에서는 특히 무명으로부터 시작하는 유전연기流轉緣起를 가리켜서 말한 것으로 무명은 언제 시작되었는지 알 수가 없다. 그래서 무명을 무시無始 무명이라고도 한다.

혜야! 간략히 말하면 세 가지 識이 있고, 넓게 말하면 팔상八相[651]이 있다. 무엇이 세 가지인가? 진식眞識[652], 현식現識[653], 분별사식分別事識[654]이다. 비유하자면 맑은 거울이 모든 물체의 형상을 잡아 지니는 것처럼, 현식現識이 있는 곳도 역시 이와 같다."[655]라고 하고, 또 그 아랫글에서 "비유하면 장식藏識이 자기의 마음이 몸을 드러낸 것과 (그 드러낸) 몸이 편안히 자리 잡고 수용한 경계를 문득 분별해 아는 것과 같다."[656]라고 말한 것과 같다.

해설 능가경의 내용을 유식론唯識論의 삼분설三分說과 연결해서 본다면, 자기의 마음이 몸을 드러낸 것[자심현신自心現身]은 바로 자체분自體分[또는 자증분自證分]이고, 그 몸이 편안히 자리 잡고 수용한 경계[신안립수용경계身安立受用境界]는 상분相分이며, 문득 분별해서 아는 것[돈분별지頓分別知]은 견분見分에 해당한다. 마음에서 인식 작용이 일어날 때 인식 대상에 대한 이미지는 객체에 해당하는 相分이고, 이 이미지를 보는 주체는 見分이다. 이 相分과 見分에 대한 자각自覺으로서의 자체自體는

---

651 여기에서 말하는 八相은 일반적으로 말하는 부처의 생애에서 가장 중요한 8가지 사건들을 지칭하는 것이 아니다. 『능가아발다라보경주해楞伽阿跋多羅寶經註解』(대정장 제39권, 1789, p.350. b5~7행)에 따르면 眞識과 現識을 합한 하나의 藏識과 일곱 가지로 나눈 分別事識(意根, 意識, 眼識, 耳識, 鼻識, 舌識, 身識)을 합하여 八相이라 한다. "廣說有八相者, 據後經文, 即合上眞識現識爲一藏識, 開上分別事識爲七識, 謂意根, 意識, 眼識, 耳識, 鼻識, 舌識, 身識也"

652 眞識: 『능가경楞伽經』에서 말하는 세 가지 식(眞識, 現識, 分別事識) 중의 하나로, 제8아려야식의 정분淨分인 자성청정심을 가리킨다. 섭론종에서는 제9식인 아마라식(또는 암마라식)을 의미하기도 한다.

653 現識: 아려야식의 별칭으로, 아려야식에 의해 일체 제법이 갖가지 경계상을 드러내는 것을 의미한다.

654 分別事識: 내근內根과 외진外塵에 의해 만들어지는 갖가지 사상事相에 대하여 분별하는 인식 작용을 일으키기에 分別事識이라 하고, 줄여서 事識이라고도 한다. 주로 의식意識의 별칭으로 사용되지만, 간혹 아려야식과 대비하여 나머지 七識(말나식, 意識, 眼識, 耳識, 鼻識, 舌識, 身識)을 통칭하기도 한다.

655 『楞伽阿跋多羅寶經』(대정장 제16권, 0670, p.483. a15~18행)에서 인용.

656 『楞伽阿跋多羅寶經』(대정장 제16권, 0670, p.486. a12~14행)에서 인용.

자증분自證分이다. 바로 아래 별기에서 말하는 能見相은 見分이고, 境界相은 相分에 해당한다.

[別記] 頓分別者, 是能見相, 自心及現[657]等, 是境界相。瑜伽論中亦同此說。如是等文, 是約後二相說。此二雖有二分, 不離業相, 是唯量門, 業相雖無能所, 含有二分, 是唯二門。此三皆是異熟識攝。但爲業煩惱所惑義邊, 不別業相動轉差別轉相等異, 是故總說爲異熟識, 爲無明風所動義邊, 從細至麤動轉差別, 是故細分立三種相。又此三但爲無明所動, 故在第八, 後六乃爲境界所動, 故在七識。即由是義, 故說七識一向生滅, 不同黎耶俱含二義也。

'문득 분별한다.'는 것은 바로 능견상能見相이고, '자기 마음이 몸을 드러낸 것'등은 경계상境界相이다. 『유가론』도 역시 이 설과 같다. 이 같은 글들은 (三細相 중) 뒤의 두 가지 相[658]을 기준으로 말한 것이다. 이 두 가지가 비록 둘로 나뉘지만 業相에서 떨어져 있지 않으니, 이는 유량문唯量門[659]이고, 業相에는 비록 能과 所[660]가 없지만 두 부분을 포함하고 있으니, 이는 유이문唯二門[661]이다. 이 셋[662]은 모두 이숙식異熟識에 포섭된다. 다만 업 번뇌에 의해 미혹되었다는

---

657 '自心及現'은 『楞伽阿跋多羅寶經』의 원문에 따라 '自心現及'으로 씨야 맞다.
658 뒤의 두 가지 상은 업상 다음에 있는 능견상과 경계상을 가리킨다.
659 唯量門: 모든 법法이 오직 식識을 떠나서 실제로 있는 것이 아니라고 보는 측면이다. 量은 식량識量의 준말로 헤아린다는 뜻이다. 唯量과 唯二에 대한 것은 『섭대승론석攝大乘論釋』(대정장 제31권, 1595, p.184. c)에서 자세하게 설명되고 있다.
660 能所: 能은 동작의 주체이고, 所는 동작의 객체이다. 예를 들면, 사물을 볼 수 있는 눈은 능견能見이고, 눈에 의해 보이는 사물은 소견所見이다. 다른 것을 의지하는 것은 능의能依이고, 의지되는 것은 소의所依이다. 또 경계에 반연하는 주체는 능연能緣이고, 반연되는 객체는 소연所緣이다.
661 唯二門: 오직 두 가지 상분相分과 견분見分이 오직 식識일 뿐이라는 측면이다.
662 무명업상, 능견상, 경계상을 말함.

뜻의 측면에서는 業相이 움직이고 전화轉化하여 轉相 등으로 차별되어 달라지는 것을 구별하지 않았기 때문에 총괄하여 이숙식異熟識이라고 하였고, 무명의 바람에 의해 움직였다는 뜻의 측면에서는 미세한 것으로부터 구체적인 것에 이르러 움직이고 전화하여 차별되기 때문에 세분하여 세 가지 종류의 상을 세운 것이다. 또 이 셋은 단지 무명에 의해 움직인 것이기 때문에 제8식에 있고, 뒤의 여섯 가지(六麤相을 말함)는 인식 대상에 의해 움직인 것이기 때문에 七識[663]에 있다. 바로 이러한 뜻에 따라서 일곱 가지의 識은 줄곧 생멸하기만 한다고 설하였으니, 아려야식이 두 가지 뜻을 포함하고 있는 것과 다르다.

해설 아려야식에서 나타나는 이 三細의 상은 인식 대상과 관련 없이 무명의 훈습에 의해 생겨나는 것이고, 제7식 이하에서 생겨나는 六麤의 상은 인식 대상에 의해 움직이는 불각의 모습이라는 점에서 차이가 있다. 또 아려야식이 생멸과 불생멸의 두 가지 측면을 가지고 있음에 반하여, 제7식과 제6식 등은 불생멸의 측면이 없기 때문에 줄곧 생멸하기만 한다고 하였다.

[疏] 此論下文明現識云, '所謂能現一切境界, 猶如明鏡現於色像, 現識亦爾, 以一切時任運而起, 常在前故'. 如是等文, 約於現相以顯本識. 如是現相旣在本識, 何況其本轉相業相, 反在六七識中說乎.

이 기신론의 아랫글[664]에서 현식現識을 밝혀서 이르기를 '이른바

---

663 여기서의 7식은 말나식을 지칭하는 것이 아니고 意識과 眼識, 耳識, 鼻識, 舌識, 身識 등의 일곱 가지 식을 의미한다.

664 279~280쪽

일체 경계를 드러낼 수 있다는 것은 마치 맑은 거울이 사물의 형상을 드러내는 것과 같다. 현식現識 역시 그러하여 언제나 때에 맞게 움직이고 일어나 항상 바로 앞에 있기 때문이다.'라고 하였는데, 이 같은 글은 현상現相으로써 본식本識을 드러낸다는 뜻에 따른 것이다. 이처럼 현상現相이 이미 본식本識에 있는데, 어찌 하물며 그 근본인 전상轉相과 업상業相이 도리어 제6식과 제7식 중에 있다고 말하겠는가?

해설 논사에 따라 삼세육추의 상을 여덟 가지 식에 배속함에 있어 견해의 차이가 있음을 말한 것이다.

[論_ 法章門_ 別解_ 生滅門_ 廣釋_ 心生滅_ 依義別解_ 廣顯體相_ 不覺_ 枝末不覺_ 麤相]

以有境界緣故, 復生六種相, 云何爲六。一者智相, 依於境界, 心起分別愛與不愛故。二者相續相, 依於智故, 生其苦樂, 覺心起念, 相應不斷故。三者執取相, 依於相續, 緣念境界, 住持苦樂, 心起著故。四者計名字相, 依於妄執, 分別假名言相故。五者起業相, 依於名字, 尋名取著, 造種種業故。六者業繫苦相, 以依業受果, 不自在故。

경계에 반연하기 때문에 다시 여섯 가지 상을 낳으니, 무엇을 일러 여섯이라 하는가? 하나는 지상智相으로, 경계에 의해 마음이 일어나 좋아하는 것과 좋아하지 않는 것을 분별하기 때문이다. 둘은 상속상相續相으로, 지상智相에 의하기 때문에 괴로움과 즐거움을 낳고, 각심覺心[665]이 망념을 일으켜 서로 응해 끊이지 않기 때문이다. 셋은 집

---

665   覺心: 주로 본각의 영묘한 심성心性(또는 불성佛性)을 의미하는데, 간혹 각관覺觀하는 마음을 뜻하기도 한다. 여기에서 사용된 覺心은 覺觀하는 마음을 의미한다.

취상執取相으로, 상속상相續相에 의해 망념의 경계에 반연하여 고락을 잡아 지니고, 마음이 집착을 일으키기 때문이다. 넷은 계명자상計名字相으로, 헛된 집착에 의해 가명假名[666]과 언설의 상을 분별하기 때문이다. 다섯은 기업상起業相으로, 이름과 글자에 의해 명칭을 헤아리고 집착하여 갖가지 業을 만들어 내기 때문이다. 여섯은 업계고상業繫苦相으로, 업에 의해 받는 과보로 (마음이) 자재自在[667]하지 않기 때문이다.

[疏] 次明麤相, 於中亦二。總標, 別釋。初言以有境界緣者, 依前現識所現境故, 起七識中六種麤相。是釋經言, "境界風所動, 七識波浪轉"之意也。

다음으로 추상麤相을 밝혔으니, 그 가운데 두 가지가 있다. 총체적으로 표시한 것과,[668] 나눠 풀이한 것이다.[669] 처음에 말한 '경계에 반연하기 때문이다.'는 것은 앞의 현식現識에 의해 드러난 경계 때문에 일곱 가지 식에서 여섯 종류의 구체적인 상이 일어난다. 이것은 『사권능가경』에서 말한 "경계의 바람으로 움직여 일곱 가지 識의 파랑이 전전한다."[670]는 뜻을 풀이한 것이다.

---

666 假名: 이름이나 명칭은 그 실제를 정확하게 표현하지 못하기 때문에 임시로 세운 이름이라고 한다.
667 自在: 무애無礙라고도 하며, 마음이 하고자 하는 것에 따라도 어떠한 걸리거나 막힘이 없는 경지를 의미한다. 여러 부처와 상위의 보살이 갖추고 있는 공덕이다.
668 '以有境界緣故 復生六種相' 부분.
669 '云何爲六 ~~ 不自在故' 부분.
670 『楞伽阿跋多羅寶經』(대정장 제16권, 0670, p.484. b11~ 12행)에서 인용. 원문에는 七識이 種種諸識으로 되어 있다. "藏識海常住, 境界風所動, 種種諸識浪, 騰躍而轉生)"

[別記] 以有境界緣故生六相者, 前細相中, 依能見現境界, 非境界動能見, 此後六相, 爲彼所現境界所動, 非此六種能現彼境。別義如是, 通而言之, 彼亦還依自所現境, 此還能作自所依境。今此論中, 宜就別門, 故言有境界故生六種相。

'경계에 반연하기 때문에 다시 여섯 가지 相을 낳는다.'는 것은 앞의 세상細相 중에서는 능견으로 경계가 드러난 것이지 경계가 능견을 움직인 것은 아니고, 이 뒤의 육추상六麤相은 저것(능견)에 의해 드러난 경계로 움직인 것이지 이 여섯 가지 상이 저 경계를 능동적으로 드러낸 것은 아니다. 뜻을 구별하면 이와 같지만, 통해서 말하면 저것(능견) 역시 자신이 드러낸 경계에 다시 의지하고, 이것(六麤)도 도리어 자신이 의지하는 경계를 만들 수 있다. 지금 이 논에서는 마땅히 분별하는 측면으로 나아갔기 때문에 경계가 있어서 여섯 가지의 상을 낳는다고 말하였다.

[疏] 次別釋中, 初之一相, 是第七識, 次四相者, 在生起識, 後一相者, 彼所生果也。初言智相者, 是第七識, 麤中之始。始有慧數, 分別我塵, 故名智相, 如夫人經言, "於此六識及心法智, 此七法刹那不住"。此言心法智者, 慧數之謂也。若在善道, 分別可愛法, 計我我所, 在惡道時, 分別不愛法, 計我我所。故言依於境界心起分別愛與不愛故也。具而言之, 緣於本識, 計以爲我, 緣所現境, 計爲我所。而今此中就其麤顯, 故說依於境界心起。又此境界不離現識, 猶如影像不離鏡面。此第七識直爾內向計我我所, 而不別計心外有塵。故餘處說還緣彼識。

다음으로 구분해서 풀이하는 중에 처음 하나의 相(智相)은 제7식이고, 다음 네 가지 相은 생기식生起識에 있으며, 뒤의 한 가지 相

(業繫苦相)은 그것들이 낳은 결과이다. 처음에 말한 지상智相은 제7식으로, 추상麤相의 시작이다. 비로소 혜수慧數[671]가 있어 나와 대상을 분별하기 때문에 지상智相이라 하니, 『승만부인경』에서 "이 여섯 가지의 식과 심법지心法智에 있어서 이 七法[672]은 찰나도 머무르지 않는다."[673]라고 말한 것과 같다. 여기서 말한 심법지心法智는 혜수慧數를 가리킨다. 만약 선도善道에 있을 때는 좋아할 만한 것들을 분별하여 나와 대상을 헤아리고, 악도惡道[674]에 있을 때는 좋아할 수 없는 것들을 분별하여 아我와 아소我所를 헤아린다. 그래서 '경계에 의해 마음이 일어나 좋아하는 것과 좋아하지 않는 것들을 분별하기 때문이다.'라고 하였다. 자세하게 말하자면, 본식本識에 반연하고 계탁하여 我로 삼고, 드러난 경계에 반연하고 헤아려서 아소我所로 삼는다. 그러나 지금 여기에서는 그 구체적으로 드러나는 측면으로 나아갔기 때문에 '경계에 의해 마음이 일어났다.'라고 하였다. 또 이 경계는 현식現識과 떨어져 있지 않으니, 마치 거울에 비친 모습이 거울의 표면에서 떨어져 있지 않은 것과 같다. 이 제7식은 곧장 안으로 향해서 我와 我所를 헤아리고, 마음 밖에 대상이 있는 것임을 달리 분별하지 않는다. 그래서 다른 곳에서는 저 識(本識 중의 現識)으로 돌이켜 반연한다고 설하였다.

---

671 慧數: 慧는 말나식에서 작용하는 18개 심소법心所法 중의 하나로써 선택하고 분류하는 마음작용이고, 數는 이러한 심리작용이 여러 가지로 많다는 것을 의미한다. 그래서 心所를 心數라고도 한다.

672 七法은 前六識과 第七識을 아울러 가리킨 것이다.

673 『勝鬘師子吼一乘大方便方廣經』(대정장 제12권, 0353, p.222. b16행)에서 인용. 여래장이 모든 유위법의 근거이고 저장하는 기능을 가진 것에 반해 나머지 칠종의 識은 그런 기능이 없다는 것을 상대적으로 머무르지 않는다고 말하였다.

674 惡道: 선도善道의 대칭으로, 악취惡趣와 같은 뜻이다. 전생에 지은 악업으로 사후에 괴롭고 힘든 곳에 태어나는 것을 가리키는데, 六道 중에 일반적으로 지옥, 아귀餓鬼, 축생畜生을 三惡道라 하고, 아수라阿修羅를 포함하여 四惡道라고도 한다.

해설 『승만부인경』에서 인용한 구절의 내용[675]은 여래장은 여러 고통을 종자로 저장하고 열반을 즐겨 구할 수 있는 것임에 반해 여래장이 아닌 이 일곱 가지 법[여섯 가지 識과 心法智를 가리킨다]은 이런 능력이 없다는 것이다.

또 善道라는 것은 현재와 미래에 있어서 자신과 남에게 이로움을 주는 길이며, 구체적으로 육도(六道) 중에서 삼선도三善道[天·阿修羅·人]의 세계를 가리킨다. 善道에 있을 때 '좋아할 만한 것(可愛)'은 바로 '착한 일'을 의미한다. 즉 내가 바른 길을 가고 있을 때에는 我와 我所가 善한 것인지 아닌지를 분별한다는 뜻으로, 孟子가 말한 "가욕지위선可欲之謂善(하고자 해도 되는 것을 善이라 한다)"[676]의 '可欲'과 같은 의미이다. 我와 我所를 분별하는 것은 善道에 있을 때나 惡道에 있을 때도 마찬가지이지만, 孔子가 "군자는 義에 밝고 소인은 利에 밝다."[677]라고 말한 것처럼 그 향하는 대상이 의리에 합당하면 善道가 되고, 私利를 위주로 하면 惡道가 될 뿐이다.

[別記] 但就我執之境, 故說緣識, 除我所執境, 故不說亦緣境界。

단지 내(말나식)가 붙잡고 있는 경계에 나아갔기 때문에 本識과 연결해서 말한 것이고, 나에 의해 붙잡힌 경계를 제외하였기 때문에

---

675 『승만부인경』의 관련 부분: "세존이시여, 만일 여래장이 없으면 괴로움을 싫어하고 열반을 좋게 여겨 구할 수 없습니다. 그 까닭은 어째서인가? 지금 이 6識과 心法智에 있어서의 이 일곱 가지 법은 잠깐도 住持하지 못하므로 모든 괴로움을 심지 못하며, 괴로움을 싫어하고 열반을 좋게 여겨 구할 수 없습니다. 세존이시여, 여래장은 前際가 없어서 일어나지도 아니하고 없어지지도 아니하는 법이므로 모든 괴로움을 종자로 심을 뿐 아니라, 괴로움을 싫어하기도 하고, 열반을 즐겨 구하기도 합니다.(世尊 若無如來藏者, 不得厭苦樂求涅槃, 何以故。於此六識及心法智, 此七法刹那不住。不種衆苦, 不得厭苦樂求涅槃。世尊, 如來藏者, 無前際不起不滅法, 種諸苦得厭苦樂求涅槃)"

676 『孟子』「盡心下」, 제25장

677 『論語』「里仁」, 제16장 "子曰, 君子喩於義, 小人喩於利"

경계에 반연하는 것을 또한 말하지 않았다.

해설 別記에서 말하고 있는 부분은 疏에서 말한 '이 제7식은 곧바로 안으로 향해 我와 我所를 헤아리지만, 마음 밖에 대상이 있음을 분별하지 않는다.'라고 한 말에 대한 보충 설명이다. 『유식삼십론송唯識三十論頌』에 "이 識의 이름은 말나인데, 저것(아려야식)에 의지해 변전하고, 저것에 반연한다."[678]는 글이 있다. 이것을 풀이하면 제7식인 말나식은 바로 本識인 제8식을 소의所依(의지처)로 삼고, 동시에 제8식의 見分을 소연所緣(인식 대상)으로 삼아 반연한다는 것을 의미한다. 즉 말나식은 본식에 의해서 생기生起한 것이지만 돌이켜 이 본식을 자아로 여기고 집착하는 성향이 있다. 이것이 바로 위에서 말한 '내가 붙잡고 있는 경계'이다. 그리고 '나에 의해 붙잡힌 경계'는 말나식이 바깥으로 반연하여 경계를 취한 것을 의미한다. 이렇듯이 말나식은 양방향으로 작용하는 성질이 있지만 안으로 작용하는 것은 은미하고 밖으로 작용하는 것은 구체적이다. 그래서 바로 위의 疏에서 '구체적으로 드러나는 측면으로 나아갔기 때문에 경계에 의해 마음이 일어났다.'고 한 것이다.

[疏] 問。云何得知第七末那, 非但緣識, 亦緣六塵。答。此有二證, 一依比量, 二聖言量。言比量者, 此意根必與意識同境, 是立宗也, 不共所依故, 是辨因也, 諸是不共所依, 必與能依同境, 如眼根等, 是隨同品言也。或時不同境者, 必非不共所依, 如次第滅意根等, 是遠離言也。如是宗因譬喩無過, 故知意根亦緣六塵也。

묻는다. 어떻게 제7말나식이 (아려야)식뿐만 아니라 육진六塵에도 반연한다는 것을 알 수 있는가?

---

678 『唯識三十論頌』(대정장 제31권, 1586, p.60. b10~11행)에서 인용. "是識名末那, 依彼轉緣彼"

답한다. 여기에 두 가지 증거가 있다. 하나는 비량比量[679]에 의한 것이고, 다른 하나는 성언량聖言量[680]이다. 비량이라 말한 것은 다음과 같다. 이 의근意根[681]은 반드시 의식과 더불어 경계를 함께한다는 이것은 종宗을 세운 것이고, (의근이 의식의) 불공소의不共所依[682]이기 때문이라는 것은 인因을 분별한 것이며, 모든 不共所依가 반드시 능의能依와 더불어 경계를 함께하는 것이 마치 안근眼根 등과 같으니, 이것은 동품同品[683]에 따라 말한 것이다. 간혹 때때로 경계를 함께하지 않는다고 하면 필연적으로 不共所依가 아니니, 차례대로 의근意根 등을 멸하는 것과 같으니,[684] 이것은 (이치에서) 멀리 떨어진 말이다. 이같이 종宗, 인因, 유喩에 과오가 없기 때문에, 의근意根도 역시 육진六塵에 반연하는 것임을 안다.

해설　不共所依의 의미는 眼·耳·鼻·舌·身과 같은 색근色根[685]에 의한 다섯 가지의 識은 인식의 뿌리가 동일하지 않고 서로 달라서 인식 기관을 공유하지 않는다는 것이다. 예를 들면 안근眼根은 시각視覺에만 작용하고 후각嗅覺에는 작용하지 않는다. 이러한 色根과 마찬가지로 능의能依인 의식

679　比量: 이미 알고 있는 사실에 의해 다른 것을 미루어 아는 것을 말한다. 다섯 가지 감관으로 바깥 경계의 현상을 직접적으로 인식하는 현량現量과 대비하여 간접적으로 추리하여 인식하는 것을 의미한다. 여기에서의 양量은 헤아린다는 뜻이다.
680　聖言量: '성교량聖教量이라고도 하며, 부치님의 말씀이니 그 밖의 다른 성인들의 말씀에 근거하여 헤아리는 것을 가리킨다.
681　意根: 의식의 뿌리라는 뜻이다. 유식유가행파와 법상종에서는 의식의 소의처所依處라는 의미에서 제7말나식을 意根이라고 한다.
682　不共所依: 所依를 함께 하지 않는 것으로, 예를 들면 안식眼識이 안근眼根에만 의지하고 설근舌識이 설근舌根에만 의지한다는 뜻이다. 여기에서 眼根이나 舌根은 소의所依[의지가 되는 것]이고, 眼識과 舌識은 능의能依[의지 하는 것]가 된다.
683　동품同品: 인명론因明論의 삼지三支에서 유喩(비유)나 인因(원인)이 종宗(명제)에 합당한 것을 말한다. 합당하지 않으면 이품異品이라고 한다.
684　은정희 역: 반드시 불공소의가 아닌지라 차제멸의근次滅意根(無間滅意) 등을 없앨 것이니,
685　色根: 안근眼根·이근耳根·비근鼻根·설근舌根·신근身根의 5가지 감각 기관을 말한다.

意識은 의근意根(말나식)만을 소의所依로 삼는다. 이러한 점에서 意根은 의식의 불공소의가 된다. 그렇기 때문에 所依인 말나식이 能依인 의식과 더불어 '때때로 인식 대상을 같이하지 않는다고 한다면 필연적으로 不共所依가 아니게 되어, 마치 차례차례 의근에서부터 眼根, 耳根 같은 여러 色根들을 멸하는 것과 같다.'라고 한 것이다.

또 여기에서 말한 종宗[명제 또는 주장]과 인因[이유 또는 원인], 그리고 유喩[유례 또는 사례]라는 것은 인명론因明論의 삼지작법三支作法으로, 인도의 구 논리학인 오지작법五支作法의 宗, 因, 喩, 合, 結에서 合과 結이 생략된 것이다. 삼지작법은 삼단논법과 유사한 추론 방식으로, 진나陳那(Dignāga)에 의해 정립되었다. 진나는 合과 結을 생략하는 대신에 因의 개념을 상세하게 세 가지의 성격으로 정의하였다. 이것이 바로 因의 三相으로, 因은 宗에 속해야 하고[변시종법성遍是宗法性], 因은 반드시 긍정적인 유례類例에 속해야하며[동품정유성同品定有性], 부정적인 유례에 속해서는 안 된다는 것[이품변무성異品遍無性]이다. 위에서 '모든 不共所依가 반드시 能依와 더불어 경계를 함께하는 것이 眼根 등과 같다.'라고 말한 것이 바로 同品의 喩에 해당한다.

[別記] 若言此意與意識不必同緣者, 亦可眼與眼識不必同境, 俱是不共所依故。眼等識根既不得爾, 無同類故, 義不得成。若言此意非不共依者, 則無不共依識不應起, 如眼識等, 只是自教相違過失。如佛經說, "眼不壞故, 眼識得生, 乃至意不壞故, 意識得生", 乃至廣說。又論說 '此不共依', 故知此意, 但緣於識, 不緣餘境, 是義不成。

만약 이 意(意根)와 意識이 반드시 함께 반연하지 않는다고 말한다면 역시 안근眼根과 안식眼識도 반드시 경계를 함께하지 않을 것이니, 모두 不共所依이기 때문이다. 눈 등의 識과 根이 이미 부득이하게 그러한 것은 동류동류同類[686]가 없기 때문이니, (意根과 意識이 반드시 함께 반연하지 않는다는) 이 뜻은 성립하지 않는다. 만약 이 意根이 (意識의) 不共所依가 아니라고 말한다면, 어떠한 不共所依의 識도 응당 일어나지 않을 것이니, 마치 眼識 등과 같고,[687] (이것은) 자교상위自教相違[688]의 잘못이 된다. 마치 불경에서 "눈이 망가지지 않았기 때문에 안식이 생길 수 있고, 내지 意根이 무너지지 않았기에 意識이 생길 수 있다."[689]라고 하고 폭넓게 설한 것과 같다. 또 논[690]에서 '이것(의근)은 不共依'라고 설하였기 때문에 이 意根이 단지 아려야식에만 반연하고 나머지 다른 경계에 반연하지 않는다는 이 뜻이 성립하지 않음을 알 수 있다.

해설 의근(말나식)은 意識의 所依가 되어 밖으로 육진의 경계에 반연하기도 하지만, 아려야식의 見分을 所依로 삼고 自我로 집착하는 能依가 되기도 한다. 그러므로 본식인 아려야식에만 반연하고 다른 경계에는 반연하지 않는다는 말은 오류가 된다.

---

686 여기서의 同類는 因明論에서 말하는 同品과 같은 의미이다.
687 은정희 역: 만약 이 의근이 (의식의) 불공소의가 아니라고 한다면 (의식은) 불공의가 없을 것이니 의식이 일어나지 않을 것이며, 이는 안식 등에서도 같은 것이니
688 自教相違: 스스로 내세운 주장이 자기교리에 어긋나는 것을 말함.
689 『顯揚聖教論(현양성교론)』(대정장 제31권, 1602, p.480. c16~ 29행)에서 축약하여 인용함. 원문은 다음과 같다. "眼識者, 謂從阿賴耶識種子所生, 依於眼根, 與彼俱轉, 緣色境界了別爲性. 如薄伽梵説, 內眼處不壞, 外色處現前, 及彼所生作意正起, 如是所生眼識得生. 又説緣眼及色眼識得生, 如是應知, 乃至身識. 此中差別者, 謂各依自根各緣自境, 各別了別. 一切應引, 如前二經. 意者, 謂從阿賴耶識種子所生, 還緣彼識. 我癡我愛我我所執我慢相應, 或翻彼相應, 於一切時恒擧爲行, 或平等行與彼俱轉, 了別爲性. 如薄伽梵説, 內意處不壞, 外法處現前, 及彼所生作意正起, 如是所生意識得生. 意識者, 謂從阿賴耶識種子所生, 依於意根與彼俱轉, 緣一切共不共法爲境, 了別爲性"
690 어떤 論을 가리키는지 확인 불능.

[疏] 若依是義, 能依意識緣意根時, 所依意根亦對自體, 以有自證分故無過. 亦緣自所相應心法, 以無能障法故得緣. 諸心心所法皆證自體. 是故不廢同一所緣. 此義唯不通於五識, 依色根起不通利故, 但對色塵, 非餘境故.

만약 이 뜻에 의해 能依인 意識이 意根에 반연할 때, 所依인 意根도 역시 자기 본체(아려야식)를 상대할 것이니, 자증분自證分[691]이 있기 때문에 오류가 없다. 또한 자기가 상응하는 심법에 반연하니, 능히 가로막을 수 있는 것이 없기 때문에 반연할 수 있다. 모든 심왕과 심소법들은 모두 自體를 증명한다. 이런 까닭에 (의근과 의식이) 동일하게 반연하는 것을 폐하지 않는다. 이 뜻은 오직 전오식前五識에서는 통하지 않는 것은 (각각의) 색근色根에 의해 일어나서 두루 통하지 않기 때문에 단지 (자기의) 색진色塵[692]만을 상대할 뿐 다른 경계를 상대하지 않기 때문이다.

해설 前五識이 모두 물질적인 色根을 기반으로 하기 때문에 제약이 있어 각각의 色塵만을 상대하는 것에 비해, 의식은 무색근無色根[비물질적인 기관]이기 때문에 전오식에 두루 통해서 작용할 수 있다. 이것을 오구의식五俱意識이라 한다. 반면에 의식은 또한 전오식과 상관없이 별개로 작용하기도 하는데, 이럴 때는 불구의식不俱意識이라 한다. '의식이 意根에 반연할 때 所依인 意根도 또한 자기 본체를 상대한다.'는 것은 의식이 말

691　自證分: 유식론의 삼분설三分說 또는 사분설四分說에서 사용하는 용어이다. 四分說은 유식유가행파의 한 명인 護法(다르마팔라)을 추종하는 법상종에서 사용하는 학설로서, 識의 인식작용에 상분相分·견분見分·자증분自證分·증자증분證自證分의 네 가지 측면이 있다고 한다. 相分은 識에 의해 포착된 인식 대상[소취분所取分]이고, 見分은 相分의 작용을 인식하는 주체[능취분能取分]이며, 自證分은 相分과 見分에 대한 자각으로서의 自體를 지칭한다. 증자증분證自證分은 自證分에 대한 자각으로서 自體分에 대한 재인식을 말한다. 三分說은 四分說에서 證自證分이 제외된 것이다.

692　色塵: 오색근五色根의 인식 대상이 되는 경계.

나식을 意根으로 삼는 것처럼 말나식도 다시 아려야식을 所依로 삼는다는 말이다.

[別記] 莊嚴論云, "已說求染淨, 次說求唯識. 偈曰, 能取及所取, 此二唯心光, 貪光及信光, 二光無二法. 釋曰, 上半者, 求唯識人應知能取所取唯是心光, 下半者, 如是貪等煩惱光, 及信等善法光, 如是二光, 亦無染淨二法. 何以故. 不離心光別有貪等信等染淨法故". 以此文證, 故知諸心數法, 亦爲心光所照. 故不離心光, 以不離心光, 故卽是心光也. 如鏡中像, 鏡光所照, 是故此像不離鏡光, 以不離故, 卽是鏡光. 當知此中道理亦爾. 然雖似影像無別本法所不緣者, 設有本法心數, 異影像心數者, 則同一所緣之義不成故.

『장엄론』에서 이르기를 "염정染淨을 구하는 것에 대해 이미 설하였으니, 다음으로 유식唯識 구하는 것에 대해 설하겠다. 게偈에서 말하기를 '능취能取와 소취所取 이 두 가지는 오직 심광心光[693]일 뿐이고, 탐광貪光과 신광信光[694]의 이 두 光에 두 법이 없다.'라고 하였다. 석釋에서 말하기를 위 (게의) 반절[695]은 유식唯識을 구하는 사람은 마땅히 능취와 소취가 오직 이 심광뿐임을 알아야 한다는 것이고, 아래 반절의 게[696]는 탐욕 같은 번뇌광煩惱光과 믿음 같은 선법광善法光의 이러한 두 가지 光에 역시 染과 淨의 두 법이 없다는 것이다. 무엇 때문인가? 심광을 떠나 별도로 탐욕이나 믿음과 같은 染과 淨의 법이 있지 않기 때문이다."[697]라고 하였다. 이 글로써 증명되기 때문에

---

693 心光: 심지心智가 비추는 빛을 의미하며, 지혜광智慧光 혹은 내광內光이라고 한다. 여기서는 심왕心王과 같은 의미로 사용되었다.
694 貪光과 信光: 마음이 발하는 탐욕과 믿음의 빛으로 染法과 淨法을 대표로 든 것이다.
695 위의 반절의 문장(上半者)는 '能取及所取 此二唯心光'을 가리킴.
696 아래 반절의 문장(下半者)는 '貪光及信光 二光無二法'을 가리킴.
697 『大乘莊嚴經論(대승장엄경론)』(대정장 제31권, 1604, p.613. b12~18행)에서 인용함.

모든 심수법心數法이 역시 심광에 의해 비친 것임을 안다. 그래서 심광에서 벗어나지 않고, 심광에서 벗어나 있지 않기 때문에, 바로 이것(능취와 소취)들은 심광이다. 마치 거울의 영상影像은 거울 빛에 비친 것이기 때문에 이 영상이 거울 빛에서 떠나 있지 않으며, 떠나 있지 않기 때문에, 바로 이것(영상)은 거울 빛이다. 이 가운데의 도리가 역시 그러함을 마땅히 알아야 한다. 그러니 비록 흡사한 영상이라도 별달리 本法(本識)에 의해 반연하지 않은 것이 없는 것은[698] 가령 本法에 의한 심수心數[심리작용]와 영상에 의한 심수가 다르다고 한다면, 동일하게 반연하는 뜻이 성립하지 않기 때문이다.

해설 '能取와 所取가 오직 心光일 뿐'이란 것은 인식 주체로서의 能取와 대상으로서의 所取가 모두 오직 하나의 식識에서 작동하는 見分과 相分이라는 것을 뜻한다. 또 '심광에 두 가지 법이 없다.'는 것은 비록 작용 측면에서 탐광貪光[染法, 영상影像에 의해 반연한 것]과 신광信光[淨法, 本法에 의해 반연한 것]으로 나뉘지만, 본체 측면에서는 하나라는 것을 의미하니, 마음을 비록 진여와 생멸의 두 문으로 나눴지만 결코 둘이 아닌 것과 같다. 모든 존재가 無自性의 空임에도 불구하고, 인간은 인아집人我執과 법아집法我執으로 인한 허망한 심리작용을 일으키고 거기에 집착한다. 이것이 바로 영상의 心數이다. 그러나 이 영상의 心數도 본법(진여)에 의한 마음 작용과 똑같이 모두 한마음에서 일어난 것이다.

[疏] 聖言量者有經有。金鼓經言,"眼根受色, 耳根分別聲, 乃至意根分別一切諸法", 大乘意根, 卽是末那, 故知徧緣一切法也。又對法論十

---

698 은정희 역: 그처럼 비록 영상影像과 같이 본법에 의해 반연되지 않는 것이 따로 없더라도,

種分別中言, "第一相分別者, 謂身所居處所受用義[699], 彼復如其次第, 以諸色根器世界色等境界爲相。第二相顯現分別者, 謂六識身及意, 如前所說, 取相而顯現故". 此中五識, 唯現色等五塵, 意識及意, 通現色根及器世界色等境界。設使末那不緣色根器世界等, 則能現分別, 唯應取六識, 而言及意, 故知通緣也。且置傍論, 還釋本文。

성언량聖言量이란 것은 경전에 있는 것이다. 『금고경』에서 "안근眼根은 색깔을 받아들이고 이근耳根은 소리를 분별하며, 내지 의근意根은 일체의 제법을 분별한다."[700]라고 말하였는데, 대승의 의근이 곧 말나식이기 때문에 모든 것에 두루 반연한다는 것을 알 수 있다. 또 『대법론』의 십종분별十種分別[701]에서 "첫째 상분별相分別이란 것은 몸이 거처하는 곳[702]과 수용하는 식을 가리키는 것이니, 저것들은 다시 차례대로 여러 色根과 기세계器世界[703]의 色[물질] 같은 경계를 相으로 삼는다. 둘째 상현현분별相顯現分別이란 것은 6식(의식)과 意(意根)를 말하니, 앞에서 설한 것처럼 상을 취해서 분명하게 드러내기 때문이다."[704]라고 말하였다. 이 중에서 5식은 오직 色과 같은 오진五塵[705]만을 드러내고, 의식과 意는 색근과 기세계의 色 같은 경계를 막힘없이 드러내는 것이다. 만일 말나식(意)이 색근과 기세계 등에 반연하지 않

---

699 원서인 『大乘阿毘達磨雜集論』에는 義가 識으로 되어 있음. 번역은 원서를 따랐다.
700 『金光明經』(대정장 제16권, 0663, p.340. a16~ 18행)에서 인용함.
701 十種分別: 열 가지(根本分別, 相分別, 相顯現分別, 相變異分別, 相顯垷變異分別, 他引分別, 不如理分別, 如理分別執著分別, 散亂分別)로 허망하게 분별하는 것을 가리킨다. 원효는 소疏에서 첫째인 근본분별을 배제하고 둘째와 셋째를 첫째와 둘째로 삼았다.
702 '몸이 거처하는 곳'은 감각을 수용하는 기관인 眼·耳·鼻·舌·身 등과 같은 여러 色根을 말함.
703 器世界: 중생을 수용하는 세간이라는 뜻으로, 곧 우리가 살고 있는 山河大地와 같은 세계를 가리킨다.
704 『大乘阿毘達磨雜集論』(대정장 제31권, 1606, p.764. b1~ 4행)에서 인용함. 원문에 第一 第二라는 글은 없다. "相分別者, 謂身所居處所受用識, 是所取相故。彼復如其次第, 以諸色根器世界色等境界爲相。相顯現分別者, 謂六識身及意, 如前所說, 所取相而顯現故"
705 五塵: 색色·성聲·향香·미味·촉觸 등의 다섯 경계를 가리키는데, 이것들이 참된 본성을 오염시킬 수 있기 때문에 진塵이라 한다.

는다면, 현현분별顯現分別할 수 있는 것으로 오로지 6식(意識)만을 마땅히 취해야 하는데, '급의及意(6식과 意)'라고 말하였기 때문에 (意識과 意가 모두) 통틀어 반연하는 것임을 알 수 있다. 곁가지 논설은 제쳐놓고 본문으로 돌아가서 풀이하겠다.

해설 여기서 말하는 '대승大乘'은 소승과 대비해서 말하는 고유명사의 대승이 아니고, 의근이 의식과 전오식에 간여하여 모든 것을 분별한다는 취지로, '크게 싣는다.'는 것을 의미한다.

또 상분별相分別은 前五識의 기능으로, 색근色根(眼·耳·鼻·舌·身)이 각각의 색진色塵(色·聲·香·味·觸)에 작용하여 1차적으로 그 정보를 지각하는 것을 뜻하고, 상현현분별相顯現分別은 의식과 말나식이 전오식에서 받아들인 정보를 바탕으로 통합적인 차원에서 좀 더 구체적이고 추상적으로 분별하는 것을 의미한다.

第二相續相者, 是生起識識蘊。是麤分別, 徧計諸法得長相續。又能起愛取, 引持過去諸行不斷, 亦得潤生[706], 能令未來果報相續。依是義故名相續相, 不同前說相續心也。依於智者, 依前智相爲根所生故, 所依是細, 唯一捨受, 能依是麤, 具起苦樂, 故言生起苦樂也。又所依智相, 內緣而住, 不計外塵, 故是似眠, 此相續識徧計內外, 覺觀分別, 如似覺悟。以之故言覺心起念。起念卽是法執分別, 識蘊與此麤執相應, 徧馳諸境, 故言相應不斷故也。

두 번째[707] 상속상相續相이란 것은 생기식生起識으로 식온識

---

706 潤生: 비나 이슬이 식물의 종자를 축여 싹을 트게 하듯이 조건이 맞으면 다시 살아나는 것을 의미한다.
707 여기서의 두 번째라는 것은 六麤를 기준으로 智相에 이어 두 번째라는 것을 의미한다. 이하 세 번째 등도 같은 기준이다.

蘊[708]이다. 이것은 구체적으로 분별하고, 제법을 두루 헤아려서 오래 서로 이어지게 할 수 있다. 또 (이것은) 능히 애취愛取[709]를 일으키고, 과거의 모든 행위를 이끌어 지니고 끊이지 않게 하며, 또한 윤생潤生할 수 있어서 능히 미래의 과보로 상속하게 한다. 이러한 뜻으로 상속상이라고 하지만, 앞에서 설한 상속심과 같지 않다. '智相에 의한다.'는 것은 앞의 智相을 뿌리로 삼아 생겨난 것이기 때문이니, 소의 所依[710]는 미세하여 오직 하나의 사수捨受[711]일 뿐이나 능의能依[712]는 구체적이어서 고락을 모두 일으키기 때문에 '괴로움과 즐거움을 낳는다.'고 하였다. 또 所依인 智相은 안으로 반연하여 머무르고 바깥 경계를 헤아리지 않기 때문에 잠든 것 같지만, 이 相續識은 안과 밖을 두루 계탁하고 각관覺觀[713]하여 분별하는 것이 마치 깨어있는 것 같다. 이러한 까닭에 '각심覺心이 망념을 일으킨다.'고 말하였다. 망념을 일으키는 것이 바로 법집분별法執分別[714]이고, 식온識蘊은 구체적으로 집착하는 이러한 상과 응해 여러 경계를 두루 치달리기 때문에 '서로

---

708 識蘊: 오온五蘊의 하나로 식음識陰 또는 식수음識受陰이라고도 하며, 경계境界를 헤아리고 분별하여 경계상境界相을 총체적으로 취한다. 『대승아비달마잡집론大乘阿毘達磨雜集論』(대정장 제31권, 1605, p.666. a.3~ 19행)에 의하면, 제8아려야식은 심心이고, 제7말나식은 의意이며, 전육식前六識은 식識이라 하는데, 識蘊은 前六識과 意를 합한 것이라 하였다. 관련 원문은 다음과 같다. "云何建立識蘊, 謂心意識差別. 何等爲心, 謂蘊界處習氣所熏. 一切種子阿賴耶識 ~~ 何等爲意, 謂一切時緣阿賴耶識思度爲性, 與四煩惱恒相應, 謂我見我愛我慢無明, 此意遍行. 何等爲識, 謂六識身, 眼識耳識鼻識 ~~ 識蘊即七識界, 謂眼等六識界及意界"

709 愛取: 좋아하고 집착하는 마음.
710 相續相이 의지하고 바탕으로 삼는 말나식의 智相을 가리킨다.
711 捨受: 三受(고苦, 낙樂, 사捨) 또는 五受(고苦, 낙樂, 우憂, 희喜, 捨)의 하나로, 괴롭지도 즐겁지도 않은 감각작용을 말하며, 불고불락수不苦不樂受라고도 한다. 아려야식과 말나식에서는 捨受만이 작용하고, 의식에서는 三受(또는 五受)가 모두 작용한다.
712 相續相을 짓고 있는 주체로서의 의식을 가리킨다.
713 覺觀: 의식에서 작용하는 不定心所 가운데 심尋과 사伺를 의미한다. 각覺은 찾아 구하고 미루어 헤아려 대상을 총체적으로 사유思惟하는 작용이며, 관觀은 세심하게 여러 법法과 명의名義에 대하여 관찰하는 정신작용이다. 두 가지 모두 제2선禪 이상의 정심定心을 방해한다.
714 法執分別: 법집에서 나오는 분별을 말하며, 아집이 실체가 없는 나에 대한 집착이라면 법집은 존재하는 모든 것에 얽매이는 것을 말함.

응해 끊이지 않기 때문이다.'라고 말하였다.

해설 '앞에서 설한 相續心'은 수염본각隨染本覺의 지정상智淨相을 설명하는 부분에서 언급된 相續心相으로, 본각의 智淨相이 아려야식의 화합식상과 상속심상을 깨뜨려서 법신을 현현하게 한다는 내용에서 나온다. 이 상속심상은 아려야식이 집단적으로 세대를 이어서 소멸하지 않고 이어지는 것을 가리키기 때문에, 여기에서 말한 개개인의 의식 차원에서 작용하는 상속상相續相과 그 의미가 완전히 다르다.

또 相續相의 '所依가 미세하다.'는 것은 相續相의 所依[의존하는 대상]인 말나식이 사람들이 평소에 인식하기 어려운 개인 무의식이기 때문이고, '能依가 구체적이어서 고락을 모두 일으킨다.'는 것은 相續相의 能依인 의식은 인식 가능한 영역에서 감각과 함께 작용하여 애취愛取를 일으키기 때문이다. 윗글의 '각심覺心'이란 것은 진리를 깨우쳤다는 것을 의미하는 것이 아니고, 인식하기 어려운 무의식에 반해 의식은 잠에서 깨어 있는 것처럼 지각하고 인식할 수 있다는 것을 뜻한다.

第三執取相者, 即是受蘊, 以依識蘊, 分別違順, 領納苦樂, 故言依於相續, 乃至住苦樂等也. 第四計名字相者, 即是想蘊, 依前受蘊, 分別違順等名言相, 故言依妄執, 乃至名言相故也. 第五起業相者, 即是行蘊, 依於想蘊所取名相, 而起思數造作善惡, 故言依於名字, 乃至造種種業故也. 第六業繫苦相者, 依前行蘊所造之業, 而受三有六趣苦果, 故言依業受果不自在故也.

세 번째 집취상執取相이란 것은 바로 수온受蘊으로, 식온識蘊에 의해 (마음에) 거슬리는 것과 순한 것을 분별하고 고락苦樂을 받아들이기 때문에 '相續相에 의해'부터 '고락 등을 잡아 지닌다.'까지를 말하였다. 네 번째 계명자상計名字相은 바로 상온想蘊으로, 앞의 수온受蘊에 의해 거스름이나 순함 같은 명자名字와 언설의 상을 분별하기 때문에 '헛된 집착'에서부터 '가명과 언설상 때문이다.'까지를 말하였다. 다섯 번째 기업상起業相이란 것은 곧 행온行蘊으로, 상온想蘊에서 취해진 이름과 언어의 상으로 사수思數[715]를 일으키고 선악을 짓기 때문에 '이름과 글자에 의해'에서부터 '갖가지 업을 만들어 내기 때문이다.'까지를 말하였다. 여섯 번째 업계고상業繫苦相은 앞의 행온行蘊이 지은 업에 의해 삼유三有[716]와 육취六趣의 고통스러운 과보를 받기 때문에 '업에 의해 받는 과보로 자재하지 않기 때문이다.'라고 했다.

해설 육추六麤와 오온五蘊[717]과 식識의 관계를 정리하면 아래와 같다.

六麤相	五蘊	識
업계고상	행온의 결과	전오식
기업상	행온, 색온	
계명자상	상온, 색온	
집취상	수온, 색온	
상속상	식온	의식
지상	식온	말나식

---

715 思數: 오변행심소五遍行心所(촉觸, 작의作意, 수受, 상想, 사思)의 하나로, 마음을 조작하고 부려서 구체적으로 작용하게 하는 심리작용을 말한다. 遍行이란 아려야식과 말나식 그리고 의식에 두루 작용한다는 뜻이다.

716 三有: 욕유欲有, 색유色有, 무색유無色有를 말하며 욕계欲界, 색계色界, 무색계無色界의 三界와 같은 말이다.

717 五蘊: 범어 'pañca-skandha'의 의역으로, 오음五陰·오중五衆·오취五聚라고도 한다. 蘊은 쌓아 모은 것 또는 유형으로 나눈 것을 의미하며, 생멸 변화하는 모든 유위법有爲法을 구성하고 있는 다섯 요소(色·受·想·行·識)를 말한다. 색온色蘊은 물질적인 것이고, 수온受蘊은 고락 같은 것을 지각하는 것이며, 상온想蘊은 언어를 통해 사유하는 것이고, 행온行蘊은 욕구나 의지로써 실행하는 것이며, 식온識蘊은 이러한 것들의 바탕이 되는 마음을 가리킨다.

ⓒ 총결總結 본말불각本末不覺

[論_ 法章門_ 別解_ 生滅門_ 廣釋_ 心生滅_ 依義別解_ 廣顯體相_ 別解_ 不覺_ 總結 本末不覺]

當知無明能生一切染法, 以一切染法, 皆是不覺相故。

무명이 일체 염법을 낳을 수 있음을 마땅히 알아야 하는 것은 일체 염법이 모두 불각상이기 때문이다.

[疏] 第三總結。如前所說六種麤相, 依於現相所現境起, 三種細相, 親依無明。如是六三, 總攝諸染。是故當知無明住地, 能生一切染法根本, 以諸染相雖有麤細, 而皆不覺諸法實相, 不覺之相是無明氣故, 言一切染法皆是不覺相故。第二依義別解, 有三分內, 第一略明功能, 第二廣顯體相, 如是二分竟在於前。

세 번째로 총괄하여 매듭지었다.[718] 앞에서 말한 것처럼 여섯 가지 추상六麤相은 현상現相이 드러낸 경계에 의해 일어나고, 세 가지 세상細相은 무명에 직접적으로 의존한다. 이처럼 육추六麤와 삼세三細는 모든 염법을 총섭總攝한다. 이 때문에 무명주지無明住地가 능히 일체 염법染法을 낳는 근본임을 마땅히 알아야 하는 것은 여러 염상이 비록 구체적인 것과 미세한 것의 차이가 있지만, 모두 제법의 실상을 깨우치지 못한 것이고, 불각상은 무명의 기운이기 때문에 '일체 염법이 모두 불각상이기 때문이다.'라고 말한 것이다. 두 번째 의의별해依義別解 중에 세 부분[719]이 있는데, 첫 번째 공능을 간략하게 밝힌 것

---

718 불각을 풀이하는 데에 있어서 먼저 근본불각을 설명하였고, 그 다음으로 지말불각을 풀이하였으며, 세 번째는 마지막으로 근본불각과 지말불각을 총괄적으로 매듭지었다.

719 해석분 중의 생멸문에서 첫 번째는 취체총명就體總明이고, 두 번째는 의의별해依義別解이다. 依義別解는 다시 약명공능略明功能, 광현체상廣顯體相, 명동이明同異의 세부분으로 나뉜다.

[약명공능略明功能]과 두 번째 體相을 폭넓게 드러낸 것[광현체상廣顯體相]을 이처럼 두 부분으로 나눠서 (설하는 것을) 앞에서 마쳤다.

해설 육추六麤의 상은 말나식과 생기식生起識에서 일어나지만, 모두 지말불각枝末不覺의 能見이 드러낸 境界相에 의한 것이고, 능견은 다시 무명으로 일어난 업상에서 전화轉化한 것이기 때문에, 三細와 六麤의 모든 染法相을 무명이 낳는다고 한 것이다.

㈐ 명동이明同異 (같고 다름을 밝히다)

[論_ 法章門_ 別解_ 生滅門_ 廣釋_ 心生滅_ 依義別解_ 明同異]

復次覺與不覺有二種相, 云何爲二。一者同相, 二者異相。言同相者, 譬如種種瓦器, 皆同微塵性相, 如是無漏無明種種業幻, 皆同眞如性相。是故脩多羅中, 依於此眞如義故說, "一切衆生本來常住, 入於涅槃菩提之法, 非可修相, 非可作相, 畢竟無得。亦無色相可見, 而有見色相者, 唯是隨染業幻所作, 非是智色不空之性, 以智相無可見故"。言異相者, 如種種瓦器, 各各不同, 如是無漏無明, 隨染幻差別, 性染幻差別故。

　다시 다음으로 覺과 不覺에 두 가지 상이 있는데, 무엇을 일러 둘이라 하는가? 하나는 동상同相이고, 다른 하나는 이상異相이다. 동상同相이라고 말한 것은 비유하자면 갖가지 질그릇이 모두 미세한 먼지의 성상性相을 같이하는 것처럼, 이 같은 무루無漏와 무명의 갖가지 업의 환상도 모두 동일한 진여의 성상性相이다. 이런 까닭에 경[720]에

720　여기서 말하는 경은 어떤 경론인지 전거가 불확실하나, 원효는 『疏』에서 『대품경大品經』(『大般若波羅蜜多經』의 별칭)이라 하였다.

서 이 진여의 뜻에 의하기 때문에 "일체중생은 본래 열반 보리의 법에 상주하고 들어있으니, 닦을 수 있는 상도 아니고 지을 수 있는 상도 아니라서 끝내 얻을 것이 없다. 또 어떠한 색상色相[물질적인 형상]으로 볼 수 있는 것이 없는데도 색상을 봄이 있는 것은 이 물든 것에 따라 오직 업환業幻이 지은 것이고, 지색智色[721] 不空의 性은 아니니 지상智相[722]은 볼 수 있는 것이 없기 때문이다."라고 설하였다. 이상異相이라 말한 것은 마치 갖가지 질그릇처럼 각각 다른 것이니, 이 같은 무루와 무명의 수염환차별隨染幻差別[723]과 성염환차별性染幻差別[724] 때문이다.[725]

해설 모든 인간은 본래부터 진여의 마음을 가지고 있기 때문에 열반 보리의 경지에 이미 들어 있고, 새롭게 닦아야 할 것도 지어야 할 것도 없으며, 깨우침을 얻는다 해도 새롭게 얻는 것이 아니라 본래 가지고 있는 본각의 지혜를 회복하는 것일 뿐이다. 그래서 끝내 얻을 것이 없다고 했다. 이것은 원래 청정한 물이 더러운 것에 잠시 물들어 혼탁해지더라도 정화하면 본래의 깨끗함을 되찾는 것과 같은 도리이다. 그러나 사람의 마음은 움직임이 없을 수 없어서 움직일 때 본성의 천리天理가 그대로 발현되기도 하지만 번뇌와 탐욕과 집착으로 비뚤어진 인욕人欲이 자주 드러나게 된다.

---

721 智色: 지상智相과 같은 말로, 부처의 광명이 밖으로 현현한 모습이다.
722 여기서 말하는 지상智相은 지색불공智色不空의 智色과 같은 의미이며, 육추六麤의 하나인 智相과 다른 의미로 쓰인 것이다.
723 隨染幻差別: 무루법無漏法을 가리킨다. 모든 무루법은 평등성을 어기지 않아 본래 차별이 없지만, 염법染法에 따라 차별이 있다. 마치 거울이 먼지로 덮혀 있는 상태에서 먼지를 닦아나가면 먼지가 닦여진 만큼 조금씩 거울의 본래 깨끗한 표면이 드러나듯이 제거되는 染에 따라 본각本覺의 모습이 드러나기에 隨染幻差別이라 한다.
724 性染幻差別: 무명법無明法을 가리킨다. 무명은 평등성을 어겨서 그 본성 자체에 허깨비 같은 차별이 있다는 뜻에서 性染幻差別이라 한다.
725 은정희 역: 이와 같이 무루와 무명이 수염환隨染幻의 차별이며 성염환性染幻의 차별이기 때문이다.

이 때문에 『서경書經』에서 "人心은 위태롭고, 道心은 미미하다."[726]라고 하였으니, 무명에 물들지 않은 道心의 바른 마음은 매우 미약하고, 사사로운 人心은 항상 위태롭기 때문이다. 이처럼 도심과 인심, 무루와 유루로 나뉘긴 하지만, 이 마음은 항상 진여의 모습을 간직하고 있기 때문에 同相이며, 번뇌와 욕심으로 물들어 차별되었기 때문에 異相인 것이다.

[疏] 第三明同異相, 此中有三。總標, 列名。次第辨相, 辨相之中, 先明同相, 於中有三。一者引喩, 二者合喩, 三者引證。第二中言無漏者, 本覺始覺也, 無明者, 本末不覺也。此二皆有業用顯現, 而非定有, 故名業幻。第三中言本來常住入涅槃菩提法者, 如大品經言, "以是智慧斷一切結使, 入無餘涅槃, 元是世俗法, 非第一義。何以故。空中無有滅, 亦無使滅者, 諸法畢竟空, 卽是涅槃"故, 又言, "何義故爲菩提, 空義是菩提義, 如義法性義實際義是菩提義。復次諸法實相, 不詆不異, 是菩提義"故。當知此中約於性淨菩提, 本來清淨涅槃, 故諸衆生本來入也。

세 번째[727]는 동상同相과 이상異相을 밝힌 것으로, 이 중에 세 가지가 있다. 총괄하여 표시한 것과,[728] 이름을 열거한 것,[729] 그리고 차례대로 상을 변별한 것이다.[730] 상을 변별하는 중에 먼저 동상同相을 밝혔는데, 여기에 세 가지가 있다. 하나는 비유를 끌어왔고,[731] 둘은 비유와 합하였으며,[732] 셋은 인용하여 증명하였다.[733] 두 번째 (비유와

---

726 『書經』「虞書」大禹謨, "人心惟危 道心惟微"
727 依義別解(略明功能, 光顯體相, 明同異相) 중 세 번째인 '明同異相' 부분을 가리킨다.
728 '復次覺與不覺有二種相' 부분.
729 '云何爲二 一者同相 二者異相' 부분.
730 '言同相者 譬如種種瓦器 ~~ 隨染幻差別 性染幻差別故' 부분.
731 '譬如種種瓦器 皆同微塵性相' 부분.
732 '如是無漏無明種種業幻 皆同眞如性相' 부분.
733 '是故脩多羅中 ~~ 以智相無可見故' 부분.

합한 것) 중에 말한 무루無漏는 본각과 시각이고, 무명은 근본과 지말의 불각이다. 이 둘[734] 모두 업의 작용으로 드러난 것이고 반드시 있는 것이 아니기 때문에 '업의 환상'이라 하였다. 세 번째(인증引證) 중에 말한 '본래 열반 보리의 법에 상주하고 들어있다.'는 것은 『대품경』에서 말한 것처럼 "이 지혜로 모든 얽어매고 부리는 것[735]을 끊고 무여열반無餘涅槃[736]에 들어가는 것은 원래 세속법이지 제일의제第一義諦는 아니다. 무엇 때문인가? 空에는 멸하는 것도 없고 또 멸하게 하는 것도 없어서 모든 법이 끝내 空한 것이 바로 열반이다."[737]라고 했기 때문이고, 또 (『대품경』에서) "무슨 뜻으로 깨달음이라 하는가? 空의 뜻이 깨달음의 뜻이며, 如의 뜻과 법성法性의 뜻과 실제實際의 뜻이 깨달음의 뜻이다. 또 다음으로 모든 법의 실상은 거짓되지도 다르지도 않으니, 이것이 깨달음의 뜻이다."[738]라고 말하였기 때문이다. 여기[739]에서는 성정보리性淨菩提[740]와 본래청정열반本來淸淨涅槃[741]을

---

734 둘은 무루와 무명을 가리킨다.
735 얽어매고 부리는 것은 번뇌를 지칭한 것임.
736 無餘涅槃: 무여의열반無餘依涅槃이라고도 하며 유여열반有餘涅槃에 상대되는 명칭이다. 법상종에서 세운 4종 열반의 하나로, 생사의 괴로움을 여읜 진여이며, 번뇌장을 끊고 얻는 것이다. 이숙異熟의 고과苦果인 오온五蘊으로 이루어진 신체까지 소멸해 의지할 것이 완전히 없어진 곳에 나타난다. 依는 곧 의신依身으로 사람의 신체에 의지한다는 뜻이다.
737 『摩訶般若波羅蜜經』(대정장 제8권, 0223, p.401. b7~ 10행)에서 인용함. 원문과 조금 차이가 있다. "以是智慧斷一切結使煩惱習 入無餘涅槃 是世俗法 非第一實義 何以故 空中無有滅 亦無使滅者 諸法畢竟空 卽是涅槃"
738 『摩訶般若波羅蜜經』(대정장 제8권, 0223, p.379. a18~ 22행)에서 축약 인용함. "何義故名菩提 須菩提 空義 是菩提義 如義 法性實際義 是菩提義 復次須菩提 名相言說是菩提義 須菩提 菩提實義不可壞不可分別 是菩提義 復次須菩提 諸法實相不誑不異 是菩提義"
739 기신론 본문의 '一切衆生本來常住, 入於涅槃菩提之法(일체중생이 본래 열반 보리의 법에 상주하고 들어있다)'을 가리킨다.
740 性淨菩提: 본성이 본래 가지고 있는 깨끗한 지혜.
741 本來淸淨涅槃: 법상종法相宗의 네 가지 열반 중 하나로 자성청정열반自性淸淨涅槃·성정열반性淨涅槃이라고도 한다. 모든 존재의 참다운 본성이 곧 진여의 理이며, 일체 제법은 비록 객진客塵번뇌에 덮여 있으나, 본래 自性은 청정 무량하고 오묘한 공덕이 있으며, 생멸하지도 않고 허공처럼 맑고 깨끗하며, 일체 유정有情이 평등하게 공유하는 것이다.

기준으로 하였기 때문에 모든 중생이 본래 (열반 보리의 법에) 들어있음을 마땅히 알아야 한다.

해설 '모든 중생이 본래 열반 보리의 법에 상주한다.'는 뜻은 중생이 본래 부처의 본성을 가지고 태어나서 깨달음의 가능성을 가지고 있다는 것이다. 그래서 깨달음을 얻기 전에는 지혜로써 번뇌와 의혹을 제거하기 위하여 노력하지만, 깨달음을 얻고 나서 보면 번뇌와 의혹이 본래 공한 것이요, 이 깨달음도 나의 본성에 원래부터 있던 것이라 소멸한 것도 없고 소멸하게 한 것도 없는 것이다. 지혜로 번뇌를 끊고 깨달음을 구하여 열반에 이르는 것은 세속법이고, 본래 공하여 소멸도 없고 소멸하게 하는 것도 없는 것은 제일의제第一義諦이자 진제眞諦이며, 中道의 實相이자 無上의 眞理이다.

非可修相者, 無因行故, 非可作相者, 無果起故, 畢竟無得者, 以無能得者, 無得時無得處故。亦無以下, 猶是經文, 而非此中所證之要。但是一處相續之文, 是故相從引之而已。明異相中, 先喩, 後合。合中言隨染幻差別者, 是無漏法, 性染幻差別者, 是無明法。何者。本末無明, 違平等性。是故其性自有差別。諸無漏法, 順平等性, 直置其性, 應無差別, 但隨染法差別之相, 故說無漏有差別耳, 謂對業識等染法差別, 故說本覺恒沙[742]性德。又對治此諸法差別, 故成始覺萬德差別。

'닦을 수 있는 상도 아니다.'라고 한 것은 인위因位의 수행이 없기 때문이고, '지을 수 있는 상도 아니다.'라고 한 것은 어떠한 과보도 일어남이 없기 때문이며, '끝내 얻을 것이 없다.'라는 것은 능히 얻을 것이 없는 것이라서 얻을 때도 없고 얻을 곳도 없기 때문이다. '역

---

742 恒沙: 항하사恒河沙의 준말로, 인도 갠지스 강의 모래를 가리킨다. 비유적으로 셀 수 없이 큰 수량을 상징한다.

무亦無(또 어떠한 ~ 없다)' 이하는 여전히 『대품경』의 글이지만 여기에서 증명할 요점은 아니다. 다만 한 곳에서 서로 이어진 글이기 때문에 서로 좇아 인용하였을 뿐이다. 이상異相을 밝히는 중에, 먼저 비유를 했고,[743] 뒤에서 (본문에) 합하였다.[744] 합하는 중에 말한 수염환차별이란 것은 무루법이고, 성염환차별은 무명법이다. 어째서인가? 근본과 지말 무명은 평등성을 어긴 것이기 때문에 그 본성에 스스로 차별이 있다. 여러 무루법은 평등성을 순하게 따라 그 본성을 바르게 두어서 마땅히 차별이 없지만, 단지 염법의 차별상을 따르기 때문에 무루법에 차별이 있다고 말했을 뿐이니, 업식業識 등의 염법 차별에 상대하기 때문에 본각의 갠지스강 모래 같은 무한한 성공덕을 설한 것이고, 또 이 제법의 차별을 다스리기 때문에 시각始覺이 만 가지 덕의 차별을 이룬다고 말한 것이다.

해설 본각은 본래부터 가지고 있는 것이라 그것을 회복하는 데 새로운 원인이 필요한 것도 아니고, 얻었다 하더라도 새롭게 얻어지는 것도 없으며, 또 때(三世)와 장소(六道)가 따로 있는 것도 아니다. 무명법의 성염환차별은 근본무명과 지말무명이 애초부터 평등일여의 진여 本性을 어겼기 때문에 삼세三細와 육추六麤의 갖가지 업환業幻 차별을 일으킨다. 그래서 性이 물들었다는 의미로 성염환차별이라 한 것이다. 이와 반대로 무루법은 본성의 평등성에 기초하기 때문에 본성의 차별이 없지만, 무명에 물든 염법의 차별상으로부터 깨달음을 얻는 정도에 따라 범부의 깨달음부터 상사각相似覺, 수분각隨分覺, 구경각究竟覺과 같은 시각의 차별이 있게 된다. 그래서 수염환차별이라 한다.

---

743 '如種種瓦器 各各不同' 부분.
744 '如是無漏無明 隨染幻差別 性染幻差別故' 부분

[別記] 是故無漏, 但隨彼染而有差別, 不由自性有差別也.

이런 까닭에 무루는 다만 저 염오染污에 따른 차별이 있을 뿐이고, 自性으로 말미암은 차별은 있지 않다.

[疏] 然如是染淨, 皆是相待, 非無顯現, 而非是有. 是故通名幻差別也. 上來廣釋立義分中, 是心生滅竟在於前.

그러나 이 같은 染法과 淨法은 모두 서로를 기다려서, 현현하지 못하는 것도 없지만 있는 것도 아니다. 이런 까닭에 공통으로 환차별幻差別이라 하였다. 위에서부터 입의분 중의 심생멸心生滅[745]을 자세하게 해석하고 여기에서 마친다.

(나) 생멸인연生滅因緣_ 명명

[疏] 此下第二釋其因緣, 於中有二. 先明生滅依因緣義, 後顯所依因緣體相.

이 아래는 두 번째[746]로 그 (심생멸의) 인연을 풀이한 것으로, 그 가운데 두 가지가 있다. 먼저 생멸이 인연에 의하는 뜻을 밝혔고, 뒤에서 소의所依인 인연의 체상體相을 밝혔다.

① 생멸이 인연에 의하는 뜻

初中亦二. 總標, 別釋.

처음에도 두 가지가 있다. 총체적으로 표시한 것과, 나눠 풀이한 것이다.

---

745 여기서 말하는 '立義分 가운데 心生滅'은 心生滅의 體에 관하여 해석한 것이다.
746 여기에서 언급하고 있는 두 번째는 생멸문의 體와 名, 그리고 相을 풀이하는 가운데 두 번째인 名을 가리킨다.

㉮ **총표總標** (총체적으로 표시하다)

[論_ 法章門_ 別解_ 生滅門_ 廣釋_ 生滅因緣_ 生滅依因緣義_ 總標]
復次生滅因緣者, 所謂衆生依心, 意意識轉故。

다시 다음으로 생멸 인연이란 것은 이른바 여러 생멸상[중생衆生]이 마음에 의해 의意와 의식意識이 전변하기 때문이다.[747]

해설 여기에서 말한 중생衆生은 보통명사로서의 대중을 의미하는 것이 아니고 여러 생멸상이 생겨나는 것을 뜻한다. 바로 아래 소疏의 글에서 중생을 풀이하여 '여러 생멸 相이 모여 생겨나기 때문에 중생이라 하였다(諸生滅相聚集而生, 故名衆生).'라고 한 것을 보면 그것을 알 수 있다.

[疏] 初中言因緣者, 阿黎耶心體變作諸法, 是生滅因, 根本無明熏動心體, 是生滅緣。又復無明住地, 諸染根本起諸生滅, 故說爲因, 六塵境界能動七識波浪生滅, 是生滅緣。依是二義以顯因緣。諸生滅相聚集而生, 故名衆生, 而無別體, 唯依心體, 故言依心, 卽是黎耶自相心也。能依衆生, 是意意識。以之故言意意識轉。

처음에 말한 '인연因緣'에서 아려야식의 심체가 여러 법을 변작하는 것은 생멸의 인因이고, 근본무명이 심체를 훈습하여 움직이는 것은 생멸의 연緣이다. 또 다시 무명주지無明住地는 모든 염법의 근본으로 여러 생멸을 일으키기 때문에 인因이라 설하고, 육진六塵의 경계가 능히 일곱 가지 식識의 파랑을 움직여 생멸케 하는 것은 생멸의 연緣이다. 이 두 가지 뜻으로써 인연을 드러냈다. 여러 생멸 相이 모여 생겨나기 때문에 중생衆生이라 하였지만 별도의 體는 없고, 오직

---

747 은정희 역: 생멸인연이라는 것은 이른바 중생이 마음에 의하여 의와 의식이 전변하기 때문이다.

심체心體에 의지하기 때문에 '마음에 의한다.'라고 말하였으니, 바로 아려야식의 자상심自相心[748]이다. 능의能依인 여러 생멸상生滅相은 바로 의意와 의식意識이다. 이런 까닭에 '意와 意識이 전변한다.'라고 하였다.

해설 생멸의 因과 緣을 두 가지 차원에서 설명하고 있다. 보다 근원적인 차원에서 자발적으로 움직일 때는 아려야식의 심체가 因이고 무명이 緣이 되지만, 염법 차원에서 볼 때는 근본무명이 因이 되고 여섯 경계로 인해 움직이는 일곱 가지의 식이 緣이 된다. 그리고 能依로서 意와 意識에서 작동하는 여러 생멸상은 스스로의 體가 없어 아려야식의 自相心에 의지하여 변전한다. 그래서 '마음에 의해 意와 意識이 전변한다.'라고 한 것이다.

㈏ **별석別釋** (나눠 풀이하다)

以下別釋, 於中有三。先釋依心, 次釋意轉, 後釋意識轉。

이 아래는 나눠 풀이한 것으로, 그 가운데 세 가지가 있다. 먼저 마음에 의한다는 것을 해석하였고, 다음으로 意가 전변하는 것을 풀이하였으며, 뒤에서 의식이 전변하는 것을 풀이하였다.

Ⓐ 의심依心

[論_ 法章門_ 別解_ 生滅門_ 廣釋_ 生滅因緣_ 生滅依因緣義_ 別釋_ 依心]

此義云何。以依阿黎耶識, 說有無明。

이 뜻이 무엇을 말하는가? 아려야식에 의해 무명이 있다고 설한다.

---

748 自相心: 스스로 상을 짓는 마음으로, 아려야식을 지칭한다.

[疏] 初中言阿黎耶識者, 是上說心, 卽是生滅之因。說有無明者, 在黎耶識, 卽是生滅之緣。欲明依此因緣意意識轉, 故言以依阿黎耶識說有無明。上總標中略其因, 是故但言依心, 此別釋中具顯因緣, 故說亦依黎耶識內所有無明也。

처음에 '아려야식'이라고 말한 것은 위에서 설한 마음[749]이니, 바로 생멸의 因이다. '무명이 있다.'고 설한 것은 (그 무명이) 아려야식에 있으니, 바로 생멸의 緣이다. 이 因과 緣에 의해 意와 意識이 전변하는 것임을 밝히고자 하였기 때문에 '아려야식에 의해 무명이 있다고 설한다.'라고 말하였다. 위의 총표 중에서는 그 因을 간략히 드러냈기 때문에 단지 '依心(마음에 의해)'이라고만 하였는데, 여기 나눠 풀이하는 중에서는 因과 緣을 자세히 나타냈기 때문에 또한 아려야식 안에 있는 무명에 의한다고 설한 것이다.

[別記] 當知無明住地, 非七識攝, 亦非爲彼所熏種子。

무명주지는 일곱 가지 식이 포섭하는 것도 아니고, 또한 그것들을 (일곱 가지 식)에 의해 훈습되는 종자種子[750]도 아님을 마땅히 알아야 한다.

해설 무명이 자리하고 있는 곳은 아려야식이기 때문에 일곱 가지의 식에 당연히 포섭되지 않으며, 무시無始 이래로 전해져 온 것이기 때문에 일곱 가지의 식에 의해 새롭게 훈습되는 것도 아니다. 그러나 일곱 가지의 식에

---

749 바로 앞 논의 글에 있는 '所謂衆生依心(여러 생멸상이 마음에 의지한다)'에서의 마음을 가리킨다.
750 種子: 인간의 행위나 경험 등이 아려야식에 저장된 것으로, 인간에게 본래부터 주어지는 본유종자本有種子와 새롭게 훈습하는 신훈종자新熏種子, 그리고 이 두 가지가 섞여있다고 보는 합생종자合生種子 등이 있다.

의해서 조금도 영향을 받지 않는다고는 말할 수 없다. 無始로부터 수많은 사람의 행위에 의해서 훈습되어 본유종자本有種子로서 현재의 나에게 전해진 무명은 당연히 지금의 일곱 가지의 식에 의해 훈습된 것은 아니지만, 내가 살아가면서 하는 행위는 신훈종자新熏種子를 형성하는 데 영향을 준다고 할 수 있다. 단지 그 영향이 無始 이래로 누적된 것에 비해서 상대적으로 아주 미미할 뿐이다. 이렇듯이 아려야식은 소장所藏[이미 저장하고 있는 것]의 뜻도 있지만, 새롭게 저장하는 주체로서의 능장能藏의 뜻도 함께 있기 때문이다. 그러나 여기에서 훈습되는 종자種子가 아니라고 말한 것은 因으로서의 무명주지無明住地를 강조하기 위한 것이다.

Ⓑ 의전意轉

[論_ 法章門_ 別解_ 生滅門_ 廣釋_ 生滅因緣_ 生滅依因緣義_ 別釋_ 意轉]

不覺而起, 能見, 能現, 能取境界, 起念相續, 故說爲意。此意復有五種名, 云何爲五。一者名爲業識, 謂無明力不覺心動故。二者名爲轉識, 依於動心能見相故。三者名爲現識, 所謂能現一切境界, 猶如明鏡現於色像。現識亦爾, 隨其五塵對至卽現, 無有前後, 以一切時任運而起, 常在前故。四者名爲智識, 謂分別染淨法故。五者名爲相續, 以念相應不斷故, 住持過去無量世等善惡之業, 令不失故。復能成熟現在未來苦樂等報, 無差違故, 能令現在已經之事, 忽然而念, 未來之事, 不覺妄慮。

불각이 일어나, 볼 수 있고[능견能見], 드러낼 수 있으며[능현能現], 능히 경계를 취하고[능취경계能取境界], 망념을 일으켜 서로 이어지게 하기 때문에 설하여 意라 한다. 이 意에 다시 다섯 가지 이름이 있으니, 무엇이 다섯인가? 하나는 이름을 업식業識이라 하니, 무명의 힘으로 불각의 마음이 움직이는 것을 일컫기 때문이다. 둘은 이름을 전식轉識이라 하니, 움직이는 마음에 의해 능견상能見相이 있기 때문이다. 셋은 이름을 현식現識이라 하는데, 이른바 일체 경계를 드러낼 수 있는 것이 마치 맑은 거울이 사물의 형상을 드러내는 것과 같다. 현식現識도 그러하여, 그 오진五塵을 따라 대상이 이르면 곧바로 드러냄에 선후가 없는 것은 언제나 때에 맞게 움직이고 일어나 항상 바로 앞에 있기 때문이다. 넷은 이름을 지식智識이라 하니, 염법染法과 정법淨法을 분별하기 때문이다. 다섯은 이름을 상속식相續識이라 하니, 망념이 상응하여 끊이지 않기 때문이고, 과거 한량없는 세상 같은 선악의 업을 주지住持하여 잃어버리지 않게 하기 때문이다. 다시 현재와 미래의 고락과 같은 과보를 성숙시켜 어긋남이 없게 할 수 있기 때문에, 능히 현재에 이미 지나간 일을 문득 기억하게 하고, 미래의 일도 깨닫지 못하여 허망하게 생각하게 한다.

해설 '染法과 淨法을 분별한다.'는 것은 선악과 시비를 분별하는 것을 말한다. 智識은 제7식에 해당하는 마음으로 주로 분별하는 작용을 하는데, 나라는 하는 마음을 항상 밑바탕에 깔고서 선악시비와 이해관계 등을 분별한다. 우리가 의식에서 판단하는 모든 작용은 그 바탕에 이 智識이 은연중에 항상 관여하고 있다.

是故三界虛僞, 唯心所作, 離心則無六塵境界。此義云何。以一切法, 皆從心起 妄念而生, 一切分別, 卽分別自心, 心不見心, 無相可得, 當知世間一切境界, 皆依衆生無明妄心而得住持。是故一切法, 如鏡中像, 無體可得, 唯心虛妄, 以

心生則種種法生, 心滅則種種法滅故。

　　이런 까닭에 三界는 허망하고 거짓된 것으로, 오직 마음이 지은 것이니, 마음을 여의면 육진六塵의 경계가 없다. 이 뜻이 무엇을 말하는가? 일체 법은 모두 마음에서 일어나고 망념으로 생겨난 것이며, 일체 분별은 바로 자기 마음(에서 만든 망념)을 분별한 것으로, 마음은 마음을 보지 못해 어떠한 相도 얻을 수가 없으니, 마땅히 세간의 일체 경계가 모두 중생의 무명 망심에 의해 머물고 유지되는 것임을 알아야 한다. 이런 까닭에 모든 법은 거울 속의 형상과 같아서 어떠한 실체도 얻을 수 없고 오직 마음일 뿐 허망한 것은 마음이 생기면 갖가지 법이 생겨나고 마음이 멸하면 갖가지 법도 멸하기 때문이다.[751]

해설　'일체 분별은 바로 자기 마음을 분별한 것이다'라는 것은 장자莊子와 혜자惠子가 가죽나무를 평하는 논쟁의 사례를 보면 보다 쉽게 이해할 수 있다. "혜자가 장자에게 말하였다. 나에게 큰 나무가 있는데 사람들은 그것을 가죽나무라고 말한다. 그런데 그 큰 몸통은 울퉁불퉁하여 먹줄을 칠 수 없고, 그 잔가지들은 구부러져 그림쇠와 곱자에 들어맞지 않는다. 그래서 이 나무가 길옆에 서 있지만 목수가 쳐다보지도 않는다. 지금 그대의 말은 크기만 하고 쓸모가 없어 뭇사람들이 함께 버리고 떠나 버린다. 장자가 이에 대해 말하였다. 지금 그대가 큰 나무가 있는데도 그 쓸모없음을 걱정한다면, 어찌 그 나무를 아무것도 없는 고을의 넓고 아득한 들판에 심어 놓고, 그 나무 곁에 하릴없이 노닐면서, 그 아래에 누워 소요하지 않는가? (이 큰 나무는) 도끼에 잘려 죽지도 않고 아무도

---

[751]　은정희 역: 마음은 마음을 보지 못하여 얻을 만한 상相이 없기 때문이다. 세간의 모든 경계는 다 중생의 무명망심에 의하여 머물러 있게 되니, 그러므로 일체법은 거울 가운데의 형상과 같아서 얻을 만한 실체가 없고, 오직 마음일 뿐 허망한 것임을 알아야 한다. 왜냐하면 마음이 생기면 갖가지의 법이 생기고, 마음이 없어지면 갖가지의 법이 없어지기 때문이다.

해치지 않으니 쓸만한 것은 없지만, 어찌 곤란하고 고통스러울 것이 있겠는가?"[752] 이글에서 장자가 말하고자 한 본래 취지는 '무용無用의 大用'이지만, 혜자와 장자처럼 보는 사람의 생각과 분별에 따라 하나의 사물이 극단적으로 다르게 인식될 수 있음을 극명하게 보여주는 좋은 사례가 아닐 수 없다. 그러나 가죽나무를 어떻게 인식하던 간에 이 분별하는 마음은 모두 不覺의 작용이라 허망하고 自相이 없어 얻을 만한 것이 없다.

[疏] 次釋意轉, 於中有三。一者略明意轉, 二者廣顯轉相, 三者結成依心之義。初中卽明五種識相。不覺而起者, 所依心體, 由無明熏, 擧體起動, 卽是業識也。言能見者, 卽彼心體轉成能見, 是爲轉識。言能現者, 卽彼心體復成能現, 卽是現識。能取境界者, 能取現識所現境界, 是爲智識。起念相續者, 於所取境起諸麤念, 是相續識。依此五義次第轉成, 能對諸境而生意識, 故說此五以爲意也。

다음으로 意가 전변함을 설명하였으니, 그 가운데 세 가지가 있다. 하나는 意가 전변함을 간략히 밝혔고,[753] 둘은 전변하는 相을 폭넓게 드러냈으며,[754] 셋은 마음에 의해 이루어지는 뜻으로 매듭지었다.[755] 처음에 바로 다섯 가지 識의 相을 밝혔다. '불각이 일어난다.'는 것은 所依인 심체가 무명 훈습으로 말미암아 몸을 들어 움직임을 일으킨 것이니, 바로 업식業識이다. '볼 수 있다.'라고 말한 것은 곧 저

---

752 『莊子』「第1篇 逍遙遊」, 제5장 "惠子謂莊子曰, 吾有大樹, 人謂之樗。其大本擁腫, 而不中繩墨, 其小枝卷曲, 而不中規矩。立之塗, 匠者不顧。今子之言, 大而無用, 衆所同去也。莊子曰, 今子有大樹, 患其無用, 何不樹之於無何有之鄕廣莫之野, 彷徨乎無爲其側, 逍遙乎寢臥其下。不夭斤斧, 物無害者, 無所可用, 安所困苦哉"
753 '不覺而起 能見 能現 能取境界 起念相續 故說爲意' 부분.
754 '此意復有五種名 ~~ 不覺妄慮' 부분.
755 '是故三界虛僞 唯心所作 ~~ 心滅則種種法滅故' 부분.

심체가 전변하여 능견能見을 이룬 것이니, 이것이 전식轉識이다. '드러낼 수 있다.'라고 말한 것은 바로 저 심체가 다시 능현能現을 이룬 것으로, 바로 현식現識이다. '능히 경계를 취한다.'는 것은 능히 현식現識이 드러낸 경계를 취하는 것으로, 이것은 지식智識이다. '망념을 일으켜 서로 이어지게 한다.'는 것은 취해진 경계에서 여러 구체적인 망념을 일으키니, 상속식相續識이다. 이 다섯 가지 뜻으로 차례차례 변전하여 이루어지는 것에 의해 능히 여러 경계에 대응하여 의식을 낳기 때문에 이 다섯 가지를 意라고 설한 것이다.

해설 일반적으로 意는 意根으로서 주로 말나식을 의미하는데, 이 기신론에서는 아뢰야식의 세 가지 식과 말나식의 지식, 그리고 의식의 상속식을 모두 묶어서 意에 배속하고 있다. 원효는 앞의 別記에서 지말불각의 三細와 六麤를 보충 설명하면서 三細相은 아뢰야식에, 六麤의 智相은 말나식에, 그리고 相續相은 의식에 배속하였는데, 아마도 이러한 분류의 차이가 있는 까닭은 마명보살이 이 논을 지은 시기와 원효가 주석을 하는 시점 사이에 불교 유식론이 더욱 체계화되었기 때문일 것이다. 지금도 학자들에 따라 삼세육추의 배속에 관한 문제는 여러 이견이 있다.

[別記] 此中第五, 猶是意識, 而約生後義, 通入意中攝。

이 가운데 다섯 번째(相續識)는 오히려 의식이지만, 뒤의 것(의식)을 생한다는 뜻을 기준으로 통해서 意 중에 넣어 포섭하였다.

[疏] 此意以下, 第二廣明, 於中有二。總標, 別釋。別釋中言無明力者, 擧所依緣, 不覺心動者, 釋其業義, 起動之義是業義故。轉識中言依於

動心能見相故者, 依前業識之動, 轉成能見之相。然轉識有二, 若就無明所動轉成能見者, 是在本識, 如其境界所動轉成能見者, 是謂七識, 此中轉相, 約初義也。

'차의此意(이 意에 다시)' 이하는 두 번째로 자세하게 밝힌 것으로, 여기에 두 가지가 있다. 총괄하여 표시한 것과,[756] 구별해서 풀이한 것이다.[757] 구별해서 풀이하는 중에 말한 '무명의 힘'은 소의所依인 연緣을 든 것이고, '불각의 마음이 움직인다.'는 것은 그 업業의 뜻을 풀이한 것으로 일어나 움직이는 뜻이 바로 業의 의미이기 때문이다. 전식轉識(을 설명하는) 중에 말한 '움직이는 마음에 의해 능견상이 있기 때문이다.'는 것은 앞의 업식業識의 움직임에 의해 전변하여 능견상을 이룬다. 그러나 전식轉識에 두 가지가 있으니, 만약 무명으로 움직이고 전변하여 능견能見을 이룬다고 하면 이것은 본식本識에 있는 것이고, 만일 경계에 의해 움직여 능견能見을 이룬다고 하면 이것은 7식을 가리킨 것이니, 여기서의 전상轉相은 처음의 뜻을 따른 것이다.

해설 能見은 아려야식 뿐만 아니라 말나식 또는 의식에서도 작용하는 것이다. 아려야식의 能見이 이제 막 주변에 대하여 눈을 뜨기 시작한 갓난아이의 能見이라고 하면, 말나식의 能見은 자기만을 생각하는 아이의 能見이고, 의식의 能見은 이익과 손해를 잘 저울질하는 어른의 能見에 해당한다.

[別記] 又有處說, 諸是能見, 通名轉識, 則通八識。

---

756 '此意復有五種名' 부분.
757 '云何爲五 一者名爲業識 ~ 未來之事 不覺妄慮' 부분.

또한 어떤 곳에서는 모두 능견能見을 공통적으로 전식轉識이라고 칭하는데, 이것은 여덟 가지 식에 통한다.

[疏] 現識中言能現一切境界者, 依前轉識之見, 復起能現之用, 如上文言以依能見故境界妄現。當知現識依於轉識, 非見用卽是能現。是故前言能見能現。次喩, 後合。合中言五塵者, 且擧麤顯以合色像, 實論通現一切境故。以一切時任運而起常在前故者, 非如第六七識有時斷滅故。以是文證, 當知是三皆在本識之內別用也。

　　현식現識 중에서 말한 '일체 경계를 드러낼 수 있다.'는 것은 앞의 전식轉識의 능견能見에 의해 다시 능현能現의 작용을 일으킨 것이니, 윗글[758]에서 '능견能見에 의하기 때문에 경계가 허망하게 나타난다.'라고 말한 것과 같다. 마땅히 현식現識은 전식轉識에 의하지만 능견能見의 작용이 바로 능현能現은 아니라는 것을 알아야 한다. 이런 까닭에 앞에서 능견能見(볼 수 있고)과 능현能現(드러낼 수 있으며)을 말한 것이다. 다음으로 비유를 들었고,[759] 뒤에서 (비유를 원문과) 합하였다.[760] 합하는 중에 말한 오진五塵은 우선 구체적으로 드러내는 것을 들어서 사물의 형상과 합했지만, 실제로 논하면 일체 경계를 통틀어 드러내기 때문이다. '언제나 때에 맞게 움직이고 일어나 항상 바로 앞에 있기 때문이다.'는 것은 제6식과 제7식이 때때로 단멸斷滅하는 것과 같지 않기 때문이다. 이 글로써 증명되기 때문에, 이 세 가지[761]가 모두 본식 안에서 구별되는 작용임을 알아야 한다.

758　240~241쪽
759　비유는 '猶如明鏡現於色像' 부분이다.
760　합한 것은 '現識亦爾 隨其五塵對至卽現 ~ 以一切時任運而起常在前故' 부분이다.
761　세 가지는 業識, 轉識, 現識을 가리킨다.

해설 『유식삼십론송唯識三十論頌』에서 아려야식을 "항상 폭류처럼 전변한다.(항전여폭류恒轉如瀑流)"라고 표현한 것은 마치 거세게 흐르는 물이 바위에 부딪혀 포말을 일으키거나 바람에 물결을 이루기도 하지만 그 흐름이 끊이지 않는 것처럼, 아려야식의 흐름도 항상 단절되지 않기 때문이다. 그래서 아려야식의 자리에 있는 現識을 거울에 비유하여 거울에 사물이 비춰지면 언제 어느 곳에서나 항상 그 형상을 드러내는 것과 같다고 한 것이다. 이러한 아려야식과 달리 의식은 깊은 선정에 들어 있거나, 또는 수면이나 기절 상태에 있거나, 다른 생각을 할 때는 작동하지 않는다. 『大學』에서 "거기에 마음이 있지 아니하면 보아도 보이지 아니하고 들어도 들리지 아니하며 먹어도 그 맛을 모른다."[762]라고 한 것은 바로 이 의식이 五塵과 함께 작용하지 않는 경우인데, 이럴 때의 의식을 부동연不同緣 의식이라 한다.

[別記] 三現相者, 猶是上三相中境界相, 但此中爲明離轉識無別境相, 故擧能現明所現境。言猶如明鏡現色相者, 如四卷經云, "大慧, 略說有三種識, 廣說有八相。何等何三。謂眞識現識, 及分別事識。譬如明鏡持諸色像, 現識處現亦復如是"。又此文中說現義云, 以一切時任運而起常在前故, 當知現識定在第八, 其業識等與此作本, 其相彌細, 如何强將置七識中, 其可乎。言隨其五塵對至卽現者, 隨所起相皆不離見, 唯於能見鏡中而現, 故言對至卽現。就實而言, 亦現法塵, 且約麤顯略擧之耳。

세 번째 현상現相은 위의 세 가지 相[763] 중의 경계상境界相과 같은데, 다만 여기[764]서는 전식轉識을 떠나 별도의 경계상이 없음을 밝

---

762 『大學』 傳 제7장, "心不在焉, 視而不見, 聽而不聞, 食而不知其味"
763 앞부분에서 논한 枝末不覺의 三細相(無明業相, 能見相, 境界相)을 지칭함.
764 바로 앞에 있는 기신론 본문의 '不覺而起 能見 能現 能取境界'를 가리킨다.

히고자 했기 때문에 능현能現을 들어서 (능현이) 나타낸 경계를 밝혔다. '마치 맑은 거울이 사물의 형상을 드러내는 것과 같다.'라고 말한 것은 『사권경』에서 "대혜야! 간략히 말하면 세 가지의 識이 있고, 자세히 말하면 八相이 있다. 무엇이 세 가지인가? 진식眞識, 현식現識 그리고 분별사식分別事識을 말함이다. 비유하자면 맑은 거울이 모든 물체의 형상을 지니는 것처럼, 현식現識의 처소에서 드러내는 것도 역시 이와 같다."765라고 말한 것과 같다. 또 이(기신론의) 글 중에서 現의 뜻을 설명하여 '언제나 때에 맞게 움직이고 일어나 항상 바로 앞에 있기 때문이다.'라고 하였으니, 현식現識이 확실하게 제8식에 있음을 마땅히 알아야 하고, 그 업식業識 등이 이것(현식現識)과 더불어 뿌리가 되어 그 相이 더욱 미세하니, 어떻게 억지로 가져다가 일곱 가지 식 중에 두는 것이 가능하겠는가? '그 오진五塵을 따라 대상이 이르면 곧바로 드러낸다.'라고 말한 것은 (五塵에) 따라 일어난 相들이 모두 능견能見을 떠나지 않고, 오직 능견能見의 거울에서만 드러나기 때문에 '대상이 이르면 곧바로 드러낸다.'라고 말한 것이다. (그러나) 실제로 말한다면 (五塵뿐 아니라) 역시 법진法塵766도 드러내는데, 우선 구체적으로 나타내는 것을 기준으로 간략하게 거론했을 뿐이다.

해설 윗글에서 現相이라 했다가 다시 現識이라 하는 것처럼 相과 識을 자주 혼용하였는데, 굳이 相과 識의 의미를 구분해 본다면 相은 識의 작용성 측면에서 본 것이고 識은 相의 본체적인 측면을 가리킨 것이라 할 수 있다.
또 轉識은 五意 중의 能見에 해당하지만, 이 能見에 의해 境界相이 드러나고 이 일어난 상들이 모두 能見을 떠나지 않는다고 하는 것은 모

---

765 『楞伽阿跋多羅寶經』(대정장 제16권, 0670, p.483. a15~ 18행)에서 인용.
766 法塵: 제6식인 의식이 인식 대상으로 삼는 제법을 지칭한다. 다른 뜻으로 수행자가 불법佛法에 집착해서 미혹되었을 때 이 佛法을 法塵이라고도 한다.

든 식에서 동일하다. 다시 말하면 아려야식 분만이 아니라, 말나식에 있어서도 이 能見으로 智相이 작용하고, 의식과 前五識에서도 이 能見에 의해 六塵의 경계가 드러난다. 그래서 위의 별기에서 '이 능견은 여덟 가지 식에 통한다.'라고 말하였다. 그러나 아려야식에서 작용하는 能見은 그 흐름이 항상 끊이지 않는다는 점에서 다른 식에서 작용하는 能見과 그 의미가 조금 다른 점이 있다. 그래서 '언제나 때에 맞게 움직이고 일어나 항상 바로 앞에 있기 때문이다.'라고 한 것이다.

問。此識境界寬狹云何。此論中但說五塵, 楞伽經云, "阿黎耶識分別現境自身資生器世間等, 一時而知, 非是前後", 瑜伽論說, "阿賴耶識由於二種所緣境轉。一由了別內執受者, 謂能了別徧計所執自性妄執習氣, 及諸色根根所依處。此於有色界, 若在無色, 唯有習氣執受了別。二由了別外無分別器相者, 謂能了別依止緣內執受阿黎耶識故, 於一切時無有間斷器世間相。譬如燈燄生時內執膏炷, 外發光明。如是阿黎耶識, 緣內執受境, 緣外器相, 生起道理, 應知亦爾"。中邊論云, "是識所取四種境界, 謂塵根我及識, 所攝實無體相。所取既無, 能取亂識, 亦復是無"。若依中邊論及楞伽經, 則習氣等非此識境, 若依瑜伽論, 聲塵及七種識等非其所緣, 依此論說, 現根及識等, 亦非此識所現境界。如是相違, 云何和會。
答。此非相違 何以故。不以言唯緣如此法故, 不言餘法非境界故。

묻는다. 이 현식現識 경계의 넓고 좁음은 어떠한가? 이 『기신론』에서는 단지 오진五塵만을 말했는데, 『능가경』에서는 "아려야식은 드러난 경계인 자기의 몸과 삶을 의지하는 기세간器世間[767] 등을 분별分

767　器世間: 3종 世間(器世間·衆生世間·智正覺世間)의 하나로, 중생이 의지하여 사는 물리적인 공간인 산하山河와 대지大地 같은 것을 의미한다. 이렇게 삶을 의지하는 器世間을 의보依報라고 한다면, 유정有情이 과거의 업인業因에 따라 받는 과보果報인 몸을 정보正報라고 한다.

別함에 있어 일시에 아는 것이지 선후가 있는 것이 아니다."[768]라고 하였고, 『유가사지론』에서는 "아려야식은 두 가지로 반연된 경계로 말미암아 전변한다. 하나는 안으로 집수執受[769]를 요별了別[770]하는 것에서 말미암는데, 변계소집遍界所執의 自性[771]이 허망하게 집착하는 습기習氣[772]와 여러 색근色根과 根이 의지하는 곳을 능히 헤아려 분별하는 것을 이른다. 이것은 유색계有色界[773]의 경우이고, 만약 무색계無色界[774]라면 오직 습기習氣의 집수執受만을 요별할 뿐이다. 둘은 바깥으로 무분별의 기상器相[775]을 요별하는 것에 말미암는데, (이것은) 안으로 집수執受하는 아려야식에 반연하는 것에 의지하기 때문에 언제나 끊임없이 기세간상器世間相을 능히 요별하는 것을 말한다. 비유하자면 등잔에서 불꽃이 일어날 때 안으로는 기름 심지를 붙잡고 밖으로는 밝은 빛을 내는 것과 같다. 이같이 아려야식이 안으로 집수執受하는 경계境界에 반연하면서, 밖으로 기상器相에 반연하여 생겨나는

768　『入楞伽經』(대정장 제16권, 0671, p.525. b9~ 10행)에서 인용함.

769　執受: 경계와 접촉할 때 그것을 받아 들여서 고苦, 낙樂, 사捨 등의 감각을 내는 것을 말한다. 유집수有執受는 심왕과 심소법에 의해 집지執持되는 중생의 신체를 의미한다. 반대어는 무집수無執受, 또는 비집수非執受이다.

770　了別: 범어 'vijñapti'의 의역으로, 식별識別、변별辨別、인지認知한다는 것을 의미한다. 了別과 分別은 둘 다 외부 경계를 인식하는 작용으로 뜻이 유사하지만, 了別은 중립적으로 사용되는 반면에 分別은 종종 부정적인 의미를 동반한다.

771　遍界所執性: 唯識三性說(遍計所執性, 依他起性, 圓成實性)의 하나이다. 두루 사유하여 분별하는 것을 본성으로 하며, 주로 집착으로 만들어진 환상을 가리킨다. 分別性이라고도 한다.

772　習氣: 마음에 남아 있는 기운으로, 아려야식에 깊이 훈습될 경우에 종자가 되기도 한다. 명언습기名言習氣, 아집습기我執習氣, 유지습기有支習氣의 세 가지가 있다. 중생의 윤회 중에 자기 전세前世에 누적된 선악의 업력이나 행위 또는 습관 등이 금세今世에 잔류하여 태어날 때부터 갖추게 되는 일종의 정신적 행위적 특징을 가리키기도 한다. 유식종唯識宗에서는 습기를 종자라고도 한다.

773　有色界: 三界 중에서 형상이 있는 욕계欲界와 색계色界를 지칭한다.

774　無色界: 무색천無色天 또는 무색행천無色行天이라고도 하며, 욕계欲界, 색계色界와 합하여 三界라 한다. 물질계를 초월하고 사무색정四無色定을 닦은 자가 사후에 태어나는 세계로, 과보의 차별로 인해 네 가지(空無邊處·識無邊處·無所有處·非想非非想處) 공처空處로 나뉘게 된다.

775　器相: 기세간상器世間相의 준말이다.

이치도 역시 그러하다는 것을 마땅히 알아야 한다."[776]라고 설하였다. 『중변분별론』에서는 "이 (아려야)識이 취한 네 가지 경계는 진塵과 근根과 아我와 식識인데[777], 포섭된 것[778]에 실로 체상體相이 없다. 소취所取[취해진 것]에 이미 (체상이) 없다면 능취能取[취하는 주체]인 난식亂識[779]에도 역시 이것(체상)이 없다."[780]라고 하였다. 만약 (위에서 말한) 『중변분별론』과 『능가경』에 의하면 습기習氣 등은 이 識의 경계가 아닐 것이고, 만약 『유가사지론』에 의하면 성진聲塵과 일곱 가지 識 등은 이 識에서 반연된 것이 아닐 것이며, 이 『기신론』의 설에 의한다면 根과 識 등을 드러내는 것들도 또한 이 識이 나타낸 경계가 아닐 것이다. 이같이 서로 어긋나는데, 어떻게 화합시킬 수 있겠는가?

답한다. 이것은 서로 어긋나지 않으니, 어째서인가? 오직 이 같은 법法[것]에만 반연한다고 말하지 않았기 때문이고, 나머지 것들이 경계가 아니라고 말하지 않았기 때문이다.

해설 『유식삼십론송唯識三十論頌』에서 아려야식을 "불가지집수처료不可知執受處了"라고 표현하였는데, 집수執受라는 것은 집지執持하는 종자種子와 지각하여 받아드리는 유근신有根身[감각기관을 가진 신체]을 의미하고, 처處는 기세간器世間 즉 자연계自然界이며, 요了는 이 두 가지를 헤아려 인식한다는 뜻이다. 불가지不可知는 집수執受와 처處, 그리고 료了를 수식하는 말로, 집수執受 즉 신체와 종자가 너무나 미세하여 알기 어렵고, 처處의 기세간器世間도 광대 무량해서 알 수 없으며, 요별了別

---

776 『瑜伽師地論』(대정장 제30권, 1579, p.580. a3~ 12행)에서 원문을 변형하여 인용함.
777 여기서 '塵'은 色法, '根'은 五根, '我'는 제7식, 그리고 '識'은 識蘊으로서의 제6의식을 의미한다.
778 포섭되는 것은 塵과 根과 我와 識을 가리키고, 이 네 가지가 모두 자성이 없다는 뜻이다.
779 亂識: 허망하게 분별하는 識이란 뜻으로, 사물의 진상을 잘못 이해하고 허망하게 사유하며 분별하는 識을 의미한다. 여기서는 아려야식의 허망하게 분별하는 의타기성을 가리킨다.
780 『中邊分別論』(대정장 제31권, 1599, p.451. b16~ 18행)에서 인용함.

하는 작용도 미세해서 알 수 없다는 뜻이다.[781] 이 아려야식의 집수執受는 두 가지 방향으로 작용하는데, 안으로 종자種子와 유근신有根身을 집수하고, 밖으로 기세간상器世間相을 집수한다. 이것을 내집수內執受와 외집수外執受라 한다. 그리고 외집수外執受를 설명하는 중에 별기에서 '무분별無分別'이라고 한 것은 분별성分別性이 없다는 뜻으로, 분별성이 없기 때문에 역설적으로 언제나 끊임없이 기세간상器世間相을 헤아려 분별할 수 있다. 마치 별기에서 비유한 것처럼 빛이 나지 않는 불꽃의 심지(무분별의 아려야식)로 인해서 밖으로 빛(기세간상器世間相을 헤아려 분별하는 것)이 나는 이치와 같다. 그리고 아려야식은 언제나 그 흐름이 끊어지지 않기 때문에 '무유간단無有間斷(끊임이 없다)'이라 하였다.

또 습기習氣라는 것은 "본성은 인간마다 비슷하지만, 습관적인 행동에 의해 서로 멀어진다."[782]라고 孔子가 말한 것처럼, 어떤 행위가 반복적으로 지속되어 우리의 마음에 습성習性처럼 굳어진 기운으로, 이것은 아려야식에 종자로 보관될 뿐만 아니라 다시 미래의 행위에 영향을 준다.

問。雖無相違, 而有不同, 不同之意, 可得而聞乎。
答。不同之意, 各有道理。如中邊論, 欲明現起諸法, 皆是本識所現, 離識之外, 更無別法, 是故唯說現行諸法, 習氣種子, 其相不顯, 與識無異, 是故不說。瑜伽論等, 爲顯諸相無有離見自相續者, 故除心心法以外, 諸餘相續之法, 說爲此識所了別, 諸心之法, 離塵不立, 其義自顯, 故不別說。諸餘論顯沒之意, 準之可知, 不可偏執一隅, 以謗通法之說也。

---

781 『유식삼십송과 유식불교』(김명우 지음, 예문서원), 106~ 107쪽에서 참조함.
782 『論語』「陽貨」, 第2章 "子曰 性相近也 習相遠也"

묻는다. 비록 서로 어긋나는 것이 없더라도 같지 않은 것이 있으니, 같지 아니한 뜻을 들을 수 있는가?

답한다. 같지 아니한 뜻에도 각각 도리가 있다. 『중변론』 같으면 나타나 일어난 제법은 모두 본식本識이 현현한 것이라 본식本識 외에 다시 별도의 법이 없음을 밝히고자 하였기 때문에 오직 현행現行하는 제법만을 설하였고, 습기習氣와 종자種子는 그 相이 드러나지 않아 본식本識과 차이가 없기 때문에 설하지 않았다. 『유가론』 등에서는 모든 相이 능견能見을 떠나 스스로 상속하는 것이 없다는 것을 드러내고자 했기 때문에, 心과 心法[783]을 제외한 모든 여타의 상속법들은 이 識에 의해 요별된 것이라고 설했고, 모든 心法은 대상을 떠나면 성립하지 않는다는 그 뜻이 저절로 드러나기 때문에 따로 설하지 않았다. 나머지 여러 논에서 드러내거나 감춘 뜻은 이것에 준거해 보면 알 수 있으니, 한 귀퉁이에 치우쳐 집착함으로써 두루 통하는 法의 말씀을 비방해서는 안 된다.

[疏] 第四智識者, 是第七識. 上六相內初之智相, 義如前說. 愛非愛果, 名染淨法, 分別彼法, 計我我所, 故言分別染淨法也.

넷째 지식智識은 제7식이다. 위의 여섯 相[784] 중에 처음의 지상智相이니, 그 뜻은 앞에서 말한 것과 같다. 좋아할 수 있는 것과 좋아할 수 없는 것의 과보를 염정법染淨法이라 하니, 저 염정법染淨法을 분별하여 아我와 아소我所를 헤아리기 때문에 '염법染法과 정법淨法을 분별한다.'라고 하였다.

---

783 心과 心法: 마음을 本體(心王)와 작용(心所法, 心數法)으로 나누어서 가리킨 것임.
784 枝末不覺을 설명하는 三細와 六麤 중에 六麤相을 가리킨다.

第五相續識者, 卽是意識, 上六相中名相續相. 以念相應不斷故者, 法執相應, 得長相續, 此約自體不斷以釋相續義也, 住持以下, 約其功能釋相續義. 此識能起愛取煩惱, 故能引持過去無明所發諸行, 令成堪任來果之有. 故言住持乃至不失故. 又復能起潤生煩惱, 能使業果續生不絕, 故言成就⁷⁸⁵無差違故. 如是三世因果流轉不絕, 功在意識, 以是義故名相續識. 次言念已經事慮未來事者, 顯此識用麤顯分別, 不同智識微細分別. 是知此識唯在意識, 不同上說相續心也.

다섯째 상속식相續識은 바로 의식意識으로, 위의 여섯 가지 相에서 상속상相續相이라고 한 것이다. '망념이 상응하여 끊이지 않기 때문이다.'는 것은 법집法執과 상응하여 오래 이어지게 할 수 있으니, 이것은 (의식) 자체가 끊이지 않는다는 것을 기준으로 상속의 뜻을 풀이한 것이고, '주지住持' 이하는 그 공능에 의거하여 상속의 뜻을 풀이한 것이다. 이 識은 능히 애취번뇌愛取煩惱[786]를 일으키기 때문에 과거에 무명으로 일어난 모든 행위를 이끌어 지녀서 미래의 과보가 이루어질 수 있도록 감당케 한다. 그래서 '주지住持'에서부터 '불실고不失故(잃어버리지 않기 때문이다.)'까지를 말하였다. 또 능히 윤생번뇌潤生煩惱[787]를 일으키고, 業의 과보를 계속 생겨나게 하여 끊어지지 않게 할 수 있기 때문에 '성숙시켜 어긋남이 없기 때문이다.'라고 말했다. 이같이 三世의 因果가 유전하여 끊어지지 않는 공능은 의식意識에 있고, 이러한 뜻에서 상속식相續識이라 하였다. 다음으로 말한 '이미 지나간 일을 기억하고 미래의 일을 생각하게 한다.'는 것은

---

785 기신론 원문은 취취가 숙숙으로 되어 있다. 원문에 따라 번역한다.
786 愛取煩惱: 애애와 취취로 인한 번뇌로서, 욕망과 탐애 등으로 가지려고 집착하는 번뇌이다. 각각 십이연기법十二支緣起法에 속한다.
787 潤生煩惱: 윤생혹潤生惑이라고도 하며, 발업혹發業惑과 반대되는 말이다. 삼계의 윤회를 받게 하는 惑으로써 죽음에 임할 때 미래의 과보에 대한 탐애를 일으켜서 다음 생의 과보를 불러들이도록 하는 혹업惑業을 가리킨다.

이 (상속)식의 작용이 구체적으로 드러내고 분별하는 것이라서 지식智識의 미세한 분별과 같지 아니함을 밝힌 것이다.[788] 이것으로 이 識은 오직 의식意識에 있고, 위에서 말한 상속심相續心[789]과 같지 않다는 것을 안다.

是故以下, 第三結明依心之義, 於中有二。先略, 後廣。初言是故者, 是前所說五種識等依心而成, 以是義故, 三界諸法唯心所作, 如十地經言, "佛子 三界但一心作", 此之謂也。此義云何以下, 廣釋。於中有二。先明諸法不無而非是有, 後顯諸法不有而非都無。初中言以一切法, 皆從心起, 妄念而生者, 是明諸法不無顯現也, 一切分別即分別自心, 心不見心, 無相可得者, 是明諸法非有之義。

'시고是故(이런 까닭에)' 이하는 세 번째로[790] '의심依心(마음에 의한다)'의 뜻을 매듭지어 밝힌 것이니, 이 가운데 두 가지가 있다. 먼저 간략하게 설하고,[791] 나중에 자세히 밝혔다.[792] 처음에 '是故'라고 말한 것은 앞에서 말한 다섯 가지 識 등이[793] 마음에 의해 성립하고, 이런 뜻 때문에 三界의 여러 법은 오직 마음이 지은 것이니, 『십지경十地經』[794]에서 말한 것처럼 "불자야! 三界는 다만 하나의 마음이 지은

---

788 麤顯分別에서 麤의 의미는 제8식이나 제7식처럼 인식하기 어려운 미세한 마음의 흐름이 아니고, 의식으로 인지할 수 있을 정도로 구체적이라는 의미이다.
789 위라고 한 것은 『기신론』의 隨染本覺을 설명하는 부분으로, 거기에서 말한 相續心은 아려야식의 자리에서 움직이는 마음을 가리킨다.
790 意가 變轉하는 것(一者略明意轉, 二者廣顯轉相, 三者結成依心)을 설명하는 중에 세 번째인 結成依心을 지칭함.
791 '是故三界虛僞 唯心所作 離心則無六塵境界' 부분.
792 '此義云何 以一切法 ~~ 心滅則種種法滅故' 부분.
793 五意인 業識, 轉識, 現識, 智識, 相續識을 가리킨다.
794 『十地經』: 당대唐代에 시라달마尸羅達摩가 한역漢譯한 경으로 전체 9권으로 되어있다. 『대방광화엄경大方廣華嚴經』「십지품十地品」의 이역본異譯本이다.

것이다."⁷⁹⁵라고 한 것은 바로 이것을 말한 것이다. '이 뜻이 무엇을 말하는가?' 이하는 폭넓게 해석한 것으로, 그 중에 두 가지가 있다. 먼저 모든 법이 없지도 않지만⁷⁹⁶ 있지도 않다는 것을⁷⁹⁷ 밝혔고, 뒤에서 모든 법이 있지도 않지만 전혀 없지도 않다는 것을 드러내었다.⁷⁹⁸ 처음에 말한 '일체 법은 모두 마음에서 일어나고, 망념으로 생겨난다.' 는 것은 모든 법이 어느 것이나 뚜렷이 드러나지 않는 것이 없음을 밝힌 것이고, '일체 분별은 바로 자기의 마음을 분별하는 것으로, 마음은 마음을 보지 못해 어떠한 相도 얻을 수 없다.'는 것은 모든 법이 있지 않다는 뜻을 밝힌 것이다.

如十卷經言, "身資生住持, 若如夢中生, 應有二種心, 而心無二相, 如刀不自割, 指亦不自指, 如心不自見, 其事亦如是". 解云. 若如夢中所見諸事, 如是所見是實有者, 則有能見所見二相, 而其夢中實無二法. 三界諸心皆如此夢, 離心之外無可分別, 故言一切分別卽分別自心. 而就自心不能自見, 如刀指等, 故言心不見心. 既無他可見, 亦不能自見, 所見無故, 能見不成. 能所二相皆無所得, 故言無相可得也. 此中釋難會通新古, 如別記中廣分別也.

　　마치 『십권능가경』에서 "몸과 힘입어 사는 것[기세간器世間]을 주지住持하는 것이 마치 꿈속의 삶과 같아서 마땅히 두 가지의 마음이 있을 것이나, 마음에 두 相이 없는 것은 마치 칼이 스스로를 베지 못하고 손가락도 자기를 가리키지 못하는 것과 같으니, 마치 마음이

795　『大方廣佛華嚴經』(대정장 제9권, 0278, p.558. c10행)에서 원문을 변형하여 인용함. 원문은 "三界虛妄 但是心作"이다.
796　'以一切法 皆從心起 妄念而生' 부분.
797　'一切分別 卽分別自心 心不見心 無相可得' 부분
798　'當知世間一切境界 皆依衆生無明妄心而得住持 ~~ 以心生則種種法生 心滅則種種法滅故' 부분

스스로를 보지 못하는 그 일도 역시 이와 같다."[799]라고 말한 것과 같다. 풀이해서 말한다. 만약 꿈에서 본 모든 일처럼 이같이 본 것이 실제로 있다면 능견能見[보는 주체]과 소견所見[보이는 객체]의 두 모습이 있겠지만, 그 꿈속에는 실제로 두 법이 없다. 三界의 모든 마음도 다 이 꿈과 같아서 마음을 떠나 분별할 만한 것이 없기 때문에 '일체 분별은 바로 자기 마음을 분별하는 것이다.'라고 하였다. 그러나 자기 마음이 스스로를 볼 수 없는 것[차원]으로 나아가면 마치 칼이나 손가락 (스스로 자르거나 가리키지 못하는 것)과 같기 때문에[800] '마음은 마음을 보지 못한다.'라고 하였다. 이미 어떤 다른 것도 볼 수 없고 또 스스로 볼 수도 없으니, 소견所見이 없기 때문에 능견能見도 성립하지 않는다. 能·所의 두 相에 모두 얻는 것이 없기 때문에 '어떠한 相도 얻을 수 없다.'라고 했다. 여기에서 힐난하는 질문을 풀이하여 새것(『십권능가경』)과 옛것(『十地經』)을 통하게 하였으니, (아래) 『別記』에서 자세히 분별한 것과 같다.

해설 꿈속에서는 보고 있는 能見도 보이는 所見도 모두 허상에 불과하기 때문에 두 법이 모두 없다고 한 것이다. 현실도 마찬가지라 보고 있는 能見相도 무명으로 미혹되어 움직이는 것이고, 그 能見으로 인식된 객체인 所見도 당연히 인간의 허망 분별에 의하여 왜곡된 모습일 뿐이다. 그래서 일체 분별은 모두 자기 마음으로 자기의 마음을 분별한 것이며, 이 분별 역시 허망하여 어떠한 相도 얻을 만한 것이 없다. 분별없는 부처의 마음으로 바라볼 때 비로소 산은 다시 산이요 물은 다시 물이 되는 것이다.

---

799 『入楞伽經』(대정장 제16권, 0671, p.578. c19~22행)에서 인용.
800 은정희 역: 그리하여 자신이 스스로 볼 수 없는 것이 칼이나 손가락 등이 스스로 자르거나 가리키지 못함과 같기 때문에

[別記] 如彼偈云, "非他非因緣, 分別分別事, 五法及二心, 寂靜無如是". 問. 如集量論說, "諸心心法, 皆證自體, 是名現量. 若不爾者, 如不曾見, 不應憶念". 此中經說云, '不自見'. 如是相違, 云何會通.
答. 此有異意, 欲不相違, 何者. 此經論意, 欲明離見分外無別相分, 相分現無所見. 亦不可說卽此見分反見見分, 非二用故, 外向起故. 故以刀指爲同法喩. 集量論意, 雖其見分不能自見, 而有自證分用, 能證見分之體, 以用有異故, 向內起故. 故以燈燄爲同法喩. 由是義故, 不相違背.

마치 저 『능가경』의 게송[801]에서 "다른 것도 아니고 인연도 아니며, 분별(하는 주체)과 분별된 일(분별되는 객체)과, 오법五法[802]과 이심二心[803]이여! 적정寂靜에는 이 같은 것이 없다.[804]"라고 한 것과 같다.

묻는다. 『집량론』[805]에서 "모든 마음과 심법은 모두 자체를 증득하니, 이것을 현량現量[806]이라 한다. 만약 그렇지 않다고 한다면 이전에 보지 못한 것들은 응당 기억하지 못할 것이다."[807]라고 하였는데,

---

801 『入楞伽經』(대정장 제16권, 0671, p.578. c23~ 24행)에서 인용. 別記에서 인용한 『入楞伽經』의 게는 바로 위 疏에서 인용한 『入楞伽經』의 게("身資生住持 若如夢中生 應有二種心 而心無二相 如刀不自割 指亦不自指 如心不自見 其事亦如是") 바로 뒤에 이어지는 글이다.

802 五法: 모든 법의 자성自性을 3종의 미법迷法(명名, 상相, 분별分別)과 2종의 오법悟法(정지正智, 진여眞如)으로 분별한 것이다. 名은 현상계에 세워진 가명假名이고, 相은 유위법이 각각의 인연으로 생겨나 갖가지 차별된 모습으로 드러난 것이며, 分別은 名과 相으로 말미암아 일어난 분별심으로 허망한 생각을 짓는 것이다. 正智는 진여의 지혜와 계합하는 것이고, 眞如는 모든 존재의 본체이며 여실평등한 진리를 의미한다.

803 二心: 능취能取와 소취所取의 마음을 가리킨다.

804 은정희 역: 다른 것도 아니고 인연도 아니며, 분별(분별성)과 분별한 일(의타성)과 오법五法과 이심(능취·소취)은 적정하여 이와 같은 것이 없다.

805 『集量論』: 인도인 'Dignāga(중국명 진나陳那)'가 지은 논서로, 인도 신인명학新因明學의 중요한 저작이다. 한역이 없고 티베트역만 현존한다. 진나는 고인명론古因明論 오지작법五支作法의 논리식인 종宗·인因·유喩·합合·결結의 형태에서 合과 結을 생략한 삼지작법三支作法을 주장하였다.

806 現量: 인명因明 삼량三量(現量, 比量, 聖言量)의 하나로, 감각을 통하여 직접적으로 사물을 헤아려서 인식하는 방법이다.

807 『佛地經論』(대정장 제26권, 1530, p.303. a26~ 27행)에 원효가 인용한 『集量論』의 내용과 동일한 문장이 있다.

여기(『십권능가경』)에서는 '(마음은) 스스로를 보지 못한다.'라고 하였다. 이같이 서로 어긋나는데 어떻게 회통한다고 하겠는가?

답한다. 여기에 다른 뜻이 있지만 서로 어긋나지 않게 하려는 것은 무엇 때문인가? 이『능가경』과『기신론』의 뜻은 見分을 떠나 달리 相分이 없고 相分이 드러낸 것에 볼 것이 없음을 밝히고자 한 것이다. 또한 이 見分이 돌이켜서 見分을 본다고 말할 수 없는 것은 (견분이) 두 가지 쓰임(見分과 相分의 작용)이 아니기 때문이고, 밖을 향하여 일어나기 때문이다.[808] 그러므로 칼과 손가락으로 동법同法[809]의 비유로 삼은 것이다.『집량론』의 뜻은 비록 그 見分이 스스로를 볼 수 없지만, 자증분自證分의 작용이 있어, 견분見分의 체를 증명할 수 있으니, 그 쓰임에 차이가 있기 때문이고, 안을 향해 일어나기 때문이다. 그래서 등잔의 불꽃으로 동법同法의 비유를 한 것이다. 이러한 뜻에 의해 서로 위배되지 않는다.

해설 『기신론』과『능가경』에서 보일 것도 없고 보는 것도 없다고 한 것은 본체가 적정寂靜하다는 측면에 나아가서 말했기 때문이며, 또 마음이 스스로를 볼 수 없다고 한 것은 견분의 작용이 바깥 방향으로 작용하기 때문이다. 그래서 손가락이 손가락 자체를 가리킬 수 없다고 한 것이다. 그러나『집량론』은 마음의 인식작용 측면, 즉 유식삼분설唯識三分說 또는 사분설四分說에 나아가서 말하였기 때문에, 見分이 스스로의 見分을 볼 수는 없지만, 자증분自證分이 있어서 相分과 見分을 아울러 볼 수 있고, 또

808　은정희 역: 이『능가경』과『기신론』의 뜻은 견분見分과 별도로 따로 상분相分이 없음을 밝히고자 한 것으로 상분의 나타남이 볼 바가 없어서 또한 (상분을) 말할 수 없는 것이니, 곧 이 견분이 도리어 견분을 보는 것이다. 이는 두 가지 작용이 아니기 때문이며, (견분이) 밖을 향해 일어난 것이기 때문이다.

809　同品: 因明論의 三支에서 喩(비유)가 宗(명제)이나 因(원인)에 있어서 동일한 종류인 것을 말한다.

다시 자증분 뒤에 그 자증분을 볼 수 있는 증자증분證自證分이 있기 때문에, 마음이 마음을 볼 수 있다고 한 것이다.

又復此經論中爲顯實相故, 就非有義說無自見, 集量論主爲立假名故, 依非無義說有自證。然假名不動實相, 實相不壞假名, 不壞不動, 有何相違。如此中說離見無相, 故見不見相, 而餘處說相分非見分, 故見能見相分, 如是相違, 何不致怪。當知如前亦不相壞。又說爲顯假有, 故說有相有見, 爲顯假無, 故說無相無見。假有不當於有, 故不動於無, 假無不當於無, 故不壞於有。不壞於有, 故宛然而有, 不動於無, 故宛然而無。如是甚深因緣道理, 蕭焉靡據, 蕩然無礙, 豈容違諍於其間哉。

또 다시 이 『능가경』과 『기신론』은 실상實相을 드러내고자 한 까닭에 '非有[있지 않음]'의 뜻에 나아가 스스로를 볼 수 없다고 하였고, 『집량론』의 저자는 가명假名을 세우고자 했기 때문에 '非無[없지 않음]'의 뜻에 의해 자증自證[스스로를 증명함]이 있다고 설하였다. 그러나 가명假名은 실상實相을 움직이지 않고, 실상은 가명을 허물지 않아서, 허물지도 않고 움직이지도 않으니, 어찌 서로 어긋남이 있겠는가? 마치 여기[810]에서는 見分을 떠나면 相分이 없기 때문에 見分은 相分을 보지 못한다고 설하였으나, 다른 곳에서는 相分은 見分이 아니기 때문에 見分은 相分을 볼 수 있다고 설한 것처럼, 이같이 서로 어긋나는데 어찌 괴이하지 않은가? 마땅히 앞에서와 같이 (이것) 역시 서로 무너트리지 않는 것임을 알아야 할 것이다. 또 가유假有[임시로 있는 것]를 드러내려고 相分도 있고 見分도 있다고 설하였고, 가무假無[임시로 없는 것]를 나타내려고 相分도 없고 見分도 없다고 설한 것이

---

810 바로 위 별기의 글을 가리킨다.

다. 假有는 有에 해당하지 않기 때문에 無에서 움직이지 않고, 假無는 無가 아니기 때문에 有에서 무너지지 않는다. 有에서 허물어지지 않기 때문에 완연히 있는 것이요, 無에서 움직이지 않기 때문에 완연히 없는 것이다. 이같이 깊고 깊은 인연의 도리는 고요하여 의지하는 것이 없고 텅 비어 막힘이 없으니, 어찌 그사이에 어긋난 논쟁을 허용하겠는가!

[疏] 當知以下, 次明非有而不無義。初言當知世間, 乃至無體可得, 唯心虛妄者, 是明非有, 次言以心生則法生以下, 顯其非無。依無明力不覺心動, 乃至能現一切境等, 故言心生則種種法生也, 若無明心滅境界隨滅, 諸分別識皆得滅盡。故言心滅則種種法滅, 非約刹那以明生滅也。廣釋意竟。

'당지當知(마땅히 세간의 ~ 알아야 한다)' 이하는 다음으로 '비유이불무非有而不無[있지도 않으나 없지도 않음]'의 뜻을 밝힌 것이다. 처음에 말한 '마땅히 세간의 ~ 알아야 한다'에서부터 '어떠한 실체도 얻을 수 없고 오직 마음일 뿐 허망하다.'는 것은 非有를 밝힌 것이고, 다음으로 말한 '마음이 생기면 갖가지의 법이 생겨난다.'는 것 이하는 그 非無를 드러낸 것이다. '무명의 힘으로 불각의 마음이 움직이고'에서부터 '일체 경계를 드러낼 수 있다.'에 이르기까지 등등 때문에 '마음이 생기면 갖가지의 법이 생겨난다.'라고 말하였으니, 만약 무명의 마음이 소멸하면 경계가 따라서 없어지고, 여러 분별하는 識도 모두 다 없어진다. 그래서 '마음이 멸하면 갖가지의 법이 소멸한다.'라고 한 것이니, (이것은) 찰나를 기준으로 생멸을 밝힌 것이 아니다. 意를 널리 풀이하고 마친다.

해설 '무명의 힘으로 불각의 마음이 움직이고'에서부터 '일체 경계를 드러낼 수 있다.'까지는 바로 위 논에서 업식과 전식 그리고 현식을 설한 글이다.

ⓒ 의식전意識轉

[論_ 法章門_ 別解_ 生滅門_ 廣釋_ 生滅因緣_ 生滅依因緣義_ 別釋_ 意識轉]

復次言意識者, 卽此相續識。依諸凡夫取著轉深, 計我我所, 種種妄執, 隨事攀緣, 分別六塵名爲意識。亦名分離識, 又復說名分別事識, 此識依見愛煩惱增長義故。

다시 다음으로 말한 의식意識이란 것은 바로 이 상속식이다. 여러 범부들의 취착이 점차 심해짐으로 인해 아我와 아소我所를 헤아리고, 갖가지로 허망하게 집착하며, 일에 따라 반연하여, 육진六塵을 분별하기에 이름하여 의식이라 한다. 역시 분리식分離識[811]이라고도 하고 또 다시 분별사식分別事識이라고도 하는 것은 이 식이 견애번뇌見愛煩惱[812]에 의해 증장하는 뜻 때문이다.[813]

[疏] 次釋意識。意識卽是先相續識, 但就法執分別相應生後義門, 則說爲意, 約其能起見愛煩惱, 從前生門, 說名意識。故言意識者卽此相續,

---

811 分離識: 제6의식의 별칭으로 六根을 따라서 六塵을 각각 취하기 때문에 분리식이라고도 한다.
812 見愛煩惱: 견번뇌見煩惱(또는 견혹見惑)와 애번뇌愛煩惱(또는 사혹思惑)를 병칭한 것으로 견수번뇌見修煩惱라고도 한다. 見煩惱는 아견我見이나 사견邪見과 같은 일체의 허망한 소견을 가짐으로써 발생하는 번뇌로, 잘못된 앎에서 비롯하는 이성적 번뇌이기 때문에 이혹理惑 또는 소지장所知障이라고도 한다. 愛煩惱는 탐욕이나 진애와 같은 감정적 번뇌로, 열반에 이르는 것을 막기 때문에 사혹事惑 또는 번뇌장煩惱障이라고도 하며, 수행을 통해서 제거할 수 있어서 수혹修惑이라고도 한다.
813 은정희 역: 이 식이 견애번뇌見愛煩惱의 증장되는 뜻에 의하기 때문이다.

乃至分別六塵名爲意識。此論就其一意識義, 故不別出眼等五識。故說
意識分別六塵。亦名分離識者, 依於六根別取六塵, 非如末那不依別根,
故名分離。又能分別去來內外種種事相, 故復說名分別事識。依見愛煩
惱增長義故者, 是釋分別事識之義, 以依見修煩惱所增長, 故能分別種
種事也。上六相內受想行蘊, 相從入此意識中攝。上來廣明生滅依因緣
義竟。

다음[814]으로 의식意識을 해석하였다. 의식은 곧 앞[815]의 상속식인데, 단지 법집분별과 상응하여 뒤를 낳는 뜻으로 나아가면 의意라고 하고, 견애번뇌見愛煩惱를 능히 일으켜서 앞을 따라 생겨난다는 측면을 따른다면 의식意識이라 한다. 그래서 '의식이란 것은 바로 이 상속식이다.'에서부터 '육진六塵을 분별하기에 이름하여 의식意識이라 한다.'까지를 말하였다. 이 『기신론』은 (意와 意識 중에서) 그 하나인 의식意識의 뜻에 나아갔기 때문에 안식眼識과 같은 오식五識을 따로 내놓지 않았다. 그래서 의식이 육진六塵을 분별한다고 설하였다. '역시 분리식이라고도 한다.'는 것은 육근六根에 의해서 육진六塵을 별개로 취하는 것이 말나식이 개별적인 根에 의하지 않는 것과 같지 않기 때문에 '분리'라고 하였다. 또 과거와 미래, 안팎의 갖가지 事와 相을 분별할 수 있기 때문에 '다시 분별사식分別事識이라고도 한다.'라고 설하였다. '견애번뇌見愛煩惱에 의해 증장하는 뜻 때문이다.'는 것은 분별사식分別事識의 의미를 해석한 것으로, 견수번뇌見修煩惱[816]에 의해 증장되는 것이기 때문에 능히 갖가지 일을 분별할 수 있다. 위의

---

814 여기에서 다음은 생멸인연의 뜻을 밝히는 것(先釋依心, 次釋意轉, 後釋意識轉) 중에서 세 번째인 後釋意識轉을 가리킨다.
815 바로 앞의 意轉(에 속한 상속식)을 가리킨다.
816 見修煩惱: 見惑(견혹)과 修惑(수혹)의 번뇌, 즉 見愛煩惱와 같다.

육상六相[817] 안에 수온受蘊·상온想蘊·행온行蘊이 서로 좇아 들어가 이 의식意識 안에 포섭된다. 위에서부터 생멸이 인연에 의한다는 뜻을 자세히 설명하고 마친다.

해설 여기에서 말하는 것에 따르면 의식은 상속식으로서 意의 영역과, 분별사식으로서 意識의 영역에 걸쳐 있음을 알 수 있다. 이렇듯이 인간의 정신을 의식과 개인무의식, 그리고 무의식의 영역으로 명확하게 선을 긋는 것은 불가능한 일이다.

〈九相과 八識 그리고 五意와 意識의 관계〉

九相		八識		五意와 意識	
六麤	業繫苦相	生起識	전5식	意識	
	起業相				
	計名字相				
	執取相				
	相續相	相續識	제6식	意識	五意
	智相	智識	제7식		五意
三細	境界相, 現相	現識	제8식		
	能見相, 轉相	轉識			
	無明業相, 業相	業識			

② 생멸이 인연에 의하는 體相

[疏] 此下第二重顯所依因緣體相, 於中有二。一者略明因緣甚深, 二者廣顯因緣差別。

이 아래는 두 번째[818]로 소의所依인 인연의 체상體相을 거듭 밝

---

817 六相: 六麤相을 말한다. 相續相은 識蘊, 執取相은 受蘊, 計名字相은 想蘊, 起業相은 行蘊에 해당한다.
818 여기서의 두 번째는 생멸인연의 名을 설명하는 것(先明生滅因緣義, 後顯所依因緣體相) 중에 있어서 後顯所依因緣體相을 가리킨다.

했으니, 그중에 두 가지가 있다. 하나는 인연이 매우 깊은 것을 간략히 밝힌 것이고, 둘은 인연의 차별을 폭넓게 드러낸 것이다.

㉮ 약명인연심심略明因緣甚深 (인연이 매우 깊음을 대략 밝히다)

[論_ 法章門_ 別解_ 生滅門_ 廣釋_ 生滅因緣_ 所依因緣體相_ 略明因緣甚深]

依無明熏習所起識者, 非凡夫能知, 亦非二乘智慧所覺。謂依菩薩從初正信發心觀察, 若證法身, 得少分知, 乃至菩薩究竟地, 不能盡知, 唯佛窮了。何以故。是心從本已來, 自性淸淨而有無明, 爲無明所染, 有其染心, 雖有染心, 而常恒不變。是故此義唯佛能知。

무명의 훈습으로 일어난 識은 범부가 알 수 있는 것이 아니고, 또한 성문승과 연각승의 지혜로 깨닫는 것도 아니다. (이것은) 말하자면 보살이 처음 정신正信[819]으로부터 마음을 발하고 관찰함에 의해 만약 법신을 증득하면 조금 아는 것이고, 보살 구경지究竟地[820]에 이르기까지 다 알 수 없으며, 오직 부처만이 완전히 아는 것이다. 무엇 때문인가? 이 마음은 본래 自性이 청정하지만 무명이 있고, 무명으로 물들어 그 염심染心이 있으며, 비록 염심染心이 있지만 (그 자성은) 항상하여 변하지 않는다. 이런 까닭에 이 뜻은 오직 부처만이 알 수 있다.

해설 위에서 말한 識은 아려야식을 의미하며, 이 식은 생멸인연을 일으키는 體相으로서 심층무의식에 해당하고, 그 작용이 워낙 미세하여 그 존재를 알

---

819 正信: 보살의 수행 단계를 52위로 구분했을 때, 十信(1위~ 10위)의 계위 중 첫 번째 신심信心을 가리킨다.
820 菩薩究竟地: 十地보살의 계위(41위~ 50위) 중 마지막 제50위의 법운지法雲地를 말하며, 모든 수행을 완성한 단계로 보살진지菩薩盡地라고도 한다.

기 어렵다. 많은 수행을 거쳐 십지보살의 경지에 이르러야 비로소 그 실체를 조금이나마 볼 수 있을 뿐이다. 그래서 그 생멸을 일으키는 인연이 매우 깊다고 한 것이다.

[疏] 初中有三。先標甚深, 次釋, 後結。初中言無明熏習所起識者, 牒上所說, 依阿黎耶識說有無明, 不覺而起等也。非餘能知, 唯佛窮了者, 標甚深也。

처음에 세 가지가 있다. 먼저 매우 깊음을 표했고,[821] 다음으로 풀이하였으며,[822] 뒤에서 매듭지었다.[823] 처음에 말한 '무명의 훈습으로 일어난 識'이란 것은 위에서 말한 '아라야식에 의해 무명이 있다고 설한다.'[824]와 '불각이 일어난다.'[825]등을 표시한 것이다. '다른 사람들은 알 수 없고 오직 부처만이 완전히 안다.'는 것은 매우 깊음을 표시한 것이다.

[別記] 若此心體一向生滅, 直是染心, 則非難了, 又若一向常住唯是淨心, 亦非難知。設使體實淨, 而相似染者, 亦可易解。如其識體動, 而空性靜者, 有何難了。而今此心體淨而體染, 心動而心靜, 染淨無二, 動靜莫別, 無二無別, 而亦非一。如是之絶, 故難可知。

만약 이 심체가 줄곧 생멸하기만 해서 단지 염심染心뿐이라면 이해하기 어렵지 않고, 또 만약 한결같이 상주하여 오직 정심淨心뿐

---

821 '依無明熏習所起識者 非凡夫能知 ~~ 不能盡知 唯佛窮了' 부분.
822 '何以故 是心從本已來 ~~ 雖有染心 而常恒不變' 부분.
823 '是故此義唯佛能知' 부분.
824 277쪽
825 279쪽

이라도 역시 알기 어렵지 않다. 설사 체는 실로 깨끗하지만 相이 물든 것 같다 해도 역시 쉽게 이해할 수 있다. 만일 그 식체識體는 움직이지만 공성空性은 고요한 것이라면 무슨 이해하기 어려운 점이 있겠는가? 그러나 지금 이 마음은 체가 깨끗한데도 체는 물들어 있고, 마음이 움직이면서도 마음은 고요하며, 염染과 정淨에 둘이 없고, 동動과 정靜이 구별되지 않으며, (染·淨에) 둘도 없고 (動·靜의) 구별도 없지만 또한 같지도 않다. 이 같은 절묘함 때문에 알기 어렵다.

해설 '染과 淨에 둘이 없다.'는 것은 진여의 자성청정심을 바탕으로 그 마음이 무명에 물들지 않고 선하게 드러나는 마음도 내 마음이고, 욕망과 이해분별과 아집으로 가득차서 악하게 드러나는 마음도 내 마음이기 때문이다. 그러나 이 둘이 모두 하나의 마음이라 해도 그 근원으로 나아가 보면 엄연히 진여와 생멸의 마음이 있으니, 하나이면서도 하나가 아니고 같으면서도 같지 않다. 이러한 까닭으로 이 책에서 一心과 二門으로 나눠 설명하는 것이다.

[疏] 何以故下, 次釋深義。從本已來自性淸淨, 而無明所染有其染心者, 是明淨而恒染, 雖有染心, 而常恒不變者, 是明動而常靜。由是道理, 甚深難測。如夫人經言, "自性淸淨心, 難可了知, 彼心爲煩惱所染, 亦難可了知", 楞伽經言, "以如來藏是淸淨相, 客塵煩惱, 垢染不淨。我依此義, 爲勝鬘夫人及餘菩薩等, 說如來藏阿黎耶識共七識生, 名轉滅相。大慧, 如來藏阿黎耶識境界, 我今與汝及諸菩薩甚深智者, 能了分別此二種法, 諸餘聲聞辟支佛, 及外道等執著名字者, 不能了知如是二法"。是故此義, 唯佛能知者, 第三結甚深也。

'하이고何以故(무엇 때문인가?)' 아래는 다음으로 깊은 뜻을 풀이하였다. '본래 자성이 청정하지만 무명으로 물들어 그 염심이 있다.'는 것은 깨끗하지만 항상 물들어 있음을 밝힌 것이고, '비록 염심이 있지만 항상 하여 변하지 않는다.'는 것은 움직이지만 항상 고요한 것을 밝힌 것이다. 이러한 도리로 말미암아 매우 깊어서 헤아리기 어렵다. 마치『부인경』에서 "자성청정심은 완전히 알기도 어렵고, 저 마음이 번뇌에 물든 것도 역시 분명히 알기 어렵다."[826]라고 하였고,『능가경』에서 "여래장은 청정한 相이지만 객진번뇌客塵煩惱[827]의 더러운 때에 물들어 깨끗하지 못하다. 내가 이 뜻으로 승만부인과 다른 보살 들을 위해 여래장 아라야식이 일곱 가지 識과 함께 만들어 내는 것을 전멸상轉滅相이라고 하였다. 대혜야! 여래장 아라야식의 경계는 나와 지금 너, 그리고 여러 보살 중에 아주 지혜로운 자들은 이 두 가지 법을 알고 분별할 수 있지만, 그 밖의 모든 성문·벽지불과 외도들 같이 명자名字에 집착하는 자들은 이 두 가지 법을 알고 이해할 수 없다."[828]라고 말한 것과 같다. '이런 까닭에 이 뜻을 오직 부처만이 알 수 있다.'는 것은 세 번째로 매우 깊은 뜻을 매듭지은 것이다.

해설 『능가경』에서 말한 두 가지 법은 자성청정심에 의한 여래장의 청정상淸淨相(淨法)과 여래장이 일곱 가지 식과 함께 만들어내는 전멸상轉滅相(染法)을 의미한다.

---

826 『勝鬘師子吼一乘大方便方廣經』(대정장 제12권, 0353, p.222. c4~ 5행)에서 인용함.
827 客塵煩惱: 본성은 원래 청정한데 무명에 의한 번뇌와 같은 것들은 외부로부터 들어온 것이기 때문에 客이라 하고, 먼지처럼 미세하고 헤아리기 어려워서 塵이라고 한다. 이 번뇌가 사람의 심성을 오염시키는 것이 마치 먼지가 만물을 더럽히는 것과 같기에 客塵煩惱라 한다.
828 『入楞伽經』(대정장 제16권, 0671, p.557. a5~ 13행)에서 축약하여 인용함.

㈜ 광현인연차별廣顯因緣差別 (인연의 차별을 널리 드러내다)

[疏] 以下第二廣顯因緣差別, 於中有六。一明心性因之體相, 二顯無明緣之體相, 三明染心諸緣差別, 四顯無明治斷位地, 五釋相應不相應義, 六辨智礙煩惱礙義。

이 아래는 두 번째[829]로 인연의 차별을 널리 드러내었으니, 이 중에 여섯 가지가 있다. 하나는 心性의 因으로서의 體相을 밝혔고, 둘은 무명의 緣으로서의 體相을 나타냈으며, 셋은 염심의 여러 가지 緣의 차별을 밝혔으며, 넷은 무명을 다스려 끊는 지위를 나타냈고, 다섯은 상응과 불상응의 뜻을 풀이하였으며, 여섯은 지애智礙[830]와 번뇌애煩惱礙[831]의 뜻을 변별하였다.

Ⓐ 심성心性의 인因으로서의 體相

[論_ 法章門_ 別解_ 生滅門_ 廣釋_ 生滅因緣_ 所依因緣體相_ 廣顯因緣差別_ 明心性因之體相]

所謂心性常無念故, 名爲不變。

이른바 마음의 본성은 항상 무념이기 때문에 이름하여 불변不變이라 한다.

[疏] 初中釋上雖有染心, 而常不變之義。雖擧體動, 而本來寂靜。故言

---

829 所依인 인연의 體相을 거듭 나타내는 것(一者略明因緣甚深, 二者廣顯因緣差別) 중에서 두 번째인 廣顯因緣差別을 가리킨다.
830 智礙: 지장智障 또는 소지장所知障과 같은 용어이다. 근본무명根本無明으로 말미암아 생겨나는 미혹迷惑으로, 법성法性을 덮고 가리는 장애를 의미한다.
831 煩惱礙: 번뇌장煩惱障과 같은 용어로, 지말불각의 여섯 가지 염심染心에 의해 생겨나는 번뇌를 말한다.

心性常無念也。

처음에 위[832]의 '비록 염심이 있지만 항상 하여 변하지 않는다.'는 뜻을 풀이하였다. 비록 본체를 들어 움직이지만 본래 적정하다. 그래서 '마음의 본성은 항상 무념이다.'라고 하였다.

Ⓑ 무명의 연緣으로서의 體相

[論_ 法章門_ 別解_ 生滅門_ 廣釋_ 生滅因緣_ 所依因緣體相_ 廣顯因緣差別_ 顯無明緣之體相]

以不達一法界故, 心不相應, 忽然念起, 名爲無明

한 법계임을 통달하지 못하였기 때문에, 마음이 상응하지 않고 홀연히 망념이 일어나는 것을 이름하여 무명이라 한다.

[疏] 第二中言心不相應者, 明此無明最極微細, 未有能所王數差別。故言心不相應。唯此爲本, 無別染法能細於此在其前者。以是義故說忽然起。如本業經言, "四住地前更無法起, 故名無始無明住地"。是明其前無別爲始, 唯此爲本。故言無始, 猶是此論忽然義也。此約細麤相依之門說爲無前, 亦言忽然起, 非約時節以說忽然起。此無明相, 如二障章廣分別也。是釋上言, 自性淸淨而有無明所染有其染心之句。

두 번째 중에 말한 '마음이 상응하지 않는다.'는 것은 이 무명이 지극히 미세하여 아직 능能·소所와 심왕心王·심수心數의 차별이 있지 않음을 밝힌 것이다. 그래서 '마음이 상응하지 않는다.'라고 하였다. 오직 이것(무명)이 근본이고 어떠한 별다른 염법도 이보다 더 미세할

---

832 바로 앞에 있는 ㉮ 약명인연심심략명因緣甚深 부분을 가리킨다.

수가 없어 그 앞에 있는 것이 없다. 이런 뜻 때문에 홀연히 일어난다고 설하였다. 마치 『본업경』[833]에서 "사주지四住地[834] 이전에 다시 어떤 법도 일어나는 것이 없기 때문에 무시無始의 무명주지無明住地라 한다."[835]라고 말한 것과 같다. 이것은 그 앞에 어떤 별다른 것으로 시작을 삼을 것이 없고, 오직 이것이 바탕임을 밝힌 것이다. 그래서 '무시無始'라 하였으니, 이 논의 '홀연忽然히'라는 뜻과 같다. 이것은 세細와 추麤가 서로 의존하는 측면을 기준으로 설하여 앞이 없다고 한 것이고, 또한 '홀연히 일어난다.'고 말한 것도 시간의 분절分節[마디로 나눔]을 기준으로 홀연히 일어난다고 설한 것은 아니다. 이 무명의 相은 『이장장二障章』[836]에서 폭넓게 분별한 것과 같다. 이것은 위에서 [837] 말한 '자성이 청정하지만 무명이 있고, (이 무명으로) 물들어 그 염심染心이 있다.'는 구절을 풀이한 것이다.

해설 『본업경』에서 말하는 四住地는 다음과 같다. 일체중생의 識이 처음 하나의 相을 일으켜 緣에 머무를 때 제일의제第一義諦(진여)를 따라 일어나는 것을 善이라 하고, 제일의제를 등지고 일어나는 것을 혹惑이라 하는데, 이 두 가지를 가지고 주지住地로 삼기 때문에 생득生得의 선善, 생득生得의 혹惑[第一住地]이라고 한다. 이것으로 욕계의 번뇌를 일으키면

---

833 『本業經』: 보살의 본업인 10住, 10行, 10회향廻向, 10地, 등각等覺, 묘각妙覺이라는 42현성賢聖의 행업행업과 인과因果를 설한 경전이다. 원서명은 『보살영락본업경菩薩瓔珞本業經』으로 줄여서 『보살영락경』・『본업경』・『영락경』・『영락본업경』이라고도 한다.

834 四住地: 『본업경本業經』에서 말하는 四住地는 생득혹生得惑(第一住地), 욕계혹欲界惑(第二住地), 색계혹色界惑(第三住地), 무색계혹無色界惑(第四住地)인데, 이 네 가지 이전에는 어떤 것도 없으므로, 이것들을 무명주지無明住地라고 한다. 『승만경』에서는 견일처주지見一處住地의 하나인 견혹見惑과 삼계三界(愛欲, 色愛, 有愛) 住地의 세 가지 사혹思惑, 그리고 無明住地를 합하여 五住地로 분류하기도 한다.

835 『菩薩瓔珞本業經』(대정장 제24권, 1485, p.1021. c28~ p.1022와 a8행)에서 인용함.

836 『二障章』: 원효가 저술한 책으로, 『이장의二障義』라고도 한다. 『기신론』의 이애설二礙說을 명확히 하기 위해 지은 것으로 모두 여섯 부분으로 구성되어 있다.

837 ㉮ 약명인연심심略明因緣甚深 부분을 가리킨다.

욕계주지欲界住地[第二住地]라 하고, 색계의 번뇌를 일으키면 색계주지色界住地[第三住地]라 하며, 무색계無色界의 번뇌를 일으키면 무색계주지無色界住地[第四住地]라 한다. 이 四住地 앞에 어떠한 법도 일어나는 것이 없기 때문에 이것들을 無始의 無明住地라고 한다.

[別記] 但除染心從麤至細, 能令根本無明隨有漸捨漸輟之義。爲是義故, 無明治斷在後方說。

다만 염심을 거친 것으로부터 미세한 것에 이르기까지 제거하여, 능히 근본무명으로 하여금 따라서 점차 버리고 점차 그치게 하려는 뜻이 있다.[838] 이런 뜻으로 무명을 다스려 끊는 것에 대해 뒤에서 바로 말할 것이다.

ⓒ 염심染心의 제연諸緣 차별

[論_ 法章門_ 別解_ 生滅門_ 廣釋_ 生滅因緣_ 所依因緣體相_ 廣顯因緣差別_ 明染心諸緣差別]

染心者有六種, 云何爲六。一者執相應染, 依二乘解脫, 及信相應地遠離故。二者不斷相應染, 依信相應地修學方便, 漸漸能捨, 得淨心地究竟離故。三者分別智相應染, 依具戒地漸離, 乃至無相方便地究竟離故。四者現色不相應染, 依色自在地離故。五者能見心不相應染, 依心自在地能離故。六者根本業不相應染, 依菩薩盡地, 得入如來地能離故。

---

838 은정희 역: 다만 염심을 제멸함에 있어 거친 것에서 미세함에 이르기까지 근본무명으로 하여금 차례를 따라 점차로 버리게 하는 뜻이 있으니,

염심이란 것에 여섯 가지가 있으니, 무엇을 여섯이라 하는가? 하나는 집상응염執相應染으로, 이승二乘의 해탈한 사람과 (보살의) 신상응지信相應地[839]에서 멀리 여의기 때문이다. 둘은 부단상응염不斷相應染이니, 신상응지信相應地에서 닦고 배운 방편에 의해 점점 능히 (염심을) 여의다가 정심지淨心地[840]를 얻어 마침내 여의기 때문이다. 셋은 분별지상응염分別智相應染으로, 구계지具戒地[841]에서 점점 여의다가 무상방편지無相方便地[842]에 이르러 마침내 여의기 때문이다. 넷은 현색불상응염現色不相應染이니, 색자재지色自在地[843]에서 여의기 때문이다. 다섯은 능견심불상응염能見心不相應染으로, 심자재지心自在地[844]에서 여읠 수 있기 때문이다. 여섯은 근본업불상응염根本業不相應染이니, 보살진지菩薩盡地[845]에 의해 여래지如來地[846]로 들어가 여읠 수 있기 때문이다.

[疏] 第三明染心諸緣差別, 於中有二。總標別釋。別釋之中, 兼顯治斷。此中六染, 卽上意識幷五種意, 但前明依因而起義故, 從細至麤而說次第, 今欲兼顯治斷位故, 從麤至細而說次第。

---

839 信相應地: 십주十住(보살 52계위 중 11위)에서 십회향十廻向까지의 삼현보살로서, 신근信根이 성취되어 퇴행하지 않는 믿음의 경지를 가리킨다. 신행지信行地 또는 信地라고도 한다.
840 淨心地: 보살 10地 중 초지初地인 환희지歡喜地를 가리킨다. 번뇌에 얽매인 것을 끊어내고 청정한 해탈의 마음을 얻었기에 淨心地 또는 정승의락지淨勝意樂地라고도 한다.
841 具戒地: 보살十地 중 제2地부터 제6地까지를 말한다. 즉 이구지離垢地, 발광지發光地, 염혜지焰慧地, 난승지難勝地, 현전지現前地가 여기에 해당한다.
842 無相方便地: 보살 제7地인 원행지遠行地를 가리킨다.
843 色自在地: 보살 제8地인 부동지不動地를 가리키며, 색성色性이 자재하여 막힘이 없는 경지이다.
844 心自在地: 보살 제9地인 선혜지善慧地로, 타인의 마음이나 자신의 마음에 있어서 걸림이 없는 지혜를 얻은 경지이다.
845 菩薩盡地: 보살 제10地인 법운지法雲地로써, 보살로서의 모든 수행을 완성한 지위를 가리킨다.
846 如來地: 보살 수행을 마치고 부처의 경지에 이른 자리이다.

세 번째로 염심染心에 있어 여러 가지 연의 차별을 밝혔으니, 이 중에 두 가지가 있다. 총체적으로 표시한 것과[847] 구별해서 풀이한 것이다.[848] 구별해 풀이하는 중에 (염심을) 다스려서 끊는 것을 아울러 밝혔다. 이 여섯 가지 염심染心은 바로 위에서 말한 의식意識과 다섯 가지 의意인데, 다만 앞에서는 원인에 의해 일어나는 뜻을 밝혔기 때문에 미세한 것으로부터 구체적인 것에 이르기까지 차례대로 설명하였고,[849] 지금은 다스려 끊는 지위를 아울러 드러내고자 했기 때문에 구체적인 것으로부터 미세한 것에 이르기까지 차례로 설명한 것이다.

해설 마음이 움직이는 것은 당연히 근본 원인부터 설명하는 것이 타당하기 때문에 안에서부터 바깥 방향으로 아려야식부터 의식의 방향으로 五意를 배치하여 설명했고, 다스려 끊어내는 수행의 차원에서 보면 바깥에서부터 안으로 양파의 껍질을 벗겨 내듯이 들어가야 한다. 그래서 의식으로부터 아려야식의 방향으로 六染을 배치하고 다스려 끊는 지위를 아울러 설명하였다.

第一執相應染者, 卽是意識, 見愛煩惱所增長義, 麤分別執而相應故。若二乘人至羅漢位, 見修煩惱究竟離故, 若論菩薩, 十解以上能遠離故。此言信相應地者, 在十解位, 信根成就, 無有退失, 名信相應。如仁王經言, "伏忍聖胎三十人, 十信十止十堅心"。當知此中, 十向名堅, 十行名止, 十信解名信。入此位時, 已得人空, 見修煩惱不得現行, 故名爲離。

---

847 '染心者有六種' 부분.
848 '云何爲六 一者執相應染 ~~ 得入如來地能離故' 부분.
849 윗글의 ㉯항 別釋 중에 意轉과 意識轉 부분을 가리킨다.

當知此論上下所明, 約現起以說治斷也。

첫 번째 집상응염이란 것은 바로 의식意識이니, 견애번뇌見愛煩惱에 의해 증장된다는 뜻이고, 구체적으로 분별 집착하여 상응하기 때문이다. 성문승과 연각승 같으면 아라한의 지위에 이르러 見惑과 修惑의 번뇌를 마침내 여의기 때문이고, 만약 보살로 논한다면 십해十解 이상에서 멀리 여읠 수 있기 때문이다. 여기서 말한 신상응지信相應地라는 것은 십해十解의 자리에서 신근信根이 성취되어 물러나 잃어버림이 없는 것을 신상응信相應[믿음과 상응]이라 한다. 마치 『인왕경仁王經』에서 "복인伏忍의 성태聖胎[850]는 30인이니, 십신十信과 십지十止 그리고 십견심十堅心이다."[851]라고 한 것과 같다. 여기에서 십향十向[852]을 견堅이라 하고, 十行[853]을 止라 하며, 십신해十信解를 信이라 한다는 것을 마땅히 알아야 한다. 이 자리에 들어갔을 때는 이미 인공人空[854]을 얻어서 견수번뇌見修煩惱가 현행하지 않기 때문에 여의었다고 말한 것이다. 마땅히 이 논의 위아래에서 밝힌 것은 드러난 것을 기준으로 치단治斷[다스려 끊어냄]을 설하였음을 알아야 한다.

---

850 聖胎: 십주十住, 십행十行(21위~ 30위), 십회향十廻向(31위 ~40위)의 삼현위三賢位를 聖胎라 한다.
851 『佛說仁王般若波羅蜜經』(대정장 제8권, 0245, p.827. b18행)에서 인용.
852 十向: 십회향十廻向과 같은 용어로, 보살수행 계위 제31위~ 40위를 가리킨다. 십신十信·십주十住·십행十行을 통하여 갖추게 된 선한 힘을 모든 유정有情에게 대비심으로 돌리고, 그들의 고통을 구제하고 보호하는 동시에 이 공덕으로 불과佛果를 향해 나아가 깨달음의 경지에 도달하려고 하는 지위이다.
853 十行: 보살수행의 52계위 중 제21위부터 제30위까지로, 십신十信과 십주十住의 자리행自利行에서 더 나아가 이타리他의 수행을 하는 지위이다. 十行心이라고도 한다.
854 人空: 법공法空과 상대되는 말로, 인아공人我空 또는 아공我空이라고도 한다. 오온五蘊이 화합하여 이루어진 몸을 마치 참된 自我가 있듯이 여겨 집착하는 것을 아집我執이라 하는데, 이 집착의 대상인 색色·수受·상想·행行·식識의 五法이 모두 無自性이어서 항상하고 불변하는 실체는 없다.

[別記] 不論種子, 是故與餘經所說, 治斷位地亦有懸殊, 不可致怪。

종자種子를 논하지 않았고, 이 때문에 여타의 경經에서 설한 다스려 끊는 지위가 현격히 다르더라도 이상하게 여겨서는 안 된다.

해설 육염六染을 치단治斷하는 보살의 지위가 경전마다 조금씩 다르다.

[疏] 第二不斷相應染者, 五種意中之相續識, 法執相應相續生起。不斷卽是相續異名。從十解位 修唯識觀尋思方便, 乃至初地證三無性, 法執分別不得現行。故言得淨心地究竟離故也。

두 번째 부단상응염이란 것은 다섯 가지 의意 중에 상속식相續識으로, 법집과 상응하고 상속하여 생겨난다. 부단不斷[끊이지 않음]은 바로 상속相續의 다른 이름이다. 십해위十解位로부터 유식관唯識觀[855]의 심사尋思[856] 방편을 닦고, 보살 초지初地에 이르러 삼무성三無性을 증득하면 법집분별이 현행할 수가 없다. 그래서 '정심지淨心地에서 마침내 여의기 때문이다.'라고 하였다.

第三分別智相應染者, 五種意中第四智識。七地以還, 二智起時, 不得能行, 出觀緣事, 任運心時, 亦得現行。故言漸離。七地以上長時入觀, 故此末那永不現行。故言無相方便地究竟離。此第七地, 於無相觀有加行有功用, 故名無相方便地也。

---

855 唯識觀: 유식삼성관唯識三性觀의 준말로, 변계소집성遍計所執性, 의타기성依他起性, 원성실성圓成實性 같은 三性으로 관법觀法을 행하는 것을 의미한다.

856 尋思: 심구사찰尋求思察의 준말이며, 유식종唯識宗 제2가행위加行位에서 닦는 관법觀法으로 사종구四種求·사심사관四尋思觀이라고도 한다. 명名, 의義, 자성自性, 차별差別과 같은 네 가지 관점에서 만법萬法을 관찰할 때 이 法들이 모두 임시로 있을 뿐 실제가 없다고 觀하는 것을 가리킨다.

세 번째 분별지상응염이란 것은 다섯 가지 의意 중에 네 번째 지식智識이다. 보살 칠지七地[원행지遠行地] 이하에서 이지二智[857]가 일어났을 때에는 현행할 수 없지만, 정관靜觀에서 나와 사물(경계)과 연결되어 멋대로 마음을 움직일 때는 역시 현행할 수 있다. 그래서 '점리漸離(점점 여읜다)'라고 하였다. 칠지七地 이상에서는 긴 시간 동안 관觀에 들어가 있기 때문에 이 말나식이 오래 현행하지 못한다. 그래서 '무상방편지無相方便地에 이르러 마침내 떠나기 때문이다.'라고 하였다. 이 제7지는 무상관無相觀[858]에서의 가행加行과 공용功用이 있기 때문에 무상방편지라고 하였다.

해설 '정관靜觀의 상태에서 나오면 사물과 연결되어 멋대로 마음을 움직인다.'는 것은 마음이 고요한 삼매에서 벗어나 일상의 삶으로 돌아오면 다시 욕심과 번뇌로 인해 흔들리는 것을 말한다. 그렇기 때문에 양명학陽明學을 창시한 왕양명王陽明은 『전습록傳習錄』에서 사상마련事上磨鍊의 중요성을 강조하였는데, 사상마련이란 일상생활에서 실제로 발생하는 일이나 사건에서 마음을 닦는 것이다. 즉 마음공부는 내외內外와 동정動靜으로 병행해서 이루어져야 하고, 이 두 가지가 모두 갖춰졌을 때 비로소 인간이 본래 가지고 있는 양지良知가 제대로 발현될 수 있는 것이다.

[別記] 此義如解深密經說。論其種子, 至金剛心方乃頓斷, 如集論中之所廣說。上來三染, 行相是麤, 具三等義, 故名相應。

---

857 二智: 법공지法空智와 아공지我空智 또는 무분별지無分別智와 후득지後得智를 의미한다.
858 無相觀: 이공관二空觀(無生觀, 無相觀)의 하나이다. 제법의 체성體性이 공한 것임에도 허망하게 相에 집착하여 마치 공화空華를 실제로 있는 듯이 보나, 만약 그러한 망정妄情을 여의면 제법의 상이 공하다는 것을 관할 수 있다.

이 뜻은 『해심밀경』에서 말한 것과 같다.[859] 그 종자種子를 논한다면 금강심金剛心에 이르러서야 바야흐로 단번에 끊는 것이니, 『대승아비달마집론』[860]에서 폭넓게 설한 것과 같다.[861] 위로부터 세 가지 染은 그 행해지는 相이 구체적이며 삼등三等[862]의 뜻을 갖추었기 때문에 상응이라고 하였다.

해설 지금까지 위에서 언급한 세 가지 染(집상응염, 부단상응염, 분별지상응염)은 상응하는 것이고, 뒤의 세 가지 染은 상응하지 않는다. 여기에서 상응한다는 것은 心王과 心所가 상응한다는 것을 의미한다. 앞의 세 가지 染은 경계에 의해 일어나고, 게다가 구체적으로 드러나는 것이기 때문에 식체識體와 심리작용이 서로 상응한다. 그러나 뒤에서 기술하고 있는 세 종류의 染들은 모두 아려야식의 영역에서 일어나는 것이라 분명하게 심왕과 심소가 서로 상응하지 않는다. 즉 인식의 주체와 객체가 명백하게 분리되지 않은 상태이기 때문에 인식의 작용이 일어난다고 하더라도 인식주체가 그것을 인지하지 못한다는 것을 의미한다.

또 三等이란 것은 의식과 말나식에 있어서 체등體等, 지등知等, 연등緣等을 말하는 것으로, 『대승기신론내의약탐기大乘起信論內義略探記』에 의하면 체등體等이라는 것은 여러 번뇌의 心所가 각각 하나의 體를 가지고 있지만 그 體가 둘이 아니라는 측면에서 같다는 것이고, 지등知等은 능지能知[아는 작용]가 동등하다는 뜻이며, 연등緣等

---

859 관련 내용은 『解深密經』(대정장 제16권, 0676, p.704. a10~ b3행)에 있다.
860 『대승아비달마집론』: 무착無着의 저술로 총 7권으로 구성되어 있으며, 유가행파의 교의敎義를 체계적이고 논리적으로 분류하여 주석한 논서이다.
861 『대승아비달마집론』(대정장 제31권, 1605, p.685. b28~ c1행)에서 인용. "何等究竟道, 謂依金剛喩定, 一切麤重永已息故, 一切繫得永已斷故, 永證一切離繫得故"
862 三等: 본래 三等의 의미는 밀교에서 신身·어語·의意의 삼밀三密이 평등한 것을 가리키나, 이 책에서는 체體와 지知 그리고 연緣이 같은 것을 의미한다.

은 소지所知[알려지는 대상]가 동등하다는 뜻이다. 비록 심왕과 심소가 다르고 염정의 차별이 있지만, 심왕이 오염된 것을 알면 심소 역시 오염되었음을 알 수 있고, 심왕이 청정하다는 것을 알면 심소 역시 청정함을 알기 때문에, 能知의 知相과 所知의 緣相이 동일한 것이다. 三等에 관한 내용은 아래 상응과 불상응을 풀이하는 소疏에서 자세하게 설명되고 있다.

[疏] 第四現色不相應染者, 五種意中第三現識。如明鏡中現色像, 故名現色不相應染。色自在地是第八地, 此地已得淨土自在, 穢土麤色不能得現。故說能離也。

네 번째 현색불상응염이란 것은 다섯 가지 意 중에 세 번째인 현식現識이다. 마치 맑은 거울에 형상이 드러나는 것과 같기 때문에 현색불상응염이라고 하였다. 색자재지色自在地는 보살 제8지로서, 이 지위는 이미 정토淨土의 자재함을 얻어 예토穢土[863]의 구체적인 형색이 나타날 수가 없다. 그래서 '능리能離(여읠 수 있다)'라고 하였다.

해설 '현색불상응염'이란 말에서 현색現色은 형상을 드러낸다는 것을 의미한다. 거울에 비유하면 어떤 형체가 거울 앞에 있으면 그 모습이 거울에 비춰서 상이 나타나는 것과 같다. 그런데 '불상응'이라 한 것은 이 모습이 비친 곳이 깊은 무의식의 세계인 아려야식이라서 우리가 그 상을 거의 인식하지 못하기 때문이다. 비유하자면 의식이 발달하지 않은 어린아이 눈에 어떤 형상이 비친 것과 같다. 그래서 아려야식의 세 가지 染을 모두 불상응이라고 이름한 것이다. 현색불상응염이란 용어는 '형상을 드러내지

---

863   穢土: 삼계三界와 육취六趣의 염오染汚된 땅.

만 (심왕과 심소가) 상응하지 않는 염법'을 의미한다.

第五能見心不相應染者, 是五意內第二轉識, 依於動心成能見故。心自在地是第九地, 此地已得四無礙智, 有礙能緣不得現起。故說能離也。

다섯 번째 능견심불상응염이란 다섯 가지 의의 중에 두 번째인 전식轉識으로, 움직인 마음에 의해 능견能見을 이루기 때문이다. 심자재지心自在地는 보살 제9지로서, 이 지위는 이미 사무애지四無礙智[864]를 얻어 막힘이 있는 능연能緣이 일어날 수가 없다. 그래서 '능리能離'라고 하였다.

第六根本業不相應染者, 是五意內第一業識, 依無明力不覺心動故。菩薩盡地者, 是第十地, 其無垢地屬此地故。就實論之, 第十地中亦有微細轉相現相, 但隨地相說漸離耳。如下文言, 依於業識, 乃至菩薩究竟地, 心所見者, 名爲報身。若離業識, 則無見相, 當知業識未盡之時, 能見能現亦未盡也。

여섯 번째 근본업불상응염이란 다섯 가지 의의 중에 첫 번째인 업식業識으로, 무명의 힘으로 불각의 마음이 움직이기 때문이다. 보살진지菩薩盡地란 보살 제10지로서, 그 무구지無垢地가 이 지위에 속하기 때문이다. 실제로 논하자면 제10지 중에서도 역시 미세한 전상轉相과 현상現相이 있지만 (수행한) 지위의 相에 따라 점차 여의는 것을 말하였을 뿐이다. 마치 아랫글[865]에서 '업식業識에 의한 것으로 ~~

---

864 四無礙智: 사무애해四無礙解라고도 하며, 약칭으로 四無礙·四解 또는 사변四辯이라고 한다. 네 가지(법法, 의義, 사詞, 변辯) 측면에서 자유자재하여 막히거나 걸림이 없는 이해 능력과, 언어로써 모두 표현할 수 있는 능력을 의미한다.

865 392 ~ 393쪽, 義章門의 用大를 설하는 글에 있다.

보살구경지菩薩究竟地에 이르기까지의 마음으로 본 것을 보신報身이라 한다.'라고 한 것과 같다. 만약 업식業識을 여의면 견상見相도 없으니, 마땅히 업식業識이 다 없어지기 전까지는 능견能見과 능현能現도 역시 다 없어지지 않는다는 것을 알아야 한다.

해설 위에서 말한 6染과 9相, 그리고 다스려 끊는 보살 계위階位와 識을 표로 종합하면 아래와 같다.

染心		不覺相	治斷의 地位	識	
相應染	執相應染	執取相	삼현위 보살	意識	
	不斷相應染	相續相	정심지(보살 초지)	相續識	
	分別智相應染	智相	구계지(보살 제2지) ~ 무상방편지(보살 제7지)	智識	
不相應染	現色不相應染	現相(境界相)	색자재지(보살 제8지)	現識	五意
	能見心不相應染	轉相(能見相)	심자재지(보살 제9지)	轉識	
	根本業不相應染	業相	보살진지(보살 제10지) ~ 여래지	業識	

ⓓ 무명을 다스려 끊는 지위

[論_ 法章門_ 別解_ 生滅門_ 廣釋_ 生滅因緣_ 所依因緣體相_ 廣顯因緣差別_ 顯無明治斷位地]

不了一法界義者, 從信相應地觀察學斷, 入淨心地隨分得離, 乃至如來地能究竟離故。

하나의 법계라는 뜻을 완전히 깨우치지 못했다는 것은 신상응지信相應地로부터 (망념을) 관찰하고 배워서 끊어내고, 정심지淨心地에 들어가 (깨달음의) 분수分數에 따라 여의다가, 이에 여래지如來地에 이르러 마침내 여읠 수 있기 때문이다.

해설 '하나의 法界'라는 것은 유일무이하고 절대 평등한 진여의 체를 가리키는 것으로, 천태종天台宗에서는 제법실상諸法實相이라 하고, 화엄종華嚴宗에서는 일진법계一眞法界라 하며, 『起信論』에서는 眞如門이라 한다. 여기에서의 '界'는 소의所依와 소인所因을 뜻하고 성법聖法은 진여에 의해 생겨나니, 진여가 聖法의 所依와 所因이기 때문에 '法界'라 하고, 이 법이 평등하고 둘이 아니며 오직 하나의 진실이기 때문에 '하나의 法界'라고 한다. 이 論의 앞부분에서도 '心眞如라는 것은 곧 一法界의 대총상大總相 법문체法門體이다. 이른바 마음의 본성은 생하지도 멸하지도 않으며, 일체 제법은 오직 망념에 의해 차별이 있을 뿐이다. 만약 마음과 생각에서 떠나면 모든 경계상도 없어진다.'[866] 라고 말한 것이 있다. 그러므로 모든 망념을 완전히 버린 부처의 경지에 이르지 못하면 여전히 법계는 하나일 수 없다. 이 하나의 법계라는 것은 비유하자면 사시나무 거인(Trembling Giant)과 같다. 이 사시나무 거인(Trembling Giant)은 미국의 유타주에 있는 피시레이크 국유림(Fishlake National Forest)의 사시나무 숲을 가리키는 것으로, 약 433,000㎡의 면적에 대략 47,000그루가 살고 있지만, 모든 나무가 하나의 뿌리로 연결되어 있기 때문에 단일 유기체라고 할 수 있다. 분별의 세계인 地上에서 보면 그 나무들의 형상은 수만 가지로 각각 다르게 보이지만, 무분별의 세계인 뿌리의 관점에서 보면 모두 평등한 하나의 나무일뿐이다.

또 '分數에 따라 어인다.'는 것은 십지 보살의 수행 경지에 따라 주상住相의 분별추념分別麤念이 차츰 종식되는 것을 말한다. 앞서 시각始覺의 차별을 설명하는 부분에 나온 수분각隨分覺의 隨分이 바로 이와 같은 개념이다.

---

[866] 125~126쪽, '心眞如者即是一法界大總相法門體 所謂心性不生不滅 一切諸法唯依妄念而有差別 若離妄念 則無一切境界之相'

〈사시나무 거인〉

[疏] 第四明無明治斷。然無明住地有二種義, 若論作得住地門者, 初地以上能得漸斷, 若就生得住地門者, 唯佛菩提智所能斷。今此論中不分生作, 合說此二通名無明, 故言入淨心地隨分得離, 乃至如來地能究竟離也。

네 번째[867]로 무명을 다스려 끊는 것을 밝혔다. 그러나 무명주지無明住地에 두 가지 뜻이 있으니, 만약 작득주지作得住地의 측면에서 논한다면 초지初地 이상에서 점차 끊을 수 있지만, 만약 생득주지生得住地의 측면에서 보면 오직 부처의 보리지菩提智라야 끊을 수 있다. 지금 이 『기신론』에서는 생득生得과 작득作得을 구분하지 않고, 이 두 가지를 합해서 공통적으로 무명이라 하였기 때문에 '정심지淨心地에 들어가 분수에 따라 여의다가, 비로소 여래지如來地에 이르러

---

867 인연의 차별을 넓게 드러낸 것 중에서 네 번째를 가리킨다.

서 마침내 여읠 수 있다.'라고 말한 것이다.

해설 무명의 사주지四住地는 생득生得[선천적인 것: 견일처주지見一處住地]과 작득作得[후천적인 것: 욕애주지欲愛住地, 색애주지色愛住地, 유애주지有愛住地]으로 나눠 볼 수 있다. 작득주지作得住地는 의식의 가장 깊은 부분과 개인무의식에 해당하는 말나식에 자리하고 있는 무명으로, 개인이 태어나고 살아가면서 만들어낸 것이라 작득作得이라 하였다. 이 作得住地는 앞에서 논한 여섯 가지 염심染心 중에서 두 번째와 세 번째에 해당하는 부단상응염과 분별지상응염과 관련된다. 부단상응염은 상속상相續相이고 분별지상응염은 지상智相으로, 相續相은 보살 初地에서 끊어지고 智相은 第7地에서 끊어진다. 그래서 '작득주지作得住地는 初地 이상에서 점차 끊어진다.'라고 하였다. 그러나 제8아려야식의 세 가지 염법은 生得으로 근본무명에 의해 생겨나기 때문에, 부처의 경지에 이르러야 비로소 완전하게 끊어진다. 그래서 '오직 부처의 보리지菩提智라야 끊을 수 있다.'라고 한 것이다.

Ⓔ 상응相應과 불상응不相應의 뜻

[論_ 法章門_ 別解_ 生滅門_ 廣釋_ 生滅因緣_ 所依因緣體相_ 廣顯因緣差別_ 釋相應不相應義]

言相應義者, 謂心念法異, 依染淨差別, 而知相緣相同故。不相應義者, 謂卽心不覺, 常無別異, 不同知相緣相故。

상응의 뜻을 말한다는 것은 마음과 염법念法이 다른 것을 이른 것이니, 염정染淨으로 차별되지만 지상知相과 연상緣相이 서로 같기 때문이다. 상응하지 않는다는 뜻은 바로 마음과 불각이 항상 별다른 차이가 없음을 이른 것이니, 지상知相과 연상緣相이 같지 않

기 때문이다.[868]

[疏] 第五明相應不相應義。六種染中, 前三染是相應, 後三染及無明是不相應。相應中言心念法異者, 心法之名也, 迦旃延論中, 名爲心及心所念法也。依染淨差別者, 分別染淨諸法見慢愛等差別也。知相同者, 能知相同, 緣相同者, 所緣相同也。此中依三等義以說相應。謂心念法異者, 是體等義, 謂諸煩惱數, 各有一體, 皆無第二故。知相同者是知等義, 緣相同者是緣等義。彼前三染, 具此三義, 俱時而有, 故名相應。

다섯 번째[869]로 상응과 불상응의 뜻을 밝혔다. 여섯 가지 염심染心 중에 앞의 세 가지 染은 상응이고 뒤의 세 가지 染과 무명은 불상응이다. 상응 중에서 말한 '마음과 염법染法이 다르다.'라고 한 것은 心(심왕)과 法(심소법)을 지칭한 것으로, 『가전연론迦旃延論』[870]에서는 心과 심소념법心所念法[871]이라 하였다.[872] '염정染淨으로 차별된다.'는 것은 염정의 제법을 분별하여 견見·만慢·애愛 등[873]으로 차별하는 것이다. '지상知相이 같다.'는 것은 능지能知의 相이 동일하고, '연상緣相이 같다.'는 것은 소연所緣의 相이 같은 것이다. 여기에서는 삼등三等의 뜻으로써 상응을 설하였다. '마음과 염법染法이 다른 것을 이른

868　은정희 역: 상응의相應義라 한 것은 심心과 염법念法이 달라서 염정에 의하여 차별하매 지상知相과 연상緣相이 같음을 말하기 때문이며, 불상응의不相應義란 곧 심과 불각이 항상 별 다름이 없어서 지상과 연상이 같지 않음을 말하기 때문이다.
869　인연의 차별을 넓게 드러낸 것 중에서 다섯 번째를 가리킨다.
870　『迦旃延論』: 30권으로 된 논론으로 인도인 가전연자迦旃延子가 지었으며, 『아비달마발지론阿毘達磨發智論』의 이역본異譯本이다. 『아비담팔건도론阿毘曇八犍度論』 또는 『팔건도론八犍度論』이라고도 함.
871　心所念法: 심소법心所法과 같은 용어이다.
872　『阿毘曇八犍度論』(대정장 제26권, 1543, p.845. a16~ 29행)에 心과 心所念法이 자주 언급되고 있다.
873　我癡, 我見, 我慢, 我愛의 네 가지 번뇌를 일으키는 것을 말함.

다.'라고 한 것은 체등體等 뜻으로, 여러 번뇌의 심수心數가 각기 하나의 體가 있어서 모두 두 번째가 없는 것을 말하기 때문이다. '지상知相이 같다.'는 것은 지등知等의 뜻이고, '연상緣相이 같다.'는 것은 연등緣等의 뜻이다. 저 앞의 세 가지 染은 이 세 가지 뜻[체등體等·지등知等·연등緣等]을 갖추고서 (심왕과 심소가) 동시에 있기 때문에 상응이라고 이름하였다.

問。瑜伽論說, "諸心心法, 同一所緣, 不同一行相, 一時俱有, 一一而轉", 今此中說, 知相亦同。如是相違, 云何和會。
答。二義俱有, 故不相違, 何者。如我見是見性之行, 其我愛者愛性之行, 如是行別, 名不同一行, 而見愛等皆作我解。依如是義名知相同。是故二說不相違也。

    묻는다. 『유가사지론』에서 "여러 心(王)과 심법이 소연所緣을 동일하게 하지만 행상行相[874]은 동일하게 하지 않으며, 동시에 함께 있지만 하나씩 하나씩 전변한다."[875]라고 하였는데, 지금 이 논에서는 지상知相도 역시 같다고 한다. 이같이 서로 어긋나는데 어떻게 화합하여 회통하겠는가?

    답한다. 두 가지 뜻이 모두 있기 때문에 서로 어긋나지 않음은 어째서인가? 마치 아견我見은 견성見性의 행상行相이고 그 아애我愛란 것은 애성愛性의 행상行相이니, 이같이 行相이 차별되어 동일하지 않은 行相이라 하지만, 見과 愛 등은 모두 나의 앎이 된다. 이 같은 뜻으로

---

874   行相: 일반적으로 어떤 것이 행해지는 모습을 가리키지만, 심왕心王과 심소心所가 갖추고 있는 인식하는 작용, 또는 드러난 영상影像의 상태를 가리키기도 한다. 心王과 心所는 각기 스스로의 성능性能으로 경계境界相에서 운행한다. 그래서 行相이라고 한다.
875   『瑜伽師地論』(대정장 제30권, 1579, p.279. b21~ 22행)에서 변형하여 인용. "諸心所有法, 又彼諸法同一所緣, 非一行相, 俱有相應, 一一而轉"

知相이 같다고 한다. 이런 까닭에 두 가지 설이 서로 어긋나지 않는다.

> **해설** '동시에 함께 있지만 하나씩 하나씩 전변한다.'는 것은 모든 心所法은 心王에 종속되어 모두 함께 있지만, 그 하나하나의 行相은 자기만의 특성을 지녀 동일하지 않다는 것을 말한다. 또 위에서 말하는 두 가지 뜻은 我見과 我愛의 行相이 서로 다른데 知相이 같다는 것으로, 말나식의 네 가지 번뇌[我癡, 我見, 我慢, 我愛]가 서로 그 성질이 다르지만, 분별한다는 측면에서 보면 모두 알음의 작용이기에 知相이 같다고 하였다.

不相應中言卽心不覺常無別異者, 是明無體等義, 離心無別數法差別故。旣無體等, 餘二何寄。故無同知同緣之義。故言不同知相緣相。此中不者, 無之謂也。

불상응(을 설명하는) 중에 말한 '바로 마음과 불각이 항상 별다른 차이가 없다.'는 것은 '체등體等'의 뜻이 없음을 밝힌 것으로, 마음을 떠나 별다른 심수법心數法의 차별이 없기 때문이다. 이미 體의 같음이 없다면, 나머지 둘이 어디에 붙어있겠는가? 그러므로 知가 같고 緣이 같다는 뜻이 없게 된다. 그래서 知相과 緣相이 같지 않다고 하였다. 이 중에 '不(않다)'라는 것은 '無(없다)'를 말하는 것이다.

> **해설** 서로 상응한다는 것은 심왕과 심소가 분리되어 있는 것을 전제로 하는데, 이것은 바로 불각으로 인해 마음이 대상을 분별하는 것을 의미한다. 그러나 아려야식의 이 미세한 마음은 심왕과 심소로 명확히 분리되지 않기 때문에 그 체가 같다고 하거나 다르다고 논하는 것 자체가 무의미하다. 따라서 知相과 緣相의 같고 다름을 논할 것이 없다. 바로 아래의 문답을 자세히 보면 그 의미를 잘 알 수 있다.

問。瑜伽論說, "阿黎耶識, 五數相應, 緣二種境", 卽此論中現色不相應
染。何故此中說不相應。
答。此論之意, 約煩惱數差別轉義, 說名相應, 現識之中, 無煩惱數。依
是義故, 名不相應。彼新論意, 約徧行數, 故說相應。由是道理, 亦不相
違也。

묻는다. 『유가사지론』에서 "아려야식이 오수五數[876]와 상응하여 두 가지 경계[877]에 연결된다."[878]라고 하였는데, 바로 이 『기신론』의 현색불상응염이다. 무슨 까닭으로 여기에서는 불상응이라 하였는가?

답한다. 이 『기신론』의 뜻은 번뇌의 심수心數가 차별되어 전변한다는 뜻을 기준으로 상응이라 하였는데, 현식現識에는 번뇌의 心數가 없다. 이 뜻으로 불상응이라 하였다. (그러나) 저 신론(『유가사지론』)의 뜻은 변행徧行의 心數를 기준으로 하였기 때문에 상응한다고 설한 것이다. 이런 도리로 말미암아 역시 서로 어긋나지 않는다.

해설 現識은 아려야식의 자리에 있고, 아려야식에는 촉觸, 작의作意, 수受, 상想, 사思의 변행심소遍行心所만 존재하고 번뇌심소는 없다. 그래서 무명에 물들었지만 심왕과 심수가 불상응한다고 한 것이다. 그러나 유가사지론은 안으로 종자나 유근신有根身과 같은 내집수內執收에 연결되고 밖으로 기세간器世間의 相에 반연한다는 뜻에서 심왕과 다섯 가지 변행심소가 상응한다고 설한 것이다. 앞에서 오의五意 중에 세 번째인 현식現

---

876 五數: 오변행심소五遍行心所 즉 촉觸, 작의作意, 수受, 상想, 사思를 말하는데, 특정한 식에 구분되지 않고 일체의 심心과 시時 그리고 장소에 두루 일어나기 때문에 변행遍行이라 한다.
877 두 가지 경계는 내집수內執受와 외무분별기상外無分別器相을 의미한다. 은정희는 두 경계를 순경계와 위경계라 하였는데 이것은 말나식이나 의식의 경계이지 아려야식의 경계가 아니다. 바로 아래 주석의 원문 참조.
878 『瑜伽師地論』(대정장 제30권, 1579, p.580. a3와 a29~ b1행)에서 축약 인용. "阿賴耶識, 由於二種所緣境轉。一由了別內執受故, 二由了別外無分別器相故", "阿賴耶識, 與五遍行心相應。所恒共相應, 謂作意觸受想思"

識을 설명하고 있는 별기別記[879]에서도 『유가사지론』을 인용하여 아려야식이 두 가지 경계에 연결된다는 것을 등잔불에 비유하여 안으로 심지를 붙잡고 밖으로 빛을 발한다고 한 적이 있다.

또 여기에서 말한 변행遍行의 뜻은 모든 식에서 두루 작용한다는 것을 의미하는데, 이 遍行과 반대로 특정 識에서만 작용하는 심소, 예를 들어 혜慧나 아치我癡, 아견我見, 아만我慢, 아애我愛 같은 심소는 말나식에서만 한정적으로 작용하기 때문에 별경심소別境心所라 한다.

Ⓕ 지애智礙와 번뇌애煩惱礙의 뜻

[論_ 法章門_ 別解_ 生滅門_ 廣釋_ 生滅因緣_ 所依因緣體相_ 廣顯因緣差別_ 智礙煩惱礙義]

又染心義者, 名爲煩惱礙, 能障眞如根本智故, 無明義者, 名爲智礙, 能障世間自然業智故。此義云何。以依染心能見能現, 妄取境界, 違平等性故, 以一切法常靜, 無有起相, 無明不覺, 妄與法違故, 不能得隨順世間一切境界種種知故。

또 염심染心의 뜻이란 것을 이름하여 번뇌애煩惱礙라고 하니 진여의 근본지根本智[880]를 가로막을 수 있기 때문이고, 무명의 뜻을 지애智礙라고 하니 세간의 자연업지自然業智[881]를 능히 가로막기 때문이다. 이 뜻이 무엇을 말하는가? 염심에 의해 볼 수 있고 드러낼 수 있으며 경계를 허망하게 취하여 평등성을 어기기 때문이고, 일체 법이

---

879 288~289쪽 참고
880 根本智: 근본부분별지根本無分別智, 無分別智 또는 여리지如理智라고도 한다. 주관과 객관의 분별상 없이 평등하고 진실한 바른 지혜로서 모든 지혜의 근본이 된다.
881 自然業智: 후득지後得智·유분별지有分別智·속지俗智 또는 여량지如量智라고도 한다. 근본지에 의해 진리를 깨달은 뒤에 세속의 만사를 헤아려 아는 지혜를 말한다.

항상 고요하여 일어나는 상이 없으나 무명의 불각으로 허망하게 법에서 어긋나기 때문에 능히 세간의 일체 경계에 수순하는 갖가지 지혜를 얻지 못하기 때문이다.

해설 '염심에 의해 볼 수 있고 ~~ 평등성을 어기기 때문이고'까지는 번뇌애를 설명한 글이고, '일체 법이 항상' 이하는 지애를 설명한 글이다.

[疏] 第六明二礙義。顯了門中名爲二障, 隱密門內名爲二礙。此義具如二障章說。今此文中, 說隱密門, 於中有二。初分二礙, 此義以下, 釋其所以。初中言染心義者, 是顯六種染心也。根本智者, 是照寂慧, 違寂靜故, 名煩惱礙也。無明義者, 根本無明, 世間業智者, 是後得智。無明昏迷, 無所分別, 故違世間分別之智。依如是義, 名爲智礙, 釋所以中, 正顯是義。以依染心能見能現妄取境界者, 略擧轉識現識智識。違平等性者, 違根本智能所平等, 是釋煩惱礙義也。以一切法常靜無有起相者, 是擧無明所迷法性, 無明不覺妄與法違故者, 是顯無明迷法性義。故不能得乃至種知者, 正明違於世間智義也。

여섯 번째로 두 가지 장애의 뜻을 밝혔다. 밝게 드러내는 측면에서 이장二障[882]이라 하고 은밀하게 숨기는 측면에서는 이애二礙[883]라 한다. 이 뜻은 『이장장二障章』에서 자세하게 설명한 것과 같다. 지금 이 『기신론』은 은밀히 숨기는 측면에서 말한 것으로, 그중에 두 가지가 있다. 처음에 두 장애를 나누었고, '차의此義(이 뜻이 무엇을 말하는가?)' 이하에서 그 까닭을 풀이하였다. 처음에 말한 '염심染心의 뜻'은 여섯 가지 염심을 드러낸 것이다. 근본지라는 것은 조적혜照

---

882   二障: 번뇌장煩惱障과 소지장所知障.
883   二礙: 煩惱礙와 智礙.

寂慧[884]인데, 적정寂靜을 어겼기 때문에 번뇌애라고 한다. '무명의 뜻'이란 근본무명이고, '세간업지世間業智'란 것은 후득지後得智이다. 무명이 분별할 것이 없는 것에서 혼미하기 때문에 세간분별지世間分別智[885]에서 어긋난다.[886] 이 같은 뜻에 의해 이름하여 지애智礙라 하니, 까닭을 풀이하는 중에 바로 이 뜻을 드러냈다. '염심에 의해 볼 수 있고, 드러낼 수 있으며, 경계를 허망하게 취한다.'라는 것은 전식轉識과 현식現識, 그리고 지식智識을 간략하게 든 것이다. '평등성을 어긴다.'는 것은 근본지根本智의 능能·소所 평등을 어긴 것으로, 번뇌애煩惱礙의 뜻을 풀이한 것이다. '일체 법이 항상 고요하여 일어나는 상이 없다.'는 것은 무명으로 혼미해지는 법성法性을 거론한 것이고, '무명의 불각으로 허망하게 법에서 어긋나기 때문이다.'는 것은 무명이 법성을 미혹한 뜻을 밝힌 것이다. '고불능득故不能得(때문에 능히 세간의)'에서 '종지種知(갖가지 지혜)'까지는 바로 세간지世間智에서 어긋난 뜻을 밝힌 것이다.

해설 세간분별지世間分別智는 분별 없는 평등세계의 진여근본지眞如根本智와 상대되는 개념으로, 분별의 세계에서 깨달음을 얻어 부처가 되었을 때 갖게 되는 분별의 지혜이다. 본래의 청정한 마음에는 누구에게나 진여의 근본지가 있지만, 망념의 작용으로 인한 분별 세계로 들어오면 그 진여의

---

884 照寂慧: 육혜六慧(聞慧, 思慧, 修慧, 無相慧, 照寂慧, 寂照慧) 중의 하나이다. 照는 바로 중도中道의 용用이며, 寂은 곧 中道의 체體이니, 등각위等覺位의 보살이 中道의 관혜觀慧로써 이체理體의 지혜를 비춰보는 것을 가리킨다.

885 世間分別智: 세간업지世間業智·무분별후지無分別後智·후득무분별지後得無分別智라고도 한다. 無分別智 중의 하나로 근본무분별지根本無分別智(또는 근본지根本智)의 상대 개념이다. 이 지혜는 根本智에 이끌려 능히 의타기의 경계에서 통달할 수 있다. 그래서 여량지如量智 또는 권지權智, 속지俗智라고도 한다. 또 根本智가 능분별能分別과 소분별所分別이 없는 것에 반하여 이 智는 所分別과 能分別이 있다.

886 은정희 역: 무명이 (법성을) 혼미하게 하여 분별하는 바가 없기 때문에 세간의 분별지와 어긋나며

근본지가 제대로 작동하지 못한다. 그러나 수양을 통해 더러움으로 물든 마음이 점차 회복되어 깨끗해지면, 분별의 세계에 있으면서도 분별이 없는 지혜를 얻게 되고, 생멸과 진여가 서로 회통하여 일체의 세간 경계에 수순하는 경지에 도달하게 된다. 이것이 바로 세간자연업지世間自然業智이며 세간분별지世間分別智이다. 또 『천부경天符經』에서 말하는 "일시무시一始無始[한번 시작했지만 시작한 것이 없음]"이며, 老子가 말하는 "무위이무불위無爲而無不爲[함이 없지만 하지 않음도 없음]"[887]와 같은 개념이다. 한번 시작했다는 일시一始는 바로 분별 세계가 시작된 것을 뜻하고, 그럼에도 시작한 것이 없다고 하는 무시無始는 여전히 무분별의 평등세계인 것을 의미하니, 즉 작위作爲이면서 함이 없는 무위無爲이고, 무위無爲이면서 하지 않은 것이 없는 무불위無不爲이며, 진여가 바로 생멸이고 생멸이 바로 진여이다.

[別記] 然二障之義, 略有二門。一二乘通障, 十使煩惱能使流轉, 障涅槃果, 名煩惱障, 菩薩別障, 法執等惑, 迷所知境, 障菩提果, 名所知障。此門如餘經論所說。二一切動念取相等心, 違如理智寂靜之性, 名煩惱礙, 根本無明昏迷不覺, 違如量智覺察之用, 名爲智礙。今此論中約後門義, 故說六種染心名煩惱礙, 無明住地名爲智礙。然以相當, 無明應障理智, 染心障於量智, 何不爾者。未必爾故。未必之意, 如論自說。

그러나 이장二障의 뜻에 대략 두 가지 측면이 있다. 하나는 이승二乘에 공통하는 장애로서 십사번뇌十使煩惱[888]가 능히 (마음을)

---

887 『道德經』 48장
888 十使煩惱: 십수면十隨眠(또는 十使, 십견十見, 십대혹十大惑)과 같은 용어이다. 6종 근본번뇌를 탐貪, 진瞋, 치癡, 만慢, 의疑의 오둔사五鈍使와 견見으로 나누었을 때, 見은 다시 유신견有身見, 변집견邊執見, 사견邪見, 견취견見取見, 계금취견戒禁取見의 오리사五利使로 나뉜다. 十使煩惱는 이 두 가지 五鈍使와 五利使를 합하여 지칭한 것이다. 使는 부린다는 뜻으로 번뇌의 다른 이름이다. 五利使는 오염오견五汚染見 또는 오벽견五僻見·五見·利使라고도 하며, 진리에서 미혹된 것으로 그 성질이 매우 예리하다. 五鈍使는 그 성질이 둔하고 수행자의 마음을 부려 三界에 유전하게 한다.

유전케 하여 열반과涅槃果를 가로막는 것을 번뇌장煩惱障이라 하고, 보살승에게 별도로 적용되는 장애로서 법집 같은 혹惑이 아는 바의 경계에 미혹하여 보리과菩提果를 막는 것을 소지장所知障[889]이라 한다. 이러한 측면은 여타의 경과 논에서 설한 것과 같다. 둘은 모든 움직이는 망념과 相 같은 것을 취하는 마음이 여리지如理智[890]의 적정한 본성을 어기는 것을 번뇌애煩惱礙라 하고, 근본무명으로 혼미하고 불각하여 여량지如量智[891]의 각찰覺察하는 작용에서 어긋나는 것을 지애智礙라 한다. 지금 이 논은 후자 측면의 뜻을 기준으로 하였기 때문에 여섯 가지 염심을 번뇌애煩惱礙라 하고 무명주지無明住地를 지애智礙라 하였다. 그러나 相으로써 해당시키면 무명은 응당 여리지如理智를 장애할 것이고 염심은 여량지如量智를 장애해야 할 것인데, 어째서 (이 논에서) 그렇지 아니한 것인가? 반드시 그렇지 않기 때문이다. 반드시 그렇지 않은 뜻은 논에서 스스로 말한 것과 같다.

[疏] 上來第二廣釋生滅因緣義竟。

위로부터 두 번째[892] 생멸인연의 뜻을 자세히 풀이하여 마친다.

---

889 所知障: 번뇌장煩惱障과 합하여 二障이라 한다. 근본부명으로 말미암아 앎의 경계에 미혹되고 어두워서 제법의 사상事相과 실성實性을 알지 못하도록 하기 때문에 지애智礙라고도 한다.
890 如理智: 근본무분별지根本無分別智와 같은 말로, 매우 오묘하고 절대적 진리인 진제지眞諦智를 의미한다.
891 如量智: 부처나 보살이 속제俗諦의 온갖 사물과 현상의 차별상을 헤아리는 지혜로써, 후득지後得智 또는 유분별지有分別智·속지俗智라고도 한다. 근본무분별지根本無分別智인 여리지如理智와 대비되는 명칭이다. 量은 헤아린다는 뜻이다.
892 생멸문을 자세하게 풀이하는 세 가지(심생멸의 體, 생멸인연의 名, 생멸의 상) 중에 두 번째를 가리킨다.

(다) 생멸상生滅相

[疏] 第三廣上立義分中生滅之相, 於中有二。先明生滅麤細之相, 後顯麤細生滅之義。

세 번째로 위 立義分 중(에서 세운) 생멸상을 폭넓게 풀이하였는데, 그중에 두 가지가 있다. 먼저 생멸의 구체적인 相과 미세한 相을 밝혔고, 뒤에서 구체적인 생멸과 미세한 생멸의 의미를 밝혔다.

① 생멸추세生滅麤細의 相

[論_ 法章門_ 別解_ 生滅門_ 廣釋_ 生滅相_ 生滅麤細之相]
復次分別生滅相者有二種, 云何爲二。一者麤與心相應故, 二者細與心不相應故。又麤中之麤, 凡夫境界, 麤中之細, 及細中之麤, 菩薩境界, 細中之細, 是佛境界。

다시 다음으로 생멸상을 분별하는 것에 두 가지가 있으니, 무엇을 일러 둘이라 하는가? 하나는 구체적이어서 마음[심왕心王]과 서로 응하기 때문이고, 다른 하나는 미세하여 마음과 상응하지 않기 때문이다. 또 구체적인 것 중의 구체적인 것은 범부의 경계이고, 구체적인 것 중의 미세한 것과 미세한 것 중의 구체적인 것은 보살의 경계이며, 미세한 것 중의 미세한 것은 부처의 경계이다.

해설 여기서 말하는 추麤와 세細는 마음의 움직임을 어느 정도로 인지認知할 수 있는가?라고 하는 인지의 난이도難易度로써 구분한 것으로, 알아차리기 쉬운 것을 추麤라고 하고 알아차리기 어려운 것을 세細라고 하였다. 당연히 의식에서 움직이는 흐름은 구체적으로 드러나서 인식하기 쉽고, 개인무의식이나 집단무의식에서 움직이는 심층의 마음은 너무도 미세하여 알아차리기 어렵다.

[疏] 初中亦二。一者正明麤細, 二者對人分別。初中亦二, 總標, 別解。別解中言一者麤與心相應故者, 六種染中, 前之三染, 是心相應, 其相麤顯, 經中說名爲相生滅也。二者細與心不相應故者, 後三染心, 是不相應。無心心法麤顯之相, 其體微細, 恒流不絕, 經中說名相續生滅也。如十卷經云, "識有二種滅, 何等爲二, 一者相滅, 二相續滅"。生住亦如是。四卷經云, "識有二種生住滅, 所謂流注生及相生", 滅亦如是。經云直出二種名字, 不別顯相, 故今論主約於相應不相應義, 以辨二種麤細相也。

처음[893]에도 두 가지가 있다. 하나는 추麤와 세細를 바로 밝혔고,[894] 둘은 사람에 대비하여 분별하였다.[895] 처음[896]에도 역시 두 가지가 있으니, 총체적으로 표시한 것과,[897] 구별해서 풀이한 것이다.[898] 구별해서 풀이하는 가운데 말한 '하나는 구체적이어서 마음과 서로 응하기 때문이다.'라고 한 것은 여섯 가지 염染 중에 앞의 세 가지 染으로, 이것은 마음과 상응하여 그 상이 구체적으로 드러나는 것이니, 경에서 상相의 생生과 멸滅이라 한 것이다. '다른 하나는 미세하여 마음과 상응하지 않기 때문이다.'는 것은 뒤의 세 가지 염심으로, 마음과 상응하지 않아 심과 심법에서 구체적으로 드러나는 相이 없고, 그 체體가 미세하여 항상 흐르면서 끊어지지 않으니, 경에서 '상속相續의 生과 滅'이라 설한 것이다. 마치 『십권능가경』에서 "식識에 두 가

---

893 ① 생멸추세生滅麤細의 相을 밝히는 부분이다.
894 '復次分別生滅相者有二種 云何爲二 一者麤 與心相應故 二者細 與心不相應故' 부분.
895 '又麤中之麤 凡夫境界 麤中之細 及細中之麤 菩薩境界 細中之細 是佛境界' 부분.
896 麤와 細를 바로 밝히는 부분을 가리킨다.
897 '復次分別生滅相者有二種' 부분.
898 '云何爲二 一者麤 與心相應故 二者細 與心不相應故' 부분.

지의 멸滅이 있으니, 무엇이 둘인가? 하나는 相의 滅이고 둘은 상속
相續의 滅이다."[899]라고 한 것과 같다. 생生과 주住도 역시 이와 같다.
『사권능가경』에서는 "識에 두 가지의 생生·주住·멸滅이 있으니, 이른
바 유주流注[900]생과 相生이다."[901]라고 하였는데, 滅도 역시 이와 같다.
경에서는 다만 두 가지 이름[相과 相續(또는 流注)]만을 내놓고, 따로
그 (麤와 細의) 모습을 드러내지는 않았기 때문에 지금 『기신론』의 저
자는 상응과 불상응의 뜻에 준거하여 두 가지 麤細의 相을 변별한 것
이다.

해설 상속相續과 유주流注는 같은 뜻을 가진 용어로써 '계속 이어지는 것'을
의미한다. 다만 『십권능가경』에서는 相續이라 하고, 『사권능가경』에서
는 流注라고 이름을 달리하였을 뿐이다. 相의 滅과 相續의 滅에 대해 『십
권경』에서 "대혜야! 아려야식이 허망하게 분별하는 여러 가지 훈습이 멸
하면 모든 근根도 또한 멸할 것이니, 대혜야! 이를 相이 멸한다고 한다.
대혜야! 相續이 멸한다는 것은 상속하는 因이 멸하면 상속(하는 緣)도 멸
하고, 인과 연이 멸하면 상속이 멸하는 것이다."[902]라고 설하였으니, 相
滅은 여러 根과 관련해서 거론하였기 때문에 주로 前六識 또는 말나식과
관련되는 것이고, 相續의 滅은 상속하는 因으로서 아려야식과 연관된 것
임을 알 수 있다. 이것을 근거로 원효대사는 『기신론』에서 한걸음 더 나

---

899 『入楞伽經』(대정장 제16권, 0671, p.521. c25~ 29행)에서 축약 인용. "大慧, 諸識各有二種生住滅。大慧, 諸識二種滅者, 一者相滅, 二者相續滅。大慧, 諸識又二種住, 一者相住, 二者相續住。大慧, 諸識有二種生, 一者相生, 二者相續生"

900 流注: 유위법이 찰나 찰나에 앞에서 없어지면 뒤에서 생겨나, 서로 이어지고 끊어지지 않는 것이 마치 물이 계속 흘러 들어가는 것과 같은 것을 의미한다.

901 『楞伽阿跋多羅寶經』(대정장 제16권, 0670, p.483. a11~ 13행)에서 축약 인용. "諸識有二種生住滅 非思量所知 諸識有二種生 謂流注生及相生"

902 『入楞伽經』(대정장 제16권, 0671, p.522. a7~ 10행) "大慧, 阿梨耶識虛妄分別, 種種熏滅, 諸根亦滅。大慧, 是名相滅。大慧, 相續滅者, 相續因滅則相續滅, 因滅緣滅則相續滅"

아가 相은 相應의 의미로써 麤에, 相續은 不相應의 의미로써 細에 짝지어 설명한 것이다.

對人分別中, 麤中之麤者, 謂前三中初二是也, 麤中之細者, 卽此三中後一是也。以前中初二俱在意識, 行相是麤, 故凡夫所知也, 前中後一是第七識, 行相不麤, 非凡所了也。後中初二能現能見, 能所差別, 故菩薩所知, 最後一者, 能所未分, 故唯佛能了也。

사람에 대비하여 분별하는 가운데 추麤 중의 추麤는 앞의 세 가지 중에 처음 둘이 이것이고, 추麤 중의 세細는 곧 이 세 가지 중 뒤의 하나가 이것이다. 앞에서 처음 둘은 모두 의식意識에 있는 것으로 행하는 相이 구체적이기 때문에 보통 사람도 아는 것이고, 앞의 것 중 뒤의 하나는 제7식으로 행해지는 상이 구체적이지 않아서 평범한 사람이 알 수 있는 것이 아니다. 뒤의 것 중 처음 둘은 능현能現[현식]과 능견能見[전식]으로 能과 所가 차별되었기 때문에 보살이 아는 것이고, 마지막 하나는 能과 所가 아직 나뉘지 않았기 때문에 오직 부처만이 완전히 알 수 있는 것이다.

해설 위에서 말한 생멸상을 麤細와 識, 對人으로 分別하여 정리하면 아래와 같다.

六染		麤細	識	對人 分別
相應 (相)	執相應染	麤中의 麤	제6 의식	범부
	不斷相應染			
	分別智相應染	麤中의 細	제7 말나식	
不相應 (相續)	現色不相應染	細中의 麤	제8 아려야식	보살
	能見心不相應染			
	根本業不相應染	細中의 細		부처

② 추세생멸麤細生滅의 의미

[論_ 法章門_ 別解_ 生滅門_ 廣釋_ 生滅相_ 麤細生滅之義]

此二種生滅, 依於無明熏習而有, 所謂依因依緣。依因者, 不覺義故, 依緣者, 妄作境界義故。若因滅, 則緣滅, 因滅故, 不相應心滅, 緣滅故, 相應心滅。
問曰。若心滅者, 云何相續, 若相續者, 云何說究竟滅。
答曰。所言滅者, 唯心相滅, 非心體滅。如風依水而有動相, 若水滅者, 則風相斷絶, 無所依止, 以水不滅, 風相相續。唯風滅故, 動相隨滅, 非是水滅。無明亦爾, 依心體而動, 若心體滅, 則衆生斷絶, 無所依止, 以體不滅, 心得相續。唯癡滅故, 心相隨滅, 非心智滅。

이 두 가지 생멸은 무명의 훈습에 의해 있으니, 이른바 因에 의하고 緣에 의한다. 因에 의한다는 것은 불각의 뜻 때문이고, 緣에 의한다는 것은 허망하게 지은 경계의 뜻 때문이다. 만약 因이 멸하면 緣도 멸하는 것이니, 因이 멸하였기 때문에 불상응심이 멸하고, 緣이 멸하였기 때문에 상응심이 멸한다.

묻는다. 만약 마음이 멸한다면 어떻게 상속한다고 할 것이며, 만약 상속한다면 어떻게 끝내 멸한다고 하겠는가?

답한다. 말한 바 멸이란 것은 오직 心相만 멸하는 것이고, 心體가 멸하는 것은 아니다. 마치 바람이 물에 의지해 움직이는 相이 있는 것처럼, 만약 물이 없어지면 風相은 단절되어 의지할 것이 없게 되지만, 물이 멸하지 않기 때문에 風相은 상속한다. 오직 바람만 멸하기 때문에 움직이는 相은 따라서 멸하지만, 이 바닷물이 멸하는 것은 아니다. 무명도 역시 그러하여 心體에 의지해서 움직이니, 만약 心體가 멸하면 여러 생멸상도 단절되어 의지할 곳이 없지만, 心體가

멸하지 않기 때문에 마음은 상속할 수 있다. 오직 어리석음만 소멸하기 때문에 心相은 따라서 멸하지만, 심지心智[903]가 멸하는 것은 아니다.

해설 여기에서 말하는 두 가지 생멸은 六染에 있어서 細의 불상응심과 麤의 상응심을 말한다. 아려야식 안에서 무명으로 움직이는 불상응심은 외부의 경계로 인해 움직이지 않기 때문에 因이라 하였고, 심왕과 심소가 상응하는 마음은 주로 외부 경계에 의해 일어나기 때문에 緣이라 한 것이다. 그러나 상응 여부와 관계없이 마음의 본체는 소멸하지 않고, 다만 染心의 相만 없어질 뿐이다.

[疏] 第二明生滅義, 於中有二。先明生緣, 後顯滅義。初中亦二。先明通緣, 後顯別因。通而言之, 麤細二識, 皆依無明住地而起, 故言二種生滅, 依於無明熏習而有。別而言之, 依無明因故, 不相應心生, 依境界緣故, 相應心得起。故言依因者不覺義故, 依緣者妄作境界義故。

두 번째[904]로 생멸의 의미를 밝혔으니, 이 중 두 가지가 있다. 앞에서 生하는 인연을 밝혔고,[905] 뒤에서 滅하는 뜻을 드러냈다.[906] 처음에도 두 가지가 있다. 먼저 공통적인 인연을 밝혔고,[907] 뒤에서 개별적인 인연을 나타냈다.[908] 공통적으로 말하자면 麤와 細의 두 識은 모두 무명주지에 의해 일어나기 때문에 '두 가지 생멸은 무명의

---

903 心智: 체體와 용用으로서 心과 智를 아울러 가리키지만, 마음의 신해神解한 본성을 의미하기도 한다.
904 생멸상을 풀이하는 것(生滅麤細之相, 麤細生滅之義) 중에 두 번째를 가리킨다.
905 '此二種生滅 依於無明熏習而有 ~~ 依緣者 妄作境界義故' 부분.
906 '若因滅 則緣滅 ~~ 唯癡滅故 心相隨滅 非心智滅' 부분.
907 '此二種生滅 依於無明熏習而有' 부분.
908 '所謂依因依緣 依因者 不覺義故 依緣者 妄作境界義故' 부분.

훈습에 의해 있다.'라고 하였다. 구별해서 말하자면 무명의 因에 의하기 때문에 불상응심이 생겨나고, 경계의 緣에 의하기 때문에 상응심이 일어날 수 있다. 그래서 '因에 의한다는 것은 불각의 뜻 때문이고, 緣에 의한다는 것은 허망하게 지은 경계의 뜻 때문이다.'라고 한 것이다.

[別記] 不覺義者, 根本無明也, 妄作境者, 現識所現境也.

불각의 뜻이란 근본무명이고, 허망하게 지은 경계는 현식이 드러낸 경계이다.

[疏] 若具義說, 各有二因. 如四卷經云, "大慧, 不思議熏, 及不思議變, 是現識因, 取種種塵, 及無始妄想熏, 是分別事識因". 解云不思議熏者, 謂無明能熏眞如, 不可熏處而能熏故. 故名不可思議熏也. 不思議變者, 所謂眞如受無明熏, 不可變異而變異故. 故名不思議變. 此熏及變甚微且隱, 故所起現識行相微細. 於中亦有轉識業識, 然擧麤兼細, 故但名現識也. 取種種塵者, 現識所取種種境界, 能動心海起七識浪故. 無始妄想熏者, 卽彼現識名爲妄想, 從本以來未曾離想, 故名無始妄想. 如上文言, 以從本來未曾離念, 故名無始無明, 此中妄想當知亦爾. 如十卷經云, "阿黎耶識知名識相, 所有體相, 如虛空中有毛輪住, 不淨智所行境界". 由是道理故是妄想. 彼種種塵及此妄想, 熏於自相心海, 令起七識波浪, 妄想及塵, 麤而且顯, 故其所起分別事識, 行相麤顯, 成相應心也. 欲明現識因不思議熏故得生, 依不思議變故得住, 分別事識緣種種塵故得生, 依妄想熏故得住. 今此論中但取生緣, 故細中唯說無明熏, 麤中單擧境界緣也.

만약 뜻을 갖춰 말한다면 각기 두 가지 원인이 있다. 『사권능가경』에서 "대혜야! 부사의훈不思議熏과 부사의변不思議變[909]은 현식現識의 因이고, 갖가지 경계를 취하는 것과 무시無始의 망상妄想이 훈습하는 것은 분별사식分別事識의 因이니라."[910]라고 한 것과 같다. 풀어서 말하면 '부사의훈'이란 무명이 능히 진여를 훈습하는 것을 말하니, 훈습할 수 없는 것을 능히 훈습하기 때문이다. 그래서 불가사의한 훈습이라 한다. '부사의변'이란 이른바 진여가 무명의 훈습을 받아서 변이할 수 없음에도 변이하기 때문이다. 그래서 부사의변이라 한다. 이 훈습과 변이變異가 극히 미세하고 은밀하기 때문에, 일어난 현식現識이 행하는 相도 미세하다. 여기(극히 미세한 것)에도 역시 전식轉識과 업식業識이 있지만, 그러나 구체적인 것을 들어 미세한 것을 겸하였기 때문에 단지 현식만을 지명하였다. '갖가지 경계를 취한다.'는 것은 현식이 취한 갖가지 경계가 능히 마음의 바다를 움직여 일곱 가지 식의 파랑을 일으키기 때문이다. '무시無始의 망상이 훈습한다.'는 것은 바로 저 現識을 망상이라고 하니, (現識이) 본래부터 망상에서 일찍이 떠난 적이 없기 때문에 무시의 망상이라 하였다. 마치 윗글[911]에서 '본래부터 망념을 떠나 본 적이 없기 때문에 무시의 무명이라 한다.'라고 한 것처럼, 여기의 망상도 역시 그러함을 마땅히 알아야 할 것이다. 마치 『십권능가경』에서 "아려야식이 명식상名識相[912]을 알지만, 가지고 있는 그 體相은 허공중에 모륜毛輪[913]이 머무르는 것과 같

---

909 무명이 진여를 훈습하여 허망한 법을 낳는 것을 不思議熏이라 하고, 진여가 무명에 훈습되어 전변하는 것을 不思議變이라 한다. 진여는 無爲의 견실한 法으로 훈습될 수 없지만 훈습을 받아들이고, 변할 수 없는데도 變異하기 때문에 不思議라 한다.
910 『楞伽阿跋多羅寶經』(대정장 제16권, 0670, p.483. a19~21행)에서 인용.
911 211~212쪽 참조
912 名識相: 이름으로 분별된 허망한 경계상을 가리킨다. 이것은 명名·구句·문文으로 표시되는데, 의식은 名·句·文으로 허망하게 분별된 경계상을 변화시켜 그 종자를 제8식에 저장한다.
913 毛輪: 눈을 감았을 때 나타나는 그물 같은 환영幻影.

으니, 정지淨智가 행한 경계가 아니다."[914]라고 한 것과 같다. 이러한 도리로 말미암기 때문에 망상이다. 저 갖가지의 경계와 이 망상이 자상심自相心의 바다[915]를 훈습하여 일곱 가지 식의 파랑을 일으켜 망상과 경계가 구체적으로 드러나기 때문에, 그 일어난 분별사식이 행하는 상도 구체적으로 드러나 상응하는 마음을 이룬다. (이것은) 現識의 因이 부사의훈으로 인해 생겨날 수 있고 부사의변에 의하기 때문에 머물 수 있으며, 분별사식은 갖가지 경계에 반연하기 때문에 생겨날 수 있고 망상의 훈습에 의하기 때문에 주착할 수 있음을 밝히고자 한 것이다. 지금 이 『기신론』에서는 다만 생하는 인연만을 취하였기 때문에, 미세한 것 중에서는 오직 무명 훈습만을 말하였고, 구체적인 것 중에서는 단독으로 경계의 緣만을 들었다.

[別記] 又四卷經, "大慧, 若覆彼眞識種種不實諸虛妄滅, 則一切根識滅, 是名相滅. 相續滅者, 相續所因滅, 則相續滅, 所從滅及所緣滅, 則相續滅. 所以者何. 是其所依故. 依者謂無始妄想熏, 緣者謂自心見等識境妄想". 此經就通相門, 故作是說, 論約別義, 故如前說也.

또 『사권능가경』에서 "대혜야, 만약 저 진식眞識을 덮고 있는 갖가지 참되지 않은 모든 허망한 것들이 멸하면[916] 모든 근根과 식識도 멸할 것이니, 이것을 相의 멸이라 한다. 상속相續이 멸한다는 것은 상속하는 인因이 사라지면 상속이 멸할 것이니, 소종所從[기인하는 것, 즉 因]이 멸하고 소연所緣[얽혀나갈 대상]이 멸하면 상속相續도 멸할 것이다. 그 까닭은 무엇인가? 이것이 그 소의所依[상속이 의

---

914   『入楞伽經』(대정장 제16권, 0671, p.518. b3~4행)에서 인용.
915   自相心의 바다: 아려야식을 비유적으로 표현한 것이다.
916   은정희 역: 만약 또한 저 진식眞識의 여러 가지 불실不實한 모든 허망한 것이 멸하면,

존하는 것]이기 때문이다. 依라는 것은 무시無始의 망상훈妄想熏을 말하고, 緣이란 것은 자기 마음과 능견 등이 인식한 경계의 망상을 말한다."[917]라고 하였다. 이 『사권능가경』은 통상通相의 측면에서 이같이 말하였고, 『기신론』은 별상別相의 뜻에 따랐기 때문에 앞에서 말한 것과 같다.

해설 망상훈妄想熏은 현식을 의미한다. 또 『능가경』에서는 제식諸識의 생生·주住·멸滅에 있어서 공통적으로 相과 相續의 인연을 설하였기 때문에 통상문通相門이라 하였고, 『기신론』은 生과 滅의 차원에서만 相과 相續의 인연을 다뤘기 때문에 별상別相의 뜻에 따랐다고 한 것이다.

若汎論生因緣, 諸識各有四種因緣。如十卷經云, "有四因緣眼識生, 何等爲四。一者不覺自內身取境界故, 二者無始世來虛妄分別色境界熏習執著戲論故, 三者識自性體如是故, 四者樂見種種色相故", 四卷經云, "四因緣故眼識轉, 謂自心現攝受不覺, 無始虛僞過色習氣計著, 識性自性, 欲見種種色相, 是名四種因緣, 水流處藏識轉識浪生"。

만약 (麤細 생멸상이) 생겨나는 인연을 넓게 논한다면 여러 식에 각기 네 가지 인연이 있다. 『십권능가경』에서 이르기를 "네 가지 인연이 있어야 안식眼識이 생기는데, 어떤 것들이 네 가지인가? 하나는 불각이 몸 안으로부터 경계를 취하기 때문이요, 둘은 무시無始의 세상으로부터 허망하게 분별해온 색경계色境界가 훈습하여 희론戲論을 집착하기 때문이고, 셋은 識의 자성체自性體[자기 본성의 체]가 이와 같기 때문이며, 넷은 갖가지 형상 보기를 좋아하기 때문이다."[918] 라고

---

917 『楞伽阿跋多羅寶經』(대정장 제16권, 0670, p.483. a21~26행)에서 인용.
918 『入楞伽經』(대정장 제16권, 0671, p.523. a16~19행)에서 인용.

하였고, 또 『사권능가경』에서 "네 가지 인연 때문에 안식眼識이 전변하니, 자기의 마음이 드러내고 받아들인 것임을 깨닫지 못하는 것과, 무시無始로부터 허위로 지나온 형색의 습기로 헤아려 집착하는 것, 식성識性의 스스로 그러한 성질, 그리고 갖가지 형상을 보려고 하는 것을 말하고, 이것들을 네 가지 인연이라 하니, 물이 흐르는 곳인 장식藏識에서 전변하여 識의 물결이 생겨난다.[919]"[920]라고 한 것과 같다.

해설 '무시無始로부터 허위로 지나온 형색의 습기'라는 것은 인류가 태어난 이래로 생명을 이어오면서 행한 모든 잘못된 행위들이 마음에 영향을 주고, 이 악영향들이 아려야식과 같은 심층무의식에 저장되어 유전된 것들을 의미한다. 또 '물이 흐르는 곳인 장식藏識'이란 아려야식이 폭류처럼 그 흐름이 항상 단절되지 않는 것을 형용한 말이다.

言自心現攝受不覺者, 是明根本無明因, 其色麤相, 現識所現, 不在識外, 自心所攝故。言不覺者, 無明不覺色塵非外, 故能生眼識令取爲外。是爲初因。言無始虛僞乃至計著者, 是顯無始妄想熏習因, 謂現識本來取著色塵。由此習氣, 能生眼識令取色塵也。言識性者, 是顯自類因, 由前眼識自性分別, 由此熏習後生眼識如前自性也。言欲見種種色相者, 是顯名言熏習因, 謂前眼識能見色相, 意識緣此能見眼識, 意言分別取著欲見也。如說眼識, 其餘諸識準之可知。

　　(『사권능가경』에서) '자기의 마음이 드러내고 받아들인 것임을 깨닫지 못하였다.'라고 말한 것은 근본무명이 원인인데 그 형색의 추상麤相은 현식現識이 드러낸 것이라 識 바깥에 있는 것이 아님을 밝

919　은정희 역: 물이 흐르는 곳인 장식藏識에서 전식轉識의 물결이 생기는 것이다.
920　『楞伽阿跋多羅寶經』(대정장 제16권, 0670, p.484. a11~14행)에서 인용.

힌 것이니, 자기의 마음이 받아들인 것이기 때문이다. '깨닫지 못했다.'는 것은 무명으로 (인해) 색진色塵이 밖에 있는 것이 아님을 깨닫지 못하였기 때문에, 능히 안식眼識을 낳고 (색 경계를) 취해 바깥으로 여기게 한다. 이것이 (위 별기에서 언급한) 처음 원인이다. '무시無始로부터 허위'에서부터 '헤아려 집착한다.'까지를 말한 것은 무시의 망상 훈습이 원인임을 드러낸 것으로, 현식現識이 본래 색진色塵을 취하고 집착하는 것을 말한다. 이러한 습기로 말미암아 능히 안식을 낳아 色塵을 취하게 한다. '식성識性'이라고 말한 것은 자류인自類因[921]을 드러낸 것으로, 전에 안식의 自性으로 말미암아 분별하였고, 이러한 훈습으로 말미암아 나중에도 안식을 내는 것이 전의 自性과 같다. '갖가지 형상을 보려고 한다.'는 것은 명언훈습名言熏習[922]이 원인임을 드러낸 것으로, 前(五識 중) 안식은 능히 형상을 볼 수 있고, 意識은 이 능히 볼 수 있는 안식에 반연하여, 뜻과 말로 분별하여 보고 싶은 것에 집착하는 것을 일컫는다. 안식을 설명한 것처럼 나머지 여러 識도 이것에 준하여 알 수 있을 것이다.

해설 '전에 안식의 自性으로 말미암아 분별하였고, 이러한 훈습으로 말미암아 안식을 내는 것이 전의 自性과 같다'는 것은 안식은 눈으로 물체를 식별하는 것이 그 특성인데, 물체를 식별하는 행위가 반복 지속됨으로써 사물을 본다고 하는 동일한 특성이 강화되는 것을 의미한다. 그래서 이러한 識性을 자류인自類因이라 하였다.

921　自類因: 인인과 과과의 성질이 동류同類인 관계에 있어서 因을 말한다. 같은 결과는 등류과等流果라고 한다.

922　名言熏習: 3종 (명언名言, 아집我執, 유지有支) 習氣 중의 하나로, 명언종자名言種子·명언습기名言習氣·등류습기等流習氣라고도 한다. 이것은 언어의 표상(명자名字와 언설言說)에 의해 훈습되어 아려야식에 형성되는 종자로서, 일체 유위법이 각기 자체를 생하게 하는 직접적인 원인이 된다.

[疏] 若因滅下, 次顯滅義, 於中有二。一者直明, 問曰以下, 往復除疑。始中言若因滅則緣滅者, 隨於何位得對治時, 無明因滅境界隨滅也。因滅故不相應心滅者, 三種不相應心親依無明因生, 故無明滅時亦隨滅也。緣滅故相應心滅者, 三種相應染心親依境界緣起, 故境界滅時亦隨滅也。依是始終起盡道理, 以明二種生滅之義, 非約刹那生滅義也。

'若因滅(만약 因이 멸하면)' 이하는 다음으로 멸하는 뜻을 드러낸 것으로, 이 중에 두 가지가 있다. 하나는 곧바로 밝힌 것이고,[923] '문왈問曰(묻는다)' 이하는 왕복으로 의문을 제거한 것이다.[924] 처음에 말한 '만약 因이 멸하면 緣도 멸한다.'는 것은 (보살의) 어떤 지위를 따르든지 (염심을) 다스릴 수 있을 때 무명의 因이 멸하면 경계도 따라 없어진다. '因이 멸하였기 때문에 불상응심이 멸한다.'는 것은 세 가지 불상응심이 직접적으로 무명 因으로 생겨나기 때문에 무명이 소멸할 때 역시 따라서 멸한다. '緣이 멸하였기 때문에 상응심이 멸한다.'는 것은 세 가지 상응염심이 직접적으로 경계의 緣에 의해 일어나기 때문에 경계가 멸할 때 역시 따라서 멸한다. 이 始와 終에 의해 일어나고 다하는 도리로써 두 가지 생멸의 뜻을 밝혔으니, (이것은) 찰나생멸刹那生滅[925]의 뜻을 기준으로 한 것은 아니다.

해설 여기에서 말한 '어떤 지위를 따르든 다스릴 수 있을 때'라는 것은 바로 시각始覺에서 말하는 수분각隨分覺을 의미하는 것이니, 십지 보살의 경지에서는 그 보살의 계위에 다라 다스릴 수 있는 염법에 조금씩 차이가 있

---

923 '若因滅 則緣滅 因滅故 不相應心滅 緣滅故 相應心滅' 부분.
924 '問曰 若心滅者 云何相續 ~~ 心相隨滅 非心智滅' 부분.
925 刹那生滅: 시간의 최소 단위인 찰나로써 생멸을 논할 때 사용하는 용어로서, 1찰나 안에 네 가지 相이 갖춰진 것을 의미한다. 이와 상대되는 개념으로 일기생멸一期生滅이 있는데, 차례대로 생生, 주住, 이異, 멸滅의 사상四相이 발생하는 것을 말한다. 인간의 생애로 보면 생生, 주住, 노老, 사死와 四相을 一期生滅 또는 일기상속一期相續의 유위상有爲相이라 한다.

기 때문이다. 또 '찰나생멸의 뜻을 기준으로 하지 않았다.'는 것은 찰나가 너무도 짧은 시간이라 시종始終으로 구분하여 생멸의 인연을 밝히기 어렵다는 것을 의미한다.

此下第二往復除疑, 先問後答。問中言若心滅者云何相續者, 對外道說而作是問。如十卷經云, "若阿黎耶識滅者, 不異外道斷見戲論。諸外道說, 離諸境界, 相續識滅, 相續識滅已, 即滅諸識。大慧, 若相續識滅者, 無始世來諸識應滅", 此意正明諸外道說, 如生無想天, 入無想定時, 離諸境界, 相續識滅, 根本滅故, 末亦隨滅也。如來破云, "若彼衆生入無想時, 衆生之本相續識滅者, 六七識等種子隨滅, 不應從彼還起諸識, 而從彼出還起諸識, 當知入無想時, 其相續識不滅"。如是破也, 今此論中依此而問, 若入無想定滅盡定時, 心體滅者, 云何還續。故言若心滅者云何相續也, 若入彼時心體不滅還相續者, 此相續相何由永滅。故言云何說究竟滅也。

그 아래[926]는 두 번째[927]로 왕복해서 의심을 제거한 것으로, 먼저 묻고 뒤에서 답하였다. 묻는 중에 '만약 마음이 멸한다면 어떻게 상속한다고 하는가?'라고 말한 것은 외도의 설에 대응하여 이러한 질문을 한 것이다. 『십권능가경』에서 말한 것처럼 "만약에 아려야식이 멸한다면 外道 단견斷見의 희론戲論과 다르지 않다. 여러 外道들은 모든 경계를 여의면 상속식相續識이 멸하며, 상속식이 멸하면 바로 모든 識이 멸한다고 설한다. 대혜야! 만약 상속식이 멸한다면 무시無始의 세상으로부터 내려온 여러 識도 마땅히 멸해야 할 것이다."[928] 라고 하였

---

926 '問曰' 이하를 가리킨다.
927 滅의 의미를 밝히는 두 가지(直明, 往復除疑) 중에 두 번째인 往復除疑를 가리킨다.
928 『入楞伽經』(대정장 제16권, 0671, p.522. a20~ 24행)에서 인용.

는데, 이 뜻은 여러 外道들이 '만일 무상천無想天[929]에 태어나거나 무상정無想定[930]에 들어갔을 때에는 모든 경계를 떠나 상속식이 멸하는데, 근본[상속식 또는 아려야식]이 멸했기 때문에 지말(불각)도 따라서 멸한다.'라고 설하는 것을 바르게 밝힌 것이다. 여래가 설파하시기를, "만약 저 중생들이 無想定에 들어갔을 때 중생의 근본인 상속식이 멸한다면 6식 또는 7식 등의 종자도 따라 소멸하고, 마땅히 저것(無想定)으로부터 다시 여러 식을 일으키지 않아야 하는데, 저것에서 나오면 다시 여러 식을 일으키니, 마땅히 無想定에 들어갔을 때에도 그 상속식이 소멸하지 않는다는 것을 알아야 한다."[931]라고 하셨다. 이같이 설파하셨는데, 지금 이 『기신론』에서 이것으로 물었으니, 만약 無想定과 멸진정滅盡定[932]에 들어갔을 때 심체가 멸한다면 어떻게 다시 상속하겠는가! 그래서 '만약 마음이 멸한다면 어떻게 상속한다고 하겠는가?'라고 말한 것이고, 만약 그 때에 들어갔을 때 심체가 멸하지 않고 다시 상속한다면 이 상속상相續相을 어떻게 영원히 멸하겠는가! 그래서 '어떻게 끝내 멸한다고 하겠는가?'라고 말한 것이다.

해설 여기에서 말하는 상속식相續識은 상속심相續心으로 아려야식과 같은 개념이다. 『섭대승론석』에서 아려야식을 "이른바 이 식은 상속식이기 때문에, 상속해서 바로 생을 이룰 때 능히 생의 한평생 자체를 받아들이는 것

---

929 無想天: 무상유정천無想有情天·무상중생천無想衆生天·소광천少廣天·복덕천福德天이라고도 하며 색계천色界天의 하나이다. 무상정無想定을 닦고 그것에 감응하는 이숙異熟의 과보로 여기에 태어난 자는 염상念想이 멸진하고 색신色身과 불상응의 행온行蘊만 있게 된다.
930 無想定: 심심과 심소심所가 멸진滅盡한 선정으로, 일체의 심식心識 활동이 전부 정지하고 심상心想이 일어나지 않아 무상과無想果를 증득한다. 멸진정滅盡定과 아울러 이무심정二無心定이라 한다.
931 출처를 찾지 못함.
932 滅盡定: 멸수상정滅受想定 또는 멸진삼매滅盡三昧라고도 한다. 심불상응행법心不相應行法의 하나이며, 구사俱舍 75法 중의 하나이고, 유식唯識 100法 중의 하나이다. 心과 심소心所를 滅盡하고 無心의 자리에 머무는 선정이다.

도 역시 이 식이 포섭한다. 그것은 아려야식 안에 한평생 자체가 훈습되어 머물기 때문이다."[933]라고 설한 것이 있다. 이 아려야식의 상속 의미는 분석심리학에서 말하는 집단무의식이 DNA에 의해 세대를 이어 계속 유전하는 것을 보면 쉽게 이해할 수 있다. 이와 반해 오의五意[업식業識, 전식轉識, 현식現識, 지식智識, 상속식相續識] 중의 상속식相續識은 한 개인의 의식에 차원에서 과거의 행위를 기억하여 지니고, 그것들을 계속 현재의 상황에 따라 불러일으키기도 하며, 다시 또 미래의 행위에 영향을 미치게 한다. 이렇듯 상속식은 완전히 다른 두 가지 개념으로 사용되기도 한다.

答中有三, 謂法喩合。初法中所言滅者, 如入無想等時, 說諸識滅者, 但滅麤識之相, 非滅阿黎耶心體。故言唯心相滅。又復上說因滅故不相應心滅者, 但說心中業相等滅, 非謂自相心體滅也。喩中別顯此二滅義。如風依水而有動相者, 喩無明風依心而動也, 若水滅者則風斷絶無所依止, 以水不滅風相相續者, 喩於入無想等之時, 心體不滅, 故諸識相續也。是答初問也。唯風滅故動相隨滅者, 到佛地時無明永滅, 故業相等動亦隨滅盡。而其自相心體不滅, 故言非是水滅也。是答後問明究竟滅。合中次第合前二義。非心智滅者, 神解之性名爲心智, 如上文云智性不壞。是明自相不滅義也。餘文可知。

답 중에 세 가지가 있으니, 法과[934] 비유와[935] 합한 것[936]이다. 처음 法 중에서 말한 '멸이란 것'은 무상정無想定 등에 들어갔을 때 여

---

933 『攝大乘論釋』(대정장 제31권, 1597, p.325. a28~ b1행) "謂由此識是相續識故 於相續正結生時 能攝受生一期自體 亦爲此識之所攝受 由阿賴耶識中 一期自體熏習住故"
934 '所言滅者 唯心相滅 非心體滅' 부분.
935 '如風依水而有動相 若水滅者 ~~ 動相隨滅 非是水滅' 부분.
936 '無明亦爾 依心體而動 ~~ 心相隨滅 非心智滅' 부분.

러 識이 멸한다고 말하는 것과 같은데, 단지 추식麤識[937]의 相만 멸하는 것이지 아려야식의 심체를 멸하는 것은 아니다. 그래서 '오직 心相만 멸한다.'라고 하였다. 또 위에서 '因이 멸하였기 때문에 불상응심이 멸한다.'라고 설한 것은 다만 마음에서 業相 등이 멸하는 것을 말한 것이지 自相의 心體가 멸하는 것을 이른 것은 아니다. 비유 중에 이 두 가지 소멸의 뜻을 구별하여 드러내었다. '마치 바람이 물에 의지해서 움직이는 相이 있는 것처럼'이라고 한 것은 무명의 바람이 마음에 의지하여 움직이는 것을 비유한 것이고, '만약 물이 없어지면 風相은 단절되어 의지할 곳이 없게 되지만, 물이 멸하지 않기 때문에 風相은 상속한다.'는 것은 無想定 등에 들어갔을 때에도 심체가 멸하지 않기 때문에 여러 識이 상속하는 것을 비유한 것이다. 이것은 첫 물음[938]에 답한 것이다. '오직 바람만 멸하기 때문에 움직이는 相은 따라서 멸하지만'이란 것은 부처의 경지에 도달했을 때 무명이 영구히 멸하기 때문에 業相 등의 움직임도 역시 따라서 완전히 소멸한다. 그러나 그 自相의 心體는 소멸하지 않기에 '이 바닷물이 멸하는 것은 아니다.'라고 하였다. 이것은 뒤의 물음[939]에 답하여 끝내 멸하는 것을 밝혔다. 합한 것 중에 차례로 앞의 두 가지 뜻을 결합하였다. '心智가 멸하는 것은 아니다.'라고 하는 것은 신해神解한 본성을 심지心智라 하는데, 윗글에서 '지혜의 본성은 무너지지 않는다.'[940]라고 한 것과 같다. 이것은 自相이 불멸하는 뜻을 밝힌 것이다. 나머지 글은 알 수 있을 것이다.

---

937 麤識: 주로 우리가 인지할 수 있는 意識을 의미한다. 이에 반해 아려야식의 심층무의식을 細識이라 한다면, 말나식은 그 중간에 해당한다.
938 두 가지 물음('若心滅者 云何相續과 '若相續者 云何說究竟滅) 중에 첫 번째인 '만약에 마음이 소멸한다면 어떻게 상속한다고 하겠는가?'를 가리킨다.
939 두 가지 물음 중에 두 번째인 '만약 상속한다면 어떻게 끝내 없어진다고 하겠는가?'를 가리킨다.
940 220쪽, 수염본각의 智淨相을 설명하는 본문 중에 '若無明滅 相續則滅 智性不壞故' 구절이 있다.

해설 부처의 깨달음을 얻어도 식체識體로서의 마음은 소멸하지 않는다. 무명의 바람으로 만들어진 파도를 生滅門의 염상染相이라 한다면, 이 염상은 당연히 바람이 그치면 소멸한다. 그러나 이 경우에도 염법상染法相만 소멸된 것이지, 수염본각隨染本覺의 지정상智淨相이나 부사의업상不思議業相이 소멸한 것이 아니다. 그렇기 때문에 心智가 멸하는 것은 아니라고 한 것이다. 무명으로 움직이던 마음이 깨달음을 얻으면 적연부동寂然不動의 법신이 되고, 그 지혜의 본성은 항상 무너지지 않아 경계에 감응하면 응화신으로서 일체 세간에서 불가사의한 업용을 일으킨다.

問。此識自相, 爲當一向染緣所起, 爲當亦有不從緣義。若是一向染緣所起, 染法盡時自相應滅, 如其自相不從染緣故不滅者, 則自然有。又若使自相亦滅同斷見者, 是則自相不滅還同常見。

묻는다. 이 아려야식의 自相은 한결같이 염심染心의 연緣으로 일어나는 것이라 해야 하는가? 아니면 역시 (染心의) 緣을 따르지 않는 뜻이 있다고 해야 하는가? 만약 (自相이) 한결같이 染心의 緣으로 일어난 것이라면 染法이 다 없어질 때 自相도 응당 소멸해야 할 것이고, 만일 그 自相이 染心의 緣을 따르지 않기 때문에 멸하지 않는다면 (自相은) 자연히 있을 것이다. 또 만약 自相도 역시 멸한다면 단견斷見과 같을 것인데, 이것은[941] 自相이 불멸하여 도리어 상견常見과 같다.

答。或有說者。黎耶心體是異熟法, 但爲業惑之所辨生。是故業惑盡時, 本識都盡, 然於佛果, 亦有福慧二行所感, 大圓鏡智相應淨識, 而於二

---

941 自相이 染心의 緣을 따르지 않는 것.

處心義是同。以是義說心至佛果耳。

　　답한다. 어떤 사람이 말하였다. 아려야의 심체는 이숙법異熟法[942]인데, 다만 업혹業惑[943]에 의해 부려져서 생겨난다. 이런 까닭에 업혹이 멸진할 때 (아려야의) 本識도 모두 없어지지만,[944] 그러나 불과佛果에 있어서는 역시 복福과 혜慧의 이행二行[945]에 감응된 대원경지大圓境智가 상응하는 정식淨識[946]이 있으니,[947] 이 두 곳에서 마음의 의미는 동일하다. 이런 뜻으로 마음이 佛果에 도달한다고 설할 뿐이다.

해설　두 곳은 업혹으로 부려져서 생겨나는 이숙법異熟法으로서의 심체와 대원경지가 상응하는 淨識을 말한다.

或有說者。自相心體, 擧體爲彼無明所起, 而是動靜令起, 非謂辨無令有。是故此心之動, 因無明起, 名爲業相。此動之心, 本自爲心, 亦爲自相, 自相義門不由無明。然卽此無明所動之心, 亦有自類相生之義。故無自然之過, 而有不滅之義, 無明盡時動相隨滅, 心隨始覺還歸本源。

　　어떤 사람이 말하였다. 自相의 심체가 체를 드는 것은 저 무명에 의해 일어난 것이지만, 이것은 고요한 것을 움직여 일어나게 한 것이

942　異熟法: 이숙식異熟識을 의미한다.
943　業惑: 악업과 번뇌 또는 견혹見惑과 수혹修惑 등을 가리킨다.
944　斷見에 해당한다.
945　二行: 보살의 두 가지 수행修行이다. 지혜를 본체로 하는 것은 지행智行이고, 다른 것은 모두 복행福行이다. 보시布施·지계持戒·인욕忍辱·정진精進·선정禪定바라밀은 福行으로 이타利他에 속하고, 智慧바라밀은 智行으로 자리自利에 속한다.
946　淨識: 범어 'amala-vijñāna'의 의역으로, 무구식無垢識·청정식淸淨識·여래식如來識이라고도 한다. 학파에 따라 제9식이라고도 하고, 또 제8식의 청정한 부분만을 지칭하기도 한다. 음역하면 아마라식阿摩羅識·아말라식阿末羅識·암마라식菴摩羅識이 된다.
947　常見에 해당한다.

지 없는 것을 부려서 있게 한 것은 아니다. 이런 까닭에 이 마음의 움직임은 무명으로 일어난 것이라서 이름하여 業相이라 한 것이다. 이 움직인 마음은 본래 스스로 마음이고 또한 自相이니, 自相이란 뜻의 측면에서 (보면) 무명에 말미암은 것은 아니다. 그러한즉 이 무명으로 움직인 마음도 역시 자류상생自類相生[948]의 의미가 있다. 그래서 (자상이) 자연히 있다는 허물이 없으면서도 불멸의 뜻이 있으니, 무명이 다할 때 동상動相은 따라서 소멸하지만 마음은 시각始覺을 따라 본래의 근원으로 돌아가는 것이다.

或有說者。二師所說皆有道理, 皆依聖典之所說故。初師所說得瑜伽意[別記云 依顯了門], 後師義者得起信意[別記云 依隱密門], 而亦不可如言取義。所以然者, 若如初說而取義者, 卽是法我執, 若如後說而取義者, 是謂人我見。又若執初義, 墮於斷見, 執後義者, 卽墮常見, 當知二義皆不可說。雖不可說而亦可說, 以雖非然而非不然故。廣釋生滅門內有二分中, 初正廣釋竟在於前。

　　어떤 사람이 말하였다. 두 논사論師의 말이 모두 도리가 있는 것은 모두 성스러운 경전에 의해 말한 것이기 때문이다. 첫 논사의 말은 『유가론』의 뜻을 얻었고 (『별기』에서 밝게 드러내는 측면에 의한다고 한 것), 뒤 논사의 뜻은 『기신론』의 뜻을 얻었지만 (『별기』에서 은밀한 측면에 의한다고 한 것), 역시 말처럼 뜻을 취해서는 아니 된다. 그러한 까닭은 만약 처음의 설과 같이 뜻을 취한다면 바로 법아집法我執이고, 뒤의 설처럼 뜻을 취한다면 이것은 인아견人我見을 일컫는 것

948　自類相生: 종자가 현행現行을 낳고 現行은 다시 종자를 만들어, 종자와 같은 부류가 지속부단 持續不斷하는 것을 의미한다. 자류상생은 아뢰야식에서만 가능하고, 구경위究竟位에 도달하면 비로소 자류상생을 끝낼 수 있다.

이다. 또 만약 처음의 뜻에 집착한다면 단견斷見에 떨어질 것이며, 뒤의 뜻을 고집한다면 상견常見에 떨어질 것이니, 두 가지 뜻이 모두 설할 수 없는 것임을 마땅히 알아야 한다. 비록 설할 수 없지만 또한 설할 수 있는 것은 비록 그렇지 않지만 그렇지 않은 것도 아니기 때문이다.[949] 생멸문을 폭넓게 풀이하는 두 부분[950] 중 처음인 바로 광석廣釋[폭넓게 풀이하는 것]을 여기에서 마친다.

해설   바로 위 세 번째 논사의 말이 원효가 지지하는 설이다. 첫째 논사가 주장하는 것처럼 아려야식의 심체가 업혹業惑에 의해 이루어진 것이기 때문에 업혹이 완전히 소멸하면 이숙법異熟法으로서의 아려야식도 다 없어진다고 하는 것은 단견斷見에 빠진 것이고, 두 번째 논사가 주장하는 것처럼 自相의 心體가 소멸하지 않고 시각始覺을 따라 본원本源으로 돌아간다고 하면 이는 상견常見에 떨어지는 것이 된다. 제일의제第一義諦는 이러한 상常·단斷이나 유有·무無의 상대적인 개념을 초월한 곳에 있다. 그래서 원효는 '비록 설할 수 없지만 또한 설할 수 있고, 비록 그렇지 않지만 그렇지 않은 것도 아니다.'라고 한 것이다.

(2) 인언중현因言重顯(말에 의해 거듭 밝히다)_ 훈습론熏習論

[疏] 此下第二因言重明, 何者。如上文言, 此識有二種義, 能攝一切法生一切法。然其攝義前已廣說, 能生之義猶未分明。是故此下廣顯是

---

949   두 논사가 말한 이 부분은 원효의 『大乘起信論別記』(대정장 제44권, 1845, p.239. a3~ 11행)의 글이다. 그래서 (『別記』에서 밝게 드러내는 측면과 은밀한 측면에 의한다.)라고 기술한 것이다. 『別記』의 글은 다음과 같다. "二師所說皆有道理, 皆依聖教之所說故。何者。若依顯了門如前說者, 好是得瑜伽論等意故, 若依隱密門如後說者, 好得此起信論等意故。是不可偏執一隅, 又亦不可如言取義。何以故。若如初說現而取義者, 即是法我見, 若後說而取義者, 即謂人我執。故彼二義皆不可說, 雖不可說而亦可說, 以雖無所然而非不然故"

950   두 부분은 廣釋과 因言重顯이다.

義, 文中有五。一者擧數總標, 二者依數列名, 三者總明熏習之義, 四者別顯熏習之相, 第五明盡不盡義。

이 아래는 두 번째[951]로 말에 의해 거듭 밝힌 것이니, 무엇인가? 윗글[952]에서 말한 것처럼 이 식에 두 가지 뜻이 있어 일체 법을 포섭할 수 있고 일체 법을 낳을 수 있다. 그러나 그 포섭한다는 뜻은 앞에서 이미 폭넓게 설했지만, 능히 낳을 수 있다는 뜻은 아직 분명치 않다. 이런 까닭에 아래에서 이 뜻을 널리 드러내었으니, 글 가운데 다섯 가지가 있다. 하나는 수를 들어 총체적으로 표시한 것이고, 둘은 수에 의해 이름을 나열한 것이며, 셋은 훈습의 뜻을 총체적으로 밝힌 것이고, 넷은 훈습의 상을 구별해 드러낸 것이며, 다섯은 진盡과 부진不盡의 뜻을 밝힌 것이다.

(가) 총표總標와 열명列名 (이름을 열거하다)

[論_ 法章門_ 別解_ 生滅門_ 因言重顯_ 總標·列名]
復次有四種法熏習義故, 染法淨法起不斷絶。云何爲四。一者淨法, 名爲眞如, 二者一切染因, 名爲無明, 三者妄心, 名爲業識, 四者妄境界, 所謂六塵。

다시 다음으로 네 가지 법에 훈습의 뜻이 있기 때문에 염법染法과 정법淨法이 일어나 단절하지 않는다. 무엇을 네 가지라 하는가? 하나는 淨法으로 진여라 하고, 둘은 모든 染法의 因으로서 무명이라 하며, 셋은 망심妄心으로 업식業識이고, 넷은 허망한 경계境界이니 이른바 육진六塵이다.

---

951 생멸문을 廣釋하고 因言重顯하는 것 중에 두 번째인 因言重顯을 가리킨다.
952 164쪽

[疏] 舉數列名, 文相可知。

수를 들고 이름을 열거하였으니, 글의 양상에서 알 수 있을 것이다.

(나) 훈습의 뜻

[論_ 法章門_ 別解_ 生滅門_ 因言重顯_ 熏習之義]

熏習義者, 如世間衣服, 實無於香, 若人以香而熏習故, 則有香氣。此亦如是, 眞如淨法, 實無於染, 但以無明而熏習故, 則有染相, 無明染法, 實無淨業, 但以眞如而熏習故, 則有淨用。

훈습의 뜻이란 것은 마치 세상의 의복처럼 실제로 향기가 없지만, 사람이 향으로 (옷을) 훈습하였기 때문에 향기가 있는 것과 같다. 이것도 역시 이와 같아서 진여의 정법淨法은 실로 물듦이 없지만 단지 무명이 훈습하기 때문에 염상染相이 있고, 무명의 염법染法에는 실로 정업淨業이 없지만 단지 진여가 훈습하기 때문에 정용淨用이 있는 것이다.

[疏] 第三之中, 先喩, 後合。合中言眞如淨法者, 是本覺義, 無明染法者, 是不覺義。良由一識含此二義, 更互相熏, 徧生染淨, 此意正釋經本所說, 不思議熏不思議變義也。

세 번째 (훈습의 뜻을 총체적으로 밝힌 것) 중에 먼저 비유하고[953] 뒤에서 합하였다.[954] 합한 것 중에서 '진여의 淨法'이란 것은 본각

---

953 '熏習義者 如世間衣服 實無於香 若人以香而熏習故 則有香氣' 부분.
954 '此亦如是 眞如淨法 ~~ 但以眞如而熏習故 則有淨用' 부분.

의 뜻이고, '무명의 染法'이란 것은 불각의 뜻이다. 진실로 하나의 識이 이 두 뜻을 포함하고 번갈아 서로 훈습하여 두루 染과 淨을 만드니, 이 의미는 바로 경본經本[955]에서 말한 부사의훈不思議熏과 부사의변不思議變[956]의 뜻을 풀이한 것이다.

問。攝大乘說, 要具四義, 方得受熏, 故言常法不能受熏, 何故此中說熏眞如。
解云。熏習之義有其二種。彼論且約可思議熏, 故說常法不受熏也, 此論明其不可思議熏, 故說無明熏眞如, 眞如熏無明。顯意不同, 故不相違。然此文中, 生滅門內性淨本覺說名眞如, 故有熏義, 非謂眞如門中眞如, 以其眞如門中不說能生義。

묻는다. 『섭대승론』에서 설하기를 네 가지 뜻을 갖추어야 바야흐로 훈습을 받을 수 있기 때문에 상법常法은 훈습을 받을 수 없다고 말했는데, 무슨 까닭으로 여기에서는 진여를 훈습한다고 설하는가?

풀어서 말한다. 훈습의 뜻에 두 가지가 있다. 저『섭대승론』은 (사람의 생각으로) 헤아릴 수 있는 훈습을 기준으로 했기 때문에 常法은 훈습을 받을 수 없다고 설한 것이고, 이『기신론』은 불가사의한 훈습을 밝히고자 하였기 때문에, 무명이 진여를 훈습하고 진여가 무명을 훈습한다고 설한 것이다. 드러내고자 하는 의도가 다르기 때문에 서로 어긋나지 않는다. 그러나 이『기신론』의 글 중에서 생멸문 안의 성정본각性淨本覺을 진여라고 하고 설하였기 때문에 훈습의 뜻이 있

---

955 『사권능가경』인『楞伽阿跋多羅寶經』을 가리키며, 관련 내용은 대정장 제16권, 0670, p.483. a19~ 21행에 있다. "大慧, 不思議薰及不思議變, 是現識因。大慧, 取種種塵及無始妄想薰, 是分別事識因"

956 不思議熏과 不思議變에 관한 자세한 내용은 앞의 340 ~341쪽을 참고바람.

는 것이지, 진여문 중의 진여를 일컫는 것은 아니니, 그 진여문 안에서는 능히 生하는 뜻을 설하지 않았기 때문이다.

해설 『섭대승론』에서 말하는 상법常法은 진여를 의미하고, 네 가지 훈습 조건은 다음과 같다.[957] 첫째는 견주성堅住性으로, 상속하고 단단히 머물러서 쉽게 허물어지지 않아야 한다. 바람과 같은 것은 어느 정도 지속성은 있지만 빨리 흩어지기 때문에 훈습되지 않는다. 둘째는 무기성無記性으로, 선악 어느 쪽으로든 사전에 결정되어 있어서는 안 된다. 마늘이나 침향, 또는 사향과 같은 것은 그 향이 이미 결정되어 있기 때문에 훈습이 불가능하다. 셋째는 가훈성可熏性으로, 금은金銀이나 돌 같은 것도 훈습되지 않는다. 넷째는 능소상응성能所相應性으로, '훈습하는 것[能]'과 '훈습되는 것[所]'이 상응해야 한다. 위에서 말한 상법常法은 변하지 않는 것이고, 진여가 바로 常法에 해당하므로, 진여는 무명에 의해 훈습될 수 없다. 그럼에도 불구하고 진여가 무명으로 훈습되고 변이變異하는 것은 일반적으로 사유할 수 있는 범주에서 벗어난 것에 해당하기 때문에 '불가사의不可思議'하다고 말한 것이다.

(다) 훈습의 相

[疏] 以下第四別明, 於中有二。先染, 後淨。

이 아래는 네 번째로 구분해서 밝힌 것이니, 이 중에 두 가지가 있다. 앞은 染法이고 뒤는 淨法이다.

---

957 『攝大乘論釋』(대정장 제31권, 1595, p.166. a7~ 20행)의 관련 원문은 다음과 같다. "熏義有四種。一若相續堅住難壞, 則能受熏。若踈動則不然, 譬如風不能受熏。何以故。此風若相續在一由旬内, 熏習亦不能隨逐, 以散動踈故。若瞻波花所熏油, 百由旬内熏習則能隨逐, 以堅住故。二若無記氣則能受熏。 是故蒜不受熏, 以其臭故, 沈麝等亦不受熏, 以其香故。若物不爲香臭所記則能受熏, 猶如衣等。三可熏者, 則能受熏。是故金銀石等皆不可熏, 以不能受熏故。若物如衣油等, 以能受熏, 故名爲可熏。四若能所相應則能受熏。若生無間, 是名相應故得受熏, 若不相應, 則不能受熏。若異不可熏說是熏體相者, 若異此四義, 則不可熏"

① 염법染法 훈습

[論_ 法章門_ 別解_ 生滅門_ 因言重顯_ 熏習之相_ 染法熏習]

云何熏習起染法不斷。所謂以依眞如法故, 有於無明。以有無明染法因故, 卽熏習眞如。以熏習故, 則有妄心, 以有妄心, 卽熏習無明, 不了眞如法故, 不覺念起現妄境界。以有妄境界染法緣故, 卽熏習妄心, 令其念著, 造種種業, 受於一切身心等苦。此妄境界熏習義則有二種, 云何爲二。一者增長念熏習, 二者增長取熏習。妄心熏習義有二種, 云何爲二。一者業識根本熏習, 能受阿羅漢辟支佛一切菩薩生滅苦故, 二者增長分別事識熏習, 能受凡夫業繫苦故。無明熏習義有二種, 云何爲二。一者根本熏習, 以能成就業識義故, 二者所起見愛熏習, 以能成就分別事識義故。

어떻게 훈습이 일어나 염법染法이 끊이지 않는다고 하는가?[958] 이른바 眞如法에 의하기 때문에 무명이 있다. 무명 염법의 因이 있기 때문에 바로 진여를 훈습한다. 훈습 때문에 망심이 있고, 망심이 있어서 바로 무명을 훈습하며, 진여법을 완전히 깨닫지 못하였기 때문에 불각의 망념이 일어나 허망한 경계를 나타낸다. 허망한 경계의 염법의 緣이 있기 때문에 바로 망심을 훈습하고, 그 망념으로 하여금 집착케 하여, 갖가지 업을 짓고, 일체의 몸과 마음의 고통을 받도록 한다. 이 허망한 경계가 훈습하는 뜻에 두 가지가 있으니, 무엇을 일러 둘이라 하는가? 하나는 증장된 망념의 훈습이고, 둘은 증장된 집취執取의 훈습이다. 망심이 훈습하는 뜻에도 두 가지가 있으니, 무엇을 일러 둘이라 하는가? 하나는 업식의 근본훈습으로 아라한과 벽지불과 일체 보살이 생멸의 고통을 받을 수 있기 때문이고, 둘은 증장된 분별사식

---

958 은정희 역: 어떻게 훈습하여 염법을 일으켜 단절되지 않는가?

分別事識의 훈습으로 범부가 업에 매인 고통을 받을 수 있기 때문이다. 무명훈습의 뜻에 두 가지가 있으니, 무엇을 일러 둘이라 하는가? 하나는 근본훈습으로 業識을 이룰 수 있는 뜻 때문이고, 둘은 일어난 견애見愛가 훈습하는 것으로 분별사식을 이룰 수 있는 뜻 때문이다.

해설 '眞如法에 의하기 때문에 무명이 있다.'는 것은 앞의 추세생멸麤細生滅의 뜻에서 풍상風相(무명)이 바닷물(진여의 심체)에 의지하여 존재한다고 설명한 뜻과 같다. 염법훈습의 과정을 도식으로 표현하면 아래와 같다.

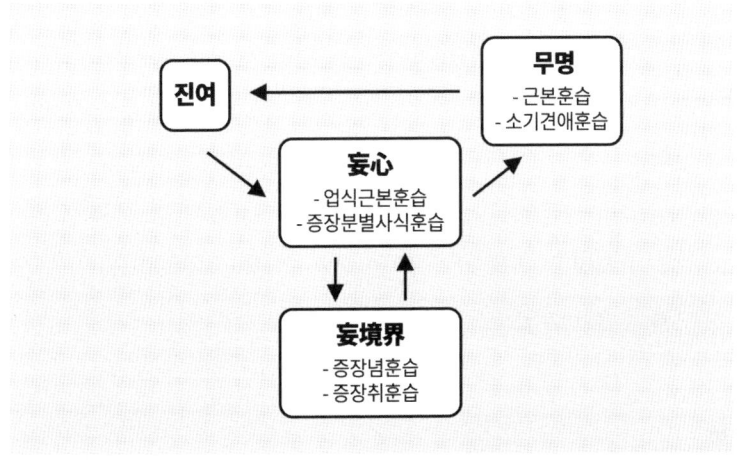

[疏] 染中亦二, 先問後答。答中有二, 略明, 廣顯。略中言依眞如法有無明者, 是顯能熏所熏之體也。以有無明熏習眞如者, 根本無明熏習義也。以熏習故有妄心者, 依無明熏有業識心也。以是妄心還熏無明, 增其不了, 故成轉識及現識等。故言不覺念起現妄境界。

염법染法에도 두 가지가 있으니, 먼저 묻고 뒤에서 답했다. 답 중에 두 가지가 있으니, 간략히 밝힌 것과[959] 폭넓게 드러낸 것이

---

959 '所謂以依眞如法故 有於無明' 부분.

다.⁹⁶⁰ 간략히 밝힌 것 중에 말한 '진여법에 의해 무명이 있다.'는 것은 능훈能熏과 소훈所熏의 체를 드러낸 것이다. '무명 (염법의 因)이 있기 때문에 진여를 훈습한다.'는 것은 근본무명이 훈습한다는 뜻이다. '훈습 때문에 망심이 있다.'는 것은 무명의 훈습에 의해 업식의 마음이 있다는 것이다. 이 망심이 다시 무명을 훈습하여 그 깨우치지 못한 것(망심)을 증대하기 때문에 전식과 현식 등을 이룬다. 그래서 '불각의 망념이 일어나 허망한 경계를 나타낸다.'고 말한 것이다.

해설 能熏과 所熏의 본체라는 것은 훈습의 주체와 객체를 의미하는 것으로 염법과 정법으로 나뉘기 전에는 진여와 무명이 서로 훈습하고 훈습되기 때문에 어떤 것이 能熏이고 어떤 것이 所熏이라고 결정해서 말할 수 없다. 그러나 염법과 정법으로 나뉘게 되면 능훈과 소훈이 결정되는데, 염법에서는 무명이 능훈이 되고 진여가 소훈이 되며, 정법에서는 그 반대가 된다. 그래서 염법을 밝히는 중에서는 '무명염법의 因이 진여를 훈습한다.'라고 하였고, 아래 정법 훈습에서는 '이른바 진여법이 있기 때문에 무명을 훈습할 수 있다.'라고 한 것이다.

[別記] 不覺念起, 是轉相也, 現妄境界, 是現相也.

'불각의 망념이 일어나는 것'은 전상轉相이고, '허망한 경계를 나타내는 것'은 현상現相이다.

[疏] 以是境界還熏習現識, 故言熏習妄心也. 令其念著者, 起第七識也, 造種種業者, 起意識也, 受一切苦者, 依業受果也. 次廣說中, 廣前

---

960 '以有無明染法因故 卽熏習眞如 ~~ 以能成就分別事識義故' 부분.

三義, 從後而說, 先明境界。增長念者, 以境界力增長事識中法執分別念也。增長取者, 增長四取煩惱障也。妄心熏習中, 業識根本熏習者, 以此業識能熏無明, 迷於無相, 能起轉相現相相續。彼三乘人出三界時, 雖離事識分段麤苦, 猶受變易黎耶行苦, 故言受三乘生滅苦也。通而論之, 無始來有, 但爲簡麤細二種熏習, 故約已離麤苦時說也。增長分別事識熏習者, 在於凡位說分段苦也。無明熏習中, 根本熏習者, 根本不覺也, 所起見愛熏習者, 無明所起意識見愛, 卽是枝末不覺義也。

　　이 경계가 다시 현식을 훈습하기 때문에 '망심을 훈습한다.'고 한 것이다. '그 망념으로 하여금 집착케 한다.'는 것은 제7식을 일으키는 것이고, '갖가지 업을 짓는다.'는 것은 의식을 일으키는 것이며, '일체의 고통을 받는다.'는 것은 업에 의해 받는 과보이다. 다음으로 폭넓게 설하는 가운데 앞의 세 가지 뜻을 널리 뒤에서부터 설하였는데, 경계를 먼저 밝혔다. '증장념增長念'이란 것은 경계의 힘으로 증장된 분별사식 중 법집분별의 망념이다. '증장취增長取'란 것은 증장된 사취四取[961]의 번뇌장煩惱障이다. 망심이 훈습하는 것 중에 '업식의 근본훈습'이란 것은 이 업식이 능히 무명을 훈습하고, 無相인 것을 몰라서, 능히 전상轉相과 현상現相을 일으켜 서로 이어지게 한다. 저 성문연각과 보살승이 三界를 벗어날 때 비록 분별사식의 분단생사分段生死하는 거친 고통을 여의지만, 여전히 변역變易[962]하는 아려야식의 행고行苦[963]를 받기 때문에 삼승三乘이 생멸의 고통을 받는다고 하

961　四取: 12연기緣起의 아홉 번째로서 모든 번뇌를 4종(欲取, 見取, 戒禁取, 我語取)으로 나눈 것을 말한다. 取는 집지執持 또는 집취執取한다는 뜻으로, 좁은 뜻으로는 집착하는 번뇌를 가리키고, 넓은 뜻으로는 번뇌의 다른 이름이다. 욕취欲取는 欲界의 五欲에 의해 생겨나는 탐욕과 집착으로, 견見을 제외한 탐貪, 진瞋, 치癡, 만慢, 의疑에 취착하는 것이고, 견취見取는 사심邪心으로 분별하는 견해를 진실이라고 집착하는 것으로, 유신견有身見, 변견邊見, 사견邪見, 취견取見과 같은 四見이 있다. 계금취戒禁取는 그릇된 계행戒行을 올바른 것이라고 집착하는 것이고, 아어취我語取는 아견我見과 아만我慢에 집착하는 것이다.

962　變易: 變易生死의 약칭이다.

963　行苦: 삼고三苦(苦苦, 壞苦, 行苦) 중의 하나로, 일체의 유위有爲와 유루有漏 법이 모두 쉬지 않고 변천하고 유전하기 때문에 생기는 고통을 뜻한다.

였다. 일반적으로 논한다면 (이 두 가지 고통은) 무시無始로부터 있어
왔지만, 단지 추麤와 세細의 두 가지 훈습으로 분간하고자 하였기 때
문에, 거친 고통에서 떠나는 시기를 기준으로 말하였다. '증장된 분
별사식의 훈습'이란 것은 범부의 자리에서 분단分段 (생사)하는 고통
을 말한 것이다. 무명훈습 중에 '근본훈습'이란 것은 근본불각이며,
'일어난 견애見愛가 훈습한다.'는 것은 무명으로 일어난 의식의 見과
愛[964]이니, 곧 지말불각을 의미한다.

해설 위에서 말한 '앞의 세 가지 뜻'이란, 첫째는 '以有無明染法因故, 卽熏習
眞如。以熏習故, 則有妄心' 부분으로 무명의 훈습이고, 둘째는 '以有妄
心, 卽熏習無明, 不了眞如法故, 不覺念起現妄境界' 부분으로 망심의 훈
습이며, 셋째는 '以有妄境界染法緣故, 卽熏習妄心, 令其念著, 造種種
業, 受於一切身心等苦' 부분으로 경계의 훈습을 가리킨다. 이것에 대하
여 '此妄境界熏習義則有二種, 云何爲二。一者增長念熏習, 二者增長取
熏習'는 셋째에 대한 설명이고, '妄心熏習義有二種, 云何爲二。一者業識
根本熏習, 能受阿羅漢辟支佛一切菩薩生滅苦故, 二者增長分別事識熏
習, 能受凡夫業繫苦故'는 둘째에, '無明熏習義有二種, 云何爲二。一者根
本熏習, 以能成就業識義故, 二者所起見愛熏習, 以能成就分別事識義故'
는 첫째에 대한 설명이다. 이 세 가지 뜻에 대해 앞에서부터 설명하지 않
고 뒤에서부터 차례로 설명하였다.

[別記] 言增長分別事識熏習者, 所謂意識見愛煩惱之所增長。故能受三
界繫業之果, 故言凡夫業繫苦也。無明熏中言根本熏習者, 謂根本無明

---

964 見愛煩惱를 가리킨다.

熏習眞如, 令其動念, 是名業識。故言成就業識義也。言所起見愛熏習者, 根本無明所起見愛, 熏其意識, 起矗分別。故言成就分別事識義也。

'증장된 분별사식의 훈습'이라고 말한 것은 이른바 의식의 견애見愛 번뇌가 증장된 것이다. 그래서 능히 三界의 업에 매인 과보를 받기 때문에 '범부가 업에 매인 고통'이라 하였다. 무명의 훈습 중에 말한 '근본훈습'은 근본무명이 진여를 훈습하여 그 생각을 움직이게 하는 것으로, 이것을 업식이라 한다. 그래서 '업식을 이룰 수 있는 뜻'이라고 하였다. '일어난 견애見愛가 훈습한다.'라고 말한 것은 근본무명에 의해서 일어난 見과 愛가 그 의식을 훈습하여 구체적인 분별을 일으킨다. 그래서 '분별사식을 이룰 수 있는 뜻'이라고 말하였다.

해설 무명이 진여를 훈습하여 업식을 이루고, 이 업식이 전변하고 강화되어 말나식으로 발전하게 되면, 그 말나식의 네 가지 번뇌인 아치我癡·아만我慢·아애我愛·아견我見에 의해 의식이 지속적으로 영향을 받으면서 구체적으로 견애번뇌를 일으킨다. 이것이 바로 '일어난 見愛가 훈습한다.'는 뜻이다.

② 정법淨法 훈습

㈎ 약명略明 (간략하게 밝히다)

[論_ 法章門_ 別解_ 生滅門_ 因言重顯_ 熏習之相_ 淨法熏習_ 略明]

云何熏習起淨法不斷。所謂以有眞如法故, 能熏習無明。以熏習因緣力故, 則令妄心厭生死苦, 樂求涅槃。以此妄心有厭求因緣故, 卽熏習眞如, 自信己性, 知心妄動, 無前境界, 修遠離法。以如實知無前境界故, 種種方便, 起隨順行, 不取不念。乃至久遠熏習力故, 無明則滅。以無明滅故, 心無有起, 以無起故, 境界隨滅。以因緣俱滅故, 心相皆盡, 名得涅槃, 成自然業。

어떻게 훈습이 일어나 정법淨法이 끊이지 않는가? 이른바 진여법이 있기 때문에 능히 무명을 훈습한다. 훈습하는 因과 緣의 힘 때문에 망심으로 하여금 삶과 죽음의 고통을 싫어하고 열반을 즐겨 구하게 한다. 이 망심에 (생사의 고통을) 싫어하고 (열반을) 구하는 因과 緣이 있기 때문에 바로 진여를 훈습하여, 스스로 자기의 본성을 믿고, 마음이 헛되이 움직일 뿐 눈앞에 경계가 없음을 알고서, 멀리 여의는 법을 닦는다. 여실하게 눈앞의 경계가 없음을 알기 때문에 갖가지 방편으로 수순하는 수행을 일으켜, 집착하지도 헛된 생각도 하지 아니한다. (이러한 수행을) 계속해서 오래되면 그 훈습된 힘 때문에 무명이 사라진다. 무명이 소멸하였기 때문에 마음에 일어나는 것이 없고, 일어남이 없기 때문에 경계가 따라서 소멸한다. 因과 緣이 함께 소멸하였기 때문에 心相이 모두 없어지니, 이름하여 열반을 얻고 자연업自然業을 이루었다고 한다.

해설 훈습의 가장 근원적인 시작은 진여인데, 이 진여의 훈습에 의해 일어난 마음이 다시 진여를 훈습하는 증장의 과정을 거친다. 이것은 염법훈습도 마찬가지이다.

[疏] 次明淨熏。於中有二, 先問後答。答中亦二, 略明, 廣顯。略中先明眞如熏習, 次明妄心熏習。此中有五。初言以此妄心乃至自信己性者, 是明十信位中信也。次言知心妄動無前境界修遠離法者, 是顯三賢位中修也。以如實知無前境界故者, 是明初地見道唯識觀之成也。種種

以下乃至久遠熏習力故, 是顯十地修道位中修萬行也. 無明即滅以下, 第五顯於果地, 證涅槃也.

다음으로 정법淨法 훈습을 밝혔다. 이 가운데 둘이 있으니, 앞에서 묻고 뒤에서 답하였다. 답 중에도 두 가지가 있으니, 간략히 밝힌 것과 폭넓게 드러낸 것이다. 간략히 밝히는 중에 먼저 진여의 훈습을 밝혔고,[965] 다음으로 망심妄心의 훈습을 밝혔다.[966] 이 가운데 다섯 가지가 있다. 처음에 '이 망심'에서부터 '스스로 자기의 본성을 믿는다.'라고 한 것은 十信의 자리에서의 믿음을 밝힌 것이다. 다음으로 '마음이 헛되이 움직일 뿐 눈앞에 경계가 없음을 알고서, 멀리 여의는 법을 닦는다.'라고 한 것은 삼현위三賢位 중에서의 수행을 드러낸 것이다. '여실하게 눈앞의 경계가 없음을 알기 때문이다.'라는 것은 초지初地보살의 견도見道[967]에서 유식관唯識觀이 이루어진 것을 밝힌 것이다. '종종種種(갖가지)' 이하에서부터 '계속해서 오래되면 그 훈습된 힘 때문에'까지는 十地보살의 수도위修道位[968]에서 닦은 만행萬行을 드러낸 것이다. '무명이 소멸한다.' 이하는 다섯 번째로 과지果地에서 증득한 열반을 드러낸 것이다.

해설 淨法인데도 妄心이라 한 것은 모든 相을 내는 마음은 모두 망심이기 때

---

965 '所謂以有眞如法故 能熏習無明' 부분.
966 '以熏習因緣力故 則令妄心厭生死苦 ~~ 名得涅槃 成自然業' 부분.
967 見道: 견제도見諦道 또는 견도見諦道라고도 하며, 수행의 계위階位를 가리킨다. 수도修道와 무학도無學道를 합하여 三道라고 한다. 무루지無漏智로써 사제四諦를 관觀하고 그 도리를 볼 수 있는 지위에 해당한다. 見道 이전은 범부이고 見道에 들어간 후에는 성인이라 한다. 대승을 기준으로 보살 초지初地를 見道라 하고, 見道 뒤에 다시 반복하여 수습하는 지위(2地에서 10地까지)는 修道이며, 등각等覺 이상은 無學道라 한다. 見道와 修道를 합하여 有學道라 한다.
968 修道位: 대승 오위五位 또는 유식수도唯識修道 五位(資糧位, 加行位, 通達位, 修道位, 究竟位) 중 제 4위에 해당하며, 수습위修習位라고도 한다. 보살 제2지인 이구지離垢地에서 제10지의 법운지法雲地까지를 지칭하며, 견도見道를 얻은 뒤에 나머지 장애와 일체의 구생적俱生的[태어날 때부터 가진 것] 소지장所知障의 종자를 단멸하고 근본지를 수습修習하는 지위이다.

문이다. 진여가 무명을 훈습해서 삶과 죽음의 고통을 싫어하고 열반을 즐겨 구하게 하는 淨法도 妄心이고, 무명이 진여를 훈습해서 갖가지 업을 짓고 일체의 고통을 받게 하는 染法도 妄心이다. 이 妄心의 근원을 거슬러 올라가 이 망심을 일으킨 요인에 어떤 것이 더 주도적으로 작용했는가에 따라 정법과 염법으로 구별될 뿐이다. 즉 염법의 망심은 무명이 能熏이고 진여가 所熏이며, 정법의 망심은 진여가 能熏이고 무명이 所熏이다. 정법의 다섯 가지 망심훈습을 표로 정리하면 아래와 같다.

妄 心	대 상
自信己性	十信에서의 믿음
知心妄動	三賢位에서의 수행
如實知無境界	初地보살의 見道에서의 唯識觀
種種方便 隨順行	보살 二地에서 十地까지의 修道位에서 萬行
無明滅	果地에서의 증득한 열반

㉯ 광현廣顯(폭넓게 드러내다)

Ⓐ 망심妄心 훈습

[論_ 法章門_ 別解_ 生滅門_ 因言重顯_ 熏習之相_ 淨法熏習_ 廣顯_ 妄心熏習]

妄心熏習義有二種, 云何爲二。一者分別事識熏習, 依諸凡夫二乘人等, 厭生死苦, 隨力所能以漸趣向無上道故。二者意熏習, 謂諸菩薩發心勇猛, 速趣涅槃故。

망심 훈습의 뜻에 두 가지가 있으니, 무엇을 일러 둘이라 하는가? 하나는 분별사식 훈습으로, 여러 범부와 성문연각승 등이 생사의 고통을 싫어하여 (그 수행의) 힘에 따라 점차 無上道로 나아가기 때문이다. 둘은 意 훈습으로, 여러 보살의 발심이 용맹하여 빠르게 열반에 나아가는 것을 말하기 때문이다.

해설 정법의 망심훈습도 염법의 망심훈습과 마찬가지로 의식과 무의식의 영역으로 나눠지는데, 분별사식훈습은 수행의 경지가 아직 깊게 나아가지 못한 사람에 의해 이루어지는 것이고, 意 훈습은 수행 경지가 깊은 보살 차원에서 이루어지는 것이다.

[疏] 次廣說中, 先明妄熏。於中分別事識者, 通而言之, 七識皆名分別事識, 就强而說, 但取意識, 以分別用强, 通緣諸事故。今此文中就强而說。此識不知諸塵唯識, 故執心外實有境界。凡夫二乘雖有趣向, 而猶計有生死可厭, 涅槃可欣, 不異分別事識之執。故名分別事識熏習。意熏習者, 亦名業識熏習, 通而言之, 五種之識, 皆名爲意。義如上說, 就本而言, 但取業識, 以最微細, 作諸識本, 故於此中業識名意。如是業識見相未分。然諸菩薩知心妄動無別境界, 解一切法唯是識量, 捨前外執, 順業識義, 故名業識熏習, 亦名爲意熏習, 非謂無明所起業識, 卽能發心修諸行也。

다음으로 폭넓게 설명하는 중에 먼저 망심 훈습을 밝혔다. 그 가운데 분별사식이란 것을 일반적으로 말하면 일곱 가지 식識을 모두 분별사식이라 하지만, 강한 측면으로 말하면 단지 의식만을 취하는 것은 분별 작용이 강하여 여러 일에 (모두) 통하여 반연하기 때문이다. 지금 이 논에서는 강한 측면으로 나아가서 말하였다. 이 識은 여러 경계가 오직 識이라는 것을 알지 못하였기 때문에 마음 밖에 실제로 경계가 있다고 집착한다. 범부와 이승二乘은 비록 깨달음을 향해 나아가지만, 여전히 생사는 싫어할 만한 것이고 열반은 기뻐할 만한 것이라 헤아리니, 분별사식의 집착과 다르지 않다. 그래서 '분별사식

훈습'이라 하였다. '의意 훈습'이란 것은 또한 업식 훈습이라고도 하는데, 통론하면 다섯 가지 識을 모두 意라 한다. 뜻은 위에서 말한 것과 같지만,[969] 근본으로 나아가 말한다면 단지 업식만을 취한 것은 (업식이) 가장 미세하여 모든 識의 근본이 되기 때문에 이 (다섯 가지 意) 중에서 업식을 意라고 한 것이다. 이처럼 업식은 견분見分과 상분相分으로 아직 나뉘지 않은 것이다. 그러나 여러 보살은 마음이 헛되이 움직일 뿐 따로 경계가 없음을 알고, 일체 법이 오직 識의 헤아림이란 것을 깨달아서, 눈앞의 바깥(경계)에 대한 집착을 버리고, 업식을 따르는 뜻 때문에 '업식 훈습'이라 하고, 또 '意 훈습'이라 하였지만, 무명으로 일어난 업식이 곧바로 능히 발심하여 여러 수행을 닦는 것을 이른 것은 아니다.

해설 이 업식의 훈습은 여전히 망심 훈습이라서 아래에서 말하는 진여의 자체상自體相 훈습처럼 안으로부터 작용하는 훈습과 달리 밖에서 안으로 작용한다. 그리고 극히 미세하여 깊은 수행을 거치지 않은 사람은 그 흐름을 인지하는 것 자체도 불가능하다. 그 때문에 '무명으로 일어난 업식이 곧바로 발심하여 여러 수행하는 것을 이르는 것은 아니다.'라고 하였으니, 이것은 많은 수행을 거친 보살처럼 분별사식 훈습의 깨달음을 얻은 후라야 비로소 가능하다는 것을 의미한다.

ⓑ 진여 훈습

[論_ 法章門_ 別解_ 生滅門_ 因言重顯_ 熏習之相_ 淨法熏習_ 廣顯_ 眞如熏習_ 總標·列名]

---

969 생멸문의 이름을 풀이하는 부분에서 五意(業識, 轉識, 現識, 智識, 相續識)를 설명하였다.

眞如熏習義有二種, 云何爲二。一者自體相熏習, 二者用熏習。

진여 훈습의 뜻에 두 가지가 있으니, 무엇을 둘이라 하는가? 하나는 자체상自體相 훈습이고, 둘은 용용 훈습이다.

ⓐ 자체상自體相 훈습

[論_ 法章門_ 別解_ 生滅門_ 因言重顯_ 熏習之相_ 淨法熏習_ 廣顯_ 眞如熏習_ 自體相熏習_ 直明]

自體相熏習者, 從無始世來, 具無漏法, 備有不思議業, 作境界之性。依此二義恒常熏習, 以有力故, 能令衆生厭生死苦, 樂求涅槃, 自信己身有眞如法, 發心修行。

自體相 훈습이란 무시無始의 세상으로부터 무루법을 구비하고 부사의업을 갖추어 경계성境界性[970]을 짓는 것이다. 이 두 가지[971] 뜻으로 항상 훈습하고, (그 훈습하는) 힘이 있기 때문에, 능히 중생으로 하여금 생사의 고통을 싫어하고 열반을 즐겨 구하게 하며, 자기에게 진여법이 있음을 스스로 믿고 마음을 발하여 수행토록 한다.

[論_ 法章門_ 別解_ 生滅門_ 因言重顯_ 熏習之相_ 淨法熏習_ 廣顯_ 眞如熏習_ 自體相熏習_ 遣疑]

問曰。若如是義者, 一切衆生悉有眞如, 等皆熏習, 云何有信無信, 無量前後差別。皆應一時自知有眞如法, 勤修方便, 等入涅槃。

---

970   여기에서 말하는 경계는 일반적으로 말하는 경계가 아니고 진여 자체가 가지고 있는 如實空門에 대한 경계로서, 보이는 대상과 보는 주체가 분별없이 융합한 경지境智를 의미한다.
971   두 가지는 무루법과 부사의업을 갖춘 不空의 측면과 경계성과 같은 如實空의 측면을 말한다.

答曰。眞如本一, 而有無量無邊無明, 從本已來, 自性差別, 厚薄不同故, 過恒沙等上煩惱, 依無明起差別, 我見愛染煩惱, 依無明起差別。如是一切煩惱, 依於無明所起, 前後無量差別, 唯如來能知故。又諸佛法有因有緣, 因緣具足, 乃得成辦。如木中火性, 是火正因, 若無人知, 不假方便, 能自燒木, 無有是處。衆生亦爾, 雖有正因熏習之力, 若不遇諸佛菩薩善知識等以之爲緣, 能自斷煩惱入涅槃者, 則無是處。若雖有外緣之力, 而內淨法未有熏習力者, 亦不能究竟厭生死苦樂求涅槃。若因緣具足者, 所謂自有熏習之力, 又爲諸佛菩薩等慈悲願護故, 能起厭苦之心, 信有涅槃, 修習善根, 以修善根成熟故, 則值諸佛菩薩示敎利喜, 乃能進趣向涅槃道。

　　묻는다. 만약 이 같은 뜻이라면 일체중생에게 모두 진여가 있어 동등하게 모두 훈습해야 하는데, 어떻게 믿는 자도 있고 없는 자도 있어 한량없는 앞뒤의 차별이 있는가? 모두 마땅히 일시에 스스로 진여법이 있음을 알고 방편을 부지런히 닦아 똑같이 열반에 들어가야 할 것이다.

　　답한다. 진여는 본래 하나이지만 한량없고 끝없는 무명이 있어, 본래부터 자성이 차별되니, 두텁고 엷음의 차이 때문에 갠지스강의 모래보다 많은 상번뇌上煩惱[972]가 무명에 의해 차별을 일으키고, 아견我見과 아애我愛의 염번뇌染煩惱도 무명으로 차별을 일으킨다. 이같이 일체 번뇌는 무명에 의해 일어난 것으로, 앞뒤로 한량없이 차별되니, 오직 여래만이 알 수 있기 때문이다. 또 여러 불법에도 인과 연이 있어 인연이 모두 갖춰져야 비로소 힘써 이룰 수 있다. 마치 나무 안의 불에 타는 성질이 바로 불이 붙는 정인正因[바른 원인]이지만, 만

972　　上煩惱: 근본무명으로 인해 생겨난 지말번뇌枝末煩惱 또는 십대혹十大惑 중에 근본번뇌가 강성한 것을 지칭한다.

약 사람이 (불에 타는 성질을) 알지 못하고, (불꽃을 일으키는) 수단을 빌리지 않으면서, 스스로 나무를 태울 수 있는 이런 경우는 없다. 중생도 역시 그러하여, 비록 正因의 훈습하는 힘이 있더라도, 만약 여러 부처나 보살 또는 선지식善知識 등을 만나 그들과 연을 맺지 않는다면, 능히 스스로 번뇌를 끊고 열반에 들어가는 이런 경우는 없다. (또) 만약 비록 외연外緣의 힘이 있더라도 안으로 정법淨法의 훈습력이 있지 않은 자들도 역시 능히 끝까지 생사의 괴로움을 싫어하고 열반 구하기를 즐겨하지 못할 것이다. 만약 인연이 모두 충족되었다면 이른바 스스로 훈습하는 힘도 있고, 또 여러 부처와 보살 등의 자비와 기원과 보호 때문에, 능히 (생사의 고통을) 싫어하는 마음을 일으켜, 열반을 믿고, 선근善根을 닦아 익힐 것이니, 善根을 닦아 성숙하였기 때문에 여러 부처와 보살이 보이고 가르쳐 주는 이익과 기쁨을 만나, 이에 열반의 도를 향해 앞으로 나갈 수 있을 것이다.[973]

해설 성리학에서는 인간의 性을 본연지성本然之性과 기질지성氣質之性으로 나눠 본다. 本然之性은 인간이 태어날 때 하늘로부터 받는 본성으로, 누구나 동일하게 모두 부처의 불성과 같이 선하다. 그러나 氣質之性은 氣와 質로 이루어진 몸 안에 그 本然之性이 담긴 것으로, 그 기질적인 요소로 인해 부득이 하게 청탁수박淸濁粹駁[깨끗하고 흐린 것과 순수하고 잡된 것]의 차이가 있을 수밖에 없다. 바로 이 차이를 유발하는 그 기질적인 요소가 바로 무명인 것이다. 하늘에 떠 있는 환한 보름달은 하나[本然之性]인데, 지상에 비친 달의 모습은 비춘 물의 상태에 따라 모두 달라지는 것[氣質之性]과 같은 이치이다.

---

973 은정희 역: 선근을 닦는 일이 성숙하기 때문에 모든 부처와 보살이 보여 주고 가르쳐 주어 중생을 이롭게 하고 기쁘게 함을 만나 차츰 일을 이루어 나아가 열반의 도에 향할 수 있는 것이다.

[疏] 眞如熏習中有三。一者擧數總標, 二者依數列名, 三者辨相。辨相中有二。一者別明, 二者合釋。初別明中, 先明自體熏習, 於中有二。一者直明, 二者遣疑。初中言具無漏法備有不思議業者, 是在本覺不空門也, 作境界之性者, 是就如實空門境說也。依此本有境智之力, 冥熏妄心, 令起厭樂等也。問曰以下, 往復除疑, 問意可知。答中有二。初約煩惱厚薄明其不等, 後擧遇緣參差顯其不等。初中言過恒沙等上煩惱者, 迷諸法門事中無知, 此是所知障所攝也, 我見愛染煩惱者, 此是煩惱障所攝也。答意可知。又諸佛以下, 明緣參差, 有法喩合, 文相可見也。

진여 훈습 중에 세 가지가 있다. 하나는 수를 들어 총괄적으로 표시하였으며[974], 둘은 수에 의해 이름을 열거하였고,[975] 셋은 相을 변별하였다.[976] 相을 변별하는 중에 두 가지가 있다. 하나는 나눠 밝혔고[977], 둘은 합해서 풀이하였다.[978] 처음 나눠 밝히는 중에 먼저 自體 훈습을 밝혔으니, 이 중에 두 가지가 있다. 하나는 곧바로 밝혔고, 둘은 의심을 제거하였다. 처음에 말한 '무루법을 구비하고 부사의업을 갖추었다.'는 것은 본각의 不空 측면에 있는 것이고, '경계성을 짓는다.'는 것은 여실공문如實空門의 경계에 나아가서 설한 것이다. 이 본래 가지고 있는 경지境智[979]의 힘으로 암암리에 망심을 훈습하여 (생사의 고통을) 싫어하고 (열반을) 좋아하는 마음 등을 일으키게 한다. '문왈問曰(묻는다)' 이하는 왕복하여 의심을 제거한 것이니, 묻는 뜻을 알 수 있을 것이다. 답 중에 두 가지가 있다. 처음에 번뇌의 두텁고 엷음

---

974 '眞如熏習義有二種' 부분.
975 '云何爲二 一者自體相熏習 二者用熏習' 부분.
976 '自體相熏習者 從無始世來'에서 377쪽의 '唯依法力自然修行 熏習眞如滅無明故' 부분까지.
977 자체상훈습과 용훈습으로 구분하여 풀이한 것을 말한다.
978 377쪽의 體用 合釋을 가리킨다. '
979 境智: 境과 智를 아울러 칭한 것으로, 境은 소관所觀의 경계境界이고, 智는 능관能觀의 지혜를 의미한다. 境과 智가 하나가 되면 보이는 대상과 보는 주체가 분별없이 융합하게 된다. 이러한 境智는 마음도 아니고 경계도 아니어서 출세무분별지出世無分別智라 한다.

을 기준으로 그 (자성이 차별되어) 같지 않음을 밝혔고,[980] 뒤에서 만나는 緣의 들쭉날쭉한 차이를 들어 그 (인연이) 같지 않음을 드러내었다.[981] 처음에 '갠지스 강의 모래보다 많은 상번뇌上煩惱'라고 한 것은 여러 法門의 일에 미혹하여 무지한 것이니, 이것은 소지장所知障에 포섭되는 것이고, '아견我見과 아애我愛의 염번뇌染煩惱'라는 이것은 번뇌장煩惱障에 포섭되는 것이다. 답하는 뜻은 알 수 있을 것이다. '우제불又諸佛(또 여러 불법에도 인과 연이 있어)' 이하는 연緣이 들쭉날쭉한 것을 밝힌 것으로, 法과 비유와 합한 것이 있으니,[982] 글의 양상에서 알 수 있을 것이다.

해설 여러 法門에 미혹한 것은 무명의 지애智礙와 염심染心의 번뇌가 진여 근본지根本智를 막아 일체 법이 항상 고요하여 일어나는 상이 없는데도 그 상에 집착하여 허망하게 진리에서 어긋나는 것을 뜻하고, 일에 무지한 것은 法門에 미혹한 결과로써 세간의 모든 경계에 수순하는 여러 가지 앎을 얻지 못하는 것을 의미한다.(본서 328쪽 참고 '染心義者 名爲煩惱礙 能障眞如根本智故 ~~ 故不能得隨順世間一切境界種種知故')

ⓑ 용用 훈습

[論_ 法章門　別解　生滅門　因言重顯　熏習之相　淨法熏習_ 廣顯_ 眞如熏習_ 用熏習]

用熏習者, 卽是衆生外緣之力。如是外緣有無量義, 略說二

980　'眞如本一 而有無量無邊無明 ~~ 前後無量差別 唯如來能知故' 부분.
981　'又諸佛法有因有緣 ~~ 則値諸佛菩薩示敎利喜 乃能進趣向涅槃道' 부분.
982　주장(法)은 '又諸佛法有因有緣 因緣具足 乃得成辦' 부분이고, 비유(喩)는 '如木中火性 是火正因 若無人知 不假方便 能自燒木 無有是處' 부분이며, 적용(合)은 '衆生亦爾 雖有正因熏習之力 ~~ 則値諸佛菩薩示敎利喜 乃能進趣向涅槃道' 부분이다.

種。云何爲二。一者差別緣, 二者平等緣。差別緣者, 此人依於諸佛菩薩等, 從初發意始求道時, 乃至得佛, 於中若見若念, 或爲眷屬父母諸親, 或爲給使, 或爲知友, 或爲怨家, 或起四攝, 乃至一切所作無量行緣。以起大悲熏習之力, 能令衆生增長善根, 若見若聞得利益故。此緣有二種, 云何爲二。一者近緣, 速得度故, 二者遠緣, 久遠得度故。是近遠二緣, 分別復有二種, 云何爲二。一者增長行緣, 二者受道緣。平等緣者, 一切諸佛菩薩, 皆願度脫一切衆生, 自然熏習恒常不捨, 以同體智力故, 隨應見聞而現作業, 所謂衆生依於三昧, 乃得平等見諸佛故。

用 훈습이란 바로 중생의 바깥 연緣에서 작용하는 힘이다. 이 같은 바깥 緣에 한량없는 뜻이 있는데, 간략히 설하면 두 가지가 있다. 무엇을 둘이라 하는가? 하나는 차별연差別緣이고, 둘은 평등연平等緣이다. 차별연이란 이 사람이 여러 부처와 보살 등에 의해 처음 뜻을 발하여 구도求道를 시작한 때로부터 부처가 되기까지, 그 도중에 (여러 부처와 보살을) 보기도 하고 염하기도 하는데, 어떤 경우에는 가족이나 부모 또는 친척이 되기도 하고, 혹은 심부름하는 사람이 되기도 하며, 혹은 친구나 원수의 가문이 되기도 하고, 또 어떤 경우는 사섭四攝[983]을 일으키기도 하며, 모든 지은 바의 한량없는 수행의 연에까지 이르는 것은 (이 차별연들이) 대비大悲의 훈습력을 일으켜서 능히 중생으로 하여금 선근을 증장케 하여, (여러 부처와 보살을) 보거나 (가르침을) 듣는 것 같은 이익을 얻기 때문이다. 이 차별연에 두 가지가 있으니, 무엇을 둘이라 하는가? 하나는 근연近緣으로 빠르게 득

---

983 四攝: 四攝法과 같다.

도得度[984]하기 때문이고, 둘은 원연遠緣으로 오래 지나야 득도得度하기 때문이다. 이 가깝고 먼 두 가지 연을 분별하면 다시 두 가지가 있으니, 무엇이 둘인가? 하나는 증장행연增長行緣[985]이고, 둘은 수도연受道緣[986]이다. 평등연이란 일체 제불과 보살이 모두 일체중생을 해탈시키고자 소원하여 자연스럽게 훈습하고 항상 (중생을) 버리지 않는 것은 동체同體의 지력智力 때문이고, 보고 듣는 것에 따라 응하여 업용을 지어 드러내는 것은[987] 이른바 중생이 삼매三昧[988]에 의해야 비로소 평등하게 여러 부처를 볼 수 있기 때문이다.

[疏] 用熏習中, 文亦有三。所謂總標, 列名, 辨相。第二列名中差別緣者, 爲彼凡夫二乘分別事識熏習而作緣也, 能作緣者, 十信以上乃至諸佛皆得作緣也。平等緣者, 爲諸菩薩業識熏習而作緣也, 能作緣者, 初地以上乃至諸佛, 要依同體智力方作平等緣故。第三辨相中, 先明差別緣, 於中有二。合明, 開釋。開釋中亦有二。先開近遠二緣, 後開行解二緣。增長行緣者, 能起施戒等諸行故, 受道緣者, 起聞思修而入道故。平等緣中有二。先明能作緣者, 所謂以下, 釋平等義。依於三昧平等見者, 十解以上諸菩薩等, 見佛報身無量相好, 皆無有邊離分齊相, 故言平等見諸佛也。若在散心, 不能得見如是相好離分齊相。以是故言依於三昧也。上來別相體用熏習竟。

---

984 得度: 교화를 받고 생사의 바다를 건너 열반의 세계로 건너가는 것을 의미한다.
985 增長行緣: 수행을 증장하는 緣이다.
986 受道緣: 지혜를 통해서 도를 받아들이게 하는 緣이다.
987 은정희 역: 평등연平等緣이란 일체의 모든 부처와 보살이 일체 중생을 도탈시키고자 하여 자연히 이들을 훈습하여 항상 버리지 아니하는 것이다. 이는 동체지력同體智力으로써 중생의 견문見聞에 따라 응하여 업용業用을 나타내는 것이니, 이른바 중생이 삼매三昧에 의하여야 평등하게 모든 부처를 볼 수 있기 때문이다.
988 三昧: 범어 'samādhi'의 음역으로 三摩提·三摩帝·三摩地라고도 한다. 산란한 마음을 한곳에 모아 움직이지 않게 하여 망념에서 벗어난 상태나 벗어나게 하는 수련을 의미한다.

용 훈습 중의 글에도 세 가지가 있다. 이른바 총체적으로 표시한 것,[989] 이름을 열거한 것,[990] (그리고) 상을 변별한 것이다.[991] 두 번째 이름을 열거하는 중에 (말한) '차별연'이란 저 범부와 성문 연각승에게 분별사식이 훈습하여 연을 짓는 것으로,[992] 능히 연을 지을 수 있는 자는 십신十信 이상의 보살에서 여러 부처까지 모두 연을 지을 수가 있다. '평등연'이란 여러 보살에게 업식이 훈습하여 연을 짓는 것으로,[993] 능히 연을 지을 수 있는 자는 초지初地 이상의 보살에서 여러 부처에 이르기까지이니, 모름지기 동체지력에 의해야 비로소 평등연을 짓기 때문이다. 세 번째 상을 변별하는 중에 먼저 차별연을 밝혔으니, 이 중에 두 가지가 있다. 합해서 밝히고[994] 펼쳐서 풀이하였다.[995] 펼쳐 풀이하는 중에도 두 가지가 있다. 먼저 근원近遠의 두 연을 열었고,[996] 뒤에서 행해行解[997]의 두 연을 열었다.[998] '증장행연增長行緣'이란 보시와 지계 같은 여러 수행을 일으킬 수 있기 때문이고, '수도연受道緣'이란 문聞·사思·수修(의 혜慧)[999]를 일으켜 도에 들어가기 때문이다. 평등연 중에 두 가지가 있다. 먼저 연을 지을 수 있는 자를 밝혔

---

989 '用熏習者 卽是衆生外緣之力 如是外緣有無量義 略說二種' 부분.
990 '云何爲二 一者差別緣 二者平等緣' 부분.
991 '差別緣者 此人依於諸佛菩薩等 ~~ 所謂衆生依於三昧 乃得平等見諸佛故' 부분.
992 은정희 역: "차별연"이란 저 범부와 이승의 분별사식훈습을 위하여 연을 짓는 것이니,
993 은정희 역: "평등연"이란 모든 보살의 업식훈습을 위하여 연을 짓는 것이니,
994 '此人依於諸佛菩薩等 ~~ 能令衆生增長善根 若見若聞得利益故' 부분.
995 '此緣有二種 云何爲二 ~~ 一者增長行緣 二者受道緣' 부분.
996 '云何爲二 一者近緣 速得度故 二者遠緣 久遠得度故' 부분.
997 行解: 행행과 해해를 아울러서 칭한 것이다. 行은 수행의 의미로, 교리에 따라서 실천하는 것을 말하고, 解는 여러 가지 견문과 학습을 통해서 교리를 이해하는 것을 말한다. 또 다른 의미로 심왕心王과 심소心所가 어떠한 대상을 이해하고, 그 대상의 의미를 인지하는 작용을 가리키기도 한다.
998 '是近遠二緣分別 復有二種 云何爲二 一者增長行緣 二者受道緣' 부분
999 聞思修의 慧: 불법을 수행하는 세 가지 慧로써, 문혜聞慧는 타인이 설법하는 것을 듣고서 얻는 지혜이고, 사혜思慧는 사유함으로써 얻는 지혜이며, 수혜修惠는 실제로 수행함으로써 얻는 지혜이다.

고, '소위所謂(이른바 중생이)' 이하는 평등의 뜻을 풀이하였다. '삼매三昧에 의해야 평등하게 본다.'라는 것은 十解 이상의 여러 보살 등은 보신불의 무량한 상호가 모두 한계 없이 분제상分齊相[1000]에서 떠나 있음을 보기 때문에 '평등하게 여러 부처를 본다.'고 말한 것이다. 만약 산심散心[1001]에 있다면 이 같은 상호가 분제상에서 떠나있음을 볼 수 없다. 이런 까닭에 三昧에 의한다고 말한 것이다. 위로부터 體와 用의 훈습을 나눠 밝히고 마친다.

해설_ 용훈습의 내용을 표로 정리하면 아래와 같다.

구분	能作緣者	대상	훈습하는 識	緣의 종류	
차별연	十信 이상 ~ 제불	범부 이승	분별사식	근연	증장행연
					수도연
				원연	증장행연
					수도연
평등연	初地보살 이상~ 제불	제보살	업식		

ⓒ **체용합석體用合釋** (체와 용을 합하여 풀이하다)

[論_ 法章門_ 別解_ 生滅門_ 因言重顯_ 熏習之相_ 淨法熏習_ 廣顯_ 眞如熏習_ 體用合釋]
此體用熏習分別復有二種, 云何爲二。一者未相應, 謂凡夫二乘初發意菩薩等, 以意意識熏習, 依信力故而能修行, 未得無分別心, 與體相應故, 未得自在業修行, 與用相應故。二者已相應, 謂法身菩薩 得無分別心, 與諸佛智用相應, 唯

1000 分齊相: 差別相과 같은 뜻이다.
1001 散心: 육진六塵으로 치달려서 흩어지고 한 곳에 머물 수 없는 산란한 마음 상태를 가리킨다. 정심定心과 반대된다.

依法力自然修行熏習, 眞如滅無明故。

　　이 體와 用의 훈습을 분별함에 다시 두 가지가 있으니, 무엇을 둘이라 하는가? 하나는 미상응未相應으로, 범부와 성문·연각승과 초발의 初發意 보살 등은 의意와 의식意識의 훈습이 믿는 힘에 의지하기 때문에 능히 수행을 하지만,[1002] 아직 분별없는 마음이 본체와 상응함을 얻지 못하였기 때문이고, 자재업自在業[1003]의 수행이 用과 상응하지 않기 때문이다. 둘은 이상응已相應으로, 법신보살이 분별없는 마음을 얻어 여러 부처의 지혜 작용과 상응하는 것을 말하니, 오직 법력에 의해 자연히 수행하고, 훈습하는 진여가 무명을 멸하였기 때문이다.[1004]

해설 상응과 미상응을 구분하는 기준을 두 가지로 들었다. 하나는 분별없는 마음으로 진여의 본체와 합치하는가? 하는 것이고, 다른 하나는 수행이 진여의 작용과 서로 응하느냐? 여부이다. 또 분별한다는 것은 아직 그 수행의 경지가 의식이나 말나식 차원을 벗어나지 못해, 진여 법력에 의한 자연스러운 수행 경지에 도달하지 못했기 때문이다.

[疏] 第二合釋體用, 於中有二。總標, 別釋。別釋中, 先明未相應中言意意識熏習者, 凡夫二乘, 名意識熏習, 即是分別事識熏習, 初發意菩薩等者, 十解以上名意熏習, 即是業識熏習之義。如前說也。

　　두 번째로[1005] 체와 용을 합하여 풀이하였으니, 이 중 두 가지가 있

1002　은정희 역: 의와 의식의 훈습으로 신력信力에 의하기 때문에 수행을 잘하지만
1003　自在業: 자유자재하여 어떠한 제한도 없는 業의 작용이다.
1004　은정희 역: 법신보살이 무분별심을 얻어 모든 부처의 지용智用과 상응하여 오직 법력에 의하여 저절로 수행하게 되어 진여를 훈습하여 무명을 멸함을 말하기 때문이다.
1005　진여훈습의 相을 분별하는 것(別明, 合釋) 중에 두 번째인 合釋을 가리킨다.

다. 전체적으로 표시한 것과,[1006] 나눠서 풀이한 것이다.[1007] 나눠 풀이하는 중에 먼저 미상응未相應을 밝히는 중에 말한 '의意와 의식意識의 훈습'이란 것은 범부와 이승二乘을 意識 훈습이라 하니 바로 분별사식 훈습이고, '초발의初發意 보살 등'이란 것은 十解 이상을 意 훈습이라 칭하니[1008] 바로 업식 훈습의 뜻이다. (이것은) 이전에 말한 것과 같다.

해설 업식 훈습의 뜻을 이전에 말한 것은 367쪽에 있다. 거기에서 설명하기를 '意 훈습이란 것은 업식 훈습이라고도 하는데, 통론하면 다섯 가지 識을 모두 意라 한다. 근본으로 나아가 말한다면 단지 업식만을 취할 뿐인데, 이것은 업식이 가장 미세하여 모든 識의 근본이 되기 때문에 이 다섯 가지 意 중에서 업식을 意라고 한다.'라고 하였다.

[別記] 此中對彼法身菩薩, 證法身時, 離能見相, 故說地前菩薩名意熏習, 以依業識有能見相故。若依俗智見報佛義, 則金剛已還皆有見相, 通名業識熏習, 如下說也。

여기에서는 저 법신보살이 법신을 증득할 때 능견상을 여의는 것과 대비하였기 때문에,[1009] 지전地前 보살을 意 훈습이라고 설했으니, 업식에 의해 능견상이 있기 때문이다. 만약 세속지世俗智로 보신불을 보는 뜻에 의한다면, 금강심金剛心 이하는 모두 見相이 있어, 업식 훈습이라고 통칭하니, 아래에서 말한 것과 같다.

해설 지전地前 보살뿐만 아니라 지상보살인 법신보살도 意 훈습에 해당한다.

1006 '此體用熏習 分別復有二種' 부분.
1007 '云何爲二 一者未相應 ~~ 自然修行 熏習眞如滅無明故' 부분.
1008 은정희 역: 초발의보살 등 십해十解 이상을 의훈습이라 하는 것이니
1009 은정희 역: 이 중에서 저 법신보살이 법신을 증득할 때 능견상을 여의는 것이기 때문에

금강심은 금강무간도金剛無間道에 있는 마음으로, 무간無間은 번뇌가 일어났을 때 후념後念으로 그것을 택멸擇滅(선택하여 소멸)하는데 간격이 없다는 것을 뜻한다. 다시 말하면 번뇌가 일어났을 때 그 번뇌를 없애야 한다는 생각을 떠올릴 것도 없이 곧바로 법력에 의해 번뇌가 단제斷除되는 것을 말한다. 이 금강무간도는 三界 九地의 수혹修惑과 견혹見惑을 끊어내는 구품九品의 무간도 중 마지막으로써 금강유정金剛喩定이라고도 하며, 보살십지의 마지막인 법운지法雲地가 여기에 해당한다. 여기에서 말한 금강심金剛心 이하는 十地보살을 의미한다.

[疏] 未得無分別心與體相應者, 未得與諸佛法身之體相應故, 未得自在業用與用相應故者, 未得與佛應化二身之用相應故. 已相應中, 法身菩薩者, 十地菩薩. 得無分別心者, 與體相應故. 與諸佛智用相應者, 以有如量智故, 自然修行者, 八地以上無功用故. 因言重顯有五分中, 第四別明二種熏習, 竟在於前.

'아직 분별없는 마음이 본체와 상응함을 얻지 못하였다.'는 것은 여러 부처 법신의 본체와 상응함을 얻지 못했기 때문이고, '자재업自在業이 用과 상응하지 않기 때문이다.'는 것은 부처의 응신應身과 화신化身의 작용과 상응하지 않기 때문이다. 이상응已相應 중에 법신보살이란 것은 十地 보살이다. '분별없는 마음을 얻었다.'는 것은 본체와 상응하기 때문이다. '여러 부처의 지혜 작용과 상응한다.'는 것은 여량지如量智가 있기 때문이고, '자연히 수행한다.'는 것은 八地[1010] 이상에서는 무공용無功用[1011]이기 때문이다. 인언중현因言重顯의 다

1010 八地: 보살 십지十地의 여덟 번째인 부동지不動地를 말한다.
1011 無功用: 無功이라고도 하며, 유공용有功用과 상대되는 말로써, 어떤 조작도 더하지 않고 자연스럽게 작용한다는 것을 뜻한다. 제8地 미만의 보살은 진여의 경지에서 아직 자재함을 얻지 못하였으나, 제8地 이상의 보살은 지속적으로 자재할 수 있어서 無功用이라고 한다.

섯 부분 중에 네 번째[1012]로 두 가지 훈습을 나눠 밝히는 것을 바로 앞에서 마친다.

해설 정법淨法과 염법染法의 두 가지 훈습을 총정리하면 아래의 그림과 같다. 이것은 퇴계와 고봉의 유명한 사단칠정四端七情 논쟁에서 말하는 四端과 七情의 내용과 아주 흡사하다. 그 논쟁에서 퇴계는 "四端은 이理가 발하는데 기氣가 따르고, 七情은 기氣가 발하는데 이理가 올라타고 있을 뿐이다."[1013]라고 하였고, 또 朱子의 말을 인용하여 "四端은 理가 발한 것이고 七情은 氣가 발한 것이다."[1014]라고도 주장했는데, 바로 이 이발理發과 기발氣發은 바로 훈습론에서 말하는 진여 훈습에 의한 淨法과 무명훈습에 의한 染法과 같은 것이다. 淨法과 染法의 훈습을 정리하면 아래 도표와 같다.

〈淨法과 染法의 두 가지〉

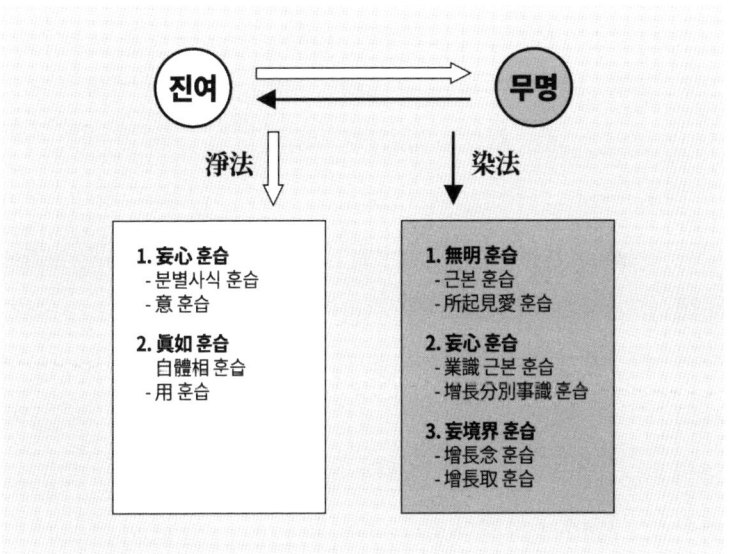

1012 생멸문에서 因言重顯하는 것(擧數總標, 依數列名, 總明熏習之義, 別顯熏習之相, 明盡不盡義) 中에 네 번째인 別顯熏習之相을 가리킨다.
1013 『退溪先生文集 卷16』「書, 答奇明彦」"四則理發而氣隨之, 七則氣發而理乘之耳"
1014 『退溪先生文集 卷16』「書, 答奇明彦」"四端是理之發, 七精是氣之發"

(라) 진盡과 부진不盡의 뜻

[論_ 法章門_ 別解_ 生滅門_ 因言重顯_ 盡不盡義]

復次染法從無始已來, 熏習不斷, 乃至得佛, 後則有斷, 淨法熏習, 則無有斷, 盡於未來。此義云何。以眞如法常熏習故, 妄心則滅, 法身顯現, 起用熏習。故無有斷。

다시 다음으로 염법은 무시無始 이래로부터 훈습하여 끊이지 않다가 부처가 된 뒤에 단절되지만, 정법 훈습은 끊임이 없어 미래까지 (그 훈습을) 다한다. 이 뜻이 무엇을 말하는가? 진여법이 항상 훈습하기 때문에 망심이 소멸하면 법신이 밝게 드러나 用 훈습을 일으킨다. 그래서 단절함이 없다.

[疏] 此下第五明二種熏盡不盡義, 欲明染熏違理, 而起故有滅盡, 淨法之熏, 順理而生, 與理相應故無滅盡, 文相可知。顯示正義分內, 正釋之中, 大有二分, 第一釋法章門, 竟在於前。

이 아래는 다섯 번째로 두 가지 훈습의 진盡과 부진不盡의 뜻을 밝힌 것으로, 염법훈습은 진리에 어긋나서 일어나기 때문에 멸진滅盡함이 있으나, 정법의 훈습은 진리에 순응하여 생겨나고 진리와 상응하기 때문에 멸진하지 않는다는 것을 밝히고자 한 것이니, 글의 양상에서 알 수 있을 것이다. 현시정의顯示正義[1015] 부분의 정석正釋[바로 풀이하는 것] 중에 크게 두 부분이 있는데, 첫 번째로 법장문法章門 풀이하고 앞에서 마친다.

1015 解釋分의 첫 번째인 顯示正義에 初正釋義와 後示入門이 있고, 다시 初正釋에 法章門과 義章門이 있다. 여기까지가 法章門을 해석한 내용이다.

나. 의장문義章門

[疏] 此下第二釋義章門。上立義中立二種義, 所謂大義及與乘義。今此文中, 正釋大義, 兼顯乘義, 於中有二。一者總釋體相二大, 二者別解用大之義。

이 아래는 두 번째 義章門을 해석한 것이다. 위 立義分에서 두 가지 뜻을 세웠으니, 이른바 大와 乘의 뜻이다. 지금 이 글 중에서 大의 뜻을 바로 풀이하면서 아울러 乘의 뜻을 드러내었으니, 이 중에 두 가지가 있다. 하나는 體와 相의 두 가지 大를 총체적으로 풀이하였고, 둘은 用大의 뜻을 별도로 풀이하였다.

1) 체상體相 이대二大

가) 직명성공덕상直明性功德相 (성공덕의 상을 바로 밝히다)

[論_ 顯示正義_ 正釋義_ 義章門_ 體相二大_ 直明性功德相]
復次眞如自體相者, 一切凡夫聲聞緣覺菩薩諸佛無有增減, 非前際生, 非後際滅, 畢竟常恒, 從本已來, 性自滿足一切功德。所謂自體有大智慧光明義故, 徧照法界義故, 眞實識知義故, 自性清淨心義故, 常樂我淨義故, 清涼不變自在義故。具足如是過於恒沙, 不離不斷不異不思議佛法, 乃至滿足無有所少義故, 名爲如來藏, 亦名如來法身。

다시 다음으로 진여의 自體와 相이란 것은 일체 범부와 성문·연각·보살과 여러 부처에 있어 증감이 없고, 과거에 생겨난 것도 아니요, 미래에 멸하는 것도 아니며, 끝내 항상 하고, 본래부터 본성은 스스로 일체 공덕을 만족하고 있다. 이른바 자체에 큰 지혜와 광명의 뜻이 있기 때문이고, 법계를 두루 비치는 뜻이 있기 때문이며, 진실하게 인식하고 아는 뜻 때문이고, 자성청정심自性淸淨心의 뜻 때문이며, 상락아정常樂我淨[1016]의 뜻 때문이고, 깨끗하고 불변하며 自在한 뜻이기 때문이다. 이같이 갠지스강의 모래보다 많은 불리不離·부단不斷·불이不異의 불가사의한 불법을 구족하고, 만족하여 조금도 부족함이 없음에까지 이른 뜻 때문에 이름하여 여래장이라 하고 또 여래법신이라 한다.

해설 孟子는 인간의 본성에 대해서 "군자가 본성으로 한 것은 비록 (뜻을 얻어 세상에 나아가) 크게 행하더라도 더 늘어나지 않고, 곤궁하게 지내더라도 더 줄어들지 않으니, 그것은 분수가 정해져 있기 때문이다. 군자가 본성으로 한 것은 인의예지로서 마음에 뿌리를 두고, 그 색을 내는 것은 얼굴에서 환하고 깨끗하며 등에 가득하고, (그 뜻은) 팔다리에 베풀어져 사지四肢가 말하지 않아도 저절로 안다."[1017]라고 형용하였다. 맹자가 비록 이렇게 군자를 들어서 인간의 본성에 대해 말했지만, 이 논에서 말한 것처럼 인간의 본성은 누구에게나 평등하고 동일하게 하늘에서 주어지는 것으로, 증감도 없고, 삼세三世 같은 시간의 경계에 따라 달라지는 것도 아니며, 사회적인 신분이나 깨달음의 차이로 달라지지도 않는다. 누구나 본성의 선함을 회복한다면 군자나 법신처럼 손발이 자재하고 얼굴과 등에서도 환하게 빛이 날 것이다.

1016 常樂我淨: 대승의 열반과 여래법신이 구족하고 있는 네 가지 덕으로, 열반사덕涅槃四德이라고도 한다. 열반의 경계에 도달한 깨달음이 영원불변한 것을 常이라 하고, 그 경계에 고통이 없고 안락한 것을 樂이라 하며, 자유자재하여 터럭만큼의 구속이 없는 것을 我라고 하고, 번뇌의 더러움이 없는 것을 淨이라 한다.

1017 『孟子』「盡心上」, 21장 "君子所性, 雖大行不加焉, 雖窮居不損焉, 分定故也. 君子所性, 仁義禮智, 根於心, 其生色也, 睟然見於面, 盎於背, 施於四體, 四體不言而喩"

나) 왕복중현소이往復重顯所以 (까닭을 문답으로 거듭 드러내다)

[論_ 顯示正義_ 正釋義_ 義章門_ 體相二大_ 往復重顯所以]

問曰。上說眞如其體平等, 離一切相, 云何復說體有如是種種功德。

答曰。雖實有此諸功德義, 而無差別之相, 等同一味, 唯一眞如。此義云何。以無分別, 離分別相, 是故無二, 復以何義得說差別。以依業識生滅相示, 此云何示。以一切法本來唯心, 實無於念, 而有妄心, 不覺起念, 見諸境界, 故說無明。心性不起, 卽是大智慧光明義故。若心起見, 則有不見之相, 心性離見, 卽是徧照法界義故。若心有動, 非眞識知, 無有自性, 非常非樂非我非淨, 熱惱[1018]衰變則不自在, 乃至具有過恒沙等妄染之義。對此義故, 心性無動, 則有過恒沙等諸淨功德相義示現。若心有起, 更見前法可念者, 則有所少, 如是淨法無量功德, 卽是一心, 更無所念。是故滿足, 名爲法身如來之藏。

묻는다. 위에서 진여는 그 체가 평등하여 모든 相을 여의었다[1019]고 설하였는데, 어찌 다시 그 체에 이 같은 갖가지 공덕이 있다고 하는가?

답한다. 비록 이런 여러 공덕의 뜻이 참으로 있지만, 차별이 없는 相이 동등하게 하나의 의미이고 유일한 진여이다. 이 뜻이 무엇을 말하는가? 분별함이 없음으로써 분별相을 여의었고, 이런 까닭에 둘이 없으니 다시 무슨 뜻으로 차별을 말할 수 있겠는가? (이 차별은) 업

1018 열뇌熱惱: 극심한 고통으로 인한 핍박으로 몸과 마음이 타는 듯이 괴로운 것을 의미한다.
1019 125쪽, 심진여문의 체를 설명하는 부분에 있다. '心眞如者 ~~ 離名字相 離心緣相 畢竟平等'

식에 의해 생멸상이 시현된다는 이것은 무엇을 시현하는 것인가? 일체 법이 본래 오직 마음일 뿐 진실로 망념이 없지만, 망심이 있어 불각이 망념을 일으키고 여러 경계를 드러내기 때문에 무명을 설하는 것이다. (그러나) 마음의 본성은 일어나지 않으니, 바로 큰 지혜 광명의 뜻 때문이다. 만약 마음이 보는 것을 일으키면 보지 않는 相이 있게 되고, 心性이 보는 것을 여의면, 바로 법계를 두루 비추는 뜻이기 때문이다. 만약 마음에 움직임이 있으면, 진식眞識으로 아는 것이 아니라 自性이 없고 상락아정常樂我淨도 아니니, 타는 듯이 괴롭고 쇠퇴하여 변하면 자재하지 못하고, 갠지스강의 모래보다 많은 망념으로 물든 뜻까지를 갖추게 된다. 이러한 뜻과 대비하기 때문에 심성에 움직임이 없으면 갠지스강의 모래보다 많은 여러 깨끗한 공덕상이 있다는 뜻이 시현되는 것이다. 만약 마음에 일어남이 있어 다시 전법前法[1020]에서 생각할 만한 것들을 본다면 모자랄 것이 있겠지만, 이 같은 정법淨法의 무량한 공덕은 바로 한마음이라서 더 생각할 것이 없다. 이런 까닭에 만족하였으니, 이름하여 법신여래의 장藏이라 한다.

해설 '둘이 없다.'는 것은 무분별상無分別相과 분별상分別相이 서로 다른 것이 아니고 하나라는 것을 의미한다. 물은 그 형태가 바뀌면 수증기나 얼음 그리고 이슬방울처럼 여러 형태로 존재하지만[分別相], 본질에서 보면 모두 동일한 물이다[無分別相]. 다만 개체의 차원에서 나와 너를 분별하는 눈으로 수증기가 얼음을 보거나 이슬방울이 얼음을 보면 서로 완전히 다른 존재처럼 보일 뿐이다. 『장자莊子』의 제물론齊物論에서 말하는 것처럼 천뢰天籟[하늘이 내는 소리]는 하나이지만, 지뢰地籟[바람이 땅

1020 여기에서 말하는 前法은 眞識으로 보는 것이 아니고, 망심으로 나타난 눈앞의 여러 가지 대상을 의미한다.

의 갖가지 형상이나 구멍에 부딪쳐서 내는 소리]와 인뢰人籟[사람이 불어서 내는 소리]가 제각각 다른 것과 같은 이치이다. 이러한 차별상이 있게 되는 까닭은 망심의 불각이 진여를 훈습하여 업식을 일으키고, 차례로 전식과 현식으로 변전하면서 경계를 만들고, 눈앞의 그 경계를 실제라고 인식하고 집착하기 때문이다.

[疏] 初中言自體相者, 總牒體大相大之義也。次言一切凡夫乃至諸佛, 無有增減, 畢竟常住[1021]者, 是釋體大, 上立義中言, 一者體大, 謂一切法眞如平等不增減故。次言從本以來性自滿足以下, 釋相大義, 上言二者相大, 謂如來藏具足無漏[1022]性功德故。文中有二。一者直明性功德相, 二者往復重顯所以。問意可知。答中有二, 總答, 別顯。別顯之中, 先明差別之無二義, 後顯無二之差別義。此中亦二, 略標, 廣釋。略標中言, 以依業識生滅相示者, 生滅相內有諸過患, 但擧其本, 故名業識。對此諸患, 說諸功德也。此云何示以下, 別對衆過以顯德義, 文相可知。

처음에 말한 '自體와 相'이란 것은 體大와 相大를 전체적으로 표시한 뜻이다. 다음에 '일체 범부'에 이어서 '여러 부처에 있어 증감이 없고 끝내 항상 한다.'라고 말한 것은 體大를 풀이한 것이니, 위의 立義分 중에서 말한 '하나는 體大로, 일체 법이 진여와 평등하며 더하거나 줄어들지 않기 때문이다.'[1023]는 것이다. 다음으로 말한 '본래부터 본성은 스스로 만족한다.'는 것 이하는 相大의 뜻을 풀이한 것으로, 위(立義分)에서 말한 '둘은 相大로, 여래장이 번뇌 없는 성공덕性功德을 모두 갖추고 있기 때문이다.'[1024]는 것이다. 글 가운데 두 가지가

1021 383쪽에 있는 기신론 본문은 常住가 常恒으로 표기되어 있다.
1022 立義分에 표기된 글은 無漏가 아니고 無量이다.
1023 96쪽
1024 96쪽

있다. 하나는 곧바로 性功德의 相을 밝혔고, 둘은 문답하여 그 까닭을 거듭 드러낸 것이다. 묻는 뜻은 알 수 있을 것이다. 답 중에 두 가지가 있으니, 전체적으로 답한 것과[1025] 나눠 드러낸 것이다.[1026] 나눠 드러낸 것 중에, 먼저 차별하면서도 둘이 없는 뜻을 밝혔고,[1027] 뒤에서 둘이 없으면서도 차별되는 뜻을 드러냈다.[1028] 여기에도 두 가지가 있으니, 간략히 표시한 것과[1029], 폭넓게 풀이한 것이다.[1030] 간략히 나타낸 것 중에 말한 '업식에 의해 생멸상이 시현된다.'는 것은 생멸상 안에 여러 허물과 근심이 있지만, 단지 그 근본만을 들었기 때문에 업식이라 하였다. 이런 여러 우환거리에 상대해서 여러 공덕을 말하였다. '이것은 무엇을 시현하는 것인가?' 이하는 여러 허물을 구별하고 상대해서 공덕의 뜻을 드러낸 것이니,[1031] 글의 양상에서 알 수 있을 것이다.

2) 용대用大

[**疏**] 以下第二別釋用大之義, 於中有二。總明, 別釋。

이 아래는 두 번째로 用大의 뜻을 나눠 풀이한 것으로, 이 중에 두 가지가 있다. 총체적으로 밝힌 것과, 나눠 풀이한 것이다.

1025 '雖實有此諸功德義 而無差別之相 等同一味 唯一眞如' 부분.
1026 '此義云何 以無分別 ~~ 是故滿足 名爲法身如來之藏' 부분.
1027 '此義云何 以無分別 離分別相 是故無二' 부분.
1028 '復以何義得說差別 以依業識生滅相示 ~~ 是故滿足 名爲法身如來之藏' 부분.
1029 '以依業識生滅相示' 부분.
1030 '此云何示 以一切法本來唯心 ~~ 是故滿足 名爲法身如來之藏' 부분.
1031 은정희 역: 개별적으로 모든 허물에 대하여 덕의 뜻을 나타낸 것이니

가) 총명總明 (총체적으로 밝히다)

[論_ 顯示正義_ 正釋義_ 義章門_ 用大_ 總明]

復次眞如用者, 所謂諸佛如來, 本在因地, 發大慈悲, 修諸波羅密, 攝化衆生, 立大誓願, 盡欲度脫等衆生界, 亦不限劫數, 盡於未來, 以取一切衆生如己身故, 而亦不取衆生相, 此以何義。謂如實知一切衆生及與己身, 眞如平等無別異故。以有如是大方便智, 除滅無明, 見本法身, 自然而有不思議業種種之用, 卽與眞如等徧一切處, 又亦無有用相可得。何以故。謂諸佛如來, 唯是法身智相之身, 第一義諦, 無有世諦境界, 離於施作。但隨衆生見聞得益, 故說爲用。

다시 다음으로 진여의 用이란 것은 이른바 여러 부처와 여래가 본디 인지因地에서 큰 자비를 발하고, 여러 바라밀[1032]을 닦으며, 중생을 포섭 교화하고, 큰 서원誓願[1033]을 세워, 똑같은 중생계를 남김없이 제도하고 해탈시키기를 원하며, 또 겁劫[1034] 수에 한정하지 않고 미래까지 다하는 것은 일체중생 취하기를 자기 몸처럼 하기 때문이고, 그런데도 또한 중생상衆生相[1035]을 취하지 않는 이것은 무엇을 뜻하는가? 말하자면 일체중생과 자기 몸이 진여와 평등하여 차별과 다름이 없음을 여실하게 알기 때문이다. 이 같은 커다란 방편지方便智[1036]가 있어서 무명을 제멸하고 본래의 법신을 보기 때문에, 자연히 부사의

1032 波羅密: 범어 'pāramī'의 음역으로, 바라밀다波羅密多(pāramitā)라고도 한다. 波羅蜜은 도度 또는 도피안到彼岸의 뜻으로, 대승에서 보살이 열반에 이르기 위하여 실천하는 여러 가지 수행 덕목을 가리킨다. 十波羅密, 五波羅密, 三波羅密 등등이 있지만, 대표적으로 보시布施·지계持戒·인욕忍辱·정진精進·선정禪定·지혜智慧의 六波羅蜜이 있다.

1033 大誓願: 사홍서원四弘誓願과 같은 말로, 모든 보살이 인지因地에서 일으킨 네 가지 큰 誓願(衆生無邊誓願度, 煩惱無盡誓願斷, 法門無量誓願學, 佛道無上誓願成)을 말한다.

1034 劫: 겁파劫波(또는 劫簸)의 간칭簡稱으로 범어 'kalpa'의 음역이다. 劫은 원시 인도인들이 사용한 시간 계산의 단위로 헤아릴 수 없이 긴 시간을 의미한다.

업의 갖가지 用이 있고, 바로 진여와 더불어 모든 곳에 동등하게 두루 하지만, 또한 역시 어떠한 작용하는 상도 얻을 수 없다. 무엇 때문인가? 여러 부처와 여래는 오직 法身과 智相의 몸이고 제일의제第一義諦이며, 세제世諦의 경계가 없어 시작施作[베풀거나 짓는 작용]에서 떠나 있다. 다만 중생이 보고 듣는 것에 따라 이익을 얻기 때문에 用이라 설하였을 뿐이다.

[疏] 初中亦二, 一者對果擧因, 二牒因顯果。初擧因中亦有三句。先行, 次願, 後明方便。初言諸佛本在因地乃至攝化衆生者, 擧本行也, 次言立大誓願乃至盡於未來者, 擧本願也, 次言以取衆生乃至眞如平等者, 是擧智悲大方便也。以有以下, 第二顯果, 於中亦三。初言以有如是大方便智者, 牒前因也, 次言除滅無明見本法身者, 自利果也。自然以下, 正顯用相, 此中三句。初言不思議業種種之用者, 明用甚深也, 次言則與眞如等徧一切處者, 顯用廣大也, 又亦以下, 明用無相而隨緣用。如攝論言, "譬如摩尼天鼓無思成自事", 此之謂也。總明用竟。

처음[1037]에 또한 두 가지가 있으니, 하나는 결과에 상대해서 인연을 든 것이요,[1038] 둘은 원인을 표시하여 결과를 드러낸 것이다.[1039] 처

1035 衆生相: 지경사상智境四相(我相, 人相, 衆生相, 壽命相) 중의 하나이다. 智境四相은 중생이 부처가 말씀하신 도리를 어느 정도 증득하였으나, 마음속에 이 네 가지 상을 버리지 못한 상태를 의미한다. 아상我相은 오온으로 이루어진 심신心身에 실재하는 我가 있다고 집착하여 잊지 못하는 것을 말하고, 인상人相은 我相에 비하여 좀 더 진일보 하였으나 여전히 내가 깨달았다는 마음이 남아 있는 것이고, 衆生相은 비록 我相과 人相을 넘어섰으나 깨달았다고 하는 마음이 어느 정도 남아 있는 것이며, 수명상壽命相은 마음이 청정하고 깨달았다고 하는 마음도 초월했지만, 여전히 능각能覺의 智가 목숨처럼 마음 안에 잠복하여 계속되는 것을 말한다. 그러나 이곳의 문맥으로 보면 단순하게 중생의 모습으로 보는 것이 타당하겠다.
1036 方便智: 二智의 하나로, 권지權智라고도 하며 실지實智에 대비된다. 중생의 근기에 맞춰 여러 가지 수단과 방편으로 중생을 이끄는 지혜를 가리킨다.
1037 用大의 두 가지(總明, 別釋) 중에 첫 번째인 總明을 가리킨다.
1038 '所謂諸佛如來 本在因地 ~~ 謂如實知一切衆生及與己身 眞如平等無別異故' 부분.
1039 '以有如是大方便智 除滅無明 ~~ 但隨衆生見聞得益 故說爲用' 부분.

음 인연을 드는 가운데 또한 세 구절이 있다. 앞은 수행이고,[1040] 다음은 소원이며,[1041] 뒤에서 방편을 밝혔다.[1042] 처음에 말한 '여러 부처가 본디 因地'에서부터 '중생을 포섭 교화한다.'는 것까지는 본래의 수행을 든 것이고, 다음으로 '큰 서원을 세워'에서부터 '미래까지 다한다.'라고 말한 것은 본래의 서원을 든 것이며, 그다음으로 말한 '(일체)중생 취하기를'에서부터 '진여와 평등하다.'라는 것까지는 지혜와 자비의 큰 방편을 든 것이다. '이유以有(이 같은 커다란 ~ 있어서)' 이하는 두 번째로 결과를 드러낸 것으로, 이 중에도 세 가지가 있다. 처음에 말한 '이 같은 커다란 방편지方便智가 있어서'는 前因을 표시한 것이고, 다음에 말한 '무명을 제멸하고 본래의 법신을 본다.'는 것은 自利의 결과이다. '자연히' 이하는 바로 用의 相을 드러낸 것으로, 이 중에 세 구절이 있다. 처음에 말한 '부사의업의 갖가지 用이 있다.'는 것은 用이 매우 깊음을 밝힌 것이고, 다음으로 말한 '바로 진여와 더불어 모든 곳에 동등하게 두루 하다.'는 것은 用의 광대함을 나타낸 것이며, '우역又亦(또한 역시)' 이하는 用에 相은 없지만 인연 따라 작용함을 밝힌 것이다. 마치 『섭대승론』에서 "비유하면 마니摩尼[1043]와 천고天鼓[1044]가 어떠한 사려도 없이 자기의 역할을 다하는 것과 같다."[1045]라고 말한 것은 바로 이것을 이른 것이다. 총체적으로 用을 밝히고 마친다.

1040 '所謂諸佛如來 本在因地 發大慈悲 修諸波羅密 攝化衆生' 부분.
1041 '立大誓願 盡欲度脫等衆生界 亦不限劫數 盡於未來' 부분.
1042 '以取一切衆生如己身故 ~ 眞如平等無別異故' 부분.
1043 摩尼: 범어 'mani'의 음역으로 말니末尼라고도 하며, 의역하면 주珠 또는 보주寶珠가 된다. 재난과 질병을 해소하고 흐린 물도 맑게 할 수 있다. 일정마니日精摩尼·월정마니月精摩尼·가차마니迦遮摩尼 등이 있다.
1044 天鼓: 도리천의 선법당善法堂에 있는 큰 북으로, 두드리지 않아도 스스로 오묘한 소리를 내서 방일한 천중天衆을 각성시키고, 듣는 자들이 모두 악을 삼가하고 선을 좋아하는 마음을 내게 한다.
1045 『攝大乘論釋』(대정장 제31권, 1595, p.260. b5~ 6행)에서 변형하여 인용. 원문은 "譬如摩尼寶及天鼓 無有作意而所作事成"이다.

나) 별석別釋 (나눠 풀이하다)

(1) 총표總標

[論_ 顯示正義_ 正釋義_ 義章門_ 用大_ 別釋_ 總標_ 直顯別用]

此用有二種, 云何爲二。

이 用에 두 가지가 있으니, 무엇을 둘이라 하는가?

(2) 별해別解

(가) 직현별용直顯別用 (별개의 쓰임을 곧바로 드러내다)

[論_ 顯示正義_ 正釋義_ 義章門_ 用大_ 別釋_ 別解_ 直顯別用]

一者依分別事識, 凡夫二乘心所見者, 名爲應身, 以不知轉識現故, 見從外來, 取色分齊, 不能盡知故。二者依於業識, 謂諸菩薩從初發意, 乃至菩薩究竟地心所見者, 名爲報身。身有無量色, 色有無量相, 相有無量好, 所住依果亦有無量種種莊嚴。隨所示現, 卽無有邊, 不可窮盡, 離分齊相, 隨其所應, 常能住持, 不毀不失。如是功德, 皆因諸波羅密等無漏行熏, 及不思議熏之所成就, 具足無量樂相, 故說爲報身。

하나는 분별사식에 의하여 범부와 성문연각승이 마음으로 본 것을 이름하여 응신이라 하니, (이 응신을) 전식이 드러낸 것임을 알지 못하였기 때문에 바깥으로부터 온 것으로 보고 형상의 차별을 취하는 것은 완전히 깨닫지 못했기 때문이다. 둘은 업식에 의한 것으로, 여러 보살이 처음 뜻을 발하였을 때로부터 보살 구경지에 이르기까지의[1046] 마

[1046] 十住의 첫 번째인 發心住(보살계위 11위)로부터 十地의 마지막인 法雲地(50위)까지의 보살을 가리킨다.

음으로 본 것을 이름하여 보신이라 한다. 그 몸에 무량한 형색이 있고, 그 형색에 한없는 상相이 있으며, 그 상에 한없는 호好가 있고, 머무는 의과依果[1047]에도 역시 한량없는 갖가지 장엄莊嚴[1048]이 있다. (또 이 보신은) 방소에 따라 시현함에 곧 한계가 없고, 다하여 없어질 수 없으며, 차별되는 상에서 떠나있으며, 그 응하는 곳에 따라 항상 머물러 훼손되거나 잃어버리지도 않는다. 이 같은 공덕은 모두 여러 바라밀과 같은 번뇌 없는 수행의 훈습과 부사의훈에 의해 성취되는 것으로, 한량없이 좋은 상을 모두 갖추고 있기 때문에 설하여 보신이라 한다.

해설 報身을 증득함에 있어 업식만을 거론한 것은 정법의 망심훈습과 마찬가지 경우로, 업식으로써 아려야식의 현식과 전식 그리고 말나식의 智識을 대표하였기 때문이다. 또 여기에서 報身과 應身만을 언급하고 法身을 언급하지 않은 것은 用으로써의 大를 설명하였기 때문이다. 法身은 用이 아니고 體이다.

(나) 중첩분별重牒分別(분별을 거듭 표시하다)

[論_ 顯示正義_ 正釋義_ 義章門_ 用大_ 別釋_ 別解_ 重牒分別]

又爲凡夫所見者, 是其麤色, 隨於六道各見不同, 種種異類, 非受樂相, 故說爲應身。復次初發意菩薩等所見者, 以深信眞如法故, 少分而見, 知彼色相莊嚴等事, 無來無去, 離於分齊, 唯依心現, 不離眞如。然此菩薩猶自分別, 以未入法身

1047 依果: 보살이 수행한 결과에 따라 얻는 공덕으로 열 가지가 있다. 앞선 수행에 따라 뒤에 결과가 일어나고 서로 의존하여 증장되기 때문에 依果라 한다.
1048 莊嚴: 보석이나 꽃, 깃발, 구슬 등 아름다운 것으로 꾸민 것을 의미한다. 국토와 부처 그리고 보살장엄이 있다. 보살에게 있어서는 복덕과 지혜를 가리킨다.『우바새계경優婆塞戒經』(대정장 제24권, 1488, p.1045. b6~ 8행)에 보살의 장엄을 설명하는 글이 있다. "世尊, 云何菩薩自他莊嚴。佛言善男子, 菩薩具足二法, 能自他莊嚴, 一者福德, 二者智慧"

位故。若得淨心, 所見微妙, 其用轉勝, 乃至菩薩地盡, 見之究竟。若離業識, 則無見相, 以諸佛法身, 無有彼此色相迭相見故。

　또 범부에게 보인 것은 그 구체적인 형색으로, 六道에 따라 각각 보는 것이 다르고 갖가지로 유형이 달라서 좋은 상만을 받는 것이 아니기 때문에[1049] 설하여 응신이라 한다. 다시 다음으로 초발의보살 등이 보는 것은 진여법을 깊이 믿기 때문에 적게나마 (보신을) 보는데, 저 (보신의) 형상과 장엄같은 것들이 오고 감이 없이 차별에서 떠났으며, 오직 마음에 의해 나타나 진여에서 떠나지 않았음을 안다. 그러나 이 보살들이 여전히 스스로 분별하는 것은 아직 법신의 자리에 들어가지 못했기 때문이다. 만약 깨끗한 마음을 얻는다면, 보는 바가 미묘하고, 그 用이 점차 뛰어나게 되며, 이에 보살지진菩薩地盡[1050]에 이르면 구경究竟을 볼 것이다. 만약 업식을 여의면 보는 상도 없으니, 여러 부처의 법신은 피차에 형상으로 번갈아 서로 보는 것이 없기 때문이다.

해설 수행의 경지에 따라 견득하는 부처의 모습이 서로 다른 것을 설명하고 있다. 수행의 경지가 낮은 수준에 있는 보살은 의식 차원에서 보기 때문에, 보이는 응신이 형색의 차별에서 벗어나지 못하여, 六道의 세계에 따라 그 모습이 좋은 상이 아닌 짐승 같은 것으로 나타나기도 한다. 또 그 응신의 모습이 바로 내 마음에 의해 현현한 것임을 알지 못하고 외부에서 온 것으로 여긴다. 그러나 수행 경지가 차츰 높아지면 점차 말나식과 아려야식의 차원에서 보신을 보게 되는데, 구경에 이르면 업식마저 지워져, 보는 상도 보이는 상도 없는 법신 그 자체가 된다.

1049　六道의 세계에 따라 應身의 모습이 축생畜生이나 마왕, 제석 등으로 다르게 나타난다.
1050　菩薩地盡: 菩薩盡地와 같은 말이며 보살 계위 50위인 法雲地를 가리킨다.

(3) 왕복제의往復除疑 (문답으로 의문을 제거하다)

[論_ 顯示正義_ 正釋義_ 義章門_ 用大_ 別釋_ 往復除疑]

問曰。若諸佛法身離色相者, 云何能現色相。
答曰。卽此法身是色體故, 能現於色。所謂從本已來, 色心不二, 以色性卽智故, 色體無形, 說名智身, 以智性卽色故。說名法身徧一切處, 所現之色無有分齊, 隨心能示十方世界, 無量菩薩, 無量報身, 無量莊嚴, 各各差別, 皆無分齊, 而不相妨。此非心識分別能知, 以眞如自在用義故。

묻는다. 만약 여러 부처의 법신이 형색의 상에서 떠난 것이라면 어떻게 형상을 나타낼 수 있다 하겠는가?

답한다. 바로 이 법신이 형색의 본체이기에 능히 형색을 나타낼 수 있다. 이른바 본래부터 물질과 마음이 둘이 아닌 것은 형색의 본성이 곧 지혜이기 때문이고, 형색의 본체가 무형인 것을 설하여 지혜의 몸이라 이름하는 것은 지성智性이 곧 형색이기 때문이다. 법신이 모든 곳에 두루 한다고 설하는 것은 드러낸 형색에 범위나 차별이 없어, (중생의) 마음에 따라 시방세계에 한량없는 보살과 보신 그리고 무량한 장엄을 시현할 수 있고, 각각 차별되지만 모두 범위나 한계가 없어 서로 방해하지 않는다.[1051] 이것은 마음과 識의 분별로 알 수 있는 것이 아니니, 진여의 자재한 用의 뜻이기 때문이다.

해설 여기에서 말한 '물질과 마음이 둘이 아니다.'는 것은 『반야바라밀다심경』에서도 "공이 바로 색이고 색이 바로 공이다[空卽是色, 色卽是空]."라고

1051 은정희 역: 이른바 본래부터 색色과 심심은 둘이 아닌 것이니, 왜냐하면 색의 본성은 곧 지智인 까닭에 색의 체에 형체가 없는 것을 지신智身이라 하며, 지성智性은 곧 색色인 까닭에 법신이 모든 곳에 두루한다고 말하는 것이다. 나타낸 색이 분제가 없으니 중생의 마음을 따라 시방세계 十方世界에 무량한 보살과 무량한 보신과 무량한 장엄을 나타내매 각각 차별이 되지만 모두 분제가 없어서 서로 방해되지 아니한다.

말한 바가 있다. 물질과 마음은 마치 무지개색의 그라데이션gradation에서 빨강과 파랑의 경계를 나눌 수가 없는 것과 같다. 이것을 인간의 精·氣·神 세 가지 요소로 대입해 봐도 마찬가지로 똑같은 이치이다.

[疏] 第二別釋, 於中有三。總標, 別解, 往復除疑。別解中亦有二。一者直顯別用, 二者重牒分別。初中亦二, 先明應身, 後顯報身。初中言依分別事識者, 凡夫二乘未知唯識, 計有外塵, 卽是分別事識之義。今見佛身, 亦計心外, 順意識義, 故說依分別事識見。此人不知依自轉識能現色相, 故言不知轉識現故見從外來。然其所見有分齊色, 卽無有邊離分齊相, 彼人唯取有分齊義, 未解分齊則無有邊。故言取色分齊不能盡知故也。

두 번째[1052] 나눠 풀이하는 중에 세 가지가 있다. 전체적으로 표시한 것과, 나눠 해석하는 것과, 왕복으로 의문을 제거한 것이다. 나눠 해석하는 중에도 두 가지가 있다. 하나는 별개의 작용을 곧바로 드러냈고, 둘은 분별을 거듭 표시하였다. 처음[1053]에도 둘이 있으니, 먼저 응신을 밝혔고, 뒤에서 보신을 드러냈다. 처음에 말한 '분별사식에 의한다.'는 것은 범부와 성문연각승이 오직 識일뿐임을 알지 못하고 바깥에 경계가 있다고 헤아리니, 바로 분별사식의 뜻이다. 지금 부처의 몸을 보고서도 마음 밖을 헤아리는 것이 의식을 따르는 뜻이기 때문에 분별사식으로 본다고 설하였다. 이 사람은 자기의 전식에 의해 능

1052 用大의 의미를 總明과 別釋으로 풀이하는 것에서 두 번째인 別釋을 가리킨다.
1053 별개의 쓰임을 곧바로 드러내는 것을 가리킨다.

히 (응신의) 형상이 나타난 것임을 알지 못하였기 때문에 '전식이 드러
낸 것임을 알지 못하였기 때문에 바깥으로부터 온 것으로 본다.'라고
하였다. 그러나 그 본 것에 색분제色分齊[차별이 있는 형상]가 있지만,
바로 (그것이 본래) 한계도 없고 차별상을 여읜 것임에도 저 사람은 오
직 차별이 있는 뜻을 취했으니, 차별이 있는 것이 (본래) 한계가 없는
것임을 아직 이해하지 못하였다. 그래서 '형상의 차별을 취하는 것은
완전히 깨닫지 못했기 때문이다.'라고 말하였다.

해설 분별하는 마음으로 부처를 보면 그 부처의 모습은 형색의 차별과 한계가
있을 수밖에 없다. 무학대사가 돼지의 눈에는 돼지만 보이고 부처의 눈에
는 부처만 보인다고 한 말이 바로 이와 같은 뜻이다.

報身中言依於業識者, 十解以上菩薩, 能解唯心, 無外塵義, 順業識義
以見佛身, 故言依於業識見也。然此菩薩知其分齊, 卽無分齊。故言隨
所示現, 卽無有邊, 乃至不毁不失也。此無障礙不思議事, 皆由六度深
行之熏, 及與眞如不思議熏之所成就。依是義故名爲報身。故言乃至具
足無量樂相, 故說爲報也。

보신(을 풀이하는) 중에 말한 '업식에 의한다.'는 것은 십해十解
이상의 보살은 오직 마음일 뿐 바깥에 대상이 없다는 뜻을 능히 이해
하고, 업식의 뜻을 따라서 부처의 몸을 보기 때문에, 업식으로 본다고
하였다. 그러나 이 보살은 그 차별되는 것들이 곧 차별 없는 것임을
안다. 그래서 '방소에 따라 시현함에 곧 한계가 없고'에서부터 '훼손
되거나 잃어버리지도 않는다.'까지를 말하였다. 이 장애 없는 불가사
의한 일들은 모두 육도六度[1054]의 깊은 수행의 훈습과 진여의 부사의

1054 六度: 六波羅蜜과 같다.

훈으로 성취된 것이다. 이런 뜻으로 이름하여 보신이라 한다. 그래서 '(그 몸에 무량한 형색이 있고)'에서부터 '한량없이 좋은 상을 모두 갖추고 있기 때문에 설하여 보신이라 한다.'까지를 말하였다.

然此二身, 經論異說。同性經說, 穢土成佛, 名爲化身, 淨土成道, 名爲報身, 金鼓經說, 三十二相八十種好等相, 名爲應身, 隨六道相所現之身, 名爲化身。依攝論說, 地前所見, 名變化身, 地上所見, 名受用身。今此論中, 凡夫二乘所見, 六道差別之相 名爲應身, 十解已上菩薩所見離分齊色, 名爲報身。所以如是有不同者, 法門無量, 非唯一途, 故隨所施設, 皆有道理。故攝論中爲說, 地前散心所見, 有分齊相, 故屬化身, 今此論中明此菩薩三昧所見離分齊相, 故屬報身。由是道理, 故不相違也。

그러나 이 응신과 보신은 경과 논에서 다르게 설하고 있다. 『동성경同性經』은 예토穢土의 성불을 화신化身[1055]이라 하고, 정토淨土의 성도成道를 보신이라 설하였고,[1056] 『금고경金鼓經』은 32相과 80종의 好같은 모습을 (갖춘 부처는) 응신이라 하고, 六道의 相을 따라 나타난

1055 이 책의 원효의 疏에는 化身으로 기재되어 있으나, 『同性經(大乘同性經)』에는 應身으로 되어 있다. 바로 아래 주석의 본문 참조 바람.
1056 『大乘同性經』(대정장 제16권, 0673, p.651. c4~14행)의 관련 원문은 다음과 같다. "海妙深持自在智通菩薩復問佛言。世尊, 何者名爲如來報身。佛言, 善丈夫, 若欲見彼佛報者, 汝今當知。如汝今日見我現諸如來淸淨佛刹, 現得道者當得道者, 如是一切卽是報身。海妙深持自在智通菩薩復問佛言。世尊, 何者名爲如來應身。佛言, 善丈夫, 猶若今日踊步揵如來, 魔恐怖如來, 大慈意如來, 有如是等一切彼如來, 穢濁世中現成佛者當成佛者。如來顯現從兜率下, 乃至住持一切正法一切像法一切末法。善丈夫, 汝今當知, 如是化事皆是應身(해묘심지자재지통보살이 다시 부처님께 여쭈었다. 세존이시여, 무엇을 여래의 보신이라고 합니까? 부처님께서 말씀하셨다. '선장부야, 만약 저 부처의 보신을 보려 한다면 너는 지금 알아야 할 것이다. 네가 오늘 내가 여러 여래의 청정한 불국토를 나타내고 현재 득도하는 것과 미래에 득도하는 것을 나타내는 것을 본 것처럼, 이 같은 모든 것이 바로 報身이다.' 해묘심지자재지통보살이 다시 부처님께 여쭈었다. 세존이시여, 무엇을 여래의 응신이라고 합니까?' 부처님께서 말씀하셨다. '선장부야, 마치 오늘의 뛰고 걷는 민첩한 여래와 마귀가 두려워 하는 여래와 대자비의 뜻을 가진 여래와 같은 일체의 저 여래는 더럽고 탁한 세상에서 현재 성불하고 미래에 성불할 것이다. 이는 여래가 현현하여 도솔천에서 내려와 일체의 正法과 像法과 末法에 머물 것이다. 선장부야, 너는 지금 알아야 한다. 이 같은 化事가 모두 應身이다.')"

몸을 화신이라 설하였다.[1057] 『섭대승론』의 설에 의하면 十地보살 이전에서 본 것을 변화신變化身[1058]이라 하고, 十地 이상에서 본 것을 수용신受用身[1059]이라 하였다.[1060] 지금 이 논에서는 범부와 이승二乘이 본 六道의 차별상을 응신이라 하고, 십해十解 이상의 보살이 본 차별에서 떠난 형상을 보신이라 하였다. 이같이 다름이 있는 까닭은 법문法門이 무한해서 오직 하나의 길만이 아니기 때문에, 처한 경우에 따라 베풀어 설치한 것이 모두 도리가 있다. 그러므로 『섭대승론』에서는 지전地前 보살이 흩어진 마음으로 본 것에 분제상分齊相이 있음을 설하기 위해 화신에 배속하였지만, 지금 이 『기신론』에서는 이 보살이 삼매에서 본 것이 분제상分齊相에서 떠났음을 밝혔기 때문에 보신에 배속하였다. 이런 도리로 인해 서로 어긋나지 않는다.

又凡夫所見以下, 第二重牒分別。先明應身, 文相可知。復次以下, 顯報身相, 於中有二。先明地前所見, 後顯地上所見。初中言以深信眞如法故少分而見者, 如十解中, 依人空門, 見眞如理。是相似解, 故名少分

1057 『金光明最勝王經』(대정장 제16권, 0665, p.408. b15~ 26행)의 관련 원문은 다음과 같다. "云何菩薩了知化身。善男子, 如來昔在修行地中, 爲一切衆生, 修種種法。如是修習至修行滿, 修行力故, 得大自在。自在力故, 隨衆生意, 隨衆生行, 隨衆生界, 悉皆了別。不待時, 不過時, 處相應, 時相應, 行相應, 說法相應, 現種種身, 是名化身。善男子, 云何菩薩了知應身。謂諸如來, 爲諸菩薩得通達故, 說於眞諦, 爲令解了生死涅槃是一味故, 爲除身見衆生怖畏歡喜故, 爲無邊佛法而作本故, 如實相應如如如智, 本願力故, 是身得現, 具三十二相八十種好項背圓光, 是名應身"

1058 變化身: 三身 또는 四身의 하나로, 변역신變易身이라고도 한다. 응신應身에 의해 화현化現한 부처의 형상으로, 제불이 地前보살과 二乘과 六道의 중생을 위하여 여러 가지 모습으로 무한하게 변현變現한 것이다.

1059 受用身: 三身 또는 四身의 하나로, 모든 공덕을 원만하게 구족하고 순정純淨의 불토佛土에 거주하며, 항상 법락法樂을 수용하고 있는 부처의 몸을 가리킨다. 유식종唯識宗의 기준으로 스스로 그 법락을 받는 자수용신自受用身은 보신報身에 해당하고, 타수용신他受用身은 응신應身에 해당한다.

1060 『攝大乘論釋』(대정장 제31권, 1595, p.249. c13~ p.250. a19행)의 내용을 요약해서 인용함.

也。若得淨心以下, 顯地上所見。若離業識則無見相者, 要依業識, 乃有轉相及與現相, 故離業識, 卽無見相也。問曰以下, 往復除疑, 文相可見。顯示正義之內大分有二。第一正釋, 所立法義竟在於前。

'또 범부에게 보인 것' 이하는 두 번째로 분별을 거듭 표시한 것이다. 먼저 응신을 밝혔으니, 글의 양상에서 알 수 있을 것이다. '부차復次(다시 다음으로)' 이하는 보신의 相을 드러내었는데, 이 중에 두 가지가 있다. 먼저 地前보살이 본 것을 밝혔고,[1061] 뒤에서 地上보살이 본 것을 드러냈다.[1062] 처음에 말한 '진여법眞如法을 깊이 믿기에 적게나마 (보신을) 본다.'는 것은 마치 십해十解 중의 (보살이) 인공人空의 측면으로 진여의 이치를 보는 것과 같다. 이것은 흡사하게 이해한 것이기 때문에 '少分(적게나마)'이라 하였다. '만약 깨끗한 마음을 얻는다면' 이하는 地上보살이 본 것을 드러낸 것이다. '만약 업식을 여의면 보는 상도 없다.'는 것은 모름지기 업식에 의지해야 비로소 전상과 현상이 있기 때문에 업식을 여의면 바로 보는 상도 없다. '문왈問曰(묻는다)' 이하는 왕복으로 의심을 제거한 것이니, 글의 양상에서 알 수 있을 것이다. 현시정의顯示正義 안에 크게 나누어 두 가지[1063]가 있다. 첫째는 바로 풀이한 것으로, (입의분에서) 세운 法(法章門)과 義(義章門)를 여기에서 마친다.

해설 위에서 말한 것을 始覺과 연결해 보면, 흡사하게 이해하여 조금 보는 것은 상사각相似覺에 의한 응신이고, 정심淨心을 얻어 地上에서 보는 것은 수분각隨分覺에 의한 보신이며, 업식을 여의어서 견상見相도 없는 것은 구경각究竟覺의 법신에 해당한다.

1061 '以深信眞如法故 少分而見 ~~ 以未入法身位故' 부분
1062 '若得淨心 所見微妙 ~~ 無有彼此色相迭相見故' 부분
1063 顯示正義에 正釋義(뜻을 바로 풀이하는 것)와 示入門(들어가는 문을 보여주는 것)이 있다.

2. 시입문시입문示入門 (진여로 들어가는 문을 보이다)

[論_ 顯示正義_ 示入門]

復次顯示從生滅門卽入眞如門。所謂推求五陰, 色之與心, 六塵境界, 畢竟無念, 以心無形相, 十方求之終不可得。如人迷故, 謂東爲西, 方實不轉。衆生亦爾, 無明迷故, 謂心爲念, 心實不動, 若能觀察知心無念, 卽得隨順入眞如門故。

　　다시 다음으로 생멸문에서 곧바로 진여문으로 들어가는 것을 드러내 보인다. 이른바 오음五陰[1064]을 미루어 보면 색色과 마음이고, 六塵의 경계는 끝내 생각할 것이 없는 것은 마음이 형상이 없어 시방으로 구해도 끝내 얻을 수 없기 때문이다.[1065] 마치 사람이 방향을 잃었기 때문에 東을 西라고 하지만, 방위는 실제로 바뀌지 않은 것과 같다. 중생도 역시 그러하여, 무명에 미혹되었기 때문에 마음을 망념이라 하지만, 마음은 참으로 움직이지 않았으니, 만약 능히 관찰하여 마음이 무념無念임을 안다면, 바로 수순함을 얻어 진여문에 들어가기 때문이다.

해설　五陰은 유위법有爲法을 구성하고 있는 다섯 요소[色·受·想·行·識]로서, 색온色蘊은 물질이고, 수온受蘊은 지각하는 것이며, 상온想蘊은 언어를 통해 사유하는 것이고, 행온行蘊은 욕구나 의지로써 실행하는 것이며, 식온識蘊은 이러한 것들의 바탕이 되는 마음을 가리킨다. 이 다섯 가지는 다시 물질적인 色과 受·想·行·識의 마음으로 나눌 수 있는데, 모든 존재가 여기에서 벗어나지 않는다. 무생물은 色蘊으로만 구성된 것이고, 식물

1064　五陰: 五蘊과 같다.
1065　은정희 역: 이른바 오음五陰의 색色과 심心을 추구해 보건대, 육진경계六塵境界가 필경 생각할 만한 모양이 없으며, 또한 마음에는 형상이 없어서 시방으로 찾아보아도 끝내 얻을 수가 없으니,

이나 하등 동물은 色蘊과 낮은 수준의 지각기능을 하는 受蘊으로 이루어졌으며, 개나 원숭이 같은 고등 동물은 비록 인간의 언어와 비교될 수 있는 것은 아니지만 어느 정도 생각할 수 있는 想蘊까지 주어졌다고 할 수 있다. 오직 인간만이 오온이 모두 갖추고 있지만, 이 오온으로 지각하고 사유하는 육진의 경계도 모두 자성이 없어 허망한 것이라, 『반야심경』에서 "空 중에 色이 없고, 受·想·行·識도 없으며, 眼·耳·鼻·舌·身·意도 없고, 色·聲·香·味·觸·法도 없다.(空中無色 無受想行識 無眼耳鼻舌身意 無色聲香味觸法)"라고 한 것처럼 여기에서도 '六塵의 경계는 끝내 생각할 것이 없다.'라고 하였다.

[疏] 第二開示從筌入旨之門, 於中有三。總標, 別釋, 第三總結。總標中推求五陰色之與心者, 色陰名色, 餘四名心也。別釋之中, 先釋色觀。推折諸色, 乃至極微, 永不可得, 離心之外無可念相。故言六塵畢竟無念, 非直心外無別色塵, 於心求色亦不可得。故言心無形相十方求之終不可得也。如人以下, 次觀心法。先喩, 後合。合中言心實不動者, 推求動念已滅未生, 中無所住, 無所住故, 卽無有起。故知心性實不動也。若能以下, 第三總結。卽得隨順者, 是方便觀, 入眞如門者, 是正觀也。

두 번째는[1066] 통발로부터 본래 취지의 문으로 들어가는 것을 열어 보였는데, 이 중 세 가지가 있다. 전체적으로 표시하는 것과,[1067] 나눠 풀이하는 것,[1068] 그리고 세 번째는 총괄하여 매듭지은 것이다.[1069] 전체적으로 표시한 것 중에 '오음五陰을 미루어 보면 색色과 마음이

1066 顯示正義의 두 부분(正釋義, 示入門) 중에 示入門을 가리킨다.
1067 '復次顯示從生滅門卽入眞如門 所謂推求五陰 色之與心' 부분.
1068 '六塵境界 畢竟無念 ~~ 謂心爲念 心實不動' 부분.
1069 '若能觀察知心無念 卽得隨順入眞如門故' 부분.

다.'는 것에서 색음色陰[1070]을 色[물질]이라 하고 나머지 넷[1071]을 마음이라 하였다. 나눠 풀이하는 중에 먼저 色觀[물질에 대한 관점]을 풀이하였다. 모든 물질을 쪼개서 극히 미세한 것에 이르러도 영원히 얻을 수가 없고, 마음을 떠나 바깥에 생각할 수 있는 相이 없다. 그래서 '육진六塵의 경계는 끝내 생각할 것이 없다.'라고 하였으니, 마음 밖에 별다른 색진色塵이 없을 뿐만 아니라 마음에서 色을 구해도 역시 얻을 수가 없다. 그래서 '마음이 형상이 없어 시방으로 구해도 끝내 얻을 수 없다.'라고 한 것이다. '여인如人(마치 사람이)' 이하는 다음으로 마음을 觀하는 법이다. 먼저 비유하고,[1072] 뒤에서 합하였다.[1073] 합한 것 중에서 말한 '마음은 참으로 움직이지 않았다.'는 것은 움직인 생각을 미루어 구해보면 벌써 소멸하였거나 미처 생겨나지 않았고, 그 가운데 머문 것도 없으니, 머문 것이 없기 때문에 바로 일어난 것도 없다. 그래서 마음의 본성이 실제로 움직이지 않았음을 아는 것이다. '약능若能(만약 능히)' 이하는 세 번째로 총괄하여 매듭지은 것이다. '바로 수순함을 얻었다.'는 것은 방편관方便觀이고, '진여문에 들어간다.'라는 것은 정관正觀이다.

해설 통발의 비유는 『장자莊子』에서 인용한 것[1074]으로 통발이라는 도구는 고기를 잡기 위한 것인데, 본래의 목적을 달성하고 나면 그 도구에 얽매이지 말라는 뜻으로 주로 사용된다. 깨달음을 얻는 과정에서는 빈드시 방편

1070 色陰: 色蘊이니 모든 色法(물질로 이루어진 존재나 현상)으로 이루어진 것이다.
1071 나머지 넷은 五陰에서 色陰을 제외한 受陰, 想陰, 行陰, 識陰을 가리킨다.
1072 '如人迷故 謂東爲西 方實不轉' 부분.
1073 '衆生亦爾 無明迷故 謂心爲念 心實不動' 부분.
1074 『莊子』「雜篇 外物」, 第12章 "통발은 물고기를 잡기 위한 것이니 물고기를 잡으면 통발을 잊고, 올무는 토끼를 잡기 위한 것으로 토끼를 잡으면 올무는 잊는다. 말이라고 하는 것은 뜻을 얻기 위한 것이니 뜻을 얻으면 말을 잊는다.(荃者所以在魚, 得魚而忘荃, 蹄者所以在兎, 得兎而忘蹄。言者所以在意, 得意而忘言)"

이라는 수행 도구가 필요하다. 바로 앞(현시정의顯示正義)까지는 마음이 어떠한 구조로 되어있고 어떻게 움직이는가에 대한 내용을 자세하게 설명한 것이다. 그런 까닭에 여기에서 통발로부터 본래 취지의 문으로 들어간다고 한 것이다.

또 '물질을 쪼개서 극히 미세한 것에 이르러도 영원히 얻을 수 없다.'는 것은 현대물리학의 주장과 같은 내용으로, 고전물리학에서는 물질의 최소 단위를 원자라고 하고, 이 원자가 물체의 특성을 결정하는 최소한의 실체라고 보지만, 현대 물리학인 양자역학으로 보면 원자도 역시 여러 소립자로 쪼개지기 때문에, 궁극적으로는 어떠한 물체도 자기의 실체라고 할 만한 것이 없다. 단지 그 입자들이 순간순간 서로 어떻게 얽히는가 하는 그 관계 맺음에 의해서만 그 존재의 특성이 정의될 수 있을 뿐이다. 이것은 위에서 말한 '미세한 것에 이르러도 영원히 얻을 수가 없다.'는 뜻과 상통하니, 인연으로 존재하는 모든 것은 空하여 自性이 없는 것이다.

第2節. 대치사집對治邪執 (그릇된 집착을 다스리다)

[疏] 第二對治邪執, 文亦有四。一者總標擧數, 二者依數列名, 三者依名辨相, 四者總顯究竟離執。

두 번째[1075] 그릇된 집착을 다스리는 글에도 네 가지가 있다. 하나는 총체적으로 표시하며 수를 들었고, 둘은 숫자에 의해 이름을 열거하였으며, 셋은 이름으로 상을 변별하였고, 넷은 구경에 집착에서 벗어나는 것을 총체적으로 드러내었다.

1. 총표總標 (총체적으로 표시하다)

[論_ 對治邪執_ 總標]

對治邪執者, 一切邪執皆我見, 若離於我, 則無邪執。是我見有二種。

그릇된 집착을 다스린다는 것은 일체의 그릇된 집착이 모두 아견我見으로, 만약 我를 떠나면 그릇된 집착이 없다. 이 我見에 두 가지 종류가 있다.

해설 모든 존재나 현상은 모두 인연의 화합에 의해 생겨나고 변화하여 불변하는 실체가 없다. 그래서 自性이 없어 空한데, 거기에 어떤 실체가 있다고 생각하는 것이 바로 我見이다. 이 我見을 주체 측면에서 보는 것이 人我見이고, 객체 측면에서 본 것이 法我見이다.

1075 解釋分을 셋(顯示正義, 對治邪執, 分別發趣道相)으로 나누었을 때의 두 번째를 가리킨다.

[疏] 初總標擧數。

처음에 전체적으로 표시하며 수를 들었다.

2. 열명列名 (이름을 열거하다)

[論_ 對治邪執_ 列名]
云何爲二。一者人我見, 二者法我見。

무엇을 일러 둘이라 하는가? 하나는 인아견人我見이고, 둘은 법아견法我見이다.

[疏] 第二列名中言人我見者, 計有總相宰主之者, 名人我執。法我見者, 計一切法各有體性, 故名法執。法執卽是二乘所起, 此中人執, 唯取佛法之內, 初學大乘人之所起也。

두 번째 이름을 나열하는 중에 말한 '인아견人我見'은 총상總相을 주재하는 자가 있다고 헤아리는 것이니, (이것을) 인아집人我執이라 한다. '법아견法我見'이란 것은 일체 법[모든 존재]에 각기 체성體性이 있다고 계탁하는 것이기 때문에, 법집法執이라 한다. 法執은 바로 二乘이 일으킨 것이고, 이 중의 人執은 오직 불법을 취하는 사람들 가운데 공부가 깊지 않은 대승의 사람이 일으킨 것이다.

3. 변상辨相 (상을 변별하다)

가. 인아견人我見

[論_ 對治邪執_ 辨相_ 人我見]

人我見者, 依諸凡夫說有五種。云何爲五。一者聞脩多羅說,"如來法身, 畢竟寂寞, 猶如虛空", 以不知爲破著故, 卽謂虛空是如來性。云何對治。明虛空相是其妄法, 體無不實, 以對色故有, 是可見相令心生滅。以一切色法, 本來是心, 實無外色, 若無外色者, 則無虛空之相。所謂一切境界, 唯心妄起故有, 若心離於妄動, 則一切境界滅, 唯一眞心無所不徧。此謂如來廣大性智究竟之義, 非如虛空相故。

　　인아견人我見은 여러 범부의 설에 의하면 다섯 종류가 있다.[1076] 무엇을 일러 다섯이라 하는가? 하나는 경에서 "여래 법신은 끝내 적막하여 허공과 같다."[1077]라고 설하는 것을 듣고서, (이것이) 집착을 깨뜨리기 위한 것임을 알지 못하고서 곧바로 허공을 여래의 본성이라 한다. 어떻게 다스려야 하는가? (아래의 내용을) 밝게 안다. 허공상虛空相은 그릇된 法으로 체가 없어 참되지 않은데, 색色[물질적 것]에 상대하기 때문에 있는 것[개념]이고, 이 볼 수 있는 (허공)상이 마음을 생멸케 한다. 일체 色法은 본래 이 마음이라서 실로 (마음) 바깥에 色이 없으니, 만약 바깥에 色이 없다면 허공상도 없다. 이른바 일체 경계는 오직 마음에서 허망하게 일어나기 때문에 있는 것이라, 만약 마음이 허망하게 움직이는 것을 여의면 일체 경계가 소멸하고, 오직 하나의 참된 마음은 두루 하지 않는 곳이 없다. (여래 법신은 끝내 적막하여 허공과 같다는) 이것은 여래의 광대한

1076　은정희 역: 인아견이란 모든 범부가 말하는 것으로 다섯 가지가 있다.
1077　전거가 불명함.

본성과 지혜의 구경한 뜻을 말한 것이지, 허공상과 같지 않기 때문이다.

해설 허공은 色에 상대해서 만들어진 개념일 뿐이고, 이 대립적인 개념은 반드시 서로가 서로를 필요로 하기 때문에 그 자체로 본성이 있다고 할 수가 없다. 또 '이 볼 수 있는 상이 마음을 생멸케 한다.'는 것은 허공이라는 개념이 있음으로써 우리의 마음에서 그 허공에 대한 상이 생겨나기도 하고 사라지기도 한다는 것을 의미한다.

二者聞脩多羅說,"世間諸法畢竟體空, 乃至涅槃眞如之法亦畢竟空, 從本已來自空, 離一切相", 以不知爲破著故, 卽謂眞如涅槃之性唯是其空。云何對治。明眞如法身自體不空, 具足無量性功德故。

둘은 경에서 "세간의 모든 법은 끝내 체가 공하고, 이에 열반과 진여의 법까지도 필경 空하니, 본래부터 스스로 空하여 일체의 상에서 떠난 것이다."[1078]라고 설하는 것을 듣고서, (이것이) 집착을 깨뜨리기 위한 것임을 알지 못하여, 곧바로 진여와 열반의 본성이 오직 그 공이라 이른다. 어떻게 다스려야 하는가? 진여 법신은 그 자체가 불공不空이며 한량없는 성공덕性功德을 구족하였기 때문임을 밝게 안다.

三者聞脩多羅說,"如來之藏無有增減, 體備一切功德之法", 以不解故, 卽謂如來之藏有色心法自相差別。云何對治。以唯依眞如義說故, 因生滅染義示現說差別故。

1078 원효는 소에서 『大品經』의 내용을 인용했다고 함.

셋은 경에서 "여래장은 증감이 있지 않고, 그 체가 일체 공덕의 법을 갖추었다."[1079]라고 설하는 것을 듣고서, 제대로 이해하지 못하였기 때문에 곧바로 여래장은 색법色法과 심법心法[1080]에 自相의 차별이 있다고 한다. 어떻게 다스려야 하는가? 오직 진여의 뜻으로써 설하였기 때문이고, 생멸하는 염법染法의 뜻으로 인하여 시현하는 설이 차별되었기 때문이다.

해설 진여의 측면으로 보면 여래장은 부생불멸不生不滅하고 부증불감不增不減하지만 일체의 성공덕을 갖추고 있다. 다만 생멸하는 染法의 차원으로 색법과 심법이 시현됨에 있어 자상自相의 차별이 있을 뿐이다.

四者聞脩多羅說, "一切世間生死染法, 皆依如來藏而有, 一切諸法不離眞如", 以不解故, 謂如來藏自體具有一切世間生死等法. 云何對治. 以如來藏從本已來, 唯有過恒沙等諸淨功德, 不離不斷, 不異眞如義故. 以過恒沙等煩惱染法 唯是妄有, 性自本無, 從無始世來未曾與如來藏相應故. 若如來藏體有妄法, 而使證會, 永息妄者, 則無是處故.

넷은 경에서 말하는 "일체 세간의 생사 염법은 모두 여래장에 의해 존재하고, 일체 제법은 진여에서 벗어나지 않는다."[1081]는 것을 듣고서, 이해하지 못하였기 때문에 여래장 자체가 일체 세간의 생사 같은 법을 구비하고 있다고 말한다. 어떻게 다스려야 하는가? 여래장은 본래

1079 전거가 불명함.
1080 色法과 心法: 일체 法은 色法, 心法, 심소법心所法, 심불상응행법心不相應行法, 무위법無爲法과 같이 오위五位로 나눌 수 있는데, 그 중 色法은 오온五蘊 중에서 색온色蘊에 해당하는 것으로서 물질적 존재를 총칭한다. 心法은 식온識蘊에 해당하며 심왕心王을 지칭 한다.
1081 원효는 疏에서 『부증불감경不增不減經』에서 인용하였다고 하였으나, 전거를 확인하지 못하였음.

부터 오직 갠지스강의 모래보다 많은 여러 깨끗한 공덕이 있고, 진여와 분리되지 않고 단절되지도 않으며 다르지도 않은 뜻 때문이다. (또) 갠지스강의 모래보다 많은 번뇌의 염법이 오직 허망하게 있을 뿐 自性이 본래 없어, 무시無始로부터 일찍이 여래장과 상응하지 않기 때문이다. 만약 여래장의 體에 망법妄法이 있다면, 설사 깨달음을 증득하고 이해하더라도 망법을 영원히 그치게 한다는 이런 경우는 없기 때문이다.

해설 여기에서 '이해하지 못했다.'는 것은 생사와 같은 염법이 여래장 자체에 갖춰진 것인가 아니면 여래장에 의지하여 생겨나는 것인가에 대한 차이를 알지 못하는 데에서 기인한다. 여래장에는 생사의 염법이 없다. 다만 무명에 훈습되어 생사의 염법이 생겨날 뿐이다. 그래서 만약 여래장 자체에 더러움이 있다고 한다면 부처와 같은 깨달음을 얻더라도 영원히 그것을 종식시킬 수 없다고 한 것이다.

五者聞脩多羅說, "依如來藏故有生死, 依如來藏故得涅槃", 以不解故, 謂衆生有始, 以見始故, 復謂如來所得涅槃有其終盡, 還作衆生. 云何對治. 以如來藏無前際故, 無明之相亦無有始. 若說三界外更有衆生始起者, 卽是外道經說. 又如來藏無有後際, 諸佛所得涅槃與之相應, 則無後際故.

다섯은 경에서 "여래장에 의해 생사가 있고, 여래장에 의해 열반을 얻을 수 있다."[1082]라고 설하는 것을 듣고서, 이해하지 못하였기 때문에, 중생에 시작이 있다고 말하고, 시작을 보았기 때문에, 다시 여래가 얻은 열반에 그 마침과 다함이 있어 다시 중생이 된다고 한다.

1082 전거가 불명함.

어떻게 다스려야 하는가? 여래장에 전제前際[1083]가 없기 때문에 무명의 相도 역시 시작이 없다. 만약 三界 밖에 다시 중생이 시작하여 일어남이 있다고 설한다면, 바로 이것은 외도 경전의 설이다. 또 여래장은 후제後際가 없으니, 여러 부처가 얻은 열반이 이것(여래장)과 상응하는 것은 바로 後際가 없기 때문이다.

[疏] 第三辨相中, 先明人我見, 於中有二。總標, 別釋。別釋之中, 別顯五種, 各有三句。初出起見之由, 次明執相, 後顯對治。初執中言卽謂虛空是如來性者, 計如來性同虛空相也。第二中言乃至涅槃眞如之法亦畢竟空者, 如大品經云, "乃至涅槃如幻如夢, 若當有法勝涅槃者, 我說亦復如幻如夢"故。第三中言因生滅染義示現者 如上文言, 以依業識生滅相示, 乃至廣說故。第四中言不離不斷等者, 如不增不減疏中廣說也。第五中言若說三界外更有衆生始起者, 卽是外道經說者, 如仁王經之所說故。上來五執皆依法身如來藏等, 總相之主而起執故, 通名人執也。

세 번째[1084]로 相을 변별하는 중에 먼저 인아견人我見을 밝혔으니, 이 중에 두 가지가 있다. 총체적으로 표시한 것과[1085] 나눠 풀이한 것이다.[1086] 나눠 풀이하는 중에 다섯 가지를 구별해서 밝혔는데, (그 안에) 각각 세 구절이 있다. 먼저 (人我)見을 일으키는 까닭을 나타내었고, 다음으로 집착하는 相을 밝혔으며, 뒤에서 다스리는 것을 드러냈다.[1087] 첫 번째 집착 중에 말한 '곧바로 허공을 여래의 본성이라 한다.'

1083 前際: 삼제三際의 하나로, 과거와 같은 말이다. 시간을 전후로 나누었을 때 앞선 시점인 과거를 가리킨다. 후제後際는 미래이고 중제中際는 현재이다.
1084 對治邪執(總標擧數, 依數列名, 依名辨相, 總顯究竟離執)의 글 중에서 세 번째를 가리킴.
1085 '人我見者 依諸凡夫說有五種' 부분.
1086 '云何爲五' 이하에서 인아견 끝까지.
1087 첫 번째 人我見으로 예시하면, '如來法身 畢竟寂寞 猶如虛空'은 人我見을 일으키는 까닭이고, '以不知爲破著故 卽謂虛空是如來性'은 집착하는 相이며, '云何對治 ~~ 非如虛空相故'는 다스리는 방법이다.

는 것은 여래성如來性을 허공상과 같다고 헤아리는 것이다. 두 번째 중에서 말한 '이에 열반과 진여의 법까지도 필경 空하다.'는 것은 마치 『대품경大品經』에서 "내지 열반도 환상과 같고 꿈과 같으니, 만약 어떤 법이 열반보다 뛰어난 것이 있더라도, 나는 역시 (그 법도) 다시 환상과 같고 꿈과 같다고 설할 것이다."[1088]라고 이른 것과 같기 때문이다. 세 번째 중에 말한 '생멸하는 염법染法의 뜻으로 인하여 시현한다.'는 것은 마치 윗글[1089]에서 '업식에 의해 생멸상이 시현된다.'라고 하고, 계속 이어서 널리 설한 것과 같기 때문이다. 넷째 중에 말한 '분리되지도 않고 단절되지도 않았다.'는 것들은 『부증불감경소不增不減經疏』[1090] 중에서 폭넓게 설한 것과 같다. 다섯째 중에서 말한 '만약 三界 밖에 다시 중생이 시작하여 일어남이 있다고 설한다면, 바로 이것은 외도 경전의 설이다.'는 것은 『인왕경仁王經』에서 설한 것과 같다.[1091] 위로부터 다섯 가지 집착은 모두 법신과 여래장 등이 총상의 주체라는 것으로써 집착을 일으켰기 때문에 공통으로 인집人執이라 하였다.

나. 법아견法我見

[論_ 對治邪執_ 依名辨相_ 法我見]

法我見者, 依二乘鈍根故, 如來但爲說人無我, 以說不究竟, 見有五陰生滅之法, 怖畏生死, 妄取涅槃。云何對治。以五

1088 『摩訶般若波羅蜜經』(대정장 제8권, 0223, p.276. b4~ 8행)의 관련 원문은 다음과 같다. "佛道如幻如夢。爾時諸天子問須菩提, 汝說佛道如幻如夢, 汝說涅槃亦復如幻如夢耶。須菩提語諸天子, 我說佛道如幻如夢, 我說涅槃亦如幻如夢。若當有法勝於涅槃者, 我說亦復如幻如夢"

1089 385~386쪽

1090 『不增不減經疏』는 원효가 저술한 것으로 알려져 있으나 현존 여부는 불상이다.

1091 『仁王護國般若波羅蜜多經』(대정장 제8권, 0246, p.836. c.28~ 29행)에 있다. "若有說言於三界外 別更有一衆生界者 即是外道大有經說"

陰法自性不生, 則無有滅, 本來涅槃故。

  법아견法我見이란 것은 성문연각승의 둔한 근기根機 때문에 여래가 단지 (그들을) 위해 인무아人無我만을 설하고, 마지막 경지를 설하지 않아서, (그들은) 오음五陰이 생멸하는 법이 있음을 보고, 생사를 두려워하며 허망하게 열반을 취한다. 어떻게 다스려야 하는가? 五陰의 法에는 自性이 생하지 않는 것이니, 멸하는 것도 없고 본래 열반이기 때문이다.

해설 오음五陰으로 이루어진 모든 존재는 연기법緣起法에 의해 생멸하기 때문에, 깨달음의 경지에서 보면 自性이 없어 生도 없고 滅도 없다. 그래서 『반야바라밀다심경』에서 "오온이 모두 空하다.[五蘊皆空]"라고 하였다. 그런데 二乘의 사람들은 이 오온에 法我가 없는 것임을 보지 못하여 그것에 집착한다.

[疏] 法我見中, 亦有三句。初明起見之由, 見有以下, 次顯執相, 云何以下, 顯其對治。文相可知。

  법아견法我見 중에도 세 구절이 있다. 처음에 (법아)견을 일으키는 까닭을 밝혔고, '견유見有(오음五陰이 ~ 있음을 보고)' 이하에서는 다음으로 집착하는 모양을 드러냈으며, '운하云何(어떻게 ~ 하는가?)' 이하에서는 그 다스리는 것을 나타내었다. 글의 양상에서 알 수 있을 것이다.

4. 구경리집究竟離執 (마침내 집착에서 벗어나다)

[論_ 對治邪執_ 究竟離執]

復次究竟離妄執者, 當知染法淨法皆悉相待, 無有自相可說。是故一切法從本已來, 非色非心, 非智非識, 非有非無, 畢竟不可說相, 而有言說者, 當知如來善巧方便, 假以言說引導衆生。其旨趣者, 皆爲離念, 歸於眞如, 以念一切法令心生滅, 不入實智故。

다시 다음으로 마침내 허망한 집착을 여읜다는 것은 마땅히 염법染法과 정법淨法이 모두 다 상대적인 것이라서 어떠한 自相도 말할 만한 것이 없음을 알아야 한다. 이런 까닭에 일체 법이 본래부터 물질도 아니고 마음도 아니며, 지혜도 아니고 식識도 아니며, 有도 아니고 無도 아니어서, 끝내 相을 말할 수가 없는데도 언설이 있는 것은 여래의 선교善巧[1092] 방편으로 언설을 빌려 중생을 인도하기 위한 것임을 마땅히 알아야 한다. 그 취지는 모두 망념에서 벗어나 진여로 돌아가기 위한 것이니, 일체 법을 (실재하는 것으로) 생각하는 것이 마음을 생멸케 하여 참된 지혜로 들어가지 못하기 때문이다.

[疏] 第四究竟離執之義, 於中有二。先明諸法離言道理, 後顯假說言教之意。文相可見。

네 번째는 마침내 집착을 여읜 뜻으로, 이 가운데 두 가지가 있다. 먼저 모든 법이 말에서 떠나 있는 도리를 밝혔고,[1093] 뒤에서 언설을 빌려 가르치는 뜻을 드러냈다.[1094] 글의 양상에서 볼 수 있을 것이다.

1092 선교善巧: 선권善權과 같은 용어로, 선량하고 교묘하다는 뜻이다. 주로 부처와 보살이 중생을 교화하는 방법을 가리킨다.
1093 '復次究竟離妄執者 當知染法淨法皆悉相待 無有自相可說' 부분.
1094 '是故一切法從本已來 非色非心 ~~ 以念一切法令心生滅 不入實智故' 부분.

第3節. 분별발취도상分別發趣道相 (뜻을 발하여 도에 나아가는 상을 분별하다)

[疏] 第三發趣分中有二。一者總標大意, 二者別開分別。

세 번째[1095] 발취發趣 부분에 두 가지가 있다. 하나는 큰 뜻을 총체적으로 표시한 것이고, 둘은 나눠 열고 분별한 것이다.

1. 총표대의總標大意 (큰 뜻을 총체적으로 표시하다)

[論_ 分別發趣道相_ 總標大意]
分別發趣道相者, 謂一切諸佛所證之道, 一切菩薩發心修行趣向義故。

마음을 발하여 도에 나아가는 相을 분별한다는 것은 모든 부처가 증득한 도에 일체 보살이 마음을 발하고 수행하며 향해 나아간다는 뜻을 말하기 때문이다.

[疏] 初中言一切諸佛所證之道者, 是擧所趣之道, 一切菩薩以下, 顯其能趣之行, 欲明菩薩發心趣向佛所證道。故言分別發趣道相也。

처음에 말한 '모든 부처가 증득한 도'라는 것은 나아가야 할 도를 든 것이고, '일체 보살' 이하는 능히 나아가는 행위를 드러낸 것으로, 보살이 마음을 발하고 부처가 증득한 도를 향해 나아가는 것을 밝히고자 한 것이다. 그래서 '마음을 발하여 도에 나아가는 상을 분별한다.'라고 말하였다.

1095　여기서의 세 번째는 解釋分을 셋(顯示正義, 對治邪執, 分別發趣道相)으로 나누었을 때의 마지막 分別發趣道相을 가리킨다.

2. 별개분별別開分別 (나눠 열고 분별하다)

[疏] 以下第二別開分別, 於中有三。一者擧數開章, 二者依數列名, 三者依名辨相。

이 아래는 두 번째 나눠 열고 분별한 것으로, 이 중에 세 가지가 있다. 하나는 수를 들어 장을 열었고, 둘은 수에 의해 이름을 나열하였으며, 셋은 이름에 의해 상을 변별하였다.

가. 거수擧數와 열명列名 (수를 들고 이름을 열거하다)

[論_ 分別發趣道相_ 別開分別_ 擧數 · 列名]
略說發心有三種, 云何爲三。一者信成就發心, 二者解行發心, 三者證發心。

간략하게 발심發心을 말하면 세 종류가 있으니, 무엇을 셋이라 하는가? 하나는 신성취발심이요, 둘은 해행발심이요, 셋은 증발심이다.

[疏] 初文可知。第二中言信成就發心者, 位在十住, 兼取十信。十信位中修習信心, 信心成就, 發決定心, 卽入十住故, 名信成就發心也。解行發心者, 在十迴向, 兼取十行, 十行位中, 能解法空, 隨順法界, 修六度行, 六度行純熟, 發迴向心入向位故, 言解行發心也。證發心者, 位在初地以上, 乃至十地, 依前二重相似發心, 證得法身發眞心也。

처음 글[1096]은 알 수 있을 것이다. 두 번째[1097] 중에 말한 신성취발

1096 擧數開章의 '略說發心有三種'을 가리킨다.
1097 依數列名 부분의 '云何爲三 ~~ 三者證發心'을 가리킨다.

심신성취발심信成就發心[믿음이 성취된 발심]이란 것은 (보살의) 지위가 십주十住에 있으면서 십신十信을 아울러 취한 것이다. 十信의 자리에서 信心을 닦고 익혀 신심이 성취되면, 확고하게 결정된 마음을 발하여 곧바로 十住에 들어가기 때문에 신성취발심이라 한다. 해행발심解行發心이란 것은 십회향十廻向[1098]에서 十行을 아울러 취한 것이니, 十行의 자리에서 법공法空을 능히 이해하고, 법계에 수순하여 육도六度의 행을 닦고, 六度의 수행이 무르익으면, 회향하는 마음을 일으켜 회향廻向의 지위로 들어가기 때문에 해행발심이라고 한다. 증발심證發心이란 것은 초지初地 이상에서 十地에 이르기까지 앞의 두 가지 거듭된 상사相似(각覺)의 발심에 의해 법신을 증득하고 진여의 마음을 일으키는 것이다.

해설 '두 가지 거듭된 相似覺의 발심'은 신성취발심과 해행발심을 가리킨다. '解行'은 '능해법공能解法空[능히 법공을 이해한다]'의 解와 '수행육도修六度行[육도六度의 행을 닦는다]'의 行을 가리키기도 하지만, 보살의 계위 측면에서 보면 십회향十廻向의 아래 지위에 있는 十解와 十行의 믿음이 성취된 것이라 할 수 있다. 또 이 세 가지 발심을 공자의 말씀[1099]과 대비하여 보면 정확하게 들어맞지는 않겠지만 매우 유사하여 이해하기 용이하다. 신성취발심은 지학志學부터 이립而立까지, 해행발심은 而立에서 불혹不惑까지, 증발심은 不惑에서 이순耳順까지가 해당하고, 공자가 70세에 도달한 "종심소욕불유구從心所欲不踰矩[마음이 히고자 하는 것을 따라도 법도를 넘어가지 않는다]"라는 것은 바로 마음이 天道와 일치

1098 十廻向: 十向과 같다.
1099 『論語』「爲政篇」, 第4장을 가리킨다. "공자께서 말씀하셨다. 나는 열다섯 살에 학문에 뜻을 두었고, 서른 살에는 확고하게 섰으며, 마흔 살에는 事理에 의혹疑惑되지 않았다. 쉰 살에는 天命을 알았고, 예순 살에는 귀에 거슬리는 것이 없었으며, 일흔 살에는 마음이 하고자 하는 대로 따라도 法度에 어긋나지 않았다.(子曰, 吾十有五而志于學, 三十而立, 四十而不惑, 五十而知天命, 五十而知天命, 六十而耳順, 七十而從心所欲不踰矩)"

하여 어떠한 걸림도 없는 자유자재의 경지를 의미한다. 이것들을 發心과 연계해서 정리하면 아래 표와 같다.

發心의 종류	信成就發心	解行發心	證發心	證得法身
보살 계위	십주보살	십회향보살	십지보살	무구지보살
孔子의 경지	志學~而立	而立~不惑	不惑~耳順	從心所欲

나. 의명변상依名辨相 (이름으로 상을 변별하다)

[疏] 第三辨相, 文中有三, 如前次第說三心故.

세 번째 상을 분별하는 글에 세 가지가 있으니, 앞의 차례와 같이 세 가지 마음을 설하였기 때문이다.

1) 신성취발심信成就發心

初發心內, 亦有其三. 一明信成就之行, 二顯行成發心之相, 三歎發心所得功德.

초발심初發心[1100] 안에도 세 가지가 있다. 하나는 믿음을 성취하는 수행을 밝혔고, 둘은 수행이 이루어진 發心의 모습을 나타냈으며, 셋은 발심으로 얻은 공덕을 찬탄하였다.

가) 신성취信成就의 수행

[論_ 分別發趣道相_ 別開分別_ 依名辨相_ 信成就發心_ 信成就之行]

1100 여기서 말하는 初發心은 세 가지 발심 중에서의 첫 번째인 信成就發心을 가리킨다.

信成就發心者, 依何等人, 修何等行, 得信成就, 堪能發心。
所謂依不定聚衆生, 有熏習善根力故, 信業果報, 能起十善,
厭生死苦, 欲求無上菩提, 得値諸佛, 親承供養, 修行信心。
經一萬劫, 信心成就故, 諸佛菩薩敎令發心, 或以大悲故, 能
自發心, 或因正法欲滅, 以護法因緣, 能自發心。如是信心成
就得發心者, 入正定聚, 畢竟不退, 名住如來種中, 正因相應。

신성취발심이란 어떤 사람에 의해 무엇과 같은 수행을 해야 믿음을 성취하여 발심을 감당할 수 있는가? 이른바 부정취不定聚[1101]중생에 의하고, (그들이) 훈습과 선근善根의 힘이 있기 때문에 업 과보를 믿고 십선十善[1102]을 능히 일으켜, 생사의 고통을 싫어하고 지극한 깨달음을 구하고자 하여, 여러 부처를 만나 친히 받들어 공양하고 信心을 닦는다. 오랜 시간이 지나야 신심이 성취되는 까닭에 여러 부처와 보살의 가르침이 발심케 하니, 어떤 자는 大悲 때문에 능히 스스로 발심하기도 하고, 어떤 자는 정법正法[1103]이 소멸하려고 할 때 법을 지키려 하는 인연으로 능히 스스로 발심하기도 한다. 이 같은 신심을 성취하여 발심을 얻은 사람은 정정취正定聚[1104]에 들어가 끝내 물러나지 않으니, (이것을) 여래종如來種[1105] 안에 머물러 正因에 상응한다고 한다.

해설 '正法이 소멸하려고 한다.'는 것은 수행하는 힘이 사라지려 하는 위태로

[1101] 不定聚: 중생의 근기根機에 따라 세 가지로 나눈 삼취三聚(正定聚, 邪定聚, 不定聚) 중 하나이며, 부정성취不定性聚라고도 한다. 그 마음이 정정과 사정으로 결정되지 않아 선연善緣을 만나면 정정취正定聚를 이루고 악연惡緣을 만나면 사정취邪定聚를 이루기 때문에 不定聚라고 한다.

[1102] 十善: 十善業과 같다.

[1103] 正法: 범어 'sad-dharma'의 의역으로, 부처가 설한 교법敎法을 의미한다. 백법白法, 정법淨法, 묘법妙法이라고도 한다.

[1104] 正定聚: 정성정취正性定聚 또는 등취等聚·선취善聚라고도 하며, 품성이 正으로 확정되어 깨달음 얻을 것이 확실한 중생을 가리킨다.

[1105] 如來種: 일체중생이 본래 갖추고 있는 여래가 될 수 있는 성품으로, 불성佛性을 말한다.

운 시기를 말한다. 『금강반야론』에서 "세존께서 말한 正法이 소멸하려고 하는 때라는 것은 수행이 점차 소멸하는 때를 말하는 것임을 마땅히 알아야 한다."[1106]라고 풀이한 글이 있다.

若有衆生善根微少, 久遠已來煩惱深厚, 雖值於佛亦得供養, 然起人天種子, 或起二乘種子, 設有求大乘者, 根則不定, 若進若退。或有供養諸佛, 未經一萬劫, 於中遇緣亦有發心, 所謂見佛色相而發其心。或因供養衆僧而發其心, 或因二乘之人敎令發心, 或學他發心。如是等發心, 悉皆不定, 遇惡因緣, 或便退失墮二乘地。

만약 어떤 중생이 선근이 미약하고 오래전부터 번뇌가 매우 많다면, 비록 부처를 만나 공양을 하더라도 人天[1107]의 종자를 일으키거나 혹은 二乘의 종자를 일으키기도 하고, 설령 대승을 구한다 해도 근기가 확정되지 않아서 나아가기도 하고 물러나기도 한다. 혹은 여러 부처를 공양함이 있어서 오랜 시간이 경과하지 않아도 중도에 연을 만나 또한 발심하는 자도 있으니, 이른바 부처의 형상을 보고 그 마음을 발한 것이다.[1108] 혹은 여러 스님에게 공양함으로써 그 마음을 발하기도 하고, 혹은 성문연각승의 가르침으로 마음을 발하기도 하며, 혹은 다른 사람에게 배우고 마음을 발하기도 한다. 이 같은 발심은 모두 부정취不定聚(의 발심이)라서 나쁜 인연을 만나면 간혹 곧바로 후퇴하고 잃어버려서 二乘의 자리로 떨어지기도 한다.

1106 『金剛般若論』(대정장 제25권, 1510, p.760. c2~ 3행) "世尊言有正法欲滅時者 謂修行漸滅時應知"
1107 人天: 六道에서 人界와 天界를 가리키며 모두 迷妄의 세계이다.
1108 은정희 역: 혹 여러 부처에게 공양함이 있더라도 아직 일만 겁을 지나지 아니하여 중도에 연을 만나 또한 발심함이 있다. 이른바 부처의 색상色相을 보고 그 마음을 일으키며,

해설 '人天과 二乘의 종자를 일으키기도 하고 大乘을 구하기도 하는 자'라는 것은 십법계十法界를 기준으로 그 종자種子의 우열을 차별적으로 거론한 것이다. 十法界는 미계迷界의 六道인 지옥·아귀·축생·아수라·인간·天과 오계悟界의 성문·연각·보살·부처를 통칭한 것이다.

[疏] 初中亦二, 先問, 後答。問中言依何等人者, 是問能修之人, 修何等行者, 問其所修之行, 得信成就堪能發心者, 對發心果, 問其行成也。答中有二。一者正答所問, 二者擧劣顯勝。正答之內, 對前三問。

처음에도 두 가지가 있으니, 먼저 묻고,[1109] 뒤에서 답하였다.[1110] 묻는 중에 말한 '어떤 사람에 의해'라는 것은 능히 수행할 수 있는 사람을 물은 것이고, '무엇과 같은 수행을 해야'라고 한 것은 닦아야 할 행위를 물은 것이며, '믿음을 성취하여 발심을 감당할 수 있는가?'라고 한 것은 발심의 결과에 대비해서 그 수행의 성취(여부)를 물은 것이다. 답 중에 두 가지가 있다. 하나는 물은 것에 바로 답한 것이고,[1111] 둘은 열등한 자를 들어 뛰어난 자를 드러낸 것이다.[1112] 바로 답한 것 안에서 앞의 세 가지 물음에 대답하였다.

初言依不定聚衆生者, 是答初問, 顯能修人。分別三聚, 乃有多門, 今此文中, 直明菩薩十解以上, 決定不退, 名正定聚, 未入十信, 不信因果, 名邪定聚, 此二中間, 趣道之人, 發心欲求無上菩提, 而心未決或進或退, 是謂十信, 名不定聚。今依此人明所修行也。

1109 '信成就發心者 依何等人 修何等行 得信成就 堪能發心' 부분.
1110 '所謂依不定聚衆生 ~~ 遇惡因緣 或便退失墮二乘地' 부분.
1111 '所謂依不定聚衆生 ~~ 名住如來種中 正因相應' 부분.
1112 '若有衆生善根微少 ~~ 遇惡因緣 或便退失墮二乘地' 부분.

처음에 말한 '부정취不定聚 중생에 의한다.'는 것은 첫 번째 물음의 답으로, 능히 수행할 수 있는 사람을 드러낸 것이다. 삼취三聚[1113]를 분별하는데 여러 가지 측면이 있지만, 지금 이 글에서는 곧바로 밝혀서 十解 이상의 보살이 결정적으로 후퇴하지 않는 것을 정정취正定聚라 명하였고, 아직 十信에 들어가지 못하여 인과를 믿지 않는 것을 사정취邪定聚라 하였으며, 이 둘 사이에서 道에 나아가려는 사람들이 발심하여 무상의 보리를 구하려고 하지만 마음이 결정되지 않아 나아가기도 하고 물러나기도 하는데, 이들을 十信이라 하고 부정취不定聚라 이름하였다. 지금 이 사람들에 의해 닦아야 할 행위를 밝혔다.

有熏習以下, 次答第二問, 明不定人所修之行。言有熏習善根力者, 依如來藏內熏習力, 復依前世修善根力, 故今得修信心等行也。言信業果報能起十善者, 起福分善也, 厭生死苦求無上道者, 發道分心也。得値諸佛修行信心者, 正明所修道分善根, 所謂修行十種信心。其相具如一道章說也。

'유훈습有熏習(훈습과 ~ 있기 때문에)' 이하는 다음으로 두 번째 물음에 대답하였으니, 부정취不定聚의 사람이 닦아야 할 행위를 밝힌 것이다. '훈습과 善根의 힘이 있다.'라고 말한 것은 여래장 안의 훈습력에 의하고, 다시 과거에 닦은 선근의 힘에 의하기 때문에 지금 信心을 닦는 것과 같은 수행을 할 수 있다. '업 과보를 믿고 능히 十善을

1113 三聚: 사람의 품성을 세 종류로 나눈 것으로, 정정취正定聚는 항상 진전하여 반드시 성불하기로 결정된 부류이고, 사정취邪定聚는 성불할 만한 소질이 없어 더욱 타락하여 가는 부류이며, 부정취不定聚는 진보할지 타락 할지 결정되지 않은 중생이다.

일으킨다.'라고 한 것은 복분福分[1114]의 善을 일으키는 것이고, '생사의 고통을 싫어하고 지극한 깨달음을 구한다.'는 것은 도분道分[1115]의 마음을 발하는 것이다. '여러 부처를 만나 신심을 닦는다.'는 것은 닦았던 道分의 선근을 바로 밝힌 것으로, 이른바 열 가지 신심[1116]을 수행하는 것이다. 그 모습의 자세한 것은 『일도장一道章』[1117]에서 말한 것과 같다.

逕一萬劫以下, 答第三問, 明其信心成就之相。 於中有二。 一者擧時, 以明信成發心之緣, 二者約聚, 顯其發心所住之位。 初中言至一萬劫信心成就者, 謂於十信逕十千劫, 信心成就, 卽入十住。 如本業經云, "是信想菩薩, 於十千劫行十戒法, 當入十住心, 入初住位"。 解云, 此中所入初住位者, 謂十住初發心住位。 此位方得不退信心。 是故亦名信入十心, 非謂十解以前十信。 何以得知而其然者。 如仁王經云, "習種[1118]姓有十心, 已超二乘一切善地。 此習忍已前行十善菩薩, 有退有進, 猶如輕毛隨風東西。 雖以十千劫行十正道, 發菩提心, 乃當入習忍位"。 以是文證, 故得知也。 經言十千, 卽此一萬也。

'경일만겁逕一萬劫(오랜 시간이 지나야)' 이하는 세 번째 물음에 답한 것으로, 신심이 성취된 모습을 밝혔다. 이 중에 두 가지가 있다. 하나는 때를 들어 믿음이 이루어져 발심하는 연을 밝혔고, 둘은 취聚

1114 福分: 도분道分의 대칭으로, 합하여 二分이라 한다. 福은 공덕의 뜻이며 세속의 행복을 불러오는 오계五戒와 십선十善과 같은 행법行法을 말한다.
1115 道分: 출세간出世間의 과보를 불러일으키는 행위를 말하며, 주로 팔정도八正道 같은 것을 의미한다.
1116 十種信心: 十信의 자리에서 응당 닦아야할 열 가지 마음(信心, 念心, 精進心, 慧心, 定心, 不退心, 迴向心, 護法心, 戒心, 願心)으로, 十信心 또는 十心이라고도 한다.
1117 원효가 저술한 것이나 현존하지 않음.
1118 姓은 性의 誤字이다.

를 기준으로 그 발심이 머무는 지위를 드러냈다. 처음에 말한 '오랜 시간이 지나여 신심이 성취된다.'는 것은 十信에서 十千 겁을 지나 신심이 성취되면 곧 十住에 들어가는 것을 말한다. 마치『본업경本業經』에서 "이 신상信想보살[1119]이 十千 겁에 열 가지 계법戒法[1120]을 행하면 마땅히 十住의 마음에 들어 초주初住의 자리에 들어간다."[1121]고 말한 것과 같다. 풀이하자면 여기에서 들어간 初住의 자리는 十住의 초발심주初發心住 자리를 말한다. 이 지위라야 비로소 물러나지 않는 신심을 얻을 수 있다. 이런 까닭에 또한 믿음이 十心[1122]에 들어갔다고 하는 것이지, 십해十解 이전의 십신十信의 자리를 말하는 것은 아니다. 무엇으로 그러한 것을 알 수 있는가?『인왕경仁王經』에서 "습종성習種性[1123]에 十心이 있으니, 이미 이승二乘의 모든 선지善地를 초월하였다. 이 습인習忍[1124] 이전에 十善을 행하는 보살은 진퇴가 있어서 마치 가벼운 털처럼 바람에 따라 동서로 날리는 것과 같다. 비록 十千 겁 동안 십정도十正道[1125]를 행하더라도 보리심을 발해야 비로소 습인習忍의 자리에 마땅히 들어가는 것이다."[1126]라고 말한 것과 같다. 이 글

1119 信想보살: 십신위十信位에 있는 보살로서, 겨우 보살이라는 이름은 얻었으나 아직 실질은 갖추지 못하여, 가명假名보살 또는 명자名字보살이라고도 한다.

1120 十戒法: 소승과 대승의 종파에 따라 여러 가지로 다르나 공통적으로 보살이 지켜야할 열 가지 계율을 가리킨다.

1121 『菩薩瓔珞本業經』(대정장 제24권 1485, p.1021. b24~ 29행)의 원문을 축약하여 인용함. "是信想菩薩, 於十千劫行十戒法, 當入十住心, 佛子當先爲諸大衆受菩薩戒, 然後爲說瓔珞經同見同行。 爾時衆中有百億人, 即從坐起受持佛戒, 其名梵陀首王共無數天子修十戒滿足, 入初住位"

1122 十心: 十種信心과 같다.

1123 習種性: 습소성종성習所成種姓이라고도 하며 본성주종성本性住種性과 합하여 二種性이라 한다. 후천적인 수행의 훈습으로 이루는 種性을 말하며, 무시無始 이래로 자존自存하며 전전 상속하는 무루인無漏因의 種性, 즉 천품天稟의 性과 상대된다. 보살의 지위에 따른 六種性으로 말하면, 십주위十住位의 보살이 공관空觀을 수습修習하여 견혹見惑과 사혹思惑을 깨트려 제거하고 이것으로 증과證果에 이르는 종자로 삼는 것을 지칭한다.

1124 習忍: 습종성習種性의 지위로 십주十住와 같다.

1125 十正道: 十戒法 또는 十戒와 같다.

1126 『佛說仁王般若波羅蜜經』(대정장 제8권 0245, p.826. b27~ 29행과 p.831. b7~ 10행)에서 인용함.

로써 증명되기 때문에 알 수 있는 것이다. 경(『本業經』과『仁王經』)에서 말한 十千은 바로 여기(『기신론』)에서의 一萬이다.

言佛菩薩教令發心等者, 發心之緣, 乃有衆多, 今略出其三種勝緣也. 如是以下, 顯其發心所住之位. 言信心成就乃至入正定聚者, 卽入十解初發心住. 以之故言畢竟不退也, 卽時正在習種性位. 故言名住如來種中也, 其所修行隨順佛性. 是故亦言正因相應. 上來正答前三問竟.

　'부처와 보살의 가르침이 발심케 한다.'는 것 등으로 말한 것은 발심의 인연이 많이 있지만, 여기서는 대략 세 가지[1127] 뛰어난 인연만을 나타내었다. '여시如是(이 같은)' 이하는 그 발심(한 사람)이 머무는 지위를 나타낸 것이다. '신심을 성취하여'에서부터 '정정취正定聚에 들어간다.'까지는 바로 십해十解의 초발심주初發心住에 들어간 것이다. 이런 까닭에 '끝내 물러나지 않는다.'라고 말하였으니, 때가 바로 습종성習種性의 자리에 있다. 그래서 '여래종如來種 안에 머문다.'라고 말하였으니, 그 수행하는 것이 佛性을 따른다. 이런 까닭에 또한 '정인正因에 상응한다.'라고 하였다. 위에서부터 앞의 세 가지 물음에 대하여 바르게 답하고 마쳤다.

若有以下, 擧劣顯勝. 十信位內, 有勝有劣. 勝者如前進入十住, 劣者如此退墮二乘地. 如攝大乘論云, "諸菩薩在十信位中, 修大乘未堅固, 多厭怖生死. 慈悲衆生心猶劣薄, 喜欲捨大乘本願, 修小乘道, 故言欲修行小乘". 大意如是, 文相可知. 上來明信成之行.

1127　여기서 말한 세 가지는 諸佛菩薩의 가르침과 大悲心, 그리고 護法因緣이다.

'약유若有(만약 어떤)' 이하는 열등함을 가지고 뛰어남을 드러내었다. 十信의 자리 안에는 뛰어난 자도 있고 열등한 자도 있다. 뛰어난 자는 앞에서와 같이 十住에 진입하고, 열등한 자는 이처럼 二乘의 지위로 떨어지기도 한다. 마치 『섭대승론』에서 이르기를 "여러 보살이 十信의 지위에서는 대승의 수행이 아직 견고하지 못하여 생사를 두려워하는 경우가 많다. (또) 중생을 가엾게 여기는 마음이 여전히 열등하고 얇아서 대승의 본원本願[1128]을 내버리고 소승小乘의 道 닦기를 기쁘게 하려고 하기 때문에 소승을 수행하려 한다고 말한다."[1129] 라고 한 것과 같다. 큰 뜻이 이와 같음을 글의 양상에서 알 수 있을 것이다. 위에서부터 (여기까지) 믿음을 성취하는 수행을 밝혔다.

나) 발심發心의 상相

(1) 직명直明 (곧바로 밝히다)

[論_ 分別發趣道相_ 別開分別_ 依名辨相_ 信成就發心_ 發心之相_ 直明]
復次信成就發心者, 發何等心。略說有三種, 云何爲三。一者直心, 正念眞如法故, 二者深心, 樂集一切諸善行故, 三者大悲心, 欲拔一切衆生苦故。

다시 다음으로 신성취발심이란 무엇과 같은 마음을 발하는 것인가? 간략히 설하면 세 가지가 있으니, 무엇을 셋이라 하는가? 하나는 직심直心[곧은 마음]으로, 진여법을 바르게 염하기 때문이고, 둘

1128 本願 : 모든 보살이 보리심을 발하여 중생을 구제하고 번뇌를 끊어내고 덕행을 쌓아서 불과를 성취하기를 크게 다짐하는 것으로 四弘誓願 같은 것이다.
1129 『攝大乘論釋』(대정장 제31권 1595, p.265. a4~ 7행)에서 인용. 마지막 구절 '故言欲修行小乘'은 '故言欲偏行別乘'으로 되어 있다.

은 심심深心[깊은 마음]이니, 일체의 여러 선행을 즐겨 모으기 때문이요, 셋은 대비심大悲心으로, 모든 중생을 고통에서 구하고자 하기 때문이다.

(2) 왕복제의往復除疑 (문답으로 의문을 제거하다)

(가) 직답直答 (곧바로 대답하다)

[論_ 分別發趣道相_ 別開分別_ 依名辨相_ 信成就發心_ 發心之相_ 往復除疑_ 直答]

問曰。上說法界一相, 佛體無二, 何故不唯念眞如, 復假求學諸善之行。

答曰。譬如大摩尼寶, 體性明淨, 而有鑛穢之垢, 若人雖念寶性, 不以方便種種磨治, 終無得淨。如是衆生眞如之法體性空淨, 而有無量煩惱染垢, 若人雖念眞如, 不以方便種種熏修, 亦無得淨, 以垢無量徧一切法故, 修一切善行以爲對治, 若人修行一切善法, 自然歸順眞如法故。

묻는다. 위에서 '法界는 한 모습이고, 佛體는 둘이 없다.'[1130]라고 하였는데 무엇 때문에 오직 진여만을 염하지 아니하고 다시 헛되이 여러 선행을 배우는 행위를 구하는가?

답한다. 비유하자면 큰 마니보주가 그 몸체의 본성은 맑고 깨끗하지만 광석의 더러운 티끌이 있어, 만약 사람들이 마니보주의 본성만 생각하고 방편으로써 갖가지로 갈아내지 않으면, 끝내 깨끗함을 얻을 수 없는 것과 같다. 이처럼 중생 진여법의 체성도 공하고 깨끗하지만 한량없는 번뇌로 물든 더러움이 있으니, 만약 사람들이 비록 진

1130 171쪽, 생멸문의 覺義를 설명하는 부분에 있고, 원문은 '法界一相 卽是如來平等法身'으로 되어 있다.

여를 염하지만 방편으로써 갖가지로 훈습하고 닦지 않으면 역시 깨끗함을 얻지 못하는 것은 더러움이 한량없이 모든 법에 두루 하기 때문이고, 모든 선행을 닦음으로써 다스리는 것은 만약 사람들이 일체 선법을 수행하면 저절로 진여법에 귀순하기 때문이다.[1131]

(나) 중현重顯 (거듭 드러내다)

[論_ 分別發趣道相_ 別開分別_ 依名辨相_ 信成就發心_ 發心之相_ 往復除疑_ 重顯]

略說方便有四種, 云何爲四。一者行根本方便, 謂觀一切法自性無生, 離於妄見, 不住生死, 觀一切法因緣和合, 業果不失, 起於大悲, 修諸福德, 攝化衆生, 不住涅槃, 以隨順法性無住故。二者能止方便 謂漸愧悔過, 能止一切惡法不令增長, 以隨順法性離諸過故。三者發起善根增長方便, 謂勤供養禮拜三寶, 讚歎隨喜, 勸請諸佛, 以愛敬三寶淳厚心故, 信得增長, 乃能志求無上之道, 又因佛法僧力所護故, 能消業障善根不退, 以隨順法性離癡障故。四者大願平等方便, 所謂發願盡於未來, 化度一切衆生使無有餘, 皆令究竟無餘涅槃, 以隨順法性無斷絕故, 法性廣大, 徧一切衆生, 平等無二, 不念彼此, 究竟寂滅故。

　　방편을 간략히 설하면 네 가지가 있다. 무엇을 일러 넷이라 하는가? 하나는 행근본行根本(근본을 행하는) 방편으로, 말하자면 일체 법의 自性에 생함이 없는 것을 觀하여 헛된 견해를 여의고 생사에 머물지 아니하며, 일체 법이 인연으로 화합하여 업과 과보를 잃

1131　은정희 역: 만약 사람이 비록 진여를 생각하지만 방편으로써 갖가지로 훈습하여 닦지 않으면 또한 깨끗해질 수 없다. 왜냐하면 때가 한량없어 모든 법에 두루하기 때문에 모든 선행을 닦아서 대치하는 것이니, 만약 사람이 모든 선법을 수행하면 절로 진여법에 귀순하기 때문이다.

지 않는 것을 觀하여 대비심을 일으켜 여러 복덕을 닦고 중생을 포섭 교화하되 열반에 머물지 않는 것은 법성에 수순하여 주착함이 없기 때문이다.[1132] 둘은 능지방편能止方便(능히 그치게 하는 방편)으로, 잘못을 부끄러워하고 뉘우쳐서 일체 악법을 능히 그치게 하고 더 자라나지 않게 하는 것을 말하니, 법성에 수순하여 여러 잘못에서 벗어나기 때문이다.[1133] 셋은 발기선근증장發起善根增長(선근을 일으켜 자라나게 하는) 방편으로, 말하자면 三寶에 부지런히 공양하고 예배하며 여러 부처를 찬탄하고 따라 기뻐하며 권청勸請[1134]하는 것은 三寶를 사랑하고 공경하는 순후한 마음 때문이고, 믿음이 더욱 자라나 이에 무상의 도를 구하는 데 능히 뜻을 두는 것은 또한 佛·法·僧의 힘으로 인해 보호되기 때문이며, 능히 업장을 소멸하여 선근이 물러나지 않는 것은 법성에 수순하여 어리석음의 장애에서 벗어나기 때문이다.[1135] 넷은 대원평등大願平等방편으로, 이른바 미래가 다하도록 모든 중생을 교화 제도하여 남김없이 모두 끝내 무여열반無餘涅槃을 이루도록 발원하는 것은 법성에 수순하여 (중생을) 단절함이 없기 때문이고, 법성이 광대하여 모든 중생에게 두루하고 평등하며 둘이 없는 것은 피차를 생각하지 아니하여 끝내 적

1132 은정희 역: 열반에 머물지 아니함을 말하니, 이는 법성의 주착住着힘이 없음에 수순하기 때문이다.

1133 은정희 역: 이는 법성의 모든 허물을 여의는 것에 수순하기 때문이다.

1134 勸請: 권청은 부처와 보살이 와서 임하고 설법하여 주시기를 지성으로 요청하는 것을 말한다. 『대지도론大智度論』에 의하면 두 가지 권청이 있다. 하나는 권청전법륜勸請轉法輪으로 불타가 처음 성도하였을 때 보살들이 세존에게 중생들을 위해 설법하여 주시기를 청한 것이고, 다른 하나는 권청주세勸請住世로 불타가 수명을 다 하여 열반에 들어가려 할 때 보살들이 세존께 세간에 영구히 머물러 일체중생을 해탈하여 주시기를 청한 것이다.

1135 은정희 역: 삼보三寶에 부지런히 공양하고 예배하며, 모든 부처를 찬탄하고 따라 기뻐하며 권청하여 이와 같이 삼보를 애경하는 순후淳厚한 마음 때문에 믿음이 증장되어 무상의 도를 구하는 데 뜻을 두며, 또 불佛·법法·승僧의 힘으로 보호됨에 의하여 업장業障을 녹이고 선근이 퇴전하지 않음을 말하니, 이는 법성의 치장癡障을 여의는 것에 수순하기 때문이다.

멸하기 때문이다.[1136]

[疏] 第二顯發心之相, 於中有二。一者直明, 二者往復除疑。初中言直心者, 是不曲義, 若念眞如, 則心平等, 更無別歧, 何有迴曲。故言正念眞如法故, 卽是二行之根本也。言深心者, 是窮原義, 若一善不備無由歸原, 歸原之成, 必具萬行。故言樂集一切諸善行故。卽是自利行之本也。大悲心者, 是普濟義。故言欲拔衆生苦故, 卽利他行之本也。發此三心, 無惡不離, 無善不修, 無一衆生所不度者, 是名無上菩提心也。問曰以下, 往復除疑, 問意可見。答中有二, 直答, 重顯。初直答中, 有喩有合。略說以下, 重顯可知。

두 번째로 발심하는 相을 나타냈으니, 이 중에 두 가지가 있다. 하나는 곧바로 밝혔고, 둘은 왕복하여 의문을 제거하였다. 처음에 말한 '직심直心(의 直)'이란 것은 구부러지지 않는다는 뜻으로, 만약 진여를 염하면 마음이 고르게 되어 더 이상 (이곳저곳으로) 갈라짐이 없을 것이니, 무슨 돌고 구부러짐이 있겠는가? 그래서 '진여법을 바르게 염하기 때문이다.'라고 말하였으니, 바로 이행二行[1137]의 근본이다. '심심深心(의 深)'이란 것은 근원을 궁구한다는 뜻으로, 만약 하나의 선이라도 갖추어지지 않으면 말미암아 근원으로 돌아갈 수 없으니, 근원으로 돌아가는 것을 이루려면 반드시 만 가지 행실을 갖춰야 한다. 그래서 '일체의 여러 선행을 즐겨 모으기 때문이다.'라고 하였으니, 바로 自利行의 근본이다. '대비심大悲心'이란 것은 널리 제도

1136　은정희 역: 모두 무여열반無餘涅槃을 이루도록 발원하는 것을 말하는 것이니, 이는 법성의 단절됨이 없음을 수순하기 때문이며, 법성이 광대하여 모든 중생에 두루하고 평등하여 둘이 없으며 피차彼此를 생각하지 아니하여 끝내 적멸하기 때문이다.

1137　二行: 自利와 利他의 行을 말한다. 본문의 '樂集一切諸善行'은 自利에 해당하고, '欲拔一切衆生苦'은 利他에 해당한다.

한다는 뜻이다. 그래서 '모든 중생을 고통에서 구해내려 하기 때문이다.'라 하였으니, 바로 利他行의 근본이다. 이 세 가지 마음을 발하면 어떠한 악에서 벗어나지 못할 것이 없고, 어떠한 선도 닦지 않음이 없으며, 어느 하나의 중생도 제도濟度되지 않는 자가 없으니, 이것을 무상의 보리심이라고 한다. '문왈問曰(묻는다)' 이하는 왕복하여 의문을 제거한 것으로, 묻는 뜻을 알 수 있을 것이다. 답 중에 두 가지가 있으니, 곧바로 대답한 것과 거듭 드러낸 것이다. 처음 곧바로 대답한 것 중에 비유[1138]와 합[1139]이 있다. '약설略說(방편을 간략히 설하면)' 이하는 거듭 드러낸 것임을 알 수 있을 것이다.

다) 발심發心으로 얻은 공덕

[論_ 分別發趣道相_ 別開分別_ 依名辨相_ 信成就發心_ 發心所得功德]
菩薩發是心故, 則得少分見於法身, 以見法身故, 隨其願力能現八種利益衆生。所謂從兜率天退, 入胎, 住胎, 出胎, 出家, 成道, 轉法論, 入於涅槃。然是菩薩未名法身, 以其過去無量世來有漏之業未能決斷, 隨其所生與微苦相應, 亦非業繫, 以有大願自在力故, 如脩多羅中, 或說有退墮惡趣者, 非其實退。但爲初學菩薩未入正位而懈怠者恐怖, 令彼勇猛故。又是菩薩一發心後, 遠離怯弱, 畢竟不畏墮二乘地。若聞無量無邊阿僧祇劫, 勤苦難行乃得涅槃, 亦不怯弱, 以信知一切法從本已來自涅槃故。

　　보살이 이런 마음을 발하기 때문에 조금이나마 법신을 볼 수 있

1138　'譬如大摩尼寶 體性明淨 ~~ 不以方便種種磨治 終無得淨' 부분.
1139　'如是衆生眞如之法體性空淨 ~~ 若人修行一切善法 自然歸順眞如法故' 부분.

고, 법신을 보기 때문에 그 원하는 힘에 따라 능히 여덟 가지를 드러내 중생을 이롭게 한다. 이른바 도솔천에서 나와, 모태母胎에 들어가고, 모태에 머물고, 모태에서 나와, 출가하고, 도를 이루고, 법륜을 굴리며[1140], 열반에 들어간다. 그러나 이 보살을 아직 법신이라 칭하지 않는 것은 과거 한량없는 세상으로부터의 유루有漏[1141]의 업을 아직 완전히 끊어 버리지 못해서 그 태어나는 곳에 따라 미세한 고통과 상응하기 때문이고, (그래도) 역시 업에 얽매이지 않은 것은 대원大願의 자재한 힘이 있기 때문이니, 마치 경에서 간혹 악취惡趣로 후퇴하여 떨어지는 자가 있다고 설하는 것처럼 실제로 퇴전退轉한 것은 아니다. 단지 초학初學의 보살이 아직 바른 수행의 자리[1142]에 들어가지 못해 나태한 자가 두려워하고 겁내기에 그들로 하여금 용맹 (정진케) 하기 위한 것이기 때문이다.[1143] 또 이 보살은 한번 발심한 후에 겁내고 나약한 마음에서 멀리 벗어나 마침내 二乘의 지위에 떨어지는 것을 두려워하지 않으며, 만약 무량무변의 아승기겁阿僧祇劫[1144] 동안 부지런히 고통스럽고 어려운 수행을 해야 비로소 열반을 얻는다는 것을 듣는다 하더라도 역시 겁내고 나약해지지 않는 것은 일체 법이 본래부터 스스로 열반임을 믿고 알기 때문이다.

1140 법륜을 굴린다는 것은 열반의 도를 전하기 위해 설법하면서 돌아다니는 것을 의미한다.

1141 有漏: 무루無漏의 반대로, 번뇌의 다른 이름이다. 漏는 유실流失 또는 누설漏泄의 뜻으로, 번뇌로 말미암아 생겨나는 잘못과 그 고통이 사람들로 하여금 미망의 세계에 유전하여 생사의 고해에서 벗어나기 어렵게 하기 때문에 有漏라고 한다.

1142 正位: 깨달음을 얻은 자리로 번뇌가 없는 경지를 말한다. 또는 성문승이 보고 증득한 무위無爲의 열반을 가리키기도 한다. 그러나 여기에서는 수행의 올바른 자리 정도로 보는 것이 타당할 듯하다.

1143 은정희 역: 다만 초학보살初學菩薩로서 아직 정위正位에 들지 못하고 게으름 피우는 자를 위하여 두려워하게 하여 저로 하여금 용맹케 하기 위한 것이다.

1144 阿僧祇劫: 무량수無量數를 의미한다. 阿僧祇는 범어 'asāṃkhya'의 음역이며, 아승기야阿僧祇耶 (또는 阿僧企耶)라고도 한다.

해설 　십주보살의 경지에서는 아직 의식에서 일어나는 추상麤相의 번뇌를 끊어 내지 못하여 분단생사分段生死하는 고통을 받지만, 자기가 세운 대원大 願으로 살기 때문에 중생이 업에 얽매여 사는 것과는 다르다.

[疏] 第三顯其發心功德, 於中有四。初顯勝德, 次明微過, 三通權教, 四歎實行。初中二句, 則得少分見法身者, 是明自利功德, 十解菩薩, 依人空門, 見於法界, 是相似見, 故言少分也。隨其願力以下, 顯利他德。能現八種利益衆生者, 如華嚴經歎十住初發心住云, "此發心菩薩, 得如來一身無量身, 悉於一切世間示現成佛"故。然是以下, 顯其微過。如脩多羅以下, 第三會通權教, 如本業經云, "七住以前爲退分, 若不值善知識者, 若一劫乃至十劫, 退菩提心。如淨目天子, 法才王子, 舍利弗等, 欲入第七住, 其間値惡知識因緣故, 退入凡夫不善惡中", 乃至廣說。今釋此意, 但是權語非實退也。又是菩薩以下, 第四歎其實行, 永無怯弱, 卽成彼經是權非實也。

　　세 번째는 그 발심의 공덕을 나타낸 것으로, 이 중에 네 가지가 있다. 처음에 수승한 덕을 드러냈고,[1145] 다음으로 미세한 허물을 밝혔으며,[1146] 셋은 권교權教[1147]를 회통한 것이고,[1148] 넷은 참된 행실을 찬탄한 것이다.[1149] 처음 두 구절에서 '조금이나마 법신을 볼 수 있다.'라는 것은 自利의 공덕을 밝힌 것이니, 十解의 보살은 人空의 門으로 법계를 보는데 (이것이) 상사견相似見[1150]이기 때문에 조금이라

1145　'菩薩發是心故 則得少分見於法身 ~~ 出家 成道 轉法論 入於涅槃' 부분.
1146　'然是菩薩未名法身 以其過去無量世來 ~~ 以有大願自在力故' 부분.
1147　權教: 실교實敎와 상대되는 개념으로 방편교方便教라고도 한다. 여래가 중생의 뜻에 수순하여 방편과 권모로써 세운 가르침의 教門이다.
1148　'如脩多羅中 或說有退墮惡趣者 ~~ 而懈怠者恐怖 令彼勇猛故' 부분.
1149　'又是菩薩一發心後 遠離怯弱 ~~ 以信知一切法從本已來自涅槃故' 부분.
1150　相似見: 三賢位의 보살이 깨달은 相似覺에 의한 見으로, 人空門에 의해 法界를 보는 것을 의미한다.

하였다. '그 원하는 힘에 따라' 이하는 이타利他의 공덕을 밝힌 것이다. '능히 여덟 가지를 드러내 중생을 이롭게 한다.'는 것은 『화엄경』에서 十住의 초발심주初發心住를 찬탄하여 "이 발심보살은 여래 일신一身[1151]의 무량한 몸을 얻어 일체의 세간에서 모두 성불하는 것을 시현한다."[1152]라고 말한 것과 같기 때문이다. '연시然是(그러나 이 보살을)' 이하는 그 미세한 허물을 드러낸 것이다. '여수다라如脩多羅(마치 경에서)' 이하는 세 번째로 權教를 회통한 것으로, 『본업경』에서 "七住[1153] 이전은 퇴분退分[1154]이라 만약에 선지식善知識을 만나지 못하면 1겁 내지 10겁에 (해당하는) 보리심이 후퇴할 것이다. 마치 정목천자淨目天子[1155]와 법재왕자法才王子[1156], 그리고 사리불舍利弗[1157] 등이 七住에 들어가기를 바랐으나, 중도에 악지식惡知識[1158]을 만난 인연 때문에 범부의 불선한 악도惡道로 후퇴하여 들어간 것과 같다."[1159]라

1151 一身: 법신法身을 뜻한다. 무명의 혹惑이 깨끗이 사라지면 법성法性의 체가 온전히 드러나서 형색의 차별이 없기 때문에 一身이라 한다.

1152 『大方廣佛華嚴經』(대정장 제9권, 0278, p.452. c.4~ 10행)에서 축약하여 인용함.

1153 七住: 보살 52계위 중에 17위에 해당하며, 십주十住에서 일곱 번째 자리로 불퇴주不退住라고도 한다.

1154 退分: 七住 미만을 가리킨다.

1155 淨目天子: 第六天의 왕자로서 음욕을 즐겼던 자였으나, 부처님의 부정관不淨觀에 대해 듣고 출가하여 보살도를 행하고 선방에 들어 21일간 멸진삼매滅盡三昧를 닦고서 제오심第五心을 얻었다. 당시 어떤 마왕이 안타라녀安陀羅女로 하여금 열 가지 외형으로 나타내게 하였는데, 이때 태자가 선정에서 일어나 그 여자를 보고 음욕이 생겨서 부처님을 비방하는 말을 하자 바로 제5심에서 물러나고 不淨觀을 놓쳤다고 한다.

1156 法才王子: 사주四住 보살로 태어나 왕이 되었는데, 그 당시에 해우왕마海雨王魔가 국토의 칠보七寶를 탐하여 그것을 훔치고 국토를 불태우자 십만의 금강두귀金剛頭鬼에게 출정을 명하여 海雨王의 많은 병사를 물리쳤다. 이로 인해 왕이 일시적으로 기분이 좋아지자 바로 법광오주삼매심法光五住三昧心에서 후퇴하였다고 한다.

1157 舍利弗: 본래 소승으로서 난煖, 정頂, 인忍에 머무르다 부처님을 만나고 대승을 수행하여 육주지六住地를 증득하고 시안법施眼法을 행하였다. 어느 날 길에서 한쪽 눈이 어두운 바라문을 만났는데 그가 사리불에게 눈 하나를 구걸하여 얻고 나서는 또 파괴해 버리고 사용하지 않았다. 이때 사리불이 후회하는 마음을 내자 곧 다시 후퇴하여 이승의 성문법에 들어가게 되었다고 한다.

1158 惡知識: 善知識의 반대 개념이다.

1159 『菩薩瓔珞本業經』(대정장 제24권, 1485, p.1014. c.4~ 11행)에서 축약하여 인용함.

고 하면서 계속해서 폭넓게 설한 것과 같다. 지금 이 뜻을 풀이해 보면 단지 권교權敎의 말씀일 뿐 실제로 후퇴한 것은 아니다. '우시보살又是菩薩(또 이 보살은)' 이하는 네 번째로 그 참된 행실을 찬탄한 것이니, 겁과 나약함이 영구히 없는 것은 바로 저 경의 가르침이 權敎일 뿐 실제가 아님을 이룬 것이다.

2) 해행발심解行發心

[論_ 分別發趣道相_ 別開分別_ 依名辨相_ 解行發心]

解行發心者, 當知轉勝。以是菩薩從初正信已來, 於第一阿僧祇劫將欲滿故, 於眞如法中, 深解現前, 所修離相。以知法性體無慳貪故, 隨順修行檀波羅密, 以知法性無染, 離五欲過故, 隨順修行尸波羅密, 以知法性無苦, 離瞋惱故, 隨順修行羼提波羅密, 以知法性無身心相, 離懈怠故, 隨順修行毗黎耶波羅密, 以知法性常定, 體無亂故, 隨順修行禪波羅密, 以知法性體明, 離無明故, 隨順修行般若波羅密。

　　해행발심[1160]이란 것이 더욱 뛰어난 것임을 마땅히 알아야 한다. 이 보살은 처음 정신正信(바른 믿음)으로부터 첫째 아승기겁에서의 (수행과 깨달음이) 장차 가득 차려고 하기 때문에 진여법에 대한 깊은 이해가 바로 눈앞에 드러나고 닦은 것이 相을 여의었다. (이 보살은) 法性의 체에 인색과 탐욕이 없음을 알기 때문에 단바라밀檀波羅密[1161]

1160　解行發心: 十解와 十行의 자리에서 부처의 眞理를 깊이 이해하고 수행을 실천하여 십회향의 경지에 이른 발심을 의미한다.
1161　檀波羅密: 단檀은 범어 'dāna'의 음역으로, 단나檀那라고 하며 보시를 의미한다. 세 종류의 보시(재시財施, 법시法施, 무외시無畏施)가 있어 능히 간탐慳貪을 다스리고 빈궁貧窮을 제거한다. 波羅密(pāramī) 또는 波羅蜜多(pāramitā)는 의역하면 도피안到彼岸, 사구경事究竟 또는 도무극度無極으로, 이상理想에 도달하여 완성한다는 것을 뜻한다.

을 수순하여 수행하고, 법성이 더러움에 물들지 않고 오욕五欲[1162]의 허물에서 떠나 있음을 알기 때문에 시바라밀尸波羅密[1163]을 수순하여 수행하며, 법성에 괴로움이 없고 성냄과 번뇌에서 떠나 있음을 알기 때문에 찬제바라밀羼提波羅蜜[1164]을 수순하여 수행하고, 법성에 어떠한 몸과 마음의 相이 없고 게으름에서 벗어나 있음을 알기 때문에 비려야바라밀毗黎耶波羅蜜[1165]을 수순하여 수행하며, 법성이 항상 안정되고 그 체에 난잡함이 없음을 알기 때문에 선바라밀禪波羅蜜[1166]에 수순하여 수행하고, 법성의 체가 밝고 무명을 여읜 것임을 알기 때문에 반야바라밀般若波羅蜜[1167]을 수순하여 수행한다.

[疏] 第二解行發心中, 言第一阿僧祇將欲滿故, 於眞如法深解現前者, 十迴向位, 得平等空, 故於眞如深解現前也, 地前一阿僧祇欲滿故也。是擧解行所得發心。次言以知法性無慳貪故, 隨順修行檀等行者, 十行位中得法空故, 能順法界修六度行。是顯發心所依解行也。

두 번째[1168] 해행발심解行發心 중에 '첫째 아승기겁에서의 (수행

1162 五欲: 오묘욕五妙欲 또는 오묘색五妙色이라고도 한다. 색色·성聲·향香·미味·촉觸의 다섯 가지 경계에 물들어 일으키는 정욕情欲을 가리킨다.

1163 尸波羅蜜: 시尸는 범어 'śīla'의 음역으로 시라尸羅라고도 하며, 지계持戒바라밀을 의미한다. 능히 악업을 다스려 심신을 깨끗하게 한다.

1164 羼提波羅蜜: 찬제羼提는 범어 'kṣānti'의 음역으로 인욕忍辱바라밀을 의미한다. 성냄을 다스려 마음을 편안하게 유지시켜 준다.

1165 毗黎耶波羅蜜: 비려야毗黎耶는 범어 'virya'의 음역으로, 정진精進바라밀을 의미한다. 다섯 가지 바라밀의 덕목을 실천할 때 위로 나아가기를 게을리 하지 않고 마음이 굽혀지거나 꺾이지 않아서 선법을 자라게 한다.

1166 禪波羅蜜: 선禪은 범어 'dhyāna'의 음역으로, 진정한 이치를 사유하고 생각을 안정시켜 마음을 산란하지 않게 한다.

1167 般若波羅蜜: 반야般若는 범어 'prajñā'의 음역으로 지혜를 의미하고, 지혜智慧바라밀 또는 혜바라밀이라고도 한다. 어리석음과 무지를 다스리고 참된 지혜를 열어서 생명의 참된 진리를 파악할 수 있게 한다.

1168 세 가지 發心(信成就發心, 解行發心, 證發心) 중에 두 번째인 解行發心을 가리킨다.

과 깨달음이) 장차 가득 차려 하기 때문에 진여법에 대한 깊은 이해가 바로 눈앞에 드러난다.'라고 말한 것은 십회향十迴向의 자리에서 평등공平等空[1169]을 얻었기 때문에 진여에 대한 깊은 이해가 눈앞에 드러난 것이니, 十地 전의 1아승기가 가득 차려 하기 때문이다. 이것은 解行으로 얻은 발심을 거론한 것이다. 다음으로 말한 '법성法性의 체에 인색과 탐욕이 없음을 알기 때문에 단檀 등등의 바라밀을 수순하여 수행한다.'는 것들은 十行의 자리에서 법공法空을 얻었기 때문에 능히 법계에 수순하여 육도행六度行을 닦는다. 이것은 발심이 의거한 해행解行을 드러낸 것이다.

3) 증발심證發心

[疏] 證發心中, 在文有二。一者通約諸地明證發心, 二者別就十地顯成滿德。

증발심證發心의 글에 두 가지가 있다. 하나는 (보살의) 여러 지위를 공통으로 요약해서 證發心을 밝힌 것이고, 둘은 개별적으로 十地에 나아가서 이루고 가득 채운 덕을 드러내었다.

가) 통약증발심通約證發心 (증발심을 공통해서 요약하다)

[論_ 分別發趣道相_ 別開分別_ 依名辨相_ 證發心_ 通約證發心]

證發心者, 從淨心地, 乃至菩薩究竟地, 證何境界。所謂眞如。以依轉識說爲境界, 而此證者無有境界, 唯眞如智, 名爲法身。是菩薩於一念頃, 能至十方無餘世界, 供養諸佛,

---

1169　平等空: 자타自他와 인법人法의 모든 것이 공하여 차별이 없음을 뜻한다.

請轉法輪, 唯爲開導利益衆生, 不依文字。或示超地速成正覺, 以爲怯弱衆生故, 或說我於無量阿僧祇劫當成佛道, 以爲懈慢衆生故。能示如是無數方便, 不可思議, 而實菩薩種性根等, 發心則等, 所證亦等, 無有超過之法, 以一切菩薩皆經三阿僧祇劫故。但隨衆生世界不同, 所見所聞根欲性異, 故示所行亦有差別。又是菩薩發心相者, 有三種心微細之相, 云何爲三。一者眞心, 無分別故, 二者方便心, 自然徧行利益衆生故, 三者業識心, 微細起滅故。

증발심이란 것은 정심지淨心地로부터 보살 구경지究竟地[1170]에 이르기까지 어떤 경계를 증득하는가? 이른바 진여다. 전식轉識에 의해 설하기 때문에 경계라 하지만, 이 증득이란 것에는 경계가 없고 오직 진여지眞如智일 뿐이라서 이름을 법신이라 한다. 이 보살은 한 생각의 잠깐 사이에 능히 시방의 남김 없는 세계에 이르러 여러 부처에게 공양하고 설법하여 주기를 청하는 것은 오직 중생을 계도하고 이롭게 하기 위함이고, 문자에 의지하지 않는다. 간혹 보살지를 초월하여 빠르게 정각正覺[1171] 이루는 것을 시현하기도 하는데, 이것은 겁내고 나약한 중생을 위한 것이기 때문이고, 간혹 자신이 한량없는 아승기겁에 응당 불도를 이룰 것이라고 설하는 것은 게으르고 태만한 중생을 위한 것이기 때문이다. 능히 이 같은 무수한 방편으로 불가사의함을 보이지만, 참으로 보살 종성種性[1172]의 뿌리는 동등하고 발심도

1170 究竟地: 보살十地 중에 마지막 법운지法雲地를 가리킨다.
1171 正覺: 모든 제법의 진상을 깨달은 진정한 깨달음을 가리키는 단어로, 정해正解·등각等覺·등정각等正覺·정등정각正等正覺·정등각正等覺·정진각正盡覺이라고도 한다.
1172 種性: 범어 'gotra'의 의역으로, 二種性, 四種性, 五種性, 十種性 등이 있다. 간략하게 二種性으로 말하면 본성주종성本性住種性과 습소성종성習所成種性이 있다. 本性住種性은 성종성性種性 또는 性種이라고 약칭하며, 보리의 본성을 증득할 수 있는 種性으로, 무시無始이래 스스로 그러하게 존재하는 것이다. 習所成種性은 간략하게 습종성習種性이라고도 하며, 후천적인 수행과 훈습으로 말미암아 얻게 된 種性이다.

같으며 증득한 것도 역시 같아서 넘치고 지나치는 법이 없는 것은 일체 보살이 모두 세 아승기겁을 거치기 때문이다. 다만 중생 세계가 같지 않고, 보고 듣는 바의 근기·욕구·성품이 다르기 때문에 행한 것을 보여줌에도 차별이 있다. 또 이 보살의 發心한 모습에 세 가지 마음의 미세한 相이 있으니, 무엇을 일러 셋이라 하는가? 하나는 진심眞心으로 분별이 없기 때문이고, 둘은 방편심方便心으로 자연스럽게 두루 행하여 중생을 이롭게 하기 때문이며, 셋은 업식심業識心으로 미세하게 일어나고 사라지기 때문이다.

해설 증발심을 이룬 보살은 거의 법신의 경지에 도달하였지만, 중생을 제도하기 위해 스스로 報身이 되어 중생의 수준과 성향에 따라 여러 부처의 모습으로 현신한다. 마치 공자가 제자들의 성향과 학문의 경지에 따라서 仁을 여러 가지 다른 말로 설명한 것과 같다. 공자는 안연顏淵[1173]이 仁을 물었을 때는 "자기를 이기고 예禮로 돌아가는 것이다."[1174]라고 답했고, 중궁仲弓[1175]이 물었을 때는 "문을 나갔을 때는 큰 손님을 보듯이 삼가고, 백성을 부릴 때는 큰 제사를 받들 듯이 조심하며, 자신이 하고자 하지 않은 것을 남에게 베풀지 말아야 한다."[1176]라고 설명하였으며, 번지樊遲[1177]에게는 "사람을 사랑하는 것이다."[1178]라고 각각 다르게 대답했다.

[疏] 初中有四。一標位地, 二明證義, 是菩薩以下, 第三歎德, 發心相

1173 顏淵: 노나라 사람으로 공자의 제자이다. 名은 회回이고 字가 자연子淵이다.
1174 『論語』「顏淵」, 제1장 "顏淵問仁。子曰, 克己復禮爲仁"
1175 仲弓: 본명은 염옹冉雍이고 자字가 仲弓이다. 노나라 사람으로 공자의 제자이다.
1176 『論語』「顏淵」, 제2장 "仲弓問仁。子曰, 出門如見大賓, 使民如承大祭, 己所不欲勿施於人"
1177 樊遲: 공자의 제자로, 노나라 사람이다. 名은 수須이고, 字가 자지子遲이다.
1178 『論語』「顏淵」, 제22장 "樊遲問仁。子曰, 愛人"

以下, 第四顯相。第二中言以依轉識說爲境界者, 轉識之相, 是能見用, 對此能見說爲境界。以此諸地所起證智, 要依轉識而證眞如, 故對所依假說境界, 直就證智, 即無能所。故言證者無境界也。第四中言眞心者, 謂無分別智, 方便心者, 是後得智, 業識心者, 二智所依阿黎耶識。就實而言, 亦有轉識及與現識, 但今略擧根本細相。然此業識非發心德, 但爲欲顯二智起時, 有是微細起滅之累, 不同佛地純淨之德, 所以合說爲發心相耳。

처음[1179]에 네 가지가 있다. 하나는 지위를 표시하였고,[1180] 둘은 증득의 뜻을 밝혔으며,[1181] '시보살是菩薩(이 보살은 한 생각의)' 이하는 세 번째로 덕을 찬탄했고,[1182] '발심상發心相(발심한 모습)' 이하는 네 번째로 相을 드러내었다.[1183] 두 번째 중에 말한 '전식에 의해 설하기 때문에 경계라 한다.'는 것은 전식(으로 드러나는) 상은 능견能見의 작용이라, 이 능견能見에 상대해서 경계라고 말하였다.[1184] 이 여러 보살지에서 일어난 증지證智는 요컨대 전식에 의해 증득하는 진여이기 때문에 소의所依에 상대해서 경계를 빌려 설하였으나, 곧바로 증지에 나아가면 바로 능能[주체인 능견]과 소所[객체인 경계]가 없다. 그래서 '증득이란 것에는 경계가 없다.'라고 말하였다. 넷째에서 말한 '진심眞心'은 무분별지無分別智이고, '방편심'은 후득지後得智이며, '업식심'은 두 지혜[1185]가 의거하는 아려야식을 가리킨다. 실제로 말하자면

1179 證發心을 설명하는 것(通約諸地明證發心, 別就十地顯成滿德) 중에 通約을 가리킨다.
1180 '證發心者 從淨心地 乃至菩薩究竟地' 부분.
1181 '證何境界 所謂眞如 以依轉識說爲境界 而此證者無有境界 唯眞如智 名爲法身' 부분.
1182 '是菩薩於一念頃 能至十方無餘世界 ~~ 所見所聞根欲性異 故示所行亦有差別' 부분.
1183 '又是菩薩發心相者 有三種心微細之相 ~~ 三者業識心 微細起滅故' 부분.
1184 은정희 역: 전식(삼세 중의 전식)의 상은 능견能見의 작용이어서 이 능견에 대하여 경계라고 말하는 것이니,
1185 無分別智와 後得智를 의미한다.

전식轉識과 더불어 현식現識도 있지만, 지금은 간략하게 근본인 세상細相(업식業識을 가리킴)만을 거론하였다. 그러나 이 業識은 발심의 덕(으로 말한 것)이 아니고, 단지 두 지혜가 일어날 때 이 미세하게 생멸하는 허물이 있어 부처 경지의 순수하고 깨끗한 덕과 같지 않음을 드러내기 위해 (세 가지 마음을) 합하여 '發心相'이라고 설하였을 뿐이다.

해설 증발심의 경지에서는 아직도 여래의 순정한 마음을 얻지 못하였기 때문에 아려야식의 三細에 의해 대상을 분별하는 마음이 잔존해 있다. 그래서 진심이니 방편심이니 하는 발심상이 있는 것이고, 이러한 발심상이 아려야식의 三細相에 의존하기 때문에 생멸하는 허물이 있다고 한 것이다. 보조국사 지눌이 권수정혜결사문勸修定慧結社文에서 "땅으로 인해 넘어진 자 땅을 통해 일어나야지 땅을 떠나 일어나기를 구하는 도리는 없다. 한마음이 미혹해서 수많은 번뇌를 일으키는 자는 중생이고, 한마음을 깨우쳐서 무한한 묘용을 일으키는 자는 여러 부처이다. 미혹과 깨우침이 비록 다를지라도 모름지기 한마음에서 연유해야지, 마음을 떠나 부처를 구하는 이런 경우는 없다."[1186]라고 말하였듯이, 번뇌를 일으키는 것도 전육식前六識을 비롯한 말나식과 아려야식의 염법染法 분별이지만, 깨달음을 향해서 가는 것도 역시 여러 識에 의한 정법淨法이 반드시 필요하다. 그러나 완전하게 부처의 경지에 도달하면 능소의 구별도 없고, 이러한 染淨의 차별도 더 이상 없다.

나) 별현성만공덕別顯成滿功德 (이루고 가득 채운 공덕을 나눠 드러내다)

[疏] 以下第二別顯成滿功德, 於中有二。一者直顯勝德, 二者往復除疑。

1186 "人因地而倒者, 因地而起, 離地求起, 無有是處也。迷一心而起無邊煩惱者, 衆生也, 悟一心而起無邊妙用者, 諸佛也。迷悟雖殊, 而要由一心, 則離心求佛者, 亦無有是處也"

이 아래는 두 번째로 이루고 가득 채운 공덕을 나눠 드러낸 것으로, 그 중에 두 가지가 있다. 하나는 뛰어난 덕을 곧바로 드러내었고, 둘은 왕복으로 의문을 제거하였다.

(1) 직현승덕直顯勝德 (뛰어난 공덕을 곧바로 드러내다)

[論_ 分別發趣道相_ 別開分別_ 依名辨相_ 證發心_ 別顯成滿功德_ 直顯勝德]
又是菩薩功德成滿, 於色究竟處示一切世間最高大身, 謂以一念相應慧, 無明頓盡, 名一切種智, 自然而有不思議業, 能現十方利益衆生。

또 이 보살은 공덕이 이루어지고 가득차서 색구경처色究竟處[1187]에서 일체 세간 중에 최고로 위대한 몸을 시현하니, 말하자면 한 생각에 상응하는 지혜로써 무명이 단번에 멸진한 것을 일체종지一切種智[1188]라고 하며, 자연스레 불가사의한 업용이 있어 능히 시방에 현현하여 중생을 이롭게 한다.

[疏] 初中言功德成滿者, 謂第十地因行成滿也。色究竟處示高大身, 乃至名一切種智等者, 若依十王果報別門, 十地菩薩第四禪王, 在於色究竟天成道, 則是報佛他受用身。如十地經攝報果中云, "九地菩薩作大梵王, 主二千世界, 十地菩薩作魔醯首羅天王, 主三千世界", 楞伽經言,

---

1187 色究竟處: 색계色界 18天 중 가장 높은 색구경천色究竟天을 지칭한다. 최상품의 사선四禪을 닦은 자가 태어나는 곳으로, 그 과보가 색계에서 가장 뛰어나 그 수명이 백겁에 달한다고 한다.
1188 一切種智: 三智(一切智, 道種智, 一切種智)의 하나로, 일체상지一切相智라고도 하며, 부처의 지혜에 해당한다. 총상總相과 별상別相에 통달하고 견상見相을 떠나 두루 하지 않은 곳이 없으며, 마음이 진실하여 큰 지혜의 작용과 무량한 방편이 있어, 중생이 응하는 이해의 정도에 따라 모두 갖가지 법을 열어 보일 수 있기 때문에 一切種智라 한다.

"譬如阿黎耶識, 頓分別自心現身器世界等, 報佛如來亦復如是, 一時成就諸衆生界, 置究竟天淨妙宮殿修行清淨之處", 又下頌言, "欲界及無色, 佛不彼成佛, 色界中上天, 離欲中得道".

처음에 말한 '공덕이 이루어지고 가득찼다.'는 것은 第十地[1189]에서 正因의 수행이 이루어지고 가득찬 것을 말한다. '색구경처에서 최고로 위대한 몸을 시현한다.'에서부터 '일체종지라고 한다.'까지 등등은 『시왕과보별문十王果報[1190]別門』에 의하면, 十地 보살은 제사선왕第四禪王[1191]으로 색구경천에서 불도를 이루니, 바로 보신불의 타수용신他受容身[1192]이다. 마치 『십지경十地經』의 과보를 포섭하는 것(에 대한 설명)에서 "九地보살[1193]은 대범왕大梵王[1194]이 되어 二千 세계를 주재하고,[1195] 十地보살은 마혜수라천왕魔醯首羅天王[1196]이 되어 三千 세

1189 第十地: 보살 십지의 마지막 자리인 法雲地를 가리킨다.
1190 十王果報: 시왕화보十王華報와 같은 뜻이다. 십지보살이 자리自利와 이타利他의 수행으로 큰 공덕을 이루고, 그것에 의한 과보로써 염부제왕閻浮提王이나 마혜수라천왕摩醯首羅天王과 같은 十大天王十大天王이 되어, 중생을 교화 인도하는 것을 의미한다. 이 十王은 욕계欲界 六天과 색계色界 사선천四禪天의 왕으로, 사후 세계에서 인간의 죄의 경중을 가리는 十王과는 다른 개념이다.
1191 第四禪王: 사선정四禪定을 닦아서 색계色界 제사선천第四禪天에 태어나는 왕이다. 『廣釋菩提心論』(대정장 제32권, 1664, p.567. c9~ 15행)에 初禪定에서 四禪定까지를 설한 내용이 있다. "謂若得離欲愛所有喜樂, 內心淸淨住正相應, 有尋有伺, 是初禪定. 又復此中無尋唯伺, 名中間禪. 初禪地愛若得離已, 所有喜樂內心淸淨住正相應, 是二禪定. 二禪地愛若得離已, 樂捨正知住正相應, 是三禪定. 三禪地愛若得離已, 捨念相應, 是四禪定"
1192 他受用身: 사신四身(自性身, 自受用身, 他受用身, 變化身) 중의 하나로, 깨달음의 법락法樂을 다른 중생에게도 수용하게 해주는 불신佛身으로, 주로 응신應身을 가리킨다.
1193 九地보살: 선혜지善慧地 보살로 사무애해四無礙解를 얻고 시방에 두루 하며, 일음一音으로 일체의 선법善法을 연설하여 듣는 자로 하여금 환희심歡喜心을 내게 한다.
1194 大梵王: 사바세계의 임금으로서 초선천初禪天의 제3天에 거하며, 梵天 또는 梵王이라 한다. 그 몸의 크기는 반 유순由旬이며, 수명은 반겁半劫에 해당한다.
1195 『佛說十地經』(대정장 제10권, 0287, p.566. a.9~ 11행)의 원문은 다음과 같다. "菩薩第九善慧智地, 若廣說者於無量劫說不能盡. 此地菩薩, 受生多作大梵天王, 具大威勢王二千界"
1196 摩醯首羅天王: 범어 'maheśvara'의 음역으로, 마혜습벌라摩醯濕伐羅라고도 하며 대자재천大自在天 또는 위령제威靈帝로 의역한다. 색계色界의 최정상에 있는 색구경천色究竟天의 天王 이름이다.

계를 주재한다."[1197]라고 하였고, 『능가경』에서 "비유하면 아려야식은 자신의 마음과 (마음으로) 현신한 기세간 등을 문득 분별하는 것과 같으니, 보불報佛여래도 또한 이같이 일시에 모든 중생계를 성취하고, 구경천究竟天[1198] 정묘궁전淨妙宮殿의 수행이 청정한 곳에 (몸을) 둔다."[1199]라고 하였으며, 또 그 아래의 게송에서 "욕계와 무색계에서 부처는 그 성불을 하지 않고, 색계의 上天에서 욕심을 여의는 중에 득도한다."[1200]라고 말한 것과 같다.

해설 九地보살은 二千世界를 주재하고 十地보살은 三千世界를 주재하는 것처럼 깨달음의 정도에 따라 관장하는 세계가 많아지는데, 이것을 나무로 비유하면 다음과 같다. 잎사귀 자신 하나밖에 모르는 잎사귀는 자기 하나의 잎사귀만을 주재하지만, 작은 가지에 달린 잎사귀들이 모두 나와 한 몸이란 것을 깨달은 잎사귀는 그 작은 가지에 달린 모든 잎사귀를 주재할 수 있을 것이다. 다시 좀 더 나아가서 큰 가지만큼의 잎사귀들이 모두 자기와 한 몸이란 것을 깨달으면 그 큰 가지 전체의 잎사귀들을 주재할 수 있을 것이고, 마침내 그 깨달음이 몸통을 지나 뿌리에까지 다다르면 모든 잎사귀들이 나와 하나가 된 평등일여의 세계가 열릴 것이다.

1197 『佛說十地經』(대정장 제16권, 0287)에서 인용하였으나 원문이 산재하여 모두 전재하기 어렵고, 魔醯首羅天王의 이름은 보이지 않는다.

1198 究竟天: 색계色界 사선천四禪天에서 가장 높은 곳으로, 애구경천礙究竟天·질해구경천質閡究竟天·일구경천一究竟天·일선천一善天·무결애천無結愛天이라고도 한다. 이 하늘은 최상품의 四禪을 닦은 자가 태어나는 곳으로 그 과보가 색계에서 가장 뛰어나다. 色界 18천의 하나이기도 하고 5정거천淨居天의 하나이기도 하다.

1199 『入楞伽經』(대정장 제16권, 0671, p.525. b.9~12행)의 원문이 일부 변형되었다. "譬如阿梨耶識分別現境自身資生器世間等, 一時而知非是前後. 大慧, 報佛如來亦復如是, 一時成熟諸衆生界, 置究竟天淨妙宮殿修行淸淨之處"

1200 『入楞伽經』(대정장 제16권, 0671, p.583. c12~13행)에서 인용함.

[別記] 今釋此經意云。若論實受用身之義, 徧於法界無處不在, 而言唯在彼天之身而成佛者, 爲菩薩所現色相化受用身, 非實報身唯在彼天。爲顯此義, 故言界也。別記止此。

지금 이 경(『능가경』)의 뜻을 풀이하여 말한다. 만약 실수용신實受用身[1201]의 의미로 논한다면 법계에 두루 하여 어느 곳에서나 존재하지 않는 것이 없지만, 오직 저 하늘(구경천, 색계의 上天)에 있는 몸으로만 성불한다고 말한 것은 보살에 의해 드러낸 형색과 모습이 화수용신[1202]이기 때문이고, 실제로 보신불이 오직 저 하늘에만 있는 것은 아니다. 이 뜻을 드러내기 위하여 界를 말하였다. 『별기別記』는 여기에서 그친다.

[疏] 梵網經云, "爾時釋迦牟尼佛, 在第四禪魔醯首羅天王宮, 與無量大梵天王, 不可說不可說菩薩衆, 說蓮華藏世界盧舍那佛所說心地法門品。是時釋迦身放慧光, 從此天王宮乃至蓮華臺藏世界。是時釋迦牟尼佛, 卽擎接此世界衆, 至蓮華臺藏世界百萬億紫金光明宮中, 盧舍那佛坐百萬蓮華赫赫光明座上。時釋迦佛及諸人衆一時禮敬盧舍那佛。爾時盧舍那佛卽大歡喜, 是諸佛子諦聽, 善思修行。我已百萬阿僧祇劫修行心地以之爲因, 初捨凡夫, 成等正覺, 爲盧舍那, 住蓮華藏世界海。其臺周徧有千葉, 一葉一世界, 爲千世界, 我化作爲千釋迦, 據千世界, 復就千葉世界, 復有百億四天下, 百億菩薩釋迦, 坐百億菩提樹下。如是千葉上佛, 是吾化身, 千百億釋迦, 是千釋迦化身, 吾爲本源, 名爲盧舍那"。偈言, "我今盧舍那 方坐蓮華臺", 乃至廣說。此等諸文, 準釋可知。

1201 實受用身: 보신을 二身(자수용신自受用身과 타수용신他受用身)으로 구분할 때, 自受用身을 지칭한다.
1202 化受用身: 두 가지 보신報身 중에 타수용신他受用身으로, 일반적으로 화신化身을 가리킨다.

『범망경梵網經』[1203]에서 이르기를 "그때 석가모니불이 제사선第四禪의 마혜수라천 왕궁에서 수많은 대범천왕과 이루 말할 수 없이 많은 보살 대중에게 연화장세계蓮華藏世界[1204]의 노사나불盧舍那佛[1205]이 설한「심지법문품心地法門品」을 설하셨다. 이때 석가모니의 몸에서 지혜의 광명이 나와서 이 천왕궁으로부터 연화대장세계蓮華臺藏世界까지 도달하였다. 이때 석가모니불이 곧 이 세계의 대중을 받들고 연화대장세계의 백 만억 자금광명궁 안에 이르렀는데, 노사나불이 백만 연꽃으로 환하게 빛나는 좌대 위에 앉아 계셨다. 이때 석가불과 여러 사람이 일시에 노사나불께 예로써 경배하였다. 그때 노사나불이 바로 크게 기뻐하시고, 여러 불자여! 자세히 듣고 잘 생각하여 수행하라. 나는 이미 백만 아승기겁에 심지心地[1206]를 수행하고, 이것으로써 인因을 삼아 처음에 범부(의 자리)를 버리고, (나아가서) 등정각等正覺[1207]을 이루어, 노사나불이 되어 연화장세계의 바다에 머물고 있다. 그 대臺는 천 개의 연잎이 둘러싸고 있는데 한 개의 잎은 하나의 세계라서 천 개의 세계가 되고, 나는 천 명의 석가로 화化하여 천

1203 『梵網經』: 구마라집이 한역漢譯한 경전으로, 『범망경보살계梵網經菩薩戒』, 『보살계경菩薩戒經』, 또는 『범망경노사나불설보살심지계품제십梵網經盧舍那佛說菩薩心地戒品第十』이라고도 한다.

1204 蓮華藏世界: 연화대장세계해蓮華臺藏世界海, 연화해장세계蓮華海藏世界 또는 연화대장세계蓮華臺藏世界라고도 하며, 노사나불盧舍那佛이 세계의 본원本源으로 화대華臺위에 앉아있다. 이 세계에 모든 나라와 사물이 간직되어 있어서 연화장세계라 한다.

1205 盧舍那佛: 범어 'Vairocana'의 음역으로 비루차나毘樓遮那, 비로절나毘盧折那, 비차나盧遮那라고도 하며, 커다란 해 또는 광명이 두루 비춘다는 뜻으로 대일여래大日如來라고도 한다. 통상적으로 보신불의 명칭으로 사용되나 간혹 법신을 가리키기도 한다.

1206 心地: 계戒를 의미한다. 세간의 모든 것들이 대지를 바탕으로 삼는 것처럼 戒는 마음을 근본으로 삼기 때문에 心地라 한다. 또 다른 의미에서 50위(十信에서 十地까지)의 보살 마음을 비유적으로 心地라고도 하는데, 이 마음에 의거해서 보살이 수행하기 때문이다. 여기에서는 이 두 가지 의미가 모두 해당한다고 볼 수 있다.

1207 等正覺: 범어 'samyaksaṃbodhi'를 의역한 것으로 정등각正等覺, 정등보리正等菩提, 정변지正遍知, 정변각正遍覺 등과 같은 말이다. 삼세三世 제불諸佛의 각지覺知가 평등한 것을 등等이라 한다.

개의 세계를 근거로 삼는데, 다시 천 개 연잎의 세계로 나아가면 다시 백억의 사천하四天下[1208]가 있으니, 백억의 보살과 석가가 백억의 보리수 밑에 앉아 있다. 이처럼 천 개 잎사귀 위의 부처는 곧 나의 화신化身이며, 천백억 명의 석가는 곧 천 명의 석가 化身으로, 내가 본래의 근원이니 이름을 노사나라 한다."[1209]라고 하였다. 게송에서 말하기를 "나는 지금 노사나로 바야흐로 연화대에 앉아 있다."[1210]라고 하고, 이어서 널리 설하였다. 이 같은 여러 글에 준거하여 해석하면 알 수 있을 것이다.

(2) 왕복제의往復除疑

[論_ 分別發趣道相_ 別開分別_ 依名辨相_ 證發心_ 別顯成滿功德_ 往復除疑]

問曰。虛空無邊故, 世界無邊, 世界無邊故, 衆生無邊, 衆生無邊故, 心行差別亦復無邊。如是境界, 不可分齊, 難知難解, 若無明斷無有心想, 云何能了名一切種智。

答曰。一切境界, 本來一心, 離於想念, 以衆生妄見境界, 故心有分齊, 以妄起想念, 不稱法性, 故不能決了。諸佛如來離於見想, 無所不徧, 心眞實故, 卽是諸法之性, 自體顯照一切妄法, 有大智用無量方便, 隨諸衆生所應得解, 皆能開示種種法義, 是故得名一切種智。

  묻는다. 허공이 끝이 없기에 세계도 끝이 없고, 세계가 끝이 없

1208 四天下: 수미산의 사방에 있는 4개의 大洲로, 동은 승신주勝身洲, 서는 우화주牛貨洲, 남은 섬부주贍部洲, 북은 구로주瞿盧洲라 한다.
1209 『梵網經』(대정장 제24권, 1484, p.997. b12~ 16행, b23~ 27행, c2~ 14행)에서 내용을 일부 변형하여 인용함.
1210 『梵網經』(대정장 제24권, 1484, p.1003. c29행)에서 인용.

기에 중생도 끝이 없으며, 중생이 끝이 없기에 마음과 수행의 차별도 또한 다시 끝이 없다. 이 같은 경계는 나눠 한계 지을 수도 없고, 알기도 이해하기도 어려운데, 만약 무명이 단멸되어 심상心想이 없다면, 어떻게 능히 알아서 일체종지一切種智라 하는가?

답한다. 모든 경계는 본래 한마음(에서 비롯된 것)으로 상념에서 떠나 있는데, 중생이 허망하게 경계를 보기 때문에 마음에 차별이 있고, 상념을 헛되이 일으켜 법성法性에 걸맞지 않기 때문에 명료하게 알 수 없는 것이다. 여러 부처와 여래는 보는 것과 생각하는 것을 여의고 두루 하지 않는 곳이 없으며, 마음이 진실하기 때문에 바로 모든 법의 본성이고, 자체自體가 일체의 허망한 법을 드러내 비추고, 대지大智의 작용과 한량없는 방편이 있어서, 여러 중생이 응하는 바에 따라 깨달음을 얻는 것은 (부처와 여래가) 모두 갖가지 法과 의義를 열어 보여줄 수 있음이니, 이 때문에[1211] 일체종지一切種智라는 이름을 얻는 것이다.

又問曰。若諸佛有自然業能現一切處利益眾生者, 一切眾生, 若見其身, 若觀神變, 若聞其說, 無不得利, 云何世間多不能見。
答曰。諸佛如來法身平等, 徧一切處, 無有作意故, 而說自然, 但依眾生心現。眾生心者, 猶如於鏡, 鏡若有垢, 色像不現。如是眾生心若有垢, 法身不現故。

또 묻는다. 만약에 여러 부처에게 자연업自然業[1212]이 있어 모든

1211 은정희 역: 그 자체自體가 모든 망법을 환하게 비추어 대지大智의 작용이 있어 무량한 방편으로 모든 중생이 응당 알아야 할 바를 따라서 여러 가지 법의法義를 모두 열어 보이기 때문에
1212 自然業: 여러 부처의 법신이 어떠한 분별이나 작의 없이 자연스럽게 중생을 이롭게 하는 것을 가리킨다.

곳에 나타나 중생을 이롭게 한다면, 일체중생이 만약 그 부처의 몸을 보거나, 신비한 변화를 목도하거나, 그 말씀을 듣기만 하면, 이로움을 얻지 못할 것이 없을 터인데 어찌하여 세간에서 자주 볼 수 없다고 하는가?

답한다. 여러 부처와 여래 법신은 평등하여 모든 곳에 두루 하며 의도적인 뜻이 없기 때문에 '자연自然'이라 설하는데, 다만 중생의 마음에 의해 현현할 뿐이다. 중생의 마음은 마치 거울과 같아서 거울에 만약 때가 있으면 형상이 나타나지 않는 것과 같다. 이같이 중생의 마음에 더러움이 있다면 법신이 현현하지 않기 때문이다.

[疏] 第二遣疑。二番問答, 卽遣二疑。初答中有三。先立道理, 次擧非, 後顯是。初中言一切境界本來一心離於想念者, 是立道理, 謂一切境界, 雖非有邊, 而非無邊, 不出一心故, 以非無邊故, 可得盡了, 而非有邊故, 非思量境。以之故言離想念也。第二擧非中言以衆生妄見境界故心有分齊等者, 明有所見故有所不見也。第三顯是中言離於見想無所不徧者, 明無所見故無所不見也。言心眞實故卽是諸法之性者, 佛心離想, 體一心原, 離妄想故, 名心眞實, 體一心故, 爲諸法性。是則佛心爲諸妄法之體, 一切妄法皆是佛之心相。相現於自體, 自體照其相。如是了知, 有何爲難, 故言自體顯照一切妄法。是謂無所見故無所不見之由也。

두 번째로 의심을 제거하였다. 두 번 묻고 답하였으니, 바로 두 가지 의심을 제거한 것이다. 처음 답하는 가운데 세 가지가 있다. 먼저 도리를 세웠고,[1213] 다음으로 그른 것을 들었으며,[1214] 뒤에서 옳은 것을 드러내었다.[1215] 처음에 말한 '모든 경계는 본래 한마음으로 상

1213 '一切境界 本來一心 離於想念' 부분.
1214 '以衆生妄見境界 故心有分齊 以妄起想念 不稱法性 故不能決了' 부분.
1215 '諸佛如來離於見想 無所不徧 ~~ 是故得名一切種智' 부분.

념에서 떠나 있다.'는 것은 도리를 세운 것으로, 일체 경계가 비록 끝이 있는 것도 없는 것도 아니지만 한마음에서 벗어나지 않는 것을 말하기 때문이니, 끝이 없지 않기 때문에 다 알 수 있는 것이며, 끝이 있지 않기 때문에 헤아릴 수 있는 경지가 아니다. 이런 까닭에 '상념에서 떠나 있다.'고 하였다. 두 번째로 그른 것을 드는 중에 말한 '중생이 허망하게 경계를 보기 때문에 마음에 차별이 있다.' 등등은 보는 것이 있기 때문에 보지 못하는 것이 있음을 밝힌 것이다. 세 번째로 옳은 것을 드러내는 중에 말한 '보는 것과 생각하는 것을 여의고 두루 하지 않는 곳이 없다.'는 것은 보는 것이 없기 때문에 보지 못하는 것이 없음을 밝힌 것이다. '마음이 진실하기 때문에 바로 모든 법의 본성이다.'라고 한 것은 부처의 마음은 망상을 여의고 그 체는 한마음의 근원이니, 망상을 여의었기 때문에 마음이 진실하다고 칭하였고, 체가 한마음이기 때문에 모든 법의 본성이 된다. 이것이 바로 부처의 마음이 모든 헛된 법의 본체이고, 일체의 허망한 법이 모두 부처의 심상心相인지라, 相은 자체에서 현현하고, 자체는 그 相을 비추는 것이다. 이같이 환히 깨달으면 무슨 어려움이 있겠는가? 그래서 '자체自體가 일체의 허망한 법을 드러내 비춘다.'라고 하였으니, 이것은 보는 것이 없기 때문에 보지 못하는 것이 없는 까닭을 말한 것이다.

해설 마음이 진실하여 모든 법의 본성이 되는데 어찌하여 다시 헛된 법의 본체가 될 수 있는가? 진여와 생멸이 모두 한마음에 포섭되어 있기 때문이다. 본래 깨끗한 물도 흙과 섞이면 더러워지고, 또 더러워진 흙탕물도 고요하게 오래 두면 맑아지는 것처럼, 모든 염법과 정법의 체는 하나의 마음이다.

次遣第二疑。答中言鏡若有垢色像不現, 如是衆生心若有垢, 法身不現者, 法身如本質, 化身似影像, 今據能現之本質, 故言法身不現。如攝大乘顯現甚深中言, "由失故尊不現, 如月相於破器"。釋曰, "諸佛於世間不顯現, 而世間說諸佛身常住。云何不顯現。譬如於破器中水不得住, 水不住故, 於破器中實有月不得顯現。如是諸衆生, 無奢摩他頓滑相續, 但有過失相續, 於彼實有諸佛亦不顯現, 水譬奢摩他頓滑性故"。

다음으로 두 번째 의심을 제거하였다. 답하는 중에 말한 '거울에 만약 때가 있으면 형상이 나타나지 않는다. 이같이 중생의 마음에 더러움이 있다면 법신이 현현하지 않는다.'는 것은 법신은 본질과 같고 화신은 그림자와 같은데, 지금 현현해 줄 수 있는 본질에 의거하였기 때문에 '법신이 현현하지 않는다.'고 말한 것이다.[1216] 마치 『섭대승론攝大乘論』의 현현심심顯現甚深[1217] 중에서 말한 "(여래법신을) 잃어버렸기 때문에 세존이 현현하지 않는 것은 마치 달의 모습이 깨진 그릇(에 나타나지 않는 것)과 같다."[1218]는 것과 같다. 『섭대승론석攝大乘論釋』에서 말하기를 "여러 부처가 세간에 나타나지 않는데도 세간에서 여러 부처의 몸이 상주한다고 설한다. 어찌하여 나타나지 않는다고 하는가? 비유하면 깨진 그릇 안에는 물이 머물 수 없고, 물이 머물러 있지 않기 때문에 깨진 그릇에는 실로 달이 있어도 현현할 수 없는 것과 같다. 이처럼 모든 중생은 사마타奢摩他[1219]가 부드럽고 매끄럽게

1216 은정희 역: 이제 나타냄(能現)의 본바탕이라는 점에서 보기 때문에 '법신이 나타나지 않기 때문'이라고 말한 것이다.

1217 顯現甚深: 『攝大乘論』에서 설하고 있는 12가지 甚深(生不住業住甚深, 安立數業甚深, 正覺甚深, 離欲甚深, 陰滅甚深, 成熟甚深, 顯現甚深, 菩提般涅槃顯現甚深, 住甚深, 顯自體甚深, 滅惑甚深, 不可思議甚深甚深) 중의 하나이다.

1218 『攝大乘論』(대정장 제31권, 1593, p.131. a25행)에서 인용.

1219 奢摩他: 범어 'śamatha'의 음역으로, 의역하면 지止·적정寂靜·능멸能滅이 된다. 마음을 붙잡아서 경계에 흔들리지 않으며, 모든 산란함을 멀리하고 그쳐서 마음을 적정하게 한다는 것을 뜻한다.

이어지는 것이 없고 단지 과실過失만 서로 이어져서, 저 중생에게는 실로 여러 부처가 있어도 역시 현현하지 않으니, (이것이 바로) 물을 사마타의 부드럽고 원활한 성질에 비유한 까닭이다."[1220]라고 하였다.

此二論文, 同說佛現及不現義, 然其所喩少有不同。今此論中以鏡爲喩有垢不現者, 約機而說, 見佛機熟, 說爲無垢, 有障未熟, 名爲有垢, 非謂煩惱現行, 便名有垢不見。如善星比丘, 及調達等, 煩惱心中能見佛故。攝大乘中破器爲喩, 明有奢摩他乃得見佛者, 是明過去修習念佛三昧相續, 乃於今世得見佛身, 非謂今世要於定心乃能見佛。以散亂心亦見佛故, 如彌勒所問經論中言。又經說諸禪爲行處, 是故得禪者, 名爲善行諸行。此論中不必須禪乃初發心, 所以者何。佛在世時, 無量衆生皆亦發心, 不必有禪故。

이 두 논[1221]의 글이 똑같이 부처의 현현現顯과 불현不現의 뜻을 설하였으나, 그 비유한 것에 조금 다른 것이 있다. 지금 이『기신론』에서 거울을 비유로 삼아 더러움이 있으면 나타나지 않는다고 한 것은 근기를 기준으로 설한 것으로, 부처를 보는 근기가 성숙한 것을 설하여 더러움이 없다고 하고, 장애가 있어 아직 성숙치 못한 것을 이름하여 더러움이 있다고 한 것이니, 번뇌가 현행하고 있는 것을 일러 곧바로 칭하여 더러움이 있어 보지 못한다고 한 것은 아니다. 마치 선성비구善星比丘[1222]와 조달調達[1223] 같은 이들이 번뇌하는 마음 중에서도 부

1220 『攝大乘論釋』(대정장 제31권 1595, p.260. b10~16행)에서 인용.
1221 『起信論』과 『攝大乘論』을 가리킴.
1222 善星比丘: 善星은 범어 이름인 'Sunakṣatra'를 한역한 것으로, 인도인 비구의 이름이다. 석가모니 태자 시절의 아들로서, 출가해서 12부의 경經을 독송하였으며, 욕계의 번뇌를 끊고 제4선정을 얻었다가, 나쁜 친구를 가까이 하여 해탈을 얻지 못하고 열반의 법이 없다고 여겨 산 채로 무간지옥에 떨어졌다고 한다.
1223 調達: 범어 이름인 'Devadatta'의 한역으로, 음사音寫하여 제바달다提婆達多라고도 한다. 석존釋尊 당시에 오역죄五逆罪를 범하고, 승단을 파괴하였으며, 부처와 대적한 악비구惡比丘로, 석가모니의 숙부인 곡반왕斛飯王의 아들이다.

처를 볼 수 있었기 때문이다. 『섭대승론』에서 깨진 그릇을 비유로 삼아 사마타가 있어야 비로소 부처를 볼 수 있다고 설명한 것은 과거에 닦고 익힌 염불삼매念佛三昧[1224]가 계속 이어져야 비로소 금세에 불신佛身 볼 수 있음을 밝힌 것이지, 금세에 요컨대 定心에서라야 비로소 부처를 볼 수 있다고 말한 것은 아니다. (이것은) 흐트러지고 어지러운 마음으로도 부처를 볼 수 있기 때문이니, 마치 『미륵소문경론彌勒所問經論』[1225]에서 말한 것과 같다. 또 경에서 여러 禪이 수행처가 된다고 설하였는데, 이런 까닭에 禪을 얻은 자를 칭하여 여러 가지 수행을 잘 한다고 하는 것이다. 이 『기신론』에서 반드시 禪을 하는 것이 곧 초발심이라고 하지 않은 까닭은 어째서인가? 부처가 세상에 계실 때는 한량없는 중생이 모두 발심했어도 반드시 禪이 있지는 않았기 때문이다.

1224 念佛三昧: 한마음으로 부처님의 상호와 장엄을 觀하고 염불하는 삼매를 말한다.
1225 『彌勒所問經論』:『彌勒問經論』 또는 별칭으로 『釋彌勒所問經석미륵소문경』이라고도 하며, 『미륵보살소문경彌勒菩薩所問經』의 주석서이다.

第4章. 수행신심분修行信心分

[疏] 第四修行信心分中有三。一者擧人略標大意, 二者就法廣辨行相, 三者示其不退方便。

　　네 번째[1226] 신심을 수행하는 부분에 세 가지가 있다. 하나는 사람을 들어 대의를 간략히 표시하였고, 둘은 법에 나아가 수행의 모습을 폭넓게 변별하였으며, 셋은 그 물러나지 않는 방편을 보였다.

1. 대의大意

[論_ 修行信心分_ 大意]

已說解釋分, 次說修行信心分。是中依未入正定衆生, 故說修行信心。

　　해석분을 이미 말했으니, 다음으로 수행신심분에 대해 설하겠다. 이것은 아직 정정취正定聚에 들어가지 못한 중생에 의거하고, 그래서 신심 수행을 설한다.

[疏] 初標大意。上說發趣道相中, 言依不定聚衆生, 今此中言未入正定, 當知亦是不定聚人。然不定聚內, 有劣有勝, 勝者乘進, 劣者可退。爲彼勝人故說發趣, 所謂信成就發心, 乃至證發心等, 爲令勝人次第進趣故也, 爲其劣者故說修信, 所謂四種信心五門行等, 爲彼劣人信不退故也。若此劣人修信成就者, 還依發趣分中三種發心進趣。是故二分所

1226　依章別解 다섯 가지(因緣分, 立義分, 解釋分, 修行信心分, 勸修利益分) 중에서 네 번째를 가리킴.

爲有異, 而其所趣道理無別也。

처음에 대의를 표시하였다. 위의 발취도상發趣道相을 설하던 중에는 '부정취不定聚 중생에 의한.'[1227]고 하고, 지금 여기서는 '아직 정정취正定聚에 들어가지 못한'이라고 말하였으니, 역시 부정취 중생임을 마땅히 알아야 할 것이다. 그러나 부정취 안에도 열등한 자와 뛰어난 자가 있어서, 뛰어난 자는 올라타서 나아가고 열등한 자는 후퇴할 수 있다. 저 뛰어난 자들을 위해서 발취發趣[발하여 나아감]를 설한 것은 이른바 신성취발심信成就發心에서 증발심證發心 등까지이니, 뛰어난 자들로 하여금 차례대로 나아가게 하기 때문이고, 그 열등한 자들을 위해서 수신修信[믿음 닦는 것]을 설하는 것은 이른바 네 가지 신심과 다섯 부문의 수행 등이니, 저 열등한 자들의 믿음이 후퇴하지 않기 때문이다. 만약 이 열등한 사람들이 믿음을 닦아 성취한다면 다시 발취發趣 부분의 세 가지 발심에 의해 앞으로 나아갈 것이다. 이런 까닭에 두 부분[1228]에서 행하는 것에 차이가 있지만, 그 나아갈 바의 도리는 차별이 없다.

2. 광변행상廣辨行相 (수행의 모습을 폭넓게 변별하다)

[疏] 以下第二廣釋。初發二問, 後還兩答。

이 아래는 두 번째 폭넓게 풀이한 것이다. 처음에 두 가지 질문[1229]을 하고, 뒤에서 다시 두 가지로 답하였다.

1227 419쪽

1228 解釋分 중에 分別發趣道相과 지금 여기의 修行信心分을 가리킨다.

1229 두 가지 의문은 '何等信心'과 '云何修行'을 말한다. 첫 번째 물음에 대한 답변은 '略說信心有四種 云何爲四 ~~ 常樂親近諸菩薩衆 求學如實行故' 부분이고, 두 번째 물음에 대한 답변은 '修行有五門 能作此信'부터 513쪽의 '若止觀不具 則無能入菩提之道'까지가 해당된다.

[論_ 修行信心分_ 廣辨行相]

何等信心, 云何修行。略說信心有四種, 云何爲四。一者信根本, 所謂樂念眞如法故。二者信佛有無量功德, 常念親近供養恭敬, 發起善根, 願求一切智故。三者信法有大利益, 常念修行諸波羅密故。四者信僧能正修行自利利他, 常樂親近諸菩薩衆, 求學如實行故。

무엇과 같은 신심을 어떻게 수행한다고 하는가? 간략히 말하자면 신심에 네 가지가 있으니, 무엇을 넷이라 하는가? 하나는 근본을 믿는 것으로, 이른바 진여법을 즐겁게 염하기 때문이다. 둘은 부처에게 한량없는 공덕이 있음을 믿는 것으로, 항상 친근하게 공양하고 공경할 것을 염하고, 선근을 일으켜 일체지一切智[1230] 구하기를 원하기 때문이다.[1231] 셋은 (진여)법에 큰 이익이 있음을 믿는 것으로, 여러 바라밀 수행하는 것을 항상 염하기 때문이다. 넷은 스님들이 능히 바르게 수행하고 自利와 이타利他를 믿는 것으로, 여러 보살들을 항상 즐겨 가까이하고 여실한 수행 배우기를 구하기 때문이다.

해설 깨달음의 길로 나아가는 믿음에 네 가지 전제가 있음을 말하고 있다. 가장 근본적으로 참된 진리가 있고, 그 깨달음에 무한한 공덕이 있으며, 진여법의 큰 이익과, 그 수행의 실천 가능성을 믿는 것이다.

1230 一切智: 三智(一切智, 道種智, 一切種智)의 하나로, 一切智는 내외 일체 제법의 총상總相이 空임을 완전하게 아는 지혜를 말하며, 성문과 연각의 智에 해당한다. 도종지道種智는 도종혜道種慧 또는 도상지道相智라고도 하며 일체 제법의 별상別相을 완전하게 아는 지혜를 말하며, 보살의 지혜에 해당한다. 일체종지一切種智는 총상總相과 별상別相에 통달한 지혜로, 부처의 지혜에 해당한다.

1231 은정희 역: 둘째는 부처에게 한량없는 공덕이 있다고 믿어서 항상 부처를 가까이하고 공양하고 공경하여 선근을 일으켜 일체지一切智를 구하려고 생각하는 것이다.

[疏] 答信中言信根本者, 眞如之法, 諸佛所歸, 衆行之原, 故曰根本也。餘文可知。

　　신심에 대해 답하는 중에 '근본을 믿는다.'고 한 것은 진여법이 모든 부처가 귀의할 곳이며 여러 수행의 근원이기 때문에 근본이라 하였다. 나머지 글은 알 수 있을 것이다.

答修行中, 在文有三。一擧數總標, 二依數開門, 三依門別解。

　　수행에 대해 답하는 글에 세 가지가 있다. 하나는 수를 들어 전체적으로 표시하였고, 둘은 수에 의해 문을 열었으며, 셋은 문으로 구별하여 풀이했다.

修行有五門, 能成此信。

　　수행에 다섯 부문이 있어, 이 믿음을 이룰 수 있다.

[疏] 初中言能成此信者, 有信無行, 卽信不熟, 不熟之信, 遇緣便退。故修五行以成四信也。

　　처음에 말한 '이 믿음을 이룰 수 있다.'는 것은 믿음만 있고 수행이 없으면 믿음이 성숙치 않고, 성숙치 못한 믿음은 (나쁜) 인연을 만나면 곧바로 후퇴하기 때문에, 다섯 가지 수행으로써 네 가지 믿음을 성취하는 것이다.

云何爲五。一者施門, 二者戒門, 三者忍門, 四者進門, 五者止觀門。

어떤 것을 다섯 가지라 하는가? 하나는 시문施門이요, 둘은 계문戒門이요, 셋은 인문忍門이요, 넷은 진문進門이요, 다섯은 지관문止觀門이다.

[疏] 第二開門中, 言止觀門者, 六度之中, 定慧合修. 故合此二爲止觀門也.

두 번째로 문을 여는 중에 말한 '지관문止觀門'이란 것은 육도六度 중에 정정과 혜慧를 합해서 닦는 것이다. 그래서 이 둘을 합하여 지관문이라 한다.

第三別解, 作二分釋。前四略明, 後一廣說。

세 번째로 구별해서 풀이함에 둘로 나눠 해석하였다. 앞의 넷은 간략히 밝혔고, 뒤의 하나는 폭넓게 설하였다.[1232]

가. 네 가지 修行門 (시문施門, 계문戒門, 인문忍門, 진문進門)

1) 네 가지 수행

[論_ 修行信心分_ 廣辨行相_ 四種修行門_ 施門]

云何修行施門。若見一切來求索者, 所有財物隨力施與, 以自捨慳貪, 令彼歡喜。若見厄難恐怖危逼, 隨已堪任, 施與無畏。若有衆生來求法者, 隨已能解, 方便爲說。不應貪求名利恭敬, 唯念自利利他, 迴向菩提故。

1232 앞의 네 가지는 施門, 戒門, 忍門, 進門이고, 뒤의 한 가지는 止觀門을 가리킨다.

어떻게 시문施門을 수행한다고 하는가? 만약 (나에게) 와서 (금전적인 도움을) 구하여 찾는 모든 사람을 보면, 가지고 있는 재물을 힘닿는 대로 베풀고, 자기의 간탐慳貪[몹시 인색하고 욕심이 많음]을 버림으로써 그들을 기쁘게 한다. 만약 액난과 공포 그리고 위급한 핍박을 받는 것을 보면, 자기가 감당할 수 있는 능력에 따라 무외無畏[1233]를 베푼다. 만약 어떤 중생이 와서 법을 구하면, 자기가 능히 아는 것에 따라 방편으로 설한다. 마땅히 명리나 공경 구하기를 탐하지 않고 오직 自利와 利他만을 염하는 것이 진리에 회향하기 때문이다.

해설 세 가지 보시布施(재시財施, 무외시無畏施, 법시法施)를 설명하고 있다. 財施는 가난 때문에 고통 받는 사람들을 재물로 돕는 것이고, 無畏施는 두려움과 공포로 인해 힘들어 하는 사람들의 마음을 평안케 하는 것이고, 法施는 참된 삶의 의미를 찾는 사람들이 진리를 향해 나아갈 수 있도록 돕는 것이다. 그러나 이러한 보시를 하는 중에 가장 중요한 점은 보답을 바라거나 명예 또는 칭찬을 구하거나 스스로의 만족을 구하는 마음 등을 가져서는 안된다는 것이다. 이러한 마음을 밑바탕에 깔고 하는 보시는 그것이 반대급부로 돌아오지 않으면 상대에 대한 원망과 스스로에 대한 불만으로 결국 남과 자신을 해치게 된다. 오직 어떠한 주착하는 생각도 없는 무주상보시無住相布施라야 진정한 布施라 할 수 있다.

[論_ 修行信心分_ 廣辨行相_ 四種修行門_ 戒門]

云何修行戒門。所謂不殺不盜不婬, 不兩舌不惡口, 不妄言不綺語, 遠離貪嫉欺詐諂曲瞋恚邪見。若出家者, 爲折伏煩

1233　施無畏: 갖가지 공포와 두려움에서 구해 주는 것을 의미한다. 무외시無畏捨 또는 무외시無畏施라고도 한다.

惱故, 亦應遠離憒鬧, 常處寂靜, 修習少欲知足頭陀等行, 乃至小罪, 心生怖畏, 慚愧改悔, 不得輕於如來所制禁戒, 當護譏嫌, 不令衆生妄起過罪故。

어떻게 계문戒門을 수행한다고 하는가? 이른바 살생과 도적질과 음란한 행실을 하지 않고, 서로 다른 말로 이간질하거나 나쁜 말을 하지 않으며, 거짓말과 교묘하게 꾸미는 말을 하지 않고, 탐질貪嫉[탐내고 질투하는 것], 기사欺詐[속이는 것], 첨곡諂曲[아첨하고 그릇되게 하는 것], 진애瞋恚[화를 내고 성질부리는 것], 그리고 사견邪見[그릇된 견해를 갖는 것]을 멀리 여의는 것이다. 만약에 출가자라면 번뇌를 꺾고 제압하기 위해서 역시 심란하고 시끄러운 곳을 마땅히 멀리하고 항상 고요한 곳에 처하며, 소욕少欲[욕심을 줄이는 것]과 지족知足과 두타행頭陀行[1234] 같은 행실을 닦아 익히고, 작은 죄에 이르기까지 두려워하는 마음을 내고 부끄러워하며 회개하여, 여래가 만든 금지 계율을 가볍게 여기지 않아야, 마땅히 비웃음과 혐오로부터 보호를 받아서, 중생으로 하여금 허물과 죄를 망령되이 일으키지 않게 하기 때문이다.[1235]

[論_ 修行信心分_ 廣辨行相_ 四種修行門_ 忍門]
云何修行忍門。所謂應忍他人之惱, 心不懷報, 亦當忍於利衰毀譽稱譏苦樂等法故。

어떻게 인문忍門을 수행한다고 하는가? 이른바 타인의 괴롭힘을 응당 참고, 보복할 것을 마음에 품지 않으며, 또한 이익과 손해, 비

1234 頭陀行: 두타頭陀는 범어 'dhūta'의 음역音譯이다. 頭陀行은 의식주衣食住같은 것에 대한 탐욕과 집착을 버림으로써 심신을 수련하는 것을 뜻하는데, 12가지 두타행이 있다.
1235 은정희 역: 작은 죄라도 마음에 두려움을 내어 부끄러워하고 회개하여 여래가 만든 금계禁戒를 가벼이 여기지 아니하고 마땅히 다른 사람의 기혐譏嫌을 막아 그 비난하는 중생으로 하여금 망령되이 허물을 일으키지 않게 하기 때문이다.

난과 명예, 칭찬과 비웃음, 괴로움과 즐거움 같은 것들[1236]을 마땅히 참아야 하기 때문이다.

[論_ 修行信心分_ 廣辨行相_ 四種修行門_ 進門]
云何修行進門。所謂於諸善事, 心不懈退, 立志堅强, 遠離怯弱, 當念過去久遠已來, 虛受一切身心大苦, 無有利益。是故應勤修諸功德, 自利利他, 速離衆苦。

어떻게 진문進門을 수행한다고 하는가? 이른바 여러 좋은 일에 대해 마음이 게을러 후퇴하지 않고, 세운 뜻을 굳고 강하게 하며, 겁내고 나약함을 멀리하고, 마땅히 오랜 과거로부터 헛되이 받은 일체의 심신心身의 큰 고통에 어떠한 이익도 없음을 생각해야 한다. 이런 까닭에 여러 공덕을 응당 부지런히 닦아서 자신과 남을 이롭게 하고, 여러 고통에서 빠르게 벗어난다.

2) 제장방편除障方便 (장애를 제거하는 방편)

[論_ 修行信心分_ 廣辨行相_ 除障方便]
復次若人雖修行信心, 以從先世來多有重罪惡業障故, 爲邪魔諸鬼之所惱亂, 或爲世間事務種種牽纏, 或爲病苦所惱, 有如是等衆多障礙。是故應當勇猛精勤, 晝夜六時, 禮拜諸佛, 誠心懺悔, 勸請隨喜, 迴向菩提, 常不休廢, 得免諸障, 善根增長故。

1236 이것들(이利, 쇠衰, 훼毀, 예譽, 칭稱, 기譏, 고苦, 낙樂)을 世間八法(줄여서 八法) 또는 八風, 八世風이라고 한다. 이것에 대한 애착과 미움이 사람의 마음을 선동하기 때문에 바람으로 비유한 것이다.

다시 다음으로 만약 사람들이 비록 신심을 닦더라도, 지난 세대로부터의 중죄와 악업의 장애가 많이 있기 때문에 삿된 마구니와 여러 귀신에게 괴롭고 어지럽힘을 당하거나, 혹은 세상살이의 사무에 의해 갖가지로 얽어 매이기도 하고, 혹은 병고病苦 때문에 괴로움을 받기도 하는, 이 같은 수많은 장애가 있다. 이 때문에 응당 용맹하게 정진하여, 주야로 六時[1237]에 여러 부처에게 예배하고, 성심으로 참회하며, 권청勸請하고 따라 기뻐하며, 진리에 회향하기를 항상 쉬거나 폐하지 아니하면, 모든 장애에서 벗어나 선근이 더욱 자라기 때문이다.

[疏] 初中亦二。一者別明四種修行, 復次若人以下, 第二示修行者除障方便。此第二中, 亦有二句。先明所除障礙, 後示能除方法。方法中言禮拜諸佛者, 此總明除諸障方便, 如人負債依附於王, 則於債主無如之何。如是行人禮拜諸佛, 諸佛所護, 能脫諸障也。懺悔以下, 別除四障, 四障是何。一者諸惡業障, 懺悔除滅。二者誹謗正法, 勸請滅除。三者嫉妬他勝, 隨喜對治。四者樂著三有, 迴向對治。由是四障, 能令行者不發諸行, 不趣菩提, 故修如是四行對治。是義具如瑜伽論說。又此懺悔等四種法, 非直能除諸障, 亦乃功德無量, 故言免諸障善根增長。是義廣說, 如金鼓經也。

처음[1238]에도 두 가지가 있다. 하나는 네 가지 수행을 나눠 밝힌 것이고, '부차약인復次若人(다시 다음으로 만약 사람들이)' 이하는 두 번째로 수행자가 장애를 제거하는 방편을 보여주었다. 이 두 번째 중에도 두 구절이 있다. 먼저 제거해야 할 장애를 밝혔고,[1239] 뒤에서 능히 제거

1237　六時: 낮의 三時(신조晨朝, 일중日中, 일몰日沒)와 밤의 三時(초야初夜, 중야中夜, 후야後夜)를 합해서 주야육시晝夜六時라고 한다.
1238　네 가지 문(施門, 戒門, 忍門, 進門)을 간략하게 설명하는 부분을 가리킨다.
1239　'復次若人雖修行信心 ~~ 有如是等衆多障礙' 부분.

할 수 있는 방법을 보였다.[1240] 방법 중에 말한 '여러 부처에게 예배한다.'는 것은 여러 장애를 제거하는 방편을 총체적으로 밝힌 것으로, 마치 사람들이 빚을 졌더라도 왕에게 의지하여 붙으면 빚을 준 사람이 어떻게 할 방법이 없는 것과 같다. 이같이 수행하는 사람이 여러 부처에게 예배하면 여러 부처의 보호를 받아 능히 모든 장애에서 벗어날 수 있다. '참회懺悔하며' 이하는 별개로 제거하는 네 가지 장애이니, 이 네 가지 장애가 무엇인가? 하나는 여러 악업의 장애로, 참회하여 제멸한다. 둘은 정법正法을 비방하는 것이니, 권청勸請하여 제멸한다. 셋은 다른 사람의 뛰어남을 질투하는 것으로, 따라 기뻐함으로써 다스린다. 넷은 삼유三有를 즐겨 집착하는 것이니, 회향으로 다스린다. 이 네 가지 장애로 말미암아 수행자로 하여금 여러 수행을 발하지 못하게 해서 깨달음의 지혜로 나아가지 못하기 때문에 이 같은 네 가지 수행으로 다스리는 것이다. 이 뜻의 자세한 것은 『유가사지론』에서 말한 것과 같다.[1241] 또 이 참회와 같은 네 가지 방법은 비단 여러 장애를 제거할 수 있을 뿐만 아니라 또한 공덕이 한량없기 때문에 '모든 장애에서 벗어나 선근이 더욱 자란다.'라고 하였다. 이 뜻을 널리 설한 것은 『금고경』과 같다.[1242]

1240 '是故應當勇猛精勤 晝夜六時 ~~ 得免諸障 善根增長故' 부분.

1241 전거를 찾지 못함.

1242 『合部金光明經』(대정장 제16권, 0664, p.369. b7~ 15행)이 해당 내용은 다음과 같다 "선남자여, 다시 네 가지 가장 큰 업장이 있으니 깨끗이 하기 어렵다. 무엇이 넷인가? 하나는 보살의 계율 가운데 지극히 무거운 악을 범하는 것이고, 둘은 대승의 십이부경十二部經에 대해 비방하는 마음을 내는 것이며, 셋은 자신에게서 능히 모든 선근을 증장하지 못하는 것이고, 넷은 탐착하는 데 마음을 두는 것이다. 또 네 가지로 대치하여 업장을 멸하는 방법이 있으니, 무엇이 넷인가? 하나는 시방세계의 일체 여래에게 지극한 마음으로 가까이 하여 모든 죄를 참회하는 것이고, 둘은 시방의 모든 중생을 위해 여러 부처님께 온갖 미묘한 법을 설해 주시기를 권청하는 것이며, 셋은 시방의 일체중생이 성취한 공덕을 따라 기뻐하는 것이고, 넷은 자기가 가진 일체 공덕과 선근을 모두 다 무상정등보리에 회향하는 것이다.(善男子, 復有四種最大業障, 難可清淨. 何者爲四. 一者於菩薩律儀犯極重惡, 二者於大乘十二部經心生誹謗, 三者於自身中不能增長一切善根, 四者貪著有心. 又有四種對治滅業障法, 何者爲四. 一者於十方世界一切如來, 至心親近懺悔一切罪, 二者爲十方一切衆生, 勸請諸佛說諸妙法, 三者隨喜十方一切衆生所有成就功德, 四者所有一切功德善根, 悉以迴向阿耨多羅三藐三菩提)"

나. 지관문止觀門

[疏] 止觀門中, 在文有二。一者略明, 二者廣說。

　　지관문止觀門 글에 두 가지가 있다. 하나는 간략히 밝힌 것이고, 둘은 폭넓게 설한 것이다.

1) 약명略明 (간략히 밝히다)

[論_ 修行信心分_ 廣辨行相_ 止觀門_ 略明]

云何修行止觀門。所言止者, 謂止一切境界相, 隨順奢摩他觀義故, 所言觀者, 謂分別因緣生滅相, 隨順毗鉢舍那觀義故。云何隨順。以此二義漸漸修習, 不相捨離, 雙現前故。

　　어떻게 지관문止觀門을 수행한다고 하는가? 말한 바 지止란 것은 모든 경계상을 그치고 사마타奢摩他관을 수순하는 뜻을 가리키기 때문이고, 말한 바 관觀이란 것은 인연으로 생멸하는 상을 분별하여 비발사나관毘鉢舍那觀[1243]을 수순하는 뜻을 일컫기 때문이다. 어떻게 수순한다고 하는가? 이 두 가지 뜻으로 점점 수행하고 익히되, 서로 버리고 떠나지 않으면 (지관止觀이) 쌍으로 눈앞에 나타나기 때문이다.

[疏] 初略中言謂止一切境界相者, 先由分別作諸外塵, 今以覺慧破外塵相, 塵相旣止, 無所分別, 故名爲止也。次言分別生滅相者, 依生滅門, 觀察法相, 故言分別。如瑜伽論菩薩地云, "此中菩薩, 卽於諸法無

1243　毘鉢舍那觀: 범어 'vipaśyanā' 음역으로, 의역하면 觀 또는 見이 된다. 대상을 무상無常하고 무아無我인 것으로 여실하게 관찰하는 것을 말한다.

所分別, 當知名止, 若於諸法勝義理趣, 及諸無量安立理趣世俗妙智, 當知名觀". 是知依眞如門, 止諸境相, 故無所分別, 卽成無分別智, 依生滅門, 分別諸相, 觀諸理趣, 卽成後得智也.

처음 간략히 밝히는 중에 말한 '모든 경계상을 그친다는 것을 가리킨다.'는 것은 전에는 분별로 말미암아 여러 외진外塵을 짓다가, 지금은 깨달음의 지혜로 外塵相을 깨트려서 塵相이 그치면, 분별할 것이 없기 때문에 止라고 하였다. 다음으로 말한 '생멸하는 상을 분별한다.'는 것은 생멸문으로 법상法相을 관찰하기 때문에 분별한다고 말하였다. 마치『유가사지론』의「보살지菩薩地」[1244]에서 "이 가운데에 보살은 바로 제법에 분별할 것이 없음을 마땅히 止라고 이름하는 것을 알아야 하고, 여러 법의 승의이취勝義理趣[1245](에 대한 如實眞智)와 여러 한량없이 편안하게 세운 도리인 세속의 묘지妙智[1246]같은 것을 觀이라함을 마땅히 알아야 한다."[1247]라고 말한 것과 같다. 이것으로 다음과 같은 것을 안다. 진여문에 의해 여러 경계상을 그치기 때문에 분별할 것이 없는 것은 바로 무분별지를 이룬 것이고, 생멸문에 의해 여러 相을 분별하고 여러 이치를 관하는 것은 바로 후득지를 이룬 것이다.

해설 진여문으로 경계상을 그치는 것은 空의 이치로 관하는 것이고, 생멸문으로 상을 분별하는 것은 不空의 노리로 관하는 것이다. 분별로 말미암아

1244 本地分中 菩薩地 第十五를 가리킨다.
1245 勝義理趣: 勝義는 가장 뛰어난 것으로 제일의第一義와 같은 말이고, 理趣는 의리정취義理情趣의 준말로 이치理致와 같은 뜻이다. 제일의제第一義諦, 진제眞諦, 승의제勝義諦, 성제聖諦, 열반涅槃, 진여眞如, 실상實相, 중도中道, 법계法界와 같은 말이다.
1246 편안하게 세운 도리인 세속의 妙智는 後得智를 의미한다.
1247 『瑜伽師地論』(대정장 제30권, 1579, p.539. c24~26행)에서 인용. 원문에서 勝義理趣 다음의 如實眞智가 생략되었다. "此中菩薩卽於諸法無所分別, 當知名止。若於諸法勝義理趣如實眞智, 及於無量安立理趣世俗妙智, 當知名觀"

여러 外塵을 지었다는 것은 깨달음을 얻지 못한 불각의 망념으로 너(인식 객체)와 내(인식 주체)가 다르다고 분별하는 것이고, 깨달음의 지혜를 얻고 난 뒤에 생멸하는 상을 분별하는 것은 후득지를 가지고서 분별하는 것이다. 즉 전자는 가지에 매달린 잎사귀가 다른 가지에 매달린 잎사귀들을 나와 다른 것으로 분별하는 것이고, 후자는 뿌리의 관점에서 가지에 매달린 잎사귀들이 한 몸인 줄 알면서 제각각 흔들리는 모습을 분별하는 것과 같다. 분별이 모두 망념에서 비롯된 것임을 알고 그치면 본래의 진여가 구현되기 때문에 무분별지無分別智가 드러나고, 생멸하는 모습을 관찰하여 거기에 我空과 法空의 진리를 깨달으면 후득지後得智를 완성하게 된다. 아담과 이브가 선악과를 따먹지 않은 상태와 장자莊子가 말하는 혼돈은 기신론에서 말하는 眞如門이고, 선악과를 따먹고 혼돈의 세계에서 분별의 세계로 쫓겨나 생로병사의 고통을 겪는 것은 바로 生滅門에 해당한다. 이 생멸문의 모든 상을 각혜覺慧로 깨트리고 후득지를 얻으면 다시 천국으로 돌아간다. 그 돌아간 곳은 바로 진여가 생멸이고 생멸이 진여인 여래의 세계이며, 장자가 말하는 혼돈의 세계이다.

隨順奢摩他觀義, 隨順毗鉢舍那觀義者, 彼云奢摩他, 此翻云止, 毗鉢舍那, 此翻云觀, 但今譯此論者, 爲別方便及與正觀, 故於正觀仍存彼語, 若具存此語者, 應云隨順止觀義, 及隨順觀觀義。欲顯止觀雙運之時卽是正觀, 故言止觀及與觀觀, 在方便時, 止諸塵相, 能順正觀之止, 故言隨順止觀, 又能分別因緣相故, 能順正觀之觀, 故言隨順觀觀。云何隨順以下, 正釋此義。漸漸修習者, 是明能隨順之方便, 現在前者, 是顯所隨順之正觀也。此中略明止觀之義, 隨相而論, 定名爲止, 慧名爲觀, 就實而言, 定通止觀, 慧亦如是, 如瑜伽論聲聞地云, "復次如是心一境性, 或是奢摩他品, 或是毗鉢舍那品。若於九種心住中心一境性, 名奢摩他品, 若於四種慧行中心一境性, 名毗鉢舍那品"。

'사마타관을 수순하는 뜻'과 '비발사나관을 수순하는 뜻'은 저기(『유가사지론』)에서 말한 사마타를 여기(『기신론』)에서는 번역하여 지止라고 하였고, 비발사나는 여기에서 번역하여 관觀이라 하는데, 다만 지금 이『기신론』을 (한문으로) 번역한 자가 방편을 정관正觀과 분별하고자 하였기 때문에 正觀에 저 (범어로 된) 말을 그대로 보존한 것이니, 만약 이 말(의 뜻)을 (한자로) 갖추어 존치하려면 마땅히 止觀의 뜻을 수순하고 觀觀의 뜻을 수순한다고 해야 한다. (이것은 『기신론』의 한역자漢譯者가) 止와 觀이 쌍으로 움직일 때가 바로 正觀임을 드러내고자 했기 때문에 止觀과 觀觀이라 말한 것이니, 방편에 있을 때 모든 경계상을 그쳐서 능히 正觀의 止를 따르기 때문에 止觀을 수순한다고 말하였고 또 인연상을 분별할 수 있어서 능히 正觀의 觀에 따르기 때문에 觀觀을 수순한다고 말한 것이다. '어떻게 수순한다고 하는가?' 이하는 바로 이 뜻을 풀이한 것이다. '점점 수행하고 익힌다.'는 것은 능히 수순하는 방편을 밝힌 것이고, '눈앞에 나타난다.'는 것은 수순된 正觀을 드러낸 것이다. 여기(『기신론』)에서는 止觀의 뜻을 간략히 밝혔으니, 相에 따라 논하면 定을 이름하여 止라 하고 慧는 觀이 되지만, 실질로 말하자면 定은 止와 觀에 통하고 慧도 또한 마찬가지이다. 마치 『유가사지론』의 「성문지聲聞地」[1248]에서 "다시 다음으로 이 같은 심일경성心一境性은 사마타품品[1249]이기도 하고 비발사나품이기도 하다. 아홉 가지 심주心住[1250]같은 것에서의 심일경성은 사마타품이라 하고, 네 가지 혜행慧行[1251]같은 것에서의 심일경성은 비

1248 本地分中 聲聞地 第十三을 가리킨다.
1249 品: 범어 'varga'의 의역으로, 구별하여 나눈 것을 뜻한다.
1250 心住: 선정을 닦을 때 마음을 한곳에 머무르게 하는 것이다.
1251 慧行: 사마타를 얻고 나서 닦아야 하는 관행觀行이다.

발사나품이라고 한다."[1252]라고 말한 것과 같다.

해설 범어 'śamatha'와 'vipaśyanā'를 『유가사지론』에서는 단지 '사마타奢摩他, 비발사나毘鉢舍那'라고 음역音譯하였는데, 이 논에서는 觀자를 더 붙여서 '奢摩他觀[止觀], 毘鉢舍那觀[觀觀]'이라 하였다. 원효는 그 까닭을 범어를 한문으로 번역한 자가 의도적으로 止와 觀이 쌍으로 작용할 때가 바로 正觀임을 드러내기 위한 것이라고 추론하였고, 다시 『유가사지론』에서 말하는 심일경성心一境性을 들어서 止와 觀이 서로 통하는 것임을 증명하고 있다. '심일경성心一境性'은 마음이 하나의 경계에 집중 몰입하고 있는 상태를 가리킨다. 성리학에서 말하는 '경敬'에 해당하는 것으로, 주일무적主一無適[마음이 하나에 집중되어 어디로 가지 않은 상태]과 같은 개념이다

"云何名爲九種心住。謂有苾芻[1253]令心內住, 等住, 安住, 近住, 調順, 寂靜, 最極, 寂靜, 專住一趣, 及與等持。如是名爲九種心住。云何內住。謂從外一切所緣境界, 攝錄其心, 繫在於內, 不外散亂, 故名內住。云何等住。謂卽最初所繫縛心, 其性麤動, 未能令其等徧住故, 次卽於此所緣境界, 以相續方便, 澄淨方便, 挫令微細, 徧攝令住, 故名等住。云何安住。謂若此心雖復如是內住等住, 然由失念, 於外散亂, 還復攝錄安置內境, 故名安住。云何近住。謂彼先應如是如是親近念住, 由此念故, 數數作意內住其心, 不令此心遠住於外, 故名近住。云何調順。謂種種相, 令心散亂, 所謂五塵三毒男女等相。故彼先應取彼諸相爲過患想, 由如是想增上力故。於彼諸相, 折挫其心, 不令流散, 故名調順。

1252 『瑜伽師地論』(대정장 제30권, 1579, p.450. c14~ 17행)에서 인용.
1253 필추苾芻: 범어 'bhikṣu'의 음역으로, 비구比丘 또는 비추苾蒭라고도 한다. 苾은 중국어 발음으로는 bì(비)이지만 우리 한자 발음을 기준으로 '필'로 기재하였다.

云何寂靜。謂有種種欲恚害等諸惡尋思貪欲蓋等諸隨煩惱, 令心擾動, 故彼先應取彼諸法爲過患想, 由如是想增上力故。於彼心不流散, 故名寂靜。云何名爲最極寂靜。謂失念故, 卽彼二種暫現行時, 隨所生起, 然不忍受, 尋卽反吐。故名最極寂靜。云何名爲專住一趣。謂有加行有功用無缺無間三摩地相續而住。故名專住一趣。云何等持。謂數修數習數多修習爲因緣故, 得無加行無功用任運轉道。故名等持".

"무엇을 아홉 가지 心住라 하는가? 어떤 비구가 마음을 내주內住, 등주等住, 안주安住, 근주近住, 조순調順, 적정寂靜, 최극적정最極寂靜, 전주일취專住一趣[1254], 등지等持 하는 것이다. 이 같은 것들을 아홉 가지 心住라 한다.

무엇을 내주內住라 하는가? 바깥의 모든 반연하는 경계로부터 그 마음을 붙잡고 단속하여 안에 묶어두고 밖으로 흩어져 어지럽지 않게 하는 것을 말하기 때문에, 內住라 이름한다.

무엇을 등주等住라 하는가? 말하자면 최초에 묶어놓은 마음은 그 성향이 거칠게 움직여서 아직 고르고 두루 머물게 할 수 없기 때문에, 다음으로 이것이 반연하는 경계에 나아가서 (마음을 고르게) 이어지게 하는 방편과 깨끗하게 하는 방편으로 (그 거칠게 움직이는 생각을) 꺾어 미세하게 하고 두루 거둬들여 머물게 하기 때문에, 等住라 이름한다.

무엇을 안주安住라 하는가? 말하자면 만약 이 마음이 비록 다시 이처럼 內住, 等住 하였으나 생각을 놓쳐서 바깥으로 산란하기 때문에, 다시 돌이켜서 붙잡고 단속하여 마음 안에 편안하게 두기 때문에, 安住라 이름한다.

무엇을 근주近住라 하는가? 말하자면 저 비구들은 우선적으로

1254 『瑜伽師地論』의 원문은 專住一趣가 아니라 專注一趣로 되어 있다.

응당 이같이 염주念住(內住, 等住, 安住)를 친근히 해야 하고,[1255] 이러한 念住로 말미암기 때문에 자주자주 뜻을 일으켜 그 마음을 안에 머물게 하고, 이 마음이 바깥으로 멀리 나가 머물지 않게 하는 것을 近住라 이름한다.

무엇을 조순調順이라 하는가? 말하자면 갖가지 相이 마음을 흩트려 어지럽게 하니, 이른바 오진五塵[색色·성聲·향香·미味·촉觸]과 삼독三毒[탐貪·진瞋·치癡]과 남녀 같은 相이다. 그러므로 비구들이 먼저 저러한 모든 相을 마땅히 허물과 근심의 망상妄想으로 여겨야 할 것이니, 이러한 망상의 증상력增上力[1256] 때문이다. 저 모든 相들에 대한 그 마음을 꺾어서 흐르고 흩어지지 않게 하기 때문에, 조순調順이라 이름한다.[1257]

무엇을 적정寂靜이라 하는가? 말하자면 갖가지 탐욕과 성냄, 그리고 남을 해치는 것 등의 여러 나쁜 심사尋思[1258]와 탐욕개貪欲蓋[1259] 같은 여러 수번뇌隨煩惱[1260]가 있어 마음을 요동시키기 때문에, 비구들은 먼저 저러한 여러 법(악심사惡尋思와 수번뇌隨煩惱)들을 응당 허물과 근심의 망상妄想으로 여겨야 할 것이니, 이 같은 망상의 증상력 때문이다. 저러한 것들에게서 마음이 흐트러지지 않기 때문에 적정寂

1255 은정희 역: 저가 먼저 응당 이와 같이 친근하게 머무를 것을 늘 생각해야 할 것이니,
1256 增上力: 역량을 더하거나 강화하여 위로 나아가게끔 조장하는 힘
1257 은정희 역: 이러한 생각의 증상력增上力에 의하여 저 모든 상에 대하여 그 마음을 꺾어 버려서 흐트러지지 않게 함을 말하는 것이니, 그러므로 '조순'이라 한다.
1258 尋思: 대상에 대하여 그 뜻과 이치를 찾아 구하거나, 이리저리 전전하게 하는 정신 작용을 의미한다.
1259 貪欲蓋: 오개五蓋(貪欲蓋·瞋恚蓋·睡眠蓋·掉悔蓋·疑蓋)의 하나이다. 蓋는 덮개라는 뜻으로, 탐욕의 번뇌가 장애가 되어 중생의 마음과 식識을 덮어서 선한 법이 발생하지 못하게 한다.
1260 隨煩惱: 수혹隨惑 또는 지말혹枝末惑이라고도 한다. 구사론俱舍論에 따르면 두 가지 뜻이 있다. 하나는 마음에 따라 일어나는 일체의 번뇌를 가리키고, 다른 하나는 근본번뇌(貪·瞋·癡·慢·見·疑)에 수반해서 생겨나는 20가지의 번뇌를 가리키기도 한다.

靜이라 이름한다.[1261]

무엇을 최극적정最極寂靜이라 하는가? 念住를 놓쳤기 때문에 곧 저 두 가지[1262]가 잠깐만에 나타나 작용할 때에 (망상이) 따라서 생겨나지만, 참아 받아들이지 않고 살펴서 곧바로 게워버리는 것을 말한다. 그래서 최극적정이라 이름한다.

무엇을 전주일취專住一趣[온전하게 머무르고 하나에 나아가는 것]라 하는가? 가행加行과 공용功用이 있어 흠결과 간단間斷 없는 삼마지三摩地[1263]가 계속 이어져 머무는 것을 일컫는다. 그래서 전주일취라고 이름한다.

무엇을 등지等持[마음이 고르게 유지되는 것]라 하는가? 자주 닦고 자주 익히는 수많은 수습修習을 인연으로 삼기 때문에 가행과 공용 없이 자연스레 움직이는 道를 얻는 것을 말한다.[1264] 그래서 등지等持라 이름한다."[1265]

"又如是得奢摩他者, 復卽由是四種作意, 方能修習毗鉢舍那, 故此亦是毗鉢舍那品。云何四種毗鉢舍那。謂有苾蒭依止內心奢摩他故, 於諸法中能正思擇, 最極思擇, 周徧尋思, 周徧伺察, 是名四種。云何名爲能正思擇。謂於淨行所緣境界, 或於善巧所緣境界, 或於淨惑[1266]所緣境界,

---

1261 은정희 역: 저가 먼저 응당 저러한 여러 가지 법을 근심거리의 생각으로 여겨야 할 것이며 이러한 생각의 증상력에 의하여 저러한 것들에 마음이 흐트러지지 않음을 말하는 것이니, 그러므로 '적정'이라 한다.
1262 두 가지는 나쁜 심사尋思와 여러 수번뇌隨煩惱를 가리킴.
1263 三摩地: 범어 'samādhi'의 음사어로 삼매三昧·삼마지三摩提·삼마제三摩帝라고도 한다. 의역하면 등지等持·정정正定·의정定意가 된다.
1264 은정희 역: 가행도 없고 공용도 없게 되어 자연히 도道에 들어감을 말하는 것이니,
1265 『瑜伽師地論』(대정장 제30권, 1579, p.450. c18~ p.451. a19행)에서 인용된 것이나, 원문이 생략되거나 변형된 것이 있다.
1266 대정장의 『瑜伽師地論』에는 惑이 戒로 校正되어 있다.

能正思擇盡所有性。云何名爲最極思擇。謂卽於彼所緣境界, 最極思擇如所有性。云何名爲周徧尋思。謂卽於彼所緣境界, 由慧俱行, 有分別作意, 取彼相狀, 周徧尋思。云何名爲周徧伺察, 謂卽於彼所緣境界, 審諦推求, 周徧伺察", 乃至廣說。

"또 이같이 사마타를 얻은 사람은 다시 곧 이 네 가지 작의作意[1267]를 말미암아야 바야흐로 비발사나를 수습할 수 있기 때문에 이것(사종작의四種作意) 역시 비발사나품이다. 무엇을 일러 네 가지 비발사나라고 하는가? 어떤 비구가 마음 안에서 사마타에 의지하기 때문에 모든 법에 대해 능히 정사택正思擇[바르게 생각하여 선택함]하고, 최극사택最極思擇[가장 지극하게 사택]하며, 주편심사周徧尋思[빠짐없이 두루 심사]하고, 주편사찰周徧伺察[골고루 널리 사찰伺察[1268]] 할 수 있는 것을 말하니, 이것을 네 가지라 한다. 어떤 것을 정사택正思擇이라 하는가? 정행淨行[1269]이 반연하는 경계, 혹은 선교善巧가 반연하는 경계, 혹은 정계淨戒[1270]가 반연하는 경계에서 능히 진소유성盡所有性[1271]을 바르게 생각하여 선택하는 것을 말한다. 무엇을 최극사택最極思擇이라 하는가? 저것(淨行, 善巧, 淨戒)들이 반연하는 경계

1267 作意: 오변행五遍行(觸, 作意, 受, 想, 思)의 하나이다. 특정 방향으로 마음을 경각시켜 집중하게 하는 작용을 하는 것으로, 3종作意와 4종作意가 있다.『瑜伽師地論』(대정장 제30권 1579, p.451. b2 ~ 8행)에 의하면, 네 가지 작의 중 첫 번째 역려운전작의力勵運轉作意는 내주·등주 중에 있고, 두 번째 유간결운전작의有間缺運轉作意는 안주·근주·조순·적정·최극적정 중에 있으며, 세 번째 무간결운전작의無間缺運轉作意는 전주일취 중에 있고, 네 번째 무공용운전작의 無功用運轉作意는 등지에 있다.
1268 伺察: 심사尋思보다 한 걸음 더 나아가 자세히 분별하고 살피는 것을 말한다.
1269 淨行: 범행梵行이라고도 하며, 닦아야할 청정한 행위를 말한다.
1270 대정장의『瑜伽師地論』에는 惑이 戒로 校正되어 있다.
1271 盡所有性: '온갖 법의 있는 것을 다하는 성품'이란 뜻으로, 이것을 바르게 사택思擇한다는 것은 오온이 포섭하는 18界와 12處, 사성제四聖諦와 같은 일체법의 연기와 인과 관계의 성품을 있는 그대로 觀하는 것을 의미한다. 세속제世俗諦로서, 진소지의盡所知義 또는 사변제성事邊際性과 같은 용어이고, 후득지後得智 또는 여량지如量智의 대상이 된다.

에서 여소유성如所有性[1272]을 가장 지극하게 생각하여 선택하는 것을 말한다. 무엇을 주편심사周徧尋思라고 하는가? 곧 저것들이 반연하는 경계에 즉해서 혜慧[1273]와 함께 행하는 분별하는 작의作意로 말미암아 저 (집취된) 상의 형상을 취해 두루 살피고 생각하는 것을 말한다. 무엇을 주편사찰周徧伺察이라 하는가? 곧 저것들이 반연하는 경계에 즉해서 (승의勝義)제諦를 밝게 알고 미루어서 두루 사찰하는 것을 말한다."[1274] 라고 하고 계속 이어서 폭넓게 설하였다.

해설 경계를 대하는 그 체성體性에는 반드시 이제二諦가 존재하는데, 표상表相으로부터 분석하는 것은 세속제世俗諦로서의 진소유성盡所有性이고, 가장 구경적인 실상實相으로 분석하는 것은 승의제勝義諦로서의 여소유성如所有性이다. 이 두 경계의 體性을 관찰하는 마음에도 거친 것[조粗]과 자세한 것[細세]이 있으니, 진소유성을 분별혜分別慧를 갖춘 작의作意로 하는 거친 관찰을 주편심사라 하고, 여소유성에 대한 자세한 관찰을 주편사찰이라 한다.

尋此文意, 乃說聲聞止觀法門, 然以此法趣大乘境, 卽爲大乘止觀之行。故其九種心住, 四種慧行, 不異前說。大乘境者, 次下文中當廣分別依文消息也。止觀之相, 略義如是。

이 글의 뜻을 세밀히 살펴보면 이내 성문의 지관법문止觀法門을 설한 것이 되지만, 그러나 이 법으로써 대승의 경지에 나아가면 바로

1272 如所有性: 승의제勝義諦로서 '있는 그대로의 성품'이란 뜻이다. 일체 제법의 평등하고 보편적인 공성空性, 적멸성寂滅性 또는 부생불멸성不生不滅性을 뜻한다. 무분별지無分別智 또는 여리지如理智의 대상이다.

1273 慧: 別境心所의 하나로, 관찰된 대상을 선택하여 분별하는 마음 작용을 가리킨다.

1274 『瑜伽師地論』(대정장 제30권, 1579, p.451. b9 ~ 23행)에서 인용.

대승의 止觀 수행이 된다. 그래서 그 아홉 가지 심주心住와 네 가지 혜행慧行이 앞에서 설한 것과 다르지 않다. 대승의 경지는 다음 아랫글에서 마땅히 폭넓게 분별하고 글에 의해 알려줄 것이다. 止觀의 모습은 대략 뜻이 이와 같다.

2) 광설廣說 (널리 설하다)

[疏] 以下第二廣辨, 於中有二。先明別修, 後顯雙運。別修之內, 先止後觀。先明止中, 卽有四段。一明修止方法, 二顯修止勝能, 三辨魔事, 四示利益。

이 아래는 두 번째로 폭넓게 분별하는 것으로, 이 중에 두 가지가 있다. 먼저 나눠 닦는 것을 밝혔고, 뒤에서 (止와 觀을) 쌍으로 수행하는 것을 드러냈다. 나눠 닦는 것 안에 止를 먼저하고 觀을 뒤로하였다. 먼저 止를 밝히는 중에 바로 네 단락이 있다. 하나는 止를 닦는 방법을 밝혔고, 둘은 止를 닦은 뛰어난 공능을 드러냈으며, 셋은 마구니 짓을 변별하였고, 넷은 이익을 보였다.

가) 선명별수先明別修 (나눠서 닦는 것을 먼저 밝히다)

(1) 선지先止 (止를 먼저 밝히다)

(가) 수지방법修止方法 (止를 닦는 방법)

① 능입인能入人 (들어갈 수 있는 사람)

[論_ 修行信心分_ 廣辨行相_ 止觀門_ 廣說_ 先明別修_ 先止_ 修止方法_ 能入人]

若修止者, 住於靜處, 端坐正意, 不依氣息 不依形色, 不依於空, 不依地水火風, 乃至不依見聞覺知。一切諸想隨念皆除, 亦遣除想。以一切法本來無相, 念念不生, 念念不滅。亦不得隨心外念境界, 後以心除心, 心若馳散, 即當攝來住於正念。是正念者, 當知唯心, 無外境界, 即復此心亦無自相, 念念不可得。若從坐起, 去來進止, 有所施作, 於一切時, 常念方便, 隨順觀察, 久習淳熟, 其心得住。以心住故, 漸漸猛利, 隨順得入眞如三昧, 深伏煩惱, 信心增長, 速成不退。

　　만약 止를 닦으려면 고요한 곳에 머물러, 단정하게 앉고, 뜻을 바르게 하되, 기식氣息과 형색形色에 의지하지 않으며, 空과 地·水·火·風에도 의지하지 않고, 내지 보고 듣는 것과 느끼고 아는 작용에도 의지하지 않아야 한다. 일체의 모든 생각을 생각에 따라 모두 제거하고, 또한 없앤다는 생각마저도 버려야 한다.[1275] 일체 법이 본래 相이 없어서 찰나 찰나에 생하지도 않고 찰나 찰나에 멸하지도 않는다. 또한 마음을 따라 바깥으로 경계를 생각하지 않은 뒤에 마음으로 마음을 없애는데, 마음이 만약 치달려 흩어진다면 곧바로 응당 붙잡아 와서 정념正念에 머물게 해야 한다. 이 正念이란 것은 오직 마음일뿐 바깥에 어떠한 경계도 없고, 바로 다시 이 마음에도 自相이 없어서 찰나 찰나에 (그 자상을) 얻을 수 없는 것임을 마땅히 알아야 한다. 만일 앉은 자리에서 일어나 가고 오고 나아가고 머무름에 있어 행하는 바가 있더라도, 이 모든 때에 항상 방편을 생각하고 수순 관찰하여 오래 익혀 순숙淳熟하면 그 마음이 머물 수 있다. 마음이 머물러 있기 때문에 점점 예리해져 진여삼매眞如三昧[1276]에 수순하여

1275　은정희 역: 일체의 모든 상념을 찰나찰나 다 없애고 또한 없앤다는 생각마저도 없애야 한다.
1276　眞如三昧: 일행삼매一行三昧 또는 일상삼매一相三昧라고도 한다. 어느 곳에서나 언제나 항상 마음을 하나로 안정하고, 법계가 평등하고 한 모습임을 관하는 三昧를 말한다.

들어갈 수 있어서, 깊이 번뇌를 제복制伏하고 信心이 증장하여, 빠르게 이루고 후퇴하지 않는다.

해설 '空에 의지하지 않는다.'는 것은 선정에 들어갔을 때 마치 우주에 아무것도 없는 텅 빈 듯한 느낌이 들 때가 있는데 이러한 느낌에 집착하면 안 된다는 것이고, '地·水·火·風에도 의지하지 않는다.'는 것은 자신의 몸이 地·水·火·風으로 이루어져 있지만, 이것 역시도 의지할 만한 것이 아님을 뜻한다. '마음이 예리해진다.'는 것은 조금이라도 마음이 흐트러지거나 고르지 못한 상태가 되면 마음이 그것을 바로 알아차린다는 것을 의미한다.

② 불능자不能者

[論_ 修行信心分_ 廣辨行相_ 止觀門_ 廣說_ 先明別修_ 先止_ 修止方法_ 不能者]

唯除疑惑, 不信誹謗, 重罪業障, 我慢懈怠, 如是等人所不能入。

오직 의혹하고 불신 비방하며, 중죄의 업장業障이 있으며, 아만我慢하고 게으른 사람은 제외되니, 이와 같은 사람들은 (止의 수행에) 들어갈 수 없다.

해설 맹자가 "자신을 해치는 자와 더불어 말할 수가 없고, 자신을 버리는 자와 더불어 큰일을 행할 수 없다. 말을 함에 예禮와 의義를 비난하는 것을 '자포自暴'라 하고, 나는 인仁에 거하고 의義에 말미암을 수 없다고 하는 것을 '자기自棄'라 한다."[1277]라고 말한 것처럼, 자신을 해치고 도를 부정하는 자들이 어떻게 止觀을 수행할 수 있겠는가?

1277 「孟子」「離婁上」, 제10장 "自暴者不可與有言也, 自棄者不可與有爲也。言非禮義, 謂之自暴也, 吾身不能居仁由義, 謂之自棄也"

[疏] 初方法中, 先明能入人, 後簡不能者。初中言住靜處者, 是明緣具, 具而言之, 必具五緣。一者閒居靜處謂住山林, 若住聚落, 必有喧動故。二者持戒淸淨, 謂離業障, 若不淨者, 必須懺悔故。三者衣食具足, 四者得善知識, 五者息諸緣務。今略擧初, 故言靜處。

처음 (止를 수행하는) 방법 중에 먼저 (수행에) 들어갈 수 있는 사람을 밝혔고, 뒤에서 들어갈 수 없는 사람을 분간하였다. 처음에 말한 '고요한 곳에 머문다.'는 것은 연緣의 구비를 밝힌 것으로, 자세히 말하자면 반드시 다섯 가지 조건을 갖춰야 한다. 하나는 한가하고 고요한 곳에 거처하는 것으로, 산림에 머무는 것을 말하니, 만약 마을에 거주하면 반드시 시끄러운 움직임이 있기 때문이다. 둘은 계율 지키는 것의 청정함으로, 업장業障을 멀리하는 것을 이르니, 만약 깨끗하지 못한 자라면 반드시 참회해야 하기 때문이다. 셋은 의식衣食을 모두 갖추는 것이고, 넷은 선지식善知識을 얻는 것이며, 다섯은 모든 연관되는 사무를 그쳐야 한다. 지금 간략하게 처음 것만을 들었기 때문에 '고요한 곳'을 말하였다.

言端坐者, 是明調身, 言正意者, 是顯調心。云何調身。委悉而言, 前安坐處, 每令安穩, 久久無妨。次當正脚。若半跏坐, 以左脚置右髀上, 牽來近身, 令左脚指與右䏶齊。若欲全跏, 卽改上右脚必置左髀上, 次左脚置右䏶上。次解寬衣帶, 不坐時落。次當安手。以左手掌置右手上, 累手相對, 頓置左脚上, 牽來近身, 當心而安。次當正身。前當搖動其身, 幷諸支節, 依七八反, 如自按摩法, 勿令手足差異, 正身端直, 令肩骨相對, 勿曲勿聳。次正頭頸。令鼻與臍相對, 不偏不邪, 不仰不卑, 平面正住。今總略說, 故言端坐也。

'단정하게 앉는다.'라고 말한 것은 조신調身[몸을 적합하게 준비하는 것]을 밝힌 것이고, '뜻을 바르게 한다.'는 것은 조심調心[마음을 고르게 하는 것]을 드러낸 것이다. 무엇을 조신調身이라 하는가? 자세하게 말하자면, 먼저 앉는 곳을 편안히 하여 늘 안온하고 오래 방해가 없도록 한다. 다음으로 마땅히 다리를 바르게 해야 한다. 반가부좌라면 왼쪽 다리를 오른쪽 넓적다리 위에 놓고, 몸 가까이에 끌어당겨서 왼쪽 다리 발가락이 오른쪽 넓적다리와 나란하게 한다. 만약 전가부좌를 하고 싶다면 곧 위(반가부좌를 가리킨다)의 오른쪽 다리를 고쳐서 반드시 왼쪽 넓적다리 위에 두고, 다음으로 왼쪽 다리를 오른쪽 넓적다리 위에 둔다. 다음에는 옷과 허리띠를 느슨하게 하되, 앉을 때 (바닥에) 닿지 않게 한다. 다음으로 손을 편안하게 해야 한다. 왼손 손바닥을 오른손 손등에 두고 겹친 손을 서로 맞대어 왼쪽 다리 위에 가지런히 놓고, 끌어당겨 몸에 가까이 두고 중심에서 편안하게 한다. 다음에는 몸을 바르게 해야 한다. 먼저 몸과 함께 여러 팔다리의 관절을 요동하여 일고여덟 번 반복하기를 스스로 안마하는 법처럼 하되 손발이 어긋나지 않게 하고, 몸을 단정하고 반듯이 하여 어깨뼈가 서로 (같은 높이로) 대등하게 하되 구부러지거나 솟지 않아야 한다. 다음으로 머리와 목을 바르게 한다. 코가 배꼽과 서로 마주보게 해서 한쪽으로 치우치거나 기울지 않고, (머리를) 위로 들거나 아래로 내리지도 않고, 반듯한 얼굴로 바르게 유지한다. 지금은 총괄적으로 간략하게 말했기 때문에 '단정하게 앉는다.'라고 말하였다.

云何調心者。末世行人, 正願者少, 邪求者多, 謂求名利, 現寂靜儀, 虛度歲月, 無由得定。離此邪求, 故言正意。直欲定心與理相應, 自度度他至無上道, 如是名爲正意也。

무엇을 조심調心이라 하는가? 도가 쇠퇴한 세상에서는 바르게 원하는 수행자는 적고 삿되게 구하는 이가 많으니, 말하자면 명예와 이욕을 구하면서 고요하고 안정된 거동(또는 법식)을 드러내지만, 헛되이 세월만 보낼 뿐 선정을 얻을 도리가 없다. 이러한 잘못된 구함에서 벗어나야 하기 때문에 '뜻을 바르게 한다.'고 하였다. 다만 定心이 도리와 상응하여 자신과 남을 제도하고 무상의 도에 이르기를 바랄 뿐이니, 이 같은 것을 '뜻을 바르게 한다.'고 한다.

不依以下, 正明修止次第, 顯示九種住心。初言不依氣息乃至不依見聞覺知者, 是明第一內住之心。言氣息者, 數息觀境, 言形色者, 骨瑣等相。空地水等, 皆是事定所緣境界, 見聞覺知, 是擧散心所取六塵。於此諸塵推求破壞, 知唯自心, 不復託緣, 故言不依。不依外塵, 即是內住也。

'불의不依(의지하지 않고)' 이하는 바로 止를 닦는 차례를 밝힌 것으로, 아홉 가지 주심住心을 드러내었다. 처음에 말한 '기식氣息에 의지하지 않으며'에서부터 '보고 듣는 것과 느끼고 아는 작용에도 의지하지 않아야 한다.'는 것까지는 첫 번째 내주內住의 마음을 밝힌 것이다. '기식氣息'이라 말한 것은 수식관數息觀[1278]의 경계이고, '형색形色'이라 말한 것은 골쇄骨瑣[1279]와 같은 相이다. '空·地·水'등은 모두

1278 數息觀: 범어 'ānpānāsati'의 의역으로, 염입출식념入出息 또는 의지식념意持息念이라고도 한다. 음역하여 아나반나관阿那般那觀 또는 안나반나념安那般那念이라고도 한다. 오정심관五停心觀(不淨觀, 慈悲觀, 緣起觀, 界分別觀, 數息觀)의 하나로, 나가고 들어가는 숨을 셈으로써 마음이 산란하는 것을 방지하고 하나로 모으는 관법이다.

1279 骨瑣: 뼈 부스러기라는 뜻으로, 나와 남의 몸을 뼈 부스러기로 관하는 것을 골쇄관骨瑣觀·골상관骨想觀·백골관白骨觀이라고 한다. 이 관법은 부정관不淨觀의 하나로, 주로 음욕淫欲과 탐욕을 없애기 위한 관법이다.

사정事定[1280]에서 반연한 경계이고, '보고 듣는 것과 느끼고 아는 것'은 흐트러진 마음에서 취한 육진六塵을 거론한 것이다. 이러한 모든 경계에서 미루어 나가 (헛된 경계들을) 파괴하고, 오직 자기 마음뿐임을 알아서, 다시는 (경계의) 연에 의탁하지 않기 때문에 '不依'라고 하였다. 외진外塵에 의하지 않는 것이 바로 내주內住이다.

次言一切諸相[1281]隨念皆除者, 是明第二等住之心。前雖別破氣息等相, 而是初修, 其心麤動, 故破此塵, 轉念餘境。次即於此一切諸相, 以相續方便澄淨方便, 挫令微細, 隨念皆除。皆除馳想。即是等住也。

다음으로 말한 '일체의 모든 생각을 생각에 따라 모두 제거한다.'는 것은 두 번째 등주等住의 마음을 밝힌 것이다. 앞에서 비록 기식氣息 등의 相을 각각 깨뜨렸으되, 이는 초보적인 수행이라 그 마음이 거칠게 움직이기 때문에 이 대상을 깨뜨렸지만 이리저리 나머지 경계를 생각한다. 다음은 이 일체의 여러 相에 즉해서 상속相續 방편과 징정澄淨 방편으로 (그 생각들을) 꺾어 미세하게 하고, 생각에 따라 모두 제거한다. 치달리는 생각을 모두 없앤 것이 곧 等住이다.

해설 『유가론기瑜伽論記』에서 "처음과 끝이 끊어지지 않는 것을 상속방편이라 하고, 어지러운 것을 떠나서 고요한 것을 징정澄淨이라 한다."[1282]라

1280 事定: 3종 선정(事定·善定·報定)의 하나로 불도와 무관하게 수식관數息觀이나 부정관不淨觀등을 이용하여 삼매를 닦는 것을 가리킨다. 『해탈도론解脫道論』 권2, 「분별정품分別定品」(대정장 제32권 1648, p.407. b21~28행)에 따르면, 성도聖道에서 학인學人 및 범부가 색정色定과 무색정無色定을 닦는 것을 선정善定이라 하고, 그 과보로써 학인과 범부가 색계와 무색계에 태어나는 것을 보정報定이라 하며, 무학無學의 사람이 色定과 無色定을 받아들이는 것을 事定이라 한다.

1281 기신론의 본문에는 相이 想으로 되어 있다.

1282 『瑜伽論記』(대정장 제42권, 1828, p.463. a15~16행) "始終無間名爲相續方便 離亂寂靜名澄淨"

고 한 것으로 보면, 두 가지 방편은 內住된 마음을 지속적으로 고요하게 하는 것임을 알 수 있다.

次言亦遣除想者, 是明第三安住之心。前雖皆除外馳之想, 而猶內存能除之想, 內想不滅, 外想還生。是故於內不得安住。今復遣此能除之想, 由不存內, 則能忘外, 忘外而靜, 卽是安住也。

다음으로 말한 '또한 없앤다는 생각마저도 버려야 한다.'는 것은 세 번째 안주安住하는 마음을 밝힌 것이다. 앞에서 비록 밖으로 치달리는 생각들을 모두 제거하였으나, 여전히 마음 안에 능히 없앤다는 생각이 남아 있고, 안에서 생각이 소멸하지 않으면 바깥으로 생각이 다시 생겨난다. 이런 까닭에 안에서 安住할 수 없다. 지금 다시 이 능히 없앤다는 생각을 제거하여 안에 두지 않으면 바깥을 잊을 수 있고, 바깥을 잊어서 고요한 것이 바로 安住이다.

次言以一切法本來無相, 念念不生念念不滅者, 是明第四近住之心。由先修習念住力故, 明知內外一切諸法, 本來無有能想可想。推其念念不生不滅, 數數作意而不遠離。不遠離住, 卽是近住也。

다음으로 말한 '일체 법이 본래 相이 없어 찰나 찰나에 생하지도 않고 찰나찰나에 멸하지도 않는다.'는 것은 네 번째 근주近住의 마음을 밝힌 것이다. 앞서 닦고 익힌 염주念住의 힘에 말미암기 때문에, 안팎의 일체 제법이 본래 생각할 수도 생각할 만한 것도 없음을 밝게 안다. 그 찰나 찰나에 생하지도 멸하지도 않는 것을 미루어 헤아리고, 자주자주 뜻을 일으켜 멀리 떠나지 않는다. 머무는 것에서 멀리 떠나지 않는 것이 바로 近住이다.

次言亦不得隨心外念境界者, 是明第五調順之心。諸外塵相念[1283]心散亂, 依前修習安住近住, 深知外塵有諸過患, 卽取彼相爲過患想。由是想力折挫其心令不外散, 故名調順也。

　　다음으로 말한 '또한 마음을 따라 바깥으로 경계를 생각하지 않는다.'는 것은 다섯 번째 조순調順하는 마음을 밝힌 것이다. 여러 외진상外塵相이 마음을 산란케 하지만, 앞에서 닦고 익힌 안주安住와 근주近住에 의하여 外塵에 여러 과환過患이 있고 바로 저 相을 취하는 것이 잘못된 생각임을 깊이 안다. 이런 생각의 힘으로 그 마음을 꺾어 바깥으로 흩어지지 않게 하기 때문에 調順이라 이름한다.

次言後以心除心者, 是明第六寂靜之心。諸分別想令心發動, 依前調順, 彌覺其患, 卽取此相爲過患想。由此想力轉除動心, 動心不起, 卽是寂靜也。

　　다음으로 말한 '뒤에 마음으로 마음을 없앤다.'는 것은 여섯 번째 적정寂靜의 마음을 밝힌 것이다. 모든 분별하는 생각이 마음을 발하여 움직이게 하다가 앞의 조순調順에 의해 그 허물을 더욱 깨닫고, 바로 이 相을 취하는 것이 잘못된 망상妄想이라 여긴다. 이러한 생각하는 힘으로 움직이는 마음을 차츰 제거하여, 움직이는 마음이 일어나지 않는 것이 바로 寂靜이다.

次言心若馳散, 乃至念念不可得者, 是明第七最極寂靜之心。於中有二。初言心若馳散卽當攝來, 乃至唯心無外境界者, 是明失念暫馳散外塵, 而

1283　『瑜伽師地論』의 원문(云何調順 謂種種相令心散亂)에 의하면 念은 마땅히 令이 되어야 한다.

由念力能不忍受也。次言卽復此心亦無自相念念不可得者, 是明失念還存內心, 而由修力尋卽反吐也。能於內外不受反吐, 是故名爲最極寂靜。

다음으로 말한 '마음이 만약 치달려 흩어진다면'에서부터 '찰나 찰나에 (그 자상自相을) 얻을 수 없다.'는 것까지는 일곱 번째 최극적정最極寂靜의 마음을 밝힌 것이다. 이 중에 두 가지가 있다. 처음에 '마음이 만약 치달려 흩어진다면 곧바로 응당 붙잡아 와서'부터 '오직 마음일뿐 바깥에 어떠한 경계도 없다.'라고 말한 것까지는 正念을 놓치고 잠깐 外塵으로 (마음이) 치달려 흩어졌으나 正念의 힘으로 (外塵을) 능히 참고 받아들이지 않는 것을 밝힌 것이다. 다음으로 말한 '다시 이 마음에도 自相이 없어서 찰나 찰나에 (그 자상을) 얻을 수 없다.'는 것은 놓친 正念을 돌이켜 마음 안에 두되, 닦은 힘으로 살펴서 곧바로 토해내는 것을 밝힌 것이다.[1284] 능히 안과 바깥으로 받아들이지 않고 돌이켜 토해내기 때문에 최극적정이라 이름하였다

해설 뱉어낸다는 것은 마음 안에 잡아 둔 그 正念의 마음마저 버리는 것을 의미한다. 정념이라는 것도 自相, 즉 스스로의 실체가 없는 것이라 그것을 지키려고 하는 것이 다시 집착을 일으켜 마음을 산란하게 하기 때문이다.

次言若從坐起去來, 乃至淳熟其心得住者, 是明第八專住一趣, 謂有加行有功用心。故言常念方便隨順觀察也。無間無缺定心相續, 故言久習淳熟其心得住, 卽是專住一趣相也。

다음으로 말한 '만일 앉은 자리에서 일어나 가고 오고'에서부터 '오래 익혀 순숙淳熟하면 그 마음이 머물 수 있다.'는 것은 여덟 번째 전

1284 은정희 역: 정념을 놓치어 다시 내심內心에 두다가 수행의 힘에 의하여 곧 돌이켜 토해 냄을 밝힌 것이니,

주일취專住一趣를 밝힌 것이니, 수행과 공용이 있는 마음을 말한다. 그래서 '항상 방편을 생각하고 수순 관찰한다.'라고 하였다. 사이도 없고 결함도 없이 定心이 이어지기 때문에 '오래 익혀 순숙하면 그 마음이 머물 수 있다.'라고 말하였으니, 바로 전주일취專住一趣의 모습이다.

次言以心住故漸漸猛利, 隨順得入眞如三昧者, 是明第九等持之心。由前淳熟修習力故, 得無加行無功用心, 遠離沈浮, 任運而住, 故名等持。等持之心住眞如相, 故言得入眞如三昧。深伏煩惱信心增長速成不退者, 略顯眞如三昧力用。由此進趣得入種性不退位故。

다음으로 말한 '마음이 머물러 있기 때문에 점점 예리해져 진여삼매眞如三昧[1285]에 수순하여 들어갈 수 있다.'는 것은 아홉 번째 등지等持의 마음을 밝힌 것이다. 앞서 도탑게 익힌 수습력修習力으로 말미암아서 가행加行과 공용功用이 (필요) 없는 마음을 얻어 부침(하는 생각)을 멀리 여의고, 알맞게 움직이고 머물기 때문에 등지等持라 한다. 등지의 마음은 진여에 머무는 상이기 때문에 '진여삼매에 들어갈 수 있다.'라고 말하였다. '깊이 번뇌를 제복制伏하고 信心이 증장하여 빠르게 이루고 후퇴하지 않는다.'는 것은 진여삼매의 힘과 작용을 간략히 드러낸 것이다. 이것으로 말미암아 앞으로 나아가 종성種性의 물러나지 않는 자리에 들어갈 수 있기 때문이다.

해설 '種性의 물러나지 않는 자리에 들어간다.'는 것은 수행으로 얻은 마음이 원래 가지고 있던 참마음과 하나가 되어 더 이상 흔들리지 않는 경지에 도달한 것을 의미한다.

1285 眞如三昧: 일행삼매一行三昧 또는 일상삼매一相三昧라고도 한다. 어느 곳에서나 언제나 항상 마음을 하나로 안정하고, 법계가 평등하고 한 모습임을 관하는 三昧를 말한다.

上來所說名能入者, 唯除以下簡不能者。修止方法竟在於前。

　　위에서부터 여기까지 말한 것은 들어갈 수 있는 사람을 설명한 것이고, '유제유除(오직 의혹하고 ~)' 이하는 들어갈 수 없는 사람을 간별한 것이다. 止를 닦는 방법을 여기에서 마친다.

(나) 수지승능修止勝能 (止를 닦은 뛰어난 공능)

[論_ 修行信心分_ 廣辨行相_ 止觀門_ 廣說_ 先明別修_ 先止_ 修止勝能]

復次依是三昧故, 則知法界一相, 謂一切諸佛法身, 與衆生身平等無二, 卽名一行三昧。當知眞如是三昧根本, 若人修行, 漸漸能生無量三昧。

　　다시 다음으로 이 삼매에 의해 법계가 한 모습인 것을 안다는 것은 일체 제불의 법신과 중생의 몸이 평등하고 둘이 아님을 말하는 것이니, 바로 이것을 일행삼매一行三昧[1286]라 한다. 마땅히 진여가 이 삼매의 근본으로, 만약 사람들이 수행을 한하면 차츰차츰 한량없는 삼매를 낼 수 있다는 것을 알아야 한다.

[疏] 第二明修止勝能。是明依前眞如三昧, 能生一行等諸三昧。所言一行三昧者, 如文殊般若經言, "云何名一行三昧。佛言法界一相, 繫緣法界, 是名一行三昧。入一行三昧者, 盡知恒沙諸佛法界無差別相。阿難所聞佛法得念總持, 辯才智慧, 於聲聞中雖爲最勝, 猶住量數, 卽有

1286　一行三昧: 범어 'ekavyūha-samādhi'의 의역으로, 일삼매一三昧·진여삼매眞如三昧·일상삼매一相三昧·일상장엄삼마지一相莊嚴三摩地라고도 한다. 一行三昧에 理와 事의 두 부분이 있다. 理의 一行三昧는 정심정심定心으로 법계가 평등한 하나의 모습을 관하는 것으로, 부처의 법신과 중생의 몸이 다르지 않은 차별 없음을 보는 것이다. 事의 一行三昧는 一心으로 염불함으로써 三昧에 들고, 이 念佛 중에 三世의 여러 부처를 보는 것이다.

限礙。若得一行三昧, 諸經法門, 一一分別, 皆悉了知, 決定無礙, 晝夜常說, 智慧辯才, 終不斷絕, 若比阿難多聞辯才, 百千等分不及其一", 乃至廣說。眞如三昧能生此等無量三昧, 故言眞如是三昧根本也。修止勝能竟在於前。

　　두 번째 止를 수행하여 얻는 뛰어난 공능을 밝혔다. 이는 앞의 진여삼매에 의해 一行과 같은 여러 삼매를 낼 수 있음을 밝힌 것이다. 말한 바 일행삼매一行三昧란 것은 『문수반야경文殊般若經』[1287]에서 말한 것과 같다. "어떤 것을 一行三昧라 합니까? 부처님께서 말씀하시기를, 법계는 한 모습이니, 법계에 붙어 반연하는 것을 一行三昧라 한다. 一行三昧에 들어간 자는 갠지스강의 모래처럼 많은 여러 부처와 법계에 차별상이 없음을 다 안다. 아난阿難[1288]은 들은 바의 불법을 생각하여 모아 지닐 수 있고 그 말하는 재주와 지혜가 성문승 중에 가장 뛰어나지만, 여전히 양量과 수數에 주착하여 한계와 막힘이 있다. (아난이) 만약 一行三昧를 얻는다면 여러 경전의 법문을 하나하나 분별하고 모두 다 분명히 알아서 결코 걸림이 없을 것이며, 밤낮으로 늘 말해도 지혜와 말하는 재주가 끝내 단절되지 않을 것이로되, 만약 아난의 다문多聞과 말하는 재주를 (一行三昧에) 비교한다면 백분 천분의 일도 미치지 못할 것이다."[1289] 라고 하고 계속 이어서 폭넓게 설하였다. 진여삼매가 이같이 무량한 삼매를 낼 수 있기 때문에 '진여가 이 삼매의 근본이다.'라고 하였다. 止를 닦은 뛰어난 공능을 여기에서 마친다.

1287　『文殊般若經』:『문수사리소설마하반야바라밀경文殊師利所說摩訶般若波羅蜜經』의 약칭으로, 『문수설반야경文殊說般若經』이라고도 한다. 한 권으로 되어 있으며, 문수사리 보살과 부처님이 문답하는 형식으로 반야바라밀般若波羅蜜과 일행삼매一行三昧를 설하고 있다.

1288　阿難: 범어 이름 'Ānanda'의 음사어音寫語로, 전칭全稱하면 아난타阿難陀이고 의역하면 환희歡喜·경희慶喜·무염無染이다. 석가모니의 사촌 동생으로서 10대 제자 중 한 명이다. 출가 후 20여 년 동안 부처를 항상 수행隨行하였으며, 기억을 잘하고 부처의 설법을 낭랑하게 암송하여 다문多聞에 제일이라 칭송되었다.

1289　『文殊師利所說摩訶般若波羅蜜經』(대정장 제8권, 0232, p.731. a26~27행, b8~13행)에서 인용.

(다) 변마사辨魔事 (마구니 짓을 변별하다)

[疏] 以下第三明起魔事, 於中有二, 略明, 廣釋。

이 아래는 세 번째로 마사魔事[1290]가 일어나는 것을 밝혔다. 이 중에 두 가지가 있으니, 간략히 밝힌 것과 폭넓게 풀이한 것이다.

① 약명略明 (간략히 밝히다)

[論_ 修行信心分_ 廣辨行相_ 止觀門_ 廣說_ 先明別修_ 先止_ 辨魔事_ 略明]
或有衆生無善根力, 則爲諸魔外道鬼神之所惑亂, 若於坐中現形恐怖, 或現端正男女等相, 當念唯心。境界則滅, 終不爲惱。

간혹 어떤 중생이 선근의 힘이 없으면 여러 마구니와 외도와 귀신에게 미혹되고 어지럽힘을 당하는데, 만약 좌선 중에 형체를 드러내 두렵게 하거나 혹은 단정한 남녀 등의 상을 드러낸다면, 응당 오직 마음뿐임을 염해야 한다. (그러면) 경계가 소멸하여 마침내 괴롭지 않을 것이다.

[疏] 略中亦二。先明魔嬈 後示對治。初中言諸魔者, 是天魔也, 鬼者, 堆惕鬼也, 神者, 精媚神也。如是鬼神, 嬈亂佛法, 令墮邪道, 故名外道。如是諸魔乃至鬼神等, 皆能變作三種五塵, 破人善心。一者作可畏事, 文言坐中現形恐怖故。二者作可愛事, 文言或現端正男女故。三非違非順事, 謂現平品五塵, 動亂行人之心, 文言等相故。

간략히 밝히는 중에도 두 가지가 있다. 먼저 마구니가 어지럽

1290 魔事: 마구니가 수행과 해탈을 가로막는 일.

히는 것을 밝혔고,[1291] 뒤에서 다스리는 것을 보였다.[1292] 처음에 말한 '여러 마구니'는 천마天魔[1293]이고, '귀鬼'는 퇴척귀堆惕鬼[1294]이며, '신神'은 정미신精媚神[1295]이다. 이 같은 귀신이 불법을 어지럽혀 그릇된 道에 떨어지게 하기 때문에 外道라 한다. 이 같은 여러 마구니와 귀신 등은 모두 세 가지로 오진五塵을 변작하여 능히 사람의 선한 마음을 깨뜨린다. 하나는 두려워할 만한 것을 만드니, (기신론 본문의) 글에서 '좌선 중에 형체를 드러내 두렵게 한다.'라고 말했기 때문이다. 둘은 좋아할 만한 일을 짓는 것으로, 글에서 '혹은 단정한 남녀를 드러낸다.'라고 말했기 때문이다. 셋은 거스르지도 않고 순하지도 않은 일이니, 평범한 성질의 五塵을 드러내 수행하는 사람의 마음을 움직이여 어지럽게 하는 것을 말한다. (이것은) 글에서 '등의 상'이라고 말했기 때문이다.

當念以下, 次明對治。若能思惟如前諸塵, 唯是自心分別所作, 自心之外, 無別塵相, 能作是念, 境相卽滅。是明通遣諸魔鬼神之法, 別門而言, 各有別法。謂治諸魔者, 當誦大乘諸治魔呪, 咀念誦之。堆惕鬼者, 或如蟲蝎, 緣人頭面, 攢刺瘡瘡, 或復擊擽人兩掖下, 或乍抱持於人,

---

1291 '或有衆生無善根力 則爲諸魔外道鬼神之所惑亂 若於坐中現形恐怖 或現端正男女等相' 부분.
1292 '當念唯心 境界則滅 終不爲惱' 부분.
1293 天魔: 욕계欲界 제6천의 마왕으로, 이름을 파순파旬이라고 하며, 여러 부처가 세상에 나올 때 항상 더불어 나와서 부처가 수행하여 도를 이루는 것을 가로막고 어렵게 한다.
1294 堆惕鬼: 『석마하연론釋摩訶衍論』(대정장 제32권, 1668, p.658. a4~ 20행)에 따르면 열 가지 鬼가 있는데, 堆惕鬼는 열 번째에 해당하고, 굼벵이·파리·개미·용·호랑이·사자나 갖가지 소리 등의 경계를 지어서 좌선을 방해하는 것이다.
1295 精媚神: 정미귀精媚鬼 또는 시미귀時媚鬼라고도 한다. 『석마하연론釋摩訶衍論』(대정장 제32권, 1668, p.658. a26~ b13행)에 따르면 15종의 神이 있는데, 精媚神은 그 중 열다섯 번째 神이다. 12시진에 맞는 경계를 만들어 수행자를 괴롭히고 어지럽게 한다. 또 『마하지관摩訶止觀』(대정장 제46권, 1991, p.115. a21~ b17행)으로 보면, 3종 귀鬼(堆惕鬼, 時媚鬼, 魔羅鬼) 중의 하나에 해당한다.

或言說音聲喧喧, 及作諸獸之形, 異相非一。來惱行者, 則應閉目一心憶而作如是言。我今識汝。汝是此閻浮提中食火臭香偸臘吉支。邪見汝喜, 汝破戒種, 我今持戒, 終不畏汝。若出家人, 應誦戒律, 若在家人, 應誦菩薩戒本。若誦三歸五戒等, 鬼便却行匍匐而出也。

'당념當念(응당 오직 ~)' 이하는 다음으로 다스리는 것을 밝혔다. 만약 앞(에서 언급한 것)과 같은 여러 경계가 오직 내 마음의 분별로 만들어진 것임을 능히 사유할 수 있고, 내 마음 밖에 별도로 오진五塵의 相이 없다는 이런 생각을 할 수 있으면, 경계상이 곧바로 없어진다. 이것은 여러 마구니와 귀신의 법을 공통으로 제거하는 방법을 밝힌 것이고, 개별적인 측면으로 말한다면 각기 다른 방법이 있다. 말하자면 여러 마구니를 다스리는 자는 마땅히 대승의 여러 치마주治魔呪[마구니를 다스리는 주문]를 염송하되, 저주하는 생각으로 염송해야 한다. 퇴척귀라는 것은 간혹 벌레나 전갈 같이 사람의 머리나 얼굴에 기어올라 찔러 마비시키기도 하고, 혹은 사람의 양쪽 겨드랑이 아래를 반복해 치기도 하거나, 혹은 잠깐 사람을 껴안기도 하고, 혹은 말하는 소리가 시끄럽기도 하며, 또 여러 짐승의 모양을 짓되 이상한 모습으로 일정하지 않다. (이러한 것들이) 와서 수행하는 사람을 괴롭히면 마땅히 눈을 감고 한마음으로 생각하여 이처럼 말해야 한다. '나는 이제 너를 안다. 너는 이 염부제閻浮提[1296] 중에 불을 먹고 향내를 맡는 투랍길지偸臘吉支[1297]이다. 그릇된 견해를 네가 좋아하고, 계율을 행하는 씨앗을 깨뜨리려 하지만, 나는 이제 계율을 지켜 끝내 너를 두려워하지 않을 것이다.' 만약 출가인이라면 마땅히 계율을 외워

1296 閻浮提: 범어 'Jambu-dvīpa'의 음역으로, 염부주 또는 섬부주라고도 한다. 수미산의 사방에 위치한 네 육지 중 남쪽에 위치한 대륙으로 주로 인간이 거주하는 곳이다.
1297 偸臘吉支: 염부제 안에서 불을 먹고 향내를 맡는 귀신이다. 『치선병요결治禪病祕要法』이나 『마하지관摩訶止觀』 등에 나온다.

야 할 것이고, 만약 재가의 수행자라면 응당 『보살계본菩薩戒本』[1298]
을 외워야 할 것이다. 만약 삼귀의三歸依[1299]와 오계五戒[1300] 등을 독송
한다면 귀신은 곧 물러나 엎드려 기어나갈 것이다.

精媚神者, 謂十二時狩[1301], 能變化作種種形色, 或作少男女相, 或作老
宿之形, 及可畏身等, 非一衆多, 惱亂行者。其欲惱人, 各當其時來, 若
其多於寅時來者, 必是虎兕等, 多於卯時來者, 必是兔獐等, 乃至多於
丑時來者, 必是牛類等。行者恒用此時, 則知其狩精媚, 說其名字呵責,
即當謝滅。此等皆如禪經廣說。上來略說魔事對治。

'정미신精媚神'이라는 것은 12시진時辰의 동물이 능히 변화하
여 갖가지 형상을 짓는 것을 말하는데, 간혹 젊은 남녀의 모습이 되기
도 하고, 혹은 노숙老宿[1302]한 사람의 형상과 두려워할 만한 몸뚱이 같
은 것을 지어서, 하나가 아닌 여러 가지로 수행자를 괴롭히고 어지럽
게 한다. 사람을 괴롭히려고 하는 그것들은 각기 그 때에 맞게 오는
데, 만약 인시寅時에 자주 오는 것이라면 반드시 호랑이나 들소 같은
것들이고, 묘시卯時에 자주 오는 것이라면 필시 토끼나 노루 같은 것
들이며, 계속해서 축시丑時에 자주 오는 것들이라면 틀림없이 소 종
류일 것이다. 수행자가 항상 이때를 이용(해서 참선)한다면 그 동물의
정령精靈이 미혹하는 것임을 알고서 그 이름을 말하고 꾸짖으면 곧바

1298 『菩薩戒本』: 보살이 지켜야 할 계율에 대해 설한 경전으로 한 권으로 되어 있다. 별칭으로 『보살
계본경菩薩戒本經』 또는 『지지계본地持戒本』이라고도 한다.
1299 三歸依: 삼귀三歸·삼자귀三自歸·삼귀계三歸戒라고도 한다. 삼보三寶에 의지해 영원히 모든 고
통에서 벗어나 해탈하기를 구하는 의식으로, 불교도는 반드시 이 의식을 거쳐야 한다.
1300 五戒: 재가자在家者들이 지켜야 하는 다섯 종류의 계율(불살생不殺生, 불투도不偸盜, 불사음
不邪婬, 불망어不妄語, 불음주不飮酒)을 말한다.
1301 십이시수十二時狩: 12지지地支(子·丑·寅·卯·辰·巳·午·未·申·酉·戌·亥)의 동물.
1302 老宿: 나이가 많고 덕행이 깊은 사람을 가리킨다.

로 당연히 물러나 사라질 것이다. 이 같은 것들은 모두 선禪에 관한 경전에서 널리 말한 것과 같다. 위에서부터 마구니 짓과 다스리는 것에 대해 간략하게 설명하였다.

② 광석廣釋 (폭넓게 풀이하다)

㉮ 마사차별魔事差別 (마구니 짓의 차별)

[論_ 修行信心分_ 廣辨行相_ 止觀門_ 廣說_ 先明別修_ 先止_ 辨魔事_ 廣釋_ 魔事差別]

或現天像菩薩像, 亦作如來像, 相好具足。或說陀羅尼, 或說布施持戒忍辱精進禪定智慧。或說平等空無相無願, 無怨無親, 無因無果, 畢竟空寂, 是眞涅槃。或令人知宿命過去之事, 亦知未來之事, 得他心智, 辯才無礙, 能令衆生貪著世間名利之事。又令使人數瞋數喜, 性無常準, 或多慈愛, 多睡多病, 其心懈怠。或卒起精進, 後便休廢, 生於不信, 多疑多慮, 或捨本勝行, 更修雜業, 若著世事種種牽纏。亦能使人得諸三昧少分相似, 皆是外道所得, 非眞三昧, 或復令人若一日若二日若三日乃至七日住於定中, 得自然香美飮食, 身心適悅, 不飢不渴, 使人愛著。或亦令人食無分齊, 乍多乍少, 顏色變異。

간혹 하늘의 형상이나 보살의 모습을 나타내기도 하고, 또한 여래의 형상을 짓고 상호相好를 구족하기도 한다. 혹은 다라니陀羅尼[1303]를 설하기도 하거나, 혹은 보시·지계·인욕·정진·선정·지혜를 설

1303 陀羅尼: 범어 'dhāraṇī'의 음역으로, 의역하여 총지總持·능지能持·능차能遮라고 한다. 갖가지 善法을 모아 능히 지니고 흩어지거나 잃어버리지 않게 하기에 能持라 하고, 불선한 마음이 생겨나는 것을 미워하고 차단하여 일어나지 않게 할 수 있기에 能遮라 하며, 이름과 뜻과 행하는 공덕 등을 모두 지닐 수 있기 때문에 總持라 한다. 이러한 다라니에 두 가지 의미가 있는데, 하나는 지혜 혹은 삼매를 말하며 다른 하나는 眞言을 의미한다.

하기도 한다. 혹은 평등하고 空하여, 相도 없고 원願도 없으며, 원망하거나 친할 것도 없고, 떠도 果도 없어서, 마침내 공적한 것이 참된 열반이라고 설하기도 한다. 간혹 사람들로 하여금 숙명이나 과거의 일들을 알게 하거나,[1304] 또한 미래의 일을 알게 하여 타심지他心智[1305]를 얻고, 말하는 재주에 막힘이 없어[1306] 중생으로 하여금 세간의 명예와 이익에 관련된 일을 탐하고 집착케 한다. 또 사람들을 자주 성내고 자주 기쁘게 하여 성품에 항상 하는 기준이 없게 하고, 혹은 자애慈愛가 많거나 잠과 병이 많아서 그 마음이 게으르게 한다. 혹은 갑자기 정진精進을 일으켰다가 뒤에 곧바로 그만두고 불신이 생겨 의심과 염려가 많아지거나, 혹은 본래의 뛰어난 수행을 버리고 다시 잡다한 것들을 닦게 하여 세속의 일에 집착하는 것처럼 갖가지로 얽어매이게 한다. 또 능히 사람들로 하여금 여러 삼매에서 (진여삼매와) 조금 비슷한 것을 얻게 할 수도 있는데,[1307] (이러한 것들은) 모두 외도가 얻는 것으로 진정한 삼매는 아니니, 간혹 사람들로 하여금 하루 이틀 사흘 내지 이레 정도를 선정에 머물게 하여, 자연의 향기롭고 맛있는 음식을 얻어 몸과 마음이 쾌적하고 배고프지도 목마르지도 않아서 사람들을 (선정에) 애착하게 한다. 혹은 사람들을 먹는 것에 분수가 없게 하여 많이 먹다가 적게 먹기도 하고, 안색을 이상하게 바꾸기도 한다.

해설 止를 수행하는 공부가 깊어질 때 겪는 여러 가지 난관도 있지만 그 반대로 신통력 또한 여러 가지로 얻을 수가 있다. 여기에서 예례로 든 신통력

1304 六神通 중의 하나인 宿命通이다.
1305 他心智: 십지十智의 하나로 다른 사람의 마음과 생각을 아는 지혜이다. 이것이 더욱 발전하면 육신통六神通 중의 타심통他心通이 된다.
1306 변재무애辯才無礙: 三無礙 또는 四無礙의 하나로, 言語로써 뜻을 표현하고 전달하는데 막힘이 없는 것을 의미한다.
1307 은정희 역: 또한 사람들에게 모든 삼매를 얻게 하여 진여삼매에 든 것과 약간 비슷하게 하는 것이니,

은 六神通[신족통神足通, 천안통天眼通, 천이통天耳通, 타심통他心通, 숙명통宿命通, 누진통漏盡通] 중에서 宿命通과 他心通이지만, 일체의 견혹과 사혹을 끊고 삼계三界의 생사를 받지 않는 漏盡通을 얻지 못한다면, 다른 신통력을 얻는다 하더라도 언제든지 외도에 떨어질 것이다.

또 '자연의 향기롭고 맛있는 음식을 얻는다.'라고 하는 것은 음식물을 통하지 않고 자연의 기운에서 곧바로 생명의 기를 취하는 것을 비유적으로 표현한 것이다.

④ 명기대치明其對治 (다스리는 것을 밝히다)

[論_ 修行信心分_ 廣辨行相_ 止觀門_ 廣說_ 先明別修_ 先止_ 辨魔事_ 廣釋_ 明其對治]

以是義故, 行者常應智慧觀察, 勿令此心墮於邪網, 當勤正念, 不取不著, 則能遠離是諸業障。

이러한 뜻 때문에 수행하는 사람은 항상 지혜로 응당 관찰하여 이 마음이 그릇된 그물에 떨어지지 않게 해야 하고, 응당 부지런히 정념正念으로 (그릇된 선정을) 취하지도 집착하지도 않으면, 이 여러 업장을 멀리 여읠 수 있다.

㉤ 간별진위簡別眞僞 (참과 거짓을 간별하다)

[論_ 修行信心分_ 廣辨行相_ 止觀門_ 廣說_ 先明別修_ 先止_ 辨魔事_ 廣釋_ 簡別眞僞]

應知外道所有三昧, 皆不離見愛我慢之心, 貪著世間名利恭敬故。眞如三昧者, 不住見相, 不住得相, 乃至出定, 亦無懈慢, 所有煩惱, 漸漸微薄。若諸凡夫不習此三昧法, 得入如來種性, 無有是處, 以修世間諸禪三昧, 多起味著, 依於我

見, 繫屬三界, 與外道共, 若離善知識所護, 則起外道見故。

외도가 가진 삼매가 모두 아견我見과 아애我愛와 아만我慢의 마음을 여의지 못하는 것은 세간의 명리와 공경을 탐하고 집착하기 때문임을 마땅히 알아야 한다.[1308] 진여 삼매는 보는 相에도 머물지 않고 얻는 相에도 머물지 않으며, 선정에서 나와서까지도 게으르거나 태만함이 없어야 가지고 있는 번뇌가 점점 미미하고 엷어지니, 만약 여러 범부들이 이 삼매법을 익히지 않고 여래종성如來種性[1309]에 들어갈 수 있는 그런 경우가 없는 것은 세간의 여러 禪 삼매를 닦으면 흔히 (그것에) 맛 들여 집착하고, 我見으로 삼계에 얽매이며, 외도와 함께하여, 만약 선지식善知識의 보호에서 벗어나면 바로 외도의 견해를 일으키기 때문이다.

[疏] 第二廣釋, 於中有三。一者廣顯魔事差別, 以是義故以下, 第二明其對治, 應知外道以下, 第三簡別眞僞。初中卽明五雙十事。一者現形說法爲雙。二者得通起辯爲雙, 謂從或令人以下, 乃至名利之事也。三者起惑作業爲雙, 謂又令使人以下, 乃至種種牽纏也。四者入定得禪爲雙, 謂從亦能使以下, 乃至使人愛著也。五者食差顔變爲雙。文處可見也。

두 번째[1310]로 폭넓게 풀이하는 중에 세 가지가 있다. 하나는 마구니 짓의 차별을 널리 드러내었고, '이시의고以是義故(이러한 뜻 때문에)' 이하는 두 번째로 그 다스리는 것을 밝혔으며, '응지외도應知外道(외도가 ~ 마땅히 알아야 한다)' 이하는 세 번째로 참과 거짓을

1308 은정희 역: 외도가 가지는 삼매는 모두가 견見·애愛·아만我慢의 마음을 여의지 못한 것임을 알아야 할 것이니, 그들의 삼매는 세간의 명리와 공경에 탐착하기 때문이다.
1309 如來種性: 如來種과 같은 말이다.
1310 魔事가 일어나는 것을 밝히는 중(略明과 廣釋)에 두 번째인 廣釋을 가리킨다.

간별한 것이다. 처음(마사차별)에 곧바로 다섯 쌍으로 열 가지 일을 밝혔다. 하나는 형상을 나타내는 것[1311]과 설법하는 것[1312]으로 쌍이 된다. 둘은 신통神通을 얻는 것[1313]과 변재辯才를 일으키는 것[1314]이 쌍이 되니, '혹영인或令人(간혹 사람들로 하여금)' 이하에서 '명리지사名利之事'까지를 말한다. 셋은 의혹을 일으키는 것[1315]과 업을 짓는 것[1316]이 쌍이 되니, '우영사인又令使人(또 사람들을 자주)' 이하에서 '종종견련種種牽纏(갖가지로 얽매이게 한다)'까지를 말한다. 넷은 선정禪定에 드는 것[1317]과 禪을 얻는 것[1318]이 쌍이 되니, '역능사亦能使(또 사람들로 하여금)' 이하에서부터 '사인애착使人愛著(애착하게 한다)'까지를 말한다. 다섯은 먹는 것의 차이[1319]와 안색의 변화[1320]가 쌍이 되니, 글에서 볼 수 있을 것이다.

問。如見菩薩像等境界, 或因宿世善根所發, 云何簡別, 判其邪正。
解云。實有是事, 不可不愼。所以然者, 若見諸魔所爲之相, 謂是善相, 悅心取著, 則因此邪僻, 得病發狂, 若得善根所發之境, 謂是魔事, 心疑捨離, 卽退失善利, 終無進趣。而其邪正實難取別, 故以三法驗之可知。何事爲三。一以定硏磨, 二依本修治, 三智慧觀察。如經言, "欲知眞金,

---

1311 '或現天像 菩薩像 小作如來像 相好具足' 부분이 해당한다.
1312 '或說陀羅尼 或說布施持戒忍辱精進禪定智慧 ~~ 無因無果 畢竟空寂 是眞涅槃' 부분.
1313 '或令人知宿命過去之事 亦知未來之事 得他心智' 부분.
1314 '辯才無礙 能令衆生貪著世間名利之事' 부분.
1315 '又令使人數瞋數喜 性無常準 或多慈愛 ~~ 生於不信 多疑多慮' 부분.
1316 '或捨本勝行 更修雜業 若著世事種種牽纏' 부분.
1317 '亦能使人得諸三昧少分相似 皆是外道所得 非眞三昧' 부분.
1318 '或復令人若一日若二日若三日乃至七日住於定中 ~~ 不飢不渴 使人愛著' 부분.
1319 '或亦令人食無分齊 乍多乍少' 부분.
1320 '顔色變異' 부분.

三法試之, 謂燒打磨。行人亦爾。難可別識, 若欲別之, 亦須三試。一則當與共事, 共事不知, 當與久共處, 共處不知, 智慧觀察。今藉此意以驗邪正。謂如定中境相發時邪正難了者, 應當深入定心, 於彼境中不取不捨, 但平等定住。若是善根之所發者, 定力逾深, 善根彌發, 若魔所爲, 不久自壞。第二依本修治者, 且如本修不淨觀禪, 今則依本修不淨觀。若如是修境界增明者, 則非僞也。若以本修治漸漸壞滅者, 當知是邪也。第三智慧觀察者, 觀所發相, 推驗根原, 不見生處, 深知空寂, 心不住著, 邪當自滅, 正當自現。如燒眞金, 其光自若, 是僞不爾。此中定譬於磨, 本猶於打, 智慧觀察類以火燒。以此三驗, 邪正可知也。

묻는다. 보살의 모습과 같은 경계를 보는 것은 간혹 전생의 선근으로 발현하는 것인데 어떻게 간별하여 그 옳고 그름을 판별하는가?

풀어서 답한다. 실제로 이런 일이 있으니 신중해야 한다. 그 까닭은 만약 여러 마구니가 만든 相을 보고서 이를 좋은 相이라 여기고 기쁜 마음으로 취하고 집착하면 이 그릇된 편벽으로 병을 얻어 미치게 되고, 만약 선근으로 발현한 경계를 얻었는데 이것을 마구니 짓이라고 여기고 마음으로 의심하여 내버리면 곧바로 물러나 좋은 이득을 잃고서 끝내 앞으로 나아가지 못한다. 그러니 그 옳고 그름을 진실로 구별하여 취하기 어렵기 때문에 세 가지 방법으로 시험해 보면 알 수 있다. 어떠한 일이 세 가지인가? 하나는 선정禪定으로 연마하는 것이요, 둘은 본래 닦던 것으로 다스리는 것이요, 셋은 지혜로 관찰하는 것이다. 마치 경에서 "진짜 金을 알려면 세 가지 방법으로 시험하는데, 태우고 두드리고 갈아 보는 것이다. 수행하는 사람도 역시 그러하다."[1321]라고 말한 것과 같다. 구별해 알기 어렵지만 만약 분별하고 싶다면 역시 세 가지 시험이 필요하다. 하나는 마땅히 함께 일을 해보

1321 「大般涅槃經」(대정장 제12권, 0374, p.450. a10~ 11행)의 원문은 다음과 같다. "譬如眞金三種試已乃知其眞, 謂燒打磨, 試彼苦行者亦當如是"

고, 일을 함께해도 알지 못하면 응당 오래 함께 지내보고, 함께 지내도 알지 못하면 지혜로써 관찰한다. 지금 이런 뜻에 의지해서 그릇된 것과 올바른 것을 시험한다. 말하자면 만일 선정 중에 경계상이 발하였을 때 옳고 그름을 알기 어렵다면, 응당 定心에 깊이 들어가 그 경계 안에서 취하지도 버리지도 않으며, 다만 고르고 안정되게 선정에 머무른다. 만약 이것이 선근에서 발한 것이라면 定力이 깊어질수록 선근이 더욱 발현할 것이나 만약 마구니 짓이라면 오래지 않아 (그 경계상이) 저절로 무너질 것이다. 두 번째 본래 닦던 것으로 다스린다는 것은, 만일 본래 부정관不淨觀[1322]의 선을 닦고 있었다면 이제 본래대로 부정관을 닦는다. 만약 이같이 닦는데 경계가 더욱 밝아진다면 이것은 거짓이 아니고, 만약 본래 닦던 것으로 다스려서 (경계가) 점점 없어진다면 이것은 그릇된 것임을 마땅히 알 것이다. 세 번째 지혜로써 관찰한다는 것은 발현된 상을 관하고 그 근원을 미루어 징험함에 생겨나는 곳을 보지 않고, 공적空寂함을 깊이 알아, 마음이 머물러 집착하지 않으면, 그릇된 것은 응당 스스로 소멸하고 바른 것은 저절로 나타날 것이다. 마치 진짜 금을 태워도 그 빛깔이 그대로인 것과 같으니, 거짓이라면 그렇지 않을 것이다. 여기에서 선정은 마磨[가는 것]에 비유한 것이고, 본래 하던 것은 타打[두드리는 것]와 같으며, 지혜로 관찰하는 것은 소燒[불로 태우는 것]와 유사하다. 이 세 가지로 징험해 보면 그릇된 것과 올바른 것을 알 수 있다.

問。若魔能令我心得定, 定之邪正, 如何簡別。

1322　不淨觀: 오정심관五停心觀(不淨觀, 慈悲觀, 緣起觀, 界分別觀, 數息觀)의 하나로, 죽은 시신이 썩어가는 모습이나 벌레가 파먹는 형상으로 관함으로써 탐욕을 다스리는 방법이다.

解云。此處微細, 甚難可知。且依先賢之說, 略示邪正之歧。依如前說九種心住門次第修習, 至第九時, 覺其支體運運而動, 當動之時, 即覺其身如雲如影, 若有若無, 或從上發, 或從下發, 或從腰發, 微微徧身。動觸發時, 功德無量, 略而說之, 有十種相。一靜定, 二空虛, 三光淨, 四喜悅, 五猗樂, 六善心生起, 七知見明了, 八無諸累縛, 九其心調柔, 十境界現前。如是十法, 與動俱生, 若具分別, 則難可盡。此事旣過, 復有餘觸次第而發。言餘觸者, 略有八種。一動, 二痒, 三涼, 四暖, 五輕, 六重, 七澁, 八滑。然此八觸, 未必具起, 或有但發二三觸者, 發時亦無定次。然多初發動觸。此是依麤顯正定相。

묻는다. 만약 마구니가 능히 내 마음에 선정禪定을 얻게 한다면 그 定의 그릇됨과 올바름을 어떻게 간별하는가?

풀어서 말한다. 이러한 것은 미세하여 매우 알기가 어렵다. 우선 선현의 말씀으로 그릇된 것과 올바른 것의 갈림길을 대략 보여주겠다. 앞에서 설한 것처럼 아홉 가지 심주문心住門처럼 차례대로 닦고 익혀 아홉 번째에 이르렀을 때 사지와 몸통이 꿈틀꿈틀 움직임을 느낄 것이고, 그 움직이는 때를 당하면 바로 그 몸이 구름이나 그림자처럼 있는 듯 없는 듯하여, (그 느낌이) 혹은 위나 아래로부터 발하기도 하고, 혹은 옆구리로부터 나와 미미하게 온몸에 퍼진다. (이러한) 움직이는 감촉이 일어날 때의 그 공덕은 한량이 없으니, 간략히 말하면 열 가지 상이 있다. 하나는 정정靜定이고, 둘은 공허空虛이며, 셋은 광정光淨이고, 넷은 희열喜悅이며, 다섯은 아락猗樂[가볍고 편안한 즐거움]이고, 여섯은 선한 마음이 일어나며, 일곱은 지견知見이 명료하고, 여덟은 여러 얽매임이 없으며, 아홉은 그 마음이 고르고 부드럽고, 열은 경계가 눈앞에 나타나는 것이다. 이 같은 열 가지 법이 움직임과 함께 생겨나니, 모두 분별하자면 끝이 없다. 이런 일들이 지나간 뒤 다시 여분의 촉감이 차례로 발생한다. 이 여분의 촉감이란 것에 대략 여덟 가지가 있다. 하나는 움직임이고, 둘은 가려움이며, 셋은 서늘함이고, 넷은 따뜻함이며, 다섯은 가벼움이고, 여섯은 무거움이며, 일곱은 껄끄러움이고, 여덟은 매끄러움이다. 그러나 이 여덟 가지 촉감이 반드시 함께 일어나는 것은 아니고, 간혹 단지 두세 가지 감촉만 일어나는 경우도 있으며, 일어나는 때도 또한 정해진 차례가 없다. 그러나 대부분 처음에는 움직이는 촉감만을 일으킨다. 이것은 구체적인 것에 의해 올바른 선정禪定의 相을 드러낸 것이다.

次辨邪相。邪相略出十雙。一增減, 二定亂, 三空有, 四明闇, 五憂喜, 六苦樂, 七善惡, 八愚智, 九脫縛, 十强柔。一增減者, 如動觸發時, 或身動手起, 脚亦隨動, 外人見其兀兀如睡, 或如著鬼, 身手足紛動, 此爲增相, 若其動觸發時, 若上若下, 未及徧身, 卽便壞滅, 因此都失境界之相, 坐時蕭索, 無法持身, 此爲減相。二定亂者, 動觸發時, 識心及身, 爲定所縛, 不得自在, 或復因此便入邪定, 乃至七日, 此是定過, 若動觸發時, 心意亂擧, 緣餘異境, 此爲亂過也。三空有者, 觸發之時, 都不見身, 謂證空定, 是爲空過, 若觸發時, 覺身堅實, 猶如木石, 是爲有過也。四明闇者, 觸發之時, 見外種種光色, 乃至日月星辰, 是爲明過, 若觸發時, 身心闇昧, 如入闇室, 是爲闇過也。五憂喜者, 觸發之時, 其心熱惱憔悴不悅, 是爲憂失, 若觸發時, 心大踊悅, 不能自安, 是爲喜失也。六苦樂者, 觸發之時, 覺身支體處處痛惱, 是爲苦失, 若觸發時, 知大快樂, 貪著纏縛, 是爲樂失也。七善惡者, 觸發之時, 念外散善, 破壞三昧, 是爲善失, 若觸發時, 無慚愧等諸惡心生, 是惡失也。八愚智者, 觸發之時, 心識迷惑, 無所覺了, 是爲愚失, 若觸發時, 知見明利, 心生邪覺, 是爲智失也。九縛脫者, 或有五蓋, 及諸煩惱, 覆障心識, 是爲縛失, 或謂證空得果, 生增上慢, 是爲脫失也。十强柔者, 觸發之時, 其身剛强, 猶如瓦石, 難可廻轉, 是爲强失, 若觸觸發時, 心志頓弱, 易可敗壞, 猶如頓渥, 不堪爲器, 是爲柔失也。

　　다음으로 그릇된 相을 분별한다. 그릇된 相으로 대략 열 가지 쌍을 내었다. 하나는 증增과 감減이고, 둘은 정定과 난亂이며, 셋은 공空과 유有이고, 넷은 明과 암闇이며, 다섯은 우憂와 희喜이고, 여섯은 고苦와 낙樂이며, 일곱은 선善과 악惡이고, 여덟은 우愚와 지智이며, 아홉은 탈脫과 박縛이고, 열은 강强과 유柔이다.

　　첫째 증增과 감減이란 만일 동촉動觸[움직이는 느낌]이 일어날 때 간혹 몸이 움직이거나 손이 들려지기도 하고 다리도 따라 움직이는데 다른 사람들은 그가 움직이지 않고 멍하게 조는 것처럼 보기도 하고 혹은 귀신이 붙은 것처럼 몸과 손발이 어지럽게 움직이기도 하는 것은 增의 相이고, 만약 그 동촉이 일어날 때 (그 느낌이) 오르내리다가 온몸에 미처 퍼지기도 전에 곧바로 없어져서 이로 인해 경계상을 모두 잃고 좌선할 때 쓸쓸하여 몸을 지탱할 방법이 없는 것은 減의 相이다.

　　둘째 정定과 난亂이란 동촉이 일어날 때 심식心識과 몸이 선정에 얽매어 자재함을 얻지 못하고 간혹 다시 이로 인해 바로 잘못된 선정에 들어가 이레까지 이르는 것은 定의 허물이고, 만약 동촉이 일어날 때 심의心意가 어지럽게 들고 일어나 여타의 기이한 경계에 반연하는 것은 亂의 잘못이다.

　　셋째 공空과 유有란 동촉이 일어날 때 도무지 자기 몸을 못 보는 것을 空의 선정을 증득했다고 여기면 이것은 空의 허물이고, 만약 동촉이 일어날 때 몸의 견실함이 마치 목석과 같다면 이것은 有의 잘못이다.

　　넷째 명明과 암闇이란 동촉이 일어날 때 바깥의 여러 가지 광채 내지 일월성신을 보는 것은 明의 허물이고, 만약 동촉이 일어날 때 몸과 마음의 어두움이 마치 어두운 방에 들어간 것과 같다면 이것은 闇의 잘못이다.

다섯째 우憂와 희喜란 동촉이 일어날 때 그 마음이 몹시 괴롭고 초췌하여 기쁘지 않은 것은 憂의 잘못이고, 만약 동촉이 일어날 때 마음이 뛸 듯이 크게 기뻐서 스스로 안정할 수 없는 것은 喜의 잘못이다.

여섯째 고苦와 낙樂이란 동촉이 일어날 때 몸통과 사지 곳곳에서 몹시 괴로움을 느끼는 것은 苦의 過失이고, 만약 동촉이 일어날 때 크게 쾌락함을 알고 탐착하여 얽매이는 것은 樂의 잘못이다.

일곱째 선善과 악惡이란 동촉이 일어날 때 바깥으로 산선散善[1323]을 생각하여 삼매를 무너트리는 것은 善의 허물이고, 만약 동촉이 일어날 때 부끄러움이 없는 것과 같은 여러 악한 마음이 일어나는 것은 惡의 허물이다.

여덟째 우愚와 지智란 동촉이 일어날 때 심식心識이 미혹되어 지각하고 헤아리지 못하는 것은 愚의 허물이고,[1324] 만약 동촉이 일어날 때 지견知見이 밝고 예리하여 마음이 잘못된 깨달음을 내는 것은 智의 허물이다.

아홉째 박縛과 탈脫이란 간혹 오개五蓋[1325]와 여러 번뇌가 심식을 덮어 가리는 것은 縛의 과실이고, 간혹 空을 증득하여 果를 얻었다고 생각해서 증상만增上慢[1326]을 내는 것은 脫의 허물이다.

1323 散善: 定善의 상대가 되는 용어로, 산란한 마음으로 닦는 善業을 가리킨다.
1324 은정희 역: 심식이 미혹하여 아는 바가 없는 것이니 이는 '우'의 허물이요,
1325 五蓋: 범어 'pañca-āvaraṇāni'의 의역으로, 오장五障이라고도 한다. 蓋는 덮고 가린다는 뜻으로, 탐욕, 진에瞋恚, 혼면惛眠(또는 수면睡眠), 도회掉悔(또는 도거악작掉擧惡作), 의법疑法과 같은 다섯 가지가 심성을 덮어서 선법善法이 생하지 못하게 한다는 것을 뜻한다.
1326 增上慢: 교리 또는 수행 경지에 있어서 깨달음을 아직 얻지 못하였음에도 얻었다고 생각하여 오만하고 스스로를 위대하게 여기는 것을 가리킨다.

열째 강強과 유柔란 동촉이 일어날 때 그 몸의 억세고 강한 것이 마치 기와와 돌처럼 (몸을) 돌리기 어려운 것은 强의 과실이고, 만약 동촉이 일어날 때 심지心志가 연약하여 쉽게 무너지는 것이 마치 (진흙이) 무르고 젖어서 그릇으로 만들지 못하는 것과 같다면 이것은 柔의 허물이다.

此二十種邪定之法, 隨其所發, 若不識別, 心生愛著, 因或失心狂亂, 或哭或笑, 或驚漫走, 或時自欲投巖赴火, 或時得病, 或因致死. 又復隨有如是發一邪法, 若與九十五種外道鬼神法中一鬼神法相應, 而不覺者, 卽念彼道, 行於彼法. 因此便入鬼神法門, 鬼加其勢, 或發諸邪定, 及諸辯才, 知世吉凶, 神通奇異, 現希有事, 感動衆人. 世人無知, 但見異人, 謂是賢聖, 深心信伏. 然其內心專行鬼法, 當知是人遠離聖道, 身壞命終, 墮三惡趣. 如九十六外道經廣說.

이 스무 가지 그릇된 정법定法을 그것이 발생하는 대로 만약 식별하지 않고 애착하는 마음을 낸다면, 그것으로 인해 간혹 마음을 잃고 광란하기도 하고, 울고 웃기도 하며, 놀라 멋대로 달리기도 하고, 어떤 때는 스스로 바위에 몸을 던지거나 불에 들어가려고도 하며, 어떤 때는 병을 얻거나, 그 병으로 죽음에 이르기도 한다. 또 다시 이같이 발생한 하나의 그릇된 法이 만약 95종 외도[1327]의 귀신법 중 하나의 귀신법과 상응하는데도 깨닫지 못하는 자가 있다면,[1328] (그 사람은) 바로 저 외도를 염하고 그 법을 수행하는 것이다. 이것으로 인해 곧바로 귀신의 法門에 들면 귀신이 그 형세를 더하여, 간혹 여러 그릇된 선

1327 95種 外道: 96種 外道에서 一派가 불교와 가까워 제외된 것이다.
1328 은정희 역: 다시 이처럼 하나의 사법邪法을 일으킬 경우 만약 아흔다섯 종류의 외도外道 귀신법 중 하나의 귀신법과 상응하면서도 깨닫지 못한다면,

정과 여러 변재辯才를 발하고, 세간의 길흉을 알고 신통 기이하며, 희한한 일을 드러내서 여러 사람을 감동시킨다. 세상 사람들은 (이것이 그릇된 것임을) 알지 못하고, 다만 특이한 사람으로 보고 현성賢聖이라 여겨 마음 깊이 믿고 따른다. 그러나 그 사람의 속마음은 오로지 귀신의 법만을 수행하고 있으니, 이 사람은 성인의 도에서 멀리 벗어나 그 몸이 괴멸되고 목숨이 다할 때 삼악취三惡趣[1329]에 떨어질 것임을 마땅히 알아야 한다. (이것은) 96외도[1330]의 경에서 폭넓게 말한 것과 같다.

行者若覺是等邪相, 應以前法驗而治之。然於其中亦有是非, 何者。若其邪定一向魔作者, 用法治之, 魔去之後, 則都無復毫釐禪法。若我得入正定之時, 魔入其中現諸邪相者, 用法却之, 魔邪旣滅, 則我定心明淨, 猶如雲除日顯。若此等相雖似魔作, 而用法治, 猶不去者, 當知因自罪障所發, 則應勤修大乘懺悔, 罪滅之後定當自顯。此等障相甚微難別, 欲求道者不可不知。且止傍論, 還釋本文。

　　수행자가 만약 이 같은 그릇된 相을 느꼈다면 응당 앞의 방법으로 시험해 다스려야 한다. 그러나 그중에도 옳고 그름이 있음은 어째서인가? 만약 그 그릇된 선정이 한결같이 마구니가 지은 것이라면 법으로 다스려서 마구니가 제거된 뒤에는 다시 터럭만큼의 (그릇된) 선법禪法도 없을 것이다. 만약 내가 바른 선정에 들어갔을 때 마구니가 그 가운데에 들어와 여러 거짓된 양상을 나타낸다면 법으로 물리쳐서 마구니의 삿된 짓이 소멸하면 나의 정심定心의

1329　三惡趣: 삼악도三惡道·삼도三塗·三惡이라고도 하며, 지옥·아귀·축생의 세계를 가리킨다.
1330　九十六外道: 석가모니 부처의 전후로 인도에서 출현한 불교와 다른 종파를 말한다. 96술術 또는 96경徑, 96도道, 96종이도異道라고도 한다.

밝고 깨끗함이 마치 구름 걷히고 해가 드러나는 것과 같을 것이다. 만약 이 같은 상들이 비록 마구니가 지은 것 같은데 법으로 다스려도 여전히 없어지지 않는다면, 마땅히 자신이 지은 죄의 장애로 인해 발생한 것임을 알고서 응당 대승의 참회[1331]를 부지런히 닦아야 하고, 죄가 없어진 후에는 선정이 응당 저절로 드러날 것이다. 이와 같은 장애의 상들은 매우 미세하여 구별하기 어려운 것이라 도를 구하고자 하는 사람은 모르면 안 된다. 이제 곁가지 논의를 그치고 다시 본문을 풀이한다.

上來廣辨魔事差別。以是已下, 第二明治。言智慧觀察者, 依自隨分所有覺慧, 觀諸魔事察而治之, 若不觀察, 卽墮邪道, 故言勿令墮於邪網。此是如前三種驗中, 正爲第三智慧觀察。言當勤正念不取不著者, 總顯三中前之二法。今於此中大乘止門, 唯修理定, 更無別趣, 故初定硏, 幷依本修, 更無別法。所以今說當依本修大乘止門正念而住。不取不著者, 邪不干正自然退沒, 當知若心取著, 則棄正而成邪, 若不取著, 則因邪而顯正。是知邪正之分, 要在著與不著, 不著之者, 無障不離, 故言遠離是諸業障也。

위에서부터 마구니 짓의 차별을 폭넓게 변별하였다. '이시以是(이러한 뜻 때문에)' 이하는 두 번째[1332]로 다스리는 것을 밝힌 것이다. '지혜로 관찰한다.'는 것은 자기의 분수[보살의 지위]에 따라 가지고 있는 깨달음의 지혜에 의해 여러 마구니 짓을 보고 살펴서 다스리

1331 대승의 참회: 원효대사가 쓴 『대승육정참회大乘六情懺悔』의 내용으로 보면, 철저한 실상관의 바탕에서 六根의 情에 의해 지은 죄업을 참회하고 나와 중생이 둘이 아닌 利他行을 실천하는 것을 의미한다.

1332 魔事를 자세히 풀이하는 세 가지(廣顯魔事差別, 明其對治, 簡別眞僞) 중에 두 번째인 明其對治를 가리킨다.

는데, 만약 관찰하지 않으면 곧바로 그릇된 길로 떨어지기 때문에 '그
릇된 그물에 떨어지지 않게 한다.'라고 말했다. 이것은 앞의 세 가지
시험[1333] 중에 바로 세 번째 '지혜로 관찰한다.'에 해당한다. '응당 부
지런히 정념正念으로 (그릇된 선정을) 취하지도 집착하지도 않는다.'
라고 한 것은 셋 중에서 앞의 두 가지 (시험) 방법을 전체적으로 드러
낸 것이다. 지금 여기 대승의 止門에서는 오직 이정理定[1334]만을 닦으
며 다시 별도로 나아갈 것이 없기 때문에 처음의 定으로 연마하는 것
과 아울러 본래 닦던 것에 의지할 뿐 더 이상 별다른 법은 없다. 이런
까닭에 여기에서 마땅히 본래 닦은 대승 止門에 의해 정념正念으로 머
물라고 설한 것이다. '취하지도 집착하지도 않는다.'는 것은 사邪는
정正을 범하지 못하고 저절로 물러가 없어지는데, 만약 마음이 집착
하면 正을 버리고 邪를 이룰 것이고, 만약 취착하지 않으면 邪로써 正
을 드러내는 것임을 마땅히 알아야 한다. 이 邪와 正의 나뉨이 요컨대
집착하는 것과 집착하지 않는 것에 있음을 알고, 집착하지 않는 사람
들은 어떠한 장애든 벗어나지 못할 것이 없기 때문에 '이 여러 업장을
멀리 여읠 수 있다.'라고 말한 것이다.

應知外道以下, 第三簡其眞僞, 於中有二。初擧內外以別邪正, 先邪後
正, 文相可知。若諸以下, 次對理事以簡眞僞。於中初顯理定是眞, 行
者要修眞如三昧, 方入種性不退位中, 除此更無能入之道。故言不習,
無有是處。然種性之位有其二門。一十三住門, 初種性住, 種性者, 無
始來有, 非修所得, 義出瑜伽及地持論。二六種性門, 初習種性, 次性種

1333 세 가지 시험 방법은 以定研磨와 依本修治, 그리고 智慧觀察을 가리킨다.
1334 이정: 사정事定과 상대하는 용어이고, 이선理禪이라고도 한다. 불도佛道의 깨달음을 얻기 위해 번뇌 망상을 모두 끊는 무루정無漏定을 의미한다.

性者, 位在三賢, 因習所成, 出本業經及仁王經, 於中委悉, 如一道義中廣說也。今此中言如來種性者, 說第二門習種性位也。以修世間以下, 次顯事定之僞, 謂不淨觀安那槃念等, 皆名世間諸三昧也。若人不依眞如三昧, 直修此等事三昧者, 隨所入境, 不離取著。取著法者, 必著於我, 故屬三界, 與外道共也。如智度論云, "諸法實相, 其餘一切皆是魔事", 此之謂也。上來第三明魔事竟。

'응지외도應知外道(외도가 ~ 마땅히 알아야 한다)' 이하는 세 번째[1335]로 그 진위를 간별한 것인데, 이 중에 두 가지가 있다. 처음에 안과 밖을 들어서 사邪와 정正을 구별하되, 邪를 먼저 하고[1336] 正을 뒤로 하였으니,[1337] 글의 양상에서 알 수 있다. '약제若諸(만약 여러 범부)' 이하는 다음으로 이理와 사事를 대비해서 진위를 변별한 것이다. 그 가운데 먼저 理定이 참된 것임을 드러냈으니, 수행자는 모름지기 진여삼매를 닦아야 비로소 종성種性의 물러나지 않는 자리에 들어가고, 이것을 제외하고 달리 그 자리에 들어갈 수 있는 방도는 없다. 그래서 '불습不習(익히지 않고서) ~~ 경우가 없다.'라고 말한 것이다. 그러나 種性의 자리에도 두 문이 있다. 하나는 십삼주十三住[1338] 문의 처음인 종성주種性住[1339]로서, 이 種性이란 것은 무시無始로부터 있는 것이고 닦아서 얻는 것이 아니니, 그 뜻은 『유가

1335 魔事를 자세히 풀이하는 세 가지(廣顯魔事差別, 明其對治, 簡別眞僞) 중에서 세 번째인 簡別眞僞를 가리킨다.
1336 '應知外道所有三昧 皆不離見愛我慢之心 貪著世間名利恭敬故' 부분.
1337 '眞如三昧者 不住見相 不住得相 乃至出定 亦無懈慢 所有煩惱 漸漸微薄' 부분.
1338 十三住: 13개 계단에 머무는 자리라는 뜻으로, 보살 수행의 인因으로부터 증득의 과果에 이르기까지의 자리를 13개(種性住, 解行住, 歡喜住, 增上戒住, 增上意住, 菩提分法相應增上慧住, 諦相應增上慧住, 緣起生滅相應增上慧住, 有行有開發無相行, 無行無開發無相行, 無礙住, 最上住, 如來住)로 구분한 것이다. 십삼행十三行이라고도 한다.
1339 種性住: 습종성習種性과 성종성性種性의 보살로서, 곧 그 性이 현명하고 선하며 능히 공덕의 선법을 행할 수 있으며, 부처의 종자를 견고하게 지녀서 무너지지 않는 자리를 가리킨다.

사지론』[1340]과 『지지론地持論』[1341]에 나온다. 다른 하나는 육종성六種性[1342] 문의 첫째인 습종성習種性[1343]과 둘째인 성종성性種性[1344]으로, 그 자리가 삼현보살에 있고, (이 종성은) 습기로 인해 이루어진 것인데, 『본업경』[1345]과 『인왕경』[1346]에 나오지만, 자세한 내용은 『일도의 一道義』[1347]에서 폭넓게 말한 것과 같다. 지금 이 논에서 말한 여래종성如來種性이란 두 번째 문의 습종성習種性 자리를 설한 것이다. '세간의 여러 禪 삼매를 닦으면' 이하는 다음으로 사정事定의 거짓됨을 드러낸 것으로, 부정관不淨觀과 안나반념安那槃念[1348] 등을 말하며, 모두 세간의 여러 삼매라 이름하는 것들이다. 만약 사람들이 진여삼매에 의지하지 않고 단지 이 같은 사삼매事三昧[1349]만을 닦는다면 들어가는 경지에 따라 취착함에서 벗어나지 못한다. (事三昧 같은) 法

1340 관련 내용은 『瑜伽師地論』(대정장 제30권, 1579, p.553. a25 ~ b2행) 참조
1341 관련 내용은 『菩薩地持經』(대정장 제30권, 1581, p.939. c29 ~ p.940. a6행) 참조
1342 六種性: 아라한과 보살의 두 가지 육종성六種性이 있지만, 여기서는 보살의 인행因行으로부터 과지果地에 이르는 수행의 자리를 여섯 가지(習種性, 性種性, 道種性, 聖種性, 等覺性, 妙覺性)로 나눈 것을 가리킨다.
1343 習種性: 보살이 인행因行에서 과지果地에 이르는 수행의 계위를 여섯 종성種性으로 나눈 것 중에 첫 번째로, 십주위十住位의 보살이 공관空觀을 수습修習하여 견혹見惑과 사혹思惑을 깨뜨려 제거하고 이것으로 증과證果에 이르는 종자로 삼는 것을 지칭한다.
1344 性種性: 六種性의 두 번째 자리이다. 십행十行의 지위에 있는 보살이 공에 머물지 않고 능히 중생을 교화하며, 일체 법성法性을 분별할 수 있는 種性을 가리킨다.
1345 『菩薩瓔珞本業經』(대정장 제24권, 1485, p.1012. b25 ~ c3행) 참조. 이 六種性을 六堅(堅信, 堅法, 堅修, 堅德, 堅頂, 堅覺), 六忍(信忍, 法忍, 修忍, 正忍, 無垢忍, 一切智忍), 六慧(聞慧, 思慧, 修慧, 無相慧, 照寂慧, 寂照慧), 六定(習相定, 性定, 道慧定, 道種慧定, 大慧定, 正觀定) 또는 六觀(住觀, 行觀, 向觀, 地觀, 無相觀, 一切種智觀)이라고도 한다.
1346 『仁王護國般若波羅蜜多經』(대정장 제8권, 0246, p.836. b17 ~ 28행) 참조.
1347 『一道義』: 원효가 지은 『기신론일도장起信論一道章』을 지칭하는 것 같으나 현존하고 있지 않다.
1348 安那槃念: 범어 'anāpāna'의 음역으로, 아나반나관阿那般那觀·아나반나념安那般那念·염안반념安般·안반수의安般守意라고도 한다. 오정심관五停心觀의 하나로써, 'anā'는 내쉬는 숨, 'pāna'는 들이쉬는 숨으로, 내쉬고 들이쉬는 숨을 헤아려 마음의 흔들림을 막는 수식관數息觀이다.
1349 事三昧: 事定과 같은 말이다.

을 취착하는 사람은 반드시 나(我)라는 것에 집착하기 때문에 三界에 속하여 외도와 더불게 된다. 마치 『대지도론』에서 "여러 法의 실상實相을 제외한 그 밖의 모든 것은 다 마구니 짓이다."[1350]라고 한 것과 같으니, 바로 이것을 말한 것이다. 위로부터 세 번째 마구니 짓을 밝히고 마친다.

해설 위에서 말한 '안과 밖'이란 것에서 번뇌를 줄여 여래종성을 구하는 것은 바른 정법인 이정理定으로 안에 해당하고, 외도가 세간의 여러 삼매를 통하여 명리와 공경을 탐착하는 그릇된 사정事定은 바깥에 해당한다.

(라) 시이익示利益 (이익을 보이다)

[論_ 修行信心分_ 廣辨行相_ 止觀門_ 廣說_ 先明別修_ 先止_ 示利益]

復次精勤專心修學此三昧者, 現世當得十種利益。云何爲十。一者常爲十方諸佛菩薩之所護念。二者不爲諸魔惡鬼所能恐怖。三者不爲九十五種外道鬼神之所惑亂。四者遠離誹謗甚深之法, 重罪業障漸漸微薄。五者滅一切疑諸惡覺觀。六者於如來境界信得增長。七者遠離憂悔, 於生死中勇猛不怯。八者其心柔和, 捨於憍慢, 不爲他人所惱。九者雖未得定, 於一切時一切境界處, 則能減損煩惱, 不樂世間。十者若得三昧, 不爲外緣一切音聲之所驚動。

다시 다음으로 부지런히 힘쓰고 오로지하는 마음으로 이 삼매를 닦아 익히는 사람은 현세에서 응당 열 가지의 이익을 얻을 것이다. 무

1350 『大智度論』(대정장 제25권, 1509, p.99. b19~20행)의 원문이 변형되어 인용되었다. "復次除諸法實相, 餘殘一切法, 盡名爲魔"

엇을 열이라 하는가? 하나는 항상 시방의 여러 부처와 보살에 의해 호념護念[1351] 되는 것이고, 둘은 여러 마구니와 악귀에 의해 능히 공포를 받지 않는 것이며, 셋은 아흔다섯 가지 외도와 귀신에게 미혹되거나 괴롭힘 받지 않는 것이고, 넷은 깊고 깊은 불법을 비난하고 훼방하는 것을 멀리 떠나 중죄와 업의 장애가 점점 엷어지는 것이다. 다섯은 일체 의심과 여러 나쁜 각관覺觀을 멸하는 것이고, 여섯은 여래의 경계에 대한 믿음이 증장하는 것이며, 일곱은 근심과 후회에서 멀리 벗어나 삶과 죽음에서 용맹하고 겁내지 않을 것이고, 여덟은 그 마음이 부드럽고 온화하며 교만을 버려서 다른 사람들에 의해 괴로움을 받지 않는 것이다. 아홉은 비록 定을 미처 얻지 못하더라도 어느 때 어떤 경계처境界處에서도 능히 번뇌를 줄이고 덜어낼 수 있으며 세간의 삶을 좋아하지 않을 것이고, 열은 만일 선정을 얻었다면 바깥 경계의 어떠한 소리에 의해 놀라 움직이지 않을 것이다.

[疏] 第四利益。後世利益, 不可具陳, 故今略示現在利益。總標, 別顯, 文相可知。別明止門, 竟在於前。

네 번째[1352]로 이익이다. 후세의 이익은 자세히 진술할 수 없기 때문에 지금 현재의 이익만을 간략하게 보였다. 총체적으로 나타내고[1353] 나눠 드러냈으니,[1354] 글의 양상으로 알 수 있을 것이다. 止門을 별도로 밝히고 앞에서 마쳤다.

1351　護念: 부처나 보살 또는 여러 하늘이 불교도를 보호하여 여러 장해를 만나지 않도록 보살펴 준다는 뜻이다.
1352　먼저 止를 닦는 것을 밝히는 중(修止方法, 修止勝能, 辨魔事, 示利益)에 네 번째를 가리킨다.
1353　'復次精勤專心修學此三昧者 現世當得十種利益' 부분.
1354　'云何爲十 ~~ 不爲外緣一切音聲之所驚動' 부분.

(2) 후관後觀 (觀을 뒤에서 설명하다)

[論_ 修行信心分_ 廣辨行相_ 止觀門_ 廣說_ 先明別修_ 後觀]

復次若人唯修於止, 則心沈沒, 或起懈怠, 不樂衆善, 遠離大悲。是故修觀。修習觀者, 當觀一切世間有爲之法, 無得久停, 須臾變壞, 一切心行, 念念生滅, 以是故苦。應觀過去所念諸法, 恍惚如夢, 應觀現在所念諸法, 猶如電光, 應觀未來所念諸法, 猶如於雲忽爾而起, 應觀世間一切有身, 悉皆不淨, 種種穢汙, 無一可樂。如是當念一切衆生, 從無始世來, 皆因無明所熏習故, 令心生滅, 已受一切身心大苦, 現在卽有無量逼迫, 未來所苦亦無分齊, 難捨難離, 而不覺知衆生, 如是甚爲可愍。作此思惟, 卽應勇猛立大誓願。願令我心離分別故, 徧於十方修行一切諸善功德, 盡其未來, 以無量方便救拔一切苦惱衆生, 令得涅槃第一義樂。以起如是願故, 於一切時一切處, 所有衆善, 隨已堪能, 不捨修學, 心無懈怠。唯除坐時專念於止, 若餘一切, 悉當觀察應作不應作。

다시 다음으로 만약 사람들이 오직 止만을 닦으면 마음이 지나치게 가라앉거나 혹은 게으름을 일으켜, 여러 善을 즐겨하지 않고 大悲에서 멀리 벗어나게 된다. 이런 까닭에 觀을 닦는다. 觀을 닦아 익히는 사람들은 응당 모든 세간의 유위법有爲法[1355]이 어떤 것도 오래 머물 수 없어, 잠깐 사이에 변하고 무너지며, 모든 마음 작용도 찰나찰나 생멸하여, 이 때문에 괴로운 것임을 마땅히 觀해야 한다. 마땅히 과거에 마음에 품고 있던 모든 법이 황홀하기가 꿈과 같은 것임을 觀

1355 有爲法: 범어 'aṃskṛta'의 의역으로, 무위법無爲法과 상대가 된다. 생멸하는 온갖 법의 총칭이며, 有爲法은 인연으로 이루어지기 때문에 반드시 생生, 주住, 이異, 멸滅의 형태가 있다. 진여가 無爲法이라면 有爲法은 생멸문에 해당한다.

해야 하고, 마땅히 현재에 생각하고 있는 여러 법도 마치 번개와 같음을 觀해야 하며, 마땅히 미래에 생각할 모든 법도 마치 구름에서 홀연히 일어나는 것과 같음을 觀해야 하고, 마땅히 세간의 모든 몸뚱이도 모두 다 깨끗하지 못하고 갖가지로 더러워 하나도 즐겨할 것이 없음을 觀해야 한다. 이처럼 일체중생이 무시無始로부터 모두 무명으로 훈습되었기 때문에, 마음을 생멸케 하여 이미 일체의 몸과 마음의 큰 고통을 받았고, 현재에도 한량없는 핍박이 있으며, 미래에 받을 고통도 한계가 없어, (그것들을) 버리고 벗어나기 어려운 데도 깨달아 알지 못하는 중생이 이처럼 몹시 가엾다는 것을 마땅히 생각해야 한다. 이런 생각을 하면 바로 용맹하게 크나큰 서원誓願을 마땅히 세워야 한다. 원컨대 내 마음을 분별에서 떠나게 한 까닭에 시방에 두루 하여 일체의 여러 선한 공덕을 닦고 행하며, 미래가 다하도록 한량없는 방편으로 일체의 고뇌하는 중생을 구원하여, 그들이 열반의 최고의 즐거움을 얻게 한다. 이 같은 서원을 일으키기 때문에 모든 때와 모든 곳에서 가지고 있는 여러 善을 자기가 감당할 수 있는 능력에 따라 버리지 않고 닦아 익혀서 마음에 게으르고 태만함이 없다.[1356] 오직 앉아서 止에 전념하는 때를 제외하고 나머지 모든 일에서 마땅히 해야 할 것과 하지 말 것을 모두 관찰해야 한다.

[疏] 第二明觀, 於中有三。 初明修觀之意, 次顯修觀之法, 其第三者, 總結勸修。 第二之中, 顯四種觀。 一法相觀, 謂無常苦流轉不淨, 文相可知。 如是當念以下, 第二明大悲觀, 作是[1357]思惟以下, 第三明誓願

1356 은정희 역: 모든 때, 모든 곳에 있는 여러 선을 자기의 능력에 따라 버리지 않고 수학하여 마음에 게을리함이 없으니,
1357 기신론 본문은 튠가 此로 되어 있다.

觀, 以起如是以下, 第四明精進觀。依此四門, 略示修觀也。唯除坐時以下, 第三總結勸修。上來第一別明止觀。

두 번째[1358]로 觀을 밝혔으니, 이 중에 세 가지가 있다. 처음에 觀을 닦는 의미를 밝혔고,[1359] 다음으로 觀을 닦는 방법을 드러냈으며,[1360] 세 번째는 총체적으로 매듭지어 닦기를 권하였다.[1361] 둘째 중에 네 가지 觀을 드러내었다. 하나는 법상관法相觀으로, 무상無常의 괴로움[1362]과 유전流轉하는 것[1363]과 부정不淨한 것[1364]을 말하였으니, 글의 양상에서 알 수 있을 것이다. '여시당념如是當念(이처럼 일체중생 ~)' 이하는 두 번째 대비관大悲觀을 밝힌 것이고, '작차사유作此思惟(이런 생각을 하면)' 이하는 세 번째 서원관誓願觀을 밝힌 것이며, '이기여시以起如是(이 같은 ~ 일으키기 때문에)' 이하는 네 번째 정진관精進觀을 밝힌 것이다. 이 네 가지 부문으로 간략하게 觀을 닦는 것을 보였다. '유제좌시唯除坐時(오직 앉아서 ~ 때를 제외하고)' 이하는 총체적으로 묶어 닦기를 권장한 것이다. 위에서부터 (여기까지) 첫 번째[1365]로 止와 觀을 구별해서 밝혔다.

나) 후현쌍운後顯雙運 (뒤에서 쌍으로 운행함을 드러내다)

[論_ 修行信心分_ 廣辨行相_ 止觀門_ 廣說_ 後顯雙運]

1358 先明別修 중(先止, 後觀)에 두 번째인 後觀을 가리킨다.
1359 '復次若人唯修於止 則心沈沒 ~~ 遠離大悲 是故修觀' 부분.
1360 '修習觀者 當觀一切世間有爲之法 ~~ 不捨修學 心無懈怠' 부분.
1361 '唯除坐時專念於止 若餘一切 悉當觀察應作不應作' 부분.
1362 '一切世間有爲之法 無得久停 須臾變壞 一切心行 念念生滅 以是故苦' 부분.
1363 '應觀過去所念諸法 恍惚如夢 ~~ 猶如於雲忽爾而起' 부분.
1364 '世間一切有身 悉皆不淨 種種穢汙 無一可樂' 부분.
1365 止觀門을 廣說(先明別修, 後顯雙運)하는 중에 첫 번째인 先明別修를 가리킨다.

若行若住, 若臥若起, 皆應止觀俱行。所謂雖念諸法自性不生, 而復卽念因緣和合, 善惡之業, 苦樂等報, 不失不壞, 雖念因緣惡業報, 而亦卽念性不可得。若修止者, 對治凡夫住著世間, 能捨二乘怯弱之見, 若修觀者, 對治二乘不起大悲狹劣心過, 遠離凡夫不修善根。以此義故, 是止觀二門共相助成, 不相捨離。若止觀不具, 則無能入菩提之道。

행하거나 머물든 눕거나 일어나든 언제나 응당 止와 觀을 함께 행해야 한다. 이른바 비록 모든 법에 自性이 생겨나지 않는다는 것을 염하더라도 바로 다시 인연 화합으로 선악의 업과 고락 같은 과보는 잃지도 사라지지도 않는다는 것을 염해야 하고, 비록 인연과 악업의 과보를 염하더라도 역시 自性은 얻을 수 없다는 것을 곧바로 생각해야 한다. 만약 止를 닦는다면 범부는 세간에 집착하는 것을 다스려서 성문연각승의 겁내고 유약한 견해를 버릴 수 있고, 만약 觀을 닦는다면 성문연각승이 大悲를 일으키지 못하는 협소하고 졸렬한 마음의 허물을 다스리고 범부가 선근을 닦지 않는 것에서 멀리 벗어날 것이다. 이 뜻 때문에 止와 觀의 두 부문은 함께 서로 돕고 이루어서 서로 버리거나 떠나지 않는다. 만약에 止觀이 갖춰지지 않는다면 깨달음의 도道에 들어갈 수 있는 길은 없다.

[疏] 第二合修, 於中有三。一總標俱行, 第二別明行相, 三者總結。第二之中, 顯示二義。先明順理俱行止觀, 後顯對障俱行止觀。初中言雖念諸法自性不生者, 依非有門以修止行也, 而復卽念因果不失者, 依非無門以修觀行也。此順不動實際建立諸法, 故能不捨止行而修觀行, 良由法雖非有而不墮無故也。次言雖念善惡業報而卽念性不可得者, 此順不壞假名而說實相, 故能不廢觀行而入止門, 由其法雖不無而不常有故也。

두 번째[1366]로 합하여 닦는 것에 세 가지가 있다. 하나는 (止와 觀을) 함께 수행하는 것을 총체적으로 드러낸 것이고,[1367] 둘은 수행의 상을 나눠 밝힌 것이며,[1368] 셋은 총괄하여 매듭지은 것이다.[1369] 둘째에서 두 가지 뜻을 드러내었다. 먼저 이치에 따라 止와 觀을 함께 수행하는 것을 밝혔고,[1370] 뒤에서 장애에 대응한 止觀 병행을 드러내었다.[1371] 처음에 말한 '비록 모든 법에 自性이 생겨나지 않는다는 것을 염한다.'는 것은 비유문非有門[自性이 없다는 측면, 즉 진여문]에 의해 止行을 닦는 것이고, '다시 업과 과보는 잃지 않는다는 것을 염한다.'는 것은 비무문非無門[과보가 있다는 측면, 즉 생멸문]에 의해 觀行을 닦는 것이다. 이것은 부동하는 실제(진여)를 따르면서 모든 법을 세운 것이기 때문에,[1372] 止의 수행을 버리지 않으면서도 觀行을 닦을 수 있으니, 진실로 법이 비록 有는 아니지만 無에 떨어지지 않기 때문이다. 다음으로 말한 '비록 선악의 업보를 염하더라도 자성은 얻을 수 없다는 것을 곧바로 생각해야 한다.'는 것은 가명假名을 무너트리지 않는 것을 따르면서도 실상實相을 설하는 것이기 때문에,[1373] 觀行을 폐하지 않으면서도 止門에 들어갈 수 있으니, 그 법이 비록 없는 것은 아니지만 항상 있는 것도 아니기 때문이다.

해설 존재하는 모든 법은 자성이 없기 때문에 거기에 무엇이라 이름을 붙인 것

1366 止觀門을 廣說(先明別修, 後顯雙運)하는 것 중에 두 번째인 後顯雙運을 가리킨다.
1367 '若行若住 若臥若起 皆應止觀俱行' 부분.
1368 '所謂雖念諸法自性不生 ~~ 遠離凡夫不修善根' 부분.
1369 '以此義故 是止觀二門共相助成 ~~ 則無能入菩提之道' 부분.
1370 '所謂雖念諸法自性不生 ~~ 而亦卽念性不可得' 부분.
1371 '若修止者 對治凡夫住著世間 ~~ 遠離凡夫不修善根' 부분.
1372 은정희 역: 이는 실제를 움직이지 않은 채 모든 법을 건립함을 따르기 때문에
1373 은정희 역: 이것이 가명假名을 파괴하지 않은 채로 실상을 말함을 따르기 때문에

은 참된 것이 아니고 임시적이며 헛된 것이다. 그래서 가명假名이라 한다. '自性이 없어 空이다.'라고 하는 이러한 부동의 實相을 따르는 것은 非有門의 측면에서 止를 수행하는 것이고, '假名에 의해 세워진 제법의 인연상'을 觀하는 것은 非無門에 해당한다. 이것은 천태종天台宗에서 말하는 공空·가假·중中의 三觀法과 아주 흡사하다. 제법에 자성이 없다는 空의 진리를 따르면서도, 假의 세계에서 인연을 따라 생겨난 제법의 선악과 과보를 버리지 않는다. 그러나 궁극적으로는 空과 假의 양변의 분별을 그치고 어느 것에도 집착하거나 치우치지 않는 중도관中道觀을 행해야 한다. 空이기에 미련과 집착을 버리는 것이고, 假이지만 가엾은 중생에 대한 동체대비同體大悲의 마음을 잃지 않으며, 中으로써 이러한 空假의 양면을 원융圓融한다.

若修以下, 對障分別。若修止者, 離二種過。一者正除凡夫住著之執, 遣彼所著人法相故。二者兼治二乘怯弱之見, 見有五陰怖畏苦故。若修觀者, 亦離二過。一者正除二乘狹劣之心, 普觀衆生起大悲故。二者兼治凡夫懈怠之意, 不觀無常懈怠發趣故。

'약수若修(만약 止를 닦는다면)' 이하는 장애 다스리는 것을 분별하였다. 만약 止를 닦으면 두 가지 허물을 여의게 된다. 하나는 바로 범부의 집착하는 아집을 제거하는 것이니, 그들이 집착하고 있는 인집人執과 법집法執의 相을 제거하기 때문이다. 둘은 성문승과 연각승의 겁약한 소견을 아울러 다스리는 것이니, (그들이) 오음五陰이 있는 것을 보고 고통을 두려워하기 때문이다. 만약 觀을 닦아도 역시 두 가지 과오를 여의게 된다. 하나는 바로 성문연각승의 협소하고 졸렬한 마음을 제거하는 것이니, 널리 중생을 살피고 대비를 일으키기 때문이다. 둘은 범부의 게으르고 태만한 뜻을 겸하여 다스리는 것이니,

무상함을 보면서도 게으르거나 태만하지 않아 뜻을 발하여 도에 나아가기 때문이다.[1374]

以是[1375]義故以下, 第三總結俱行。一則順理無偏必須俱行, 二卽並對二障必應雙遣。以是二義不相捨離, 故言共相助成等也。止觀二行旣必相成, 如鳥兩翼, 似車二輪, 二輪不具, 卽無運載之能, 一翼若闕, 何有翔空之勢。故言止觀不具, 則無能入菩提之道也。

　'이차의고以此義故(이 뜻 때문에)' 이하는 세 번째로 (止와 觀을) 함께 수행하는 것을 총괄하여 매듭지었다. 하나는 이치에 따라 치우침 없이[1376] 반드시 함께 행하는 것이고, 둘은 바로 두 가지 장애를 아울러 다스려 반드시 쌍으로 버리는 것이다. 이 두 뜻이 서로 여의지 않기 때문에 '함께 서로 돕고 이룬다.'와 같은 것들을 말하였다. 止와 觀의 두 가지 수행이 반드시 서로 이루어져야 하는 것은 마치 새의 양 날개와 같고 수레의 두 바퀴와 흡사하니, 두 바퀴가 갖춰지지 않으면 실어 나르는 공능이 없고, 한 날개라도 빠진다면 어떻게 하늘을 나는 형세가 있겠는가? 그래서 '止觀이 갖춰지지 않는다면 깨달음의 지혜로 들어갈 수 있는 길은 없다.'라고 한 것이다.

修行信心分中有三。一者擧人略標大意, 二者就法廣辨行相, 此之二段竟在於前。

　수행신심분에 세 가지가 있다. 하나는 사람을 들어서 큰 뜻을 간

1374　은정희 역: 무상無常을 보지 아니하고, 분발하여 도에 나아감을 게을리하기 때문이다.
1375　기신론의 분문은 륯가 此로 되어 있다.
1376　은정희 역: 이치의 편벽됨이 없음을 따라

략히 나타낸 것이고, 둘은 법에 나아가서 수행하는 모습을 널리 분별한 것인데, 이 두 단락을 앞에서 마쳤다.

3. 불퇴방편不退方便 (물러나지 않는 방법)

[論_ 修行信心分_ 不退方便]

復次眾生初學是法, 欲求正信, 其心怯弱, 以住於此娑婆世界, 自畏不能常值諸佛親承供養, 懼謂信心難可成就。意欲退者, 當知如來有勝方便, 攝護信心, 謂以專意念佛因緣, 隨願得生他方佛土, 常見於佛, 永離惡道。如脩多羅說, "若人專念西方極樂世界阿彌陀佛, 所修善根迴向願求生彼世界, 即得往生, 常見佛故, 終無有退", 若觀彼佛眞如法身, 常勤修習, 畢竟得生住正定故。

다시 중생이 처음 이 법을 배워 바른 믿음을 구하려고 하는데, 그 마음이 겁나고 나약해서 이 사바娑婆[1377] 세계에 안주하고, 항상 여러 부처를 만나 친히 받들어 공양하지 못할 것을 스스로 두려워하고 염려하여 말하기를 신심은 성취하기 어려운 것이라 한다. (이렇게) 의욕이 감퇴한 자들은 여래가 뛰어난 방편으로 신심을 붙잡아 보호하여 주신다는 것을 마땅히 알아야 하니, 뜻을 오로지하여 부처를 염원하는 인연으로 원하는 것에 따라 (사바세계가 아닌) 다른 불토佛土[1378]에 태어나 항상 부처를 보면서 영원히 악도惡道에서 벗어나는 것을 말한다. 마치

1377   娑婆: 범어 'sahā'의 음역이다. 석가모니가 교화하려 하는 현실 세계를 가리키며, 이 세계의 중생은 십악十惡을 편하게 여기고 여러 번뇌를 참고 받아들여 벗어나려 하지 않는 특성이 있다.
1378   佛土: 미륵보살의 도솔천이나 관음보살의 보타낙가산普陀洛伽山, 약사여래의 정유리淨琉璃 세계, 아미타불의 서방 극락세계와 같이 부처가 머무르거나 교화한 國土를 말한다.

경에서 "만약 사람들이 서방 극락세계[1379]의 아미타불을 오로지 염원하면서 닦은 바의 선근으로 회향하여 그 세계에 태어나기를 소원하면, 바로 왕생을 얻고 부처를 늘 보기 때문에 끝내 후퇴함이 없을 것이다."[1380] 라고 말한 것과 같으니, 만약 저 부처의 진여법신을 觀하고 항상 부지런히 닦아 익힌다면, 필경에 왕생을 얻어 정정正定에 머물기 때문이다.

[疏] 第三示修行者不退方便, 於中有二。先明初學者畏退墮, 後示不退轉之方便。此中有三。一者明佛有勝方便, 二者別出脩多羅說, 若觀以下, 第三釋經所說意趣。若觀法身畢竟得生者, 欲明十解以上菩薩, 得少分見眞如法身, 是故能得畢竟往生, 如上信成就發心中言以得少分見法身故。此約相似見也。又復初地已上菩薩, 證見彼佛眞如法身, 以之故言畢竟得生, 如楞伽經歎龍樹菩薩云, "證得歡喜地, 往生安樂國"故。此中論意, 約上輩人明畢竟生, 非謂未見法身不得往生也。住正定者, 通論有三。一者見道以上方名正定, 約無漏道爲正定故, 二者十解以上名爲正定, 住不退位爲正定故, 三者九品往生皆名正定, 依勝緣力得不退故。於中委悉, 如無量壽料簡中說。

세 번째[1381]로 수행자가 물러나지 않는 방편을 보였는데, 이 중에 두 가지가 있다. 먼저 처음 배우는 자들이 두려워서 뒤로 물러나 떨어짐을 밝혔고,[1382] 뒤에서 물러나지 않는 방편을 보였다.[1383] 이 (방편) 중에 세 가지가 있다. 하나는 부처에게 뛰어난 방편이 있음을 밝

1379 極樂世界: 범어 'sukhāvatī'의 의역으로 아미타불의 정토淨土를 가리키며, 극락정토極樂淨土, 서방정토西方淨土, 안양정토安養淨土, 또는 안락국安樂國이라고도 한다.
1380 『佛說觀無量壽佛經』이나 『無量壽經優波提舍願生偈』의 내용을 요약해서 말한 것으로 보인다.
1381 修行信心分의 세 부분(大意, 廣辨行相, 不退方便) 중에 세 번째 不退方便을 가리킨다.
1382 '復次衆生初學是法 欲求正信 ~~ 懼謂信心難可成就' 부분.
1383 '意欲退者 當知如來有勝方便 攝護信心 ~~ 常勤修習 畢竟得生住正定故' 부분.

했고,¹³⁸⁴ 둘은 경에서 설하는 (사례를) 별도로 들었으며,¹³⁸⁵ '약관若 觀(만약 저 진여 법신을 觀하고)' 이하는 세 번째로 경에서 말하는 뜻을 풀이하였다. '만약 법신을 관하고 필경에 왕생을 얻는다.'는 것은 十解 이상의 보살이 조금이나마 진여법신을 볼 수 있어서 이 때문에 마침내 왕생을 얻을 수 있음을 밝히고자 한 것이니, 마치 위의 신성취발심분 중에 말한 '조금이나마 법신을 볼 수 있기 때문이다.'¹³⁸⁶라는 것과 같다. 이것은 상사견相似見¹³⁸⁷에 따른 것이다. 또 다시 初地 이상의 보살¹³⁸⁸은 저 부처의 진여법신을 증득하여 보는 까닭에 '필경에 왕생을 얻는다.'라고 말하였으니, 『능가경』에서 용수보살을 찬탄하여 "환희지歡喜地¹³⁸⁹를 증득하고 안락국安樂國¹³⁹⁰에 왕생한다."¹³⁹¹라고 한 것과 같기 때문이다.¹³⁹² 이 중 『기신론』의 뜻은 상배上輩¹³⁹³의 사

1384 '當知如來有勝方便 攝護信心 ~~ 常見於佛 永離惡道' 부분.

1385 '如脩多羅說 ~~ 常見佛故 終無有退' 부분.

1386 431 ~ 432쪽, 신성취발심의 공덕을 말하는 부분에 있다.

1387 相似見: 삼현위三賢位의 보살이 깨달은 상사각相似覺에 의한 見으로, 인공문人空門에 의해 법계法界를 보는 것을 의미한다.

1388 보살 수행 52계위 중에 41위의 歡喜地 보살부터 52위의 妙覺까지를 지칭한다.

1389 歡喜地: 십지十地의 초위初位에 해당하며, 초환희지初歡喜地 또는 극락지極喜地라고도 한다. 처음으로 진여의 평등성을 증득하고, 아공과 법공의 이치를 모두 깨달아 능히 자리自利와 이타利他의 행을 성취하여, 마음이 크게 기쁘기 때문에 歡喜라 한다.

1390 安樂國: 안양국安養國이라고도 하며, 아미타불이 교주敎主로 있는 서방 정토淨土의 극락세계를 가리킨다. 중생이 안심하고 즐겁게 양신養身할 수 있는 곳을 뜻한다.

1391 『入楞伽經』(대정장 제16권 0671, p.569. a24 ~ 27행) "有大德比丘 名龍樹菩薩 能破有無見 爲人說我法 大乘無上法 證得歡喜地 往生安樂國"

1392 은정희 역: "환희지歡喜地를 증득하고 안락국安樂國에 왕생하기 때문이다."라고 한 것과 같다.

1393 上輩: 『불설무량수경佛說無量壽經』에 따르면 시방세계에 있는 여러 천신과 인간들로서 정토에 왕생하는 세 부류가 있다. 상배자上輩者는 출가해서 욕심을 버리고 사문沙門이 되어, 보리심菩提心을 일으켜 오로지 한결같은 마음으로 무량수불을 염하며, 여러 가지 공덕을 쌓아 극락세계에 왕생하기를 원하는 사람들이다. 중배자中輩者는 지극한 마음으로 그 나라에 태어나기를 원하여 비록 사문沙門이 되어서 큰 공덕을 쌓지 못하였지만, 마땅히 위없는 보리심을 일으켜 오로지 한결같은 마음으로 무량수불을 염하는 자들이다. 하배자下輩者는 온갖 공덕을 짓지 못하였지만, 마땅히 위없는 보리심을 일으켜 오로지 한결같은 마음으로 단 10념念만이라도 무량수불을 염하면서, 그 국토에 태어나기를 원하는 사람들이다. 각각 다시 상·중·하 3품이 있어서 모두 9품의 차별이 있다.

람을 기준으로 마침내 왕생함을 밝힌 것이고, 법신을 미처 보지 못해 왕생을 얻지 못한 사람들을 가리킨 것은 아니다.[1394] '정정正定에 머문다.'는 것을 통론通論하면 세 가지가 있다. 하나는 見道 이상(보살 계위 41위)을 비로소 正定이라 하니 무루도無漏道[1395]를 기준으로 正定을 삼기 때문이고, 둘은 십해十解 이상을 正定이라 하니 불퇴위不退位에 머무는 것을 正定이라 하기 때문이며, 셋은 구품왕생九品往生[1396]을 모두 正定이라 하니 뛰어난 緣의 힘에 의지하여 후퇴하지 않기 때문이다. 이것에 대한 자세한 것은 『무량수경료간無量壽經料簡』[1397]에서 설한 것과 같다.

1394 은정희 역: 법신을 아직 보지 못하면 왕생할 수 없음을 말하는 것은 아니다.
1395 無漏道: 출세간도出世間道와 같으며, 모든 번뇌의 허물을 여읜 무루지無漏智로써 닦는 관행觀行을 의미한다. 소승에서는 견도위見道位 이후의 성자가 사제四諦의 이치를 16행상行相으로 관하는 지혜를 말하고, 대승에서는 진여의 이치를 보는 근본지와 그 근본지에서 나와 만유 제법의 모양을 보는 후득지後得智 같은 것을 의미한다. 이 道로써 견혹見惑과 수혹修惑을 모두 끊어 없앤다.
1396 『佛說觀無量壽佛經』에 따르면, 서방정토에 태어나는 상중하의 三品에 각각 상중하의 三生이 있어 모두 9등급으로 나뉜다.
1397 원효가 저술한 책이나 현존하지 않다.

第5章. 권수이익분勸修利益分

[疏] 第五勸修分中, 在文有六。

다섯 번째로 수행을 권하는 부분의 글에 여섯 가지가 있다.

[論_ 勸修利益分_ 第一總結前說]

已說修行信心分, 次說勸修利益分。如是摩訶衍諸佛秘藏, 我已總說。

이미 수행신심분에 대하여 설하였으니, 다음으로 권수이익분을 설한다. 이와 같이 대승의 여러 부처 비장祕藏[1398]을 내가 이미 총체적으로 말하였다.

[疏] 第一總結前說。

첫 번째로 앞에서 말한 것을 총괄해서 매듭지었다.

[論_ 勸修利益分_ 第二擧益勸修]

若有衆生欲於如來甚深境界, 得生正信, 遠離誹謗, 入大乘道, 當持此論, 思量修習, 究竟能至無上之道。若人聞是法已 不生怯弱, 當知此人定紹佛種, 必爲諸佛之所授記。

만일 어떤 중생이 여래의 깊고 깊은 경계에 대해 바른 믿음을

1398 祕藏: 중요하고 비밀스러운 가르침을 감춰 둔 것.

낼 수 있고 헐뜯고 훼방하는 것에서 멀리 벗어나 대승의 길로 들어가기를 바란다면, 응당 이 논을 지니고 사량사량思量하여 닦아 익혀야 하니, 구경究竟에는 무상無上의 도에 능히 도달할 것이다. 만약 사람들이 이 법을 듣고 겁내고 나약한 마음을 내지 않으면, 응당 이 사람들은 반드시 부처의 종자를 이어받아 필히 여러 부처에게 수기授記[1399]될 것임을 알아야 한다.

[疏] 第二擧益勸修, 文中有二。先正勸修, 究竟以下, 示其勝利。此中二句, 初示所得果勝, 後明能修人勝。

두 번째는 이익을 들어 수행을 권장하였으니, 글 중에 두 가지가 있다. 먼저 수행을 바르게 권장하였고, '구경究竟' 이하는 그 뛰어난 이익을 보여준 것이다. 이 중 두 구절에서 처음에 얻은 과보의 뛰어남을 보였고,[1400] 뒤에서는 능히 수행하는 사람의 뛰어남을 밝혔다.[1401]

[論_ 勸修利益分_ 第三信受福勝]
假使有人能化三千大千世界滿中衆生令行十善, 不如有人於一食頃正思此法, 過前功德不可爲喩。復次若人受持此論, 觀察修行, 若一日一夜, 所有功德, 無量無邊, 不可得說。假令十方一切諸佛, 各於無量無邊阿僧祇劫, 歎其功德亦不能盡。何以故。謂法性功德無有盡故, 此人功德亦復如是無

1399 授記: 수결授決 또는 수결受決·수기受記·기별記別·기설記說이라고도 한다. 본래는 교설敎說을 분석하거나 문답하는 방식으로 교리를 해설한 것을 의미하였으나, 나중에는 장래 증득하는 불과佛果나 성불하게 되는 부처의 이름을 미리 말하는 것으로 의미가 바뀌었다.
1400 '究竟能至無上之道' 부분
1401 '若人聞是法已 不生怯弱 當知此人定紹佛種 必爲諸佛之所授記' 부분

有邊際。

설사 어떤 사람이 삼천 대천세계의 가득한 중생을 교화하여 十善[1402]을 행하게 할 수 있다 하더라도 (이것은) 어떤 사람이 한번 밥 먹는 시간에 이 법을 바르게 생각하는 것보다 못하니, (이 기신론의 법을 바르게 생각하는 공덕은) 앞의 그 공덕을 초과해서 비유가 되지 않는다. 다시 만약 사람들이 이 『기신론』을 받아 지니고 관찰하여 수행하기를 만약 하루 밤낮을 한다면, (그가) 가진 공덕은 한량도 한계도 없이 이루 다 말할 수가 없다. 가령 시방의 일체 여러 부처가 각기 무량무변의 아승기겁 동안에 그 공덕을 찬탄하더라도 역시 다할 수가 없다. 무엇 때문인가? 말하자면 법성의 공덕이 다함이 없기 때문에 이 사람의 공덕도 다시 이처럼 끝이 없는 것이다.

[疏] 第三信受福勝, 文中有二。先明一食之頃正思福勝, 後顯一日一夜修行, 功德無邊。

세 번째는 믿고 받는 복의 뛰어남으로, 글 중에 두 가지가 있다. 먼저 한번 밥 먹는 시간의 바른 생각으로 받는 복의 뛰어남을 밝혔고, 뒤에서 하루 낮밤의 수행 공덕이 한이 없음을 드러내었다.

[論_ 勸修利益分_ 第四毀謗罪重]

其有眾生於此論中毀謗不信, 所獲罪報, 經無量劫受大苦惱。是故眾生但應仰信, 不應誹謗, 以深自害, 亦害他人, 斷絕一切三寶之種, 以一切如來皆依此法得涅槃故, 一切菩薩

1402 　十善: 十善業과 같다.

因之修行入佛智故。

어떤 중생이 이 『기신론』을 훼방하고 불신한다면, 그가 얻는 죄의 과보는 무량겁을 지나도록 받는 큰 고통과 번뇌가 될 것이다. 이런 까닭에 중생은 다만 우러러 믿어야 하고 마땅히 비방하지 않아야 하니 심하게 스스로를 해칠 뿐 아니라 다른 사람들도 해쳐서 일체 삼보三寶 종자를 단절시키기 때문이고, 일체 여래가 모두 이 법으로 열반을 얻기 때문이며, 일체 보살이 이것으로 수행해서 부처의 지혜로 들어가기 때문이다.

[疏] 第四毀謗罪重, 文中有四。先明毀謗罪重, 是故以下, 第二試勸。以深以下, 第三釋罪重意, 一切如來以下, 第四轉釋斷三寶種之意。

네 번째는 훼방하는 죄의 무거움으로, 글 중에 네 가지가 있다. 먼저 훼방하는 죄의 무거움을 밝혔고, '시고是故(이런 까닭에)' 이하는 두 번째로 권장한 것이다. '以深(심하게)' 이하는 세 번째로 죄가 무거운 뜻을 풀이하였으며, '일체 여래一切如來' 이하는 네 번째로 삼보三寶 종자를 단절하는 뜻을 좀 더 풀이한 것이다.

[論_ 勸修利益分_ 第五引證]
當知過去菩薩已依此法得成淨信, 現在菩薩今依此法得成淨信, 未來菩薩當依此法得成淨信。

마땅히 알아야 한다. 과거의 보살도 이미 이 법으로 청정한 믿음을 이룰 수 있었고, 현재의 보살도 지금 이 법으로 청정한 믿음을 이룰 수 있으며, 미래의 보살도 응당 이 법으로 청정한 믿음을 이룰 수

[疏] 第五引證。

다섯 번째는 증거를 댄 것이다.

[論_ 勸修利益分_ 第六結勸]
是故衆生應勤修學。

이런 까닭에 중생은 마땅히 부지런히 닦고 배워야 한다.

[疏] 第六結勸。一部之論有三分中, 正辨論宗竟在於前。

여섯 번째는 권장하여 매듭지은 것이다. 이 한 권의 논을 셋으로 나눈 부분 중에 바로 논의 종지宗旨 분별하는 것을 바로 앞에서 마쳤다.[1403]

1403 기신론을 크게 세 부분(처음 세 줄의 게송인 歸敬述意와 '論曰' 이하의 正立論體, 그리고 마지막 한 줄의 總結廻向)으로 나누었을 때, 기신론의 본지를 밝힌 두 번째의 正立論體를 가리킨다.

총결회향 總結廻向 (총체적으로 매듭짓고 회향하다)

諸佛甚深廣大義, 我今隨分總持說, 廻此功德如法性, 普利一切衆生界。

여러 부처의 매우 깊고 광대한 뜻을 내가 지금 나눈 부분에 따라 총지總持로 설하였으니, 이 공덕이 법성처럼 일체 중생계를 널리 이롭게 하기를 회향합니다.[1404]

[疏] 末後一頌, 第三總結。於中上半, 結前五分, 下之二句, 廻向六道。

마지막 하나의 게송은 세 번째로 총체적으로 매듭지은 것이다. 이 중에서 위의 절반[1405]은 앞의 다섯 부분[1406]을 매듭지은 것이고, 아래 두 구절[1407]은 六道에 회향한 것이다.

1404 은정희 역: 법성과 같은 이 공덕을 회향하여 널리 일체의 중생계를 이롭게 하여지이다.
1405 게송의 '諸佛甚深廣大義 我今隨分總持說' 부분을 가리킨다.
1406 인연분, 입의분, 해석분, 수행신심분, 권수이익분을 가리킨다.
1407 게송의 '廻此功德如法性 普利一切衆生界' 부분을 가리킨다.

찾아보기

가

- 가명假名: 이름이나 명칭은 그 실제를 정확하게 표현하지 못하기 때문에 임시로 세운 이름이라고 한다.

- 『가전연론迦旃延論』: 30권으로 된 논론으로 인도인 가전연자迦旃延子가 지었으며, 『아비달마발지론阿毘達磨發智論』의 이역본異譯本이다. 『아비담팔건도론阿毘曇八犍度論』 또는 『팔건도론八犍度論』이라고도 함.

- 가행加行: 범어 'prayoga'의 의역으로, 가공용행加功用行을 의미한다. 정행正行의 예비적 단계로 힘을 더하여 수행한다는 뜻이다. 전에는 방편方便으로도 번역하였다.

- 각관覺觀: 의식에서 작용하는 不定心所 가운데 심尋과 사伺를 의미한다. 각覺은 찾아 구하고 미루어 헤아려 대상을 총체적으로 사유思惟하는 작용이며, 관觀은 세심하게 여러 법법과 명의名義에 대하여 관찰하는 정신작용이다. 두 가지 모두 제2선禪 이상의 정심定心을 방해한다.

- 각심覺心: 주로 본각의 영묘한 심성心性(또는 불성佛性)을 의미하는데, 간혹 각관覺觀하는 마음을 뜻하기도 한다.

- 객진번뇌客塵煩惱: 본성은 원래 청정한데 무명에 의한 번뇌와 같은 것들은 외부로부터 들어온 것이기 때문에 客이라 하고, 먼지처럼 미세하고 헤아리기 어려워서 塵이라고 한다. 이 번뇌가 사람의 심성을 오염시키는 것이 마치 먼지가 만물을 더럽히는 것과 같기에 客塵煩惱라 한다.

- 겁劫: 겁파劫波(또는 劫簸)의 간칭簡稱으로 범어 'kalpa'의 음역이다. 劫은 원시 인도인들이 사용한 시간 계산의 단위로 헤아릴 수 없이 긴 시간을 의미한다.

- 게偈: 부처의 공덕이나 가르침을 찬탄하는 노래를 가리킨다. 偈는 산스크리트인 'gatha' 또는 'geya'의 음역音譯인 가타伽陀, 게타偈陀 또는 기야祇夜를 약칭하여 偈라고 하였으며, 오언五言 또는 칠언七言으로 이루어진 한시漢詩의 송頌과 형태가 비슷하기 때문에 합하여 게송偈頌이라고도 한다.

- 견도見道: 견제도見諦道 또는 건세見諦라고도 하며, 수행의 계위階位를 가리킨다. 수도修道와 무학도無學道를 합하여 三道라고 한다. 무루지無漏智로써 사제四諦를 관觀하고 그 도리를 볼 수 있는 지위에 해당한다. 見道 이전은 범부이고 見道에 들어간 후에는 성인이라 한다. 대승을 기준으로 보살 초지初地를 見道라 하고, 見道 뒤에 다시 반복하여 수습하는 지위(2지에서 10지까지)는 修道이며, 등각等覺 이상은 無學道라 한다. 見道와 修道를 합하여 有學道라 한다.

- 견애번뇌見愛煩惱: 견번뇌見煩惱(또는 견혹見惑)와 애번뇌愛煩惱(또는 사혹思惑)를 병칭한 것으로 견수번뇌見修煩惱라고도 한다. 見煩惱는 아견我見이나 사견邪見과 같은 일체의 허망한 소견을 가짐으로써 발생하는 번뇌로, 잘못된 앎에서 비롯하는 이성적 번

뇌이기 때문에 이혹理惑 또는 소지장所知障이라고도 한다. 애번뇌愛煩惱는 탐욕이나 진애와 같은 감정적 번뇌로, 열반에 이르는 것을 막기 때문에 사혹事惑 또는 번뇌장煩惱障이라고도 하며, 수행을 통해서 제거할 수 있어서 수혹修惑이라고도 한다.

· 경본經本: 경전經典을 의미하며, 원효는 주로『능가경楞伽經』을 지칭하여 사용하였다. 『楞伽經』은 4권으로 된『능가아발다라보경楞伽阿跋多羅寶經』과 7권의『대승입능가경大乘入楞伽經』, 10권의『입능가경入楞伽經』이 있다

· 경지境智: 경과 智를 아울러 칭한 것으로, 境은 소관所觀의 경계境界이고, 智는 능관能觀의 지혜를 의미한다. 境과 智가 하나가 되면 보이는 대상과 보는 주체가 분별없이 융합하게 된다. 이러한 境智는 마음도 아니고 경계도 아니어서 출세무분별지出世無分別智라 한다.

· 골쇄骨瑣: 뼈 부스러기라는 뜻으로, 나와 남의 몸을 뼈 부스러기로 관하는 것을 골쇄관骨瑣觀·골상관骨想觀·백골관白骨觀이라고 한다. 이 관법은 부정관不淨觀의 하나로, 주로 음욕淫欲과 탐욕을 없애기 위한 관법이다.

· 과지果地: 수행의 결과로써 얻게 된 지위 또는 영역으로 때로는 성불한 경지를 가리키기도 한다.

· 관지觀智: 12인연因緣의 도리를 바르게 관하는 지혜로 고저高低와 정도程度의 차별이 있다. 성문승은 12인연을 觀하지만 불성을 아직 보지 못하고 성문도만을 얻었기에 하지관下智觀이라 칭하며, 연각승은 연각도만을 얻었기에 중지관中智觀이라 칭한다. 보살승은 불성을 보았으나 완전히 깨우치지 못하고 10지에 머무르기 때문에 상지관上智觀이라 하며, 부처는 불과佛果를 얻어서 상상지관上上智觀이라 한다.

· 관행觀行: 관觀은 범어 'vipaśyanā'의 한역漢譯으로, 선정禪定에 들어 지혜로써 경계를 자세히 관觀하는 수행을 말한다.

·『광백론廣百論』: 성천聖天(인도인 deva제바提婆의 중국식 이름, 龍樹의 제자이다)이 저술한 논서로, 唐나라 때 현장玄奘이 한역하였다. 별칭으로『사백론송四百論頌』이라고도 한다. 외도와 소승의 제법실유설諸法實有說을 비판하고 진공眞空과 무아無我의 도리를 설하였다. 기신론에서 말하는『廣百論』은 정확히 말하면『대승광백론석론大乘廣百論釋論』으로, 호법護法이 저술한『廣百論本』의 주석서이다. 동일하게 현장玄奘이 한역하였다.

· 구경각究竟覺: 무상각無上覺, 정각正覺 또는 대각大覺이라고 하며, 시각始覺 중의 구경위究竟位에 해당한다. 근본무명根本無明의 미혹을 끊고 제법의 실상을 얻어 불과佛果를 증득한 깨달음을 가리킨다.

· 구경지究竟地: 보살십지 중에 마지막 법운지法雲地를 가리킨다.

· 구경천究竟天: 색계色界 사선천四禪天에서 가장 높은 곳으로, 애구경천礙究竟天·질해

구경천質閣究竟天·일구경천一究竟天·일선천一善天·무결애천無結愛天이라고도 한다. 이 하늘은 최상품의 四禪을 닦은 자가 태어나는 곳으로 그 과보가 색계에서 가장 뛰어나다. 色界 18천의 하나이기도 하고 5정거천淨居天의 하나이기도 하다.

· 구계지具戒地: 보살十地 중 제2지부터 제6지까지를 말한다. 즉 이구지離垢地, 발광지發光地, 염혜지焰慧地, 난승지難勝地, 현전지現前地가 여기에 해당한다.

· 구십육외도九十六外道: 석가모니 부처의 전후로 인도에서 출현한 불교와 다른 종파를 말한다. 96술術 또는 96경徑, 96도道, 96종이도異道라고도 한다.

· 구지九地보살: 선혜지善慧地 보살로 사무애해四無礙解를 얻고 시방에 두루 하며, 일음一音으로 일체의 선법善法을 연설하여 듣는 자로 하여금 환희심歡喜心을 내게 한다.

· 권교權敎: 실교實敎와 상대되는 개념으로 방편교方便敎라고도 한다. 여래가 중생의 뜻에 수순하여 방편과 권모로써 세운 가르침의 敎門이다.

· 권청勸請: 권청은 부처와 보살이 와서 임하고 설법하여 주시기를 지성으로 요청하는 것을 말한다. 『대지도론大智度論』에 의하면 두 가지 권청이 있다. 하나는 권청전법륜勸請轉法輪으로 불타가 처음 성도하였을 때 보살들이 세존에게 중생들을 위해 설법하여 주시기를 청한 것이고, 다른 하나는 권청주세勸請住世로 불타가 수명을 다 하여 열반에 들어가려 할 때 보살들이 세존께 세간에 영구히 머물러 일체중생을 해탈하여 주시기를 청한 것이다.

· 궤생진해軌生眞解: 궤생물해軌生物解와 같은 뜻으로, 法이 사람의 궤범軌範이 되어 사물에 대하여 참된 이해를 낳게 해준다는 뜻이다.

· 극락세계極樂世界: 범어 'sukhāvatī'의 의역으로 아미타불의 정토淨土를 가리키며, 극락정토極樂淨土, 서방정토西方淨土, 안양정토安養淨土, 또는 안락국安樂國이라고도 한다.

· 근根: 범어 'indriya'의 의역으로, 통상적으로 기관器官 또는 기능을 의미한다. 門 또는 入이라고도 하는데, 外界의 자극이 이것들을 통하여 지각되기 때문이다. 사람에게는 안眼, 이耳, 비鼻, 설舌, 신身, 의意와 같은 육근六根이 있다. 이 六根은 육식六識의 근인根因으로, 번뇌의 근본이 되기도 한다.

· 근기根機: 불교의 교법을 받을 수 있는 중생의 타고난 능력을 말한다.

· 근본무명根本無明: 범어 'mūlāvidyā'의 의역으로 근본불각根本不覺 또는 무시무명無始無明이라고도 하며, 지말무명枝末無明 또는 지말불각枝末不覺과 상대하는 용어이다. 여러 번뇌의 근본으로, 불각의 미혹되고 허망한 마음이 진여의 바다에서 최초로 일어나는 생각을 가리킨다.

· 근본번뇌根本煩惱: 본혹本惑 또는 근본혹根本惑, 육대번뇌六大煩惱라고도 하며 수번

뇌수번뇌隨煩惱와 대칭되는 것이다. 주로 탐貪, 진瞋, 치癡, 만慢, 의疑, 견見을 가리키며, 의식에서 작용하는 대표적인 번뇌 심소心所이다. 貪은 욕심과 탐욕이고, 瞋은 진에瞋恚와 같은 말로 분노하는 심리 작용이다. 癡는 사물의 진상을 알지 못하는 어리석음이고, 慢은 교만함에서 오는 번뇌이다. 疑는 도리를 분명하게 판별하지 못하고 머뭇거리고 의심하는 마음 작용이며, 見은 진리에 대하여 잘못된 생각을 가지고 고통을 초래하는 악견惡見이다.

· 근본심根本心: 만법萬法을 생기生起하는 근본인 제8아려야식을 가리킨다.

· 근본지根本智: 근본부분별지根本無分別智, 無分別智 또는 여리지如理智라고도 한다. 주관과 객관의 분별상 없이 평등하고 진실한 바른 지혜로서 모든 지혜의 근본이 된다.

· 금강심金剛心: 信心이 견고하고 부동하는 것이 금강처럼 단단하여 어떠한 것에 의해서도 깨뜨려지지 않는 것을 비유적으로 표현한 것이다.

· 금강정金剛定: 금강유정金剛喩定·금강삼매金剛三昧·금강심金剛心·정삼매頂三昧라고도 하며, 일체 번뇌를 능히 깨트릴 수 있는 금강석처럼 단단한 선정을 가리킨다. 이 선정은 성문·보살승이 수행을 마치고 마지막 번뇌를 끊을 때에 드는데, 소승은 아라한과를 얻기 전에 유정지有頂地(三有 즉 三界의 절정이라는 뜻으로, 무색계의 제4천인 비상비비상천非想非非想天을 뜻한다)의 제9품 혹惑을 끊는 선정을 말하고, 대승에서는 제10지 보살이 마지막으로 조금 남은 구생俱生(태어나면서부터 갖춰진) 소지장所知障과 저절로 일어나는 번뇌장煩惱障 종자를 한꺼번에 끊고 불지佛地에 들어가는 선정을 가리킨다.

· 『금고경金鼓經』: 『금광명경金光明經』의 이칭으로, 북량北涼 시대에 담무참曇無讖이 번역한 4권으로 된 『金光明經』과, 양梁나라 진제眞諦가 번역한 7권으로 된 『금광명제왕경金光明帝王經』, 수나라에 보귀寶貴가 자신과 담무참, 진제, 사나굴다 등이 번역한 것을 합하여 8권으로 엮은 『합부금광명경合部金光明經』, 그리고 당唐 대에 의정義淨이 번역한 10권으로 된 『금광명최승왕경金光明最勝王經』 등이 있다.

· 기사심起事心: 凡夫가 제거하지 못한 三心(起事心, 依根本心, 根本心) 중의 하나로, 이상異相을 일으키는 분별사식分別事識을 가리킨다.

· 기세간器世間: 3종 世間(器世間·衆生世間·智正覺世間)의 하나로, 중생이 의지하여 사는 물리적인 공간인 산하山河와 대지大地 같은 것을 의미한다. 이렇게 삶을 의지하는 器世間을 의보依報라고 한다면, 유정有情이 과거의 업인業因에 따라 받는 과보果報인 몸을 정보正報라고 한다.

· 기세계器世界: 기세간器世間과 같은 용어.

나

· 난식亂識: 허망하게 분별하는 識이란 뜻으로, 사물의 진상을 잘못 이해하고 허망하게 사유하며 분별하는 識을 의미한다.

· 노사나불盧舍那佛: 범어 'Vairocana'의 음역으로 비루차나毘樓遮那, 비로절나毘盧折那, 비차나盧遮那라고도 하며, 커다란 해 또는 광명이 두루 비춘다는 뜻으로 대일여래大日如來라고도 한다. 통상적으로 보신불의 명칭으로 사용되나 간혹 법신을 가리키기도 한다.

· 노숙老宿: 나이가 많고 덕행이 깊은 사람을 가리킨다.

· 능견能見: 대상을 인식할 수 있다는 의미로, 견분을 의미하기도 하며, 인식의 주체로써 전상轉相을 가리키기도 한다.

· 능상能相: 상이 없는 일심一心에서 生相과 住相 같은 상을 일으키는 주체를 가리킨다.

· 능섭여래장能攝如來藏: 세 가지 여래장(소섭所攝, 은부隱覆, 능섭能攝)의 하나로서, 자성에 머물러 있을 때 여래 과지果地의 모든 공덕을 거두어들일 수 있고, 여래를 포섭하고 있다는 것을 뜻한다.

· 능소能所: 能은 동작의 주체이고, 所는 동작의 객체이다. 예를 들면, 사물을 볼 수 있는 눈은 능견能見이고, 눈에 의해 보이는 사물은 소견所見이다. 다른 것을 의지하는 것은 능의能依이고, 의지되는 것은 소의所依이다. 또 경계에 반연하는 주체는 능연能緣이고, 반연되는 객체는 소연所緣이다.

· 능연能緣: 인식 작용의 주체가 대상에 반연하여 능동적으로 작용하는 것을 의미한다. 유식唯識 四分說로 보면 견분見分과 자증분自證分, 증자증분證自證分이 能緣에 해당한다.

· 능취能取: 인식 작용의 주체로서 모든 색근色根과 심왕心王, 심소心所를 의미한다.

· 능취견能取見: 境界를 취하는 인식 주체를 가리킨다.

다

· 다라니陀羅尼: 범어 'dhāraṇī'의 음역으로, 의역하여 총지總持·능지能持·능차能遮라고 한다. 갖가지 善法을 모아 능히 지니고 흩어지거나 잃어버리지 않게 하기에 能持라 하고, 不善한 마음이 생겨나는 것을 미워하고 차단하여 일어나지 않게 할 수 있기에 能遮라 하며, 이름과 뜻과 행하는 공덕 등을 모두 지닐 수 있기 때문에 總持라 한다. 이러한 다라니에 두 가지 의미가 있는데, 하나는 지혜 혹은 삼매를 말하며 다른 하나는 진언眞

언을 의미한다.

· 단견斷見: 세간世間과 자아自我가 사후에 완전히 소멸된다는 견해로, 인과因果나 업業 또는 심상속心相續을 부정하는 견해이다. 斷見의 반대는 상견常見으로 두 가지 견해를 통칭해서 변집견邊執見[한 편에 집착하는 견해]이라 한다.

· 단바라밀檀波羅密: 檀은 범어 'dāna'의 음역으로, 단나檀那라고 하며 보시를 의미한다. 세 종류의 보시(재시財施, 법시法施, 무외시無畏施)가 있어 능히 간탐慳貪을 다스리고 빈궁貧窮을 제거한다. 波羅密(pāramī) 또는 波羅蜜多(pāramitā)는 의역하면 도피안到彼岸, 사구경事究竟 또는 도무극度無極으로, 이상理想에 도달하여 완성한다는 것을 뜻한다.

· 단변斷邊: 斷見과 같은 용어이다.

· 대범왕大梵王: 사바세계의 임금으로서 초선천初禪天의 제3천에 거하며, 梵天 또는 梵王이라 한다. 그 몸의 크기는 반 유순由旬이며, 수명은 반겁半劫에 해당한다.

· 『대법론對法論』: 『대승아비달마잡집론大乘阿毘達磨雜集論』의 별칭으로 줄여서 『阿毘達磨雜集論』 또는 『雜集論』이라고도 하는 유식학 논서이다. 무착無着이 짓고 현장玄奘이 한역漢譯한 『大乘阿毘達磨集論』과 無着의 제자 사자각師子覺이 주석한 내용을 합해서 안혜安慧가 편찬하였다.

· 대서원大誓願: 사홍서원四弘誓願과 같은 말로, 모든 보살이 인지因地에서 일으킨 네 가지 큰 誓願(衆生無邊誓願度, 煩惱無盡誓願斷, 法門無量誓願學, 佛道無上誓願成)을 말한다.

· 『대승아비달마집론大乘阿毘達磨集論』: 무착無着의 저술로 총 7권으로 구성되어 있으며, 유가행파의 교의敎義를 체계적이고 논리적으로 분류하여 주석한 논서이다.

· 대원경지大圓鏡智: 圓鏡智 또는 鏡智라고도 한다. 불과佛果를 얻었을 때 갖게 되는 네 가지 지혜(大圓鏡智, 平等性智, 妙觀察智, 成所作智) 중의 하나로, 제8아려야식이 변전하여 얻게 된다. 이 지혜는 일체의 분별과 염오染汚를 떠나 그 성상이 청정하고, 大圓의 거울과 같은 광명으로 만상萬象의 사리를 비추되 터럭만큼도 버려두는 것이 없다.

· 『대지도론大智度論』: 『대품반야경大品般若經』의 주석서로 용수龍樹가 저술하였으며, 『智度論』, 『智論』, 『마하반야석론摩訶般若釋論』이라고도 한다.

· 『대품경大品經』: 『대반야바라밀다경大般若波羅蜜多經』의 별칭으로, 반야부의 여러 경전들을 집대성한 총서叢書이다. 줄여서 『大般若經』이라고 하며, 『大品經』, 『大品般若』, 『大品般若經』이라고도 한다. 당唐나라 때 현장玄奘이 번역하였다.

· 도분道分: 출세간出世間의 과보를 불러일으키는 행위를 말하며, 주로 팔정도八正道 같은 것을 의미한다.

· 동체대비同體大悲: 동체자비同體慈悲라고도 한다. 일체중생을 자기의 몸과 하나로 보고, 고통에서 구하고 즐거움을 주려고 하는 평등하고 절대적인 자비심이다.

· 동체지력同體智力: 부처와 보살이 法性의 한결같은 이치를 달관하고 중생과 자신이 여실하게 한 몸임을 아는 것을 '同體智'라고 하고, 이것으로 말미암아 일어나는 힘을 '同體智力'이라 한다.

· 동품동품: 인명론因明論의 삼지三支에서 유喩(비유)나 인因(원인)이 종宗(명제)에 합당한 것을 말한다.

· 두구대사杜口大士: 유마힐거사를 지칭하는 말로, 杜口는 입을 막았다는 뜻이고 大士는 보살의 통칭이다.

· 두타행頭陀行: 두타頭陀는 범어 'dhūta'의 음역音譯이다. 頭陀行은 의식주衣食住같은 것에 대한 탐욕과 집착을 버림으로써 심신을 수련하는 것을 뜻하는데, 12가지 두타행이 있다.

· 득도得度: 교화를 받고 생사의 바다를 건너 열반의 세계로 건너가는 것을 의미한다.

· 등정각等正覺: 범어 'samyaksaṃbodhi'를 의역한 것으로 정등각正等覺, 정등보리正等菩提, 정변지正遍知, 정변각正遍覺 등과 같은 말이다. 삼세三世 제불諸佛의 각지覺知가 평등한 것을 등등이라 한다.

마

· 마구니: 마군魔軍의 우리말 표현으로, 악마의 군병軍兵을 가리키나 비유적으로 온갖 번뇌를 뜻한다. 魔는 범어 'mara(마라魔羅)'의 약칭略稱이다. 석가모니가 성도할 때 魔羅와 그 부하들이 와서 갖가지 방해를 한 일이 있었다.

· 마니摩尼: 범어 'mani'의 음역으로 말니末尼라고도 하며, 의역하면 주珠 또는 보주寶珠가 된다. 재난과 질병을 해소하고 흐린 물도 맑게 할 수 있다. 일정마니日精摩尼·월정마니月精摩尼·가차마니迦遮摩尼 등이 있다.

· 마사魔事: 마구니가 수행과 해탈을 가로막는 일.

· 마하연摩訶衍: 범어 'mahā-yāna'의 음사어音寫語인 마하연나摩訶衍那를 줄인 말로, 보살의 교법인 大乘을 의미한다. 마하摩訶는 크고 풍부하고 뛰어나다는 것을 의미하고, 연나衍那는 구름을 탄다는 뜻이다.

· 마혜수라천왕摩醯首羅天王: 범어 'maheśvara'의 음역으로, 마혜습벌라摩醯濕伐囉라고도 하며 대자재천大自在天 또는 위령제威靈帝로 의역한다. 색계色界의 최정상에 있

는 색구경천色究竟天의 天王 이름이다.

· 말나식末那識: 범어 'manas'의 음역으로, 의역하면 의意이고 사량사思量한다는 뜻이다. 이 識은 항상 아치我癡, 아견我見, 아만我慢, 아애我愛와 같은 네 가지 번뇌와 상응하며, 제8아려야식의 견분見分을 我 또는 아소我所로 여겨 집착한다.

· 멸진정滅盡定: 멸수상정滅受想定 또는 멸진삼매滅盡三昧라고도 한다. 심불상응행법心不相應行法의 하나이며, 구사俱舍 75法 중의 하나이고, 유식唯識 100法 중의 하나이다. 心과 심소心所를 滅盡하고 無心의 자리에 머무는 선정이다.

· 명식상名識相: 이름으로 분별된 허망한 경계상을 가리킨다. 이것은 명名·구句·문文으로 표시되는데, 의식은 名·句·文으로 허망하게 분별된 경계상을 변화시켜 그 종자를 제8식에 저장한다.

· 명언훈습名言熏習: 3종 (명언名言, 아집我執, 유지有支) 習氣 중의 하나로, 명언종자名言種子·명언습기名言習氣·등류습기等流習氣라고도 한다. 이것은 언어의 표상(명자名字와 언설言說)에 의해 훈습되어 아려야식에 형성되는 종자로서, 일체 유위법이 각기 자체를 생하게 하는 직접적인 원인이 된다.

· 명자상名字相: 어떤 대상을 이름으로 개념 지을 때 만들어지는 상.

· 모륜毛輪: 눈을 감았을 때 나타나는 그물 같은 환영幻影.

· 목격장부目擊丈夫: 『장자莊子』「전자방田子方」에서 유래된 말로써, 눈으로 보기만 해도 道가 있는 사람임을 알아서 말로 형용할 수 없는 사람을 지칭한다.

· 무간도無間道: 무애도無礙道라고도 하며, 방편도方便道를 거쳐서 해탈도解脫道로 진입하기 전에 하는 수행의 경지이다. 번뇌에 의해서 막히거나 간격間隔됨이 없다는 뜻에서 無間이라 한다.

· 무공용無功用: 無功이라고도 하며, 유공용有功用과 상대되는 말로써, 어떤 조작도 더하지 않고 자연스럽게 작용한다는 것을 뜻한다. 제8地 미만의 보살은 진여의 경지에서 아직 자재함을 얻지 못하였으나, 제8地 이상의 보살은 지속적으로 자재할 수 있어서 無功用이라고 한다.

· 무구지無垢地: 일반적으로 十地보살 중 제2위인 이구지離垢地를 가리키나, 十地보살의 수행을 마치고 등각等覺(51위)의 경지로 나아간 보살을 가리키기도 한다.

· 무량출생계無量出生界: 명호名號가 구족된 三世의 모든 부처가 출생하여 이룩한 무량한 장엄 세계를 가리킨다.

· 무루無漏: 유루有漏와 대칭되는 용어이다. 漏는 새어 나온다는 뜻으로, 번뇌를 가리킨다. 번뇌로 윤회생사 하는 것을 有漏라 한다면, 번뇌 없이 생사를 벗어나는 것은 無漏가

된다. 사성제四聖諦 중 고苦와 집集의 二諦는 有漏法에 속하고, 멸滅과 도道의 二諦는 無漏法에 해당한다. 세간의 범부는 유루신有漏身이라 하고 無漏의 청정한 불신佛身을 무루신無漏身이라 칭하기도 한다.

· 무루도無漏道: 출세간도出世間道와 같으며, 모든 번뇌의 허물을 여읜 무루지無漏智로써 닦는 관행觀行을 의미한다. 소승에서는 견도위見道位 이후의 성자가 사제四諦의 이치를 16행상行相으로 관하는 지혜를 말하고, 대승에서는 진여의 이치를 보는 근본지와 그 근본지에서 나와 만유 제법의 모양을 보는 후득지後得智 같은 것을 의미한다. 이 道로써 견혹見惑과 수혹修惑을 모두 끊어 없앤다.

· 무루종자無漏種子: 열반을 증득할 수 있는 씨앗.

· 무명주지無明住地: 오주지五住地(見一處住地, 欲愛住地, 色愛住地, 有愛住地, 無明住地)의 하나로, 일체 무지無知의 근원인 근본무명이 자리하고 있는 곳을 가리킨다. 住는 머문다는 뜻이고, 地는 마치 대지가 능히 싹을 트게 하는 토대라는 것을 의미한다.

· 무분별지無分別智: 주관과 객관의 상을 떠난 평등하고 진실한 지혜.

· 무상관無相觀: 이공관二空觀(無生觀, 無相觀)의 하나이다. 제법의 체성體性이 공한 것임에도 허망하게 相에 집착하여 마치 공화空華를 실제로 있는 듯이 보나, 만약 그러한 망정妄情을 여의면 제법의 相이 공하다는 것을 관할 수 있다.

· 무상도無上道: 여래가 증득한 더 이상 비교할 것이 없는 최상의 불도佛道를 의미하며, 보리菩提·정각正覺·무상정등각無上正等覺·무상보리無上菩提와 같은 뜻이다.

· 『무상론無相論』: 『삼무성론三無性論』과 『현식론顯識論』, 그리고 『전식론轉識論』을 합칭한 것이다.

· 무상방편지無相方便地: 보살 제7지인 원행지遠行地를 가리킨다.

· 무상보리無上菩提: 무상정등보리無上正等菩提 또는 무상정등각無上正等覺과 같은 말. 수행의 결과로 얻은 깨달음의 지혜를 菩提라고 하는데, 부처의 깨달음이 위없이 구경究竟한 것이기에 無上菩提라 한다.

· 무상정無想定: 심心과 심소心所가 멸진滅盡한 선정으로, 일체의 심식心識 활동이 전부 정지하고 심상心想이 일어나지 않아 무상과無想果를 증득한다. 멸진정滅盡定과 아울러 이무심정二無心定이라 한다.

· 무상정등각無上正等覺: 범어 'anuttara samyak saṃbodhi'의 의역으로, 음역하면 '아뇩다라삼먁삼보리阿耨多羅三藐三菩提'가 된다. '아뇩다라'는 무상, '삼먁삼보리'는 정등각 또는 정변지正遍智로 번역한다. 범부·외도·성문·연각·보살에 대비하여 부처의 깨달음은 그 지혜가 가장 뛰어나고, 더 이상의 경지가 없으며 진실 평등하기에 이같이 이른다.

- 무상천無想天: 무상유정천無想有情天·무상중생천無想眾生天·소광천少廣天·복덕천福德天이라고도 하며 색계천色界天의 하나이다. 무상정無想定을 닦고 그것에 감응하는 이숙異熟의 과보로 여기에 태어난 자는 염상念想이 멸진하고 색신色身과 불상응의 행온行蘊만 있게 된다.

- 무색계無色界: 무색천無色天 또는 무색행천無色行天이라고도 하며, 욕계欲界, 색계色界와 합하여 三界라 한다. 물질계를 초월하고 사무색정四無色定을 닦은 자가 사후에 태어나는 세계로, 과보의 차별로 인해 네 가지(空無邊處·識無邊處·無所有處·非想非非想處) 공처空處로 나뉘게 된다.

- 무생인無生忍: '내가 있다'라고 하는 아집我執에서 벗어나 아공我空을 깨달으면 욕됨을 받는 상황에서도 참는다고 하는 생각 자체가 아예 생기지 않는 것을 의미한다.

- 무시無始: 범어 'anādikāla'의 의역으로, 아무리 거슬러 올라가도 그 처음이 없는 것, 즉 한없이 오랜 과거를 의미한다. 일체 세간의 중생과 제법諸法 등은 모두 시작이 없으니 금생今生은 전세前世의 인연으로 있는 것이고, 전세도 역시 그 전세로 인하여 존재하는 것처럼 돌고 돌아 서로 미루어 나가면 그 처음 시작을 알 수 없기 때문에 무시無始라 한다.

- 무시무명無始無明: 언제 시작했는지도 모르게 항상 존재하여 생사를 유전하게 하는 미혹의 근본인 무명을 가리킨다.

- 무애상입계無礙相入界: 상입무애相入無礙라고도 한다.『화엄경華嚴經』의「노사나불품盧舍那佛品」에서 말하는 화엄장엄華藏莊嚴 세계의 바다에 갖춰진 십무애十無礙 중 세 번째에 해당하며, 하나의 불토로 시방을 가득 채우고 시방이 하나에 들어가도 남음이 없는 세계를 뜻한다.

- 무여열반無餘涅槃: 무여의열반無餘依涅槃이라고도 하며 유여열반有餘涅槃에 상대되는 명칭이다. 법상종에서 세운 4종 열반의 하나로, 생사의 괴로움을 여읜 진여이며, 번뇌장을 끊고 얻는 것이다. 이숙異熟의 고과苦果인 오온五蘊으로 이루어진 신체까지 소멸해 의지할 것이 완전히 없어진 곳에 나타난다. 依는 곧 의신依身으로 사람의 신체에 의지한다는 뜻이다.

- 무연대비無緣大悲: 세 가지 자비(眾生緣悲·法緣悲·無緣大悲)의 하나로, 법상法相과 중생상眾生相의 인연을 따지지 않고 누구에게나 평등하게 자비를 일으키는 것을 말한다.

- 무외無畏: 무소외無所畏라고도 한다. 부처와 보살이 설법할 때 갖춘 두려움 없는 자신과 용맹 편안함을 말하며, 四無畏·六無畏·十四無畏 등이 있다.

- 무참외도無慙外道: 外道 사집四執 중의 하나로, 일체 法이 동일하기도 하고 다르기도 하다고 주장한다.

- 문사수聞思修의 혜慧: 불법을 수행하는 세 가지 慧로써, 문혜聞慧는 타인이 설법하는

것을 듣고서 얻는 지혜이고, 사혜思慧는 사유함으로써 얻는 지혜이며, 수혜修惠는 실제로 수행함으로써 얻는 지혜이다.

· 『문수반야경文殊般若經』: 『문수사리소설마하반야바라밀경文殊師利所說摩訶般若波羅蜜經』의 약칭으로, 『문수설반야경文殊說般若經』이라고도 한다. 한 권으로 되어 있으며, 문수사리 보살과 부처님이 문답하는 형식으로 반야바라밀般若波羅蜜과 일행삼매一行三昧를 설하고 있다.

· 미래장심未來藏心: 현재에 이르지 않은 마음을 가리킨다. 소승 20부의 하나인 독자부犢子部에서 우주 만유를 오장五藏(過去藏·現在藏·未來藏·無爲藏·不可說藏)으로 분류하였는데, 과거, 현재, 미래는 三世藏에 속하고 유위취有爲聚에 해당한다.

· 『미륵소문경론彌勒所問經論』: 『彌勒問經論』 또는 별칭으로 『釋彌勒所問經석미륵소문경』이라고도 하며, 『미륵보살소문경彌勒菩薩所問經』의 주석서이다.

바

· 바라문婆羅門: 범어 'brāhmaṇa'의 음사어로, 인도의 카스트 중 최상위 계급의 성직자 또는 학자를 가리킨다.

· 바라밀波羅密: 범어 'pāramī'의 음역으로, 바라밀다波羅密多(pāramitā)라고도 한다. 波羅蜜은 도度 또는 도피안到彼岸의 뜻으로, 대승에서 보살이 열반에 이르기 위하여 실천하는 여러 가지 수행 덕목을 가리킨다. 十波羅密, 五波羅密, 三波羅密 등등이 있지만, 대표적으로 보시布施·지계持戒·인욕忍辱·정진精進·선정禪定·지혜智慧의 六波羅蜜이 있다.

· 반연攀緣: 범어 'ālambana'의 의역으로, 마음이 어떤 대상에 붙어서 연결되는 것을 뜻한다. 즉 마음이 소연所緣의 경계를 따라 일어나서 생각과 의지를 전개하는 것이다

· 반야바라밀般若波羅蜜: 般若는 범어 'prajñā'의 음역으로 지혜를 의미하고, 지혜智慧바라밀 또는 慧바라밀이라고도 한다. 어리석음과 무지를 다스리고 참된 지혜를 열어서 생명의 참뇌 진리를 파악할 수 있게 한다.

· 발심주發心住: 십해十解의 첫째 자리를 發心住라 한다. 나머지는 차례대로 치지주治地住, 수행주修行住, 생귀주生貴住, 구족방편주具足方便住, 정심주正心住, 불퇴주不退住, 동진주童眞住, 법왕자주法王子住, 관정주灌頂住이다.

· 방소方所: 방향과 처소處所로서 공간의 한 부분을 점유하고 있는 장소를 의미한다.

· 방편方便: 범어 'upāya'를 의역한 것으로, 선권善權 또는 변모變謀라고도 한다. 교묘하게 접근하여 베풀고 안배하여 위로 나아가게 하는 방법을 가리킨다. 二方便, 三方便, 五

方便, 八方便, 十種方便 등이 있다.

· 방편도方便道: 四道(方便道, 無間道, 解脫道, 勝進道)의 하나로 가행도加行道라고도 한다. 加行이란 힘을 더하여 더욱 정진한다는 의미로써, 무간도無間道 전에 번뇌를 단제斷除하기 위하여 준비하는 수행을 의미한다.

· 방편지方便智: 二智의 하나로, 권지權智라고도 하며 실지實智에 대비된다. 중생의 근기에 맞춰 여러 가지 수단과 방편으로 중생을 이끄는 지혜를 가리킨다.

· 백비百非: 百은 일반적으로 그 수가 많은 것을 가리키는 것으로, 非는 有도 아니고 無도 아닌 것처럼 갖가지로 부정하는 것이다. 이것은 글자와 언어로 표현하는 모든 것이 실체가 아니라는 것을 증명하기 위한 논법으로, 중생의 미혹된 집착을 떨쳐내 제법이 무상하여 얻을 수 없는 것임을 깨닫게 해 주기 위한 것이다.

· 번뇌애煩惱礙: 번뇌장煩惱障과 같은 용어로, 지말불각의 여섯 가지 염심染心에 의해 생겨나는 번뇌를 말한다.

· 번뇌장煩惱障: 혹장惑障이라고도 하며, 주로 아집我執으로 인해 생겨난다. 탐진치貪瞋癡 등의 일체 제혹諸惑이 몸과 마음을 시끄럽게 하고 요동케 하여, 삼계三界와 오취五趣의 생사에 유전하고, 열반을 가로막기 때문에 번뇌장이라 한다.

· 『범망경梵網經』: 구마라집이 한역漢譯한 경전으로, 『범망경보살계梵網經菩薩戒』, 『보살계경菩薩戒經』, 또는 『범망경노사나불설보살심지계품제십梵網經盧舍那佛說菩薩心地戒品第十』이라고도 한다.

· 범천梵天: 색계色界 초선천初禪天의 주인으로 제석帝釋과 함께 정법正法을 수호한다.

· 법계法界: 法은 진리나 교법 또는 존재를 의미하고, 界는 그 세계를 의미한다.

· 법단도法斷道: 법집으로 인한 번뇌를 끊어낸 道를 의미하며, 十地보살이 말나식의 주상住相을 멸한 도를 가리킨다.

· 법력法力: 진여가 내면에서 끊임없이 훈습하여 마음을 정화하는 힘.

· 법륜法輪: 불교의 敎法이 어느 한 곳에 머무르지 않고 굴러서 여러 사람에게 도달하는 것을 수레의 바퀴로 상징한 것이다.

· 법성法性: 제법의 진실한 체성體性으로, 일체 현상이 갖추고 있는 진실하고 불변하는 本性을 말한다. 진여법성眞如法性·진법성眞法性·진성眞性이라고도 하며 또 眞如의 이칭異稱이다.

· 법신法身: 법불法佛·이불理佛·법신불法身佛·자성신自性身·법성신法性身·여여불如如佛·실불實佛·제일신第一身이라고도 한다. 소승의 제부諸部에서는 부처가 설하신 교법

과 부처가 증득한 무루無漏의 공덕신공덕법功德法 등을 모두 法身이라 하나, 대승에서는 이것을 제외하고 부처의 자성인 진여정법계眞如淨法界를 法身이라 하며, 이 法身은 무루무위無漏無為하고 무생무멸無生無滅 한다.

· 법재왕자法才王子: 사주四住 보살로 태어나 왕이 되었는데, 그 당시에 해우왕마海雨王魔가 국토의 칠보七寶를 탐하여 그것을 훔치고 국토를 불태우자 십만의 금강두귀金剛頭鬼에게 출정을 명하여 海雨王의 많은 병사를 물리쳤다. 이로 인해 왕이 일시적으로 기분이 좋아지자 바로 법광오주삼매심法光五住三昧心에서 후퇴하였다고 한다.

· 법진法塵: 제6식인 의식이 인식 대상으로 삼는 제법을 지칭한다. 다른 뜻으로 수행자가 불법佛法에 집착해서 미혹되었을 때 이 佛法을 法塵이라고도 한다.

· 법집法執: 법아法我·법아견法我見·법아집法我執이라고도 하며, 제법이 모두 인연으로 생겨나서 독립적인 실체가 없음에도 불구하고 헛되이 집착하는 것을 말한다.

· 『법집경法集經』: 원명원명은 『불설법집경佛說法集經』이다. 부처님께서 설하신 교리들을 묶은 경이라는 뜻으로, 보살에게 필요한 여러 가지 교리들에 대하여 여러 보살들이 먼저 말하고 부처님께서 그것에 동의하는 형식으로 구성되어 있다.

· 법집분별法執分別: 법집에서 나오는 분별을 말한다.

· 벽지불辟支佛: 연각緣覺 또는 독각獨覺이라고도 한다. 스승의 가르침에 의하지 않고 스스로 깨달음을 구하는 자를 칭한다.

· 변계소집성遍界所執性: 유식삼성설唯識三性說(遍計所執性, 依他起性, 圓成實性)의 하나이다. 두루 사유하여 분별하는 것을 본성으로 하며, 주로 집착으로 만들어진 환상을 가리킨다. 분별성分別性이라고도 한다.

· 변역생사變易生死: 분단생사分段生死와 상대되는 용어로 무위생사無為生死 혹은 부사의변역생사不思議變易生死라고도 한다. 초지 이상의 보살이 비록 三界를 윤회하는 分段生死에서는 벗어났지만 부처가 되기 전까지 三界에서 받았던 종자의 변이變異로 인해 받게 되는 生死를 말한다.

· 변재무애辯才無礙: 三無礙 또는 四無礙의 하나로, 언어로써 뜻을 표현하고 전달하는데 막힘이 없는 것을 의미한다.

· 변화신變化身: 三身 또는 四身의 하나로, 변역신變易身이라고도 한다. 응신應身에 의해 화현化現한 부처의 형상으로, 제불이 地前보살과 二乘과 六道의 중생을 위하여 여러 가지 모습으로 무한하게 변현變現한 것이다.

· 별상別相: 一切法에서 각기 구별되는 개별적이고 특수한 相을 의미한다.

· 보리菩提: 최고의 이상인 부처 정각正覺의 지혜, 즉 불과佛果를 의미하며 도道·지智·각

覺이라 의역한다.

· 『보살계본菩薩戒本』: 보살이 지켜야 할 계율에 대해 설한 경전으로 한 권으로 되어 있다. 별칭으로 『보살계본경菩薩戒本經』 또는 『지지계본地持戒本』이라고도 한다.

· 보살구경지菩薩究竟地: 十地보살의 계위(41위~ 50위) 중 마지막 제50위의 법운지法雲地를 말하며, 모든 수행을 완성한 단계로 보살진지菩薩盡地라고도 한다.

· 보살장菩薩藏: 보살이 닦는 행법과 그 증과證果를 설명한 대승의 경전으로, 성문장聲聞藏과 대비 된다.

· 『보살지지론菩薩地持論』: 『菩薩地持經』, 『地持論』, 『菩薩戒經』이라고도 한다. 『瑜伽師地論』의 「本地分」 중 菩薩地에 대한 同本 異譯으로 보살의 수행 방법을 설명하고 있다.

· 보살지진菩薩地盡: 보살진지菩薩盡地와 같은 용어.

· 보살진지菩薩盡地: 보살 제10地인 법운지法雲地로써, 보살로서의 모든 수행을 완성한 지위를 가리킨다.

· 『보성론寶性論』: 『구경일승보성론究竟一乘寶性論』의 약칭. 여래장의 自性이 청정한 뜻을 밝혔다.

· 보신불報身佛: 三身(법신·보신·응신) 또는 四身(법신·보신·응신·화신)의 하나로, 범어 'saṃbhoga kāya'를 한역漢譯한 것이다. 수행하는 계위에서 지은 한량없는 소원과 그 수행의 과보로 만 가지 덕을 원만히 갖춘 부처의 몸을 지칭하는 이름으로, 아미타불·약사여래·노사나불 등이 있다.

· 보특가라補特伽羅: 범어 'pudgala'의 음역이고, 의역하면 중생衆生·삭취數取趣·중삭자衆數者가 된다. 윤회하여 전생하는 주체를 가리켜서 말한 것으로, 數取趣라고 하는 것은 자주 오취五趣(지옥, 아귀, 축생, 아수라, 인간세계)에 왔다갔다 윤회하기 때문이다.

· 복도伏道: 번뇌를 제복하는 도를 의미하며, 삼현보살이 전육식前六識의 이상異相을 끊어내는 것을 가리킨다.

· 복분福分: 도분道分의 대칭으로, 합하여 二分이라 한다. 福은 공덕의 뜻이며 세속의 행복을 불러오는 오계五戒와 십선十善과 같은 행법行法을 말한다.

· 복인伏忍: 五忍(伏忍, 信忍, 順忍, 無生忍, 寂滅忍)의 하나이다. 보살十地에 이르지 못한 삼현보살이 무루의 지혜를 얻지 못해 불과를 증득하지 못했지만 번뇌는 제복制伏한 것을 의미한다. 伏은 은복隱伏이고. 忍은 견뎌낸다는 뜻이다.

- 본래청정열반本來清淨涅槃: 법상종法相宗의 네 가지 열반 중 하나로 자성청정열반自性清淨涅槃·성정열반性淨涅槃이라고도 한다. 모든 존재의 참다운 본성이 곧 진여의 理이며, 일체 제법은 비록 객진客塵번뇌에 덮여 있으나, 본래 自性은 청정 무량하고 오묘한 공덕이 있으며, 생멸하지도 않고 허공처럼 맑고 깨끗하며, 일체 유정有情이 평등하게 공유하는 것이다.

- 본식本識: 아려야식의 별칭으로 근본식根本識 또는 일체종자식一切種子識이라고도 한다.

- 『본업경本業經』: 보살의 본업인 10住, 10行, 10회향廻向, 10地, 등각等覺, 묘각妙覺이라는 42현성賢聖의 행업行業과 인과因果를 설한 경전이다. 원서명은 『보살영락본업경菩薩瓔珞本業經』으로 줄여서 『보살영락경』·『본업경』·『영락경』·『영락본업경』이라고도 한다.

- 부사의변不思議變: 무명이 진여를 훈습하여 염법을 낳는 것을 의미한다.

- 부사의업상不思議業相: 지정상智淨相을 갖춘 법신法身이 보신報身, 응신應身, 화신化身이 되어 중생을 구제하는 무량한 공덕 작용을 하는 상을 말한다.

- 부사의훈不思議熏: 불가사의훈不可思議熏이라고도 한다. 진여가 무명을 훈습하여 정법淨法을 내는 것을 말하며, 훈습할 수 없는 것을 훈습하기 때문에 不可思議하다고 한다. 향기가 몸에 배는 것처럼 진여가 망심으로 하여금 생사의 고통을 싫어하고 열반을 구하게 하여 깨달음을 얻게 하는 것을 의미한다.

- 부정관不淨觀: 오정심관五停心觀(不淨觀, 慈悲觀, 緣起觀, 界分別觀, 數息觀)의 하나로, 죽은 시신이 썩어가는 모습이나 벌레가 파먹는 형상으로 관함으로써 탐욕을 다스리는 방법이다.

- 부정취不定聚: 중생의 근기根機에 따라 세 가지로 나눈 삼취三聚(正定聚, 邪定聚, 不定聚) 중 하나이며, 부정성취不定性聚라고도 한다. 그 마음이 정正과 사邪로 결정되지 않아 선연善緣을 만나면 정정취正定聚를 이루고 악연惡緣을 만나면 사정취邪定聚를 이루기 때문에 不定聚라고 한다.

- 분단생사分段生死: 분단分段은 분한分限[나뉘고 한계가 있는 것]과 형단形段[형태로 구분되는 것]을 합한 용어로, 과보가 다름으로 인해 형체와 수명 등이 차별되어 六道로 윤회하는 범부의 생사를 의미한다. 범부는 각각 業因을 따라 신체에 크고 작고 가늘고 굵은 형체의 구별이 있고, 목숨에 길고 짧은 分限이 있어, 分分段段으로 生死하므로 分段生死라 한다. 변역생사變易生死 혹은 변이생사變異生死와 상대되는 명칭이다.

- 분별사식分別事識: 내근內根과 외진外塵에 의해 만들어지는 갖가지 사상事相에 대하여 분별하는 인식작용을 일으키기에 分別事識이라 하고, 줄여서 事識이라고도 한다. 주로 의식意識의 별칭으로 사용되지만, 간혹 아려야식과 대비하여 나머지 七識(말나식, 意識, 眼識, 耳識, 鼻識, 舌識, 身識)을 통칭하기도 한다.

· 분별성分別性: 유식학파에서 설하는 三性 중의 하나로, 실제 존재하지 않지만 온갖 분별로써 지어낸 허구적인 대상을 마치 존재하는 것처럼 인식하는 것을 말한다. 주로 언어를 통한 관념에 의해 구축된 가설적 존재를 분별하는 것을 본성으로 한다. 일명 변계소집성遍計所執性이라고도 한다.

· 분제分齊: 내용內容, 범위範圍, 정도程度에 있어서의 한계限界 또는 차별差別을 가리킨다.

· 분제상分齊相: 차별상差別相과 같은 뜻이다.

· 불공불법不共佛法: 불공법不共法이라고도 한다. 성문연각승과 함께 공유하지 않고 부처만 오로지 지니는 공덕법으로, 18가지(십력十力, 사무외四無畏, 삼념주三念住, 대비大悲)가 있다. 성인이나 범부가 갖는 공덕은 共法이라 한다.

· 불공소의不共所依: 所依를 함께 하지 않는 것으로, 예를 들면 안식眼識이 안근眼根에만 의지하고 설식舌識이 설근舌根에만 의지한다는 뜻이다. 여기에서 眼根이나 舌根은 소의所依[의지가 되는 것]이고, 眼識과 舌識은 능의能依[의지 하는 것]가 된다.

· 불과佛果: 불위佛位 또는 佛果位라고도 하며 성불成佛을 의미한다. 부처는 인지因地에서 닦는 수많은 수행의 결과로 이루어지기 때문에 佛果라 한다.

· 불방일不放逸: 제6意識의 善心所 중 하나로, 나태하고 게으르지 않으며 나쁜 짓을 끊고 선을 닦는 마음 작용을 말한다.

· 불상응염심不相應染心: 무명업상, 능견상, 경계상의 세 가지 細相은 근본불각인 무명과 상응하지만, 아직 심왕心王과 심수心數(또는 심소心所)가 명확히 분리되어 있지 않기 때문에 불상응염심이라 한다.

· 『佛地經』: 원명은『佛說佛地經』이고 한 권으로 구성되어 있다. 보살 10지 중 열 번째인 佛地를 중심으로 대각지大覺智의 다섯 가지 법상法相(淸淨法界, 大圓鏡智, 平等性智, 妙觀察智, 成所作智)에 대해 설하고 있다.

· 불성佛性: 여래성如來性 또는 각성覺性이라고도 하며, 부처의 본성 또는 부처가 될 수 있는 가능성을 의미한다.

· 불토佛土: 미륵보살의 도솔천이나 관음보살의 보타낙가산普陀洛伽山, 약사여래의 정유리淨琉璃 세계, 아미타불의 서방 극락세계와 같이 부처가 머무르거나 교화한 國土를 말한다.

· 불퇴위不退位: 불법을 수행하는 과정 중에 깨달음을 얻어 이승二乘이나 범부의 자리로 다시 떨어지지 않는 자리를 의미한다.『보살영락본업경菩薩瓔珞本業經』에서는 보살 10住 중 제7住를 가리키고,『유가사지론瑜伽師地論』에서는 보살 초지初地를 不退位라 한다.

- 비량比量: 이미 알고 있는 사실에 의해 다른 것을 미루어 아는 것을 말함. 다섯 가지 감관으로 바깥 경계의 현상을 직접적으로 인식하는 현량現量과 대비하여 간접적으로 추리하여 인식하는 것을 의미한다.

- 비려야바라밀毗黎耶波羅蜜: 비려야毗黎耶는 범어 'virya'의 음역으로, 정진精進바라밀을 의미한다. 다섯 가지 바라밀의 덕목을 실천할 때 위로 나아가기를 게을리 하지 않고 마음이 굽혀지거나 꺾이지 않아서 선법을 자라게 한다.

- 비발사나관毘鉢舍那觀: 범어 'vipaśyanā' 음역으로, 의역하면 觀 또는 見이 된다. 대상을 무상無常하고 무아無我인 것으로 여실하게 관찰하는 것을 말한다.

- 비삼세非三世: 시간적으로 구분하는 과거·현재·미래를 초월한 불성·허공·무위의 세계를 의미한다.

- 비장秘藏: 중요하고 비밀스러운 가르침을 감춰 둔 것.

사

- 사계四階: 부처가 되기 위한 깨달음의 단계를 크게 네 개로 구분한 것.

- 『사권능가경四卷楞伽經』: 『능가아발다라보경楞伽阿跋多羅寶經』의 별칭.

- 사념처四念處: 37도품道品 중 첫 번째 과목으로 사념지四念止·사의지四意止라고도 하며, 신身·수受·심心·법法의 네 가지 염처念處가 있다. 身念處는 우리 몸이 부정不淨하다고 觀하는 것이고, 受念處는 음행淫行·자녀·재물 등은 참된 즐거움이 아니고 모두 고통이라고 觀하는 것이다. 心念處는 우리의 마음은 항상 그대로 있는 것이 아니고 늘 변하고 생멸하는 무상한 것이라고 觀하는 것이며, 法念處는 모든 것에는 自我라고 할 만한 실체가 없다고 하는 무아관無我觀을 닦는 것이다.

- 사리불舍利弗: 본래 소승으로서 난煖, 정頂, 인忍에 머무르다 부처님을 만나고 대승을 수행하여 육주지六住地를 증득하고 시안법施眼法을 행하였다. 어느 날 길에서 한쪽 눈이 어두운 바라문을 만났는데 그가 사리불에게 눈 하나를 구걸하여 얻고 나서는 또 파괴해 버리고 사용하지 않았다. 이때 사리불이 후회하는 마음을 내자 곧 다시 후퇴하여 이승의 성문법에 들어가게 되었다고 한다.

- 사마타奢摩他: 범어 'śamatha'의 음역으로, 의역하면 지止·적정寂靜·능멸能滅이 된다. 마음을 붙잡아서 경계에 흔들리지 않으며, 모든 산란함을 멀리하고 그쳐서 마음을 적정하게 한다는 것을 뜻한다.

- 사명외도邪命外道: 고대 인도의 종교단체로, 주로 생계를 도모하기 위하여 수행하기 때문에 생활파生活派라고도 칭한다. 외도外道 사집四執의 하나로 일체법이 동일하지도

않고 다르지도 않다고 주장한다.

- 사무량四無量: 사등심四等心·사등四等·사심四心이라고도 한다. 이라고도 한다. 한없는 중생을 불쌍히 여기는 네 가지 마음을 지칭한다. 한량없는 중생과 연을 맺어 그들로 하여금 즐거움을 얻게 하려는 자무량심慈無量心과, 고통에서 벗어나게 해주려는 비무량심悲無量心, 괴로움에서 벗어나 기쁨을 얻어 마음속에서 깊이 희열을 느끼게 하려는 희무량심喜無量心, 모든 중생을 평등하게 생각하고 원망과 친소의 구별을 두지 않는 사무량심捨無量心이 있다.

- 사무애지四無礙智: 사무애해四無礙解라고도 하며, 약칭으로 四無礙·四解 또는 사변四辯이라고 한다. 네 가지(법법, 의義, 사詞, 변辯) 측면에서 자유자재하여 막히거나 걸림이 없는 이해 능력과, 언어로써 모두 표현할 수 있는 능력을 의미한다.

- 사바娑婆: 범어 'sahā'의 음역이다. 석가모니가 교화하려 하는 현실 세계를 가리키며, 이 세계의 중생은 십악十惡을 편안하게 여기고 여러 번뇌를 참고 받아들여 벗어나려 하지 않는 특성이 있다.

- 사번뇌四煩惱: 아치我癡, 아견我見, 아애我愛, 아만我慢으로 말나식과 함께 작용하는 심소心所이다. 我癡는 我가 본래 空하다는 도리를 모르는 것이고, 我見은 오온五蘊으로 이루어진 내가 실재한다고 집착하는 아집我執이며, 我愛는 이러한 나를 사랑하고 집착하는 아탐我貪이고, 我慢은 자신을 높이고 타인은 낮추어 보는 교만한 마음이다.

- 사변四辯: 四辯: 부처나 보살이 갖추고 있는 네 가지 종류의 자유자재하고 막힘이 없는 언어 표달 능력을 가리키며, 사무애변四無礙辯 또는 四無礙, 사해四解, 四辯이라고도 한다. 법무애변法無礙辯, 의무애변義無礙辯, 사무애변辭無礙辯, 변무애변辯無礙辯(또는 낙설무애변樂說無礙辯)이 있다.

- 사상四相: 여러 가지 四相이 있지만 주로 생生·주住·이異·멸滅의 相을 가리키며 사유위四有爲, 사유위상四有爲相 또는 사본상四本相이라고도 한다. 제법과 마음 등이 생멸하고 변화하는 모습을 가리킨다.

- 사섭법四攝法: 사섭사四攝事·사사섭법四事攝法·사집물四集物이라고도 하며, 간략하게 四攝·四事·四法이라고도 한다. 보살이 중생을 받아들이고 그들로 하여금 친애하는 마음을 일으켜, 불도佛道로 이끌어 깨우침에 이르게 하는 네 가지 방법(布施攝, 愛語攝, 利行攝, 同事攝)을 지칭한다.

- 사성제四聖諦: 고苦, 집集, 멸滅, 도道의 네 가지 진리를 말한다.

- 사수捨受: 三受(고苦, 낙樂, 사捨) 또는 五受(고苦, 낙樂, 우憂, 희喜, 捨)의 하나로, 괴롭지도 즐겁지도 않은 감각작용을 말하며, 불고불락수不苦不樂受라고도 한다. 아려야식과 말나식에서는 捨受만이 작용하고, 의식에서는 三受(또는 五受)가 모두 작용한다.

- 사수思數: 오변행심소五遍行心所(촉觸, 작의作意, 수受, 상想, 사思)의 하나로, 마음을

조작하고 부려서 구체적으로 작용하게 하는 심리작용을 말한다. 遍行이란 아려야식과 말나식 그리고 의식에 두루 작용한다는 뜻이다.

· 사신족四神足: 37도품道品 중 세 번째 과목으로, 사여의족四如意足 또는 사여의분四如意分이라고 한다. 사정근四正勤 다음에 닦는 행품行品으로 네 가지 선정을 의미한다. 사념처四念處에서 지혜를 닦고 四正勤에서 정정진正精進을 수행하면 지혜는 많으나 선정은 다소 부족하다. 이 네 가지 선정을 닦으면 비로소 정정과 혜慧가 균등해지고 원하는 것을 얻을 수 있기 때문에 如意足이라 한다.

· 사정事定: 3종 선정(事定·善定·報定)의 하나로 불도와 무관하게 수식관數息觀이나 부정관不淨觀등을 이용하여 삼매를 닦는 것을 가리킨다. 성도聖道에서 학인學人 및 범부가 색정色定과 무색정無色定을 닦는 것을 선정善定이라 하고, 그 과보로써 학인과 범부가 색계와 무색계에 태어나는 것을 보정報定이라 하며, 무학無學의 사람이 色定과 無色定을 받아들이는 것을 事定이라 한다.

· 사정근四正勤: 37도품道品 중 두 번째 과목으로, 善을 더욱 자라게 하고 惡에서 멀어지기 위한 네 가지 수행법을 말한다.

· 사주지四住地: 『본업경本業經』에서 말하는 四住地는 생득혹生得惑(第一住地), 욕계혹欲界惑(第二住地), 색계혹色界惑(第三住地), 무색계혹無色界惑(第四住地)인데, 이 네 가지 이전에는 어떤 것도 없으므로, 이것들을 무명주지無明住地라고 한다. 『승만경』에서는 견일처주지見一處住地의 하나인 견혹見惑과 삼계三界(愛欲, 色愛, 有愛) 住地의 세 가지 사혹思惑, 그리고 無明住地를 합하여 五住地로 분류하기도 한다.

· 사찰伺察: 심사尋思보다 한 걸음 더 나아가 자세히 분별하고 살피는 것을 말한다.

· 사천하四天下: 수미산의 사방에 있는 4개의 대주大洲로, 동은 승신주勝身洲, 서는 우화주牛貨洲, 남은 섬부주贍部洲, 북은 구로주瞿盧洲라 한다.

· 사취四取: 12연기緣起의 아홉 번째로서 모든 번뇌를 4종(欲取, 見取, 戒禁取, 我語取)으로 나눈 것을 말한다. 取는 집지執持 또는 집취執取한다는 뜻으로, 좁은 뜻으로는 집착하는 번뇌를 가리키고, 넓은 뜻으로는 번뇌의 다른 이름이다. 욕취欲取는 欲界의 五欲에 의해 생겨나는 탐욕과 집착으로, 見을 제외한 탐貪, 진瞋, 치癡, 나慢, 의疑에 취착하는 것이고, 견취見取는 사심邪心으로 분별하는 견해를 진실이라고 집착하는 것으로, 유신견有身見, 변견邊見, 사견邪見, 취견取見과 같은 四見이 있다. 계금취戒禁取는 그릇된 계행戒行을 올바른 것이라고 집착하는 것이고, 아어취我語取는 아견我見과 아만我慢에 집착하는 것이다.

· 사품四品: 진여 본각本覺의 각체상覺體相이 가지고 있는 공空과 불공不空 그리고 체體와 용用의 네 가지 뜻으로, 여실공경如實空鏡, 인훈습경因薰習鏡, 법출리경法出離鏡, 연훈습경緣薰習鏡을 가리킨다.

· 사홍서원四弘誓願: 모든 보살이 인지因地에서 일으킨 네 가지 큰 誓願(衆生無邊誓願

度, 煩惱無盡誓願斷, 法門無量誓願學, 佛道無上誓願成)을 말한다.

· 산선散善: 정선定善의 상대가 되는 용어로, 산란한 마음으로 닦는 선업善業을 가리킨다.

· 산심散心: 육진六塵으로 치달려서 흩어지고 한 곳에 머물 수 없는 산란한 마음 상태를 가리킨다. 정심定心과 반대된다.

· 살바다종薩婆多宗: 소승의 일파로서 설일체유부說一切有部를 가리키며, 아공법유我空法有와 삼세실유三世實有, 법체항유法體恒有 등을 주장한다.

· 살반야薩般若: 범어 'sarvajña'의 음역이고, 의역하면 일체지一切智가 된다. 내외의 일체 법상法相을 아는 지혜로, 『인왕호국반야바라밀다경仁王護國般若波羅蜜多經』(대정장 제8권, 0246, p.843. a4~ 5행)의 게송에서는 "번뇌 없는 세계를 만족하고 항상 청정한 해탈의 몸으로 적멸하고 불가사의한 것을 일체지一切智(滿足無漏界 常淨解脫身 寂滅不思議 名爲一切智)"라고 하였다.

· 삼계三界: 욕계欲界, 색계色界, 무색계無色界를 가리킨다.

· 삼과법문三科法門: 일체 법을 오음五陰(또는 오온五蘊), 십이입十二入(또는 십이처十二處), 십팔계十八界의 세 부류로 나눈 것을 말한다. 음입계陰入界 또는 온처계蘊處界라고도 한다. 五陰은 색色·수受·상想·행行·식識이고, 十二入은 바깥의 육진六塵인 색色·성聲·향香·미味·촉觸·법法과 안의 육문六門인 안眼·이耳·비鼻·설舌·신身·의意이며, 十八界는 六塵과 六門과 육식六識을 합한 것이다.

· 삼귀의三歸依: 삼귀三歸·삼자귀三自歸·삼귀계三歸戒라고도 한다. 삼보三寶에 의지해 영원히 모든 고통에서 벗어나 해탈하기를 구하는 의식으로, 불교도는 반드시 이 의식을 거쳐야 한다.

· 삼대겁아승기야三大劫阿僧祇耶: 보살이 발심한 뒤 수행을 완성하여 불과佛果에 이르기까지 필요한 시간을 말한다. 아승기야阿僧祇耶는 범어 'asaṁkhya'의 음역으로서 무수無數·무앙수無央數 등으로 의역하며, 헤아릴 수 없이 많은 數를 뜻한다. 大劫은 대·중·소 3劫 가운데 가장 긴 시간의 단위이다.

· 삼등三等: 본래 三等의 의미는 밀교에서 신身、어語、의意의 삼밀三密이 평등한 것을 가리키나, 이 책에서는 체體와 지知 그리고 연緣이 같은 것을 의미한다.

· 삼마지三摩地: 범어 'samādhi'의 음사어로 삼매三昧·삼마지三摩提·삼마제三摩帝라고도 한다. 의역하면 등지等持·정정正定·의정定意이 된다.

· 삼매三昧: 범어 'samādhi'의 음역이다. 산란한 마음을 한곳에 모아 움직이지 않게 하여 망념에서 벗어난 상태나 벗어나게 하는 수련을 의미한다.

- 삼무성三無性: 삼종무자성성三種無自性性·삼무자성三無自性 또는 삼종무성三種無性 이라고도 한다. 세 가지 有의 法(遍計所執性·依他起性·圓成實性)에 대하여 空의 차원에서 모두 自性이 없음을 드러낸 것으로 상무성相無性·생무성生無性·승의무성勝義無性을 가리킨다. 相無性: 변계소집성(분별성)에서 분별하는 것은 실정은 있지만 理는 없는 것으로, 마치 空華와 같은 것은 미혹된 마음에 의해 드러난 가상假相에 불과하여 體와 相이 모두 없다. 생무성生無性: 인과 연에 의해 성립되는 의타기성의 모든 것에 불변하는 실성實性이 없다. 승의무성勝義無性: 진여는 수승한 진리로 제일의제第一義諦이지만 따로 법이 있는 것이 아니라 無相이고 無生이다.

- 삼무애三無礙: 세 가지 장애가 없음을 의미한다. 총지무애總持無礙: 보살이 큰 總持를 얻어서, 갖가지 선법善法을 잃지 않고 악법惡法이 생겨나지 않게 하기 때문에, 일체 언어와 제법의 분별을 다 알고 모두 잊어버리지 않아 걸림이 없다. 변재무애辯才無礙: 보살이 큰 辯才를 얻어, 갖가지 제법에 있어서 중생의 근기와 부류에 따라 변설을 선양하고 통달하게 하여 걸림이 없다. 도법무애道法無礙: 보살이 큰 지혜를 얻어, 일체 道法과 세간의 갖가지 언어문자에 모두 통달하여 걸림이 없다.

- 삼성三性: 분별성分別性과 의타기성依他起性, 그리고 원성실성圓成實性을 말한다.

- 삼세三細: 아려야식에서 일어나는 세 가지 상으로 업상業相, 능견상能見相, 경계상境界相을 가리킨다. 細는 아주 미세하여 잘 드러나지 않는 것을 의미한다.

- 삼승三乘: 성문승, 연각승과 대승의 보살을 합칭한 것이다.

- 삼신三身: 부처의 몸을 세 가지 성격으로 나눈 것으로, 법신法身·보신報身·응신應身이 있다.

- 삼십심三十心: 십주十住와 십행十行, 그리고 십회향十廻向의 지위에 있는 보살의 마음을 가리킨다.

- 삼악취三惡趣: 삼악도三惡道·삼도三塗·三惡이라고도 하며, 지옥·아귀·축생의 세계를 가리킨다.

- 삼유三有: 욕유欲有, 색유色有, 무색유無色有를 말하며 욕계欲界, 색세色界, 무색계無色界의 三界와 같은 말이다.

- 삼장三藏: 불교 전적의 총칭. 경장經藏은 부처님이 말씀하신 법문을 모은 전적이고, 율장律藏은 부처님이 제정하신 일상생활에서 지켜야 할 규칙을 말한 전적이며, 논장論藏은 교법에 대한 의리를 체계적으로 논술한 전적을 가리킨다.

- 삼제三際: 과거, 현재, 미래

- 삼취三聚: 사람의 품성을 세 종류로 나눈 것으로, 정정취正定聚는 항상 진전하여 반드시 성불하기로 결정된 부류이고, 사정취邪定聚는 성불할 만한 소질이 없어 더욱 타락하

여 가는 부류이며, 부정취不定聚는 진보할지 타락 할지 결정되지 않은 중생이다.

· 삼현三賢보살: 십주十住와 십행十行, 십회향十廻向의 지위에 있는 보살을 모두 합칭한 것이다.

· 상락아정常樂我淨: 대승의 열반과 여래법신이 구족하고 있는 네 가지 덕으로, 열반사덕涅槃四德이라고도 한다. 열반의 경계에 도달한 깨달음이 영원불변한 것을 常이라 하고, 그 경계에 고통이 없고 안락한 것을 樂이라 하며, 자유자재하여 터럭만큼의 구속이 없는 것을 我라고 하고, 번뇌의 더러움이 없는 것을 淨이라 한다.

· 상배上輩: 『불설무량수경佛說無量壽經』에 따르면 시방세계에 있는 여러 천신과 인간들로서 정토에 왕생하는 세 부류가 있다. 상배자上輩者는 출가해서 욕심을 버리고 사문沙門이 되어, 보리심菩提心을 일으켜 오로지 한결같은 마음으로 무량수불을 염하며, 여러 가지 공덕을 쌓아 극락세계에 왕생하기를 원하는 사람들이다. 중배자中輩者는 지극한 마음으로 그 나라에 태어나기를 원하여 비록 사문沙門이 되어서 큰 공덕을 쌓지 못하였지만, 마땅히 위없는 보리심을 일으켜 오로지 한결같은 마음으로 무량수불을 염하는 자들이다. 하배자下輩者는 온갖 공덕을 짓지 못하였지만, 마땅히 위없는 보리심을 일으켜 오로지 한결같은 마음으로 단 10념염만이라도 무량수불을 염하면서, 그 국토에 태어나기를 원하는 사람들이다. 각각 다시 상·중·하 3품이 있어서 모두 9품의 차별이 있다.

· 상번뇌上煩惱: 근본무명으로 인해 생겨난 지말번뇌枝末煩惱 또는 십대혹十大惑 중에 근본번뇌가 강성한 것을 지칭한다.

· 상변常邊: 상견常見, 상사견常邪見 또는 상론常論이라고도 하며, 斷見과 반대되는 견해이다. 세계는 상주 불변하며, 自我도 불멸한다는 견해이다. 즉 아공我空과 법공法空을 깨닫지 못하고 세간의 유위법有爲法에 집착하는 것을 가리킨다.

· 상사각相似覺: 진여의 도리를 조금 깨달았으나, 아직 확실하게 얻지 못하였기 때문에 흡사하다는 뜻으로 상사각이라 한다.

· 상사견相似見: 삼현위三賢位의 보살이 깨달은 상사각相似覺에 의한 見으로, 인공문人空門에 의해 법계法界를 보는 것을 의미한다.

· 상속심상相續心相: 아뢰야식 안에서 무명의 훈습으로 인해 망념이 끊이지 않고 계속 일어나는 相을 말한다.

· 상호相好: 相은 부처의 몸에 갖춰진 특수한 용모 중에 드러나서 보기 쉬운 것으로 32相이 있고, 好는 미세하여 보기 어려운 특징으로 80종의 好가 있다. 이 두 가지를 합하여 相好라고 한다.

· 색구경처色究竟處: 색계色界 18天 중 가장 높은 색구경천色究竟天을 지칭한다. 최상품의 사선四禪을 닦은 자가 태어나는 곳으로, 그 과보가 색계에서 가장 뛰어나 그 수명이 백겁에 달한다고 한다.

- 색근色根: 안근眼根·이근耳根·비근鼻根·설근舌根·신근身根의 5가지 감각 기관을 말한다.

- 색법色法과 심법心法: 일체 法은 色法, 心法, 심소법心所法, 심불상응행법心不相應行法, 무위법無爲法과 같이 오위五位로 나눌 수 있는데, 그 중 色法은 오온五蘊 중에서 색온色蘊에 해당하는 것으로서 물질적 존재를 총칭한다. 心法은 식온識蘊에 해당하며 심왕心王을 지칭한다.

- 색자재지色自在地: 보살 제8지인 부동지不動地를 가리키며, 색성色性이 자재하여 막힘이 없는 경지이다.

- 색진色塵: 오색근五色根의 인식 대상이 되는 경계.

- 생기식生起識: 전육식前六識 또는 분별사식分別事識과 같은 용어로, 육근六根(안眼·이耳·비鼻·설舌·신身·의意)이 각각 육진六塵(색色·성聲·향香·미味·촉觸·법法)의 경계를 지각하고, 그것을 통해 분별하고 사려하는 작용을 일으킨다는 뜻이다.

- 선교善巧: 선권善權과 같은 용어로, 선량하고 교묘하다는 뜻이다. 주로 부처와 보살이 중생을 교화하는 방법을 가리킨다.

- 선근善根: 선본善本 또는 덕본德本이라고도 한다. 모든 선법을 낳는 근본으로, 인간의 본성에 있는 착한 마음을 가리킨다. 무탐無貪, 무진無瞋, 무치無癡를 三善根이라 한다.

- 선바라밀禪波羅蜜: 禪은 범어 'dhyāna'의 음역으로, 진정한 이치를 사유하고 생각을 안정시켜 마음을 산란하지 않게 한다.

- 선성비구善星比丘: 善星은 범어 이름인 'Sunakṣatra'를 한역한 것으로, 인도인 비구의 이름이다. 석가모니 태자 시절의 아들로서, 출가해서 12부의 경經을 독송하였으며, 욕계의 번뇌를 끊고 제4선정을 얻었다가, 나쁜 친구를 가까이 하여 해탈을 얻지 못하고 열반의 법이 없다고 여겨 산 채로 무간지옥에 떨어졌다고 한다.

- 선지식善知識: 승우勝友·선친우善親友라고도 하며, 佛道를 깨치고 지혜와 덕이 높아 능히 다른 사람들을 바른 길로 이끌어 줄 수 있는 사람을 가리킨다. 이와 반대가 되는 사람은 惡知識이라 한다.

- 『섭대승론攝大乘論』: 무착無着이 저술한 불교 유식학唯識學의 대표 논서이다. 대승이 부처의 말씀임을 논증하고 아려야식설, 삼성설三性說, 보살10지, 부처의 삼신三身 등을 주로 논하였다. 이것에 대해 세친世親이 다시 보충해설을 한 『섭대승론석攝大乘論釋』이 있다.

- 성공덕性功德: 본성이 가지고 있는 여러 가지 덕성을 말함.

- 성문승聲聞僧: 부처의 가르침을 듣고 깨달음을 구하는 수행자로, 아라한이 되는 것을 이

상으로 여기는 소승불교 수행자를 가리킨다.

- 성실종成實宗: 『성실론成實論』을 근본 성전으로 삼는 종파로, 하리발마訶梨跋摩(Harivarman)를 종조宗祖로 한다.

- 성언량聖言量: 성교량聖敎量이라고도 하며, 부처님의 말씀이나 그 밖의 다른 성인들의 말씀에 근거하여 헤아리는 것을 가리킨다.

- 성염환차별性染幻差別: 무명법無明法을 가리킨다. 무명은 평등성을 어겨서 그 본성 자체에 허깨비 같은 차별이 있다는 뜻에서 性染幻差別이라 한다.

- 성정보리性淨菩提: 본성이 본래 가지고 있는 깨끗한 지혜.

- 성정본각性淨本覺: 물들지 않은 차원에서 바라본 본래 청정한 본각을 의미한다.

- 성종성性種性: 六種性의 두 번째 자리이다. 십행十行의 지위에 있는 보살이 空에 머물지 않고 능히 중생을 교화하며, 일체 법성法性을 분별할 수 있는 種性을 가리킨다.

- 성태聖胎: 십주十住, 십행十行(21위~ 30위), 십회향十廻向(31위 ~40위)의 삼현위三賢位를 聖胎라 한다.

- 세간분별지世間分別智: 세간업지世間業智·무분별후지無分別後智·후득무분별지後得無分別智라고도 한다. 無分別智 중의 하나로 근본무분별지根本無分別智(또는 근본지根本智)의 상대 개념이다. 이 지혜는 根本智에 이끌려 능히 의타기의 경계에서 통달할 수 있다. 그래서 여량지如量智 또는 권지權智, 속지俗智라고도 한다. 또 根本智가 능분별能分別과 소분별所分別이 없는 것에 반하여 이 智는 所分別과 能分別이 있다.

- 세제世諦: 세속제世俗諦의 약칭으로, 세간에서 일반적으로 진리 혹은 도리라고 하는 것이다.

- 소연所緣: 능연能緣과 상대하는 용어로, 인식 대상인 육경六境(또는 육진六塵)을 가리킨다.

- 소지장所知障: 번뇌장煩惱障과 합하여 二障이라 한다. 근본부명으로 말미암아 앎의 경계에 미혹되고 어두워서 제법의 사상事相과 실성實性을 알지 못하도록 하기 때문에 지애智礙라고도 한다.

- 소취所取: 능취能取에 의해서 취해지는 객체로서, 모든 소연경所緣境을 의미한다.

- 소취상所取相: 인식 주관에 의해서 취해지는 상을 가리킨다.

- 수기授記: 수결授決 또는 수결受決·수기受記·기별記別·기설記說이라고도 한다. 본래는 교설敎說을 분석하거나 문답하는 방식으로 교리를 해설한 것을 의미하였으나, 나중에는

장래 증득하는 불과佛果나 성불하게 되는 부처의 이름을 미리 말하는 것으로 의미가 바뀌었다.

· 수다라修多羅: 범어 'sūtra'의 음역으로 수투라脩妬路 또는 소다라蘇多羅라고도 한다. 부처의 가르침을 수록한 경을 의미한다.

· 수도연受道緣: 지혜를 통해서 도를 받아들이게 하는 연緣이다.

· 수도위修道位: 대승 오위五位 또는 유식수도唯識修道 五位(資糧位, 加行位, 通達位, 修道位, 究竟位) 중 제 4위에 해당하며, 수습위修習位라고도 한다. 보살 제2지인 이구지離垢地에서 제10지의 법운지法雲地까지를 지칭하며, 견도見道을 얻은 뒤에 나머지 장애와 일체의 구생적俱生的[태어날 때부터 가진 것] 소지장所知障의 종자를 단멸하고 근본지를 수습修習하는 지위이다.

· 수론외도數論外道: 인도 6파 철학 중에 가장 먼저 성립한 학파로서, 그 종지가 심소유법心所有法을 중시하여 혜수慧數를 근본으로 삼기 때문에 數論이라 칭한다. 외도外道 사집四執 중의 하나이다.

· 수번뇌隨煩惱: 수혹隨惑 또는 지말혹枝末惑이라고도 한다. 구사론俱舍論에 따르면 두 가지 뜻이 있다. 하나는 마음에 따라 일어나는 일체의 번뇌를 가리키고, 다른 하나는 근본번뇌(貪·瞋·癡·慢·見·疑)에 수반해서 생겨나는 20가지의 번뇌를 가리키기도 한다.

· 수법數法: 심수법心數法, 심소유법心所有法 또는 심소법心所法이라고도 한다. 마음을 주체와 작용으로 구분했을 때 마음에 종속하는 여러 가지 정신작용을 지칭하며, 주로 별상別相을 인식한다. 心所와 대비해서 마음의 주체는 心王이라 하며, 心所는 항상 心王과 상응하여 작용하기 때문에 心所를 심상응법心相應法이라고도 한다.『유식삼십론송唯識三十論頌』에 의하면 心所는 6위 51개로 분류된다.

· 수분각隨分覺: 보살 초지初地에서 구지九地에 이르기까지의 보살이 부분적으로 진여를 증득한 깨달음으로, 구경각과 상대된다. 일체법이 모두 유식唯識의 소현所現임을 깨닫고 법집法執을 끊고 진여법신眞如法身으로 나아가는 단계로, 十地의 각 계위에 따른 깨달음의 정도가 다르기 때문에 수분각隨分覺이라 한다.

· 수식관數息觀: 범어 'ānpānāsati'의 의역으로, 염입출식念入出息 또는 의지식념意持息念이라고도 한다. 음역하여 아나반나관阿那般那觀 또는 안나반나념安那般那念이라고도 한다. 오정심관五停心觀(不淨觀, 慈悲觀, 緣起觀, 界分別觀, 數息觀)의 하나로, 나가고 들어가는 숨을 셈으로써 마음이 산란하는 것을 방지하고 하나로 모으는 관법이다.

· 수염본각隨染本覺: 본각을 물든 차원에서 바라본 것으로, 진여 본각이 무명으로 오염되었지만 본래의 청정을 잃지 않은 것을 의미한다.

· 수염환차별隨染幻差別: 무루법無漏法을 가리킨다. 모든 무루법은 평등성을 어기지 않아 본래 차별이 없지만, 염법染法에 따라 차별이 있다. 마치 거울이 먼지로 덮혀 있는 상

태에서 먼지를 닦아나가면 먼지가 닦여진 만큼 조금씩 거울의 본래 깨끗한 표면이 드러나듯이 제거되는 染에 따라 본각本覺의 모습이 드러나기에 隨染幻差別이라 한다.

· 수용신受用身: 三身 또는 四身의 하나로, 모든 공덕을 원만하게 구족하고 순정純淨의 불토佛土에 거주하며, 항상 법락法樂을 수용하고 있는 부처의 몸을 가리킨다. 유식종唯識宗의 기준으로 스스로 그 법락을 받는 자수용신自受用身은 보신報身에 해당하고, 타수용신他受用身은 응신應身에 해당한다.

· 습기習氣: 마음에 남아 있는 기운으로, 아려야식에 깊이 훈습될 경우에 종자가 되기도 한다. 명언습기名言習氣, 아집습기我執習氣, 유지습기有支習氣의 세 가지가 있다. 중생의 윤회 중에 자기 전세前世에 누적된 선악의 업력이나 행위 또는 습관 등이 금세今世에 잔류하여 태어날 때부터 갖추게 되는 일종의 정신적 행위적 특징을 가리키기도 한다. 유식종唯識宗에서는 습기를 종자라고도 한다.

· 습인習忍: 습종성習種性의 지위로 십주十住와 같다.

· 습종성習種性: 습소성종성習所成種姓이라고도 하며 본성주종성本性住種性과 합하여 二種性이라 한다. 후천적인 수행의 훈습으로 이루는 種性을 말하며, 無始 이래로 자존自存하며 전전 상속하는 무루인無漏因의 性, 즉 천품天稟의 性과 상대된다. 보살의 지위에 따른 六種性으로 말하면, 십주위十住位의 보살이 공관空觀을 수습修習하여 견혹見惑과 사혹思惑을 깨트려 제거하고 이것으로 증과證果에 이르는 종자로 삼는 것을 지칭한다.

· 승론외도勝論外道: 인도 6파 철학 중의 하나로, 최승학파最勝學派·이승론학파異勝論學派 또는 승종勝宗이라고도 한다. 외도外道 사집四執 중의 하나이다.

· 『승만사자후일승대방편방광경勝鬘師子吼一乘大方便方廣經』: 줄여서 『승만경』, 『사자후경』, 『사자후방편경』, 『승만대방편방광경』 또는 『승만사자후경』이라고도 한다. 남조의 유송劉宋 시대에 구나발타라求那跋陀羅가 번역한 경전으로, 경의 이름은 '승만 부인이 일승을 설한 대승 경전'이라는 뜻이다. 여래장사상을 설한 대표적인 경전으로서, 재가의 여인이 설한 경전이라는 점에서 『유마경維摩經』과 함께 재가주의를 대표하는 경전으로 평가된다.

· 승발도勝拔道: 아려야식에서 만들어지는 생상生相을 끊어내는 도를 지칭한다. 勝拔은 훌륭하고 뛰어나다는 뜻이다.

· 승의이취勝義理趣: 勝義는 가장 뛰어난 것으로 제일의第一義와 같은 말이고, 理趣는 의리정취義理情趣의 준말로 이치理致와 같은 뜻이다. 제일의제第一義諦, 진제眞諦, 승의제勝義諦, 성제聖諦, 열반涅槃, 진여眞如, 실상實相, 중도中道, 법계法界와 같은 말이다.

· 승해행지勝解行地: 해행지解行地와 같은 용어이다.

· 시무외施無畏: 갖가지 공포와 두려움에서 구해 주는 것을 의미한다. 무외사無畏捨 또는 무외시無畏施라고도 한다.

· 시바라밀尸波羅蜜: 尸는 범어 'śīla'의 음역으로 시라尸羅라고도 하며, 지계持戒바라밀을 의미한다. 능히 악업을 다스려 심신을 깨끗하게 한다.

· 시왕과보十王果報: 시왕화보十王華報와 같은 뜻이다. 십지보살이 자리自利와 이타利他의 수행으로 큰 공덕을 이루고, 그것에 의한 과보로써 염부제왕閻浮提王이나 마혜수라천왕摩醯首羅天王과 같은 십대천왕十大天王이 되어, 중생을 교화 인도하는 것을 의미한다. 이 十王은 욕계欲界 六天과 색계色界 사선천四禪天의 왕으로, 사후 세계에서 인간의 죄의 경중을 가리는 十王과는 다른 개념이다.

· 식상識相: 각覺과 불각不覺에서 생겨나는 염상念相을 가리킨다.

· 식온識蘊: 오온五蘊의 하나로 식음識陰 또는 식수음識受陰이라고도 하며, 경계境界를 헤아리고 분별하여 경계상境界相을 총체적으로 취한다.

· 식장識藏: 여래장을 가리키는 용어이다. 진여의 여래장과 무명이 화합하여 아려야식이 되고, 이것이 일체 만법萬法을 능히 변화시키고 드러낼 수 있기 때문에 여래장을 識藏이라 한다.

· 신상信想보살: 십신위十信位에 있는 보살로서, 겨우 보살이라는 이름은 얻었으나 아직 실질은 갖추지 못하여, 가명假名보살 또는 명자名字보살이라고도 한다.

· 신상응지信相應地: 십주十住(보살 52계위 중 11위)에서 십회향十廻向까지의 삼현보살로서, 신근信根이 성취되어 퇴행하지 않는 믿음의 경지를 가리킨다. 신행지信行地 또는 信地라고도 한다.

· 실수용신實受用身: 보신을 二身(자수용신自受用身과 타수용신他受用身)으로 구분할 때, 自受用身을 지칭한다.

· 심광心光: 심지心智가 비추는 빛을 의미하며, 지혜광智慧光 혹은 내광內光이라고 한다.

· 심법지心法知: 제7식인 말나식이 가지고 있는 혜慧 심소心所를 가리키며, 모든 것을 자기중심적으로 선택하고 분류하는 작용을 한다.

· 심사尋思: 두 가지 뜻이 있다. ① 심구사찰尋求思察의 준말이며, 유식종唯識宗 제2가행위加行位에서 닦는 관법觀法으로 사종구四種求·사심사관四尋思觀이라고도 한다. 명名, 의義, 자성自性, 차별差別과 같은 네 가지 관점에서 만법萬法을 관찰할 때 이 法들이 모두 임시로 있을 뿐 실제가 없다고 觀하는 것을 가리킨다. ② 대상에 대하여 그 뜻과 이치를 찾아 구하거나, 이리저리 전전하게 하는 정신 작용을 의미한다.

· 심수법心數法: 心數·심소心所·심소법心所法 또는 심소유법心所有法이라고도 한다. 심

왕心王에 종속한다는 의미에서 心所·心所法·心所有法이라 하고, 여러 가지 복잡한 심리작용을 한다는 의미에서 心數·心數法이라 한다. 구사종俱舍宗에서는 46법, 유식종唯識宗에서는 51법이 있다.

· 심소념법心所念法: 心所法과 같은 용어이다.

· 심연상心緣相: 마음에서 생각이 일어나 바깥 대상과 연결된 相으로, 사물을 인식하는 것을 의미한다.

· 심왕心王: 심수心數와 상대되는 개념이다. 정신작용의 주체를 가리키며, 주로 경계의 통상通相을 인식한다. 설일체유부說一切有部는 心王의 體가 하나라고 주장하고, 법상종法相宗에서는 여덟 가지 식識에 각각 心王이 있다고 한다.

· 심자재지心自在地: 보살 제9地인 선혜지善慧地로, 타인의 마음이나 자신의 마음에 있어서 걸림이 없는 지혜를 얻은 경지이다.

· 심주心住: 선정을 닦을 때 마음을 한 곳에 머무르게 하는 것이다.

· 심지心地: 계戒를 의미한다. 세간의 모든 것들이 대지를 바탕으로 삼는 것처럼 戒는 마음을 근본으로 삼기 때문에 心地라 한다. 또 다른 의미에서 50위(十信에서 十地까지)의 보살 마음을 비유적으로 心地라고도 하는데, 이 마음에 의거해서 보살이 수행하기 때문이다.

· 심지心智: 체體와 용用으로서 心과 智를 아울러 가리키지만, 마음의 신해神解한 본성을 의미하기도 한다.

· 심혜心慧: 두 가지 뜻이 있다. 하나는 몸으로 계율을 지키고 마음으로 지혜를 닦는데 몸의 계율에 상대해서 마음의 지혜를 가리키는 것이고, 다른 하나는 심수心數와 같다.

· 십계법十戒法: 소승과 대승의 종파에 따라 여러 가지로 다르나 공통적으로 보살이 지켜야 할 열 가지 계율을 가리킨다.

· 『십권능가경十卷楞伽經』: 『입능가경入楞伽經』의 별칭으로, 총 10권 18품으로 이루어져 있다

· 십사번뇌十使煩惱: 십수면十隨眠(또는 十使, 십견十見, 십대혹十大惑)과 같은 용어이다. 6종 근본번뇌를 탐貪, 진瞋, 치癡, 만慢, 의疑의 오둔사五鈍使와 견見으로 나누었을 때, 見은 다시 유신견有身見, 변집견邊執見, 사견邪見, 견취견見取見, 계금취견戒禁取見의 오리사五利使로 나뉜다. 十使煩惱는 이 두 가지 五鈍使와 五利使를 합하여 지칭한 것이다. 使는 부린다는 뜻으로 번뇌의 다른 이름이다. 五利使는 오염오견五染汚見 또는 오벽견五僻見·五見·利使라고도 하며, 진리에서 미혹된 것으로 그 성질이 매우 예리하다. 五鈍使는 그 성질이 둔하고 수행자의 마음을 부려 三界에 유전하게 한다.

- 십삼주十三住: 13개 계단에 머무는 자리라는 뜻으로, 보살 수행의 인因으로부터 증득의 과果에 이르기까지의 자리를 13개(種性住, 解行住, 歡喜住, 增上戒住, 增上意住, 菩提分法相應增上慧住, 諦相應增上慧住, 緣起生滅相應增上慧住, 有行有開發無相住, 無行無開發無相住, 無礙住, 最上住, 如來住)로 구분한 것이다. 십삼행十三行이라고도 한다.

- 십선업十善業: 十善 또는 십선도十善道, 십선근본업도十善根本業道라고도 하며, 신身·구口·의意로 닦아야 하는 열 가지 선한 행위로 십악十惡(살생殺生, 투도偸盜, 사음邪婬, 망어妄語, 양설兩舌, 악구惡口, 기어綺語, 탐욕貪欲, 진애瞋恚, 사견邪見)을 하지 않는 것을 의미한다.

- 십신十身: 여래가 불과佛果를 증득하면서 갖게 되는 열 가지 몸으로, 보리신菩提身·원신願身·화신化身·주지신住持身·상호장엄신相好莊嚴身·세력신勢力身·여의신如意身·복덕신福德身·지신智身·법신法身이 있다.

- 십신十信: 부처님의 교법을 믿어 의심이 없는 열 가지 신심信心으로, 보살 수행 계위 52位 중 1位에서 10位까지를 가리킨다.

- 『십이문론十二門論』: 12부문에 걸쳐 모든 법이 공함을 주장함으로써 대승을 드러내고, 이것에 의거하여 진속이제眞俗二諦의 의의를 밝힌 논이다. 『중론中論』, 『백론百論』과 함께 삼론종三論宗의 소의논서所依論書가 된다.

- 십이분교十二分敎: 부처의 가르침을 그 경문의 성질과 형식으로 구분하여 열두 가지로 나눈 것이다.

- 십이시수十二時狩: 12지지地支(子·丑·寅·卯·辰·巳·午·未·申·酉·戌·亥)의 동물을 의미한다.

- 십이인연十二因緣: 십이연기十二緣起와 같은 용어로, 이것이 생김으로 저것이 생기며 이것이 멸함으로 저것이 멸한다는 12가지 인연법(無明·行·識·名色·六入·觸·受·愛·取·有·生·老死)을 뜻한다.

- 십종분별十種分別: 열 가지(根本分別, 相分別, 相顯現分別, 相變異分別, 相顯現變異分別, 他引分別, 不如理分別, 如理分別執著分別, 散亂分別)로 혀밍하게 분별하는 것을 가리킨다.

- 십종신심十種信心: 十信의 자리에서 응당 닦아야할 열 가지 마음(信心, 念心, 精進心, 慧心, 定心, 不退心, 迴向心, 護法心, 戒心, 願心)으로, 十信心 또는 十心이라고도 한다.

- 십주十住: 십해十解와 같다.

- 십지十地: 보살 수행 계위 중 41위에서 50위까지를 가리키며, 지상보살地上菩薩이라고도 한다. 41위는 초지初地라 하고, 初地 이전은 지전보살地前菩薩이라 한다. 地는 주처住處, 주지住持 또는 생성生成을 뜻한다.

- 『십지경十地經』: 당대唐代에 시라달마尸羅達摩가 한역漢譯한 경으로 전체 9권으로 되어 있다. 『대방광화엄경大方廣華嚴經』「십지품十地品」의 이역본異譯本이다.

- 십해十解: 십주十住와 같은 용어로, 보살 수행 52계위 가운데 제11위에서 20위까지를 지칭한다. 십신十信을 지나 마음이 진제眞諦의 이치를 이해하고 안주하는 지위에 이르렀다는 뜻으로 解 또는 住라고 한다.

- 십행十行: 보살수행의 52계위 중 제21위부터 제30위까지로, 십신十信과 십주十住의 자리행自利行에서 더 나아가 이타利他의 수행을 하는 지위이다. 十行心이라고도 한다.

- 십향十向: 십회향十廻向과 같은 용어로, 보살수행 계위 제31위~ 40위를 가리킨다. 십신十信·십주十住·십행十行을 통하여 갖추게 된 선한 힘을 모든 유정有情에게 대비심으로 돌리고, 그들의 고통을 구제하고 보호하는 동시에 이 공덕으로 불과佛果를 향해 나아가 깨달음의 경지에 도달하려고 하는 지위이다.

아

- 아我: 범어 'ātman'의 의역으로, 자기신체 또는 자아自我·본질本質·자성自性을 의미하며, 일체 사물의 근원에 존재하는 독립된 주체를 가리킨다.

- 아난阿難: 범어 이름 'Ānanda'의 음사어音寫語로, 전칭全稱하면 아난타阿難陀이고 의역하면 환희歡喜·경희慶喜·무염無染이다. 석가모니의 사촌 동생으로서 10대 제자 중 한 명이다. 출가 후 20여 년 동안 부처를 항상 수행隨行하였으며, 기억을 잘하고 부처의 설법을 낭랑하게 암송하여 다문多聞에 제일이라 칭송되었다.

- 아라한阿羅漢: 범어 'arhat'의 음사어로 줄여서 나한羅漢이라고도 하며, 의역하여 응공應供·응진應眞·살적殺賊·진인眞人이라 한다. 여래의 열 가지 호칭 중 하나로서, 삼계의 견사혹見思惑을 모두 끊어 없애고 진지盡智를 증득하여 세간에 큰 공양을 받을 수 있는 성자를 의미한다. 또 대승과 소승에서 공통적으로 사과四果의 하나이지만, 주로 소승에서 얻은 최고의 과위果位를 가리킨다.

- 아려야식阿黎耶識: 불교 유식론에서 말하는 제8식의 이름으로, 한자 음역에 따라 아뢰야식, 아라야식이라고도 한다.

- 아소我所: 범어 'mama-kāra'의 의역으로, 아소유我所有라고도 한다. 我와 상대하는 개념이고, 我 이외의 모든 사물로서 我가 소유 대상으로 삼는 것을 의미한다.

- 아승기겁阿僧祇劫: 무량수無量數를 의미한다. 阿僧祇는 범어 'asāṃkhya'의 음역이며, 이승기야阿僧祇耶 (또는 阿僧企耶)라고도 한다.

- 악도惡道: 선도善道의 대칭으로, 악취惡趣와 같은 뜻이다. 전생에 지은 악업으로 사후

에 괴롭고 힘든 곳에 태어나는 것을 가리키는데, 六道 중에 일반적으로 지옥, 아귀餓鬼, 축생畜生을 三惡道라 하고, 아수라阿修羅를 포함하여 四惡道라고도 한다.

· 악취惡趣: 악도惡道와 같은 말로, 선취善趣와 상대되는 명칭이다. 악업惡業에 감응하여 가는 곳으로 지옥, 아귀餓鬼, 축생畜生을 가리켜 三惡趣라고 한다. 趣는 가서 도달한다는 뜻이다.

· 악취공惡取空: 벽취공僻取空이라고도 하며, 선취공善取空과 상대하는 용어이다. 인과因果의 도리를 부정할 뿐만 아니라, 인연으로 생겨나는 것에 자성이 없다는 이치를 잘 알지 못하고, 空의 뜻을 오해하여 단공斷空의 견해에 집착한다. 성유식론成唯識論에 의하면 진속이제眞俗二諦를 부정하는 것이 惡取空이다.

· 안나반념安那般念: 범어 'anāpāna'의 음역으로, 아나반나관阿那般那觀·안나반나념安那般那念·염안반념安般·안반수의安般守意라고도 한다. 오정심관五停心觀의 하나로써, 'anā'는 내쉬는 숨, 'pāna'는 들이쉬는 숨으로, 내쉬고 들이쉬는 숨을 헤아려 마음의 흔들림을 막는 수식관數息觀이다.

· 안락국安樂國: 안양국安養國이라고도 하며, 아미타불이 교주敎主로 있는 서방 정토淨土의 극락세계를 가리킨다. 중생이 안심하고 즐겁게 양신養身할 수 있는 곳을 뜻한다.

· 애취愛取: 좋아하고 집착하는 마음.

· 애취번뇌愛取煩惱: 愛와 取로 인한 번뇌로서, 욕망과 탐애 등으로 가지려고 집착하는 번뇌이다. 각각 십이연기법十二支緣起法에 속한다.

· 언설상言說相: 말에 의해 생겨나거나 표현되는 상.

· 업業: 범어 'karma'의 의역으로, 과보果報·업력業力·업보業報·보응報應이라고도 하며, 행동이나 작용 또는 공업功業을 의미한다. 인과율의 개념에서 현재 행위는 그 이전의 행위의 결과로 생기는 것이며, 다시 현재의 행위는 미래의 행위에 대한 원인이 된다.

· 업장業障: 중생이 신身, 구口, 의意로 지은 악업으로 인해 정도正道를 가로막는 것을 의미한다.

· 업혹業惑: 악업과 번뇌 또는 견혹見惑과 수혹修惑 등을 가리킨다.

· 여래장如來藏: 藏은 포함包含 또는 포섭包攝의 뜻으로, 일체 중생의 번뇌에 의해 가려져 있는 마음이 무량무변의 불가사의한 무루청정無漏淸淨의 업을 구족하고 있기에 여래장이라 한다. 또 제8아려야식을 가리키기도 하고, 부처가 될 수 있는 종자를 가진 범부의 자성청정심自性淸淨心을 가리키기도 한다.

· 여래제력如來諸力: 부처가 지니는 열 가지 능력을 말한다.

· 여래종如來種: 일체중생이 본래 갖추고 있는 여래가 될 수 있는 성품으로, 불성佛性을 말한다.

· 여래지如來地: 보살 수행을 마치고 부처의 경지에 이른 자리이다.

· 여량지如量智: 부처나 보살이 속제俗諦의 온갖 사물과 현상의 차별상을 헤아리는 지혜로써, 후득지後得智 또는 유분별지有分別智·속지俗智라고도 한다. 근본무분별지根本無分別智인 여리지如理智와 대비되는 명칭이다. 量은 헤아린다는 뜻이다.

· 여리지如理智: 근본무분별지根本無分別智와 같은 말로, 매우 오묘하고 절대적 진리인 진제지眞諦智를 의미한다.

· 여소유성如所有性: 승의제勝義諦로서 '있는 그대로의 성품'이란 뜻이다. 일체 제법의 평등하고 보편적인 공성空性, 적멸성寂滅性 또는 부생불멸성不生不滅性을 뜻한다. 무분별지無分別智 또는 여리지如理智의 대상이다.

· 여실공如實空: 如實은 진여의 다른 이름으로, 진여의 체성이 空하고 깨끗하여 일체의 망염妄染에서 떠나있음을 의미한다.

· 여실불공如實不空: 진여가 실재實在하고, 그 자체에 온갖 무루 청정한 공능이 갖추어져 있는 것을 의미한다.

· 연화장세계蓮華藏世界: 연화대장세계해蓮華臺藏世界海, 연화해장세계蓮華海藏世界 또는 연화대장세계蓮華臺藏世界라고도 하며, 노사나불盧舍那佛이 세계의 본원本源으로 화대華臺위에 앉아있다. 이 세계에 모든 나라와 사물이 간직되어 있어서 연화장세계라 한다.

· 열뇌熱惱: 극심한 고통으로 인한 핍박으로 몸과 마음이 타는 듯이 괴로운 것을 의미한다.

· 『열반경涅槃經』: 정식 명칭은 『대반열반경大般涅槃經』이며, 상·중·하 3권으로 부처님이 열반에 들기 전 제자들에게 들려준 내용과 열반할 때의 상황과 열반 후 제자들이 결집하여 부처님의 뜻을 전하고자 한 행위 등이 기재되어 있다.

· 염념念念: 찰나 찰나의 극히 짧은 시간을 의미하며, 현상계의 생生、주住、이異、멸滅의 변화를 형용한 말이다.

· 염법染法: 정법淨法과 상대하는 용어로, 염오법染汚法의 준말이다. 착하고 깨끗한 마음을 혼탁케 하는 미망迷妄의 제법을 말한다. 染은 번뇌에 오염되었다는 뜻이다.

· 염부제閻浮提: 범어 'Jambu-dvīpa'의 음역으로, 염부주 또는 섬부주라고도 한다. 수미산의 사방에 위치한 네 육지 중 남쪽에 위치한 대륙으로 주로 인간이 거주하는 곳이다.

- 염불삼매念佛三昧: 한마음으로 부처님의 상호와 장엄을 觀하고 염불하는 삼매를 말한다.

- 염정染淨: 염법染法과 정법淨法을 아울러서 칭한 것이다. 染은 곧 번뇌에 오염되었다는 뜻으로 무명에 의한 법이고, 淨은 번뇌를 멀리 떠나서 맑고 깨끗하다는 뜻으로 법성法性에 의한 법이다.

- 예토穢土: 삼계三界와 육취六趣의 염오染汚된 땅.

- 오개五蓋: 범어 'pañca-āvaraṇāni'의 의역으로, 오장五障이라고도 한다. 蓋는 덮고 가린다는 뜻으로, 탐욕, 진에瞋恚, 혼면惛眠(또는 수면睡眠), 도회掉悔(또는 도거악작掉擧惡作), 의법疑法과 같은 다섯 가지가 심성을 덮어서 선법善法이 생하지 못하게 한다는 것을 뜻한다.

- 오계五戒: 재가자在家者들이 지켜야 하는 다섯 종류의 계율(불살생不殺生, 불투도不偸盜, 불사음不邪婬, 불망어不妄語, 불음주不飮酒)을 말한다.

- 오근五根: 시각視覺·청각聽覺·후각嗅覺·미각味覺·촉각觸覺을 담당하는 다섯 가지 감각기관(眼根·耳根·鼻根·舌根·身根)을 가리킨다. 五根은 물질로 이루어져 있기 때문에 또한 오색근五色根이라고도 한다.

- 오력五力: 37도품道品 중 다섯 번째 과목으로, 깨달음에 이르게 하는 다섯 가지 힘(信力, 精進力, 念力, 定力, 慧力)을 지칭한다.

- 오법五法: 모든 법의 자성自性을 3종의 미법迷法(명名, 상相, 분별分別)과 2종의 오법悟法(정지正智, 진여眞如)으로 분별한 것이다. 名은 현상계에 세워진 가명假名이고, 相은 유위법이 각각의 인연으로 생겨나 갖가지 차별된 모습으로 드러난 것이며, 分別은 名과 相으로 말미암아 일어난 분별심으로 허망한 생각을 짓는 것이다. 正智는 진여의 지혜와 계합하는 것이고, 眞如는 모든 존재의 본체이며 여실평등한 진리를 의미한다.

- 오수五數: 오변행심소五遍行心所 즉 촉觸, 작의作意, 수受, 상想, 사思를 말하는데, 특정한 식에 구분되지 않고 일체의 심心과 시時 그리고 장소에 두루 일어나기 때문에 변행遍行이라 한다.

- 오악五樂: 금슬琴瑟, 생우笙竽, 고鼓, 종鐘, 경磬과 같은 다섯 가지 악기.

- 오안五眼: 보살이 부처의 깨달음을 얻는 데 필요한 다섯 가지의 눈으로 육안肉眼, 천안天眼, 법안法眼, 혜안慧眼, 불안佛眼이 있다.

- 오온五蘊: 범어 'pañca-skandha'의 의역으로, 오음五陰·오중五衆·오취五聚라고도 한다. 蘊은 쌓아 모은 것 또는 유형으로 나눈 것을 의미하며, 생멸 변화하는 모든 유위법有爲法을 구성하고 있는 다섯 요소(色·受·想·行·識)를 말한다. 색온色蘊은 물질적인 것이고, 수온受蘊은 고락 같은 것을 지각하는 것이며, 상온想蘊은 언어를 통해 사유하는 것

찾아보기 **563**

이고, 행온行蘊은 욕구나 의지로써 실행하는 것이며, 식온識蘊은 이러한 것들의 바탕이 되는 마음을 가리킨다.

· 오욕五欲: 오묘욕五妙欲 또는 오묘색五妙色이라고도 한다. 색色·성聲·향香·미味·촉觸의 다섯 가지 경계에 물들어 일으키는 정욕情欲을 가리킨다.

· 오음五陰: 오온五蘊과 같다.

· 오진五塵: 색色·성聲·향香·미味·촉觸 등의 다섯 경계를 가리키는데, 이것들이 참된 본성을 오염시킬 수 있기 때문에 진塵이라 한다.

· 외도外道: 처음에는 불교 이외의 교파를 가리키는 용어로써 고행하는 은둔자를 의미하였으나, 점차 이견異見과 사설邪說의 의미가 더해져 진리에서 벗어난 모멸하고 배척해야 하는 사법邪法을 폄하하는 명칭이 되었다.

· 외진外塵: 육근六根(안眼·이耳·비鼻·설舌·신身·의意)이 인식 대상으로 삼는 색色·성聲·향香·미味·촉觸·법法 등의 六塵을 의미한다. 육경六境이라고도 한다.

· 요별了別: 범어 'vijñapti'의 의역으로, 식별識別、변별辨別、인지認知한다는 것을 의미한다. 了別과 分別은 둘 다 외부 경계를 인식하는 작용으로 뜻이 유사하지만, 了別은 중립적으로 사용되는 반면에 分別은 종종 부정적인 의미를 동반한다.

· 원성실성圓成實性: 원성실상圓成實相·원성자성圓成自性 또는 제일의제체성第一義諦體性이라고도 하며, 진여가 갖추고 있는 세 가지 특성(원만성圓滿性, 성취성成就性, 진실성眞實性)을 가리킨다. 圓滿性은 제법의 相이 그 자신의 체體에 국한되어 다른 것에 통하지 않는 것에 비해 진여의 묘리는 사처四處(색처色處, 성처聲處, 의처意處, 법처法處)에 두루 하는 것이고, 成就性은 제법이 공空하고 무상하며 무아無我인 공상共相을 가지고 있음에 반해 진여의 실체는 상주하고 생멸하지 않으며, 眞實性은 제법의 체體가 허망하고 진실하지 않음에 반해 진여의 체성이 진실한 것이다.

· 원지圓智: 대원경지大圓鏡智의 준말로써, 크고 둥근 거울이 일체의 형상을 드러낼 수 있는 것처럼 일체 법을 여실하게 비추고 드러내는 부처의 지혜를 의미한다.

· 『유가론瑜伽論』: 『유가사지론瑜伽師地論』의 약칭으로, 불교 유식학唯識學의 대표 경전이다. 유가행자瑜伽行者의 경境, 행行, 과果를 명확하게 밝히고, 아려야식설, 삼성설三性說, 삼무성설三無性說, 유식설唯識說과 같은 대승불교 근본 사상을 주로 설하고 있다.

· 유량문唯量門: 모든 법法이 오직 식識을 떠나서 실제로 있는 것이 아니라고 보는 측면이다. 量은 식량識量의 준말로 헤아린다는 뜻이다.

· 유루有漏: 무루無漏의 반대로, 번뇌의 다른 이름이다. 漏는 유실流失 또는 누설漏泄의 뜻으로, 번뇌로 말미암아 생겨나는 잘못과 그 고통이 사람들로 하여금 미망의 세계에 유

전하여 생사의 고해에서 벗어나기 어렵게 하기 때문에 有漏라고 한다.

· 『유마힐소설경維摩詰所說經』: 약칭으로『維摩詰經』또는『維摩經』이라 하고, 이칭으로『불가사의해탈경不可思議解脫經』또는『정명경淨名經』이라 한다. 구마라집鳩摩羅什이 번역하였으며, 유마힐이 대승의 가르침을 실생활에서 실천하는 것이 최상의 불도 수행이라고 설하는 내용으로 되어 있다.

· 유색계有色界: 三界 중에서 형상이 있는 욕계欲界와 색계色界를 지칭한다.

· 유식관唯識觀: 유식삼성관唯識三性觀의 준말로, 변계소집성遍計所執性, 의타기성依他起性, 원성실성圓成實性 같은 三性으로 관법觀法을 행하는 것을 의미한다.

· 유위법有爲法: 범어 'aṃskṛta'의 의역으로, 무위법無爲法과 상대가 된다. 생멸하는 온갖 법의 총칭이며, 有爲法은 인연으로 이루어지기 때문에 반드시 생生, 주住, 이異, 멸滅의 형태가 있다. 진여가 無爲法이라면 有爲法은 생멸문에 해당한다.

· 유이문唯二門: 오직 두 가지 상분相分과 견분見分이 오직 식識일 뿐이라는 측면이다.

· 유주流注: 유위법이 찰나 찰나에 앞에서 없어지면 뒤에서 생겨나, 서로 이어지고 끊어지지 않는 것이 마치 물이 계속 흘러 들어가는 것과 같은 것을 의미한다.

· 육근六根: 육식六識(眼識·耳識·鼻識·舌識·身識·意識)의 근원인 안眼·이耳·비鼻·설舌·신身·의意를 가리킨다.

· 육도六道: 육취六趣라고도 한다. 중생이 인과에 따라 윤회하는 여섯 가지 길로써, 지옥·아귀·축생·아수라·人·天의 세계를 지칭한다.

· 육도六度: 육바라밀六波羅蜜과 같다.

· 육바라밀六波羅密: 범어梵語 'ṣaḍ-pāramitā'의 음역으로 육바라밀다六波羅蜜多라고도 한다. 보살이 열반에 이르기 위하여 수행하는 여섯 가지 방편으로 보시布施, 지계持戒, 인욕忍辱, 정진精進, 선정禪定, 지혜智慧가 있다.

· 육시六時: 낮의 三時(신조晨朝, 일중日中, 일몰日沒)와 밤의 三時(초야初夜, 중야中夜, 후야後夜)를 합해서 주야육시晝夜六時라고 한다.

· 육정六情: 육근六根과 같다. 희喜·노怒·애哀·낙樂·애愛·오惡 같은 감정을 가리키기도 한다.

· 육종성六種性: 보살의 인행因行으로부터 과지果地에 이르는 수행의 자리를 여섯 가지(習種性, 性種性, 道種性, 聖種性, 等覺性, 妙覺性)로 나눈 것을 가리킨다.

· 육진六塵: 육식六識의 대상 경계境界로, 색色·성聲·향香·미味·촉觸·법法을 지칭한다.

이것들이 깨끗한 마음을 더럽히고 참된 本性을 흐리게 하기 때문에 塵이라 한다.

· 육추六麤: 말나식과 의식에서 일어나는 여섯 가지 상으로, 지상智相·상속상相續相·집취상執取相·계명자상計名字相·기업상起業相·업계고상業繫苦相이 있다.

· 육취六趣: 육도六道와 같은 말.

· 윤생潤生: 비나 이슬이 식물의 종자를 축여 싹을 트게 하듯이 조건이 맞으면 다시 살아나는 것을 의미한다.

· 윤생번뇌潤生煩惱: 윤생혹潤生惑이라고도 하며, 발업혹發業惑과 반대되는 말이다. 삼계의 윤회를 받게 하는 惑으로써 죽음에 임할 때 미래의 과보에 대한 탐애를 일으켜서 다음 생의 과보를 불러들이도록 하는 혹업惑業을 가리킨다.

· 응신여래應身如來: 부처의 삼신三身 또는 사신四身 중의 하나이다. 32개의 상相과 80종의 호好를 갖춘 불신佛身으로, 특정한 시대와 지역에 출현하는 부처가 이에 해당한다.

· 의과依果: 보살이 수행한 결과에 따라 얻는 공덕으로 열 가지가 있다. 앞선 수행에 따라 뒤에 결과가 일어나고 서로 의존하여 증장되기 때문에 依果라 한다.

· 의근意根: 의식의 뿌리라는 뜻이다. 유식유가행파와 법상종에서는 의식의 소의처所依處라는 의미에서 제7말나식을 意根이라고 한다.

· 의근본심依根本心: 아려야식에 의지하는 제7말나식을 지칭한다.

· 의타성依他性: 三性 중의 하나로, 의타기성依他起性이라고도 한다. 自性이 없어 다른 것에 의존하여 생겨나는 모든 법을 의미한다.

· 이근利根: 중생의 근기根氣를 둘로 나누었을 때, 근성이 뛰어나 빠르게 묘과妙果를 증득할 수 있는 자를 가리킨다. 이근利根의 반대는 둔근鈍根이다.

· 이상異相: 異는 쇠퇴하고 변한다는 뜻으로, 일체 유위법이 변역變易하여 무너지는 相을 의미한다.

· 이숙법異熟法: 이숙식異熟識과 같은 용어이다.

· 이숙식異熟識: 아려야식의 별칭으로 이숙보식異熟報識이라고도 한다. 異熟은 원인과 결과가 다르게 익는다는 뜻으로, 윤회하여 이 세상에 다시 태어날 때, 선업善業에 대해서는 낙락樂을 악업惡業에 대해서는 고苦의 과보를 받는데, 이 苦樂 자체가 선악이 아닌 중립적인 무기無記이므로, 선악이 다른 성질로 성숙되어 나타났다는 뜻에서 異熟이라 한다.

· 이애二礙: 번뇌애煩惱礙와 지애智礙.

· 이여래장二如來藏: 공空과 불공不空 차원으로 구분한 여래장如來藏이다. 空如來藏: 심성心性이 비록 염정染淨의 연緣에 따라 생사 열반과 같은 여러 법을 짓지만, 그 본체는 평등하여 相에서 떠나있고, 일어난 염정의 법과 이것들을 능히 일으키는 마음 모두 얻을 수 없다. 不空如來藏: 심성心性이 무루無漏의 청정 공덕뿐만 아니라 유루有漏의 업혹業惑과 염법染法을 모두 구족하고, 어떠한 법도 드러내지 않는 것이 없다.

· 이사理事: 理는 하나의 참된 법계의 본성이고, 事는 일체 세간의 모습이다. 그러나 평등한 이성理性과 차별의 사법事法에 나아가 보면 두 가지가 모두 환하게 상성相成, 상해相害하고 상즉相即, 상비相非하여 원융 무애하다.

· 이장二障: 번뇌장煩惱障과 소지장所知障.

· 『이장장二障章』: 원효가 저술한 책으로, 『이장의二障義』라고도 한다. 『기신론』의 이애설二碍說을 명확히 하기 위해 지은 것으로 모두 여섯 부분으로 구성되어 있다.

· 이정理定: 사정事定과 상대하는 용어이고, 이선理禪이라고도 한다. 불도佛道의 깨달음을 얻기 위하여 번뇌 망상을 모두 끊는 무루정無漏定을 의미한다.

· 이지二智: 법공지法空智와 아공지我空智 또는 무분별지無分別智와 후득지後得智를 의미한다.

· 이행二行: 보살의 두 가지 수행修行이다. 지혜를 본체로 하는 것은 지행智行이고, 다른 것은 모두 복행福行이다. 보시布施·지계持戒·인욕忍辱·정진精進·선정禪定바라밀은 福行으로 이타利他에 속하고, 智慧바라밀은 智行으로 자리自利에 속한다.

· 인공人空: 법공法空과 상대되는 말로, 인아공人我空 또는 아공我空이라고도 한다. 오온五蘊이 화합하여 이루어진 몸을 마치 참된 自我가 있듯이 여겨 집착하는 것을 아집我執이라 하는데, 이 집착의 대상인 색色·수受·상想·행行·식識의 五法이 모두 無自性이어서 항상하고 불변하는 실체는 없다.

· 인성因性: 원인으로서의 성품.

· 인아人我: 인아견人我見 또는 아견我見·아집我執·인집人執이라고도 하며, 색色·수受·상想·행行·식識의 오온五蘊으로 이루어진 인간에게 불변하는 실체가 있다고 집착하는 것을 의미한다.

· 『인왕경仁王經』: 『불설인왕반야바라밀경佛說仁王般若波羅蜜經』의 약칭이다. 『인왕반야경仁王般若經』이라고도 하고, 별칭으로 『인왕호국반야바라밀경仁王護國般若波羅蜜經』이라 한다. 후진後秦시대에 구마라집鳩摩羅什이 한역漢譯한 책으로, 모든 것의 본성이 다 허무하다는 이치를 밝히고, 부처의 도를 닦는 법과 나라를 보호하는 방법에 대해 설법하고 있다.

· 인지因地: 과지果地에 상대하는 이름으로 인위因位라고도 한다. 증과證果를 얻기 위하

여 불도를 수행하고 있는 지위를 가리킨다. 부처의 지위를 果地라 한다면, 등각等覺 이하의 계위階位는 모두 因地가 되고, 초지初地 이상의 보살로서 말한다면 지전地前 보살 이전이 모두 因地가 된다.

· 인집人執: 인아人我와 같은 용어이다.

· 일법계一法界: 유일무이唯一無二하고 절대 평등한 진여의 이체理體를 가리키는 것으로, 천태종에서 칭하는 제법실상諸法實相과 화엄종에서 설하는 일진법계一眞法界와 같다.

· 일신一身: 법신法身을 뜻한다. 무명의 혹惑이 깨끗이 사라지면 법성法性의 체가 온전히 드러나서 형색의 차별이 없기 때문에 一身이라 한다.

· 일여一如: 진여의 이理가 둘도 아니고 다르지도 않아서 평등하여 차별이 없는 것을 뜻한다.

· 일체종지一切種智: 三智(一切智, 道種智, 一切種智)의 하나로, 일체상지一切相智라고도 하며, 부처의 지혜에 해당한다. 총상總相과 별상別相에 통달하고 견상見相을 떠나 두루 하지 않은 곳이 없으며, 마음이 진실하여 큰 지혜의 작용과 무량한 방편이 있어, 중생이 응하는 이해의 정도에 따라 모두 갖가지 법을 열어 보일 수 있기 때문에 一切種智라 한다.

· 일체지一切智: 三智(一切智, 道種智, 一切種智)의 하나로, 一切智는 내외 일체 제법의 총상總相이 공임을 완전하게 아는 지혜를 말하며, 성문과 연각의 智에 해당한다. 도종지道種智는 도종혜道種慧 또는 도상지道相智라고도 하며 일체 제법의 별상別相을 완전하게 아는 지혜를 말하며, 보살의 지혜에 해당한다. 일체종지一切種智는 총상總相과 별상別相에 통달한 지혜로, 부처의 지혜에 해당한다.

· 일행삼매一行三昧: 범어 'ekavyūha-samādhi'의 의역으로, 일삼매一三昧·진여삼매眞如三昧·일상삼매一相三昧·일상장엄삼마지一相莊嚴三摩地라고도 한다. 一行三昧에 理와 事의 두 부분이 있다. 理의 一行三昧는 정심定心으로 법계가 평등한 하나의 모습을 관하는 것으로, 부처의 법신과 중생의 몸이 다르지 않은 차별 없음을 보는 것이다. 事의 一行三昧는 一心으로 염불함으로써 三昧에 들고, 이 念佛 중에 三世의 여러 부처를 보는 것이다.

자

· 자교상위自敎相違: 스스로 내세운 주장이 자기교리에 어긋나는 것을 말함.

· 자량資糧: 자재와 식량으로 깨달음을 얻기 위하여 필요한 수행을 의미하며, 주로 福과 智의 두 가지가 있다. 유식유가행파의 수행 5단계(資糧位·加行位·通達位·修習位·究

竟位)의 첫째로서, 열반에 이르기 위하여 여러 가지 선근과 공덕을 모으는 단계를 의미한다.

- 자류상생自類相生: 종자가 현행現行을 낳고 現行은 다시 종자를 만들어, 종자와 같은 부류가 지속부단持續不斷하는 것을 의미한다. 자류상생은 아뢰야식에서만 가능하고, 구경위究竟位에 도달하면 비로소 자류상생을 끝낼 수 있다.

- 자류인自類因: 인因과 과果의 성질이 동류同類인 관계에 있어서 因을 말한다. 같은 결과는 등류과等流果라고 한다.

- 자상自相: 공상共相의 반대되는 명칭으로 자성自性이라고도 한다. 자체自體가 가지는 개별적인 체상體相으로 타상他相과 공통하지 않으면서 자기만의 일정한 특질을 가진 것을 의미한다. 또 다른 의미로 아뢰야식이 가지고 있는 세 가지 상(自相, 果相, 因相) 중의 하나로, 아뢰야식의 체상體相을 가리키기도 한다.

- 자상심自相心: 스스로 상을 짓는 마음으로, 아뢰야식을 지칭한다.

- 자성自性: 범어 'svabhāva'의 의역으로, 자체自體·법체法體·실성實性과 같은 의미이다. 법상종에서는 자상自相이라고도 한다. 진실 불변하고 순수하며, 독립적인 특성을 의미한다.

- 자어상위自語相違: 자기가 한 말에 모순이 있는 것을 말한다.

- 자연업自然業: 여러 부처의 법신이 어떠한 분별이나 작의 없이 자연스럽게 중생을 이롭게 하는 것을 가리킨다.

- 자연업지自然業智: 후득지後得智·유분별지有分別智·속지俗智 또는 여량지如量智라고도 한다. 근본지에 의해 진리를 깨달은 뒤에 세속의 만사를 헤아려 아는 지혜를 말한다.

- 자재自在: 무애無礙라고도 하며, 마음이 하고자 하는 것에 따라도 어떠한 걸리거나 막힘이 없는 경지를 의미한다. 여러 부처와 상위의 보살이 갖추고 있는 공덕이다.

- 자재업自在業: 자유자재히어 어떠한 제한도 없는 業의 작용이다.

- 자종상위自宗相違: 스스로 세운 학설이나 원칙 또는 가르침에 어긋나는 것을 의미한다.

- 자증분自證分: 유식론의 삼분설三分說 또는 사분설四分說에서 사용하는 용어이다. 四分說은 유식유가행파의 한 명인 護法(다르마팔라)을 추종하는 법상종에서 사용하는 학설로서, 識의 인식작용에 상분相分·견분見分·자증분自證分·증자증분證自證分의 네 가지 측면이 있다고 한다. 相分은 識에 의해 포착된 인식 대상[소취분所取分]이고, 見分은 相分의 작용을 인식하는 주체[능취분能取分]이며, 自證分은 相分과 見分에 대한 자각으로서의 自體를 지칭한다. 증자증분證自證分은 自證分에 대한 자각으로서 自體分에 대한 재인식을 말한다. 三分說은 四分說에서 證自證分이 제외된 것이다.

· 자진상식自眞相識: 업식業識과 전식轉識의 진상眞相으로서의 아려야식을 의미한다.

· 작의作意: 오변행五遍行(觸, 作意, 受, 想, 思)의 하나이다. 특정 방향으로 마음을 경각시켜 집중하게 하는 작용을 하는 것으로, 3종作意와 4종作意가 있다.

· 장식藏識: 아려야식의 이칭으로, 이 아려야식이 능장能藏, 소장所藏, 집장執藏한다는 뜻에서 藏識이라 한다.

· 장엄莊嚴: 보석이나 꽃, 깃발, 구슬 등 아름다운 것으로 꾸민 것을 의미한다. 국토와 부처 그리고 보살장엄이 있다.

· 장행長行: 운문체韻文體인 게송偈頌에 대비하여 산문체散文體의 경문經文을 일컫는다.

· 적멸寂滅: 범어 'nirvāṇa'의 한역으로, 생사의 인과에서 벗어나 적정무위寂靜無爲의 경지에 있는 것을 의미한다.

· 적정열반계寂靜涅槃界: 번뇌와 고통을 여읜 열반의 세계를 말한다.

· 전상轉相: 견상見相 또는 능견상能見相이라고도 하며, 처음 움직인 업상業相에 의해 能見이 이루어진 相이다.

· 전제前際: 삼제三際의 하나로, 과거와 같은 말이다. 시간을 전후로 나누었을 때 앞선 시점인 과거를 가리킨다. 후제後際는 미래이고 중제中際는 현재이다.

· 정각正覺: 모든 제법의 진상을 깨달은 진정한 깨달음을 가리키는 단어로, 정해正解·등각等覺·등정각等正覺·정등정각正等正覺·정등각正等覺·정진각正盡覺이라고도 한다.

· 정관正觀: 正觀의 의미에 여러 가지 해석이 있다. 『중아함경中阿含經』에 따르면 외도의 사관邪觀에 상대되는 용어로, 정혜正慧로써 진여를 깨달아 아는 것을 의미한다. 『관무량불경소觀無量壽佛經疏』에 의하면 마음과 경계가 상응하는 것을 가리키기도 하며, 길장吉藏의 『삼론현의三論玄義』에 따르면 팔불중도八不中道로 觀하는 것을 正觀이라 한다. 『중관론소中觀論疏』에서는 단斷과 상常 등의 팔사八邪를 멀리 벗어나는 것을 칭하기도 하며, 『마하지관摩訶止觀』에서는 지관止觀을 바르게 닦는 것을 가리키기도 한다.

· 정목천자淨目天子: 제육천第六天의 왕자로서 음욕을 즐겼던 자였으나, 부처님의 부정관不淨觀에 대해 듣고 출가하여 보살도를 행하고 선방에 들어 21일간 멸진삼매滅盡三昧를 닦고서 제오심第五心을 얻었다. 당시 어떤 마왕이 안타라녀安陀羅女로 하여금 열 가지 외형으로 나타나게 하였는데, 이때 태자가 선정에서 일어나 그 여자를 보고 음욕이 생겨서 부처님을 비방하는 말을 하자 바로 제5심에서 물러나고 不淨觀을 놓쳤다고 한다.

· 정미신精媚神: 정미귀精媚鬼 또는 시미귀時媚鬼라고도 한다. 『석마하연론釋摩訶衍論』에 따르면 15종의 神이 있는데, 精媚神은 그 중 열다섯 번째 神이다. 12시진에 맞는 경

계를 만들어 수행자를 괴롭히고 어지럽게 한다. 또『마하지관摩訶止觀』으로 보면, 3종 귀鬼(堆惕鬼, 時媚鬼, 魔羅鬼) 중의 하나에 해당한다.

· 정법正法: 범어 'sad-dharma'의 의역으로, 부처가 설한 교법敎法을 의미한다. 백법白法, 정법淨法, 묘법妙法이라고도 한다.

· 정법淨法: 淨은 번뇌를 떠난 맑고 깨끗하다는 뜻으로, 진여 법성法性에 의한 법을 의미한다.

· 정삼매頂三昧: 모든 번뇌를 끊어 없앤 경지로, 금강유정金剛喩定 또는 금강삼매金剛三昧와 같은 말이다.

· 정승의락지淨勝意樂地: 보살 10지(41위 ~50위) 중에 초지初地(41위)인 극희지極喜地를 말한다. 성성聖性을 얻어 견혹見惑을 깨뜨리고, 아공我空과 법공法空의 이치를 증득하여, 큰 환희를 내므로 환희지歡喜地라고도 한다.

· 정식淨識: 범어 'amala-vijñāna'의 의역으로, 무구식無垢識·청정식淸淨識·여래식如來識이라고도 한다. 학파에 따라 제9식이라고도 하고, 또 제8식의 청정한 부분만을 지칭하기도 한다. 음역하면 아마라식阿摩羅識·아말라식阿末羅識·암마라식菴摩羅識이 된다.

· 정신正信: 보살의 수행 단계를 52위로 구분했을 때, 十信(1위~ 10위)의 계위 중 첫 번째 信心을 가리킨다.

· 정심지淨心地: 보살 10지 중 초지初地인 환희지歡喜地를 가리킨다. 번뇌에 얽매인 것을 끊어내고 청정한 해탈의 마음을 얻었기에 淨心地 또는 정승의락지淨勝意樂地라고도 한다.

· 정위正位: 깨달음을 얻은 자리로 번뇌가 없는 경지를 말한다. 또는 성문승이 보고 증득한 무위無爲의 열반을 가리키기도 한다.

· 정인正因: 정토淨土에 태어날 수 있는 직접적인 원인을 가리키며, 이것에 해당하는 행위를 정행正行이라 한다. 正因에 三福(世福, 戒福, 行福)과 三心(至誠心, 深心, 迴向發願心)이 있다. 세복世福은 효제충신효悌忠信과 자심慈心으로 실성하지 않는 도덕선행道德善行이고, 계복戒福은 삼귀三歸, 오계五戒, 구족계具足戒와 같은 계율이며, 행복行福은 자리화타自利化他의 보리심으로 정토에 가서 태어나기를 발원하는 것과 같은 대승의 행실을 의미한다.

· 정정취正定聚: 정성정취正性定聚 또는 등취等聚·선취善聚라고도 하며, 품성이 正으로 확정되어 깨달음 얻을 것이 확실한 중생을 가리킨다.

· 정체正體: 바른 본체인 진여.

· 정체지正體智: 근본지根本智 또는 근본무분별지根本無分別智·여리지如理智라고도 한

다. 진리에 부합하여 능연能緣과 소연所緣의 차별이 없는 절대의 참 지혜로, 후득지後得智를 내는 근본이 된다.

· 정토淨土: 부처가 거주하는 청정한 국토를 가리키는데, 비유적으로 성불을 의미하기도 한다.

· 정행淨行: 범행梵行이라고도 하며, 닦아야할 청정한 행위를 말한다.

· 제사선왕第四禪王: 사선정四禪定을 닦아서 색계色界 제사선천第四禪天에 태어나는 왕.

· 제석帝釋: 수미산須彌山 꼭대기 도리천忉利天의 왕으로, 선견성善見城에 머물며 사천왕과 32천을 통솔하고, 불법과 불법에 귀의하는 사람을 보호하며, 아수라의 군대를 정벌한다고 한다.

· 제일의공第一義空: 18가지의 空 중에 최고로 참된 空으로, 승의공勝義空·진실공眞實空·대승열반大乘涅槃이라고도 한다. 空한 것 까지도 空한 중도실상中道實相의 空이기 때문에 第一義空이라 한다.

· 제일의제第一義諦: 세속제世俗諦와 함께 二諦로 합칭되며, 가장 뛰어난 최고의 진리를 가리킨다. 第一義·승의제勝義諦·진제眞諦·성제聖諦·열반涅槃·진여眞如·실상實相·중도中道·법계法界라고도 한다.

· 조달調達: 범어 이름인 'Devadatta'의 한역으로, 음사音寫하여 제바달다提婆達多라고도 한다. 석존釋尊 당시에 오역죄五逆罪를 범하고, 승단을 파괴하였으며, 부처와 대적한 악비구惡比丘로, 석가모니의 숙부인 곡반왕斛飯王의 아들이다.

· 조적혜照寂慧: 육혜六慧(聞慧, 思慧, 修慧, 無相慧, 照寂慧, 寂照慧) 중의 하나이다. 照는 바로 중도中道의 용이며, 寂은 곧 中道의 체體이니, 등각위等覺位의 보살이 中道의 관혜觀慧로써 이체理體의 지혜를 비춰보는 것을 가리킨다.

· 종성種性: 범어 'gotra'의 의역으로, 二種性, 四種性, 五種性, 十種性 등이 있다. 간략하게 二種性으로 말하면 본성주종성本性住種性과 습소성종성習所成種性이 있다. 本性住種性은 성종성性種性 또는 性種이라고 약칭하며, 보리의 본성을 증득할 수 있는 種性으로, 무시無始이래 스스로 그러하게 존재하는 것이다. 習所成種性은 간략하게 습종성習種性이라고도 하며, 후천적인 수행과 훈습으로 말미암아 얻게 된 種性이다.

· 종성주種性住: 습종성習種性과 성종성性種性의 보살로서, 곧 그 性이 현명하고 선하며 능히 공덕의 선법을 행할 수 있으며, 부처의 종자를 견고하게 지녀서 무너지지 않는 자리를 가리킨다.

· 종자種子: 인간의 행위나 경험 등이 아려야식에 저장된 것으로, 인간에게 본래부터 주어지는 본유종자本有種子와 새롭게 훈습하는 신훈종자新熏種子, 그리고 이 두 가지가 섞

여있다고 보는 합생종자合生種子 등이 있다.

· 주상住相: 유위법有爲法이 생멸하는 사이에 상속하고 끊어지지 않아 법체가 현재에 잠시 안주하여 각기 스스로의 과果를 행하도록 하는 것을 뜻한다.

· 『중관론中觀論』: 용수龍樹 보살이 지은 논으로, 中論이라고도 한다. 이 논은 공空과 가假를 부수고 다시 중도中道에 집착하는 견해마저도 깨트리는 팔부중도八不中道, 무소득無所得의 중도를 주장한다.

· 중도관中道觀: 한쪽으로 치우친 미망迷妄을 여의고 法의 참된 이치를 따르는 견해를 말한다. 용수龍樹의 中論이 유명하다.

· 『중변론中邊論』: 『변중변론辯中邊論』 또는 『중변분별론中邊分別論』이라고도 한다. 게송 부분은 미륵이 짓고 무착이 정리 하였으며, 장행長行 부분은 게송을 풀이 한 것으로 세친이 지었다. 주된 내용은 대립하는 두 측면을 지양하고 중도中道의 의의를 분별해서 논하였다.

· 중생상衆生相: 지경사상智境四相(我相, 人相, 衆生相, 壽命相) 중의 하나이다. 智境四相은 중생이 부처가 말씀하신 도리를 어느 정도 증득하였으나, 마음속에 이 네 가지 상을 버리지 못한 상태를 의미한다. 아상我相은 오온으로 이루어진 심신心身에 실재하는 我가 있다고 집착하여 잊지 못하는 것을 말하고, 인상人相은 我相에 비하여 좀 더 진일보 하였으나 여전히 내가 깨달았다는 마음이 남아 있는 것이고, 衆生相은 비록 我相과 人相을 넘어섰으나 깨달았다고 하는 마음이 어느 정도 남아 있는 것이며, 수명상壽命相은 마음이 청정하고 깨달았다고 하는 마음도 초월했지만, 여전히 능각能覺의 智가 목숨처럼 마음 안에 잠복하여 계속되는 것을 말한다.

· 증상력增上力: 역량을 더하거나 강화하여 위로 나아가게끔 조장하는 힘

· 증상만增上慢: 교리 또는 수행 경지에 있어서 깨달음을 아직 얻지 못하였음에도 얻었다고 생각하여 오만하고 스스로를 위대하게 여기는 것을 가리킨다.

· 증상연增上緣: 범어 'adhipati-pratyaya'의 의역으로, 네 가지 연緣(因緣, 等無間緣, 所緣緣, 增上緣)의 하나이다. 일체 유위법有爲法이 생겨나게 하거나 결과를 이루게 하는 간접원인으로, 법이 생겨나는 것을 촉진하여 주는 여력증상연與力增上緣과 법이 생겨나는 것을 방해하지 않는 부장증상연不障增上緣이 있다. 增上은 증승增勝과 상진上進을 의미한다.

· 『증일아함경增一阿含經』: 범어 'ekottaragama'를 한역漢譯한 것으로, 'ekottara'는 增一이고, 'agama'는 전해 내려온 것을 뜻한다. 아함경은 석가모니의 말씀을 담은 초기 경전으로, 『장아함경長阿含經』, 『중아함경中阿含經』, 『잡아함경雜阿含經』, 『增一阿含經』의 4종류가 있다.

· 증장행연增長行緣: 수행을 증장하는 緣이다.

• 지견知見: 자기의 사려 분별로 세운 견해.

• 『지도론智度論』: 『大智度論』의 약칭으로, 『마하반야바라밀경摩訶般若波羅蜜經』을 풀이한 것이다. 용수龍樹가 짓고 구마라집이 한역漢譯하였다.

• 지말불각枝末不覺: 근본불각根本不覺인 무명에 의해 일어나는 삼세三細와 육추六麤의 상과 같은 것을 의미한다.

• 지상보살地上菩薩: 보살 수행 52계위(十信, 十住, 十行, 十廻向, 十地, 等覺, 妙覺) 중 41위 이상의 십지十地 보살을 가리킨다.

• 지색智色: 지상智相과 같은 말로, 부처의 광명이 밖으로 현현한 모습이다.

• 지애智礙: 지장智障 또는 소지장所知障과 같은 용어이다. 근본무명根本無明으로 말미암아 생겨나는 미혹迷惑으로, 법성法性을 덮고 가리는 장애를 의미한다.

• 지장智障: 법집法執에 의한 번뇌가 인식 대상의 참 모습을 올바로 인식하지 못하게 하고 참된 지혜를 방해한다는 의미에서 지장智障 또는 소지장所智障이라고 한다.

• 지행止行: 지止는 범어 'śamatha'의 한역漢譯으로, 헛된 생각이 일어나는 것을 막고 마음이 한곳에 머물도록 하는 수행을 말한다.

• 진소유성盡所有性: '온갖 법의 있는 것을 다하는 성품'이란 뜻으로, 이것을 바르게 사택思擇한다는 것은 오온이 포섭하는 18계界와 12처處, 사성제四聖諦와 같은 일체법의 연기와 인과 관계의 성품을 있는 그대로 관觀하는 것을 의미한다. 세속제世俗諦로서, 진소지의盡所知義 또는 사변제성事邊際性과 같은 용어이고, 후득지後得智 또는 여량지如量智의 대상이 된다.

• 진식眞識: 『능가경楞伽經』에서 말하는 세 가지 식(眞識, 現識, 分別事識) 중의 하나로, 제8아려야식의 정분淨分인 자성청정심을 가리킨다. 섭론종에서는 제9식인 아마라식(또는 암마라식)을 가리키기도 한다.

• 진여眞如: 범어 'tathatā'의 의역으로, 여실如實·여여如如·본무本無라고도 한다. 우주 만유의 평등하고 차별 없는 법성法性이고, 모든 존재의 본체로서 여실하고 평등한 진리를 의미한다.

• 진여삼매眞如三昧: 일행삼매一行三昧 또는 일상삼매一相三昧라고도 한다. 어느 곳에서나 언제나 항상 마음을 하나로 안정하고, 법계가 평등하고 한 모습임을 관하는 三昧를 말한다.

• 집集: 사성제四聖諦 중의 集諦를 의미한다. 集이란 불러 모은다[초취招聚]는 뜻으로, 미래에 생사의 고통을 불러 모으기 때문에 괴로움을 일으키는 원인이 된다.

- 『집량론集量論』: 인도인 'Dignāga(중국명 진나陳那)'가 지은 논서로, 인도 신인명학新因明學의 중요한 저작이다. 한역이 없고 티베트역만 현존한다. 진나는 고인명론古因明論 오지작법五支作法의 논리식인 종宗·인因·유喩·합合·결結의 형태에서 합과 結을 생략한 삼지작법三支作法을 주장하였다.

- 집수執受: 경계와 접촉할 때 그것을 받아 들여서 고苦, 낙樂, 사捨 등의 감각을 내는 것을 말한다. 유집수有執受는 심왕과 심소법에 의해 집지執持되는 중생의 신체를 의미한다. 반대어는 무집수無執受, 또는 비집수非執受이다.

차

- 찬제바라밀屬提波羅蜜: 屬提는 범어 'kṣānti'의 음역으로 인욕忍辱바라밀을 의미한다. 성냄을 다스려 마음을 편안하게 유지시켜 준다.

- 찰제: 범어 'kṣetra'의 음역으로 전田, 토土, 국토國土 등을 가리킨다.

- 찰나생멸刹那生滅: 시간의 최소 단위인 찰나로써 생멸을 논할 때 사용하는 용어로서, 1찰나 안에 네 가지 相이 갖춰진 것을 의미한다. 이와 상대되는 개념으로 일기생멸一期生滅이 있는데, 차례대로 생生, 주住, 이異, 멸滅의 사상四相이 발생하는 것을 말한다. 인간의 생애로 보면 생生, 주住, 노老, 사死와 四相을 一期生滅 또는 일기상속一期相續의 유위상有爲相이라 한다.

- 천고天鼓: 도리천의 선법당善法堂에 있는 큰 북으로, 두드리지 않아도 스스로 오묘한 소리를 내서 방일한 천중天衆을 각성시키고, 듣는 자들이 모두 악을 삼가하고 선을 좋아하는 마음을 내게 한다.

- 천마天魔: 욕계欲界 제6천의 마왕으로, 이름을 파순波旬이라고 하며, 여러 부처가 세상에 나올 때 항상 더불어 나와서 부처가 수행하여 도를 이루는 것을 가로막고 어렵게 한다.

- 초발의보살初發意菩薩: 십신十信의 관법觀法이 완성되어 진무루지眞無漏智를 내고 마음이 진제眞諦의 이치에 안주하는 십해十解 이상의 삼현보살을 가리킨다. 특히 十解의 첫째인 발심주發心住 보살을 의미하기도 한다.

- 총상總相: 별상別相에 대비되는 말로, 전체적인 모습을 총괄한 것이다. 일체의 유위법有爲法에 공통되는 무상無常, 무아無我 같은 것은 總相이고, 개별적이고 특수한 상태는 別相이라 한다. 예를 들면 물은 總相이고, 얼음이나 수증기 또는 빗물과 같은 것들은 別相에 속한다.

- 총지總持: 범어 'dhāraṇī(다라니陀羅尼)'를 의역한 것이다. 무량한 불법을 모두 거두어 기억하여 잊지 않는 염혜력念慧力으로 법法, 의義, 주咒, 인忍과 같은 네 종류가 있다.

주로 많은 뜻을 함축하고 있는 짧은 구절을 가리킨다.

· 취생취생: 생취생취와 같은 말로 생물이 태어나는 네 가지 형식인 사생四生(태생胎生, 난생卵生, 습생濕生, 화생化生)과 육취六趣를 함께 이른 말이다. 즉 육도六道를 윤회하며 태어나는 여러 가지 삶의 형태를 의미한다.

· 칠각지七覺支: 칠등각지七等覺支·칠변각지七遍覺支·칠보리분七菩提分이라고도 한다. 깨달음에 이르는 37가지 수행법(37도품): ① 四念處, ② 四正勤, ③ 四如意足, ④ 五根, ⑤ 五力, ⑥ 七覺支, ⑦ 八正道) 중 여섯 번째로, 깨달음의 지혜가 열리고 발전하도록 돕는 일곱 가지 방법을 가리킨다.

· 칠주七住: 보살 52계위 중에 17위에 해당하며, 십주十住에서 일곱 번째 자리로 불퇴주不退住라고도 한다.

· 칠지악업七支惡業: 십악十惡 중에 몸과 입으로 짓는 살생殺生, 투도偸盜, 사음邪婬, 망어妄語, 양설兩舌, 악구惡口, 기어綺語를 말한다.

타

· 타성他性: 범어 'parabhāva'의 의역으로, 자성自性과 반대되는 용어이다.

· 타수용신他受用身: 사신四身(自性身, 自受用身, 他受用身, 變化身) 중의 하나로, 깨달음의 법락法樂을 다른 중생에게도 수용하게 해주는 불신佛身으로, 주로 응신應身을 가리킨다.

· 타심지他心智: 십지十智의 하나로 다른 사람의 마음과 생각을 아는 지혜이다. 이것이 더욱 발전하면 육신통六神通 중의 타심통他心通이 된다.

· 탐욕개貪欲蓋: 오개五蓋(貪欲蓋·瞋恚蓋·睡眠蓋·掉悔蓋·疑蓋)의 하나이다. 蓋는 덮개라는 뜻으로, 탐욕의 번뇌가 장애가 되어 중생의 마음과 식識을 덮어서 선한 법이 발생하지 못하게 한다.

· 통상通相: 각 사물이 가지고 있는 개별적인 별상別相과 대비되는 개념으로, 모든 것에 융통하여 막힘이 없는 相을 가리킨다. 예를 들면 본성이 모든 법의 여여如如로서 청정한 것은 通相이며, 분별해서 범부와 성인과 여래로 구분하면 別相이다.

· 퇴척귀堆惕鬼: 『석마하연론釋摩訶衍論』(대정장 제32권, 1668, p.658. a4~ 20행)에 따르면 열 가지 鬼가 있는데, 堆惕鬼는 열 번째에 해당하고, 굼벵이·파리·개미·용·호랑이·사자나 갖가지 소리 등의 경계를 지어서 좌선을 방해하는 것이다.

· 투랍길지偸臘吉支: 염부제 안에서 불을 먹고 향내를 맡는 귀신이다. 『치선병요결治禪

病祕要法』이나 『마하지관摩訶止觀』 등에 나온다.

파

- 팔상八相: 두 가지 의미의 八相이 있다. 하나는 부처가 이 세상에 출현하여 중생을 제도하기 위하여 나타내 보이는 八相으로, 강도솔상降兜率相, 탁태상託胎相, 강생상降生相, 출가상出家相, 항마상降魔相, 성도상成道相, 설법상說法相, 열반상涅槃相을 말한다. 두 번째는 식識의 관점에서 말하는 八相으로, 진식眞識과 현식現識을 합한 하나의 장식藏識과 분별사식分別事識을 일곱 가지로 나눈 것(意根, 意識, 眼識, 耳識, 鼻識, 舌識, 身識)을 합한 것이다.

- 팔자재八自在: 팔대자재아八大自在我라고도 하며, 열반에 포함된 네 가지 덕(상常, 낙樂, 아我, 정淨) 중에 我가 곧 자재무애自在無礙하다는 뜻이다. 大我는 여덟 가지 大自在를 구족한 여래 법신을 말한다. ① 일신一身이 다신多身됨을 보인다. ② 일진신一塵身이 대천계大千界에 가득 참을 보인다. ③ 큰 몸이 가볍게 올라가 멀리 이른다. ④ 무량無量의 형류形類로 나타나서 하나의 땅에 항상 거한다. ⑤ 제근諸根이 호용된다. ⑥ 일체 법을 얻어도 법상法相이 없음과 같다. ⑦ 한 게偈의 뜻을 설하는 데 무량한 겁劫이 걸린다. ⑧ 몸이 모든 곳에 두루 하여 허공과 같다.

- 팔성도八聖道: 37도품道品 중 여덟 번째 과목으로 팔정도八正道라고도 한다. 정견正見, 정사유正思惟, 정어正語, 정업正業, 정명正命, 정정진正精進, 정념正念, 정정正定을 말한다.

- 팔지八地: 보살 십지十地의 여덟 번째인 부동지不動地.

- 평등공平等空: 자타自他와 인법人法의 모든 것이 空하여 차별이 없음을 뜻한다.

- 품品: 범어 'varga'의 의역으로, 구별하여 나눈 것을 뜻한다.

- 필추苾芻: 범어 'bhikṣu'의 음역으로, 비구比丘 또는 비추芘蒭라고도 한다.

하

- 항사恒沙: 항하사恒河沙의 준말로, 인도 갠지스 강의 모래를 가리킨다. 비유적으로 셀 수 없이 큰 수량을 상징한다.

- 『해심밀경解深密經』: 당대唐代에 현장玄奘이 한역漢譯한 경전으로, 반야부에서 설하는 공성空性의 의미를 새롭게 해석하였다. 총 5권 8품으로 구성되어 있으며, 법상종과

유식학파의 소의경전所依經典이다.

· 해행지解行地: 보살 수행 계위 중 십해十解(11위 ~ 20위)와 십행十行(21위 ~ 30위)을 아울러 지칭한 경지이다.

· 행계行界: 行은 항상 변화하여 생멸하는 일체의 유위법有爲法으로, 변화하는 현상계를 의미한다.

· 행고行苦: 삼고三苦(苦苦, 壞苦, 行苦) 중의 하나로, 일체의 유위有爲와 유루有漏 법이 모두 쉬지 않고 변천하고 유전하기 때문에 생기는 고통을 뜻한다.

· 행상行相: 일반적으로 어떤 것이 행해지는 모습을 가리키지만, 심왕心王과 심소心所가 갖추고 있는 인식하는 작용, 또는 드러난 영상影像의 상태를 가리키기도 한다. 心王과 心所는 각기 스스로의 성능性能으로 경계境界相에서 운행한다. 그래서 行相이라고 한다.

· 행해行解: 행行과 해解를 아울러서 칭한 것이다. 行은 수행의 의미로, 교리에 따라서 실천하는 것을 말하고, 解는 여러 가지 견문과 학습을 통해서 교리를 이해하는 것을 말한다. 또 다른 의미로 심왕心王과 심소 心所가 어떠한 대상을 이해하고, 그 대상의 의미를 인지하는 작용을 가리키기도 한다.

· 허공계虛空界: 공간과 시간에 있어 한계가 없는 세계 또는 진여의 세계를 가리킨다.

· 『허공장경虛空藏經』: 『대방등대집경大方等大集經』「허공장품虛空藏品」의 이칭異稱이다. 이역異譯 별행본別行本으로 당나라 때 불공不空이 한역한『대집대허공장보살소문경大集大虛空藏菩薩所問經』이 있다.

· 현량現量: 인명因明 삼량三量(現量, 比量, 聖言量)의 하나로, 감각을 통하여 직접적으로 사물을 인식하는 것을 의미한다.

· 현식現識: 아려야식의 별칭으로, 아려야식에 의해 일체 제법이 갖가지 경계상을 드러내는 것을 의미한다.

· 『현양론顯揚論』: 『현양성교론顯揚聖教論』의 약칭으로『성교론聖教論』이라고도 한다. 『유가사지론瑜伽師地論』의 요점을 간추린 것으로, 유식의 법상法相·아뢰야식설·삼성설三性說 등을 망라한 유식불교의 개요서이다. 이 논은 무착無著이 미륵보살에게『瑜伽師地論』을 듣고, 그 성스러운 가르침을 현양하고자 하여『瑜伽師地論』의 요점을 간추려서 지었다고 한다.

· 혜慧: 별경심소別境心所의 하나로, 관찰된 대상을 선택하여 분별하는 마음 작용을 가리킨다.

· 혜수慧數: 慧는 말나식에서 작용하는 18개 심소법心所法 중의 하나로써 선택하고 분류

하는 마음작용이고, 數는 이러한 심리작용이 여러 가지로 많다는 것을 의미한다.

· 혜행慧行: 사마타를 얻고 나서 닦아야 하는 관행觀行이다.

· 호념護念: 부처나 보살 또는 여러 하늘이 불교도를 보호하여 여러 장해를 만나지 않도록 보살펴 준다는 뜻이다.

· 화수용신化受用身: 두 가지 보신報身 중에 타수용신他受用身으로, 일반적으로 화신化身을 가리킨다.

· 화신제불化身諸佛: 化身의 모든 부처로서, 지전地前의 보살과 범부 중생을 이롭게 하기 위해 여러 가지 모습으로 나타내는 불신佛身을 뜻한다.

· 화합식상和合識相: 줄여서 화합상和合相이라고도 한다. 아려야식이 만들어내는 相을 뜻하며, 아려야식이 불생불멸의 진여와 생멸의 무명이 결합한 것이라는 의미로 진망화합식眞妄和合識이라고도 한다.

· 환희지歡喜地: 십지十地의 초위初位에 해당하며, 초환희지初歡喜地 또는 극락지極喜地라고도 한다. 처음으로 진여의 평등성을 증득하고, 아공과 법공의 이치를 모두 깨달아 능히 자리自利와 이타利他의 행을 성취하여, 마음이 크게 기쁘기 때문에 歡喜地라 한다.

· 후득지後得智: 무분별후지無分別後智 또는 후득무분별지後得無分別智라고도 하며, 근본무분별지根本無分別智와 상대되는 개념이다. 근본지根本智에 의해 이끌어진 지혜로, 의타기성依他起性으로 일어나는 경계가 헛된 것임을 여실하게 깨달아 알았기 때문에 여량지如量智·권지權智·속지俗智라고도 한다. 根本智는 분별하는 것도 분별되는 것도 없지만, 이 후득지는 분별하기도 하도 분별되기도 한다.

· 훈습熏習: 몸과 입 그리고 뜻으로 짓는 말이나 행동 또는 생각 등이 없어지지 않고 마치 향이 옷에 배어드는 것처럼 마음에 영향을 미치는 것을 의미한다.

· 희론戲論: 진리에 위배되어 그릇되고 의미가 없어서 선법善法을 증진할 수 없는 언론言論을 가리킨다. 사물에 집착하는 미혹한 마음에서 하는 여러 가지 옳지 못한 애론愛論과, 치우친 소견인 견론見論이 있다.

참고 문헌

1. 원전류

- 『주역(周易)』
- 『논어(論語)』
- 『중용(中庸)』
- 『맹자(孟子)』
- 『장자(莊子)』
- 『계사전(繫辭傳)』
- 『노자도덕경(老子道德經)』
- 『전습록(傳習錄)』
- 『선문염송집(禪門拈頌集)』
- 『퇴계선생문집退溪先生文集』

2. 단행본

- 『원효의 대승기신론 소·별기』, 은정희 역주, 일지사, 2013
- 『대승기신론 소·별기(大乘起信論 疏·別記)』, 최세창 역주, 운주사, 2016
- 김명우, 『유식삼십송과 유식불교』, 예문서원, 2012
- 오다 규기, 『불교의 심층심리』, 정병조 옮김, 현음사, 2016
- 이죽내, 『융심리학과 동양사상』, 하나의학사, 2005
- 이부영, 『분석심리학』, 일조각, 2016
- C. G. Jung, 『원형과 무의식』, 한국융연구원 C. G. 융 저작번역위원회, 솔출판사, 2003
- Victor N. Mansfield, 『불교와 양자역학』, 이중표역, 전남대출판부, 2015
- Fritjof Capra, 『현대물리학과 동양사상』, 김용정 이성범 옮김, 범양사, 2015

3. 논문

- 이죽내, 「원효가 본 阿賴耶識의 분석심리학적 고찰」

저자 약력

원효 (元曉, 617년 ~ 686년)

삼국시대와 신라의 고승이자 학자, 사상가이다. 원효는 법명이고, 속성(俗姓)은 설(薛), 본관은 경주(慶州), 속명은 사(思), 서당(誓幢) 또는 신당(新幢)이다. 고려 숙종에 의해 대성화정국사(大聖和諍國師)라는 시호가 원효에게 내려졌다.
15세 때 또는 28세 때 어머니 조씨의 죽음에 충격을 받고, 삶과 죽음에 대해 오래 고민하다가 출가하여 승려가 되었다. 34세와 45세 때 의상과 함께 두 번에 걸쳐 당나라 유학을 시도했으나 두 번째 유학길 도중에 깨달음을 얻어 돌아왔다. 70세 되던 해 혈사(穴寺/경주시 양북면 소재 골굴사)에서 입적에 들었다. 원효는 유식학(唯識學)이나 불교논리학 등에 뛰어난 업적을 남겨 한국은 물론이고 중국과 일본의 승려들에게도 많은 영향을 미쳤다.

역주 신명종

한국외국어 대학교에서 화란어를 전공하고, 금융회사에서 근무하였음. 정년퇴직 후 성균관대학교 일반대학원에서 동양철학을 전공하고, 「주역周易 점서법과 현대적 함의에 관한 연구」로 박사학위를 받았다. 논문으로는 「주자朱子와 다산茶山의 서법筮法에 대한 비교 연구」, 「단전彖傳의 괘변卦變 해석에 관한 연구」, 「주역周易 천지인天地人 삼재三才와 작괘作卦 원리에 관한 고찰」 등이 있으며, 번역서와 저서로는 『태교신기胎敎新記』와 『7인의 수다, 맛깔나는 술 이야기』가 있다.